북경의 붉은 의사들

20세기 청년 의사들의 도시 건설과 위생실험

북경의 붉은 의사들

20세기 청년 의사들의 도시 건설과 위생실험

제1판 1쇄 발행 2020년 5월 4일

지 은 이 신규환
펴 낸 이 주혜숙

펴 낸 곳 역사공간
등　　록 2003년 7월 22일 제6-510호
주　　소 03996 서울시 마포구 월드컵로 100 한산빌딩 4층
전　　화 02-725-8806
팩　　스 02-725-8801
전자우편 jhs8807@hanmail.net

I S B N 979-11-5707-402-0 93910

- 책값은 뒤표지에 있습니다. 잘못된 책은 바꾸어 드립니다.
- 이 도서의 국립중앙도서관 출판예정도서목록(CIP)은 서지정보유통지원시스템 홈페이지(http://seoji.nl.go.kr)와 국가자료종합목록 구축시스템(http://kolis-net.nl.go.kr)에서 이용하실 수 있습니다. (CIP제어번호 : 2020015544)

메디토리문고 01

북경의 붉은 의사들

20세기 청년 의사들의
도시 건설과 위생실험

신규환 지음

역사공간

책머리에

베이징(北京)은 오랫동안 수도로서의 지위를 누렸기 때문에 역사상 정치와 문화의 중심지였다. 938년 요(遼)나라 5개의 수도 중 하나로 부상한 이래 금대(金代), 원대(元代), 명·청대(明淸代), 민국기(民國期)를 거쳐 현재의 모습을 갖추게 되었다. 요대에는 난징(南京)으로 불렸고, 금대에는 옌칭(燕京)에서 중두(中都)로, 원대에 다두(大都)로 개칭되었다. 명조는 다두를 점령하고 베이핑부(北平府)로 개칭했는데, 쯔진청(紫禁城)을 중심으로 오늘날과 같은 도시 모습을 갖춘 것은 15년간의 공사를 통해 도시를 정비하고 1421년 정식으로 천도하면서부터이다. 베이징이 명실상부한 수도로서 정치적·문화적 중심지로서 지위를 누린 것은 이후 600여 년 동안이다.

20세기에 들어서면서 베이징은 신해혁명(辛亥革命)과 군벌의 난립, 일본의 침략과 전쟁, 내전을 거쳤다. 1928년 장제스(蔣介石)가 난징(南京)에 국민정부의 수도를 정함으로써 베이징은 수도로서의 지위를 상실하고 베이핑(北平)으로 격하되었다. 1937년 일본의 점령 이후 베이징은 옛 이름을 되찾았지만, 수도로서의 지위는 사실상 항일전쟁과 내전이 종결된 1949년 이후 회복되었다.

난징국민정부(南京國民政府) 시기에 베이핑은 수도로서의 지위를 상실했지만, 도시재건을 위해 시정개혁에 박차를 가했는데, 위생은 시정개혁을 위한 핵심 담론이 되었다. 베이핑시정부(北平市政府)는 '국가의료(國家醫療)'를 목표로 위생개혁을 단행했고, 이를 통해 시정을 합리화하고 의료자원을 시민들에게 재분배하고자 했다. 베이핑시정부의 초대 위생국장으로서 국가의료를 구상한 황쯔팡(黃子方, 1899-1940)은 정부 책임하에 시민에게 무상으로 의료서비스를 제공하는 것을 '의학국가화(醫學國家化)'로 표현했고, 국가의료의 실천 단계에서 시정부는 '의료평민화(醫療平民化)'라는 용어를 사용했다. 시정부는 새로운 위생행정을 통해서 특정인이 아닌 일반 시민들에게 골고루 의료혜택이 돌아가도록 이전과는 완전히 다른 새로운 형태의 의료시스템을 구축하려고 했으며, 그것은 시민들의 전폭적인 지지를 받았다.

1937년 7월 7일, 루거우차오(蘆溝橋)사건을 계기로 중일전쟁이 시작됐고, 곧이어 일본은 베이핑을 점령했다. 일본 점령정부는 베이징특별시정부(北京特別市政府)를 수립했는데, 중국인이 운용하는 기존의 질서를 유지하면서 민간조직을 적극적으로 활용하고자 했다. 특히 일본 점령정부는 베이핑시정부의 위생실험을 파괴하지 않았고 오히려 이를 유지·계승하려고 하면서 점령행정을 강화하고자 했다.

이 책은 2008년 출간한 『국가, 도시, 위생: 1930년대 베이핑시정부의 위생행정과 국가의료』을 전면 개정한 것이다. 기존 책이 주로 1930년대로 한정했다면, 이 책은 그 범위를 일본점령기까지 확장했으며, 근대의학에 의한 도시

공간의 재편과 균열에 대한 다양한 논의를 포괄하고자 했다. 또한 기존에 제기했던 베이징의 위생실험을 위로부터의 시각만이 아니라 아래로부터의 시각을 결합하여 '위생의 혼종성'이라는 새로운 시각에서 기존의 문제의식을 다듬어 보고자 했다.

이 책은 20세기 전반 중국의 의료근대화를 추구했던 청년 의사들의 도시건설과 위생실험에 관한 이야기이다. 1920년대 중반 베이징에서 시작된 위생실험은 중국에 필요한 근대적 위생의료시스템과 도시근대화를 위한 기반을 조성했다. '북경의 붉은 의사들'은 처음부터 사회주의적인 의료체제 건립을 목표로 한 것은 아니었지만, 베이징시의 국가의료 경험을 통해 중국의 도시와 농촌에서 신중국 건설에 필요한 이상주의적인 사회주의 의료모델의 상상력을 제공했다. 이 책을 통해서 중국의 도시 근대화 경험과 근대의학의 내면화 과정을 살펴보게 될 것이다.

이 책의 출간을 준비하는 동안 연세대에서 대구대로 이직하게 되었다. 그동안 버팀목이 되어준 연세대 의사학과 동료들과 사랑하는 가족에게 감사의 마음을 전하고 싶다. 마지막으로 교정을 도와준 김은정과 출판시장의 어려움 속에서도 책 출간을 결정해준 역사공간 주혜숙 대표께 특별한 고마움을 전한다.

2020년 봄

대구대학교 연구실에서 저자 씀

차례

책머리에 4

프롤로그

근대 중국의 위생의료체제를 보는 시각과 방법 / 11

1부

위생의 개념사 / 37

1 청말민국기 중서의의 위생론과 국가의료 구상 / 38

양생에서 위생으로 / 43

중서의의 위생론 / 62

국가의료 구상과 베이징의 붉은 의사들 / 88

2부

근대적 출생·사망 관리와 위생교육 / 109

2 조산사의 제도화와 근대적 생육 관리 / 110

산파의 의료 기능과 사회 기능 / 114

산파 단속과 조산사의 제도화 / 119

성내외구 위생구 및 교구의 출생 관리 / 128

3 통계조사원의 등장과 근대적 사망 관리 / 152

베이핑의 인구 관리와 위생행정의 등장 / 156

통계조사원과 생명통계의 작성 / 168

내외성 위생구 및 교구의 사망 관리 / 176

4 위생교육과 위생운동대회 / 196
위생교육과 학교위생 / 197
위생운동대회와 위생순찰경제도 / 204

3부
시정부의 전염병 통제와 공간 통제 / 217

5 전염병의 유행과 시정부의 전염병 대책 / 218
급성전염병의 확산과 방역 대책 / 224
만성전염병과 국가의료 / 239

6 성병기원논쟁과 상하이·베이징의 성병 통제 / 264
매독기원논쟁 / 269
상하이와 베이징의 성병 통제 방안 / 276
성병 통계의 의미 / 287

4부
도시환경과 환경위생의 개혁 / 305

7 베이징의 도시환경과 위생개혁 / 306
베이징의 도시환경 / 308
베이핑의 위생개혁과 환경위생 / 326

8 베이핑시정부의 '분뇨처리업 관영' 구상과 환경위생의 개혁 / 346
위안량 시정부의 분뇨처리업 개혁안 / 351
분뇨채취구역 재산권과 똥장수 고용 계획 / 364
관독상판의 실시와 똥장수의 저항 / 386

5부

일본점령기 베이징 사회와 위생행정 / 401

9 똥장수의 일상생활과 분업개혁 / 402
똥장수의 일상생활과 건강 상태 / 407
위생행정과 똥장수직업분회의 성립 / 422

10 콜레라 유행과 베이징의 위생행정 / 434
베이징특별시정부의 위생행정 / 439
베이징구방역위원회의 방역 대책 / 447
민간의 위생·방역활동과 대응 / 467

6부

위생의 근대성에서 혼종성으로 / 479

11 20세기 전반 베이징의 공간 재편과 균열 / 480
위생구의 설치와 공간 재편 / 486
균열의 도시공간 / 503

에필로그

근대 도시공간의 재편, 균열과 '위생의 혼종성' / 523

참고문헌 547
자료 출처 573
찾아보기 576

프롤로그

근대 중국의 위생의료체제를 보는 시각과 방법

1. 문제의 제기

19세기 말 중국은 밖으로는 중화질서의 해체 속에서 제국주의 각국에 의해 영토분할이 심화되고 있었고, 안으로는 계속되는 농민반란과 지식층의 제도개혁 요구 등으로 전통적 지배질서 역시 붕괴되고 있었다. 특히 제국주의 각국은 무역 확대와 자국민 보호를 빌미로 중국 침략을 본격화하고 있었는데, 각종 전염병 등에 대처하는 과정에서 새롭게 등장한 '위생(衛生)'은 제국주의 각국이 중국에서 지배공간의 확장을 꾀하고 식민지배의 정당성을 주장하는데 강력한 수단이 되고 있었다. 따라서 주권 회복과 제반 봉건질서의 질곡에서 벗어난 체계적인 인구 관리를 위해서 중국인들에게는 새로운 국민국가 건설에 걸맞은 근대적 위생의료체제의 건립이 요구되고 있었다.

근대적 위생의료체제를 건립하기 위한 수단으로서 근대국가의 위생행정은 출생·사망 관리, 질병 통제, 환경위생, 위생교육 등 개별 신체뿐만 아니라 의식주를 포함한 인간 활동의 모든 면을 포괄하고 있다. 민중의 입장에서 보자면, 새로운 위생행정은 민중들의 일상생활 전반에 대한 직접적이고도 항상적이며 일상적인 권력의 행사를 체감하게 했다. 서양의 역사적 경험에서 근대국가의 위생행정은 푸코가 지적하는 것처럼 사회 통제의 수단으로서 개별 신체에 대한 감시와 훈육을 목표로 하고 있었고,[1] 의학의 사회적 기능을 조정·연

---

1 Michel Foucault, "The Politics of Health in the Eighteenth Century," in Paul Rabinow ed., *The Foucault Reader*(NY: Pantheon Books, 1984), pp.282-284; 미셸 푸코 지음, 박홍규 옮김, 『감시와 처벌: 감옥의 탄생』(춘천: 강원대학교 출판부, 1989), 183-225쪽.

구·통제하는 데 절대적인 영향력을 행사했다.[2] 반면 중국에서는 명·청대 이래로 위생의료에 대한 국가권력의 개입은 오히려 약화되는 추세였다.[3] 서양의 침략에 직면하면서 점차 중국에서도 근대적 국가를 건설하려는 요구가 강력히 대두했고, 근대적 위생행정은 국가 건설의 수단으로 인식되기 시작했다.

그렇다면 중국의 근대국가 건설 과정에서 위생행정이 구체적으로 어떤 역할을 수행했을까? 더 나아가 근대적인 도시 건설 과정을 국가권력에 의한 공간 통제가 확대되는 과정으로 이해한다면, 위생행정이 공간 통제에 어느 정도 기여할 수 있었고, 공간 통제가 가능했던 범위와 그 성격은 어떠한 것이었을까 하는 물음이 이 책의 기본적인 문제의식이다. 여기에서 공간 통제란 소극적 의미에서 격리, 통행시간의 제한 등 지리공간의 통제와 적극적 의미에서 일상생활을 포함한 사회적 제 관계에 개입하는 사회공간의 통제를 포함한다. 이 책은 그중에서도 위생행정이 일상공간의 구조 변화에 어떤 영향을 미쳤는지에 주목할 것이다. 왜냐하면 일상공간은 민중의 삶이 뿌리내린 터전일 뿐만 아니라 도시사회와 국민국가의 공간적 기초라고 할 수 있기 때문이다. 성공적으로 구조화된 일상공간은 근대국가의 버팀목으로 작용하게 될 것이기에 국가권력은 각종 행정기구를 통하여 일상공간을 국가 건설에 요구되는 공간으로 재배치하고자 했다.[4] 이때 국가권력이 공공영역의 확장을 통해 근대국가와 민중의 일

---

2 미셸 푸코 지음, 홍성민 옮김, 『임상의학의 탄생』(부천: 인간사랑, 1993), 제1장, 제2장 참고.

3 Angela Ki Che Leung, "Organized Medicine in Ming-Qing China: State and Private Medical Institutions in the Lower Yangzi Region," *Late Imperial China* 8-1(1987), pp.134-166, 특히 pp.154-156 참고.

4 근대 자본주의 국가와 일상생활의 관계에 주목한 대표적인 학자는 앙리 르페브르이다. 그는 자본주의의 모순이 일상성과 공간구조의 모순에서 시작되며, "자본주의 사회에서 정치적 국가권력은

상생활을 매개하면서, 국가권력의 의지를 현실화할 수 있는 수단으로 급부상한 것이 바로 위생행정이었다. 위생행정은 전문화된 지식과 인력에 기초하여 일상생활 전반을 계도·재편하고 기존 행정체계의 문제점까지도 거침없이 드러내고 있었기 때문에 중국 사회의 구조와 행위 사이의 역동성을 보여줄 수 있는 소재라고 생각한다.[5] 그렇다고 해서 위생행정이 규모·시기·지역 등의 차이에 상관없이 중국 사회의 구조와 행위의 역동성을 보여줄 것으로 생각하지는 않는다. 적어도 위생행정에 대한 정부차원의 체계적인 구상과 구체적인 실천이 뒷받침되어야 할 것이고, 도시민의 위생행정에 대한 인식도 함께 고려되어야 할 것이다.

그런 점에서 통일적인 위생행정체계를 갖추기 위한 노력과 성과가 돋보였던 난징국민정부(南京國民政府, 이하 난징정부) 시기(1928-1937)의 위생행정에 주목하지 않을 수 없다. 우선 중앙정부로서 난징정부는 강력한 중앙집권적 국민국가 건설을 통한 주권의 회복과 전국통일을 열망했고, 위생행정 역시도 중앙집권화의 수단으로 활용하고자 했다. 그런데 난징정부는 일제의 동북지역 점령에 대한 군사적 대응과 공산당을 토벌하기 위한 초공전(剿共戰)에 국력을 소진하고 있었기 때문에, 근대적 위생행정과 위생의료체제 건설을 위한

그 자신의 통제하에서 사회적 구성요소들을 동시에 결합하고 분리할 수 있는 능력을 가진다"고 보았다. 즉 국가는 일상생활을 통제하고 계획하고 배치하고 조직함으로써 자신의 권력을 유지한다는 것이다. Henri Lefebvre, Frank Bryant trans., *The Survival of Capitalism: Reproduction of the Relations of Production*(London: Allison & Busby, 1976), pp.68-69.

5 양넨췬(楊念群)은 거시분석과 미시분석의 양극단을 경계하기 위한 방법론으로 중층이론(中層理論)을 제시하고 그 구체적 방안으로 의료사회사(醫療社會史)를 제시한 바 있다. 楊念群, 『中層理論: 東西方思想會通下的中國史研究』(南昌: 江西教育出版社, 2001).

중앙정부 차원의 노력에는 일정한 한계가 있을 수밖에 없었다.

이와 대조적으로 지방정부 수준에서는 각 지방의 특수성과 물적·인적 기초에 기반하여 도시 건설에 매진했고, 이를 위해 독자적인 정책을 운용하기도 했다. 말하자면 중앙정부와 지방정부가 국가 건설에 수반하는 근대적 위생의료체제의 건설이라는 시대적 과제를 공유했다 해도, 각 정부가 처한 조건과 상황이 달랐으므로 목표와 실질적 운용과정은 서로 상이할 수밖에 없었다. 더욱이 민중들이 일상생활 속에서 직접 부딪혀야 하는 국가권력의 실체는 지방정부였기 때문에, 국가권력이 대민지배에 작동하는 방식을 이해하고자 할 때 지방정부에 대한 분석은 불가피하다. 더구나 인구가 많고 영토가 광활한 중국에서 각 지역의 상황은 일치될 수 없었기 때문에, 지역연구가 선행되어야 함은 두말할 필요도 없을 것이다. 더 나아가 도시사의 관점에서 도시공간구조가 역사적 행위에 미친 영향이나 도시환경과 인간의 상호작용에 주목할 필요가 있다.[6]

본격적인 논의에 앞서 이 책에서 사용하는 기본 개념을 간단히 정리해보고자 한다. 의학(醫學)은 인간의 질병예방과 치료에 관련된 근대적 학문분과로서의 지식체계를 가리킨다. 의학에는 중의학과 서양의학 등이 모두 포함된다. 서의(西醫)와 중의(中醫)는 각각 문맥에 따라 서양의학 혹은 서양의사, 중국의학 혹은 중의사로 사용한다. 의료(醫療)는 '의자(醫者)'를 통해서 시술되는 행위와 제도를 말한다. 보건(保健)은 건강 증진 및 그 수단을 가리킨다. 위생(衛生)은 개인 차원의 건강 유지와 국가 차원의 건강 관리를 지칭하며, 국

---

6 위생의료사의 시각에서 중국도시사에 대한 접근방식에 대해서는 신규환, 「근대 중국 도시사의 새로운 접근: 위생·의료사의 시각」, 『중국근현대사연구회 정기발표회 도시사특집 자료집』(서울: 연세대학교 박물관 시청각실, 2007. 12. 15)을 참고.

가 차원의 인구 관리, 전염병 예방, 공중위생 등을 포함한다.[7] 위생행정(衛生行政)은 국가 차원의 출생·사망 관리[8], 질병 통제, 환경위생, 위생교육 등을 포괄한다. 위생의료(衛生醫療)는 위생과 의료를 망라한 것으로 질병의 예방과 치료, 인구 관리 등에 필요한 각종 활동을 가리킨다. 위생의료체제(衛生醫療體制)는 위생의료가 사회구성원과 맺는 관계·이념·제도의 총체로 정의한다.[9]

근대 중국의 위생의료체제는 그 주체에 따라 '제국주의 위생의료체제'[10], '지역 위생의료체제'[11], '국가 위생의료체제'로 나누어볼 수 있다.[12] 그중 이 책이 다루게 될 '국가의료'는 국가 위생의료체제의 구체적 실천사례로서 질병의

7 한국에서는 Health의 번역어로 '보건'이라는 용어를 사용하지만, 중국에서는 위생행정의 최고 정부기관이 위생부(Ministry of Health)인 데서 알 수 있듯이 Health의 번역어로 '위생'을 사용하고 있고, 위생이 보건의 상위개념으로 사용된다. 위생개념의 변천에 관한 자세한 내용은 이 책의 제1장 '청말민국기의 중서의의 위생론과 국가의료 구상'를 참고.

8 출생·사망 관리[生死控制]는 생명통계의 작성뿐만 아니라 출생·사망 처리 과정에 적극적으로 개입하여 통제·관리하는 것을 의미한다. 출생·사망 관리에는 출생신고, 출생 전후 모자 관리 및 정기검진, 사망진단, 사망보고, 매장 등과 이 업무들을 관장하는 의료인력과 행정인력의 관리 업무 등이 포함된다. 이 책에서 다루는 출생 관리는 산아제한(Birth Control)과는 직접적인 관련성이 없다.

9 한국에서는 흔히 보건의료체제라고 말하는데, 필자는 근대국가에서 위생 개념의 역사성과 동아시아의 공간성을 염두에 둘 경우 위생의료체제라는 표현이 더 적합하다고 생각한다. 이 책에서 사용하는 위생 관련 기본 개념은 신동원의 개념 정리를 일부 참고한 것이다. 신동원, 『한국근대보건의료사』(서울: 한울아카데미, 1997), 13-14쪽.

10 제국주의가 식민지에서 실천했던 위생·의료 방면의 지식 및 제도 등은 제국주의 의료(Imperial Medicine), 제국의료 혹은 식민지 의료(Colonial Medicine), 식민의료 등으로 지칭된다. 제국주의 의료는 선진 의료를 식민지에 이식하는 주체를 강조하는 것이고, 식민지 의료는 식민지에서 토착화된 특성이 강조될 때 사용된다. 이 책에서는 잠정적으로 제국주의 위생의료체제라는 용어를 사용한다. 제국주의 의료에 대해서는 見市雅俊 等編, 『疾病·開發·帝國醫療: アジアにおける病氣と醫療の歷史學』(東京: 東京大學出版部, 2001), 4-10쪽; 飯島涉, 「近代日本の'植民地醫學(colonial medicine)'に關する覺書」, 『近代中國硏究彙報』 22, 2000), 89쪽. 주3) 등을 참고.

11 전통적으로 지방 신사 및 상인층이 주도한 위생의료체제를 가리킨다. 이에 대해서는 Angela Ki Che Leung, "Organized Medicine in Ming-Qing China: State and Private Medical Institutions in the Lower Yangzi Region," *Late Imperial China* 8-1 (1987).

12 근대 중국의 위생의료체제에 관해서는 신규환, 『질병의 사회사: 동아시아 의학의 재발견』(파주: 살림출판사, 2006)을 참고.

예방과 치료에 필요한 전문인력·재정·설비 등을 국가가 직접 관리·책임을 지는데, 중국에서는 대표적으로 1930년대 난징정부, 베이핑시정부, 옌안(延安) 시기의 중국공산당(中國共産黨) 등이 국가의료를 추진했다.[13]

2. 난징국민정부와 베이핑시정부의 위생재정

중앙정부와 지방정부에서 위생행정이 차지하는 위상을 검토할 수 있는 방법 중의 하나는 각 정부의 전체 예산에서 위생재정의 편성과 지출 규모를 가늠해 보는 것이다. 1929년 난징정부는 총지출에서 0.17%(69만 8,836원)만을 위생비로 지출하고 있을 뿐이었다.[14] 1931년 '3개년 위생계획'의 수립에 따라 난징정부는 매년 300만 달러(1,080만 원)[15] 이상을 위생비에 할애하겠다고 선언했으

13 국가의료를 추진한 대표적 인물로 사회위생(社會衛生, Social Hygiene)을 주창한 독일의 그로탄(Theodore W. Grotjahn)과 그 영향을 받아 국가위생(國家衛生, Public Health)을 주창한 일본의 고토 심페이(後藤新平: 1857-1929) 등을 들 수 있다. 난징정부의 위생의료체제 건립에 직접적인 영향을 미쳤던 胡定安은 그로탄의 제자였는데, 후딩안은 국가의료를 직접적으로 표명하지는 않았다. 반면 베이핑시정부의 초대 위생국장으로 재임했던 후딩안(黃子方)은 국가의료를 직접적으로 표명했다. 그는 대표적인 미국 유학파였는데, 그의 국가의료 구상과 독일 국가의료의 직접적인 연관성을 찾기는 어렵다. 후딩안과 황쯔팡의 위생의료체제 구상은 이 책의 제1장 제3절 '공의그룹과 국가의료구상의 등장'을 참고. 독일과 일본에서 국가의료의 형성에 대해서는 Liu Shi-yung, "Medical Reform in Colonial Taiwan," Ph. D. Dissertation, Univ. of Pittsburgh (2000. 8. 18), pp.6-63.

14 1929년 국가총예산은 4억 1,216만 3,580원이었다. 賈士毅, 『民國續財政史(一)』(上海: 商務印書館, 1932), 46-49; Parks M. Coble, Jr., *The Shanghai Capitalists and the Nationalist Government, 1927-1937*(Cambridge: Harvard University Press, 1980), pp.67-68; Douglas S. Paauw, "Chinese National Expenditures During the Nanking Period," *Far Eastern Quarterly 12*(November 1952), p.9.

15 1930년 상하이 물가로 1파운드(£1.00)는 미화로 5달러(US $5.00), 중국 원으로 18원에 해당되었다. 즉 미화 1달러는 중국 원으로 3.6원이었고, 멕시코 은 1달러는 중국 원으로 1원에 해당되었다. Frederic Wakeman, Jr., *Policing Shanghai 1927-1937*(Berkeley and Los Angeles: Univ. of

나, 실제 책정된 예산은 그것의 10분의 1 수준인 190만 원으로 총지출의 0.22%였다.[16] 1936년까지 위생예산은 1931년의 10배 가까이 증액되었음에도, 전체 예산의 0.7%였으며, 국민 1인당 2.4센트(0.86원)에 해당하는 비용일 뿐이었다.[17] 난징정부는 국가 건설과는 무관한 듯 보이는 군사비와 채무비에 1927년부터 1936년까지 매해 평균 각각 38.3%와 33.3%를 쏟아 붓고 있었다.[18] 즉 군사비와 채무비에만 국가예산의 71.6%를 소모한 셈이다. 반면 중앙정부의 위생재정이 차지하는 비율은 전체 국가예산의 1%에도 미치지 못하는 아주 미미한 수준이었다.

더군다나 중앙정부의 위생행정은 지방정부에 대해 실질적인 영향력을 행사하지 못했고, 각 성시(省市)에 대한 중앙정부의 재정 지원 역시 미미했다. 각 성정부의 위생재정은 대략 전체 예산의 1% 이내로 중앙정부와 비슷한 양상이었다. 반면 주요 도시에서의 위생재정은 전체 예산의 3-5%로 중앙정부와 성정부에 비해서는 상대적으로 높은 비율을 보였다.[19]

California Press, 1995), xi.

16 1931년 국가총지출은 8억 9,333만 5,073원이었고, 위생예산은 190만 원이었다. 賈士毅, 『民國續財政史(一)』(上海: 商務印書館, 1932), p.50; Wong K. Chimin & Wu Lien-teh, *History of Chinese Medicine: Being a Chronicle of Medical Happenings in China from Ancient Times to the Present Period*(Shanghai: National Quarantine Service, 1936, 2nd; [New York : AMS Press, 1973]), pp.735-736, p.856. 1931년 국가총지출이 7억 1,450만 원이었다면(Coble, *Shanghai Capitalists and the Nationalist Government, 1927-1937*, p.68) 위생비용은 0.27%를 차지하게 된다.

17 Ka-che Yip, *Health and National Reconstruction in National China: The Development of Modern Health Services, 1928-1937*(Ann Arbor: Association for Asian Studies, 1996), p.63.

18 1927-1936년 국가총지출총액 8348.2백만 원에서 군사비는 3199.9백만 원(38.3%), 채무비는 2782.8백만 원(33.3%)을 차지했다. 楊蔭溥, 『民國財政史』(北京: 中國財政經濟出版社, 1985), p.70.

19 1931년도와 1932년도에 각각 건설비(南京 15,782,223(72.20%)/7,635,029(64.85%), 채무비(山西 10,797,000(60.77%)/6,838,109(49.98%), 협조비(河北12,368,015(32.42%)/8,777,621 (37.79%),

대부분의 성시에서 회계년도 지출내역 중 공안비(公安費)는 대체로 전체 재정에서 가장 높은 비율을 차지한다. 산시성(陝西省)의 경우 1931년 공안비는 46.65%에 이르렀고, 베이핑(北平)과 상하이(上海)는 1931년과 1932년에 각각 42.93%, 41.96%와 22.52%, 31.24%를 차지했다. 공안비가 가장 높은 비율을 차지하지 않는 경우에는 각 성시에 따라 건설비와 채무비 등 다른 항목들이 지출내역 중 최고 비율을 차지했다. 어떤 경우에도 각 성시 재정에서 가장 많은 비율을 차지하는 공안비, 교육문화비, 건설비 등과 비교하면, 통계상 위생비가 차지하고 있는 비율은 극히 저조한 수준이었다.

그러나 국가재정 및 국가 건설에서 위생행정이 차지하는 위상은 간단히 통계상의 수치로 환원되지는 않는다. 재정통계에서 위생비는 전염병이나 공공위생을 위한 방역, 의약, 인건비, 행정비 등이 대부분을 차지한다. 실제 위생행정의 운용할 때에는 다른 항목에서 위생비용을 전용했다. 예컨대, 군사력의 향상 및 유지를 위해서는 군대 내의 위생에 주의하지 않을 수 없었고, 민간인과의 접촉에 의한 질병전파 등을 막기 위해 군사비에서 적절한 비용을 염출하지 않을 수 없었다. 또 학교 및 직장 내의 위생시설의 관리 및 위생교육을 위해서는 교육문화비에서 일정한 비용을 소요했다. 특히 대부분의 지방정부에서는 위생국이 독립되지 않아 위생행정은 경찰행정[20]의 일환으로 진행되었고,

---

행정비(青海 608,958(58.28%)/310,418(33.52%), 察哈爾 755,425(32.17%)/513,354 (16.79%) 등이 최고비율을 보이는 성시(省市)도 있었다. 國民政府主計處統計局編, 『中華民國統計提要』(上海: 商務印書館, 1936. 5), 748-751쪽. 아래의 통계 관련 서술은 같은 책을 참고.

20 난징정부 시기 중앙 및 지방정부 공안국(公安局)은 1937년 1월 경찰국(警察局)으로 개명되었는데, 이 책에서는 공안국에 의한 공안행정 역시 '경찰행정'으로 통일해서 사용할 것이다. 「冀察平津兩省市公安局改稱警察局」, 『北平晨報』(1937. 1. 17), 5면.

그 비용은 당연히 공안비에서 충당했다.

1930년대 초 난징, 상하이, 베이핑, 웨이하이웨이(威海衛) 등 각 시정부 중에서 웨이하이웨이(최고 10.64%)의 위생비가 가장 높은 비율을 차지했다. 그러나 웨이하이웨이는 전체 재정 규모 자체가 다른 도시의 10% 수준에 불과했으므로 이를 제외하면, 베이핑시의 위생비가 시정부 중에서는 가장 높은 비율을 보여준다. 1931년에서 1933년까지의 조사에서 베이핑시의 위생비는 평균 4.91%를 차지했다.[21]

베이핑시정부(北平市政府)[22]의 위생행정은 난징정부 시기 시정부 성립 이래 독립적인 위생국의 설립으로 시작되었다. 그러나 위생국이 1930년 4월 공안국 소속 위생과(衛生科)로 축소된 이래 1932년 7월에는 공안국 제2과 위생계[衛生股]로 격하되었다. 즉 위생국이 공안국의 일개 과(科)보다 한 단계 더 낮은 계[股] 수준으로 격하되었던 것이다. 베이핑시의 위생행정은 1933년 11월 독립적인 위생처(衛生處)가 신설되면서 새로운 전환점을 맞이하게 되었고, 1934년 7월에 위생국으로 재편되기에 이르렀다. 따라서 1930년대 초에는 각종 위생행정에 관련된 일부 비용이 공안비에 포함될 수밖에 없었고, 공안비는 평균 45%를 상회하는 높은 비율을 유지했다.[23]

---

21 1931년부터 1933년까지 각 도시의 매해 평균 위생비는 南京市(2. 40%), 上海市(3. 55%), 北平市(4.91%), 威海衛(7.67%)를 나타냈다. 國民政府主計處歲計, 『歲計年鑑』(國民政府主計處歲計局 印行, 1934. 4), 제3장 9-13쪽, 23-28쪽.

22 난징정부 성립 이후 1928년 6월부터 베이징(北京)은 베이핑(北平)으로 개칭되었고, 1949년 10월 10일 중화인민공화국 성립 전까지 수도로서의 지위를 회복하지 못했다. 1928년 성립한 베이핑특별시정부(北平特別市政府)는 1931년 베이핑시정부(北平市政府)로 개명되었다. 이 책에서 베이핑은 난징정부 시기에 한정하여 사용하겠다.

23 朱炳南·嚴仁賡, 「北平之市財政」, 『社會科學雜誌』 5-4(1934. 12), 507-590쪽, 541-542쪽.

베이핑시정부에서는 위생국의 재편과 함께 위생비가 크게 증가했다. 베이핑시정부의 자체 통계에 따르면, 1932년 3.7%였던 위생비는 1933년에는 5.4%, 1934년에는 10.3%로 급증했다. 흥미로운 점은 같은 시기 다른 항목들이 차지하는 비중이 눈에 띄는 변화를 보이지 않은 반면, 공안비는 45.2%, 43.8%, 36.4%로 급감하고 있었다는 점이다.[24] 이는 위생행정이 활기를 되찾으면서 위생비의 상승이 공안비를 상쇄했던 단적인 사례를 보여준다는 점에서 주목할 만하다.

이처럼 재정 지출 상황으로 볼 때, 베이핑시정부의 위생비 규모는 난징정부의 수도인 난징시뿐만 아니라 여타의 지방정부와도 극명한 대조를 이룬다. 재정규모가 비슷한 각급 시정부 중에서 베이핑시정부의 위생비가 많은 비중을 차지하고 있는데, 이것은 베이핑시정부가 위생행정에 상대적으로 많은 노력을 기울이고 있었다는 반증이라고 볼 수 있다. 즉 베이핑시정부의 위생행정은 그 재정 규모만으로도 주목을 끌기에 충분하다고 본다. 그렇다면 베이핑시정부는 왜 위생행정에 그 많은 투자와 노력을 기울였던 것일까? 이것이 필자가 베이핑시정부 위생행정에 주목하는 첫 번째 이유이다.

필자가 베이핑시정부의 위생행정에 관심을 갖는 두 번째 이유는 베이핑시정부가 근대 위생행정의 궁극적 목표라고 일컬어지는 '국가의료(國家醫療, State Medicine)'를 명확히 지향하고 있었다는 점 때문이다. 질병의 예방과 치료에 관한 모든 것을 국가가 책임지는 국가의료는 서양의 역사적 경험에서는 사회운동 차원의 '공중보건(Public Health)'보다도 한 단계 더 진전된 것으로

24 北平市政府秘書處,『北平市統計覽要』(北平: 北平市政府秘書處第一科編纂股, 1936. 12), 50쪽.

평가된다. 19세기 중반 서양에서 국가의료의 목표는 지방의 분권적 위생행정을 타파하여 중앙집권적인 의료체제를 수립하고, 위생행정에 예방과 치료에 관한 전문적인 의료행정을 접목하는 것이었다.[25] 말하자면 국가의료는 국민복지의 향상을 통한 국민형성과 강력하고 중앙집권적인 국가 건설을 목표로 했던 난징정부의 요구에 정확히 일치하는 것이었다. 그런데 난징정부는 위생행정의 목표로 국가의료를 지향하면서도 국가의료 자체를 직접적으로 표명하지는 않았다. 당시 난징정부로서는 인력 · 재정 · 시설 등 국가의료의 실천에 필요한 제반 요구를 충족시키기 어려웠을 것이다. 그렇다면 중앙정부 차원에서 불가능해 보였던 국가의료가 베이핑시정부에서 어떻게 가능할 수 있었던 것일까? 그 가능성을 타진해보기 위해서는 베이핑시정부에서 국가의료가 실시될 수 있었던 역사적 조건을 검토할 필요가 있을 것이다.

이 책이 베이핑시정부의 위생행정에 주목하는 세 번째 이유는 위생행정이 베이핑이라는 도시공간에서 차지하는 역할 때문이다. 베이징(北京)은 이미 수세기 동안 정치 · 문화 · 교육의 중심지였는데, 난징정부 성립 이후 난징에 수도의 지위를 넘겨주면서 베이징이라는 명칭을 잃게 되었다. 베이핑은 산업시설이나 생산기반이 취약해서 머지않아 침체와 불황으로 빠져들 것이 분명해 보였다. 베이핑시 자체 평가에 따르면, 중앙정부의 주요 기관과 자산가들은 베이핑을 떠났고, 베이핑은 점차 재정적 위기에 직면하게 되었다.[26] 베이핑을 재건

---

25 Dorothy Porter, *Health, Civilization and the State: A History of Public Health from Ancient to Modern Times* (London and New York: Routledge, 1999), pp.121-127.

26 Madeleine Yue Dong, "Defining Beiping: Urban Reconstruction and National Identity, 1928-1936," In Joseph W. Esherick ed., *Remaking the Chinese City: Modernity and*

하기 위해서 시정부는 도시공간의 재편이라는 새로운 전략을 구상할 필요가 있었고, 위생행정은 지리공간뿐만 아니라 사회공간 차원에서 도시공간을 지배·확대하기 위한 전략적 사고의 핵심으로 부상했다. 그렇다면 베이핑시정부가 위생행정을 통해서 얻을 수 있었던 성과와 한계는 어떤 것이었을까? 이와 같은 의문들이 해소된다면, 중국의 근대국가 건설 과정에서 근대도시의 위생행정이 차지하는 위상을 검토할 수 있는 기회를 제공할 것이다.

3. 기존 연구의 비판적 검토 및 연구 방법

중국 근대 의료사 분야의 연구 성과를 살펴보면, 대부분의 연구는 제국주의 위생의료체제의 근대적 요소와 그것이 중국의 위생의료에 미친 영향을 강조한다. 요컨대, 그들은 구미 각국의 선진 의학이 중국에 미친 영향을 강조하면서 서의의 수용 과정과 의료의 근대화 과정에 초점을 맞추었다. 그 대표적인 예가 크로이처(Ralph Croizier, 1968), 불럭(Mary Brown Bullock, 1980), 루카스(AnElissa Lucas, 1982), 베네딕트(Carol Benedict, 1996), 이이지마 와타루(飯島涉, 2000), 로가스키(Ruth Rogaski, 2004) 등의 연구이다.[27] 이 연구들은 위

National Identity, 1900-1950(Honolulu: University of Hawai'i Press, 2000), p.123.

27 Ralph C. Croizier, *Traditional Medicine in Modern China: Science, Nationalism, and the Tensions of Cultural Change*(Cambridge: Harvard University Press, 1968); Mary Brown Bullock, *An American Transplant: the Rockefeller Foundation and Peking Union Medical College*(Berkeley: University of California Press, 1980); AnElissa Lucas, *Chinese Medical Modernization: Comparative Policy Continuities, 1930s-1980s*(New York: Praeger, 1982); Carol Benedict, *Bubonic Plague in Nineteenth-Century China*(Stanford: Stanford University Press, 1996); 일본의 영향을 강조한 연구는 다음과 같다. 飯島涉, 『ペストと近代中國: 衛生の「制

생의료의 근대화 과정에서 구미와 일본의 영향을 중시하는 근대화론적인 시각을 유지하고 있다는 점에서 공통적이다.

이와는 달리 구미 중심적 시각에서 일정한 거리를 유지하려는 연구로는 자오홍쥔(趙洪鈞, 1989), 앤드루스(Bridie Jane Andrews, 1996), 레이(Hsiang-Lin Lei, 1999) 등의 연구가 있다.[28] 그런데 자오홍쥔의 연구는 중의와 서의 각각의 입장에서 중서의논쟁(中西醫論爭)에 접근하여 서의 중심적 시각을 교정하는 데 도움이 되지만, 중서 이분법적 시각에 머물고 있어 중서의논쟁의 성격과 의미를 파악하는 데는 별다른 도움을 주지 못한다. 반면 앤드루스와 레이는 의료 영역에서 국가의 역할에 주목함으로써 국가 위생의료체제의 성격을 규명하는 데 기여하고 있다. 앤드루스의 연구는 서의의 중국화와 서의의 선택적 적용을 강조하면서 국가의 역할과 전문적인 의료분과의 창출을 강조하고 있다. 그런데 그녀는 중의의 근대성이 결국 서의에 의해 결정된다는 기본 가정에서 벗어나지 못한다. 그 결과 중서의논쟁을 통해 국가영역에 도전했던 중의의 근대성은 설명할 수 없는 과제로 남게 되었다. 이와는 달리 레이의 연구는 중서의논쟁을 더이상 서의의 역사로 그리지 않는다. 오히려 그는 국가 위생의료체제의 형성과 중의의 성과를 강조한다. 그런데 그의 연구가 서의

度化」と社會變容』(東京: 研文出版, 2000); Ruth Rogaski, *Hygienic Modernity: Meanings of Health and Disease in Treaty-Port China*(Berkeley and Los Angeles, California: University of California Press, 2004).

28 趙洪鈞 編著, 『近代中西醫論爭史』(合肥: 安徽科學技術出版社, 1989); Bridie Jane Andrews, "The Making of Modern Chinese Medicine, 1895-1937," Ph. D. dissertation, Cambridge Univ., 1996; Hsiang-Lin Lei, "When Chinese Medicine encountered the State 1910-1949," Ph. D. dissertation, Chicago, Illinois(June, 1999).

에 편중된 시각을 어느 정도 교정하고 있지만 난징정부 시기 중서의논쟁이 본격화되기 전까지 중의는 여전히 화석화된 존재로 남아 있다. 이것은 그의 연구대상이 난징정부 시기 국가 영역에 한정되어 있는 탓이기도 하지만, 그에게 중의는 여전히 변화의 주체가 아니라 변화의 대상으로 남아 있기 때문이다.

이와는 대조적으로 전통적 지역 위생의료체제에 관심을 둔 중국의 연구가 주목된다. 중국의료사회사 분야에서 대표적인 연구로 손꼽히는 위신중(余新忠, 2003)의 연구가 그것이다.[29] 그의 연구가 지역 위생의료체제에 관심을 둔 것은 제국주의 위생의료체제의 영향, 즉 서양 중심의 연구 경향을 비판하기 위한 당연한 귀결로 판단된다. 청말 강남 지역에서 전염병의 확산과 그에 대한 지역사회의 대응을 다룬 위신중의 연구는 중국의 근대적 위생의료체제 형성에 대한 서양의 영향을 전면적으로 부인하지는 않았지만, 서양의 영향이 최소화된 지역사회의 의료현실과 그 대처 과정을 묘사하면서 중국의 독자적인 근대적 위생의료체제의 발전을 전망하고자 했다. 그러나 청 말에는 이미 동아시아 전역의 자본주의 세계체제로 편입이 심화되어가고 있었고, 반식민지 처지에 놓인 중국은 부국강병을 위해서 근대적 위생의료체제를 필요로 하고 있었다. 따라서 서의의 영향을 배제한 채, 중국이 위생과 의료 방면에서 독자적 발전을 꾀할 수 있었다는 주장은 무리한 논지 전개일 수밖에 없다. 더욱이 중국의 독자적인 근대적 위생의료체제의 발전을 전망하고자 한다면, 지역 위생의료체제와 국가 위생의료체제 사이의 관계 설정이 무엇보다 중요하다. 그런데 그는 직접적으로 국가 위생의료체제를 언급하고 있지는 않다. 다만 그의 책 결

29　余新忠,『淸代江南的瘟疫與社會: 一項醫療社會史的研究』(北京: 中國人民大學出版社, 2003).

론에서 지적하고 있는 국가와 사회에 대한 언급에서 그의 기본적 시각을 추론해볼 수 있다. 즉 그에 따르면, 지역사회는 공익적 성격을 가진 위생의료에 관한 한, 국가와 대립·경쟁하지 않고 상호의존적인 협력의 형태를 가졌다는 것이다. 즉 지역사회는 국익을 훼손하려하지 않았기 때문에, 국가권력과 근본적인 충돌을 일으키지 않았다는 것이다.[30]

그러나 이러한 시각은 역사상 실제와는 부합하지 않는다. 위생이 공익적 성격을 가졌다 해도 누가 주도하고 어떻게 전개하느냐에 따라 위생을 둘러싼 권력의 향방은 얼마든지 달라질 수 있었기 때문이다. 예컨대 청말 쓰밍공소(四明公所)사건이나 1910-1911년의 만저우 방역(滿洲防疫) 등 전염병 통제 과정에서 국가권력과 지역사회의 충돌은 빈번했다.[31] 중의를 포함한 지역사회의 이익이 보존되지 않는 한, 지역 위생의료체제가 제국주의 위생의료체제 또는 국가 위생의료체제와 충돌할 가능성은 충분했다. 따라서 국가의료의 지지자들도 국가의료의 전면적 확대에 앞서 국가의료가 지역사회에서 충분히 실험

30 난징정부 시기 구재행정을 매개로 난징정부와 사회세력과의 관계를 협조적인 것으로 간주하는 연구는 박경석, 「南京國民政府 救災行政體系의 近代的 變貌: 國民政府救濟水災委員會를 中心으로」, 연세대학교 사학과 박사학위논문, 2002. 7을 참고.

31 쓰밍공소사건에 대한 대표적인 연구로 帆刈浩之, 「近代上海における遺體處理問題と四明公所-同鄉ギルドと中國の都市化」, 『史學雜誌』 103卷 2號, (1994); 帆刈浩之, 「清末上海四明公所の'運棺ネットワーク'の形成-近代中國社會における同鄉結合について」, 『社會經濟史學』 59-6, (1994); R. D. Belsky, "Bone of contention: The Siming Gongsuo Riots of 1874 and 1898," *Papers on Chinese History* 1(Spring 1992); Bryna Goodman, *Native Place, City and Nation: Regional Networks and Identities in Shanghai, 1853-1937*(Berkeley: University of California Press, 1995), pp.158-175 등이 있다. 만저우 방역(滿洲防疫)에 대해서는 Carl F. Nathan, *Plague Prevention and Politics in Manchuria, 1910-1931*(Cambridge, Mass.: Harvard Univ. Press, 1967); Mark Gamsa, "The Epidemic of Pneumonic Plague in Manchuria, 1910-1911," *Past & Present* 190(February, 2006) 등을 참고.

되고 검증받기를 원했다.

이와 같이 서양 중심적 혹은 전통적 시각으로 치닫기 쉬운 양극단을 극복하는 한 가지 방법은 국가 건설적 시각에서 위생의료체제를 조망하는 것이다. 국가 위생의료체제는 근대국가를 건설하는 과정에서 국민을 훈육하고 양성하기 위한 필수적인 제도라고 할 수 있는데, 중국에서는 만저우 방역을 거쳐 난징정부 시기에 본격적으로 제도화되었다고 볼 수 있다. 난징정부의 위생행정에 관한 전문 연구로는 입(Ka-che Yip, 1996)의 연구가 대표적이다.[32] 입의 연구는 난징정부 위생부의 활동, 국제연맹과 구미의 원조, 도시와 농촌의 의료상황, 난징정부가 근대적 위생의료체제를 수립하려는 노력 등 난징정부의 전반적인 위생행정을 검토하고 있다. 그러나 중앙정부 차원의 위생행정에 집중하다보니 국가 위생의료체제는 입론 차원에서 다루어질 뿐 그 구체적 실상에는 접근하지 못했다. 더욱이 지방정부의 위생행정에 대한 구체적 성과와 한계에 대한 진단 없이 난징정부 시기 국가 위생의료체제의 성과와 한계를 평가할 수는 없을 것이다. 따라서 최근 연구들이 베이핑 · 상하이 · 텐진 · 홍콩 등 각 지방정부의 위생행정에 관심을 기울이는 것은 당연한 귀결이라 생각한다. 다른 한편, 도시위생에 관한 연구는 단순히 도시를 배경으로 하는 것에 만족하지 않고 도시사적 관점에서 도시위생과 도시공간의 관계를 보다 역동적으로 접근하려고 시도하고 있다.[33]

---

32 Ka-che Yip, *Health and National Reconstruction in National China: The Development of Modern Health Services, 1928-1937*(Ann Arbor: Association for Asian Studies, 1996).

33 신규환, 「근대 중국 도시사의 새로운 접근: 위생 · 의료사의 시각」, 『중국근현대사연구회 정기발표회 도시사특집 자료집』(서울: 연세대학교 박물관 시청각실, 2007. 12. 15).

로가스키(Ruth Rogaski, 2004)는 톈진을 과식민지(過植民地, Hyper-colony)로 규정하고 톈진에서 위생의 근대성이 형성되는 과정을 검토했다.[34] 그에 따르면 톈진에서는 다층적인 제국주의 권력, 특히 일제의 위생행정이 제국주의 각국과 중국의 위생행정에 영향을 주었다고 한다. 그러나 중국의 위생행정에서 일본의 영향은 지역 상황에 따라 다를 수밖에 없는데, 특히 조계의 위생행정을 중국에서 일반적인 경향으로 설명하기는 어렵다고 생각한다.

배경한(2003)은 국내 연구로서는 선구적으로 지방정부의 위생행정을 다룬 바 있는데, 그는 1920-1930년대 상하이에서 '위생의 법제화'와 '과학화'를 통해 국가권력이 일상생활에 개입하여 일상생활의 변화까지 초래했다고 지적하고 있다.[35] 그러나 상하이에서 이뤄진 위생의 법제화가 중국에서의 위생의 근대성을 대표하는 것인지에 의문이 들 뿐만 아니라 위생행정이 도시환경과 시민의 일상생활에 어떠한 변화를 가져왔는지 그 구체상이 해명되었다고 보기 어렵다.

양녠췬(楊念群, 2001; 2006)은 난징정부 시기 베이핑을 소재로 한 일련의 연구를 통해 도시공간에 대한 경찰 통제는 오히려 제한적이었고, 위생구(衛生區)의 설립을 통한 의료통제가 훨씬 효과적이었으며, 국가권력은 의료통제를 통해 도시사회생활에 대해 더욱 전면적인 통제를 실현했다고 주장한 바 있

---

34 Ruth Rogaski, *Hygienic Modernity: Meanings of Health and Disease in Treaty-Port China* (Berkeley and Los Angeles, California: University of California Press, 2004).

35 배경한, 「1920·30년대 상해의 위생」, 배경한 편, 『20세기초 상해인의 생활과 근대성』(서울: 지식산업사, 2006).

다.[36] 양녠췬의 연구는 의료사회사적 관점에서 위생행정의 중요성을 새롭게 인식시키고, 근대 도시공간의 특성을 설명하는 데 매우 유용한 관점을 제공하고 있다는 점에서 주목된다.

그런데 양녠췬의 연구는 몇 가지 점에서 보완해야 할 과제를 남겨두고 있다. 첫째, 그의 연구가 위생행정의 중요성을 강조하기 위해 경찰구(警察區)와 위생구(衛生區)를 지나치게 대립적인 관계로 설정해놓았다는 점을 지적할 수 있다. 이럴 경우 위생행정의 중요성을 부각하기는 편리하지만 경찰행정과 위생행정의 상호관계를 간과할 우려가 있다. 둘째, 그의 연구는 도시공간의 지역적 분절성을 고려하지 않았다. 베이핑이라는 도시공간에 위생행정이 일률적으로 동일하게 적용된 것인지 검토해보아야 한다는 것이다. 1930년대 베이핑시의 행정구역은 기본적으로 성내구(城內區) 6개구, 성외구(城外區) 5개구, 교구(郊區) 4개구 등 15개구로 구성되어 있었다. 위생구는 1925년 9월 위생실험 차원에서 1개의 위생구가 내1구(內一區)에 설치되었다가 베이핑시정부 성립 이후 점차 내성구 4개 구로 확대되었다.[37] 1932년 8월 북교(北郊) 지역에 설립된 칭허실험구(淸河實驗區) 등지에서도 위생실험이 진행되긴 했지만, 난징정부 시기 동안 외성구와 교구에는 사실상 위생구가 설치되지 않았다. 따라

---

36 楊念群, 「'地方感'與西方醫療空間在中國的確立」, 『學人』 第12輯, 江蘇文藝出版社, 1997; 楊念群, 「"蘭安生模式"與民國初年北京生死控制空間的轉換」, 『社會學硏究』 1999-4; 楊念群, 「民國初年北京的生死控制與空間轉換」, 楊念群 主編, 『空間·記憶·社會轉型: "新社會史"硏究論文精選集』(上海: 上海人民出版社, 2001); 楊念群, 『再造'病人': 中西醫冲突下的空間政治(1832-1985)』(北京: 中國人民大學出版社, 2006).

37 제일위생구사무소(第一衛生區事務所)의 최초 성립 시 정식 명칭은 '경사경찰청시판(京師警察廳試辦) 공공위생사무소(公共衛生事務所)'였으며, 1928년 베이핑시정부 성립 이후 정식 명칭은 '베이핑특별시위생국(北平特別市衛生局) 제일특별위생구사무소(第一特別衛生區事務所)'로 변경되었다.

서 위생구가 없는 외성구와 교구에서 위생행정의 전개 양상은 내성구와는 다를 수밖에 없었을 것이다. 셋째, 그의 연구는 베이핑시정부의 위생행정 중에서도 지나치게 출생·사망 관리에만 한정되고 있다는 점을 지적할 수 있다. 이럴 경우 국가권력에 의한 단편적인 통제만이 강조될 수밖에 없고, 베이핑시정부의 위생행정이 지향한 국가의료의 실체에도 접근하기 어렵게 된다. 왜냐하면 국가권력의 일방적인 통제만을 강조하게 되면, 위생행정의 효율성이 설명되기 어려울 뿐만 아니라 국가권력의 통제와 도시민의 일상생활의 역동성을 드러내기도 어렵기 때문이다. 이와 같은 역동성을 드러내기 위해서는 도시민의 관점에서 위생행정을 바라보는 시각이 필요하다. 그러나 사료상의 제한으로 이러한 관점을 부각하기란 쉽지 않을 것이다. 따라서 이 책에서는 일차적으로 국가권력의 시각에서 베이핑시정부의 위생행정 전반에 대한 체계적인 접근을 시도하되, 베이핑시정부가 효율적인 위생행정의 집행을 위해 어떠한 위생통제시스템을 구축해갔는지에 주목할 것이다. 그런 다음 위생행정을 받아들이는 도시민의 시각을 고려할 것이다.

이 책 역시 양녠췬의 연구와 마찬가지로 국가권력이 위생행정을 통해 어떠한 통제시스템을 구축했는지 관심을 두고 있다. 그러나 기존 연구와 같이 베이핑시 위생행정의 일방적인 통제와 성과만을 강조하지 않고, 앞서 제기한 세 가지 관점에 주목하여 베이핑시의 위생행정에 대한 성과와 한계를 동시에 드러낼 수 있는 시각을 제시하고자 한다.

이상과 같은 문제의식에서 베이핑시정부의 위생행정에 접근하기 위해서 우선은 위생개념 자체에 대한 분석이 필요하다. 왜냐하면 중국에서는 위생 개념에 대한 일반인과 지식인 등의 인식 자체가 상이한데다가, 그와 같은 인식 차이를 극복하기 위한 상호소통 과정에서 필자가 주목하는 국가의료 구상이 등장했다고 볼 수 있기 때문이다.

제1장 '청말민국기 중서의의 위생론과 국가의료 구상'에서는 근대적 위생 개념의 도입과 함께 위생 개념 자체가 중의와 서의, 지식인과 일반인 등의 인식이 상호 경쟁하는 장이 되었고, 위생을 둘러싼 그들 사이의 대립관계를 극복할 수 있는 새로운 돌파구가 바로 국가의료였다는 점을 검토할 것이다. 베이핑시정부의 국가의료의 구체상을 검토하기에 앞서 위생으로부터 국가의료로 발전하는 과정을 위생개념 자체에서 확인해보고자 한다.

그다음으로 위생행정의 근간이라고 할 수 있는 출생·사망 관리, 질병 통제, 환경위생, 위생교육 등을 집중 검토할 것이다.[38] 우선 제2장 '조산사의 제도화와 근대적 생육 관리'와 제3장 '통계조사원의 등장과 근대적 사망 관리'에서는 위생행정의 기초 인프라로서 출생·사망 관리가 어떻게 전개되었는지를 검토할 것이다. 출생·사망 관리는 강제와 훈육으로 대표되는 근대적 위생의료체제의 핵심으로 이해된다. 근대적 위생의료체제를 구축하기 위해 근대국가는 근대적 의학교육을 받은 의사와 간호사 등 전문의료인의 양성을 통해서 전통사회에서 출생·사망을 주관했던 산파(產婆)와 음양생(陰陽生)의 역할을

38 위생행정의 범위는 매우 광범위하며, 논자에 따라 다양하기도 하다. 근대 중국의 위생행정 분야에서 가장 영향력 있었던 존 그랜트의 분류와 1930년대 베이핑시정부의 위생행정 편제 등을 통해 볼 때, 대체로 위생행정의 범위는 ①출생·사망통계의 작성 등 출생·사망 관리, ②각종 전염병 통제, 의약 관리 및 병원 관리를 통한 질병 통제, ③상하수도, 쓰레기·분뇨 처리, 식품, 도로 청결 등을 포함한 환경위생, ④학교위생·공장위생·모자위생을 포함한 위생교육 등의 범위를 벗어나지 않는다. 蘭安生(John B. Grant), 余濱 譯, 『公共衛生學』(南京: 衛生部中華衛生教育研究會, 1930), 25-68쪽; 「北平市衛生局第一衛生區事務所組織表」, 北平市衛生局 編, 『北平市衛生局第一衛生區事務所第十一年年報』, 第11期, 1936.

대신하고자 했다. 그러나 의사나 간호사의 양성에는 시간과 재원이 필요했고, 이를 과도기적으로 뒷받침할 존재가 바로 조산사(助産士)와 통계조사원(統計調査員)이었다. 제2장과 제3장은 이들의 등장 과정과 역할 등을 해명할 것이다. 이때 베이핑시의 위생행정을 보다 입체적으로 분석하기 위해 베이핑시의 공간구조를 내성구 · 외성구 · 교구로 획분하여 각각의 공간에서 출생 · 사망 관리에 어떠한 차이가 있었는지 검토할 것이다.

제4장 '위생교육과 위생운동대회'에서는 일반인을 대상으로 한 위생교육과 정기적인 위생운동대회의 전개 양상을 검토할 것이다. 위생교육과 위생운동대회는 강제와 훈육으로 표상되는 위생통제시스템과는 달리 시민들의 유연한 참여를 이끌었고, 사회적인 계몽적 효과도 컸다. 따라서 시정부는 강제성에만 의존하지 않고 계몽적 성격의 위생교육과 위생운동대회 등을 통해 시공간에 대한 통제를 보다 보편화 · 중층화 · 일상화할 수 있었다.

제5장 '전염병의 유행과 시정부의 전염병 대책'에서는 시정부의 질병 통제 가운데 전염병 대책과 그것이 공간 통제에 어떤 영향을 미쳤는지 집중 분석한다. 전염병은 급성전염병(急性傳染病)과 만성전염병(慢性傳染病)으로 나눌 수 있는데, 급성전염병의 대부분은 법정전염병(法定傳染病)으로 지정되어 전염병 발생 24시간 내에 시정부에 보고하고 즉각적인 공간 통제를 실시하도록 하고 있었다. 폐결핵 · 성병과 같은 만성전염병은 사망률과 전염성이 높았지만 강제적인 통제가 쉽지 않은 질병이었다. 일반 외래환자(外來患者)의 문진(問診)과 가정방문에 의존했던 폐결핵 통제와 달리, 성병 통제는 기녀 및 산모 등 특정계층에 대한 통제를 강화했다.

제6장 '성병기원논쟁과 상하이와 베이핑의 성병 통제'에서는 베이핑시의

전염병 통제 중에서도 성병을 집중 검토한다. 성병은 시정부로서는 가장 통제하기 어려운 질병이었고, 성병을 통제하기 위한 각 도시의 대책은 상이했다. 상하이와 베이핑은 폐창과 공창으로 대표되는 성병 통제 방안을 제시했고, 두 도시의 사례에 대한 비교 분석은 베이핑의 성병 통제가 갖는 의미를 더욱 부각해줄 것이다.

제7장 '베이징의 도시환경과 위생개혁'에서는 명·청 이래 수도로서의 베이징의 도시환경을 검토하고, 베이징의 환경 문제가 오랜 세월에 걸쳐 축적된 만성적인 문제였음을 해명할 것이다. 아울러 상수도 설치 및 급수체계의 개선, 하수 처리시설의 정비, 분뇨 처리, 쓰레기 및 오물 처리 등 베이징의 환경 문제를 개선하기 위한 시정부의 개혁정책을 검토할 것이다.

제8장 '베이핑시정부의 '분뇨처리업 관영' 구상과 환경위생의 개혁'에서는 환경개혁의 대표적 사례로서 베이핑시정부의 '분뇨처리업 관영' 구상 및 관독상판(官督商辦)의 실시 내용을 검토할 것이다. 환경위생에는 상·하수도 설비 및 분뇨·쓰레기 처리, 식품, 도로 청결 등이 포함된다. 그중 분뇨처리업의 개혁[糞業改革]이 환경위생 분야 중 가장 사회적인 관심사였다. 환경위생의 개혁을 위해 베이핑시정부는 분뇨처리업의 관치경영[糞業官辦]을 계획했다가 똥상인[糞商] 및 똥장수[糞夫]들의 저항에 부딪히고, 결국은 관독상판을 실시하게 된다. 분뇨처리업의 개혁을 매개로 국가와 사회가 경쟁하고 타협하는 과정을 살펴보게 될 것이다.

제9장 '똥장수의 일상생활과 분업개혁'에서는 일본점령기의 분업개혁의 전개 양상을 검토한다. 점령정부 하에서도 시정부는 관독상판을 지속했다. 점령정부는 분업개혁의 요구 속에서 관독상판과 민간조직을 적극적으로 활용하

고자 했다.

제10장 '콜레라 유행과 베이징의 위생행정'에서는 일본점령기 콜레라 통제를 통해서 점령기 위생행정이 어떻게 변모했는지를 검토한다. 일본점령기 시정부는 위생국을 독립적으로 운용하면서 위생구사무소를 확대하는 등 기존 베이핑시의 위생행정의 유산을 지속하면서 점령행정을 강화하고자 했다.

제11장 '20세기 전반 베이징의 공간 재편과 균열'에서는 시정부의 공간 재편을 위한 노력과 도시사회의 저항과 균열 양상을 검토한다. 특히 위생의 혼종성이라는 관점을 통해 아래로부터 민간사회의 의료공간에 대한 저항과 균열 양상을 살펴볼 것이다.

이로써 20세기 전반에 걸쳐 베이징의 위생행정이 도시공간을 재편하고 통제하는 데 어느 정도의 성과를 달성할 수 있었는지, 근대국가 건설에서 위생행정이 차지했던 역동적 역할과 그 위상을 검토할 수 있을 것이다. 베이징의 위생행정에 관한 이 연구는 중국의 근대적 위생의료체제에 관한 기존 서양중심적 시각과 그에 대한 반작용으로서 중국 전통을 강조하는 시각이라는 양극단에서 벗어나 근대적 국가 건설에 부합한 중국적 근대성을 구축하고자 했던 중국인의 시각을 복원하는 데에도 기여할 것으로 생각한다. 더 나아가 1930-1940년대 중국에서 근대적 위생행정을 통한 공간 통제와 아래로부터의 균열 양상이 규명된다면, 근대 중국에서 위생의 근대성을 이해함은 물론 차후 옌안 시기와 신중국(新中國) 성립 이후 중국적 위생의료체제의 형성 과정을 해명하는 데에도 도움이 될 것이다.

1부

위생의 개념사

1

청말민국기 중서의의
위생론과 국가의료 구상

'위생'이라는 개념은 1874년 일본 서양의학의 선구자이며, 메이지정부(明治政府) 내무성 초대 위생국장을 지낸 나가요 센사이(長與專齋, 1838-1902)에 의해 창안되었다. 서양 문명을 배우기 위해 구성된 이와쿠라 사절단(岩倉使節團, 1871. 11-1873. 9)의 일원이었던 나가요는 구미 시찰 중 영미의 'Sanitary' 혹은 'Health'와는 다른 독일의 'Gesundheitspflege(건강보호)' 혹은 'Öffentliche Hygiene(공중위생)'이라는 개념을 접하고, 그것이 단순히 개인의 건강 보호를 의미하는 것이 아니라 특정 행정조직을 통해서 국가가 국민의 건강 보호를 책임지고 있다는 것을 발견했다. 나가요는 이를 '위생'이라는 용어로 번역했는데, 이는 난학(蘭學)의 영향을 받아 개인의 생리 기능에 한정되었던 오가타 코안(緖方洪庵, 1810-1863)의 'Gezondheid(건강)'의 인식 범위를 넘어서는 것이었다. 즉 나가요의 위생에는 국가의 적극적 개입이라는 의미가 포함되어 있었다.[1] 한말 조선에서도 위생은 부국강병을 위한 유력한 방안으로서 김옥균(金玉均, 1851-1894), 박영효(朴泳孝, 1861-1939) 등 개화파에 의해 주목받기 시작했으며, 유길준(兪吉濬, 1856-1914)은 한발 더 나아가 국가

---

1 William Johnston, *The Modern Epidemic: A History of Tuberculosis in Japan*(Cambridge: Cambridge, Mass., 1995), p.179; 劉士永, 「'清潔','衛生'與'保健'-日治時期臺灣社會公共衛生觀念之轉變」, 『臺灣史研究』 8-1(2001), 46-47쪽.

적 통제를 통한 체계적인 위생행정의 수립에 관심을 가졌다. 즉 조선의 개화파에 의한 위생 역시 질병 예방을 위해 국가의 개입과 개인 자유의 제한을 정당화하는 것이었다.[2] 그렇다면 중국에서는 위생이 어떤 의미로 사용되었을까?

19세기 말 중국에서는 개명지식인과 관료들에 의해 치도(治道)·치수(治水)·위생·경찰 등 근대적 제도개혁에 대한 요구가 끊임없이 제기되었으나 새로운 세기를 맞이하기 전까지 구체적인 실천은 보이지 않았다. 일본식 정체(政體)의 수립을 추구했던 변법개혁이 좌절된 후, 더이상 제도개혁을 미룰 수 없게 된 청조는 1901년 신정(新政)을 통해 근대적 개혁 작업에 착수했다. 청조는 선진 문명과 기술을 배우기 위해 관비유학생을 일본과 서양 각국에 파견했는데, 특히 일본의 국가체제는 청일전쟁과 러일전쟁을 통해 그 우월성이 입증되어 중국이 추구해야 할 근대적 국민국가의 모델이 되기도 했다.[3]

1905년 청조는 정부조직을 근대적으로 재편하는 관제개혁을 통해 순경부(巡警部) 경보사(警保司) 아래 위생과(衛生科)를 설치했고, 1906년에는 순경부를 민정부(民政部)로 개명하고 그 아래 위생사(衛生司)를 두어 보건·방역·의료[方術] 등의 업무를 담당하게 했다.[4] 즉 중국에서 위생은 경찰행정의 일환으로 등장하게 되었으며, 이때부터 위생은 보건이나 의료의 상위개념으로 사용되기 시작했다. 그러나 청조의 관제개혁은 국민을 창출하는 수단이자 국가

2 박윤재, 「양생에서 위생으로: 개화파의 의학론과 근대국가 건설」, 『사회와 역사』 63(2003).

3 청조의 관제개혁은 Douglas R. Reynolds, *The Xinzheng Revolution and Japan, 1898-1912* (Cambridge, Mass.: Council on East Asian Studies, Harvard University: Distributed by Harvard University Press, 1993), 李仲賢 譯, 『新政革命與日本: 中國 1898-1912』(南京: 江蘇人民出版社, 1998).

4 韓延龍·蘇亦工 等著, 『中國近代警察史』上 (北京: 社會科學文獻出版社, 1999), 59-79쪽.

건설에 필수 불가결한 요소로서 위생을 인식하고 있었다기보다는 단순히 일본식 정체에 포함된 정부조직을 모방하는 수준이었다.

최근 연구들은 중국에서 위생이 서양의 근대에 도달하기 위해 성취해야 할 개혁모델로 수용되거나 위생기구 설치 등 제도적 성과가 증대되면서 위생의 근대성을 획득해갔다고 평가하고 있다.[5] 그런데 일본에서 근대적 '위생'이 도입되기 이전부터 중국에서는 이미 위생이라는 용어가 사용되고 있었고, '위생' 자체가 국가권력에 의해 강력한 추동력을 얻고 있었던 것도 아니었기 때문에 사용 주체마다 그 의미가 같을 리 없었다. 말하자면 중국에서 위생 개념은 국가의 적극적 개입이라는 의도가 도입 초기부터 관철되어 있었던 것이 아니라, 각 사용 주체의 의도와 방식에 따라 다양한 함의를 내포할 가능성이 있었다. 따라서 그와 같은 인식 차이에도 각각의 세력들이 위생행정의 필요성과 중요성을 공유하게 된 계기 등에 대해서 충분히 해명될 필요가 있을 것이다.

이 장에서는 위생 개념의 등장과 발전 과정을 재조명하여 서로 다른 위생 인식이 경쟁하는 가운데 위생 개념의 변모 과정에 주목하고, 위생에 대한 일반인과 계몽지식인의 인식, 특히 중의와 서의의 인식 등을 검토하여 근대국가 건설기에 위생이 어떤 역할을 수행했는지를 따져보려고 한다. 그런 연후에 중서의논쟁과 베이징협화의학원 학생들의 위생인식 변화 가운데 국가의료가 등장하는 과정에 주목하고자 한다. 이는 위생의 의미와 중국인이 주체가 된 근대적

---

5 Ruth Rogaski, *Hygienic Modernity: Meanings of Health and Disease in Treaty-Port China* (Berkeley and Los Angeles, California: University of California Press, 2004), pp.136-144; 雷祥麟,「衛生爲何不是保衛生命? 民國時期另類的衛生, 自我與疾病」,『台灣社會研究季刊』第54期(2004. 6); 余新忠,「清末における'衛生'概念の展開」,『東洋史研究』64-3(2005. 12).

위생의료체제의 형성 과정을 이해하기 위해 꼭 필요한 작업이다. 이 글에서 다룰 시기는 청일전쟁(1894-1895)에서 난징정부(1928-1937)까지이다. 청일전쟁기는 홍콩과 광둥(廣東) 지역의 페스트 창궐과 일본의 타이완(臺灣) 점령으로 구미와 일본의 위생행정을 중국인들이 목도했던 시기였고, 난징정부기는 중국인들 스스로 위생행정을 본격적으로 논의하고 실천한 시기였다.

양생에서 위생으로

1. 전통적 양생과 위생의 의미

현대적 의미에서 '위생'은 단순한 청결에서부터 장생, 신체 보양, 질병 예방 등 인간의 생명을 보호하는 모든 활동에 이르기까지 다양한 함의를 품고 있고, 그 포괄 범위가 매우 넓다고 할 수 있다. 위생이라는 말은 『장자(莊子)』「잡편(雜篇)·경상초(庚桑楚)」에 처음 등장하는데,[6] 『장자』에서 말하는 위생은 자연의 도에서 벗어나지 않고 순응하는 일종의 양생법을 가리킨다. 위생은 글자 그대로만 보면 생명(生命)을 보위(保衛)한다는 뜻인데, 중국 고대에는 양생(養生)·도생(道生)·섭생(攝生)·양성(養性) 등과 혼용해 사용되었다.[7] 그중에서

---

6 "대저 至人이란 사람과 더불어 땅 위에 어울려 살고, 천지자연을 함께 즐기는 사람이다. 사람이나 사물, 이익과 손해 때문에 남과 다투지 아니하며, 남달리 괴이한 짓을 하지 않으며 어떤 모의도 하지 않고, 어떤 일을 이룩하려 들지도 않는다. 자연스럽게 갔다가 아무 거리낌 없이 돌아온다. 이것을 衛生之經이라 한다[夫至人者, 相與交食乎地, 而交樂乎天, 不以人物利害相攖, 不相與爲怪, 不相與爲謀, 不相與爲事, 翛然而往, 侗然而來, 是謂衛生之經已]." 조관희 역해, 『莊子』(서울: 청아출판사, 1990), 251-252쪽.

7 鄭金生, 『中國古代的養生』(北京: 商務印書館國際有限公司, 1997).

인간의 생명을 보양한다는 것을 의미하는 양생은 전통사회의 대표적인 위생론으로 간주되어왔다. 양생은 도교에서 연단술과 함께 불로장생을 위한 대표적인 방법으로 사용된 것인데, 신체의 단련을 통한 건강증진과 질병 예방을 도모하는 것이어서 도교의 전유물만은 아니었다. 특히 양생을 통해 부모에게서 물려받은 신체를 건강하게 유지하는 것은 유교적 교양을 갖춘 지식인에게 빠질 수 없는 덕목이었다. 그들은 '덕자수(德者壽)'라는 관점을 공유하면서 양생과 양덕(養德)을 불가분의 관계로 파악했다. 또한 그들은 양생론을 전개할 때 양생보다도 수신(修身)이라는 말을 더 많이 사용했는데, 이는 유교의 양생론이 도덕수양에 초점을 맞추고 있음을 보여주는 것이다.[8]

양생의 방법과 범위는 음식·기거·복식 이외에 정신·환경·수면·방사·운동·오락·약물 등 의식주를 포함한 일상생활에서 흔히 접할 수 있는 거의 모든 분야를 망라하고 있다. 따라서 의학 방면의 전문지식에 의존하지 않아도 생활 속에서 실천할 수 있는 간단한 양생법은 터득하기 어렵지 않았다. 게다가 의료혜택을 받기 어려운 현실과 값비싼 약가를 고려할 때, 병환에 시달리기 전에 몇 가지 양생법을 익혀 질병을 예방하는 것은 현명한 처사로 여겨졌다. 사실 양생이 어느 정도로 대중적인 지지를 받았는지 평가하기는 어렵다. 다만 명·청대에는 대부분의 의서에 양생 항목이 별도로 할애되어 있었고, 전문적인 양생서가 다수 출간될 정도로 양생에 대한 인식이 체계적으로 정리되고 보편화되어 있었다는 점을 지적할 수 있다.[9]

---

8 廖果, 『自養之道: 中國古代個體差異養生學說』(北京: 華藝出版社, 1993), 171-197쪽.

9 명대의 의서에서는 "양생이 의약보다 우선한다"라고 주장하거나, "병에 걸린 후에 복약(服藥)을

양생서의 보급과 함께 청말에는 서양의 양생법도 소개되기 시작했다. 청말의 대표적인 실업가이자 양무관료였던 정관잉(鄭觀應, 1842-1922)은 『중외위생요지(中外衛生要旨, 1890)』 4권을 편찬했는데, 이 책에서 그는 중국 고유의 양생·음식·기공(氣空) 이외에 향거(鄉居)·여행·운동 등 서양의 양생법을 소개한 바 있다.[10]

> 중의와 서의에게 물으니, 사람이 그 몸을 스스로 보하는 것은 의사들이 병을 치료하는 것보다 쉽고, 보신 방법의 대강은 기거에 신중하고(愼起居), 음식을 절제하며(節飮食), 욕심 부리지 않고 마음을 맑게 하고(寡慾淸心), 마음가짐을 가지런히 하여 기를 돋울(存神養氣) 따름이라 한다. 따라서 서양의 의과학자들이 정신을 배양하여 병의 근원(病源)을 끊는 데는 6가지 요체가 있다. 빛·열·공기·물·음식·운동이 그것이다. 그 이치를 따져보면, 자못 그 속에서 양

잘하는 것보다는 병에 걸리기 전에 스스로 예방하는 게 낫다"라는 주장을 쉽게 찾아볼 수 있다. 의서들은 하나같이 질병에 걸린 후 약물치료에만 의존하려 하지 말고 평소 양생에 힘쓸 것을 강조했다. 명대에는 전문적인 양생서도 많이 출간되고 있는데, 胡文煥은 기존 34종의 양생서를 종합하여 『수양총서(壽養叢書)』를 편찬했고, 고렴(高濂)은 『준생팔전(遵生八箋)』 20권을 편찬하여 명대 양생서를 집대성했다. 고렴은 양생을 위한 8가지 덕목으로 청수묘론전(淸修妙論箋), 사시조섭전(四時調攝箋), 기거안악전(起居安樂箋), 연년각병전(延年卻病箋), 음찬복식전(飮饌服食箋), 연문청상전(燕問淸賞箋), 령비단약전(靈秘丹藥箋), 진외하거전(塵外遐擧箋) 등을 제시하고 있다. 즉 의식주와 의약 등을 모두 포괄하면서 심신 조양의 중요성을 강조했는데, 고렴의 저작은 후대에 영향력도 매우 컸다. 청대에는 명대의 양생론을 계승·보급·확산시켰다는 특징이 있다. 우승(尤乘)의 『수세청편(壽世靑編)』은 기존의 양생이론과 방법을 종합 정리했고, 이 책은 황극미(黃克楣)의 『수신소박(壽身小朴)』과 함께 독일어로 번역되기도 했다. 왕앙(汪昂)은 『수세청편』을 모방하여 『물약원전(勿藥元詮)』을 편찬했는데, 그 안에 포함된 『내경(內經)』에는 예방의학과 양생사상이 나타나 있고, 일본에도 전해졌다. 이 밖에도 서문필(徐文弼)의 『수세전진(壽世傳眞)』, 방개(方開)의 『연년구전법(延年九轉法)』, 왕정(汪晸)의 『수인경(壽人經)』 등이 있다. 이상의 내용은 李經緯·林昭庚 主編, 『中國醫學通史』 古代卷(北京: 人民衛生出版社, 2000), 제9장, 제10장을 참고.

10 鄭觀應 著, 夏東元 編, 『鄭觀應集』 2冊(上海: 上海人民出版社, 1982, 1988).

생법을 얻을 수 있다.[11]

19세기 말은 서양의 위생이 점차 중국에 소개되기 시작하던 시기인데, 정관잉에게 서양의 위생은 보신을 강조하는 전통적 양생과 다를 바 없었다. 이처럼 19세기 말까지 양생은 '수세(壽世)'·'수양(壽養)'·'수인(壽人)'·'수신(壽身)'·'연년(延年)' 등과 같은 양생 전문서의 제목들이 나타내듯이 개인위생의 범위 중에서도 주로 장생이나 보신 등을 위한 추상적이면서 제한된 목표에 한정되고 있었다.

장생이나 보신을 강조하는 양생론은 개인들의 위생의식에 지대한 영향을 미쳤고, 명·청대뿐만 아니라 청말 이래 민국기에도 지속적인 영향력을 가지고 있었다. 이처럼 위생을 신체 보양이나 장생의 의미로 사용하는 사례는 청말 이래 민국기의 신문광고에서도 쉽게 확인할 수 있다. 위생주(衛生酒)·위생당(衛生糖)·위생병(衛生餅)·위생금단(衛生金丹)·위생융의(衛生絨衣) 등 각종 기호식품과 건강보조식품·의약품·의복 등에 위생이라는 단어가 상용되었다.[12]

위생이 신체 보양의 의미로 간주되는 단적인 사례를 보양주(保養酒)의 명

11 鄭觀應, 「『中外衛生要旨』序」, 鄭觀應 著, 夏東元 編, 『鄭觀應集』下(上海: 上海人民出版社, 1988), 1167쪽.

12 「衛生酒」, 『申報』(1895. 9. 18), 5면; 「衛生酒」, 『申報』(1895. 9. 19), 5면; 「衛生酒」, 『申報』(1895. 11. 2), 5면; 「雪白保身養體衛生糖」, 『申報』(1896. 5. 4), 5면; 「衛生酒」, 『申報』(1896. 10. 15), 3면; 「頤壽堂戒煙衛生金丹」, 『申報』(1897. 3. 29), 5면; 「衛生酒」, 『申報』(1901. 4. 18), 3면; 「衛生至寶立命眞方」, 『申報』(1907. 4. 24), 6면; 「衛生治病第一戒煙聖藥」, 『申報』(1907. 5. 22), 9면; 「封精固髓保命衛生」, 『申報』(1907. 5. 27), 14면; 「衛生第一秘寶」, 『申報』(1907. 9. 6), 6면; 「衛生要品」, 『申報』(1907. 11. 10), 8면; 「衛生第一至寶」, 『申報』(1908. 4. 14), 1장 6판; 「普天下衛生第一奇藥」, 『申報』(1908. 9. 18), 2장 5판.

칭에서 엿볼 수 있다. 청말 이래 인삼(人蔘)·녹용(鹿茸)·해구신(海狗腎)·영지(靈芝) 등을 넣어 만든 술을 '보신주'·'위생주'라는 이름으로 판매하는 광고가 신문지상에 자주 등장한다.[13] 즉 여기서 사용된 위생의 의미는 보양이나 보신과 다를 바 없었다. 그런데 'Martells Brandy'라는 양주를 판매하는 회사는 이 술에 '위생명주'라는 명칭을 붙이고, 식전식후에 이 양주를 상용하면 페스트와 이질을 예방할 수 있다고 광고했다.[14] 이는 위생이 신체 보양뿐만 아니라 질병 예방의 의미로도 사용되었다는 것을 보여준다. 그러나 여기서 말하는 질병 예방 역시도 개인위생에 한정된 것이었다.

위신중(余新忠)은 청말 강남 지역의 전염병에 관한 연구를 통해 명·청대의 위생은 개인위생에서부터 수원위생(水源衛生)·환경위생 등 공중위생에 이르기까지 광범위하게 존재했다고 주장한 바 있다. 그의 연구는 개인위생에 대해 양생과 위생 개념을 구분하지 않고 중국에서 위생 관념이 오랜 전통을 가진 것만을 부각하고 있는데, 이런 인식은 근대적 위생 개념의 수용과 발전과정을 이해하는 데는 오히려 방해가 된다. 심지어 그는 "청말 몇몇 위생 관념의 출현은 서양화의 결과가 아니라 전통사회 자체가 환경에 대응하는 과정에서 나타난 산물"이라고 주장한다.[15] 그러나 중국의 전통적인 공중위생 관념은 음료, 사인(死人)의 안치, 분뇨 청결 등 매우 제한된 영역에서 존재했으며, 기본적으

13 「廣告: 參茸海狗腎興陽種子衛生酒」, 『申報』(1895. 9. 18), 5면; 「廣告: 眞海狗腎壯陽種子保身酒」, 『申報』(1895. 9. 19), 5면.

14 「廣告: 衛生名酒」, 『申報』(1909. 6. 11), 4장 3판.

15 余新忠, 『淸代江南的瘟疫與社會: 一項醫療社會史的硏究』(北京: 中國人民大學出版社, 2003), 217쪽, 347쪽.

로 공중위생 관념은 매우 결핍되어 있었다.[16]

물론 전통사회에서도 국가적 차원의 의료구제시스템이 갖추어져 있었고,[17] 지역사회에서는 선당(善堂)과 같은 지역 위생의료체제가 작동하고 있었다.[18] 그러나 전통사회의 위생의료체제는 구휼·구제 등을 통해 사회적 안전망을 보완하는 기능에 중점이 맞추어져 있었다. 질병이 발생하기 전에 출생·사망 관리와 전염병 관리를 통해 인구를 관리하는 양적 인구 관리와 병원·진료소 등을 통해 질병 발생 후에 진료와 치료를 통해 인구를 관리하는 질적 인구 관리의 관념은 19세기 말부터 본격적으로 등장했다.[19]

2. 근대적 위생의 등장과 확산

청말 새로운 위생 개념이 등장한 후부터 위생행정이 본격적으로 논의되는 1920년대 중반까지 위생 개념의 변화는 크게 두 시기로 나누어볼 수 있다. 첫 번째 시기는 1894년 홍콩 페스트 발생을 전후한 시기부터 청조의 신정에 의한 위생행정이 시작되기 이전까지의 시기이다. 서구 열강의 중국 내 방역활동 등을 통해 이 시기 동안 구미와 일본의 위생행정이 중국인에게 직접 알려졌다.

---

16 范行准, 『中國預防醫學思想史』(上海: 華東醫務生活社, 1953), 40-47쪽.

17 星斌夫, 『中國の社會福祉の歷史』(東京: 山川出版社, 1988), 40-45쪽.

18 星斌夫, 『明淸時代社會經濟史の硏究』(東京: 國書刊行會, 1989); 夫馬進, 『中國善會善堂史硏究』(東京: 同朋舍, 1997); 신규환, 『질병의 사회사: 동아시아 의학의 재발견』(파주: 살림출판사, 2006), 80-84쪽.

19 Frank Dikötter, *Sex, Culture and Modernity in China: Medical Science and the Construction of Sexual Identities in the Early Republican Period*(Honolulu: Univ. of Hawaii Press, 1995), 제4장.

1894년 홍콩에서 페스트가 발생했고, 1895년 일본의 타이완을 점령한 이후 타이완에서도 페스트가 빈발하고 있었으며, 1899년 중국 동북부의 잉커우(營口)에서도 페스트가 발생했다.[20] 두 번째 시기는 1901년 신정을 통해 위생행정을 전담하는 부서인 위생사(衛生司)가 설치되고, 1910년대 초와 1920년대 초에 만저우에서 페스트가 창궐했던 시기이다. 이 시기에 중국 정부의 위생행정이 시작되었고, 일본의 위생교과서들이 중국에 다수 번역 소개되었다. 1910년 만저우 지역에서 페스트가 발생하여 영국 유학파 의학박사인 우롄더(伍連德, 1879-1960)가 만저우 방역의 책임자로 일하게 되었다. 만저우 방역은 서양의학의 능력을 시험하는 첫 실험무대였으며, 서의가 위생행정의 요직을 장악하게 된 계기로 작용했다.[21]

청일전쟁을 전후한 첫 번째 시기는 전염병의 확산으로 구미와 일본의 근대적 위생행정이 중국인들의 주목을 받게 된 시기였다. 1894년에는 홍콩과 광둥 지역에서 페스트가 발병했는데, 『신보(申報)』의 보도에 따르면, 14만여 명의 사망자가 발생했다. 홍콩 페스트는 세계적인 주목을 받아 알렉산드르 에르생(Alexandre E. J. Yersin, 1863-1943)과 기타사토 시바사부로(北里柴三郎, 1853-1931)와 같은 세계적인 세균학자들이 홍콩을 찾아왔고, 결국 그들은

---

20 홍콩(香港)·잉커우(營口) 등지의 페스트 통제에 대해서는 飯島涉, 『ペストと近代中國: 衛生の「制度化」と社會變容』(東京: 研文出版, 2000); 신규환, 『페스트 제국의 탄생: 제국의학과 근대 동아시아의 의학적 헤게모니』(역사공간, 2020) 등을 참고.

21 滿洲防疫에 대해서는 Carl F. Nathan, *Plague Prevention and Politics in Manchuria, 1910-1931*(Cambridge, Mass.: Harvard Univ. Press, 1967); Mark Gamsa, "The Epidemic of Pneumonic Plague in Manchuria, 1910-1911," *Past & Present* 190(February, 2006); 신규환, 『페스트 제국의 탄생: 제국의학과 근대 동아시아의 의학적 헤게모니』(역사공간, 2020) 등을 참고.

선페스트 병원균을 발견하고, 자신의 이름을 붙여 여시나 페스티스(*Yersinia pestis*)라고 명명했다.[22]

1894년 홍콩과 광둥에서 선페스트가 발생했을 때, 당국의 위생행정에 대한 중국인들의 저항에도 홍콩 식민당국은 도로를 통제하고 가옥을 불태우는 등 강경한 조치를 단행했다.[23] 양광총독(兩廣總督) 리훙장(李鴻章, 1823-1901)은 식민당국에 의한 검역과 위생행정의 과도하고 무분별한 조치를 예의 주시하고 있었다. 리훙장과 청조 관료들은 인민의 생활에 국가가 직접적으로 개입해서는 안 되며 그럴 수도 없다는 입장을 견지하고 있었다. 전염병이 발생했을 때 정부의 역할은 식량과 의약을 분배하고 장지(葬地)를 제공하며 제사를 주관하는 것 등에 한정되어야 한다는 생각이었다.[24] 실제로 광둥에서 페스트 방역을 위한 국가기관은 설치되지 않았으며, 방역·의료 활동은 전적으로 지역엘리트가 담당했다.[25]

1895년 일본의 위생이 중국에 처음 알려진 것은 톈진 최초의 신문인 『직

---

22 페스트의 종류에는 세 가지가 있다. 선페스트(림프절형 페스트, bubonic plague), 폐페스트(pneumonic plague), 패혈성페스트(Septicaemic plague)인데, 선페스트는 쥐벼룩에 의해 전염되며, 나머지는 사람들 사이에서 직접 전염된다.

23 Elizabeth Sinn, *Power and Charity: The Early History of the Tung Wah Hospital Hong Kong*(Oxford UP, 1989); Mary P. Sutphen, "Not What, but Where: Bubonic Plague and the Reception of Germ Theories in Hong Kong and Calcutta, 1894-1897," *Journal of the History of Medicine* Vol.52(January, 1997); Sihn Kyu-hwan, "Reorganizing Hospital Space: The 1894 Plague Epidemic in Hong Kong and the Germ Theory," *Korean Journal of Medical History* 26-1(2017. 4).

24 Ruth Rogaski, "Hygienic Modernity in Tianjin," Joseph W. Esherick ed., *Remaking the Chinese City: Modernity and National Identity, 1900-1950*(Honolulu: University of Hawai'i Press, 2000), p.38.

25 賴文·李永宸, 「1894年廣州鼠疫考」, 『中華醫史雜誌』 29-4(1999. 10), 209쪽.

보(直報)』의 보도를 통해서였다. 『직보』는 옌푸(嚴復, 1853-1921)의 사회진화론 등 근대화에 관한 논설을 많이 실었는데, 청일전쟁에 관한 보도에서 일본의 타이완 점령 시 위생과 소속 의료진에 관한 일련의 활동을 보도했다. 『직보』는 위생과 소속 의료진이 전염병을 퇴치하기 위하여 전력을 다하고 있으나 그 방법이 매우 비효율적이라고 소개했다. 또한 신문은 일본군이 위생의 원리에 대해 무지하다고 비판했다.[26] 실제로 일제는 타이완 식민통치 시기 동안 의료·위생 분야에서 많은 성과를 거두었음에도, 페스트 방역은 1896년 이래 1917년까지 20여 년이 걸리는 등 방역 문제로 고전하고 있었다.[27] 이처럼 구미와 일본의 위생행정의 일단이 중국인에게 알려졌음에도 중국인들은 구미와 일본의 위생에 미심쩍은 시선을 보내고 있었다.

그러나 다른 한편으로 서양인의 위생과 위생행정이 중국과 다를 뿐만 아니라 효율적이라는 인식도 없지 않았다. 예를 들면, 중국에서는 전염병이 발생하면 시의국(施醫局)을 설치하여 환자들을 진료하고 약을 나누어주는데, 효험이 없으면 관(官)에서는 성황묘에 제단을 설치하여 역귀를 몰아내는 무속을 행하도록 하거나 용등(龍燈)·사자등[獅燈]·코끼리등[象燈] 등을 밤낮으로 걸어두고 방사(方士)들의 무격지언(巫覡之言)을 듣게 한다는 것이다. 반면 서양에서는 전염병이 발생하면 청결국 직원들이 전염 지역에서 청결활동 및 소독을 실시하고, 환자는 별도의 시설에 격리하여 전염을 막게 하며, 사망자 역

26 Ruth Rogaski, "Hygienic Modernity in Tianjin"(2000), p.39.

27 哈鴻潛·高田, 「日本據台時期之醫學(下)」, 『中華醫史雜誌』 26-1(1996. 1), 1-2쪽; Paul Katz, "Germs of Disaster: The Impact of Epidemics on Japanese Military Campaigns in Taiwan, 1874-1895," *Annales de demographie historique*(1996), pp.195-220.

시 별도의 지역을 선정하여 매장한다는 것이다. 이처럼 서양인들의 양생법은 평소에 환기와 청결에 힘쓰고, 전염병 발생 시에는 위와 같은 주도면밀한 방법을 사용하기 때문에 전염병 대처에 효과적이라고 평가되었다.[28] 점차 서양의 위생이라 하면 청결을 떠올릴 정도로 중국인들은 서양인에 의한 방역의 핵심이 청결에 있다고 생각했다.[29] 그러나 중국과 서양의 위생이 다르다는 계속된 주장에도,[30] 위생 자체에 대한 인식은 크게 변하지 않았다.

> 세상에서 위생을 강구하는 자들을 보면, 반드시 따뜻하게 옷을 입고, 좋은 음식을 먹으며, 과로하지 않고 편하게 거하고, 검약하지 말고 몸과 성정에 맞게[達體達情] 해야 한다고 한다. 나는 그렇게 생각하지 않는다. 내가 일찍이 위생을 잘 아는 서양인에게 들으니, 천하의 누구라도 사는 것을 좋아하지 죽는 것을 좋아하는 사람은 없지만 일생에 병을 앓지 않는 자가 없다. 그 까닭은 대개가 음식의 이치를 알지 못하거나, 더러운 기운을 마시거나, 몸에 해로운 것을 먹거나, 어두운 데 기거하거나, 거동하기 어려운 곳에 앉아 있거나, 신체를 지나치게 안일하게 하거나, 노심초사하거나, 방탕하게 유희하는 등 종종의 행위가 양생의 이치에 합치되지 않기 때문에 요절을 면할 수 없게 된다. 고로 보신의 방법으로는 도시에 살기보다는 농촌에 사는 게 낫고, 의사를 부르기보다는 스스로 조섭(調攝)하는 게 낫다. 그중 가장 긴요한 요체는 다섯 가지인데, 첫째가

---

28 「論中西治疫之不同」, 『申報』(1894. 5. 25), 1면.

29 「防疫以淸潔爲先務說」, 『申報』(1899. 7. 13), 1면.

30 「論中西養身之法不同」, 『申報』(1897. 11. 7), 1면; 「論中西治疾之法不同」, 『申報』(1897. 11. 8), 1면.

일광이요, 둘째가 열이요, 셋째가 공기요, 넷째가 물이요, 다섯째가 음식이다.[31]

'일광 · 열 · 공기 · 물 · 음식' 등 서양인들이 추구하는 위생과 '음식 · 운동 · 호흡 · 성교 · 정신위생' 등을 강조하는 중국의 전통적 양생은 어떠한 차이가 있었을까? 적어도 개인위생의 관점에서 중국인들은 서양의 위생이 새로울 게 없다고 판단했다. 사실 이와 같은 인식은 근대적 위생이 본격적으로 전개되기 이전 과도기적 형태로 전통적 양생론에 기반하여 서양의 위생을 일정하게 흡수한 19세기 후반 일본의 '양생=위생론'과도 유사한 양상을 띠고 있다.[32]

이처럼 19세기 말까지 중국에서 위생은 개인위생에 집중되어 있었으며, 구미와 일본의 위생에 대해서는 기대와 우려가 교차되고 있었다. 위생에 대한 인식 역시 기존의 양생관에서 크게 벗어나지 않는 것이었다. 이러한 인식에 변화의 조짐을 보이기 시작한 것은 청말 신정시기(新政時期, 1901-1911)였다. 주로 개인위생 차원에 한정되었던 위생 논의가 점차 공중위생 그리고 위생에서 국가의 역할이 필요하다는 논의로 전환되기 시작했다.

위생의 원리를 생각해보건대, 그 핵심은 의료를 벗어나지 않는다. 중국에서 예부터 전하는 바에 따르면 주나라에는 관의사(官醫師)가 있어 의정(醫政)을 담당했다. 무릇 방내(邦內)에 질병에 걸리거나 피부병 등이 생기면 관의사들이

---

31 「衛生說」, 『申報』(1896. 8. 13), 1면.

32 일본의 '양생(養生)=위생론(衛生論)'에 대해서는 다음 논문을 참조. 成田龍一, 「身體と公衆衛生-日本の文明化と國民化」, 歷史學硏究會 編, 『講座世界歷史 四』(東京: 東京大學出版會, 1995), 376-382쪽.

분담하여 치료했다. 한해가 끝날 무렵 그 의사(醫事)를 헤아려 식량을 준비하였고, 또 식의(食醫)로서 질병이 발생하지 않도록 조호(調護)하였다. 삼대(三代)의 성대(盛代)에는 백성의 위생에 대해서 국가가 실로 간섭권(干涉權)을 가지고 있어서 『황제내경』 등의 경전은 의학의 비조(鼻祖)가 될 수 있었다. 후대에 그 의술을 배울 때 거짓과 오류를 답습하고 옛 것에 얽매여 변통이 없게 되었는데도 옳고 그름에 대해 국가가 더이상 따지지 않았다. 더욱이 서의가 새로운 방법과 새로운 기계를 경쟁적으로 숭상하며 정밀하고 치밀하게 연구하는데도 이를 모른 체했다. 그리하여 의학은 전해지지 않았고, 위생학 역시 그로 인해 방기되어 강구되지 않은 것이다. 중국 위생학의 오류는 의사들의 몽매함에서 비롯된 것이다. 특히 유가와 도가는 위생가(衛生家)의 방해물이다.[33]

이 글은 중국에서 의학과 위생이 낙후된 원인이 국가의 개입과 관련이 있다는 점을 강조하기 위해 고대국가 전성기의 사례를 끄집어내고 있다. 아울러 문명 민족일수록 위생을 중시하는데, 유가나 도가는 위생과 합치되지 않을 뿐만 아니라 위생을 저해한다고 보았다. 그것이 초래한 결과는 현재 조계의 외국인 거주지와 중국인 거주지만 비교해보아도 쉽게 알 수 있는 일이라고 저자는 지적했다. 즉 윗글의 저자는 전통적인 양생과의 절연을 선언하면서 국가의 '간섭'에 의한 강력한 위생행정을 기대했다.

실제로 청조는 관제개혁을 통해 근대적 위생행정을 실시하기에 앞서, 새로운 위생을 보급할 기반을 마련하기 위해 교육개혁을 단행했다. 예컨대 1903년

33 「衛生論」, 『東方雜誌』 2-8(1905. 9. 23), 156쪽.

발표된 각각의 학당장정에는 초등소학당 제5년, 고등소학당 제4년 과정의 '격치(格致)' 과목에 위생교육을 편입시켰고, 중학당 제3년 과정의 '박물(博物)' 과목에서 위생교육을 실시하도록 규정했다.[34] 아울러 초등·중등교육을 뒷받침할 사범교육과정에서도 위생교육을 강화했다.[35] 이를 위해 일본의 위생교과서가 다수 번역·편역되었는데, 교육부가 심의한 위생교과서는 점차 개인위생뿐만 아니라 공중위생도 포함했다.[36] 아울러 청조는 지방자치 실시 과정에서도 새로운 위생을 확대하고자 했는데, 1909년 발표된 「지방자치장정」에는 자치범위에 성진향(城鎭鄕)의 위생을 포함하도록 하고 있다. 즉 자치공소(自治公所)가 "청결, 도로, 오물 제거, 시의시약(施醫藥局), 의원의학당(醫院醫學堂), 공원, 계연회(戒煙會), 기타 성진향의 위생 업무를 담당"하도록 규정한 바 있다.[37] 민국시기 장쑤성(江蘇省) 『촨사현지(川沙縣志)』 「위생지(衛生志)」에는 지방자치장정 발표 이후 일반인들이 위생사업에 관심을 가지게 되어, 자치공소가 의약, 도로 청결, 매장 등 위생 업무를 담당했다고 언급하고 있다.[38] 즉

---

34 1902년 임인학제(任寅學制)는 중국 최초의 근대적 학제로 평가받는데, 초등소학 3년, 고등소학 3년, 중학당 4년, 고등학당 혹은 대학예과가 3년이었다. 그러나 임인학제는 실제로 시행되지는 못했으며, 1904년 공포되어 전국적으로 시행된 계묘학제(癸卯學制)는 초등소학당 5년, 고등소학당 4년, 중학당 5년, 고등학당 혹은 대학예과가 3년이었다. 李華興 主編, 『民國教育史』(上海: 上海教育出版社, 1996), 77-81쪽.

35 舒新城, 『中國近代教育史資料』 中卷(北京: 人民教育出版社, 1962), 416-699쪽. 특히 424쪽, 438쪽, 513쪽을 참조.

36 교육부가 심의한 공중위생을 포함한 위생교과서의 사례는 (日)吳秀三 著, 華申祺, 華文祺 譯, 『中學生理衛生教科書』(上海: 文明書局, 1906)에서 확인해볼 수 있다. 商務印書館은 공중위생을 포함하고 있는 자사의 위생교과서를 광고하기도 했다. 「廣告: 商務印書館 最新出版 初級師範 生理衛生」, 『申報』(1908. 11. 12), 2장 5판.

37 「地方自治章程」, 『申報』(1909. 1. 28), 4장 2판.

38 『民國川沙縣志』 卷10, 「衛生志」 第3冊, 819쪽.

국가는 지방자치를 통해서 지역사회에 청결·의료·매장 등 질병의 예방과 치료라는 새로운 위생활동을 확산하고자 했다.

1910-1911년의 만저우 방역은 중국의 위생행정에서 새로운 전환점이었다. 전염병 통제를 위해 국가 차원에서 서의의 도입을 결정지었던 사건이었기 때문이었다. 당시 만저우 지역에 진출해 있던 러시아와 일본은 만저우 방역을 빌미로 중국 문제에 개입하고자 했다. 주권을 보존하기 위해서 중국은 중국인이 중심이 된 위생행정조직을 유지하고, 가능한 한 서구화된 조치를 실행해야 했다.[39] 이를 위해 그들이 할 수 있는 우선적 조치는 국제적인 명망을 가진 서의를 그 책임자로 임명하는 것이었다. 영국 케임브리지대학 의학박사 출신인 우롄더 등이 중심이 되어 만저우 방역을 담당하게 되었던 것은 바로 그와 같은 이유에서였다. 서구식의 만저우 방역이 지역사회와 중의들의 비판을 받았음에도, 우롄더 등은 그것이 성공적이었다고 자평했다.[40]

1834년 광저우(廣州)에 피터 파커(Peter Parker, 1804-1888)의 안과병원이 개설된 이래, 선교의료를 중심으로 중국에 서양의 근대의학이 도입되었지만, 20세기 이후에도 서양 의료진과 병원의 수치는 중국 전체로 보면 극히 미미했다. 더욱이 선교의료는 예방의학보다는 치료의학에 관심을 두고 있었

---

39 Carl F. Nathan, *Plague Prevention and Politics in Manchuria, 1910-1931*(Cambridge, Mass.: Harvard Univ. Press, 1967), p.50.

40 예컨대 중화의학회 성립 선언에서도 만저우 방역은 서양의학의 질병 예방 조치의 '명망'을 고양시켜준 것으로 간주되었다. Honorary Secretary(Wu Lien-teh), "The National Medical Association of China," *The China Medical Journal* 29-6(1915. 11), p.406.

고,[41] 그 활동도 주로 해안과 도시 지역에 집중되어 있었다.[42] 그런 점에서 만저우 방역은 치료 중심이었던 서의의 이미지를 급반전시키는 데 중요한 역할을 했다고 할 수 있다. 그러나 또 한편으로는 만저우 방역의 경험은 서의의 우월성을 입증했다기보다는 오히려 효과적인 전염병 통제를 위해서는 국가권력이 개입해야 할 필요가 있음을 반증해주는 것이었다.[43]

위생인식을 변화시키는 데 있어 국가의 역할만큼 중요한 것이 신문·잡지 등을 통한 계몽담론의 역할이었다. 20세기에 들어와 신문·잡지 등에서는 '입헌'·'교육' 등과 함께 '위생'에 주목하는 논설이 많이 등장하고 있다. 신정 시기 정체개혁, 의회개설운동 등과 함께 '입헌'이 당시의 주요한 정치적 논제였고, 근대적 국민을 양성하기 위해서 '교육'이 강조된 점은 새삼스러울 게 없다. 그렇다면 위생은 당시 지배적 담론이었던 입헌·교육 등과 어떤 관계였고, 신문·잡지 등에서 왜 특별히 위생에 주목했던 것일까?

첫째는 강국이 되기 위한 논리적 기초로서 위생을 발견했기 때문이었다. 제국주의 각국에 의한 영토분할의 위협 속에서 중국이 나아가야 할 유일한 길은 구미나 일본과 같은 강국이 되는 것이었다. 강국의 표상은 육군·해군·창포·전함·철로·윤선·광산·공장·공상 등과 헌법·의회·민권 등이었다. 그

---

41 Mary Brown Bullock, *An American Transplant: the Rockefeller Foundation and Peking Union Medical College*(Berkeley: University of California Press, 1980), p.142; Ka-che Yip, *Health and National Reconstruction in National China: The Development of Modern Health Services, 1928-1937*(Ann Arbor: Association for Asian Studies, 1996), p.19.

42 Harold Balme, *China and Modern Medicine: A Study in Medical Missionary Development* (London: United Council for Missionary Education, 1921), p.77.

43 Hsiang-Lin Lei, "When Chinese Medicine encountered the State 1910-1949," Ph. D. Dissertation, Chicago, Illinois(June, 1999), p.37.

러나 군사력을 갖추었다고 해도 애국심이 없거나 민권과 의회가 있다 해도 이를 운영할 능력이 없다면 아무 소용이 없었다. 따라서 강국이 되기 위해서는 국민을 교육시켜야 하고 그중에서도 '지육 · 덕육 · 체육'을 강화하는 일이 무엇보다 시급한 과제로 부상했다.[44]

교육 중에서도 체육은 가장 우선해야 할 분야로 여겨졌다. 왜냐하면 "인민이 국가의 기초라면 신체는 인생의 기초이고, 신체가 강해야 인민이 강해지고 인민이 강해야 국가가 강해"지기 때문이었다.[45] 서양인은 물론이고 같은 황인종인 일본인들과 비교해도 중국인의 신체는 박약하기 그지없었다. 중국말을 하지 않아도, 중국옷을 입고 있지 않아도 어느 누구라도 한번 보면 누가 중국인인지 금방 알 수 있을 정도였다. 구부정한 허리, 연신 기지개와 하품을 하는 모습, 빈번한 기침 등은 마치 중국인의 표상과도 같았다.[46]

이와 같은 병약한 중국인의 모습은 '동아병부(東亞病夫)'라는 용어로 축약되었다. 1896년 *Yearbook of the London School*에 'The sick man of Asia'라는 용어가 처음 사용되었는데, 1896년 10월 17일 상하이 영자신문인 *North-China Daily News*에 그 전문이 실렸고, 다시 11월 1일 『시무보(時務報)』가 전문을 번역했다. 이때 『시무보』는 "대저 중국은 동방의 병부[東方之病夫]다. 마비되어 감각이 없어진 지 이미 오래되었다"라고 번역했고, 여러 잡지를 통해 서양인 특히 일본인이 중국인을 멸시하는 용어로 '동방병부' · '동방병

---

44 惠如女士, 「强國之根本果何在」, 『大公報』(1906. 1. 31), 1면.

45 「論體育(續)」, 『大公報』(1904. 12. 30), 1면.

46 「論體育」, 『大公報』(1904. 12. 28), 1면.

인' 등을 사용했다. '동아병부'라는 용어는 1908년부터 사용되었으며, 국력의 쇠퇴, 정치적 마비, 허약체질 등을 상징하는 용어로 중국인의 수치심을 자극하면서 급속히 확산되었다.[47] 그렇다면 서양인과 일본인이 허약한 중국인과 달랐던 데에는 분명 이유가 있을 터였다.

> …지금 강국을 도모하는 자는 교육보급을 첫 번째 요무로 여겨왔는데, 강국이 되기 위해서는 반드시 먼저 강종이 되어야 한다. 즉 국민위생이 교육의 원질(原質)이다. 그러므로 구미와 일본의 각 학교에서 체육을 중시하지 않는 곳이 없다. …[48]

바로 강국이 되기 위해서는 강종이 되어야 하고, 그 논리적 기초로서 신체가 발견되었는데, 신체를 강하게 만들고, 강종·강국을 만드는 가장 유력한 방법이 바로 위생이었다. 바꿔 말하면 개인이 강해지면 가족이 강해지고, 가족성원이 강해지면 국민 전체가 강해지게 된다고 보았다.[49]

강국을 도모하기 위해 위생을 강구해야 한다는 논조는 이후 신문화운동 시기에도 계속해서 영향력을 미쳤다.[50] 청년기의 마오쩌둥(毛澤東, 1983-1976) 역시 『신청년』에 발표한 「체육의 연구」라는 글에서도 유사한 주장을 펼친 바 있다. 마오쩌둥은 지육·덕육·체육 중에서 덕육과 지육을 중시하고 체

---

47 高翠 編著, 『從'東亞病夫'到體育强國』(成都: 四川人民出版社, 2003), 9-13쪽.

48 「衛生論」, 『東方雜誌』 2-8(1905. 9. 23), 157쪽.

49 「衛生月刊出版啓」, 『衛生叢報』 4(1916. 5), 52쪽.

50 吳道益, 「家庭衛生」, 『衛生叢報』 1(1916. 2), 42쪽.

육을 경시하는 풍조를 비판하고, 체육은 양생지도(養生之道)로서 개인의 생명을 다스릴 뿐만 아니라 위국(衛國)의 기초라고 주장한 바 있다.[51]

위생이 주목받게 된 두 번째 이유는 위생이 입헌의 기초라고 생각했기 때문이었다. 입헌은 이미 19세기 말부터 지식인과 관료들 사이에서 중요한 화두로 등장했고, 신정의 실시와 함께 입헌군주제를 실시하기 위해 의회개설운동 등이 활발하게 진행되고 있었다. 그런데 입헌을 위해서는 자치를 실행해야 하고, 위생은 자치행정에서 중요한 부분을 차지하고 있었다. 더불어 위생은 경찰·교육·도로·자선사업 등 다른 자치 업무와도 밀접한 관련을 가지고 있는 것으로 평가되었다.[52] 또한 입헌을 하기 위한 국민의 자격을 갖추기 위해서는 개인자치, 즉 개인의 신체에 대한 자치를 실행해야 한다고 생각했다. 즉 "지금 예비입헌을 하고자 한다면, 국민의 자격으로는 개인자치가 가장 중요하다. 위생 역시 개인자치 중의 하나이다"라고 하여 위생을 자치와 직접 연관시키고 있다.[53] 딩푸바오(丁福保, 1874-1952)의 『공민위생필독(公民衛生必讀)』에 관한 광고문에서도 "입헌 시대의 공민(公民)이 되고자 한다면 건전한 체격이 없으면 안 되고, 위생보급의 사상이 없으면 안 된다"고 하여 입헌과 신체, 입헌과 위생의 관계 속에서 위생의 중요성을 역설했다.[54] 따라서 입헌에 대한 요구와 논설이 많아질수록 위생에 대한 논의도 자연스럽게 증가한 것으로 볼 수 있다.

---

51 二十八劃生(毛澤東), 「体育之研究」, 『新青年』 3-2(1917. 4. 1); 竹内實 監修, 『毛澤東集』 1(東京: 蒼蒼社, 1972, 第2版 1983), 특히 36-39쪽.

52 「論我國衛生機關之缺乏」, 『申報』(1909. 4. 5), 2장 3판.

53 「廣告: 最近生理衛生教科書」, 『申報』(1907. 5. 2), 14면.

54 「廣告: 公民衛生必讀」, 『申報』(1909. 4. 17), 2장 6판.

위생이 주목받게 된 세 번째 이유는 위생이 계몽담론으로서 근대문명을 대표하고 있었기 때문이었다. 위생은 '강한 서양'과 '나약한 중국'을 구별 지을 수 있는 지표였을 뿐만 아니라 새롭게 등장한 신문화를 대표했다. 『위생총보(衛生叢報)』와 같은 전문 위생잡지가 위생 지식 이외에 자유결혼 등 신문화를 소개했던 것도 위생이 신문화를 대표하고 있기 때문에 가능했다. 『부녀잡지』에서는 이상적인 여학생이 되기 위한 첫 번째 덕목으로 위생을 지목하기도 했다.[55] 위생은 신교육의 세례를 받은 지식 여성의 필수교양이었던 셈이다. 위생은 학교 교육뿐만 아니라 사회적으로 중시되었으며, 근대적 국민을 양성하기 위한 필수적인 덕목이 되었다.

이처럼 20세기 초 새로운 위생 개념은 국가의 지원을 받았을 뿐만 아니라 사회적 계몽담론으로서 지식인들의 지지를 받고 있었다. 또한 위생은 입헌의 기초로서 강국과 강종이 되기 위한 국민교육의 핵심 과제로서 부상하기 시작했으며, 사회개혁과 근대문명의 대표자로서 각광받기 시작했다. 새로운 위생론이 확산됨에 따라 전통적 양생론이 위협받기 시작했고, 특히 중서의는 각자의 위생론을 통해 서로를 격렬하게 비판했다. 아래에서는 중의와 서의의 대표적인 인물들을 중심으로 그들 각각의 위생론이 어떠한 특성이 가지고 있었는지 살펴보도록 하겠다.

---

55 飄萍女史,「理想之女學生」,『婦女雜誌』1-3(1915. 3. 5).

중서의의 위생론

1. 중의의 위생론

딩푸바오(丁福保, 1874-1952), 딩쯔량(丁子良, 1870-1935), 천궈푸(陳果夫, 1892-1951)는 청말민국기 중의의 근대화를 추구한 대표적 인물들이다. 그들 모두 왕성한 저술활동을 통해 중의에 미치는 영향력이 컸고, 『신보』나 『대공보』와 같은 신문에 주요 필진으로 참여할 정도로 대중적인 활동에도 적극적인 인물들이었다. 이들은 중의를 대표한다고 할 수 있기 때문에, 이들의 위생론을 통해 중의들이 공유했던 위생인식을 엿볼 수 있을 것이다. 또한 그들이 주로 활동하던 시기가 20세기 초 이래로 순차적이기 때문에 중의의 위생론이 발전하는 과정을 보여주는 데에도 적절한 인물들이라고 볼 수 있다.

딩푸바오는 청말민국 시기 대대적인 번역사업을 통해 중의의 근대화를 위해 노력한 대표적 인물이었다. 그는 경사역학관(京師譯學館) 생리학교습(生理學敎習) 등으로 재직하면서 자신의 저서를 포함하여 수십 종의 일본책을 출간했는데, 그중에는 위생 서적이 상당수 포함되어 있다.

1899년 발표한 대중의학서인 『위생학문답』에서 딩푸바오는 "위생학은 신체를 보양하는 방법을 강구하는 것"이라고 주장했다.[56] 딩푸바오는 자신이 어려서 건강하지 못하여 위생학과 의학에 관심을 가졌으며, 평소 위생의 효과에 유념하여 선천적·후천적으로 부족한 부분을 위생을 통해 보충했다고 한다. 여기서 위생은 적당한 일광욕 등을 말한다.[57] 1903년 초등학교[初小] 학생용으로 발간한 『몽학위생교과서(蒙學衛生教科書)』에서는 "인체 건강의 규칙을 연구하는 것"을 위생학이라고 정의하고, 위생이 음식·공기·일광·운동·휴식 등 5가지 범위에서 벗어나지 않는다고 주장했다.[58]

1908년 딩푸바오는 일본의 다케나카 세이켄(竹中成憲)의 저서를 편역한 『폐결핵예방법(肺癆病預防法)』을 출간했다. 이 책은 총 21장으로 구성되는데, 제1장에서 제19장까지는 원저를 번역했고, 나머지 2개 장에는 자신의 글을 실었다. 그중 하나가 중국의 위생론을 정리한 「위생고의(衛生古義)」라는 장이었다. 그는 폐결핵을 앓는 동안 일본의 각종 위생서적을 읽다가 대부분의 위생서들이 이집트 위생, 그리스 위생, 로마 위생 등 서구 고대문명의 위생에 대해서는 자세히 싣고 있는데, 중국의 위생론에 대해서는 일체 언급이 없다는 것에 부끄러움을 느꼈다고 한다. 그래서 폐결핵을 앓는 동안 중국의 위생론을 정리해두었는데, 10년 후 『폐결핵예방법』을 편역하면서 그 내용을 함께 수록하게 된 것이었다. 이 책은 고대적 위생관, 즉 양생에 관한 논의를 정리하고 있는데, 「위생고의」에서 말하는 위생은 장생을 위한 몇 가지 방법, 즉 양심(養心)·절

56 丁福保, 『衛生學問答』(北京: 石印本, 1899, 增訂第四版, 1901), 1-5쪽.

57 鮑鼎, 「丁仲祜先生奮鬪史」, 丁福保, 『用科學來改進中年後之命運法』(上海: 上海醫學書局, 1941), 5-7쪽.

58 丁福保, 『蒙學衛生教科書』(上海: 文明書局, 1903), 1쪽.

욕(節慾)·음식·체조 등을 논하고 있다.[59]

1912년 『경사역학관 생리위생학 강의(京師譯學館生理衛生學講義)』에서 딩푸바오는 위생학을 해부학과 함께 생리학의 범위에 포함하고 있는데, 이때 위생은 "인체 각부의 생활작용을 보위하고 그 건강증진을 논하는 것"을 말한다. 즉 위생은 인체 각 부위가 정상적이고 건강한 활동을 하게 하는 작용을 의미한다. 이를 위해서는 '뼈의 위생', '근육의 위생', '순환계의 위생', '호흡계의 위생', '피부의 위생', '배설계의 위생' 등을 필요로 한다. 구체적으로는 청결·금주·금연, 적당한 휴식과 운동 등이 주요한 위생활동이 된다.[60]

이와 같이 딩푸바오의 위생론은 전통적 양생론에 기초한 개인위생의 범주를 크게 벗어나지 않는다. 딩푸바오가 자서전 형식의 『주은거사 학술사(疇隱居士學術史)』에서 밝히고 있듯이, 자신의 위생론은 폐결핵을 앓고 있을 동안 질환을 호전시키기 위한 일종의 양생법이었다. 따라서 '체조위생법'과 같이 주로 개인위생에 치중하고 있으며, 그가 번역한 위생교과서 등에서도 공중위생이나 위생의료체제 등에 관한 내용은 찾아보기 어렵다.[61]

그런데 흥미롭게도 『위생학문답』(1899)에는 위생과 국가의 관계에 대해 딩푸바오 스스로 자문하고 있는 대목이 발견된다. 그러나 그의 답변은 양자가 매우 밀접한 관계에 있다는 원론적인 답변에 그치고 있다. 즉 자신의 능력을 100%로 발휘할 수 있는 여건을 마련하면 일신에 이익이 될 뿐만 아니라 국가에

---

59 竹中成憲 原著, 丁福保 編譯, 『肺癆病預防法』(上海: 文明書局, 1908), 69-82쪽.

60 丁福保 譯編, 『京師譯學館生理衛生學講義』(北京: 鉛印本, 1912), 1-5쪽.

61 丁福保, 『疇隱居士學術史』(上海: 詁林精舍出版社, 1949).

도 이익이 된다는 다소 기계적인 차원에서 개인위생과 국가의 관계가 설정되어 있을 뿐이다. 위생에 대한 국가의 능동적 역할 등은 언급되어 있지 않다.[62]

1910년 서의 주도의 만저우 방역에 중의들이 촉각을 곤두세우고 있는 동안에도, 딩푸바오의 글에는 페스트의 특성과 역사만 소개될 뿐 페스트 통제에 관한 언급은 찾아보기 어렵다.[63] 1911년에는 『학교건강의 보호』를 출간했는데, 그는 이 책에서 학교가 전염병의 매개 장소가 되고 있다고 지목했다. 그런데 그는 전염병 예방을 위한 위생교육이나 공중위생을 다루기보다 학교위생 설비와 학생의 개인위생에 집중했다.[64] 즉 딩푸바오가 공중위생에 관심이 없었다고 단정할 수는 없지만, 그의 글 속에서 공중위생에 대한 인식은 매우 제한적으로 나타나며, 그의 위생론은 개인위생에 치중하고 있었다고 판단된다.

딩쯔량[65]은 톈진 지역의 유명한 중의이자 정치평론가였다. 딩푸바오가 『몽학위생교과서』에서 제시했던 것과 마찬가지로, 그 역시 위생을 기본적으로 음식 · 일광 · 공기 · 운동 · 휴식 등 5가지로 분류했다.[66] 이러한 위생론은 전

---

62 丁福保, 『衛生學問答』(北京: 石印本, 1899, 增訂第四版, 1901), 1-5쪽.

63 丁福保, 「鼠疫一夕談」, 『大公報』(1911. 1. 23), 2면; 丁福保, 「鼠疫一夕談(續)」, 『大公報』(1911. 1. 24), 2면.

64 丁福保, 「學校健康之保護」, 『大公報』(1911. 8. 25), 3면.

65 이름은 국서(國瑞), 호는 죽원(竹園), 베이징 출생이며, 후이족(回族)이다. 청말민초기의 유명한 중의(中醫)이며, 신문사업의 선구자이다. 1895년 26세에 베이징에서 톈진으로 이주하여, 경신의실(敬愼醫室)을 열어 진료했다. 1906년에는 의약연구회(醫藥研究會)를 조직했고, 『설역(說疫)』 · 『치리첩요(治痢捷要)』 · 『증보온역(增補瘟疫)』 등을 저술했다. 청말민초기 『직보(直報)』 · 『중외실보(中外實報)』 · 『대공보(大公報)』 · 『사회교육성기보(社會教育星期報)』 · 『민보흥(民報興)』 · 『톈진백화보(天津白話報)』 등에 문장을 많이 발표했으며, 1907년 8월 『죽원백화보(竹園白話報)』를 창립하여 톈진신문의 백화문 유행을 주도했다. 1908년 10월 『톈진죽원보(天津竹園報)』로 개명하여 군주입헌제를 선전했다. 1923년부터 자신의 글을 정리하여 『죽원총화(竹園叢話)』 24권을 출판했다.

66 丁子良, 「講衛生學中的飲食類」, 『中外實報』 光緖29년(1903)(『竹園叢話』 2, 天津: 天津敬愼醫室, 1923, 124쪽).

통적인 양생론과 다를 바가 없었다. 그러나 그는 딩푸바오와는 달리 정부의 위생행정에 대해서 매우 민감한 반응을 보였다. 우선 딩쯔량은 노점상 단속, 상수도 관리, 화장실 정비 등 공중위생을 향상시키기 위해서는 위생국과 경찰국 등 국가권력이 필요하다는 점을 인정했다.[67] 그와 동시에, 그는 서의의 위생행정 특히 만저우 방역에 대해서는 비판적인 태도를 나타냈다. 예컨대, 만저우 방역에서 서의는 의심되는 환자를 일단 격리 수용하고 검진을 실시했는데, 증상이 심한 자나 가벼운 자를 함께 차디찬 냉방에 몰아넣고 음식과 의복도 제공하지 않아 멀쩡한 사람도 사지로 내몰았다고 주장한다. 더욱이 수용자들에게 중의의 치료는 물론이고 가족들의 면회도 허락하지 않았다고 한다. 오히려 방역 담당자들이 환자들을 학대하고 위협하여, "사람들 사이에는 전염병이 두려운 것이 아니라 방역 자체가 두렵다라는 소문이 떠돌았다"고 한다. 딩쯔량은 페스트보다도 서의의 위생행정 때문에 사망한 사람이 더 많았다고 보았다. 또한 그는 사망자에 대해서 개별 매장을 불허하여 사망자에 대한 효와 예를 다하지 못하는 것도 중국 전통 관습상 가혹한 처사라고 보았다. 따라서 딩쯔량은 이러한 서의의 위생행정은 아무리 좋은 결과를 얻는다 해도 하지 않는 것만 못하다고 결론지었다.[68]

그럼에도 딩쯔량은 중국과는 달리 서양에는 전염병이 별로 없다는 데에는 공감을 표하고 있었다. 그렇지만 그것은 서양의 의료 수준이 높거나 방역을 잘해서 그런 것이 아니라 위생교육이 잘되어 있기 때문이라고 판단했다. 그렇다

67 丁國瑞, 「夏令衛生雜說」, 『竹園白話報』 279(1908. 5. 23)(『竹園叢話』 1, 1924, 114-122쪽).
68 丁國瑞, 「說疫自序(1918. 1)」, 『說疫』(北京, 1918)(『竹園叢話』 10, 1924, 113-116쪽).

면 딩쯔량은 전염병에 효과적으로 대처하기 위해서 중국인들이 어떤 일을 해야 한다고 보았을까?

> 우리나라의 성진(城鎭)이나 도시에서는 청결을 강구하지 않는다. 가정위생은 특히 더 주의하지 않는다. 곳곳마다 전염병을 일으킬 만한 곳이 있어, 전염병이 발생하지 않기를 바라기는 어렵다. 청결한 습관을 가지도록 하려면 마땅히 국민교육과 사회교육을 시작해야 한다. 그러나 전국의 식자는 5%밖에 되질 않기 때문에 전염병이 없기를 바라는 것은 꿈속의 공담일 뿐이다. 부득이하게 그다음을 구하자면, 미리 예방하는 것뿐이다. 그러나 미리 예방한다는 것 역시 공담이다. 왜냐하면 인민 대다수가 위생을 강구하지 않기 때문이다.[69]

서양에서는 위생교육을 통해서 전염병을 예방하는 것이 가능하지만, 중국에서 위생교육을 통한 예방은 지금 당장은 가능하지 않다는 것이다. 그다음으로 가능한 일은 전염병을 예방할 수 있는 조치를 취하는 일이었다. 그런데 오물을 아무데나 버린다거나 대소변을 아무데서나 해결하는 등 중국인의 습관상, 이 역시도 현실적이지 못하다고 그는 주장했다. 그렇다면 유일하게 남은 길은 전염병을 치료하는 것뿐이었다. 물론 그 치료를 담당할 주체는 중의였다.[70]

딩쯔량은 만저우 방역의 기초가 된 세균설 역시도 치료적 관점에서 이해했다. 그는 서양의 세균설에 의하더라도 전염병은 일종의 면역요법으로 치료

69 丁國瑞, 「說疫自序(1918. 1)」, 『說疫』(北京, 1918)(『竹園叢話』 10, 1924, 113-116쪽).

70 위의 글, 113-116쪽.

가 가능한데, 서의는 치료에는 전력을 기울이지 않고, 격리와 검사에만 열중하기 때문에 전염병 대처에 속수무책이라고 지적했다.[71] 딩쯔량은 딩푸바오와 달리 국가의 위생 개입에 민감하게 반응했는데, 궁극적으로는 전염병에 대처하는 방안으로서 위생행정과 같은 시스템을 통한 예방의학보다는 중의를 통한 치료의학에 관심을 집중했다고 볼 수 있다.

천궈푸는 이른바 국민당 '우파'의 핵심인물로 난징정부 시기 중서의논쟁에서 중의를 지지한 대표적 인물 중의 한 명이었다. 그는 장쑤성 주석 재직 시 장쑤성립의정학원(江蘇省立醫政學院)을 설립하여 스스로 교장에 취임할 정도로 위생·의료행정에 관심이 많았으며, 실제로 위생행정의 정비에 앞장선 인물이기도 했다. 그 역시 어려서부터 병치레를 많이 해온 터라 중의에 관심이 많았다. 그런데 난징정부의 국가 건설에 적극 참여했던 그는 치료의학에 관심을 집중하던 딩쯔량과는 매우 대조적인 입장을 취하고 있었다.

우선 천궈푸가 생각하는 위생의 정의를 살펴보면, 그는 음식과 기거 등 물질상의 조호(調護)만을 중시하는 위생 관점을 비판하고, '진정으로 완비된 위생'은 생리위생과 심리위생을 포함해야 한다고 주장했다. 그가 위생의 10대 원칙으로 제시하고 있는 항목 중에서 일광·공기·음식·정결·노동·휴식·환경(浴日光·暢空氣·愼飮食·重整潔·勤勞動·善休息·適環境)이 생리위생에 해당하고, 사려·칠정·기욕(正思慮·調七情·節嗜慾)이 심리위생에 해당한다. 그중 후자의 '정사려'는 바른 생각을 해야 한다는 뜻으로 지나치게 소심하거나 망상에 빠지거나 신비함에 빠지거나 비관적인 생각에 빠지지 않아야 한다는

71 丁國瑞,「覆某醫駁疫之平議(1918. 4)」,『說疫』(北京, 1918)(『竹園叢話』2, 1924, 138-139쪽).

뜻이다. '조칠정'은 기쁨(喜)·성냄(怒)·슬픔(哀)·두려움(懼)·사랑(愛)·미움(惡)·욕망(欲) 등 7가지 감정을 조절할 수 있어야 한다는 뜻이다. '절기욕'은 술·담배 등 기호식품에 대한 욕망과 성욕을 절제해야 한다는 뜻이다. 즉 천궈푸는 정신적·심리적·성적인 요소가 질병과 건강에 직접적인 영향을 줄 수 있다는 점을 강조하고 있는데, 그의 심리위생 등은 전통적인 양생론에 포함되어 있는 내용으로 사실상 새로운 위생인식이라고 보기는 어렵다.

그런데 천궈푸의 위생론은 이와 같은 전통적 양생론에 기초하고 있으면서도, 개인위생에만 치우치지 않고, 환경위생, 전염병 예방, 우생학적 우생생식 등 공중위생에 상당한 주의를 기울이고 있었다는 점을 주목할 필요가 있다.

> 우리는 질병을 감소하려면 교육과 예방에 착수하지 않으면 안 된다. 그러므로 위생의 도(衛生之道)는 의약보다 더욱 중요하다. 나는 학문이랄 게 없는 사람이지만 충분하다 할 정도로 병을 많이 앓아보았다. 30년 동안 병을 앓고 있었기 때문에 약이라면 물릴 대로 물린 상태다. 평소 건강하고 병을 별로 앓아본 적이 없는 사람은 질병의 고통을 알지 못한다. 나는 이미 질병의 고통을 충분히 받았기에, 모두에게 조금이나마 도움이 되고 싶고, 특히 모두가 응당히 질병을 예방하고 위생을 중시하도록 권도할 필요가 있었다. 그래서 『위생의 도』를 짓게 된 것이다.[72]

교육과 예방을 강조하는 이러한 관점은 교육과 예방이 현실적이지 않다며

72 陳果夫, 「自序」, 『衛生之道』(上海: 正中書局, 1942年 初版, 1947年 4版), 1쪽.

치료를 강조하는 딩쯔량과는 상당히 대조적인 관점이다. 사실 천궈푸의 위생론은 단순히 공중위생의 중요성을 강조하는 것에 그치지 않고, 국가 위생의료체제의 건립을 목표로 한 것이었다.[73]

난징정부 시기 중서의논쟁에서도 확인되는 바이지만, 천궈푸가 일방적으로 중의의 입장만을 두둔한 것은 아니었다. 중의의 근대화를 지향하면서 서의에 대해서도 포용적인 입장이었다. 특히 국가 위생의료체제 건립에 있어 천궈푸는 서의와의 교류에 매우 적극적인 자세를 보였다. 그 대표적인 예가 난징정부의 위생의료체제 건립을 위한 마스터플랜을 제시한 후딩안(胡定安)과의 교류이다. 독일에서 공중위생을 전공한 후딩안이 적당한 자리를 찾지 못해 개업의로 활동하고 있을 때, 천궈푸는 후딩안이 『위생행정실시계획[衛生行政設施計劃]』을 출간할 수 있도록 독려하고 그 책의 서문을 작성해주었다.[74] 후딩안 역시 천궈푸가 『위생의 도』를 발간했을 때 책 말미에 축사 성격의 글을 실었다.

천궈푸의 위생론이 다른 이들의 주장보다 돋보이는 것은 무엇보다 국가 위생의료체제를 건립하기 위해 그 자신이 직접 구체적 실천 방안을 모색했기 때문이었다. 상하이와 난징 등지에서 중서의논쟁이 격렬하게 전개되는 동안, 장쑤성장으로 재임 중이던 천궈푸는 자신의 위생의료체제 구상을 실천하기 위한 전단계로서 인재 양성을 위해 1934년 9월 장쑤성립의정학원을 설립하는데, 스스로 원장에 취임하고 10월 10일 개교했다.

---

73 국가 위생의료체제 및 국가의료에 대해서는 신규환, 『질병의 사회사: 동아시아 의학의 재발견』(파주: 살림출판사, 2006), 62-69쪽; 辛圭煥, 「國家 衛生醫療體制와 國家醫療의 形成: 19세기 말 20세기 초 한국과 중국의 경험」, 『東方學志』 제139집(2007. 9)을 참고.

74 胡定安, 『中國衛生行政設施計劃』(上海: 商務印書館, 1928), 1쪽.

장쑤성립의정학원은 중서의 어느 한쪽에 치우치지 않고 실제 위생의료 사업에 필요한 인재를 양성한다는 목표를 가지고 있었다.[75] 이를 위해 학교 안에 약물시식장(藥物試植場)을 설치하여 중의약을 연구하게 했고, 중의의 과학화를 위해 중의를 교육하는 프로그램을 실행했다. 또한 당시에 일반적으로 의학교를 부르던 용어인 '의학원'이라는 명칭 대신 '의정학원'이라는 명칭을 사용하면서 의과 외에 위생행정과와 위생교육과를 병설했다. 아울러 별도로 위생특별훈련반을 설치하여 중의 개업의에게 서양의학을 교육했다.

이 학교는 항일전 발발 전까지 70여 명의 전문위생인력을 배출했고, 중의 100여 명을 재교육했다. 1935년 강북 지역인 화이인현(淮陰縣)에서 기생충 감염에 의한 칼라 아자르[Kala-azar, 黑熱病, 속칭 痞塊病]가 발생하자, 이 학교에서 '농촌의약 초급복무원 훈련반(農村醫藥初級服務員訓練班)'을 조직하여 100여 명의 전문위생인력을 배출했다. 강남지역인 장닝(江寧)·전장(鎭江) 일대에 말라리아[瘧疾]가 발생했을 때에는 '말라리아 예방치료 훈련반[防治瘧疾人員訓練班]'을 조직하여 200여 명을 교육시키기도 했다.[76]

이와 같은 조치들의 성과를 선불리 평가하기는 어렵지만, 적어도 성정부 차원에서 위생의료체제를 작동시키기 위해 적극적인 조치를 실행해나갔던 것은 분명하다. 천궈푸의 위생의료체제 구상은 1935년 화이인현에서 10만 명 이상이 발병한 칼라 아자르에 대한 대처 방안 가운데 잘 드러나고 있다. 그는 『소

75 陳果夫, 「我在江蘇時期的業餘興趣生活(1934. 9. 28)」(陳果夫先生遺著編印委員會 編, 『陳果夫先生全集』 第10冊(臺北: 正中書局, 1952年初版, 臺北: 近代中國出版社, 1991), 8쪽.

76 陳果夫, 「我在江蘇時期的業餘興趣生活(1934. 9. 28)」(『陳果夫先生全集』 第10冊, 1991), 9쪽.

정회억(蘇政回憶)』에서 다음과 같이 말한 바 있다.

> 강북은 소수 거대 현성진시(縣城鎮市)를 제외하면 중의[醫生]가 매우 적고, 서의는 더더욱 적은데, 인민은 궁핍하기까지 하니 칼라 아자르(흑열병)를 치료하고자 하면 국가의 역량[公家的力量]을 직접 사용하지 않으면 안 된다. 동시에 원래 있던 중의가 적기 때문에, 공의제도(公醫制度)를 시행하는데 더욱 유리하다.[77] (한자는 원문대로)

여기서 말하는 '공의제도'의 성격이 국가의료인지는 불분명하다. 후딩안과 마찬가지로 천궈푸 역시 명확히 국가의료를 표명하지는 않았기 때문이다. 그렇지만 적어도 천궈푸는 질병 자체를 치료하는 데만 목표를 둔 것이 아니라 '공가의 역량'을 통해 국가 위생의료체제를 건립하는 데 관심을 두고 있었다. 더욱이 그는 전통적으로 신사층의 지배력이 강했던 강남 지역과 달리 강북 지역은 지역 위생의료체제가 제대로 작동하고 있지 않다는 것을 잘 알고 있었다. 따라서 강북지역의 열악한 위생의료 환경은 오히려 국가 위생의료체제를 시행하는 데는 유리한 조건이 될 수도 있다고 판단했던 것이다.

딩푸바오·딩쯔량·천궈푸의 위생론은 근대 해부학과 생리학 지식 등을 기초로 위생론을 전개한다는 점에서 전통적인 양생론과는 구분된다. 그럼에도 그들 모두 개인위생을 강조한다는 점과 그들이 말하는 위생의 범위와 방법에서는 전통적 양생론과 크게 다르지 않았다. 즉 그들의 위생론은 전통적 양생

77 陳果夫,「公醫制度與衛生實驗區」,「蘇政回憶(1951. 4)」(『陳果夫先生全集』第5冊, 1991), 123쪽.

론에 기초하여 개인위생을 강조하고, 중의의 입장에서 중의의 근대화를 도모했다는 점에서 공통점이 있다. 그러나 개인의 범위를 넘어선 위생의 구체적 실천방향 즉 공중위생과 국가 위생의료체제의 건립에 대해서는 각기 상이한 입장을 가지고 있었다. 딩푸바오를 대표로 하는 중의의 위생론은 전통적인 양생론에 기초하여 개인위생에 치중했다. 국가의 위생 개입을 부분적으로 지지했던 딩쯔량은 서의의 위생행정을 비판하면서 그 대안으로 중의의 치료의학을 제시함으로써 근대적 위생의료체제의 건립이라는 문제의식을 발전시키지 못했다. 반면 천궈푸는 개인위생뿐만 아니라 환경위생, 전염병 예방 등 공중위생에 대한 관심을 표명했고, 더 나아가 국가 위생의료체제의 건립을 시도했다. 기본적으로 중의를 지지했던 천궈푸는 국가 위생의료체제 건립에 관한 한 중의에 대한 비판도 서슴지 않았고, 서의의 국가 위생의료체제 구상에도 깊은 관심을 표명했다. 천궈푸의 이러한 인식은 정치지도자로서 국가 건설에 필요한 위생의료체제의 필요성을 누구보다도 깊이 있게 인식한 결과로 볼 수 있는데, 그의 국가 위생의료체제 구상은 중의의 위생론이 근대적 위생의료체제를 구상하는 데 기여할 수 있다는 점을 보여주었다는 점에서 의미가 있다.

이처럼 중의의 위생론은 개인위생을 중시하는 공통점 이외에 국가의 역할에 대해서는 다양한 스펙트럼을 보여준다. 특히 이들의 인식 중에는 국가의 개입을 부분적으로 지지하거나 국가 위생의료체제를 구상하는 데까지 나아가고 있는데, 이는 국가 위생의료체제를 포함한 위생행정에 대한 관심이 서의의 전유물만은 아니었다라는 것을 보여준다는 점에서 주목할 만하다.

2. 서의의 위생론

20세기 초 중국에서 전문적인 위생잡지의 발간은 서의가 주도하고 있었다. 서의 역시 상당 부분 개인위생에 주의를 기울이고 있었지만, 그 논법은 중의와는 완전히 달랐다. 기본적으로 서의는 개인위생과 공중위생을 구분했다. 다만 『위생총보』와 같은 전문적인 위생잡지에서 개인위생에 대한 글이 다수를 차지하고 있는데, 그 이유는 공중위생이 실효성을 거두기 위해서는 국가권력이 필요한데 비해 개인위생은 개인의 역량만으로도 그 실천이 가능하다고 보았기 때문이었다. 따라서 서의는 우선 개인 차원에서 실천 가능한 개인위생과 가정위생을 보급하는 데 열중했다.

> 위생은 공중위생과 사가위생(私家衛生) 두 가지로 나눌 수 있다. 사가위생은 개인위생과 가정위생을 포괄한다. 공중위생은 관청의 힘에 의존하지 않고서는 원만한 결과에 도달하기 어렵다.[78]

서의는 새로운 위생지식의 보급을 위해 노력하면서도 중의의 비과학성과 중의 폐지를 적극 선전했다. 난징정부 시기 이른바 중서의논쟁은 서의의 중의 폐지안으로 촉발된 것이며, 그 당사자는 바로 위윈슈(余雲岫, 1879-1954, 본명 余巖)였다. 위윈슈는 청말 일본에 유학한 첫 번째 유학생 중 한 명으로 오사카 대학에서 의학을 공부했고(1908-1916), 신해혁명 기간에는 유학생 적십자조

---

78 王偉, 「勸告同胞講究私家衛生談」, 『衛生叢報』 1-2(1916. 3), 44쪽.

직을 구성하여 중의를 비판하는 데 적극적으로 나섰다. 1914년 완성한 『영소상태(靈素商兌)』는 1917년 귀국 후 상하이에서 출판했는데, 『황제내경(黃帝內經)』「영추(靈樞)」 및 「소문(素問)」 편의 음양과 오원소 등이 미신적 신념에 불과하다고 비판했고, 아울러 중의가 인체 내부기관의 구조와 기능, 혈관, 질병 원인 등에 대해 잘못 설명하고 있다고 비판했다.[79]

위윈슈는 위생론을 통해서 중의 비판을 본격화했다. 우선 그는 중의들이 말하는 위생(양생)과 현대의 위생은 전혀 다른 것이라고 분명한 선을 긋는다. 중의가 말하는 섭생(攝生)은 "그 안을 보양하고 그 밖으로부터 (위해를) 피하는 것인데, 오직 음식, 남녀, 기거, 정지(情志) 사이에서 그 자신을 삼가는 것"으로, 그는 섭생의 뜻이 장생에 있다고 지적했다. 그러나 그는 "현재 위생의 뜻은 장생할 수 있느냐와는 상관이 없고 생존경쟁[競存]을 할 수 있느냐와 상관있으며, 청정(淸靜)을 지킬 수 있느냐와는 상관없고 번거로운 일들[煩劇]을 담당할 수 있느냐와 상관있으며, 몸 안을 삼가는 데[愼內] 전력을 기울이는 것에 있는 것이 아니라 몸 밖을 통제할 수 있는 도[制外之道]를 연마하는 것에 있다"[80]라고 주장했다. 즉 이 주장은 개인의 장생에 머물러 있는 중의의 위생과 방역과 공중위생체계를 건립하려는 서의의 위생을 비교하면서 중의의 위생인식의 한계를 비판한 것이었다.

---

79 위윈슈의 중의 비판은 余雲岫, 『醫學革命論初集』(上海: 社會醫報館, 1928, 1950年三版)으로 종합 정리되었다. 위윈슈의 중의 비판에 대한 반비판은 운철초(惲鐵樵)가 『군경견지록(群經見知錄)』이래로 중의잡지 등에서 종종 나타난다. 그중의 하나는 秦但未, 「斥余雲岫醫校系統駁義」, 『三三醫報』 3(1925. 12), 1-2쪽.

80 余雲岫, 「余序」, 陳方之編, 『衛生學與衛生行政』(上海: 商務印書館, 1934), 1-2쪽.

위원슈

중화민국의약학회 상하이분회 회장이었던 위원슈는 서양의학을 공부하기 위해 일본에 유학한 첫 번째 유학생 중 한 명이었으며, 중의 폐지안을 제출하는 등 대표적인 중의 폐지론자였다.

그는 또 현대사회는 왕래와 교류가 활발해지고 있으므로, 혼자서 음식을 정결하게 먹고, 기거에 주의를 기울이는 등 개인위생에 철저를 기한다 해도 오염물질이 질병을 전파하게 되면 아무런 소용이 없게 된다고 주장했다. 따라서 그는 위생의 대상은 개인에 한정될 수 없고 사회로 확대될 수밖에 없으며, 위생시설 등은 개인이 아니라 공공이 담당해야 그 효력을 발휘하게 된다고 판단했다. 그는 위생행정이 사회위생·공중위생의 효율성을 증대하기 위한 방안이라고 생각했다.[81]

위원슈는 장생을 중시하는 중의의 개인위생만으로는 위생 관리가 될 수 없으며, 사회위생과 위생행정의 필요를 지적했다. 더 나아가 이러한 개인위생에 기초한 중의는 국가와 결합할 수 없고, 공중위생과 근대적 위생의료체제 건립의 장애가 되기 때문에 폐지되어야 한다고 주장했다. 이러한 위원슈의 위생론은 이른바 중의 폐지론의 근거이기도 했다. 1929년 2월 난징정부 위생부(衛生部)는 제1차 중앙위생위원회의[第一屆中央衛生委員會議]를 소집했고, 위원슈는 여기에서 중의 폐지를 공식 제안했다. 이때 제출된 「중의 폐지를 통한 위생의료의 장애제거 안건[廢止舊醫以掃除醫事衛生之障碍案]」에서 제시했던 중

81 余雲岫, 「余序」, 陳方之編, 『衛生學與衛生行政』(上海: 商務印書館, 1934), 1-2쪽.

의 폐지의 근거는 다음과 같다.

> 오늘날 의학은 치료에서 예방의 단계로, 개별에서 집단의학으로, 개인에서 공동체를 강조하는 것으로 나아가고 있다. 근대 공중위생은 정치적 후원과 함께 전적으로 과학적 지식에 기초하고 있다. 나는 여기서 토착 의료를 폐지해야 하는 타당성에 대한 네 가지 근거를 제시하고자 한다.
>
> 첫째, 중국의 구식 의학은 음양, 오행, 육기(六氣), 장부(臟腑), 경맥(經脉)의 원리를 채택하고 있다. 이것들은 순전히 공상에서 나온 것이지 사실이 아니다.
>
> 둘째, 진단에 있어서 구식 의사들은 전적으로 진맥에 의존하며, 혈관의 일부를 촌(寸), 관(關), 척(尺) 세 부분으로 나눈다. 그와 같은 불합리한 이론은 자신과 다른 사람들을 기만하는 것이다. 그것들은 점성술에서 같은 범주로 분류될 수 있을지 모른다.
>
> 셋째, 근본적으로 그들은 진단을 모르기 때문에, 그들은 그들의 관념을 넘어서는 우생학과 종족개량은 말할 것도 없고, 사망원인을 확인하고, 질병을 분류하며, 전염병과 싸우는 것이 불가능하다. 그러므로 그들은 국민의 삶과 국민의 진보와 같은 큰 문제에 책임을 질 수 없으며, 정부에 도움이 되지 못한다.
>
> 넷째, 문명은 초자연적인 것에서 인간적인 것으로, 철학적인 것에서 실제적인 것으로 진화하고 있다. 현재 정부가 국민의 사상에 적절한 과학적 통로를 마련하기 위해 미신과 우상을 타파하려고 하는 동안, 다른 한편에서 구식 의사들은 치료할 수 있다라는 신념으로 매일 대중을 현혹시키고 있다. 정부가 공중에 위생과 소독의 이점과 세균이 만병의 근원이라는 사실을 교육시키는 동안, 구식 의사들은 감기에 걸리면 봄에 장티푸스가 나타날 것이고, 여름에 고열이 나면

가을에 말라리아에 걸릴 것이다라는 식의 이론을 선전하고 있다. 이러한 반동적 사고는 과학적 진보의 커다란 장애이다.

요컨대, 토착 의사들이 제거되지 않는 한, 국민들의 사상은 변화될 수 없을 것이고, 새로운 개혁이 도입될 수 없으며, 공중위생적 조치들이 실행되는 것이 불가능할 것이다. 나는 지난 10년 동안 이 문제를 연구해왔고, 토착 시스템의 안팎을 알고 있으며, 이에 반대하는 수많은 글들을 발표해왔다. 종족 개량과 국민의 삶을 향상시키기 위해, 이 문제에 관해서 특단의 조치를 강구하지 않을 수 없다. 이것은 국가적 문제이며 편견어린 개인의 시각 문제가 아니다. 지금이 바로 그 전환점이다. 이 문제를 심사숙고해주길 바란다.[82]

이와 같이 중의 폐지의 근거는 크게 두 가지로 설명된다. 첫 번째 항목과 두 번째 항목이 중의가 비과학적인 원리에 바탕을 두고 있다는 점을 지적한 것이라면, 세 번째와 네 번째 항목은 공중위생의 증진을 위해서는 의료와 국가의 결합이 불가피하며, 중의가 국가의 위생행정에 장애가 된다는 점을 지적하고 있다. 요컨대 국민위생의 향상을 위해 과학적인 위생의료체제로 기능할 수 있는 것은 서의뿐이라는 주장이다.

1928년 난징정부 내정부(內政部)가 위생행정을 계획할 때 그것을 도왔던 천팡즈(陳方之)는 『위생학과 위생행정(衛生學與衛生行政)』을 통해 위생행정의 필요성을 역설한다. 천팡즈 역시 중서의논쟁에서 중의 폐지를 주장한 서의

82 Wong K. Chimin & Wu Lien-teh, *History of Chinese Medicine: Being a Chronicle of Medical Happenings in China from Ancient Times to the Present Period*(Shanghai: National Quarantine Service, 1936, 2nd; [New York: AMS Press, 1973]), pp.162-163.

의 이데올로그 중 한 명으로, 중의의 위생인식과 서의의 위생인식을 구분하고자 했다. 그러나 그것들을 구분하는 천팡즈의 전략은 위윈슈와는 전혀 달랐다. 그는 위생 개념에 대한 중의의 인식 자체를 문제 삼았다.

그에 따르면, 위생을 글자 그대로 해석하자면 생명을 보위한다는 뜻인데, 이렇게 말한다면 일상의 의식주뿐만 아니라 홍수를 막거나 맹수를 물리치는 것도, 내란을 평정하거나 외침을 막아내는 것도 생명을 보위하는 것이니 모두 위생이라고 할 수 있는 셈이 된다는 것이다. 당연히 위생은 이런 뜻이 아니었다. 『장자』에서 기원하는 위생은 장생의 뜻이며, 명 · 청대의 『위생보감(衛生寶鑑)』 · 『위생홍보(衛生鴻寶)』 등에서 위생은 의약의 뜻으로 사용되었다고 그는 지적했다. 따라서 그는 전통적으로 중국에서 사용되던 위생은 당시 유행하는 위생의 뜻과는 거리가 멀다고 주장했다.

그는 영어의 Health나 독일어의 Gesundheit는 건강의 뜻이며, 건강은 질병과는 대립되는 개념이며, 건강을 보위하는 것은 생명을 보위하는 것과는 다르다고 주장했다. 일본에서 Hygiene을 홀연 '위생학'이라고 번역했는데, Hygiene은 본래 그리스 신화에 나오는 건강의 여신인 Hygiea에서 비롯된 것이며, 서양의 학자들은 이를 어근으로 채용하여 인류의 건강을 보전하기 위한 학문으로 Gesundheitslehre(건강학)라고 칭했던 것이다. 따라서 Hygiene을 중국어로 번역하자면 '보건학'이나 '건강학'이라고 번역해야 옳다는 것이다.[83]

바꿔 말하면, Hygiene은 중국문화에는 존재하지 않는 관념인데, 일본의 나가요 센사이가 『장자』에 나오는 위생이라는 용어를 채용함에 따라 위생이

---

83 陳方之, 『衛生學與衛生行政』(上海: 商務印書館, 1934), 1-2쪽.

중국 고유의 관념인 것으로 오인되었다는 것이다. 따라서 천팡즈의 입장에서는 중의들이 위생을 말하는 것 자체가 넌센스일 수밖에 없었다.

그런데 천팡즈는 스스로 위생 개념의 사용에 문제가 있다고 지적하면서도 보건이나 건강이라는 용어를 사용하지 않고 그 자신 역시 위생이라는 용어를 그대로 사용했다. 왜냐하면 위생 개념 자체가 이미 중서의 사이에서는 국가영역에서 권력의 주도권을 둘러싼 전장이나 다름없었기 때문이었다. 그는 위생행정 분야의 주도권 장악을 위해 오히려 서의의 시각에서 위생의 의미와 범위를 확장하기 위해 전력을 기울이는 전략을 선택했다. 이를 위해 그는 의학과 위생학을 구분하여 의학은 질병치료에 그 의미를 한정했고, 위생학은 개인과 사회의 건강 증진을 도모하고 건강에 유해한 요소를 구제하는 학문으로 정의했다. 또한 그에게서 위생행정은 각종 의료제도와 공중위생사무를 포괄하는 영역이었다. 그뿐만 아니라 위생행정은 질병, 보험, 의사 지위, 빈곤계급의 구료 등 사회 제반 영역으로 점차 확대되고 사회위생학이나 사회의학과 관계가 밀접해질 것으로 예견했다.[84]

서의의 위생론의 특징은 개인위생과 공중위생을 분리했고, 공중위생의 진전을 위해서는 국가권력의 뒷받침이 불가피하다는 인식을 가지고 있었다는 점이었다. 아울러 그들은 공중위생의 진전에 방해가 되므로 중의를 폐지해야 한다고 끊임없이 주장했다. 서의들은 공중위생의 진전을 위해서는 국가권력과의 결합이 필요하다는 것을 인식하고 있었지만, 공중위생에 대한 강조가 곧바로 국가 위생의료체제 건립이라는 목표로 곧바로 수렴되었던 것은 아니었다.

---

84 陳方之,『衛生學與衛生行政』(上海: 商務印書館, 1934), 8-30쪽.

서의들에게 공중위생을 위해서는 국가 권력이 필요하다는 것을 절감하게 해 준 사건은 만저우 방역이었다. 그런데 만저우 방역 이후 그것을 주도했던 우롄더(伍連德, 1879-1960)의 활동을 검토해보면, 서의의 지향점은 자신들이 위생행정의 주도권을 행사하는 것뿐만 아니라 국가권력과 일정한 거리를 유지하면서 직업적 이해를 관철하는 것에 있었다는 것을 확인할 수 있다. 그 대표적 사례는 우롄더 등이 주도한 중화의학회(中華醫學會)의 창립과 중앙의료국(Central Medical Council, 이하 CMC) 건립안의 제출이었다.

중화의학회 회장 시기의 우롄더

우롄더는 만저우 방역을 포함하여 민국 시기 동안 중요 방역행정의 책임자였으며, 20세기 중국의 대표적인 의사학자이기도 했다. 그의 위생인식은 중의와 국가의료 등에 대한 서의의 인식을 상징적으로 보여준다.

1915년 성립한 중화의학회는 이전까지 외국인 선교의사들의 조직인 중국박의회(中國博醫會)에 참여하고 있던 중국인 서의들이 독자적인 노선을 표방한 중국인 서의 최초의 조직이었다. 중화의학회는 단순한 학회라기보다는 서의의 "직업적 이익을 보전하고 공중위생과 예방의학에 대한 관심을 고조한다"는 취지를 표방한 이익집단이었다.[85] 이는 집단 자체의 이익과 사회적 공익을 동시에 추구하는 민국 시기 민간 직업집단의 전형적인 특성을 나타내는 것인

85 Honorary Secretary(Wu Lien-teh), "The National Medical Association of China," *The China Medical Journal* 29-6(1915. 11), pp.406-408.

데, 이익집단의 특성을 보여주는 흥미로운 예는 중화의학회 회원 규정에도 나타나 있다. 해외 유학파가 중심이 된 중화의학회는 선교의사들의 중국박의회와 마찬가지로 정회원은 해외유학을 하거나 1개 이상의 외국어를 구사할 수 있어야 한다는 규정을 둠으로써 중국 내의 불안정한 의학교육 제도 속에서 배출된 의사들과 자신들을 차별화했다. 또한 중화의학회는 공중위생과 예방의학에 대한 중시를 표방하여 치료의학을 중시하는 선교의사나 중의들과의 차별성을 분명히 했다.[86]

공중위생과 예방의학을 효과적으로 실천하기 위해서는 국가권력이 필요했다. 이를 위해 우롄더는 위안스카이(袁世凱, 1859-1916) 정부에 의학교육에 대한 자신의 개혁구상을 담은 CMC 건립안을 제출했다. 이 건립안은 CMC를 건립하여 의학교육의 표준 제정, 국가고시의 감독, 의사 자격증의 부여, 병원경영과 공중위생의 통제, 의료 관련 법규의 제정 등을 총괄케 한다는 것이었다.[87] 즉 우롄더의 구상은 단순히 의학교육의 개혁에 그치지 않고 위생·의료행정 전반에 대한 개혁을 의도한 것이었다. 그중 CMC의 인적 구성이 개혁안의 핵심이 될 터인데, 우롄더는 CMC가 교육위원회의 관료들과 교육위원회가 인정하는 의학교의 대표들로 구성된다고 말하고 있다. 이것만으로는 CMC의 성격을 정확하게 판단하기 어려운데, CMC 구상안에 대한 의료계의 반응을 통

86 선교의사들은 중국과 같이 강력한 국가권력이 부재한 상황에서는 공중위생에서 성공적인 성과를 기대하기 어렵다고 보았다. "Editorial: The Social Evil in China," *The China Medical Journal* 38-6(1924. 6), p.488.

87 Wu Lien-teh, "Memorandum on Medical Education in China," *The China Medical Journal* 28(1914. 1).

해 그 성격을 어느 정도 짐작해볼 수 있다.

CMC 구상안에 가장 민감하게 반응을 보였던 것은 선교의사회였다. 그들은 처음에는 CMC 건립을 반대했다.[88] 선교의사회가 CMC 건립안에 비판적이었던 것은 CMC를 정부기구로 생각했고, 정부가 직접적으로 개입할 경우 선교의사들의 입지는 크게 줄어들 것으로 여겼기 때문이었다.[89] 그러나 우렌더는 그의 구상이 국가의 역할을 대신하는 민간기구의 성격을 갖는 영국의 General Medical Council(GMC)을 모델로 했다는 점, 중앙정부의 지도력이 결핍되어 있는 중국에서는 오히려 공식적 지위를 갖는 CMC와 같은 존재가 필요하다는 점을 설득하여 선교의사회의 공식적인 지지를 얻게 되었다.[90] 이런 점에서 본다면 우렌더의 CMC 건립안은 국가로부터 위임받은 민간에서 위생행정 전반을 책임지는 영국식 모델을 지향했고, 구체적으로는 서의가 그 주도권을 장악하면서 국가권력으로부터 독립적인 권한을 확보하는 것이었다. 이 구상은 1916년 2월 중화의학회 제1차 회의에서 공식적인 주장으로 받아들여졌고, 중화의학회는 이를 수정하여 정부에 중앙의료위원회(Central Medical Board)와 공중위생국(Public Health Service)의 건립을 촉구했다.[91]

---

88 "Joint Evening Session," *The China Medical Journal* 31(1917. 3), p.142.

89 Edward M. Merrins, "The Educational Standards, Pre-Medical and Medical of Mission Medical Schools," *The China Medical Journal* 30(1916. 11), pp.421-431.

90 Wu Lien-teh, "Joint Conference of the China Medical Missionary Association and the National Medical Association of China, Some Problems before the Medical Profession of China," *The China Medical Journal* 31(1917. 3), pp.122-125.

91 Wong K. Chimin & Wu Lien-teh, *History of Chinese Medicine: Being a Chronicle of Medical Happenings in China from Ancient Times to the Present Period*(Shanghai: National Quarantine Service, 1936, 2nd; [New York: AMS Press, 1973]), p.607.

그런데 CMC가 설립된다면 CMC와 중의는 어떤 관계에 놓이고 중의는 공중위생에서 어떤 역할을 할 수 있을까? 이에 대해서 우롄더는 다음과 같이 주장한다.

> 구래의 방법이 더 낫다면 그것이 존속되어야 하며, 근대적 방법은 폐지되어야 한다. 다른 한편으로 근대적 방법이 더 나은 것이라면(그리고 이것은 우리와 똑같은 관념을 가진 일본을 포함한 최근의 모든 나라에서 증명되었다) 그것들이 전면적으로 채택되어야 하며, 낡은 것을 새로운 것으로 점진적으로 통합해나가는 단계를 밟아야 할 것이다.[92](괄호 표시는 우롄더)

우롄더는 점진적으로 통합해 나가야 한다고 했으나 궁극적으로는 중의 폐지안에 공감하고 있었다고 볼 수 있다. 따라서 CMC가 전적으로 서의 중심일 거라는 것은 쉽게 예상할 수 있다. 이러한 중의 폐지 노력은 당시 서의뿐만 아니라 북양정부(北洋政府)시기 교육부가 학제개혁에서 중의를 배제하는 등 공공연히 행해지고 있었으며, 1915년 교육총장 왕다셰(汪大燮, 1860-1929)는 본인이 직접 나서서 중의 폐지를 주장하기도 했다. 따라서 교육부에서 "개업의에게 요구되는 기준을 통일하는 관점에서 전통적 방법으로 교육받은 의사의 개업을 규제한다"라는 사실상의 중의 폐지안을 중화의학회에 제시했던 것은

92 Wu Lien-teh, "Memorandum on Medical Education in China," *The China Medical Journal* 28(1914. 1), p.119.

이례적인 조치랄 게 아니었다.[93] 그런데 주목할 것은 중의 폐지에 적극적이었던 북양정부 교육부가 CMC 건립안에 대해서는 별다른 반응을 보이지 않았다는 점이다. 당시 정부로서는 의료제도의 정비가 거의 이루어지지 않은 상태에서 CMC를 건립할 수 없었거나 중앙집권적인 국가 건설을 도모하던 위안스카이 정부가 독립적인 CMC 건립안 자체를 동의할 수는 없었을 것으로 추측해볼 수 있다. 결국 CMC 건립안은 구상만으로 그쳤다고 할 수 있는데, CMC 구상의 좌절은 우롄더 개인으로서는 중앙정부에 대한 깊은 회의를 가져다주었다.

> 내 친구 중에서 공중위생에 특별한 관심을 가지고 있는 한 사람이 중국에서 공중위생을 선전하고 있다고 나에게 말했다. 그에 대한 나의 대답은 중국 정부가 아닌 중국 사람들에게 그것을 선전해야만 한다는 것이다(강조 표시는 우롄더). 당신도 알고 있는 것처럼, 중국은 세계에서 가장 통치력이 뒤떨어진 나라이고, 혁명에도 불구하고 군벌, 도적, 다른 기생충적인 군대의 분파들이 … 서양에서는 실행 가능한 것들이 중국에서는 종종 실천하는 데 어려움이 있고, 심지어 폐기될 지도 모른다.[94]

이와 같이 중앙정부에 대한 실망과 회의로 인해 1922년 군벌 장쭤린(張作

93 "The Chinese Government and Medical Education," *The China Medical Journal* 34-3(1920. 5), pp.287-289.

94 Wu Lien-teh, "A Survey of Public Health Activities in China Since the Republic," *The National Medical Journal of China* 15-1(1917), pp.1-6. Hsiang-Lin Lei, "When Chinese Medicine encountered the State 1910-1949," (June 1999), p.46에서 재인용.

霖, 1875-1922)의 요청에 응하여 둥베이의원(東北醫院)의 건설에 참여하기도 했지만, 그에게 국가 차원의 위생행정의 중요성이 감소한 것은 아니었다. 예컨대 1920년대 중반 그는 성병 통제에 있어 보다 국가 차원의 노력에 주목하여 당장 시행되어야 할 사항과 장기적으로 실천되어야 할 사항을 구분했다.[95] 효율적인 공중위생을 위해서는 국가의 개입이 불가피했고, 그 국가는 보다 강력할수록 바람직한 것이었다.

국가로부터 독립적인 권한이 필요하다는 우롄더의 위생행정에 대한 인식은 난징정부 성립 이후 변화했다. 우롄더는 1930년 난징정부의 국가위생방역본부[國家衛生防疫總站]의 본부장[站長]을 담당하면서 해항검역권의 회수에 전력을 기울이고 있었는데, 이때 '국가의료'의 필요성도 더욱 절감했던 것으로 보인다. 1937년 *The Chinese Medical Journal* 심포지엄에서 그가 발표한 내용은 기존 자신의 주장에서 크게 변화되었음을 보여준다. 린커성(林可勝, Robert K. S. Lim, 1897-1969)과 천즈첸(陳志潛, 1903-2000) 등은 소련을 국가의료의 이상적인 모델로 간주하고, 영국 역시 실질적으로는 국가의료에 의해 운용된다고 보았다.[96] 영국 모델의 지지자였던 우롄더는 오히려 영국이 치료의학 중심이고, 소련이 공중위생, 사회의료, 임상 기능을 포함한 종합적인

---

95 당장 시행되어야 할 것은 대중에 대한 성병교육과 빈자와 부자를 막론하고 염가로 치료할 수 있는 여건의 개선이었다. 아울러 장기적으로는 ·미국의 사례를 들어 성병교육과 선전, 무료검진과 치료, 매춘금지법안과 매춘부의 갱생 지원, 결혼 시 진단서를 요구하는 결혼개혁까지를 포함한 교육적·의료적·법적인 조치가 시행될 필요가 있음을 지적했다. Wu Lien-teh, *Manchurian Plague Prevention Service Reports, 1925-1926*(Being Volume V of the Series)(Tientsin: Tientsin Press, Limited., 1926), pp.235-239.

96 Lim, R. K. S. and C. C. Chen, "State Medicine," *The Chinese Medical Journal* 51-6(1937. 6), p.781.

국가의료에 의해 운용된다고 보았다.[97] 즉 기존에 민간 기능을 중시하는 영국 모델을 지지한 대표적인 인물이었던 그가 당시 국가의료를 대표했던 소련 모델의 지지를 선언했던 것이다.

97 Wu Lien-teh, "Fundamentals of State Medicine," *The Chinese Medical Journal* 51-6(1937. 6), pp.778-779.

국가의료 구상과
베이징의 붉은 의사들

공의(公醫), 즉 국가의료(state medicine)는 "개인의 지불 능력과 상관없이, 예방 및 치료의학의 모든 가능성을 공동체의 모든 성원에게 부여하는 것, 즉 국가가 사회적 예방의학과 임상적 치료의학, 의료인, 모든 형태의 설비 제공 등 모든 의료 업무에 대해 책임지는 것"[98]으로 정의할 수 있다. 1926년 베이징협화의학원(北京協和醫學院) 학생들이 병인의학사(丙寅醫學社)를 설립하여 사회의학과 국가의료에 대한 관심을 표명했고, 난징정부 성립 이후로는 베이핑시 정부가 국가의료를 공표했던 황쯔팡을 초대 위생국장으로 중용했다. 이후 옌푸칭(顔福慶, 1882-1970), 리팅안(李廷安), 린커성(林可勝) 등이 참여하여 본격적으로 국가의료가 논의되었고, 1937년에는 서양인 의사들까지 일부 참여하여 당시 대표적인 의학전문잡지인 *The Chinese Medical Journal*에서 국가의료에 관한 심포지엄이 개최되기도 했다. 필자는 이 국가의료를 주장한 집단을 '공의그룹'이라고 칭하고자 하는데, 이들이 베이징의 붉은 의사들의 직접적 기원이라고 할 수 있다. 그들은 모두 중국 내외의 영미 계열의 의학교에서 서

---

98 R. K. S. Lim and C. C. Chen, "State Medicine," *The Chinese Medical Journal* 51-6(1937. 6), p.784.

양의학을 배웠으며, 사회의학과 국가의료의 건립에 일찍부터 관심을 표명하고 있었다는 공통점을 가지고 있다. 국가의료는 국가적 차원에서 위생과 의료에 관한 각종 사안을 책임·관리한다는 의미에서 개업의를 중심으로 한 개인적인 '치료의학(cure medicine)'과 구분되고, 자본집약적이고 도시중심적인 '과학적 의학(scientific medicine)'과도 구분된다.[99]

중국 국가의료의 기원에 관해서 연구자들은 서로 다른 견해를 나타내고 있음에도, 중국에서 국가의료가 체계적으로 작동한 최초의 사례가 1910-1911년 만저우 지역에서 유행했던 페스트에 대한 방역활동에서였다는 점에 대해서는 별다른 이견을 보이지 않는다.[100] 그러나 만저우 방역은 주로 페스트 통제를 목표로 했기 때문에 국가의료의 범위가 특정 질병과 특정 지역에 제한될 수밖에 없었다.

만저우 방역 이후 국가의료라는 새로운 방향을 모색하는 데 결정적 영향을 주었던 사건은 1925년 상하이 '5·30운동'이었다. 이 운동은 상하이 노동자들의 파업 과정에서 구정홍(顧正紅)이라는 한 노동자의 사망사건('5·15사건')을 계기로, 5월 30일 상하이조계 공부국(工部局)과 대치하는 과정에서 10여 명의 노동자와 학생이 사망하면서 노동자·학생·상인들의 연대와 반제국주의

99 치료의학은 선교의사와 전통적인 중의의 활동으로 대표되며, 과학적 의학은 록펠러재단과 베이징 협화의학원(北京協和醫學院)의 의료활동으로 대표된다.

100 국가의료의 기원에 대해서는 대부분 만저우 방역을 기점으로 삼고 있는데, 유일한 예외는 캐롤 베네딕트의 연구이다. 그녀는 청조의 신정(新政)을 국가의료의 기원으로 삼는다. Carol Benedict, "Policing the Sick: Plague and the Origin of State Medicine in Late Imperial China," *Late Imperial China*, Vol.14-2(1993); Carol Benedict, *Bubonic Plague in Nineteenth-Century China*(Stanford: Stanford University Press, 1996), pp.150-163.

베이징협화의학원(1921)

베이징협화의학원은 높은 수준의 과학적 의학을 표방했으나 사회의학과 국가의료에 대한 관심을 양산하기도 했다. 정면에 본관이 있고, 오른쪽에 생리학교실, 왼쪽에 보이지 않는 곳에 해부학교실이 있다. 본관 뒤쪽에 의학도서관과 병동이 자리잡고 있다. 외관은 중국의 건축양식을 따랐지만, 내부는 현대식 설비로 지어졌으며, 오늘날까지도 그대로 사용되고 있다.

운동으로 확산되었다.[101] 5·30운동은 베이징 지역 학생들의 정치의식 제고와 조직기반의 확대라는 중요한 변화를 초래했고,[102] 과학적 의학의 산실이었던 베이징협화의학원 내 중국인 학생들의 일상에도 커다란 변화를 야기했다.

---

101 상하이 5·30운동과 이 운동이 학생사회에 미친 영향에 대해서는 정문상, 『中國의 國民革命과 上海學生運動』(서울: 도서출판 혜안, 2004), 제3장-제5장을 참고.

102 베이징 5·30운동의 특성과 학생운동의 분화와 통합에 대해서는 尹惠英, 「北京의 反帝運動: 중소교섭촉구운동에서 5·30운동까지」, 『漢城史學』 第8輯(1996), 175-190쪽; 林相範, 「中國共産黨北京支部와 學生運動 : 國民革命時期를 중심으로」, 『漢城史學』 第11輯(1999), 101-105쪽.

베이징협화의학원은 수업에서는 영어를 사용하고 도서관에는 중국어 신문이나 잡지가 거의 없을 정도로 다른 대학과는 분위기가 사뭇 달랐는데, 학생들 역시 평소 국내 정치에 무관심했다.[103] 그러나 5 · 30운동 이후 베이징 학생연합회 등이 조직되면서 반제운동이 급속히 확산되자 이에 호응한 일부 학생들이 동맹휴업 등 반제운동에 동참하면서 학내분위기가 반전되었고, 의학교 학생들은 의료에 대한 관심을 국가와 사회로 확대해나갔다.[104]

존 그랜트(John Black Grant, 1890–1962)
베이징협화의학원 교수로 활동하면서, 1920-30년대 베이징의 위생실험을 주도하였다.

1926년 베이징협화의학원 학생인 양지스(楊濟時) · 주장겅(朱章賡) · 구쿠이(賈魁) · 주푸탕(諸福棠) · 리루이린(李瑞林) · 후추안쿠이(胡傳揆) · 천즈첸(陳志潛) 등이 병인의학사를 조직하고, 『세계일보(世界日報)』 · 『중화일보(中華日報)』 · 『대공보(大公報)』 등을 통해 의학과 위생의 사회적 역할과 필요를 선전하면서 그들이 표명한 것이 바로 국가의료였다. 5 · 4운동기의 학생운동이 개인차원에서 민중 속으로 들어갔던 것에 반해, 5 · 30운동기에는 다른 민중단체와 연대하는 특징을 보였다.[105] 5 · 30

---

103 1920년대 국립대학과 기독교계 사립대학의 대조적인 대학문화에 대해서는 白永瑞, 『中國現代大學文化硏究』(서울: 일조각, 1994), 제2부 제1장을 참고.

104 陳志潛, 「丙寅醫學社」, 政協北京市委員會文史資料硏究委員會編, 『話說老協和』(北京: 中國文史出版社, 1987), 441-443쪽.

105 白永瑞, 『中國現代大學文化硏究』(서울: 일조각, 1994), 277-285쪽.

운동기 베이징협화의학원 학생들은 베이징학생연합회에 합류하여 반제운동에 동참하면서 의료의 사회적 역할에 조직적으로 대응할 수 있는 방안을 모색했다. 병인의학사는 신문·잡지 등을 통한 계몽활동 이외에 각종 위생운동과 위생강연을 실시했으며, 베이핑시정부 성립 이후에는 허청쥔(何成濬, 1882-1961) 초대 베이핑시장에게 공중위생에 해박한 인물이 위생행정을 담당할 수 있도록 위생국장의 인선에 심혈을 기울여줄 것을 요구하기도 했다.[106]

사실 과학적 의학의 중심지였던 베이징협화의학원에서 국가의료를 주창할 수 있었던 것은 베이징협화의학원 교수였던 존 그랜트(John Black Grant: 1890-1962, 중국명 蘭安生)에게 영향 받은 바 크다. 존 그랜트는 중국에서 선교사의 아들로 태어나 1917년 미시건 대학에서 의학사 학위를 받았으며, 존스 홉킨스 대학에서 공중보건학을 전공했다. 그는 국가의료에 관심을 가지고 있었지만, 민간의료가 주도하던 미국에서는 환영받지 못했다. '의료계의 볼셰비키(medical Bolshevik)'라 불리는 존 그랜트는 17년 동안(1921-1938)의 중국체류기간 중 14년을 베이징협화의학원에서 공중위생을 담당했고, 나머지 3년 동안은 록펠러 재단의 중국 농촌을 위한 프로그램의 공동 책임자였다. 그는 예방의학을 의학교육 과정에 포함시켰고, 위생실험구를 도시와 농촌에서 적극적으로 설립하는 데 공헌했다. 그 과정에서 그는 공의그룹과 긴밀한 관계를 맺었고, 공의그룹의 대표적 인물이자 '중국 공중위생의 아버지[中國公共衛生之父]'라 불리는 천즈첸(1903-2000)이 농촌에서 활동할 수 있도록 옌양추

106 「丙寅醫學社昨函何成濬關于地方衛生事」, 『世界日報』(1928. 6. 27), 第7版.

(晏陽初, Y. C. James Yen: 1893-1990)와의 가교 역할도 자임했다.[107]

1920년대부터 국가의료를 구상했던 천즈첸·리팅안·린커성 등이 이상적 모델로 여겼던 국가는 체코·유고와 같은 동유럽 국가와 영국 등이었다. 그 당시 그들은 국가의료가 작동하기 위해서는 위생의료체제 자체를 정비하는 것보다 국가경제와 국민의 생계를 진작하는 것이 최선의 방책이라고 생각했다.[108] 1930년대에는 소련 모델이 국가의료의 이상적인 모델로 상정되었다. 천즈첸은 현(縣) 중심의 국가의료를 구상하고, '중앙정부-성-지역센터-현-현하부-촌거점-촌락-가정'에 이르는 국가에 의한 일원적 지배를 목표로 했다.[109]

그렇다면 중의는 국가의료를 포함한 국가 위생의료체제에 대해 어떤 인식을 가지고 있었을까? 딩푸바오의 위생론에서 알 수 있듯이, 중의는 일반적으로 공공위생과 위생의료체제 구축에 상당히 취약한 면을 드러낸 것이 사실이었다. 그러나 딩쯔량과 같이 중의 역시 위생행정과 국가의 역할을 점차 인식하고 있었으며, 천궈푸와 같이 중의를 지지했던 정치인들은 국가 위생의료체제를 구축하기 위해 구체적 실천 방안을 모색하고 있었다. 더욱이 난징정부 성립 이후 서의가 중의 폐지를 주장하면서 중의에 대해 전면전을 선포했기 때문에, 중의는 위생의료체제 구상을 더이상 미루고만 있을 수 없게 되었다.

---

107 Charles W. Hayford, *To the people: James Yen and Village China* (New York: Columbia University Press, 1990), pp.132-141.

108 Ka-che Yip, *Health and National Reconstruction in National China : The Development of Modern Health Services, 1928-1937* (Ann Arbor: Association for Asian Studies, 1996), pp. 39-41.

109 Lim, R. K. S. and C. C. Chen, "State Medicine," *The Chinese Medical Journal* 51-6(1937. 6), pp.785-786의 도표를 참고.

1929년 2월 23-26일, 난징정부 위생부 부부장(副部長) 류루이헝(劉瑞恒, 1890-1961)의 주관하에 제1회 중앙위생위원회의(第一屆中央衛生委員會議)가 소집되었다. 당시 위생부는 서의가 장악하고 있었는데, 이 회의에는 동북방역처(東北防疫處) 처장 우롄더, 상하이 중앙대학의학원(上海中央大學醫學院) 원장 옌푸칭 등 공의그룹, 위생부 관료, 중화의학회 회원 등 17명이 참가했다. 이 회의에서는 중의 폐지안이 주로 논의되었고, 중화민국의약학회(中華民國醫藥學會) 상하이분회회장(上海分會會長)인 위윈슈의 「구의폐지안(廢止舊醫以掃除醫事衛生之障碍案)」이 공식 채택되었다. 이 안은 만 50세 이상, 20년 이상 개업한 중의에 한해서 일정 기간 영업을 허락하는 등 사실상 중의교육과 중의를 폐지하자는 안이었다.

이를 계기로 상하이 등 각지 중의약 관련 단체들은 전례 없는 각종 연합회를 결성했고, 1929년 3월 17일 전국의약단체대표대회(全國醫藥團體代表大會)가 상하이총상회(上海總商會)에서 개최되었다. 전국의약단체대표대회는 중의 폐지의 부당성을 알리고, 정부 각 기관에 청원운동을 펼치며, 전국의약단체총연합회(全國醫藥團體總聯合會)와 같은 중의단체의 상설조직 구성 문제, 중의약학교 건립 문제 등을 주요 의제로 다루었다.[110]

중서의논쟁은 표면상 '비과학적인 중의'를 폐지하자는 서의와 '국수(國粹)의 보존'과 '문화침략'에 반대하는 중의 사이의 이른바 과학과 문화주의 논쟁으로 보인다.[111] 그러나 중의 역시 중의의 과학화에 반대하지 않았으며, 서

110 鄧鐵濤·程之范 主編,『中國醫學通史』近代卷(北京: 人民衛生出版社, 2000), 150-153쪽.

111 이러한 관점을 대표하는 연구는 Ralph Croizier, *Traditional Medicine in Modern China:*

의에서는 국의(國醫) 대신 중의라는 말을 사용하고자 한데서 알 수 있듯이 과학과 문화주의 논쟁은 중서의가 각자의 정당성을 주장하기 위한 수사였지 그 자체로서 서로에게 치명적 타격을 입힐 수 있는 주장은 아니었다.

오히려 흥미로운 것은 중서의논쟁에서 중의 폐지를 주도했던 서의 측의 이데올로그들이 상하이의 개업의들이었다는 점이다.[112] 그들은 공중위생을 향상시키기 위해서는 의료가 국가권력과 결합되어야 한다고 주장했다. 실제로 그들은 1930년대 중반 개업의 중심의 무료진료의 한계를 지적하고 국가 위생의료체제 건립의 필요성을 주장하기도 했는데, 그들은 중의가 국가 위생의료를 담당할 수 없다는 점을 중의 폐지의 중요한 근거로 삼았다.[113]

중의는 서의가 제기한 과학성에 대해서 중의의 원리 차원에서 접근하거나 과학적 방법을 수용하는 차원에서 대응할 수 있었다. 그러나 중의가 국가 위생의료를 담당할 수 없다는 지적은 매우 치명적인 것이었다. 실제로 중의는 당장에 체계적인 교육을 실현할 수 있는 학교제도가 정비되어 있는 것도 아니었고, 치료의학의 한계를 넘어설 수 있는 전국적 네트워크도 구성하고 있지 못했다.

이런 문제를 해결할 수 있는 구심점으로 등장한 것이 국의관(國醫館)이었다. 국의관은 1929년 전국의약총회(全國醫藥總會)가 중의약학교를 건립하려

Science, Nationalism, and the Tensions of Cultural Change(Cambridge, Mass.: Harvard University Press, 1968).

112 대표적으로 왕치장(汪企張), 천팡즈(陳方之, 상하이국립의학실험실 주임), 딩후이캉(丁惠康), 위윈슈(余雲岫, 중화민국의약학회상하이분회 회장) 등은 모두 내과의사였으며, 상하이에 개인병원을 가지고 있었다.

113 Wong K. Chimin & Wu Lien-teh, *History of Chinese Medicine: Being a Chronicle of Medical Happenings in China from Ancient Times to the Present Period*(Shanghai: National Quarantine Service, 1936, 2nd; [New York : AMS Press, 1973]), pp.162-163.

고 했을 때, 당시 사립대학 규정 등에 의해 중의학교 건립 자체가 어려웠기 때문에, 학교건립을 포함한 중의약 전체를 관리할 수 있는 중심기구를 법제화하려고 하면서 만들어진 것이었다. 1930년 1월 국의관 설립 제안서를 난징정부에 제출했으나 위생부에 의해 일차 거부당했다. 1930년 5월 7일 행정원장 탄옌카이(譚延闓, 1876-1930)가 천리푸(陳立夫, 1900-2001), 차오이탕(焦易堂, 1880-1950) 등 국민당 중앙집행위원 7인과 연합하여 국민당 중앙집행위원회 제226차 중앙정치회의에서 국의관 설립 제안서 원안을 통과시켰다. 국의관 설립 제안서에는 난징에 중앙국의관(中央國醫館)을 설립하고 각 성 및 각 특별시에 국의분관(國醫分館)을 설치하며, 국의관 관리하에 국의학교(國醫學校)와 국의의원(國醫醫院)을 부설한다는 안이 포함되어 있었다.[114] 1931년 8월 31일, 「중앙국의관 조직 장정(中央國醫館組織章程)」과 「중앙국의관 각성 국의분관 조직대강(中央國醫館各省市國醫分館組織大綱)」이 난징정부에 의해 비준되고, 1932년 11월 6일에는 「각현시 설립 국의지관 임시규칙(各縣市設立國醫支館暫行辦法)」등이 제정되어, 전국규모의 국의관 체제가 형성되었다.

그런데 문제는 국의관의 성격을 어떻게 규정지을 것인가에 있었다. 국의관은 행정원에 소속되도록 하고 있었으나 중앙국의관만이 국가로부터 약간의 재정적 지원을 받을 뿐 사실상 민간의 독립적인 기구나 마찬가지였다. 더욱이 국의관이 성립한 이후 1931년 5월 전국의약총회가 해산된 것에서 알 수 있듯이 사실상 국의관은 전국의약단체대표대회를 대행하는 역할을 했고, 아래로

114 鄧鐵濤·程之范 主編, 『中國醫學通史』(2000), 155쪽.

부터의 전국 중의약 단체들의 구심점이었다.[115]

이에 대한 서의의 반응은 국의관이 순수 연구기관으로 남는다면 국의관 설립에 반대하지 않는다는 것이었다. 이는 서의로서는 국의관이 국가 위생의료에 개입하거나 권력화하지 않는 한 국의관의 설립과 활동을 문제 삼지 않겠다는 뜻이었다.

국의관의 존재가 쟁점화된 것은 중의조례(中醫條例)의 제정을 둘러싼 논의가 시작되면서부터였다. 1930년 5월 이미 「서의조례(西醫條例)」가 공포되었기 때문에, 국의관에서는 국의관이 관리하는 「국의조례(國醫條例)」(초안)의 필요성을 제기했고, 1933년 6월 7일 국민당 제306차 중앙정치회의에서 중앙집행위원인 난징시장 스잉(石瑛), 차오이탕(焦易堂) 등이 중심이 되어 천리푸(陳立夫), 예추창(葉楚傖), 샤오리쯔(邵力子, 1881-1967) 등 중의약의 보존을 지지하는 29인의 중앙집행위원의 지지를 받아 중의조례의 제정 문제를 공식적으로 제기했다. 그러나 행정원장 왕징웨이(汪精衛, 1883-1946) 등의 반대에 부딪혀 결론을 내지 못하고 내정부와 교육부에 심사를 의뢰했다. 그러나 내정부와 교육부는 국의관이 행정기관이 아니기 때문에 중의를 관리할 수 없다 하여 원안을 부결시켰다. 1933년 6월 27일 다시 행정원에 이 안이 상정되었지만, 행정원은 국의관이 학술단체이므로 중의를 관리할 수는 없다고 하여 이 안을 부결시켰다. 1933년 7월 중앙정치회의의 조정을 거쳐 다시 입법원에서 심사가 시작되었다.[116] 이로부터 1933년 12월 15일 입법원에서 「중의조례」

---

115 위의 책, 157쪽.

116 위의 책, 164-165쪽.

가 제정되기까지 서의 측의 격렬한 반격이 있었다.

중의로서는 중의를 총괄해 보호하고 관리하기 위해서는 국의관이 중의를 관리하는 것 외에는 다른 방안이 없었다. 그러나 국의관 설립안에는 국의관이 행정적으로 중의약을 관리한다는 항목이 빠져 있는 치명적인 약점을 안고 있었다. 반면 「국의조례(초안)」가 원안대로 통과된다는 것은 서의로서는 중의를 '국의'로서 인정해야 될 처지에 놓이게 된다는 것을 의미했다. 그뿐만 아니라 그것은 중의가 국가 위생의료에 개입하는 것은 물론, 중의가 확대될 수 있는 법적 기반을 가지게 될 것이었다.

실제로 천팡즈는 차오이탕의 「국의조례(초안)」의 입법 취지가 "국의관의 사명은 행정체계의 결함을 보충하는 데 있다"고 하나 사실상 "국의조례가 파괴하고자 하는 것은 오로지 위생행정체계 자체이다"라고 주장했다.[117] 그는 국의관이 위생행정체계를 장악하게 될 경우 공중위생이 퇴락하고 난징정부의 위생의료체제는 붕괴될 것으로 보았다. 심지어 왕치장(汪企張)은 국의관이 중의를 관리하는 것은 정권을 분리하여 군벌(軍閥)과 같은 별도의 정부조직을 만드는 것이나 다름없다고 주장했다. 그는 국의관을 학술기구로 남겨두고, 중의 관련 행정업무는 의정부(醫政部)를 신설하여 관련 업무를 내정부(內政部)와 위생서(衛生署)가 분담하는 구체적인 안을 제기했다.[118]

결국 1933년 12월 15일 입법원은 「국의조례」를 「중의조례」로 수정했을 뿐만 아니라 중의의 심사 등의 핵심 권한은 국의관이 아닌 내정부가 관리하도

117 陳方之, 「中西醫問題之商榷(續)」, 『申報 · 醫藥週刊』 40(1933. 9. 25).

118 汪企張, 「國醫館欲分割政權無異別組政府」, 『申報 · 醫藥週刊』 33(1933. 8. 7).

록 했다. 「중의조례」의 의의는 중의의 법적 지위가 최초로 확보되었다는 점이었다. 그런데 서의가 사실상 위생서를 장악하고 있었기 때문에 중의는 서의에 의해 관리감독을 받아야 할 처지였으므로 중의가 서의와 동등한 지위였다고 말할 수는 없다. 따라서 중의는 서의와 동등한 지위를 요구하는 청원운동을 계속했고, 1935년 11월 국민당 제5차 전국대표대회에 중의에 대한 평등한 대우를 공식 제안하기에 이르렀다. 1936년 7월 이래, 입법원에서 「위생서 조직법(衛生署組織法)」의 수정 등을 통해 제도적으로 중의를 국가 위생의료에 편입시키려는 노력을 했으나 번번이 좌절되었다. 결국 중서의의 동등한 자격 기준과 국가 위생의료로의 편입은 1943년 「의사법(醫師法)」의 제정으로 실현되었으나 이것 역시 위생서에 의해 공공연히 부정되었다.[119]

이처럼 국의관의 설립과 그 과정에는 중의가 국가 위생의료로서 기능할 수 없다는 서의의 비판과 그에 대한 중의의 대응 노력이 반영되어 있다. 서의는 국의관을 통한 중의의 국가 위생의료체제 구상이 난징정부의 위생의료체제의 근간을 뒤흔들 수 있다는 점을 부각하고 있었다. 이 때문에 중의가 국가권력으로부터 자율적인 국의관을 조직한다는 것은 더더욱 어려운 일이었다.

그러나 1929년 중의 폐지안이 제기되던 시점에서 중의가 국의관이라는 대안을 제시할 수 있었던 것은 중의 역시도 근대적 위생의료체제 구축을 위해 적극적으로 대응했다는 것을 보여준다. 1937년에 이르면, 서의의 국가의료 심포지엄에서 "중의 개업의들이 정부의 인가를 요구할 것이고, 그들이 국가의료

119 鄧鐵濤·程之范 主編, 『中國醫學通史』(2000), 171쪽.

의 한 지점이 될 가능성이 항상 있다"[120]라는 평가를 받을 정도로 중의의 조직체계는 이미 달라지고 있었다. 따라서 난징정부 시기 중서의논쟁을 과학과 문화보수주의의 논쟁 혹은 어느 한쪽의 일방적 승리의 과정으로 파악하는 것은 중서의가 공유했던 위생행정의 필요성과 근대적 위생의료체제의 구축을 위한 공통의 인식과 실천을 간과하는 것이 될 것이다.[121]

난징정부의 성립은 중의뿐만 아니라 서의에게 있어 국가 위생의료체제를 구축할 수 있는 일대 획기였다. 입(Ka-che Yip)은 국가 위생의료체제가 난징정부의 공식적인 위생정책의 기초였다고 지적한 바 있다.[122] 그러나 항일전의 발발 직전까지 국가 위생의료체제가 중앙정부를 중심으로 전국적으로 작동되었던 것은 아니었다. 중앙정부 차원에서 위생행정을 주도했던 것은 류루이형이었다. 류루이형은 난징정부 시기 성립 초기부터 위생부(衛生部) 차장·부장, 위생서장(衛生署長) 등을 역임하면서 사실상 난징정부의 위생행정을 주도했다고 할 수 있다. 하버드대학 의학박사 출신인 류루이형은 역시 난징정부 시기 위생부장 등 위생관료로서 요직을 두루 섭렵하기에 앞서 베이징협화의학원 부교장, 교장, 이사[董事] 등을 역임했다. 류루이형은 우롄더에게 만저우 방역에 참여할 의사를 표명하기도 할 정도로[123] 국가의료에 관심이 많았을 뿐만 아

---

120 F. Oldt, "State Medicine Problems," *The Chinese Medical Journal* 51-6(1937. 6), p.800.

121 중서의논쟁을 각각 서의와 중의의 관점에서 서술한 대표적 연구로는 Ralph Croizier, *Traditional Medicine in Modern China: Science, Nationalism, and the Tensions of Cultural Change* (Cambridge, Mass.: Harvard University Press, 1968); Hsiang-Lin Lei, "When Chinese Medicine encountered the State 1910-1949," Ph. D. Dissertation, Chicago, Illinois(June, 1999).

122 Ka-che Yip, "Building a Strong China: Perspectives on Health, Society, and the State in the Republican Period", 『民國硏究』 第5號, (1999. 12).

123 Wu Lien-teh, *Plague Fighter: the Autobiography of a Modern Chinese Physician*

니라 공의그룹과도 사제 간의 관계를 맺고 있었다.

그러나 류루이헝을 포함한 난징정부가 위생행정의 목표로 국가의료를 공식적으로 표명한 일은 없었다. 설령 그가 국가의료의 충실한 지지자였다 해도, 제도·시설·인력·재정 등이 불충분한 상황에서 중앙정부 차원의 국가의료를 주창하는 것은 현실성이 없는 일이었다. 단지 중앙정부가 할 수 있는 일은 실현 가능한 지방에서 국가의료의 우선적 실시를 보장해주는 것이었다.

난징정부 시기 대표적인 국가 위생의료체제 구상은 후딩안(胡定安)과 황쯔팡의 구상을 들 수 있다. 후딩안은 독일식 국가의료를 창안한 학자로 잘 알려져 있는 그로탄(Theodore W. Grotjahn)의 제자로 난징정부 성립 직전 귀국하여 중앙정부의 위생행정체계를 확립하는 데 기여한 인물이다. 그는 1928년 『중국위생행정실시계획(中國衛生行政設施計劃)』을 발표했는데, 이 책은 중앙정부 차원의 중앙집권적이고 민족주의적인 요구에 충실한 원론적인 것으로서 난징정부의 위생행정체계 수립에 깊은 영향을 주었다.

후딩안의 『중국위생행정실시계획』은 전체 내용 구성을 위생행정계획 중 '긴급'한 것과 '차급'한 것 둘로 나누고 있다. 긴급한 것은 위생행정체계와 조직, 국제위생 문제, 위생재정, 위생조례와 법령, 전국위생기관 및 자선단체의 정리, 미신 타파와 전문 인재의 양성, 위생 건설 신계획 등으로 구성된다. 차급한 것은 지방위생사업, 학교·군대위생 등 일반 공중위생의 정돈, 사회질병의 방지와 박멸, 민중의 식품 및 주거 문제 등으로 구성된다.[124]

(Cambridge: W. Heffer, 1959), p.360.

124 후딩안이 가장 긴급한 과제로 설정하고 있는 세부항목은 사실상 중앙집권적인 위생행정체계를 구

황쯔팡은 미국 시카고대학에서 생리학 학사, 위생학 및 세균학 석·박사 학위를 취득한 후[125] 중앙방역처와 베이징협화의학원에서 근무했다. 그가 공의그룹에서 구체적으로 어떤 활동을 했는지는 알 수 없으나 베이징협화의학원 재직 기간에 공의그룹과 사제관계를 맺으며 직·간접적으로 영향을 미쳤을 것으로 추측된다. 황쯔팡의 위생의료체제 구상이 주목되는 것은 그가 1927년 발표한 『중국위생에 관한 의견(中國衛生芻議)』을 통하여 국가의료를 명확히

축하는 것과 밀접한 관련을 가진다. 그는 중앙집권적인 위생행정체계를 구축하기 위해 우선적으로 최고 위생행정기관인 중앙위생행정위원회(中央衛生行政委員會)를 설립하여 입법권을 부여하고, 그 아래 중앙위생국(中央衛生局)과 중앙방역처(中央防疫處)를 설치하도록 했다. 『중국위생행정설시계획(中國衛生行政設施計劃)』은 중앙위생행정위원회의 인원을 20명 이내로 제한하되, 국외에서 공중위생을 전공하고 학위를 취득한 자이거나 정식 의약위생학술단체가 인선한 비교적 경험이 있는 자로 그 자격요건을 제한했다. 당시 대표적 의약위생 학술단체인 중화의학회의 정회원이 외국 유학자나 1개 이상의 외국어를 구사할 수 있어야 했다는 점을 상기해볼 때, 최고 위생행정기관의 핵심인원이 외국에서 유학한 서의로 제한될 가능성이 높았다고 볼 수 있다. 흥미로운 점은 후딩안은 위생행정의 중요성을 강조하면서도 위생행정을 담당하는 위생사(衛生司)를 내정부(內政部) 소속에 두지 않고 위생부(衛生部)로 독립하는 안에 유보적인 태도를 보였다는 점인데, 그는 위생부 독립안보다 위생행정의 중앙집권화가 더 시급한 과제라고 생각했다. 국제위생 역시 중앙집권적인 위생행정이 필요한 근거 중의 하나로 강조되었다. 중국이 야만적인 국가로 여겨지고 국제연맹의 위생사업에 참여하지 못하는 이유는 중국이 방역체계와 공중위생이 갖추어져 있지 않기 때문이었다. 중국은 위생을 강구하지 않는 것으로 악명이 높은데다 법적·제도적 정비까지 늦추어지고 있기 때문에 서양 각국과 동등해질 수 없다는 것이었다. 실제로 위생행정이 작동하지 않아 국가 간 위생 문제가 발생할 경우 중국인들은 특별관리 대상이 되는 불이익과 수치감을 맛보아야 했다. 따라서 중앙집권적인 위생행정을 갖추는 것은 외국에 의한 간섭과 침략의 위협을 감소시키고 외국과 동등한 주권을 누릴 수 있는 첩경으로 여겼던 것이다. 위생재정을 어떻게 획분하고 관리하느냐도 위생행정의 중앙집권화를 위해서는 중요한 사항이었다. 지방자치가 발달한 서양에서는 중앙과 지방의 재정을 별도 편성 관리하지만, 중국은 국가와 지방예산을 획분한 위에, 중요 위생사항에 대해서는 국가예산에 귀속시키고, 중앙정부가 예산을 지급하는 형태를 취하도록 했다. 각 특별시는 시정부가 시예산에 의거 수입을 정하고 중앙 최고기관의 비준을 받도록 했다. 각 성구 및 특별시의 비용이 부족할 경우 중앙이 보조하고, 중앙의 비용이 부족할 때에는 각 성구 및 특별시에서 일부 편성하여 부족분을 보충하도록 했다. 방역 예산은 중앙정부가 편성하도록 했다. 胡定安, 『中國衛生行政設施計劃』(上海: 商務印書館, 1928. 9), 4-5쪽, 17-18쪽; 胡定安, 「國際衛生與中國辦理海港檢疫之商權(1929. 12)」, 『胡定安醫事言論集』(鎭江: 中國醫事改進社, 1935), 17-19쪽.

125 「北平特別市衛生局註冊西醫一覽表」, 『衛生公報』 第5期(1929. 4), 表件 26.

표방했을 뿐만 아니라 그 자신이 베이핑시정부의 초대 위생국장으로 취임하여 자신의 위생의료체제 구상을 직접 실천할 수 있는 기회를 가졌다는 점이다. 물론 베이핑시정부 성립 초기의 베이핑정국은 장제스(蔣介石, 1887-1975)와 옌시산(閻錫山, 1883-1960) 사이의 불안정한 정치적 타협으로 말미암아 위생행정이 안정적으로 수행될 수 있는 분위기는 아니었다.[126] 그러나 황쯔팡이 제시한 '의학국가화(醫學國家化)' 구상은 그의 사임 이후에도 위생구사무소가 확대되고, 대민의료서비스가 제도화되었으며, 인구 관리, 전염병 통제 및 환경위생의 개혁 등 시정개입의 확대를 지향한 점에서 항일전 발발 직전까지 베이핑시정부 위생행정의 근본 방향이었다.

황쯔팡(黃子方, 1899-1940)
베이핑시정부의 초대 위생국장으로서 국가의료의 확대에 중요한 공헌을 하였다.

황쯔팡 사임 이후에도 베이핑시정부는 위생구사무소를 확대했고, 분뇨처리업 관영 등 베이핑시정부가 위생 각 분야에 대한 국가 개입의 확대를 지향했다. 이로 볼 때, 국가의료는 항일전 발발 직전까지 베이핑시정부 위생행정의 근본 방향이었던 것으로 판단된다. 그렇기 때문에 위생국 업무보고 등에는 베이핑시의 위생행정이 '의료평민화(醫療平民化)'를 지향하고 있다고 언급되기

126 베이핑시정부 성립 초기의 정국에 대해서는 曹子西 主編, 『北京通史』 第9卷(北京: 中國書店, 1994), 제2장 國民政府統治下的北平을 참고.

도 했다.[127]

황쯔팡의 위생의료체제 구상은 중앙집권적인 위생행정을 지향했다는 점에서는 후딩안과 다르지 않았다. 그의 구상 역시 중앙정부의 위생기관 설치를 최우선적으로 고려하고 있었다. 그러나 황쯔팡은 단순히 중앙집권적인 위생행정에 만족하지 않고 "현대 공공위생 학리상 가장 완비된 위생행정인 이른바 '의학국가화'라는 것을 중국에서 최우선적으로 실현하는 것"을 목표로 삼았다. 즉 황쯔팡은 국가의료를 공식적으로 표방했는데, 그는 국가의료의 실시를 위해서는 의사·간호사·방역원 등이 모두 정부기관에 직속되어야 한다고 보았다. 정부 위생기관은 의사 각 개인의 장단점을 파악하고, 지역, 인구수 등을 고려하여 의사 및 간호사의 정원을 획정하도록 했다. 이렇게 되면 궁핍한 시골이나 벽오지에도 의사 및 간호사 등을 파견할 수 있기 때문에 '구의난(救醫難)'과 같은 현상은 없어지게 될 것으로 그는 판단했다.

국가의료가 단순히 의료인을 정부 직속으로 전환하는 것으로 실현되는 것은 아니었다. 우선은 학교교육에서 아동에게 개인위생과 공공위생을 교육하여 위생 발전의 토대로 삼는 일부터 시작해야 했다. 아울러 전문의료인력을 배양하기 위해서는 교육개혁을 필요로 했고, 중의에게도 예방의학의 중요성을 교육시킬 필요가 있었다. 또한 질병 보고체계를 확립해야 질병 발생 시 국가가 효과적으로 대처할 수 있었다.

황쯔팡의 구상에 따르면, 이러한 바탕 위에 의사와 간호사 등을 정부 직속

127 北平市政府衛生局 編印, 『北平市政府衛生局二十四年度業務報告』(北平: 北平市政府衛生局, 1936), 349쪽. 北京市檔案館所藏 ZQ4-1-1814.

으로 임용하고, 도시마다 1개의 위생청(衛生廳)을 설치할 예정이었다. 위생청 아래에는 위생구(衛生區)를 설치하고, 위생구 아래에는 위생소(衛生所)가 설치된다. 위생소는 간단한 치료를 담당하고, 비교적 중병인 사람은 구진료소(區診療所)에 소개하여 진료를 받게 한다. 위생구서(衛生區署)는 진료소와 의원 등의 업무를 담당한다. 지방위생청은 더욱 중대한 의료 업무를 담당하고, 전염병의원 · 요양원 · 시험소 등을 총괄한다. 일반 청결위생의 감찰은 간호사가 수시로 파견방문하여 위생교육, 포고, 보고, 통계와 연구, 토론 등의 일을 담당하게 하고, 지방위생청 소속하에 일을 처리하도록 한다. 그러나 인민이 이러한 권리를 누릴 때, 직접적인 비용을 지불하지 않고서 국가로부터 보호를 받게 된다. 황쯔팡은 이것을 '의학국가화'라고 말하고 있다.[128] 이와 같이 중앙위생모범성(中央衛生模範城)과 위생모범구(衛生模範區) 설치 등 위생구 설치가 황쯔팡 위생행정구상의 핵심이라 할 수 있다. 황쯔팡의 구상이 후딩안의 구상과 결정적으로 다른 점도 바로 위생구의 설치 여부였다. 황쯔팡의 위생의료체제 구상은 위생구를 설치하여 국가의료를 실현하는 것이었으며, 인력 · 재정 · 설비 등 위생행정의 실행에 있어서 중앙집권의 강화와 국가권력의 개입을 중시했다.

128 黃子方, 『中國衛生芻議』(北京: 中央防疫處疫務科, 1927), 1-5쪽, 37-41쪽.

중국 전통사회에서 위생은 양생·도생·섭생·양성 등과 혼용되어 사용되었으며, 그중에서 인간의 생명을 보양한다는 것을 의미하는 양생은 전통사회의 대표적인 위생론으로 간주되어왔다. 19세기 말 서구열강의 중국 내에서 방역활동을 강화하면서 새로운 위생론이 소개되기 시작했는데, 위생 논의가 주로 개인위생에 집중되어 있었으며, 구미와 일본의 위생에 대해서는 기대와 우려가 교차되고 있었다. 20세기 초에는 청조에 의해 위생행정이 시작되어 일본의 위생교과서가 중국에 다수 번역 소개되었다. 이 시기에 들어서 위생 논의가 점차 공중위생 그리고 위생에서 국가의 역할이 필요하다는 논의로 전환되기 시작했다. 이러한 인식의 변화에는 청조 및 계몽담론이 중요한 역할을 수행했다. 그런데 새로운 위생론이 확산되면서 전통적 양생론과 새로운 위생론이 양립할 수 있는 여지는 점차 줄어들었다. 특히 중서의의 위생론은 근대적 위생의료체제의 건설이라는 새로운 돌파구를 찾기 전까지 뚜렷한 대립각을 형성했다.

중의는 개인위생을 중시했지만, 그들의 위생인식 중에는 국가의 개입을 부분적으로 지지하거나 국가 위생의료체제를 구상하는 데까지 나아가고 있었다. 이는 국가 위생의료체제가 서의의 전유물만은 아니었다는 것을 보여준다는 점에서 주목할 만하다. 서의는 공중위생의 중요성을 강조했고, 난징정부 성립 이후 중앙과 지방의 위생행정을 장악하면서 중의가 국가 위생의료로서 기능할 수 없다는 점을 들어 중의 폐지를 본격화했다. 난징정부 시기 중의 폐지 위기에 직면한 중의는 국의관의 건립을 통해 중의 폐지 주장에 대응하고자 했다. 이처럼 난징정부 시기의 중서의논쟁은 국가 위생의료체제에서 자신들의 위상을 결정할 수 있는 문제였으므로 사활을 건 격렬한 대립 양상으로 전개되었다. 더욱 중요하게는, 이 시기의 중서의논쟁은 국가 위생의료체제 건립에 대한 시대적 요구를 중서의 모두 거스를 수 없었다는 것을 보여주었다.

중국에서 국가 위생의료체제가 실제적으로 등장한 계기는 만저우 페스트의 대응 과정에서였다. 그러다가 1925년 5·30운동기 이후 새로운 위생의료체제를 모색하는 과정에서 베이징협화의학원 학생들이 국가의료에 주목하게 되었다. 그들은 중국에서 예방의학과 공중위생 프로그램을 확대하고자 했던 존 그랜트의 영향을 받으면서 '공의그룹'을 형성했고, 각종 계몽활동과 위생실험을 전개했다. 중국의 대표적인 국가의료 구상인 황쯔팡의 『중국위생에 관한 의견』(1927)도 그가 베이핑협화의학원에 재직하는 동안 공의그룹과 일정한 관계를 맺으며 구체화된 것이다. 이들 공의그룹을 기초로 베이징의 붉은 의사들이 형성되고 있었고, 그들의 목표와 비전은 '의학국가화'로 표상되고 있었다.

황쯔팡의 '의학국가화' 구상은 위생행정에서 중앙집권을 강화하는 방안 이외에, 의료위생인력을 위생국에 직속시키고 위생구를 설치하여 인민이 직접 의료혜택을 누리게 한다는 구체적인 방안이었다. 황쯔팡 사임 이후에도 베이핑시정부는 위생구사무소를 확대하면서 국가의료를 계속 확대하고자 했다. 국가의료는 항일전 발발 직전까지 베이핑시정부 위생행정의 근본 방향이었다.

중앙정부 차원의 국가 위생의료체제 구상을 대표하는 후딩안의 구상이 위생행정의 중앙집권화에 목표를 두고 있었다면, 황쯔팡의 국가 위생의료체제 구상은 중앙집권화 구상과 더불어 국가의료의 구체적 실천 방안에 주목하고 있었다. 황쯔팡이 베이핑시정부의 초대 위생국장으로 등용됨에 따라 그의 국가의료 구상은 지방정부 차원에서 실천될 수 있었다.

2부

근대적 출생·사망 관리와 위생교육

2

조산사의 제도화와 근대적 생육 관리

근대사회에서 출생과 사망이 발생하면 전문의료인의 확인 절차를 거쳐 해당 가족은 국가기관에 출생 및 사망신고를 하게 된다. 요컨대 국가가 전문의료인을 매개로 출생과 사망에 개입하는 것이다. 그런데 20세기 초까지만 해도 중국인의 대다수는 개인의 출생과 사망 등을 국가기관에 신고하는 것 자체를 '신기한 일[新奇之事]'로 여겼다.[1] 전통사회에서 출생과 사망에는 단순히 생사 여부를 확인하는 것 이상의 신성한 절차를 필요로 했고, 그 절차는 국가가 아닌 산파(産婆)와 음양생(陰陽生)이라는 특수한 신분을 가진 사람들만이 주관할 수 있는 일로 여겨왔다. 예컨대 베이징인들은 인생에 양대 대사(大事)가 있는 것으로 여기고 있었는데, 그 하나가 생후 3일째에 하는 '시싼(洗三)'이었고, 다른 하나는 사후 3일째 하는 '제싼(接三)'이었다. 각각은 산파와 음양생이 주관하는 행사였다. '시싼'은 일종의 세례의식으로 전생에서 가져온 때를 씻어내어, 현세에서 평안하고 길하라는 뜻에서 행하는 의식이었다. 물론 중국의 세삼은 서양의 세례가 가지는 종교적 의미보다는 세속적 의미가 강했다고 볼 수 있다. 여기에는 청결의식을 통해 질병을 막는다는 의미도 있었다. '제싼'은 사망자를

1 北平市政府衛生局 編印, 『北平市政府衛生局二十四年度業務報告』(北平: 北平市政府衛生局, 1936), 296쪽. 北京市檔案館所藏 ZQ4-1-1814.

다음 세상으로 보내기 위한 준비의식이었다. 본래는 사후 3일째 하는 의식이었지만, 대개는 사망자의 영혼을 불러들이기 위해 발인 전날 실시했다. 이러한 의식에 일반인은 물론이고 국가권력이 개입할 여지는 없었다.

그러나 근대국가는 국가 건설에 필요한 국민의 양성에 최우선 과제를 두고 있었고, 국민의 양성은 개별 신체에 대한 훈육과 통제를 통해서 달성할 수 있는 것이었다. 특히 선진 각국 수준의 출생률과 사망률에 도달하기 위해서는 국가권력 차원에서 출생·사망 관리를 강화할 필요가 있었다. 그런데 전통사회에서 없어서는 안 될 사회적 존재였던 산파와 음양생은 근대국가 건설 시기에는 낙후된 출생·사망 관리시스템을 대표하는 존재였을 뿐만 아니라 근대국가의 신체에 대한 훈육과 통제를 방해하는 존재로 여겨지게 되었다. 그에 따라 그들을 대체할 수 있는 의사와 간호사 등 전문의료인을 양성하는 일이 시급한 과제로 부상했다. 그러나 현실적으로 전문의료인을 양성하기 위해서는 시간·재정·인력 등 급조하기 어려운 요인들이 존재하고 있었기 때문에 단기적으로 대처할 수 있는 방안이 필요했다. 그 방안이 바로 국가가 관리하는 조산사(助産士)와 통계조사원(統計調査員)이었으며, 그들의 존재가치는 산파와 음양생의 역할을 완전히 대체하는 데 있었다.

출생관리에 관해서 주목할 만한 연구로는 양녠췬[2]과 야오이(姚毅)[3]의 연

2 楊念群, 「民國初年北京的生死控制與空間轉換」, 楊念群 主編, 『空間·記憶·社會轉型: "新社會史"研究論文精選集』(上海: 上海人民出版社, 2001); 楊念群, 『再造'病人': 中西醫冲突下的空間政治(1832-1985)』(北京: 中國人民大學出版社, 2006), 제4장.

3 姚毅, 「産婆的'制度化'與近代中國的生育管理-以南京國民政府爲中心-」, 『中國史研究』 20(2002. 10), 292-303쪽. 아울러 '산파의 제도화' 등이 여성의료인의 지위 하락을 초래했다는 주장에도 필자는 동의하지 않는다. 오히려 난징정부 시기의 제도 정비를 통해 조산사·간호사 등 여성이 전문

구가 있다. 전자의 연구는 베이핑시 위생행정의 전면적 통제와 효율성을 강조했고, 후자는 난징정부와 베이핑시의 근대적 생육 관리는 '산파의 제도화'를 통해서 가능했던 것으로 보았다. 그러나 이 책이 증명하듯이 베이핑시 위생행정은 지역적 분절성이 현저하게 나타났으며, 난징정부와 베이핑시정부 위생정책의 기본 방향은 '산파의 폐지'와 '조산사의 제도화'였다.[4]

이와 같은 해석의 차이는 사실은 역사적 사실에 충분한 검토가 이루어지지 않았기 때문에 초래된 것이다. 따라서 출생 관리에 대한 전면적인 재검토가 불가피하다. 우선은 산파가 전통적으로 어떤 역할을 수행해왔는지, 그들이 왜 폐지의 대상이 되었는지에 대한 검토가 필요하다. 이를 위해 산파의 기능을 의료기능뿐만 아니라 사회기능 차원에서 분석할 것이다. 그런 다음 조산사가 어떤 과정을 거쳐 제도화될 수 있었는지 확인할 것이다. 마지막으로 베이핑시 성내외구 및 교구에서 출생 관리가 어떤 성과를 거두었는지 살펴볼 것이다. 이를 통해 근대적 출생 관리의 전개 양상뿐만 아니라 국가가 치료와 예방에 관한 모든 비용·인력·시설을 책임지는 '국가의료'를 지향했던 베이핑시 위생행정의 특성과 위생행정의 핵심인 출생 관리의 전체상을 복원하는 데에도 도움이 될 것이다.

직에 진출할 수 있는 제도적 길이 열렸다고 보아야 할 것이다. 물론 여성이 산부인과 의사가 되는 일은 쉽지 않았는데, 그것은 '산파의 제도화'보다는 여성 고등교육 전반에 대한 당시의 사회적 경제적 수준과 인식 차원에서 접근할 문제이다.

4 다만 일정 기간 제한된 공간범위 내에서 베이핑의 위생행정이 경찰행정을 압도했던 것은 사실이다. 또한 산파가 전면 폐지되지 않고 약간의 훈련을 거쳐 일정한 역할을 수행했던 것도 사실이지만, 조산사가 증가 추세에 있었던 것과 대조적으로 구식산파와 훈련산파는 모두 감소 추세에 있었다는 점에 주목할 필요가 있다.

산파의 의료 기능과 사회 기능

산파(産婆 또는 接生婆)는 전문적으로 출산을 돕는 중년의 여성으로, 북방에서는 일반적으로 '라오라오(姥姥)'라고 했고, 남방에서는 '라오냥(老娘)'이라고 했는데, 베이징에서는 '서우성라오라오(收生姥姥)', '지샹라오라오(吉祥姥姥)', '원포(穩婆)' 등으로 불렀다. 산파는 자기 집 문 앞에 작은 목각 문패를 걸어 산파의 거주지임을 나타냈다. 그들은 오랫동안 아이를 받았기 때문에 경험이 풍부하지만 상당수가 문맹이며, 심지어 고대 생육독본인 『달생편(達生篇)』조차 읽어본 적이 없었다. 지역사회에서 산파의 역할은 단순한 조산(助産)에 있는 것이 아니라 능숙한 언변과 태도로 신생아가 가정에 들어서도록 특정 의식을 주관하는 데 있었다.[5]

베이징의 관습에는 '런먼(認門)'이라 하여 출산 3-4주 전에 산파가 간단

5 이하 洗三儀式에 대해서는 宋兆麟 著, 洪熹 譯, 『生育神과 性巫術』(서울: 동문선, 1990), 175-180쪽; 常人春, 『老北京的風俗』(北京: 北京燕山出版社, 1990), 228-232쪽; 常人春, 『老北京的民俗行業』(北京: 學苑出版社, 2002), 65-70쪽; 楊念群, 「民國初年北京的生死控制與空間轉換」, 楊念群 主編, 『空間·記憶·社會轉型: "新社會史"研究論文精選集』(上海: 上海人民出版社, 2001), 135-141쪽; 楊念群, 『再造'病人': 中西醫冲突下的空間政治(1832-1985)』(北京: 中國人民大學出版社, 2006), 128-133쪽을 참고.

한 진단을 실시하고, 출산이 임박하면 산파를 다시 불러 출산하게 된다. 출산 3일후, 반드시 산파를 불러 신생아의 세례를 청하는 데 이것이 '시싼'이다. 일반적으로 많은 선물을 산파에게 제공했다. 시싼 전, 임산부의 집에서는 산파의 요구에 따라 수십 가지 음식을 준비했다.

시싼 때에는 통상 가까운 친척들을 초대하는데, 친척들은 산모에게 유과, 물푸레나무[桂花], 계란과자[缸爐], 계란, 붉은 설탕[紅糖] 등을 보내주거나 아이용 옷·신발·양말 등을 선물했다. 산모의 집에서는 손님들에게 야채볶음면[炒菜面]을 대접하는데, 시싼멘(洗三面)이라고도 했다. 아무리 부유한 집안이라도 겉치레를 할 수 없었고, 주식은 반드시 면류를 내와야 했다. 자리에 앉을 때에도 산파의 자리는 정중앙에 배치하여 주빈으로 대접해야 했다. 시싼의식은 통상 점심식사 이후에 거행하는데, 그 의식은 산파가 구체적으로 주도했다. 우선 산모가 있는 방 바깥 정면에 향을 피울 수 있는 책상을 마련하고, 벽하원군(碧霞元君) 등 13명의 신위(神位)를 마련했다.

산파의 핵심적 역할은 조산이라는 의료 기능보다는 신생아의 출생 후, 어떻게 하면 가능한 빠른 시간 내에 '친족 네트워크' 가운데 신생아의 위치를 확립시키는가 하는 사회 기능에 있었다. 그녀의 권위는 조산에 있어서 의료기술의 숙련과 경험에 있는 것이 아니라, 신생아 출생 후 의식을 통하여 가정에 길조와 안전의 분위기를 조성하는 것이었다. 간단히 말해서, 산파의 사회 기능은 의료 기능보다 크고, 조산 그 자체는 다른 사람에 의해 대체될 수도 있었다. 예를 들어 산파의 직업이 세습되어 있다면, 산파의 며느리를 대신 보내 조산을 돕도록 했다. 또 조산 과정에 문제가 발생하면, 시싼의식을 통해 보충하기도 했다.

신생아의 사회적 지위는 출생 후 가정과 사회에서 시싼의식을 통해 인정되기 때문에, 조산은 다른 사람에 의해 대체될 수 있지만, 시싼은 경험이 많은 산파가 주관해야 했다. 라오서(老舍)는 『정홍기하(正紅旗下)』라는 자전적 소설에서 조산과 시싼의 미묘한 차이를 설명하고 있는데, "그제 출산을 도운 것은 작은 산파[小白姥姥]로 큰 산파[老白姥姥]의 며느리였다. 작은 산파 역시 깨끗하고 정결했으나 경험은 좀 적었다"라고 묘사했다.[6]

시싼의 과정을 자세히 들여다보면, 산파의 행위 중 적어도 세 가지 특성을 추출해낼 수 있다. 경신(敬神)·예언(預言)·거병(祛病) 등이 그것이었다. 경신과 거병은 모두 신생아에 대한 예언을 위한 것이었다. 시싼의 과정 중에서, 산파의 입에서 나오는 예언은 관운·혼인·가정·성격·재운 등 거의 신생아의 장래에 관한 각 방면을 포함했다. 산파는 시싼의식과 이러한 예언을 통해 정식으로 신생아에게 사회적 지위를 공표하게 된다. 이와 동시에 산파의 예언은 윤리교화적 의미를 가지는데, 산파의 언어적 표현은 친밀한 분위기를 조성하고 신생아와 친척 사이의 관계를 확립해주었다. 시싼의 과정을 거친 아이들은 더 이상 낯선 외래자(外來者)가 아니었으며, 가족 관계 속에서 자신의 위치를 갖게 되었다. 따라서 산파의 역할은 의료 영역보다는 사회 기능에 더 치중해 있었다.[7]

---

6 『老舍全集』第8卷(北京: 人民文學出版社, 1999), p.499. 라오서(老舍) 자신의 자전적 소설인 『정홍기하(正紅旗下)』(1962)는 청조의 몰락과 제국주의의 침략 속에서 만저우 기인들이 몰락해가는 과정을 묘사했다. 『정홍기하』에 대해서는 金宜鎭, 「老舍의 "正紅旗下" 硏究」, 『中語中文學』 29, 2001.

7 楊念群, 「民國初年北京的生死控制與空間轉換」, 楊念群 主編, 『空間·記憶·社會轉型: "新社會史"硏究論文精選集』(上海: 上海人民出版社, 2001), 131-207쪽; 楊念群, 『再造'病人': 中西醫冲突下的空間政治(1832-1985)』(北京: 中國人民大學出版社, 2006), 132-133쪽.

명대 출산에 관한 벽화, 수생도(收生圖)
산파는 전문적으로 출산을 돕는 중년의 여성으로, 북방에서는 일반적으로 '라오라오'라고 했고, 남방에서는 '라오냥'이라고 했는데, 베이징에서 그들은 '서우성라오라오', '지상라오라오', '원포' 등으로 불리었다. 전통사회에서 산파는 조산을 돕는 의료 기능뿐만 아니라 신생아에게 사회적 지위를 부여해주는 사회 기능을 담당했다. 나이가 많은 큰 산파는 신생아를 위한 의례를 주관했으며, 실제적인 조산은 작은 산파(큰 산파의 며느리)가 담당했다.

바꿔 말하면 사회기능에 치중해 있는 산파에 의한 조산은 의료사고로 이어질 가능성이 매우 높았다. 산파가 낸 사고를 뒷수습하기에 바빴던 간호사들은 간단한 치료로 끝낼 수 있는 일도 산파들이 그냥 지나치고 있다고 비판하기도 했다.[8] 특히 난산인 경우에는 아무리 경험이 많은 산파라도 당황하지 않을

---

8 陳怡迪, 「本所護士筆記之一」, 北平特別市衛生局 第一特別衛生區事務所, 『衛生月刊』 第2期(1928. 10), 27쪽.

수 없었고, 심지어 여러 명의 산파를 동원했음에도 비극적인 결말은 피할 수 없었다.[9]

이에 대해 국가가 대처할 수 있는 방안은 관련 제도를 정비하는 일이었다. 즉 법률적 차원에서 무자격 산파를 통제하고, 교육제도적 차원에서 조산 전문 인력을 양성하는 것을 말한다. 산파에 대한 체계적인 통제 방안은 1913년「경사경찰청 임시단속 산파규칙(京師警察廳暫行取締產婆規則)」등에 의해 시작되었다. 경사경찰청 시기에 발표된「경사경찰청 임시단속 산파규칙」은 3명 이상의 산파의 보증이 있으면 개업이 가능했기 때문에 단속이라기보다는 산파 관리 차원에서 제정된 것이라고 볼 수 있다.[10] 산파에 대한 본격적인 단속은 난징정부 성립 이후라고 보아야 할 것이다.[11]

---

9 方頤積,「從收生婆想到北平產科教育委員會的工作」, 北平特別市衛生局 第一特別衛生區事務所,『衛生月刊』第2期(1928. 10), 6-8쪽.

10 「京師警察廳暫行取締產婆規則」(1913. 9), 北京市檔案館所藏 J181-18-222.

11 1920년 5월에는 산시(山西), 베이징(北京) 등에서「취체산파규칙(取締產婆規則)」등이 반포되었고, 1927년「조산사조례(助產士條例)」가 발표되었다. 1928년 난징정부 성립 이후 내정부는「관리접생파규칙(管理接生婆規則)」과「접생파수지(接生婆須知)」(1928. 7) 등을 공표했다. 난징정부 내정부의「관리접생파규칙」과「접생파수지」에 대해서는『接生婆須知』(南京: 國民政府內政部, 1928. 7)를 참고.

산파 단속과
조산사의 제도화

난징정부 성립 이후인 1928년 8월에는 베이핑시정부는 시정부령으로 「관리접생파규칙(管理接生婆規則)」을 반포했고, 1929년 5월에는 난징정부 위생부령으로 전문 14조인 「조산사조례(助産士條例)」가 발표되었다. 베이핑시정부 위생처가 반포한 「관리접생파규칙(1928. 8. 3)」에 따르면, 산파는 30세 이상 60세 이하의 중국인 여성으로 의학교 혹은 조산학교를 졸업하지 않고서 조산 업무를 수행하는 자를 말한다. 산파는 해당 지역 관할 관청에 등록하고 반드시 2개월간의 산파 훈련을 받고 일정한 자격시험에 통과되어야 정식 산파로 개업이 가능했다. 산파는 간단한 소독 및 탯줄 절단 외에 외과적 수술은 금지되었으며, 출생보고 및 산부의 성명·연령·주소·출산횟수, 신생아 성별 등에 관한 의무기록을 5년간 보관할 책임이 있었다. 그러나 「관리접생파규칙」 자체에서 "문맹인 자는 산파훈련 시 구두강의에 주의를 기울여야 한다"라고 명시하고 있을 정도로 산파의 문맹률은 매우 높았으며, 의무기록 등의 작성을 기대하기는 어려웠다.[12] 심지어 「관리접생파규칙」은 산파들이 산부인과 의사[産婦科醫師]를

12 「北平市政府衛生處管理接生婆規則」, 北平市政府衛生處 編印, 『北平市政府衛生處業務報告』(北

참칭하지 못하도록 '○○산파'라는 간판을 내걸도록 규정했으나 1930년대 중반까지도 산부인과 의사를 참칭하는 관행은 지속되었다.[13]

「조산사조례」(1928. 6. 19 반포, 1929. 5. 21 수정)에 따르면, 조산사는 20세 이상의 중국 여성으로 국내외 조산학교에서 2년 이상 수학하고 졸업증서를 받았거나, 2년을 채우지 못했으나 조산사 업무를 만 3년 이상 수행해온 자에 한하여 조산사자격증을 신청할 수 있다고 규정하고 있다. 조산사는 산모 및 신생아에 이상이 있을 시 의사에게 이를 알려야 하며, 외과적 · 산과적 수술은 금지되었다. 아울러 해당 기관에 매월 의무적으로 출생보고를 해야 했으며, 의무기록을 5년간 보관해야 할 책임이 있었다.[14]

1928년 9월 베이핑시 위생국은 산파통제와 조산사 양성을 위해, 황쯔팡 위생국장의 주도로 산과교육주비위원회(産科敎育籌備委員會)를 조직했다. 이 위원회는 산부인과 의사로 유명했던 양충뤼(楊崇瑞, 1891-1979)가 주석위원, 리더취안(李德全), 쑹유주(宋友竹), 쩡셴장(曾憲章) 등이 위원으로 구성되었으며, 황쯔팡 위생국장 역시 위원 자격으로 이 위원회에 참여했다. 산과교육주비위원회는 조산학교와 산과의원을 설립하여 조산사를 양성한다는 구상을 가지고 있었다.[15] 그런데 제1위생구사무소 소장이었던 팡이지(方頤積)는 산과교육주비위원회가 산파의 즉각적인 폐지를 주장하고 있다며 비판했다. 그에 따르면

平: 北平市政府衛生處, 1934. 9), 257-258쪽.

13 「市府通飭取締接生産婆」, 『北平晨報』(1934. 2. 11).

14 「衛生部頒佈助産士條例」, 北平市政府衛生處 編印, 『北平市政府衛生處業務報告』(北平: 北平市政府衛生處, 1934. 9), 267-268쪽.

15 「産科敎育籌備委員會成立紀事」, 北平特別市衛生局 第一特別衛生區事務所, 『衛生月刊』 第2期(1928. 10), 24-25쪽.

1928년 당시 베이핑시에서는 산파에 의한 조산비율이 65%를 차지하고 있기 때문에 현실적으로 산파의 폐지는 불가능하다는 것이었다. 팡이지는 새로운 교육계획에 앞서 산파의 재교육이 필요함을 지적했다.[16] 위생국 역시 이러한 비판을 수용했던 것으로 보인다. 위생국은 1928년 9월 산파강습소[接生婆講習所]를 설치하여 구식산파들을 재교육하기로 하고, 강습소 역시 산과교육주비위원회에 위탁하기로 했다.[17] 양충뤼의 책임하에 산파강습소가 설치되었고, 제1기 30여 명이 교육을 받았다. 제1기 산파의 평균연령은 54세였다.[18] 1929년 1월에는 난징정부 위생부와 교육부는 양충뤼가 제안한 국립제일조산학교(國立第一助產學校)와 부설 산과의원(產科醫院)을 비준했다.

베이핑시의 산파강습소 설립과 제일조산학교 건립에는 양충뤼가 가장 중요한 역할을 했다. 그녀는 1928년 「산과교육계획(產科教育計劃)」이라는 논문을 발표했는데, 그 논문에서 조산학교와 부속의원 등을 설립하여 전문조산인력의 양성을 주장한 바 있었다. 양충뤼는 사실상 시정부로부터 산과교육에 관한 모든 권한을 위임받았기 때문에, 그녀의 교육계획은 단순 계획에 그치지 않고 거의 그대로 실천될 수 있었다. 그는 산과교육 과정에는 2년제의 본과(本科) 외에 6개월의 속성과(速成科)와 2개월의 강습반(講習班)을 운영해야 한다

16 方頤積, 「從收生婆想到產科教育委員會的工作」, 北平特別市衛生局 第一特別衛生區事務所, 『衛生月刊』 第2期(1928. 10), 6-11쪽.

17 「產婆講習所成立紀事」, 北平特別市衛生局 第一特別衛生區事務所, 『衛生月刊』 第2期(1928. 10), 25쪽.

18 嚴仁英 主編, 『楊崇瑞博士: 誕生百年紀念』(北京: 北京醫科大學, 中國協和醫科大學聯合出版社, 1990), 17쪽.

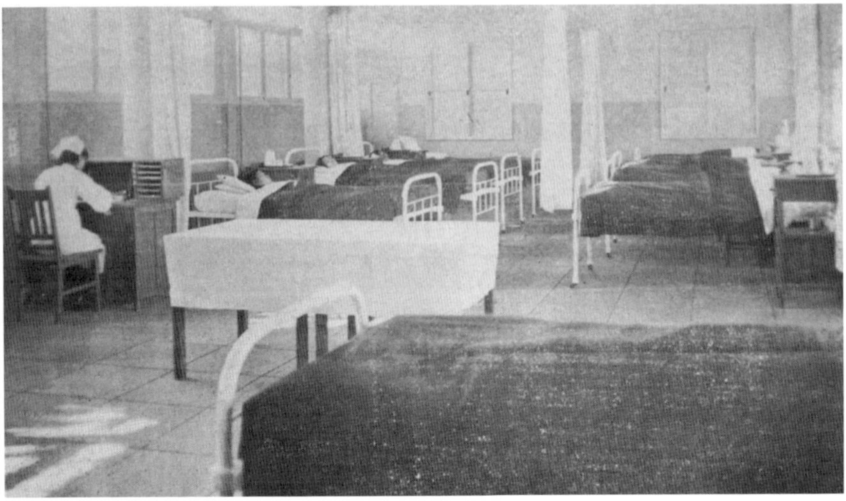

국립제일조산학교의 산모병실(1933)

1929-1939년까지 10년 동안 졸업생 255명을 배출했는데, 그중 214명(83.9%)은 각 성과 시의 공중위생기관에 근무했으며, 개업 조산사는 13명(5.1%)에 불과했다.

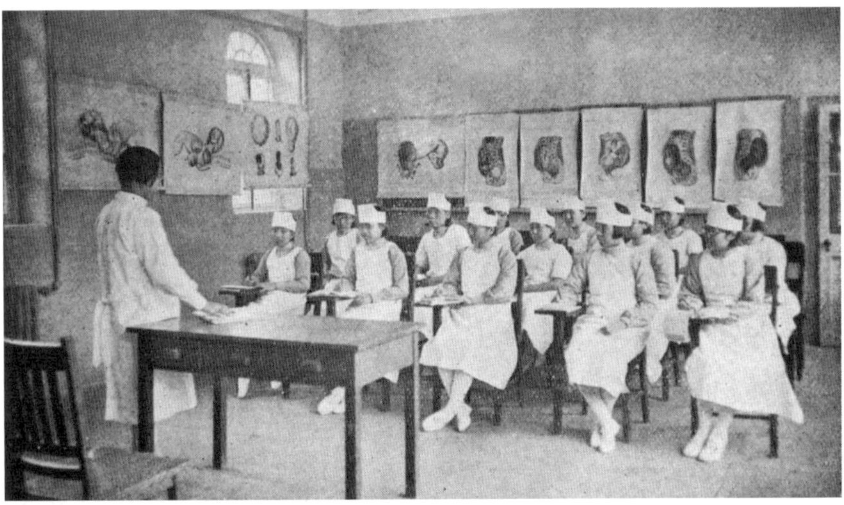

국립제일조산학교의 조산수업 광경(1933)

12명 정원의 2년제 본과는 20세 이상 35세 이하의 중국 여성으로 고교 졸업 이상의 학력이 요구되었다.

고 보았다.[19]

12명 정원의 본과 교육생은 20세 이상 35세 이하의 중국 여성으로 중학 졸업 이상의 학력이 요구되었다. 간호사 졸업증서를 가진 자에게는 1년을 단축해줄 예정이었다. 양충뤼는 중국에는 산부인과 의사가 극소수이고 그나마도 도시지역에 한정되어 있으므로 고등산과인력이 필요하다고 주장했다. 더러 2년의 시간이 지나치게 길다는 주장도 제기되었으나 그녀는 개업조산사뿐만 아니라 조산교육을 담당할 수 있는 인재를 양성하기 위해서는 적어도 2년간의 교육이 필요하다고 보았다. 고등산과인력이 조산사여야 하는지 간호사여야 하는지에 대해서는 이미 한차례 논쟁이 있었는데, 양충뤼는 중국에서는 의사에 의한 조산이 일반화되어 있는 영미보다는 조산사에 의한 조산이 강조되는 독일·네덜란드 등의 사례에 비추어 조산사 양성이 현실적이라고 주장했다.[20]

30명 정원의 속성과는 교육생으로는 20세 이상 30세 이하의 중국 여성으로 소학교[高小]학력이 요구되었다.[21] 속성과는 구식산파의 훈련이 시작되면 그

---

19 「산과교육계획(產科教育計劃)」에서는 우선 산파제도의 문제점을 지적한다. 구식산파는 3명의 보증인만 있으면 개업이 가능했기 때문에, 개별 산파에 대한 산과지식을 검증하는 것이 사실상 불가능하다는 것이다. 그 결과 영국과 미국의 산모 사망률은 1,000명 중 3명 내지 5명인데 비해 중국은 이보다 3-5배가 많은 1,000명 중 15명을 차지하게 되었고, 영아사망률 역시 영미가 1,000명당 87-90명인데, 중국은 250-300명가량을 차지하게 되었다고 보았다. 이를 개선하기 위해서는 대중에게 위생의 필요성을 선전하고, 산과학교와 산과의원 등을 설립하여 산과교육을 강화할 필요가 있었다. 楊崇瑞, 「產科教育計劃」, 『中華醫學雜誌』 40-5(1928); 左奇·嚴仁英 主編, 『楊崇瑞博士: 中國婦幼衛生事業的開拓者』(北京: 北京醫科大學出版社, 2002), 136-142쪽.

20 楊崇瑞, 「我的自傳」, 左奇·嚴仁英 主編, 『楊崇瑞博士: 中國婦幼衛生事業的開拓者』(北京: 北京醫科大學出版社, 2002), 148-149쪽.

21 1912-1913년의 임자(壬子)-계축학제(癸丑學制)에 따르면, 초등소학 4년, 고등소학 3년, 중학 4년, 대학예과 3년 등이었다. 오늘날과 같은 6-3-3-4년제(초급소학 4년, 고급소학 2년, 초급중학 3년, 고급중학 3년, 대학 4년)는 1922년 임술학제(壬戌學制)로부터 시작된 것이다. 李華興 主編, 『民國教育史』(上海: 上海教育出版社, 1996), 98-111쪽, 141-152쪽.

효용성이 감소될 것으로 보았다. 80명 정원의 강습반 교육생은 25세 이상 65세 이하의 구식산파로 시력·청력 등이 건강한 자로 제한했다. 학생 전원은 2명 이상의 보증인이 필요했으며, 시험을 통해 선발하고, 학비는 전액 무료였다.[22]

1929-1939년까지 10년간 국립제일조산학교는 본과 13개반, 조산사훈련반 4개반, 조산특과(간호사 진수(進修)) 8개반, 조산사 실습과 5개반, 조산사자격훈련반[助産士資訓練班] 1개반 등 졸업생 255명을 배출했다. 졸업생 중 214명(83.9%)은 각 성과 시의 공중위생기관에 근무했으며, 개업 조산사는 13명(5.1%)에 불과했다.[23]

1930년 5월 위생국은 산파 및 조산사를 전문적으로 관리 감독하기 위해 보육사무소[保嬰事務所]를 설립했다. 그 밖에도 보육사무소는 산모 및 영아의 검사, 보육 문제의 연구, 보육사업의 선전, 영아의 생명통계, 육아법의 훈련 등을 목표로 했다. 보육사무소 설립 이후 산과교육주비위원회가 설립한 산파강습소[接生婆講習所]는 보육사무소 소속 산파강습반[接生婆講習班]으로 개조되었다. 산파강습반에서는 2개월 동안 청결소독법(淸潔消毒法), 조산법[接生法], 제대절찰법(臍帶切紮法), 가사초생아 소생법(假死初生兒 蘇生法), 산후조리법[産褥婦看護法], 인체간명해부학(人體簡明解剖學) 등을 교육했다.[24] 1931년 9월에는 개업조산사를 교육하기 위해 조산사연구반(助産士硏究班)이 설립되었다.

---

22 楊崇瑞, 「産科敎育計劃」, 『中華醫學雜誌』 40-5(1928); 左奇·嚴仁英 主編, 『楊崇瑞博士: 中國婦幼衛生事業的開拓者』(北京: 北京醫科大學出版社, 2002), 136-142쪽.

23 左奇·嚴仁英 主編, 『楊崇瑞博士: 中國婦幼衛生事業的開拓者』(北京: 北京醫科大學出版社, 2002), 22쪽.

24 北平市政府衛生處 編印, 『北平市政府衛生處業務報告』(北平: 北平市政府衛生處, 1934. 9), 131쪽.

조산교육 실습시에는 보육사무소가 수시로 인원을 파견하여 감찰했다.[25]

1933년 제일조산학교 조사에 따르면, 보육사무소가 운영하는 산파훈련반[接生婆訓練班]은 1932년까지 총 10개반이 운영되었으며, 훈련참가 산파 299명 중 합격자 151명, 불합격자 100명, 금지 18명, 사망 및 기타 30명이었다.[26] 산파 훈련 인원 중 단지 50%만이 정식 개업이 가능했다.

1934년 9월 조사에 따르면, 베이핑시 전체 산파는 270명이었는데, 위생국에 등록한 실제 인원은 163명이었다. 산파는 모두 위생국에 등록하도록 했으며, 등록하지 않고 훈련을 받지 않는 자들은 영업을 할 수 없도록 통제했다. 1935년과 1936년 베이핑시에 등록된 산파는 각각 128명과 103명이었고, 제2위생구 지역 내에서는 각각 28명과 21명의 산파가 활동했다. 이 훈련산파에 따른 조산은 1935년 전체 1,639명 중 1,040명으로 63.4%를 차지했으며,[27] 1936년에는 전체 2,360명 중 1,244명으로 52.9%를 차지했다.[28]

훈련산파에게는 조산기구[接生箱子]가 제공되었으며, 훈련종료 후 시험을 통해 합격자에 한하여 개업허가증을 주었다. 개업허가를 받은 훈련산파는 의사와 조산사의 감독 하에 적어도 5차례 이상 실습을 받아야 했다. 산파 조산에 의해 영아사망률이 20%를 넘게 되면 영업을 취소당했다. 개업 산파에게는 연령 제한을 두어 30세 이상 65세 이하의 건강하고 시력과 청력에 문제가 없

---

25 北平市政府衛生處 編印, 『北平市政府衛生處業務報告』(北平: 北平市政府衛生處, 1934. 9), 131쪽.

26 第一助産學校年刊編輯委員會 編, 『第一助産學校年刊』 第4卷 (北平: 第一助産學校年刊編輯委員會, 1933), 合作內容 2.

27 北平市衛生局第二衛生區事務所 編, 『北平市衛生局第二衛生區事務所年報』, 第2期, (1935. 7), 69쪽.

28 北平市衛生局第二衛生區事務所 編, 『北平市衛生局第二衛生區事務所年報』, 第3期, (1936. 7), 123쪽.

위생구사무소의 산파교육

베이핑시는 정책적으로 산파를 폐지하고자 했으나 현실적으로 재교육이 불가피했다. 산파들은 나이가 많고, 문맹인 경우가 많았다. 30세 이상 65세 이하의 건강하며 시력과 청력에 문제가 없고 전염병이 없는 자를 교육하여 개업산파로 활동할 수 있는 자격을 부여했다.

으며 전염병이 없는 자를 합격 기준으로 삼았다.[29]

대부분의 산파들은 연령이 높고, 교육을 받지 못했으며, 문맹에다가 청결관념과 법률관념이 없었다. 이들을 관리하기 위해 제2위생구에서는 관할지역 내 28명의 산파를 2개조로 나누어 매달 한 차례씩 이상 조회(朝會)를 실시했다. 조회는 조산사의 지도하에 1개월 동안의 산파 조산 상황을 보고하고, 난산 시의 경과 과정과 상황을 구두로 설명하며, 조산 시 주의사항에 대해 강의했다. 아울러 영아의 탯줄 주위의 소독 방법과 안약 사용법 등에 대하여 교육했다. 1935년도 조회 횟수는 24회였으며, 총 432명이 모였다. 위생구사무소는

29 北平市政府衛生處 編印, 『北平市政府衛生處業務報告』(北平: 北平市政府衛生局, 1934. 9), 131쪽.

출생 조사 시 산파가 조산 기구를 휴대했는지 여부, 조산 시 손을 씻었는지 여부 등을 점검했다. 실제로 위생구사무소의 점검결과, 1935년 2월 제2위생구 지역 내에서 훈련산파인 리우(李吳)는 조산 시 조산기구를 휴대하지 않았는데, 산모 리바오팅(李保廷)이 출혈이 있자 제멋대로 중약(中藥)을 쓰다가 위생구사무소에 발각되었다. 위생구사무소는 즉각 위생국에 보고했고, 위생국은 리우의 영업허가를 취소했다.[30]

30 北平市衛生局第二衛生區事務所 編, 『北平市衛生局第二衛生區事務所年報』, 第2期(1935. 7), 69-70쪽.

성내외구 위생구 및 교구의 출생 관리

1. 위생구사무소의 출생 관리 현황

〈표 1〉은 베이핑시 전체에서 출생 관리가 어떻게 진행되었는지를 잘 보여준다. 각 구의 평균 인구수는 10만여 명으로 내6구를 제외하면 대체로 비슷한 수준이다. 각 구의 출생 수는 평균 1,671명인데, 내성구는 대체로 평균보다 다소 많고, 외성구 및 교구는 평균보다 적음을 알 수 있다. 조산인원의 분류 비교표를 볼 때, 내성구 · 외성구 · 교구 사이의 지역적 분절성은 분명하게 드러난다.

먼저 내성구에는 의사 · 조산사에 의한 조산비율이 평균 이상이며, 훈련산파에 의한 조산비율도 상당히 높다는 것을 알 수 있다. 외성구는 의사 및 조산사에 의한 조산비율은 평균 이하이지만, 훈련산파에 의한 조산비율은 대체로 평균을 상회하고 있음을 나타낸다. 교구는 의사 및 조산사뿐 아니라 훈련산파에 의한 조산비율도 현저하게 낮아 시정부의 위생행정이 영향을 미치지 못했

31 北京特別市公署衛生局 編印, 『北京特別市公署衛生局二十五年度業務報告』(北京: 北京特別市公署衛生局, 1938), 6쪽, 10쪽.

〈표 1〉 1936년도 베이핑시 각 구 인구분포 및 조산인원 분류 비교[31]

區別	인구분포		출생 총수		의사		조산사		훈련산파		구식산파		기타		미상	
	호구 수	사람 수	사람 수	%	사람 수	%	사람 수	%	사람 수	%	사람 수	%	사람 수	%	사람 수	%
內一區	21,448	116,629	2,917	100	371	12.8	1,040	35.7	714	24.4	168	5.8	623	21.4	1	0.1
內二區	19,824	116,524	2,051	100	241	11.7	496	24.2	964	47.0	3	0.1	350	17.1	0	0
內三區	23,714	131,669	2,879	100	152	5.3	811	28.2	1,176	40.8	33	1.1	706	24.5	1	0.1
內四區	21,910	113,132	2,353	100	114	4.9	387	16.4	949	40.3	0	0	902	38.4	1	0.1
內五區	16,803	89,169	1,850	100	79	4.3	325	17.6	735	39.7	10	0.5	701	37.9	0	0
內六區	11,382	59,499	1,510	100	119	7.9	327	21.6	562	37.2	2	0.1	500	33.1	0	0
外一區	12,454	79,260	1,186	100	32	2.7	115	10.0	425	35.8	8	0.7	606	51.1	0	0
外二區	15,476	84,811	1,258	100	63	5.0	177	14.1	448	35.7	8	0.6	559	44.5	1	0.1
外三區	19,210	108,435	1,789	100	53	3.0	61	3.4	293	16.7	59	3.3	1,316	73.6	2	0.1
外四區	19,588	91,213	1,905	100	51	2.7	94	4.9	718	37.7	8	0.4	1,035	54.3	0	0
外五區	20,423	90,207	1,382	100	27	2.0	74	5.3	227	16.4	24	1.7	1,030	74.6	0	0
東郊區	26,342	127,664	1,792	100	9	0.5	2	0.1	7	0.1	3	0.2	1,478	82.4	293	16.4
西郊區	26,591	129,656	449	100	1	0.2	23	6.2	0	0	0	0	409	91.1	11	2.5
南郊區	22,558	113,918	1,493	100	17	1.1	1	0.1	1	0.1	28	1.9	1,371	91.8	75	5.0
北郊區	18,136	87,319	255	100	1	0.4	3	1.2	0	0	44	17.2	204	80.0	3	1.2
총계	295,859	1,539,105	25,070	100	1,329	5.4	3,941	15.7	7,224	28.8	398	1.6	11,790	47.0	388	1.5

고, 거의 대부분 가까운 이웃이나 친인척의 도움으로 출산했을 것으로 예상할 수 있다.

한 가지 주목해야 할 것은 베이핑시 전역에서 구식산파가 차지하는 비중이 현저하게 줄어들었다는 것이다. 특히 교구지역에서는 훈련산파뿐만 아니라 구식산파 역시도 감소하는 추세였는데, 구식산파가 상대적으로 많았던 북교에서 1935년과 1936년도 구식산파의 조산비율을 비교해보면, 48.8%(176명)에서 17.2%(44명)로 현저하게 줄었다. 반면 북교에서 가까운 이웃이나 친인척에 의한 기타 항목의 조산비율은 41.2%(149명)에서 80%(204명)으로 크게 늘었다.[32] 이는 도시공간의 지역적 분절성으로 인해 공간 통제를 강화하기 위한 산파단속이 오히려 교구주민들에게는 불리하게 작용할 수도 있다는 것을 보여준다. 이에 시정부는 교구지역에 설치되어 있는 각 교구 평민의원(平民醫院)에 산파훈련반을 조직하여 1936년 9월부터 2개월 동안 훈련을 실시했다. 훈련을 마치고 위생국이 주관하는 시험에 합격한 자는 평민의원이 파견한 감찰원의 감독하에 5회 이상의 실습을 거쳐 영업을 허가받았다. 이렇게 해서 교구지역에 41명의 훈련산파가 증가하였다.[33]

조산인원의 연도별 증감 현황을 살펴보기 위해 제1위생구의 사례를 검토해보자. 제1위생구는 위생구사무소가 가장 먼저 설치되었고, 각 위생구가 위생행정의 모범적인 사례로 평가하고 있었다. 그렇다고 해서 〈표 1〉에서 볼 수

32 北平市政府衛生局 編印, 『北平市政府衛生局二十四年度業務報告』(北平: 北平市政府衛生局, 1936), 11쪽. 北京市檔案館所藏 ZQ4-1-1814.

33 北京特別市公署衛生局 編印, 『北京特別市公署衛生局二十五年度業務報告』(北京: 北京特別市公署衛生局, 1938), 25쪽.

〈표 2〉 제일위생구사무소 조산인원 분류 비교(1926-1936)[34]

연도별 수치		본소 의사	본소 조산사	기타 의사	기타 조산사	훈련 산파	미훈련 구식산파	기타	미상	계
1926	%	0		17.1		54.3		25.8	2.8	100.0
1927	%	7.4		10.0		56.6		24.9	1.1	100.0
1928	%	13.7		8.2		55.5		22.5	0.1	100.0
1929	%	10.9		13.5		50.0		25.6	0	100.0
1930	%	13.0		17.0		40.9		29.1	0	100.0
1931	%	13.9		24.5		41.3		20.1	0.2	100.0
1932	%	8.3	6.4	11.3	7.4	28.4	14.1	24.1	0	100.0
1933	%	8.8	6.3	9.4	9.0	37.4	6.8	22.3	0	100.0
	사람 수	246	175	262	252	1,041	190	621	0	2,787
1934	%	12.1	10.3	11.8	9.1	33.4	5.1	18.2	0	100.0
	사람 수	343	291	336	259	948	143	516	0	2,836
1935	%	10.1	11.9	12.3	10.1	30.9	5.3	19.4	0	100.0
	사람 수	294	345	357	294	896	154	560	0	2,900
1936	%	12.8	35.7	-	-	24.4	5.8	21.4	0	100.0
	사람 수	371	1,040	-	-	714	168	623	0	2,917

있는 것처럼, 제1위생구의 조산 상황이 내성구의 다른 지역에 비해 압도적으로 우수한 상황도 아니었기 때문에, 적어도 위생구 및 내성구의 전체상황을 대변한다고 볼 수 있을 것이다. 〈표 2〉는 위생구사무소 설치 이후 10년간 조산 상

34 北平市衛生局 編, 『北平市衛生局第一衛生區事務所第十一年年報』, 第11期(1936), 10; 北京特別市公署衛生局 編印, 『北京特別市公署衛生局二十五年度業務報告』(北京: 北京特別市公署衛生局, 1938), 6쪽, 10쪽.

황의 변모 과정을 한눈에 보여준다. 제1위생구사무소 소속 의료진에 의한 조산비율은 0%에서 48.5%로 증가했으며, 구식산파에 의한 조산비율은 54.3%에서 5.3%로 크게 감소했다. 조산사는 1932-1936년 사이에 13.8%에서 35.7%로 점차 증가하는 추세였다. 훈련산파는 1933년 37.4%까지 증가했다가 1936년 24.4%로 점차 감소하는 추세를 보였다. 조산사의 조산비율은 훈련산파와 구식산파의 조산비율을 넘어서는 것이었다. 구식산파의 조산비율을 현저하게 낮출 수 있었던 것은 산파훈련의 비중을 높이고 의사와 조산사 등 전문 의학교육을 받은 의료진의 조산비율이 높아졌기 때문이었다.

위생구사무소의 출생 관리 결과, 제1위생구사무소의 경우 영아사망률은 1926년 183.2에서 1935년 99.3으로 절반 가까이 줄어들었다. 출생률은 1926년 21.8에서 1935년 24.0으로 높아지고 사망률은 1926년 21.0에서 13.3으로 낮아졌다.[35]

그런데 산파의 훈련과 통제, 조산사의 양성을 통해서 출생 관리의 성과를 어느 정도 기대할 수 있었다 해도 근대적 위생의료체계에 익숙하지 않은 산모들이 자발적으로 진료소와 병원을 찾아와 줄 것을 기대하기는 어려웠다. 출생 관리를 강화하기 위해서는 개별 가구에 대한 직접 방문이 불가피했다. 가정방문에는 의사·간호·조산사뿐만 아니라 위생사무를 지도·안내하는 위생지도원[勸導員]과 보조원[助理員], 빈민 등 사회 구제를 책임지는 사회복지사[社會服務員] 등이 총동원되었다.

위생구사무소의 산모 관리 업무는 우선 산모의 산전위생과 산후위생 업무

35 北平市衛生局編, 『北平市衛生局第一衛生區事務所第十一年年報』, 第11期(1936), 12-15쪽.

〈표 3〉 제일위생구사무소 산모 및 영아 위생 가정방문 차수 비교(1925 -1935)[36]

연도	산전	산후	신생아	영아위생감찰	학령전아동 위생감찰	계
1925	358	410	2,664	xx	xxx	3,432
1926	1,014	4,062	3,828	757	xxx	9,661
1927	897	5,715	5,950	658	xxx	13,220
1928	1,927	4,428	3,034	5,559	670	15,618
1929	1,962	4,879	4,609	5,012	1,416	17,878
1930	2,926	4,772	4,808	6,107	3,516	22,129
1931	3,581	5,971	4,670	12,039	xxx	26,261
1932	2,737	5,249	4,191	6,814	3,420	22,411
1933	3,015	6,504	5,266	5,585	4,970	25,340
1934	3,757	5,896	4,437	8,921	6,739	29,750
1935	3,546	4,611	3,209	10,655	10,049	32,070

xx: 신생아 및 영아 위생감찰 방문 차수 미구분
xxx: 영아위생감찰 및 학령전아동위생감찰 방문 합병통계

로 나눠볼 수 있다. 산전위생 업무는 위생구사무소의 산전검사와 가정방문 두 가지로 분류할 수 있다. 제2위생구사무소는 정기검진의 중요성에 주목하여, 임신 6개월까지 매월 1차례, 임신 7개월과 8개월에는 매월 2차례, 임신 9개월부터는 매주 1차례 검진을 권장했다. 제1위생구사무소는 내1구 지역을 갑구와 을구로 나누었는데, 실제로는 1935년도 갑구에서는 산모 1인당 평균 2.4차례(전년도 평균 1.9차례), 을구에서는 산모 1인당 평균 3.0차례(전년도 평균 3.0차

36 北平市衛生局 編, 『北平市衛生局第一衛生區事務所第十一年年報』, 第11期(1936), 60-61쪽.

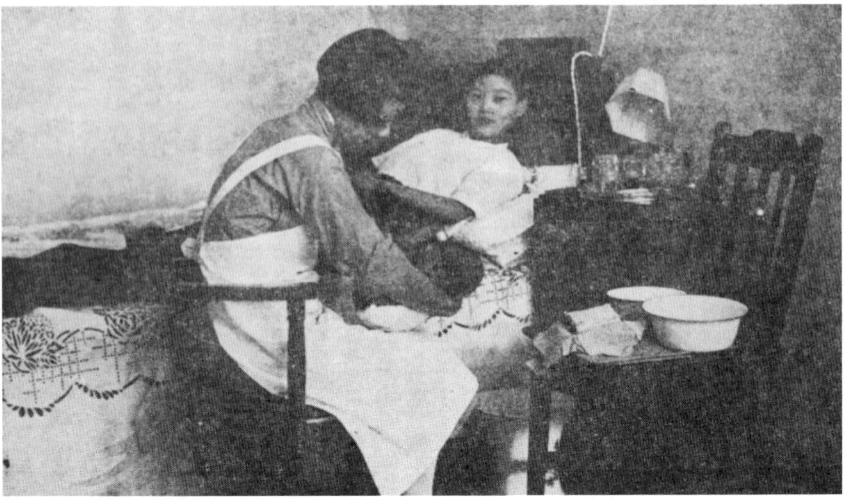

위생구사무소의 산후가정방문

근대적 위생의료체계에 익숙하지 않은 산모들이 자발적으로 진료소와 병원을 찾아와 줄 것을 기대하기는 어려웠다. 출생 관리를 강화하기 위해서 의사·조산사·위생지도원 등에 의한 산후가정방문을 실시했다.

례) 산전검사를 받았다.[37] 1935년 제2위생구사무소에서는 산모 1인당 평균 2.8 차례(전년도 평균 2.5차례) 산전검사를 받았다. 이는 위생구사무소가 권장하는 최소 10여 차례 이상의 산전검사 횟수에는 훨씬 못 미치는 수치였지만, 국가권력이 각 개인에게 강제적인 정기검진을 실행하고 그 수치 역시 증가하는 추세였다는 점에서 주목할 만한 가치가 있다.

위생구사무소 소속 의사나 조산사에게 산전검사를 받은 산모들은 대부분 해당 의사나 조산사들의 도움을 받아 출산했다. 그러나 구식산파로부터 이른바 '런먼(認門)'을 통하여 산전검사를 받은 경우에는 위생구사무소에서 산전

37 北平市衛生局 編,『北平市衛生局第一衛生區事務所第十一年年報』, 第11期(1936), 61쪽.

검사를 받았다 해도 특별한 문제점이 발견되지 않는 한, 구식산파에 의해 조산이 이루어졌다.[38] 즉 지속적인 산파훈련과 전문의료인력이 확보되지 않는 한, 현실적으로 구식산파의 영향력을 완전히 배제할 수는 없었다. 따라서 위생구사무소의 의사와 조산사가 산전검사 횟수를 획기적으로 증가시키는 데는 어려움이 많았다. 위생구사무소는 단지 전년 대비 그 횟수가 증가하는 것에 만족해야 했다. 가정방문은 제1위생구 갑구에서는 위생지도원과 의사가 실시하고, 을구에서는 조산사가 담당했다. 1935년도 제1위생구사무소는 위생지도원이 3,546차, 조산사가 458차, 의사가 56차 실시했다.[39]

산후위생 업무 역시 산후검사와 산후가정방문 두 가지로 분류된다. 산후검사는 매주 2차례 실시했는데, 산후검사는 산모들에게 산전검사를 유도하는 것보다 더 어려운 경향이 있었다. 1933년도 제1위생구 산모 중에서 산후검사를 받은 자들은 갑구 53.1%, 을구 45.2%에 불과했으나 1934년도 갑구 61.2%, 을구 56.8%, 1935년도 갑구 87.9%, 을구 69.6%로 점차 증가하는 추세였다. 산후가정방문은 의사·조산사·위생지도원이 실시했다. 1935년도 제1위생구사무소 산후가정방문 차수는 4,611차로 그중 의사가 638차, 조산사가 2,549차, 위생지도원이 1,424차를 시행했다.[40]

간호사들은 별도의 가정방문 조직을 구성했는데, 가정방문 간호사 7명, 겸임간호사 1명 등 8명으로 구성된 가정방문 인력이 총 9,727명을 방문했다.

---

38 北平市衛生局 編, 『北平市衛生局第二衛生區事務所年報』, 第3期(1936. 7), 120-121쪽.

39 北平市衛生局 編, 『北平市衛生局第一衛生區事務所第十一年年報』, 第11期(1936), 61쪽.

40 위의 책, 64쪽.

〈표 4〉 제일위생구사무소 가정방문 종류별 횟수[41]

방문 종류	1933년		1934년		1935년	
	차수	%	차수	%	차수	%
산전위생감찰	2,560	8.02	3,757	9.02	3,546	8.5
산후조리	5,361	16.78	5,896	14.16	4,611	10.9
신생아조리	4,204	13.17	4,437	10.65	3,209	7.7
출생조사	413	1.29	246	0.59	246	0.6
영아위생감찰	5,425	16.98	8,921	21.42	10,655	25.4
학령전아동위생감찰	4,777	14.97	6,739	16.18	10,212	24.2
질병임상조리	1,768	5.53	2,879	6.91	1,418	3.4
전염병관리	1,030	3.22	1,803	4.33	1,041	2.5
폐결핵관리	2,205	6.98	2,686	6.45	3,399	8.0
사망조사 및 기타 조사	3,142	9.84	3,006	7.22	1,682	3.9
방문 시 부재	1,033	3.22	1,279	3.07	2,084	4.9
계	31,918	100.00	41,649	100.00	42,103	100.0

간호사 1인당 평균 1,216명을 상대한 것이다. 1935년도 내1구 지역의 가정방문 차수는 간호사 3만 4,277차, 간호실습생 7,648차로 합계 4만 1,925차였다. 1935년 한 해 동안 업무일은 휴가를 제외하고 254일이었는데, 1일 평균 간호사 1인당 가정방문 차수는 16.5차였다. 전년도는 15.5차였는데, 전년 대비 1차 증가했다. 가정방문 이외에 환자에게 2,138건의 환자통지서를 발급하여 제때에 진료를 받을 수 있도록 조치했다.

41 위의 책, 116쪽.

가정방문사무를 통해 간호사가 진료를 주선한 사람은 6,896명이었으며, 그중 150명은 베이핑협화의원(北平協和醫院)으로 이송되어 치료를 받았다. 간호사가 보육사무소에서 출산하도록 주선한 사람이 235명, 제1조산학교에서 출산한 자는 28명, 전염병의원에 입원한 자가 15명, 사회복지사에게 소개한 자가 285명이었다.

가정방문 간호사는 가정방문 시 영아목욕시범과 영양식품 시범을 각각 3,695회, 7,790회 실시했다. 1935년 제1위생구사무소에서 출생한 315명 중 80.5%인 256명이 우두 접종을 받았으며, 기타 디프테리아[白喉], 성홍열, 티푸스[傷寒] 등의 예방접종자는 소수였다.

가정방문 중에 가정위생회를 조직했는데, 매회 평균 16.5명이 참가하여 환자 가정에서 위생 문제에 대한 토론회를 열거나 위생강연회를 개최했다. 1935년도 가정위생회는 총 371차 개최했으며, 전년 대비 4배 증가했다.[42]

모자위생을 위한 의사들의 직접 방문은 위생지도원과 조산사들의 추천과 소개가 있는 경우로 한정했다. 1936년 제1위생구사무소에서는 위생지도원의 요청에 의해 16차, 조산사의 요청에 의해 15차의 의사의 직접 방문이 이루어졌다. 산모는 회음봉합수술이 6명, 유산이 5명, 산후산농혈병자(産後産膿血病者)가 2명, 유방염 환자 2명이었고, 영아는 폐렴환자 6명, 경련[抽風] 4명, 조산 3명, 구토 및 설사[吐瀉] 1명, 신생아경피병(新生兒硬皮病) 1명, 원인불명 1명이었다.[43]

42 위의 책, 116-117쪽.

43 위의 책, 71쪽.

이 밖에 제1위생구사무소의 위생지도 업무는 공공위생지도계[公共衛生勸導股]에서 모두 관리했다. 공공위생지도계의 인원은 계장[股長] 1명, 감찰원 3명, 위생지도원 20명, 보조원[助理員] 12명, 기타(미국 유학 중) 1명 등 총 37명이었다. 위생지도 업무는 전문분야[專科服務]와 보통분야[普通科服務] 두 가지로 나뉘는데, 전문분야는 학교 위생지도, 공장 위생지도, 진료소 위생지도 등이며, 보통분야는 구역 내 가정방문이었다. 위생지도원(및 보조원)은 가정·학교·공장·진료소 등 각 현장을 방문하여 각종 위생사무를 지도·안내하는 역할을 했다. 적게는 1명에서 많게는 7명까지 업무별로 학교 위생지도사무, 공장 위생지도사무, 진료소 위생지도사무, 조산지도사무, 가정방문사무, 기타 등 그 역할이 구분되었다. 이러한 역할을 담당했던 제1위생구사무소의 위생지도원 및 보조원은 1935년 각각 20명, 12명이었다.[44]

제1위생구사무소의 위생지도 업무에는 총액 양(洋) 2만 5,914.62원이 소요되었는데, 가정방문사무에 양 1만 2,141.62원, 학교·공장·진료소에 양 1만3,773원이 지출되었다. 위생지도원의 가정방문 횟수는 3만 4,277차이며, 평균 방문시마다 양 0.35원이 지출되었는데, 전년도와 비슷한 규모였다. 구역 내 환자는 9,728명으로 1인당 1.25원이 소요되었다. 기타 전문분야 위생지도 업무비용은 학교 위생지도가 가장 많은 비중을 차지했는데, 전체의 45.1%였다. 그 밖에 공장 위생지도는 6.3%, 진료소 위생지도는 38.6%를 차지했다.[45]

---

44 위의 책, 112쪽.

45 위의 책, 112쪽.

46 위의 책, 112쪽.

〈표 5〉 제일위생구사무소 위생지도 인원의 분류[46]

업무유형	위생지도원			보조원		
	1933년	1934년	1935년	1933년	1934년	1935년
학교위생지도사무	4	4	5	2	5	5
공장위생지도사무	2	2	2	-	-	-
진료소지도사무	3	3	4.5	3	4	5
조산지도사무	2	2	1	-	-	-
가정방문사무	9	8	7.5	-	1	1
기타	1	1		1	1	1
계	21	20	20	6	11	12

아동정기 건강검진

시정부는 위생구사무소를 통해 산모뿐만 아니라 영아와 아동에 대해서도 정기적인 건강검진을 실시했다.

본래 '방문위생제도(Health Visiting System)'는 위생교육이 제도화되기 이전 개별 신체에 대한 훈육과 위생교육을 보급하기 위한 목적에서 19세기 중반 영국에서 시작되어 20세기 이후 전 세계적으로 확산된 제도였다.[47] 그런데 영국의 런던·맨체스터 등지에서는 방문위생제도가 주로 민간조직에 의해 운영되었던 반면, 베이핑에서는 위생구사무소를 통해 의사·간호사·조산사·통계조사원·위생지도원 등의 가정방문사무를 총괄했다. 위생구사무소는 위생구사무소 진료소, 시립의원 등으로 연계되는 의료전달시스템을 확립하고, 가정방문을 통해 근대적 위생의료체제에 적응하도록 개별 신체에 대한 훈육을 강화해나갔다.

그런데 통계상 제시된 수치가 현실성이 있는 것인지 의문이 제기될 수 있다. 예컨대 위생지도원과 보조원 32명이 연간 3만 4,277차의 가정방문 등을 소화해낼 수 있는가 하는 점이다. 이를 1인당 가정방문 횟수로 환산하면 1,071차이고, 연간 업무일이 254일이라 할 때, 1인당 1일 4.2회가 된다. 이러한 수치는 1인당 1일 가정방문 횟수가 16.5차에 달했던 간호사에 비해서는 오히려 낮은 수치였다. 의사·간호사·통계조사원·위생지도원 등으로 구성된 위생사무소 인원들이 연간 3만-4만 이상의 가정방문 차수를 소화할 수 있었던 것은 그들의 활동공간이 일정 범위로 한정되어 있었기 때문이었다. 그러다보니 위생행정에서 인건비가 차지하는 비중이 높을 수밖에 없었다. 1935년도 제2위생구사무소의 경우, 설비비를 제외한 위생구사무소의 재정운용에서 인건비의 비

47 松浦京子,「十九世紀後半のにおける訪問衛生教育-衛生思想に見る'家庭のあるべき姿'」,『西洋史學』170(1993), 18-19쪽.

중이 전체 예산의 75%(1만 5,000원)를 차지했다.[48]

출생 관리를 강화하기 위한 시정부의 방안은 산파 단속과 위생구사무소를 통한 진료와 방문 통제 활동 등이었다. 실제 조산 과정에서 산파가 담당하는 비중은 매우 컸기 때문에, 일거에 산파제도를 폐지할 수는 없었다. 시정부는 산파 단속을 위해 그 자격조건을 제한했으며, 조산사 양성과 함께 구식산파를 훈련시키기 위한 제도 정비에 나섰다. 또한 시정부는 위생구사무소를 통해 산모에 대한 정기점진을 실시했고, 위생구사무소 소속 인원을 동원하여 적극적인 방문 통제를 실시했다. 가정방문의 절반 이상은 산모의 산전·산후 관리 및 영아 관리에 할애되고 있었다. 그런데 이와 같은 출생 관리가 베이핑시 전역에서 균질적으로 시행될 수 있는 것은 아니다. 실제적인 산모 관리와 가정방문은 위생구를 중심으로 한 내성구에 제한될 수밖에 없었다. 외성구에서는 위생구사무소가 없었기 때문에 방문 통제는 불가능했으나, 통계조사원 등에 의해 출생보고가 이루어졌으며 훈련산파에 의한 조산은 높은 비중을 차지했다. 교구에서는 통계조사원이 활동하지 않았고, 구식산파조차 소수에 불과했다. 이에 시정부는 교구지역에 산파훈련반을 조직하여 훈련산파를 양성하기도 했다. 이처럼 베이핑시의 출생관리에는 내성구·외성구·교구 사이에 지역적 분절성이 분명히 드러나고 있었다.

48　北平市衛生局第二衛生區事務所 編,『北平市衛生局第二衛生區事務所年報』, 第2期(1935. 7), 3쪽.

2. 북교 칭허시험구의 출생 관리

교구는 성내외구와는 달리 지역이 광활하고 교통이 불편하여 베이핑시의 위생행정이 직접적인 영향을 미칠 여건이 마련되지 못했다. 게다가 교구에는 기본적으로 위생행정의 센터로 기능할 수 있는 위생구사무소가 설치되지 않았고, 통계조사원이나 위생지도원 등도 활동하지 않았다. 따라서 베이핑시정부가 교구지역에 위생행정을 확대하기 위해서는 위생구를 설립하거나 교구의 자치조직을 활용하는 방안 등을 모색하지 않을 수 없었다. 사회실험 차원에서 설립된 시험구에 위생구가 설치된 사례가 북교 칭허진(清河鎮)이었다.[49]

1928년 옌징대학(燕京大學) 사회학과[社會學系]는 옌징대학에서 8리 떨어진 칭허 40촌을 시험구로 지정하기 위한 예비조사를 실시했다. 약간의 준비기간을 거쳐, 1930년 2월 칭허 사회시험구(清河 社會試驗區)를 열게 되었고, 1930년 6월 16일 개막식을 거행했다. 시험구에는 17명의 상임직원과 4명의 겸임직원을 두었고, 수십 명의 옌징대학 실습생들이 왕래했다.[50]

---

49 칭허진은 베이핑 더성먼(德勝門)에서 정북(正北)으로 18리 떨어진 40개 촌의 중심에 위치하고 있었으며, 행정구역상으로는 16개 촌이 완핑현(宛平縣), 9개 촌이 창핑현(昌平縣), 15개 촌이 베이핑시(北平市)에 각각 소속되어 있었다. 칭허진은 40개 촌의 정기집시가 열리는 곳이었으며, 이들 40개 촌의 상업·교통의 중심지였다. 각 촌 사이의 거리는 평균 5리였으며, 최대 12리, 최소 1리였다. 각 지역이 행정상 분리되어 있었지만 각 촌의 생활습속은 거의 일치했다. 교통은 핑위안톄루(平源鐵路)와 칭허하수(清河河水)가 칭허 지역의 중심을 지나고, 그 교차점이 칭허진시(清河鎮西)였다. 칭허의 수량(水量)은 매우 적어 하수(河水)가 칭허 지역의 경제에 미치는 영향은 거의 없었다. 칭허의 경지는 남북 16리, 동서 12리로 대부분 한전(旱田)이었으며, 수전(水田)은 단지 1%만을 차지하고 있었다. 칭허의 인구는 2만 5,000여 명이었으며, 1인당 평균 4무의 토지를 가지고 있었다. 자소작농이 대부분이었고, 천무 이상을 넘는 지주는 단 두 집뿐이었다. 王賀宸, 「燕大在清河的鄉建試驗工作」, 『社會學界』 第9卷(1936), 346-347쪽.

50 張鴻鈞, 「燕京大學社會學系清河鎮社會實驗區工作報告」, 章元善·許仕廉 著, 『鄉村建設實驗』 第

위생 업무는 1931년 7월 1일부터 베이핑 제일위생구사무소와 합작으로 시작되었다. 이 시기 칭허 시험구의 조직은 경제계[經濟股]와 복무계[服務股] 2개로 나뉘어 있었는데, 위생 분야는 복무계에 포함되어 있었다. 1932년 봄에는 연구계[研究股]가 설치되었고, 1932년 7월에는 위생 업무를 강화하기 위해 베이핑제일조산학교에서 조산사 1명을 초빙했다. 1932년 8월 5일, 베이핑시 공안국 제1위생사무소와 베이핑협화의학원은 칭허의 신사들과 협의하여 완핑5구위생사무소(宛平五區衛生事務所)를 성립시켰다. 1932년 9월에는 의사 1명과 간호사 2명이 매주 토요일 진료를 시작했으며 가정방문도 시작했다. 아울러 위생계[衛生股]가 성립되면서 칭허시험구는 경제 · 사회 · 위생 · 연구 4개의 계로 재편되었고, 위생계는 방역통계, 환경위생, 보건, 조산, 위생교육, 의무 등을 담당했다. 1933년 3월에는 칭허에 향촌의원(鄉村醫院)을 건립했다.[51]

칭허진에 위생사무소가 생기고 조산업무에 활기를 띠게 되기까지는 극적인 사건 하나가 작용했다. 그것은 다름 아닌 칭허진에서 유명한 중의의 부인인 왕씨가 난산을 겪게 되자, 베이핑협화의학원을 소개받아 그곳에서 건강한 아이를 출산했던 일이다. 이를 계기로 칭허 지역에서 신식 조산이 주목을 끌게 되었고, 베이핑제일조산학교에서 조산사 1명을 초빙하여 1932년 7월 15일부터 업무를 시작했다. 9월 1일에는 소학교[高小] 졸업 여학생 1명을 선발하여 제1위생구사무소에서 7개월 동안 공공위생을 공부하게 했다. 1933년 4월 그 여학생이 칭허진에 돌아왔고 얼마간의 조산사 훈련을 거쳐 조산업무를 시작

1集(上海: 中華書局, 1934), 68쪽.

51 王賀宸, 「燕大在清河的鄉建試驗工作」, 『社會學界』 第9卷(1936), 345쪽.

했다.[52]

그런데 칭허 지역에는 40여 개의 촌장에 2만 명 이상이 거주하고 있었다. 출생률을 30%로 계산하면 해마다 696명의 신생아가 태어난다고 할 수 있는데, 북교 지역의 교통 여건을 고려할 때, 조산사 한두 명이 이를 감당하기는 어려웠을 것이다. 1932년 10월 칭허 지역 산파분포 조사에 따르면, 40개 촌에 총 50명의 산파가 있었는데, 9개 촌에는 산파가 없었고, 1개 촌에 적은 경우는 1명, 많은 경우는 6명이 분포했다. 병약하여 훈련에 부적합한 산파를 제외하면 훈련 대상은 총 44명이었다. 이 중 위생사무소에서 3리 이내에 거주하는 자는 12명이었고, 1933년 1월부터 이들을 대상으로 제1기 훈련반 2주간의 훈련이 진행되었다. 매일 2시간씩 훈련이 진행되었는데, 날씨가 추워짐에 따라 중도퇴학자도 늘어 훈련 기간을 다 채운 자는 7명에 불과했다. 청강생은 9명이었고, 수료생들에게는 조산기구가 제공되었다. 제2기 훈련반은 훈련 대상자가 많은 촌장에 설치하여 3리 이내에 거주하는 산파들이 통학할 수 있도록 배려했다. 제3기 훈련반부터는 훈련 기간을 10일로 줄이고 훈련 시간을 매일 3시간으로 연장했다. 총 5기 훈련반이 운영되었는데, 수료자는 총 29명이었다. 수료자들은 조산사 감독하에 3차례의 실습을 진행하고, 합격자는 당시 위생행정을 담당했던 공안국이 영업허가서를 발급했다.[53] 이 밖에도 조산사가 중심이 되어 가정방문, 모친회(母親會), 모자위생담화회[婦嬰衛生談話會], 모자위생

52 崔潤生,「清河鎮兩年來婦嬰衛生工作之概況」, 第一助産學校年刊編輯委員會編,『第一助産學校年刊』第5期(北平: 第一助産學校年刊編輯委員會, 1934. 6), 27쪽.

53 崔潤生,「清河鎮兩年來婦嬰衛生工作之概況」, 35-36쪽.

전람회[婦孆衛生展覽會] 등을 개최하여 모자 위생에 대한 선전과 계몽활동에 힘썼다.[54]

1935년 4월에는 모자보건원 훈련반[婦孆保健員 訓練班]을 개설했는데, 20세 이상 30세 이하의 여성을 모집하여 9개월간의 훈련을 시작했다. 전기 6개월 동안은 천자문 · 산술 · 가사 · 위생 · 세균 · 약물 · 생리해부 · 구급법 · 산과 · 육아 등 의학상식에 대해 배우고, 후기 3개월은 모형실습 · 조산진찰 · 종두 등에 대해 훈련했다. 마지막으로 조산사의 감독하에 10차례의 조산 실습을 마치면 현정부(縣政府)로부터 개업허가를 받아 칭허 지역에서 일할 수 있게 했다. 1935년 10월, 5명의 수료자를 배출했고,[55] 1936년 1월에는 4명의 수료자를 배출했다.[56]

칭허 지역에서는 모자보건원이 출생 관리와 종두를 담당했다. 출산 전과 출산 후 각각 가정방문을 통해 산모와 영아를 관리했다. 임신 3개월에서 6개월까지는 2개월에 1차례, 6개월에서 8개월까지는 매월 1차례, 8개월에서 9개월까지는 매주 1차례, 산후에도 산후조리에 관여했다. 이 밖에도 생후 40일에는 종두를 접종하고, 4-5세에 종두를 재접종해서 두창의 위험에서 벗어날 수 있었다.[57]

2년(1932. 7-1934. 6) 동안 완핑5구 위생사무소의 조산사로 활약했던 추

54 위의 논문, 37-38쪽.

55 「婦嬰保健員訓練期滿擧行聯歡會」, 『淸河旬刊』(1935. 10. 10), 1쪽.

56 「婦嬰保健班畢業典禮」, 『淸河旬刊』(1936. 1. 10), 1쪽.

57 「爲解除鄕婦生産困難訓練大批保健員需採用衛生方法莫再請鄕下巫婆」, 『淸河旬刊』(1936. 6. 10), 4쪽.

이룬성(崔潤生)의 보고는 칭허시험구의 출생 관리에 있어 교통이 매우 중요한 요소로 작용한다는 점을 보여준다. 첫째, 교구에서는 교통 문제로 왕진 및 가정방문 시에 어려움이 많았다. 조산을 위해 먼 곳은 왕복 40리(평균 9.3리) 길까지 왕진을 나가야 했는데, 여비는 별도로 제공되지 않았다. 왕진 수단으로는 자전거·자동차·수레 등이 이용되었는데, 우천 시를 제외하면 대부분 자전거가 사용되었다.[58]

둘째, 교통은 산파훈련에도 장애요인으로 작용했다. 칭허 지역 50명의 산파 중 12명만이 산파훈련반에서 교육을 받을 수 있었는데, 그들 모두 3리 이내의 촌장에 거주하는 자들이었다.[59] 우천 시 등에는 결석하는 자가 많아서 산파교육이 중단되는 경우가 많았다.

셋째, 태아의 자세가 정상적이지 않거나 난산이 예상되는 산모는 베이핑협화의원이나 제일조산학교 부속병원 등으로 이송하는 절차를 밟았는데, 산모 가족의 비협조와 도로사정으로 병원까지 가지 못하고 산모와 태아가 모두 사망하는 사례가 종종 있었다.

넷째, 교통은 출산 과정에도 영향을 미쳤다. 2년 동안 완핑5구 위생사무소에서 산전진단을 받았거나 출산한 산모가 203명이었는데, 우천이나 도로사정, 산모조산 등의 원인으로 위생사무소까지 오지 못하고 산파나 타인 혹은 스스로 출산하는 경우가 30%를 넘었다.[60]

---

58 崔潤生,「淸河鎭兩年來婦嬰衛生工作之概況」, 31쪽.

59 위의 논문, 35쪽.

60 위의 논문, 34-35쪽.

이 밖에도 농촌적 요소가 강한 교구 지역은 농한기와 농번기의 구분이 뚜렷해서 농번기에는 산모가족들을 비롯한 주민들이 위생사업에 협조를 잘 하지 않는 경우가 많았다. 또 교구에 뿌리 깊은 전통관습은 모자위생에 심각한 영향을 미쳤다. 대표적인 사례로 산모가 배를 내밀고 외출하는 것을 꺼려하거나 신식 조산기구에 대한 이질감 등 때문에 산전·산후 검사를 받지 못하고 질병과 사망으로 치닫는 경우가 적지 않았다.

칭허시험구의 출생 관리 성과는 그 인력과 시설에 비추어 볼 때 과소평가할 수 없다. 조산사 한두 명(1932년 1명, 1933년 2명)으로 산전·산후 검사, 모자 검진 및 종두 등 1932년(1932. 7-1933. 6)에 초진 556차, 복진 556차, 1933년(1933. 7-1934. 6)에 초진 730차, 복진 961차를 시행했다. 조산은 1932년 36회, 1933년 78회 실시되었다. 이 중 산전검사를 받고 출산한 자는 1932년과 1933년에 각각 26명과 56명이었으며, 산전검사를 받지 않은 자는 각각 10명과 22명이었다. 산전검사 차수는 4회 이내가 84%를 차지했다. 향촌의원에서 출생한 6명을 제외하고 108명에 대해서 최고 왕복 40리를 왕진했는데, 매 출산 시 소요된 거리는 평균 9.3리였다. 조산자의 비율은 파악 가능한 전체 203건 가운데 의사와 조산사에 의한 조산이 59%(120건), 산파에 의한 조산이 16%(33건)로 통계상으로는 신식조산이 비교적 양호하게 진행되었다고 볼 수 있다.[61]

칭허시험구에서는 1932년 7월부터 조산사 1명을 초빙한 이래로 1933년 4월 조산사 1명이 추가되어 조산 업무와 구식산파에 대한 훈련을 시작했다.

---

61 위의 논문, 29-38쪽.

1935년 4월부터는 모자보건원 훈련반을 개설하여 9개월간의 훈련을 실시했는데, 1935년 10월 5명, 1936년 1월 4명의 수료자를 배출했다.

칭허시험구의 위생실험은 출생 관리에 대한 일정한 성과에도, 인력과 시설의 열악함에 따른 근본적 한계를 넘어서기가 어려웠다. 특히 완핑5구 위생사무소의 위생행정은 칭허 40개 촌에 대해 균질적인 영향을 미칠 수 없었다. 출생 관리만 하더라도 그 파악 범위는 전체 출생인구의 30%를 넘지 못했고, 신식 조산에 의한 출생 관리는 그에 훨씬 미치지 못했다. 칭허시험구의 위생실험은 성내외구의 위생행정과는 비교할 수 없는 수준이었고, 교구에서는 교통의 불편, 신식조산에 대한 편견 등 위생실험에 성공하기 어려운 장애요소 역시 적지 않았다. 이로 볼 때, 칭허시험구의 위생실험은 위생행정의 효율성과 필요성을 입증해주었지만, 교구의 일반적 상황은 칭허시험구보다 더 나을 게 없었고, 성내외구와는 달리 교구 지역 전체에 대한 전면적 출생관리는 사실상 불가능했다.

출생 관리를 강화하기 위한 베이핑시정부의 조산사 제도는 기존 산파의 역할을 대체하기 위한 것이었다. 제1위생구사무소의 조산인원 분류에 따르면 1926-1935년 10년간 위생구사무소 소속 의료진에 의한 조산비율은 0%에서 22%로 증가했으며, 구식산파에 의한 조산비율은 54.3%에서 5.3%로 크게 감소했다. 조산사는 1932-1936년 사이에 13.8%에서 35.7%로 점차 증가하는 추세였다. 1936년도 제1위생구 조산사의 조산인원(35.7%)은 훈련산파(24.4%)와 구식산파(5.8%)의 합계를 넘어서는 결과였다. 이로써 영아사망률은 1926년 183.2에서 1935년 99.3으로 절반 가까이 줄어들었다. 출생률은 1926년 21.8에서 1935년 24.0으로 높아지고, 사망률은 1926년 21.0에서 13.3으로 낮아졌다. 물론 외성구와 교구에는 위생구사무소가 설치되지 않았고, 특히 교구는 지역이 광활하고 교통이 불편하여 조산사 양성 및 산파 훈련에 어려움이 따랐다. 이처럼 출생 관리를 통해 볼 때, 베이핑시의 위생행정은 도시공간에 일률적으로 적용된 것이 아니라 내성구·외성구·교구 사이에 지역적 분절성이 존재하고 있었다. 그렇지만 의사 및 조산사의 역할 확대와 산파의 역할 축소는 베이핑시 출생관리의 기본방향이었다.

따라서 난징정부 시기에 산파의 제도화를 통해서 근대적 생육관리를 본격화했다는 주장[62]은 난징정부와 베이핑시정부의 위생행정을 잘못 이해한 것이다. 베이핑시정부 위생정책의 기본 방향은 '산파의 제도화'가 아니라 '조산사의 제도화'였다. 즉 국가의 의도는 조산사의 제도화를 통해 산파를 폐지하고자 한 것이다. 실제 산파가 근대적 생육 관리에서 일정한 역할을 수행했던 것은 사실이나, 조산사가 증가 추세에 있었던 것과는 대조적으로 구식산파와 훈련산파는 모두 감소 추세에 있었다는 점을 주목할 필요가 있다. 시정부 입장에서 산파는 기본적으로 양성이 아니라 단속의 대상이었다.

베이핑시의 출생 관리는 단지 산파를 조산사로 대체하는 것만은 아니었다. 근대적 위생의료체제에 익숙하지 않은 산모들이 자발적으로 진료소와 병원을 찾아와 줄 것을 기대하기는 어려웠다. 출생 관리를 강화하기 위해서 위생구사무소를 중심으로 한 진료뿐만 아니라 개별 가구에 대한 방문을 확대했다. 가정방문에는 의사, 간호사·조산사뿐아니라 위생지도원·보조원·사회복지사 등이 총동원되었다. 특히 산모에 대해서는 산전관리와 산후관리가 실시되

---

62 姚毅, 「産婆的'制度化'與近代中國的生育管理-以南京國民政府爲中心-」, 『中國史硏究』 20(2002. 10), 292-303쪽.

었는데, 산모 1인당 산전 및 산후 2.4-3.0차례가 실시되었다. 이는 위생구사무소가 권장하는 산전 및 산후검진 10여 차례에는 못 미치는 수치이나 국가가 출생관리를 위해 강제적인 정기점진을 실시하고, 그 수치 역시 증가추세였다는 점은 근대적 위생의료체제 건립 이후 주목할 성과 중의 하나였다.

위생구사무소를 중심으로 한 베이핑시의 위생행정은 수동적인 진료활동에 그치지 않고, 위생행정 인원을 총동원하여 위생구 전 지역에 대한 적극적인 방문통제를 실시했다. 사실 이러한 활동은 출생 관리에만 한정된 것은 아니었다. 사망 관리, 전염병 통제, 환경위생, 위생교육 등 위생행정의 모든 방면에 걸쳐 있었다. 따라서 위생구사무소의 통제 대상은 산모나 전염병 환자 등에만 한정된 것이 아니라 일반인을 포함한 것이었다. 더 나아가 위생구 소속 위생지도원과 위생순찰경 등은 학교 및 공장 등에 대한 위생교육을 강화했고, 식품·의약·음료·화장실 등 일상생활 전반에 대한 위생감독을 강화했다. 이로써 위생국은 위생구사무소를 중심으로 통제대상과 통제방식에 있어 중층적인 위생통제시스템을 구축했다.

북교 지역 칭허시험구의 출생 관리는 위생실험의 성과와 한계를 동시에 드러냈다. 한두 명의 조산사만으로 산전·산후검진, 조산 업무, 산파훈련, 모자보건원 훈련반 등에서 일정한 성과를 거두었지만, 그들이 미치는 영향력은 지역적으로 제한될 수밖에 없었다. 바꿔 말하면 교구에서 조산사의 활동은 극히 제한적이었는데, 그렇다고 해서 산파가 조산사의 역할을 대신했던 것도 아니었다. 베이핑시정부가 산파단속을 강화해감에 따라 베이핑시 전역에서 구식산파가 차지하는 비중이 현저하게 줄어들었다. 특히 교구 지역에서는 훈련산파뿐만 아니라 구식산파 역시도 감소하는 추세였는데, 구식산파가 상대적으로 많았던 북교에서조차 구식산파의 조산비율은 현저하게 줄었다. 반면 북교에서 가까운 이웃이나 친인척에 의한 기타 항목의 조산비율은 두 배 가까이 늘었으며, 전문 의료인뿐만 아니라 구식산파의 도움조차 거의 받을 수 없었음을 보여준다. 이처럼 베이핑시의 위생행정은 일률적으로 전개되지 못했으며, 성내외구와 교구의 지역적 분절성을 단적으로 드러내고 있었다.

3

통계조사원의 등장과 근대적 사망 관리

근대 위생행정에서 출생·사망 관리는 질병 통제, 환경위생, 위생교육 등과 함께 위생행정의 핵심 분야를 구성한다. 출생·사망 관리는 생명통계의 작성을 통해 인구 관리를 위한 계량적 분석을 가능하게 할 뿐만 아니라 출생·사망 처리 과정에 국가권력이 개입하여 위생행정의 실행을 위한 기초 토대를 제공한다. 베이핑시정부(1928. 6-1937. 7)의 초대 위생국장을 지냈던 황쯔팡의 '국가의료' 구상에 따르면, 효율적인 양적·질적 인구관리시스템을 정비하기 위해서는 우선 위생구(衛生區)를 설치하고, 위생구를 중심으로 출생·사망 관리를 실시해야 했다.[1] 양적 인구 관리라는 것은 질병이 발생하기 전에 출생·사망 관리와 전염병 통제를 통해 인구를 체계적으로 관리하는 것이고, 질적 인구 관리라는 것은 병원 및 진료소 등을 통해 질병 발생 후에 진료와 치료를 통해 인구를 관리하는 것을 말한다.

실제로 베이핑시정부 위생국은 양적·질적 인구관리시스템을 구축하기 위해 기존 행정체계를 대표하는 경찰구(警察區)에 의존하지 않고 독자적인 위생구를 설치했으며, 위생행정의 지역센터인 위생구사무소를 설치·확대해나

1 황쯔팡(黃子方)의 국가의료구상에 대해서는 이 책의의 제1장 제3절과 辛圭煥, 「國家 衛生醫療體制와 國家醫療의 形成: 19세기 말 20세기 초 한국과 중국의 경험」, 『東方學志』 제139집(2007. 9), 151-156쪽 등을 참고.

갔다.[2] 그런데 위생행정이 위생국을 건립을 통해 독립적으로 운용되기 전에는 공안국에서 위생행정을 담당해온 데다가 행정구획상으로 경찰구와 위생구가 정확히 일치했기 때문에, 경찰행정과 위생행정이 대립적인 것인지 아닌지에 대해 논쟁적일 수밖에 없다.[3]

출생·사망 관리에 주목할 경우 가장 먼저 떠올릴 수 있는 것이 산파(産婆)와 음양생(陰陽生)이다. 전통사회에서 산파와 음양생은 출생·사망 업무와 의례를 담당했던 대표적 존재들이었다.

근대국가 건설 시기에 이들은 낙후된 출생·사망 관리시스템을 대표하게 되었을 뿐만 아니라 근대국가의 신체에 대한 훈육과 통제를 방해하는 존재로 여겨지게 되었다. 그런데 난징정부 성립 이전까지 산파와 음양생에 대한 국가 통제는 별다른 성과를 얻지 못한 상황이었다. 베이핑시정부 성립 이후 위생국은 위생행정을 통한 새로운 인구관리시스템을 구축하기 위해, 기존 산파와 음양생에 의한 전통적 인구 관리뿐만 아니라 호적경(戶籍警)으로 대표되는 경찰에 의한 근대적 인구 관리라는 두 가지 축에 대응해야 했다. 따라서 위생국으로서는 그들을 대체할 수 있는 의사와 간호사 등 전문의료인을 양성하는 일이 무엇보다 시급한 과제였다. 그러나 현실적으로 전문의료인을 양성하기 위해

---

2 1925년 9월, 내일구(內一區)에서 실험적으로 시행되었던 제일위생구사무소(第一衛生區事務所)를 시작으로, 1933년 12월, 내이구(內二區)에 제이위생구사무소(第二衛生區事務所)가 설립되었고, 1934년 12월과 1935년 9월, 내삼구(內三區)와 내사구(內四區)에 제삼위생구사무소(第三衛生區事務所)와 제사위생구사무소(第四衛生區事務所)가 각각 설립되었다.

3 경찰행정과 위생행정을 대립적인 것으로 보는 시각은 楊念群,「民國初年北京的生死控制與空間轉換」, 楊念群 主編,『空間·記憶·社會轉型: "新社會史"研究論文精選集』(上海 : 上海人民出版社, 2001), 131-207쪽. 楊念群,『再造'病人': 中西醫冲突下的空間政治(1832-1985)』(北京: 中國人民大學出版社, 2006), 제3장을 참고.

서는 시간·재정·인력 등 급조하기 어려운 요인들이 존재하고 있었기 때문에 단기적으로 대처할 수 있는 방안이 필요했다. 그 방안이 바로 국가가 관리하는 조산사와 통계조사원이었으며, 그들의 존재가치는 산파와 음양생의 역할을 완전히 대체하는 데 있었다.

그중에서도 본장은 근대적 사망 관리와 관련하여 통계조사원이 어떤 과정을 거쳐 음양생과 호적경의 역할을 대체해나갔는지 또한 통계조사원제도의 성과와 한계는 무엇이었는지를 검토하는 데 목표를 두고 있다. 통계조사원의 주요 활동은 출생·사망통계의 작성과 보고, 사망진단 등 출생·사망 관리의 범위뿐만 아니라 전염병 통제 등 질병 통제의 범위까지 포괄하고 있는데, 여기서는 주로 음양생의 활동과 대비하여 통계조사원의 사망 관리 활동을 중심으로 논의를 전개할 것이다.

베이핑시정부가 목표로 했던 출생 관리가 주로 조산사에 의해 이루어졌다면, 사망 관리는 통계조사원에 의해서 이루어졌다. 통계조사원이 등장하는 계기를 살펴보기 위해서 우선 도시 관리 차원에서 경찰행정의 인구 관리가 어떻게 진행되었는지 검토할 필요가 있다. 경찰행정의 인구 관리는 호적경의 활동으로 대표되는데, 호적경의 문제점과 위생행정의 등장 과정 등을 살펴볼 것이다. 두 번째로 호적경에 대한 문제제기로 시작된 통계조사원이 어떠한 훈련을 받았으며, 어떠한 성과를 얻었는지를 살펴볼 것이다. 세 번째로 내외성 위생구 및 교구의 사망 관리가 실제로 어떻게 진행되었는지를 검토할 것이다. 그 과정에서 통계조사원의 제도화와 통계조사원을 대신한 보갑장(保甲長)의 역할 등이 분석될 것이다. 이와 같이 통계조사원에 관한 연구는 근대적 사망 관리의 성과와 한계를 가늠하는 중요한 소재가 될 것이다.

베이핑의 인구 관리와 위생행정의 등장

20세기 이전까지 베이징의 지리공간은 커다란 변화 없이 안정성을 유지해왔다.[4] 당시까지만 해도 수도 베이징을 체계적으로 관리할 수 있는 전담 기구가 존재하지 않았다. 단지 베이징은 순톈부(順天府)가 관할하는 완핑(宛平), 다싱(大興) 두 개의 현에 소속되어, 형식상 두 현이 베이징의 세수(稅收)와 시정(市政)을 관리했다. 아울러 인구 관리, 치안 유지, 도로 건설, 구제 사무, 각종 소송 등 각종 도시 사무의 처리를 위해 청조의 보군통령아문(步軍統領衙門) · 형부(刑部) · 공부(工部) 등이 협조했다.[5] 그중 베이징의 인구 관리는 내성(內城)과 외성(外城)의 경우 보군통령(步軍統領)이 주관했으며, 성 밖은 성방관(城坊官)이 담당했다. 아울러 호적 관리를 위해 팔기제도(八旗制度)와 보갑제도(保甲制度) 등이 활용되었다.[6]

---

4 Richard Belsky, "The Urban Ecology of Late Imperial Beijing Reconsidered: The Transformation of Social Space in China's Late Imperial Capital City," *Journal of Urban History*, 27-1(November, 2000).

5 劉子揚, 『清代地方官制考』(北京 : 紫禁城出版社, 1988), 231-244쪽; 李鵬年, 『清代中央國家機關概述』(北京: 紫禁城出版社, 1989), 361-365쪽; Alison Dray-Novey, "Spatial Order and Police in Imperial Beijing," *The Journal of Asian Studies* 52-4(November, 1993), pp.885-922.

베이징이 도시 관리 차원에서 새로운 변화를 보이기 시작한 것은 1900년 의화단사건의 발생으로 서양 8개국 연합군이 베이징에 입성하고 청정(淸廷)이 시안(西安)으로 도피하면서부터였다.[7] 서양 각국은 각 주둔지역에서 군대를 이용하여 치안을 확보했고, 일본군은 1900년 8월 베이징지역의 신사(紳士)·상인층(商人層)과 협력하여 안민공소(安民公所)를 설립했다. 안민공소는 재산보호, 빈곤구제, 공공시설의 재건 등을 목표로 했는데, 청조의 비준을 얻지 못한 상태였으나 1년 이상 지속되었다.[8]

1901년 9월 베이징의정서(北京議定書)를 체결하면서 의화단사건이 일단락되자, 청정은 안민공소를 해산하고, 이를 대신하여 베이징선후협순총국(北京善後協巡總局)을 설립했다. 베이징선후협순총국에는 기존 안민공소의 신사와 상인들이 계속해서 영향력을 미쳤는데, 이 기구는 중국 최초로 수도의 도시 관리를 책임진 정부기구라고 평가되고 있다.[9] 더불어 청정은 신정(新政)을 실시하면서 서양 각국을 모델로 민정부(民政部)를 수립하고, 일본에 학생들을 파견하여 근대적 치안행정을 공부하게 했다. 이들 중 일부가 귀국하여 베이징선후협순총국을 대신하여 1902년과 1905년에 각각 내성공순국(內城工巡局)

---

6 尹鈞科 等著, 『古代北京城市管理』(北京: 同心出版社, 2002), 177-205쪽.

7 Robert Moore Duncan, *Peiping Municipality and the Diplomatic Quarter*(Peiping : Department of Political Science Yenching University, 1933), pp.1-2; 史明正(Shi Mingzheng) 著, 王業龍 等譯, 『走向近代化的北京城: 城市建設與社會變革』(北京: 北京大學出版社, 1995), 27쪽; Shi Mingzheng, "Rebuilding the Chinese Capital: Beijing in the Twentieth Century," *Journal of Urban History* 25-1(1998).

8 안민공소(安民公所)의 과도기적 성격에 대해서는 林相範, 「近代中國에서 首都警察의 成立」, 『東洋史學硏究』 82(2003), 29-30쪽.

9 史明正, 『走向近代化的北京城: 城市建設與社會變革』(1995), 28쪽.

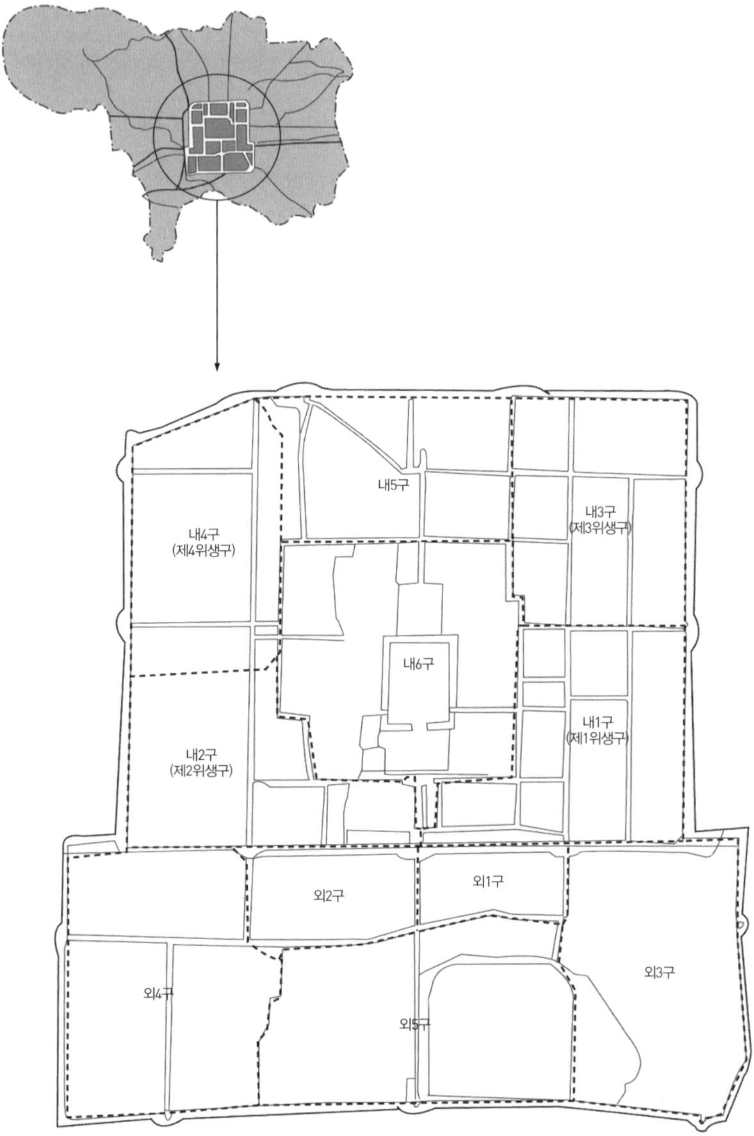

1930년대 베이핑시 지도 및 성내외구 행정구획[10]

시정부는 위생구사무소를 통해 산모뿐만 아니라 영아와 아동에 대해서도 정기적인 건강검진을 실시했다.

과 외성공순국(外城工巡局)을 설립했는데, 곧 내외성순경총국(內外城巡警總局)으로 합병되었다. 내외성순경총국은 인구조사, 공공설비공사, 소방, 빈곤구제, 공중위생, 사회치안 등 도시 관리를 위한 거의 모든 부분을 담당했고, 이로부터 베이징경찰은 도시 관리의 많은 부분을 책임지게 되었다. 베이징의 경찰에 대해서는 다음과 같은 연구가 있다.

당시 내성은 중앙과 동서남북의 5개 지역으로 분할되어 관리되었고, 중앙에는 6개구, 나머지는 각각 5개구로 세분되어 총 26개구였다. 외성은 동서남북 4개 지역으로 분할되었고, 동서 각각 6개구, 남북 각각 4개구로 세분되어 총 20개구였다.[11] 1925년에는 내성구는 중구(中區) 2개구, 내좌구(內左區) 4개구, 내우구(內右區) 4개구 등 10개구, 외성구는 외좌구(外左區) 5개구, 외우구(外右區) 5개구 등 10개구, 교구는 각 교구별 4개구 등 16개구로 구성되었으며, 베이핑시정부 수립 이후 내성구 6개구, 외성구 5개구, 교구 4개구로 정리되었다.[12] 인구분포로 보면, 내성구 · 외성구 · 교구의 비율은 4:3:3이었다.[13]

---

10 北平市政府公安局, 『北平市政府公安局業務報告(1933. 7~1934. 6)』(北平: 北平市政府公安局, 1934), 十. 統計의 공안국 관할구역 簡明圖를 활용하여 작성한 것임.

11 田濤 · 郭成偉 整理, 『清末北京城市管理法規(1906-1910)』(北京: 北京燕山出版社, 1996), 522쪽.

12 Robert Moore Duncan, *Peiping Municipality and the Diplomatic Quarter*(1933), pp.3-52.

13 1936년도 베이핑시의 인구는 총 153만 9,105명(100%)으로 성내구(城內區) 62만 6,622명(40.7%), 성외구(城外區) 45만 3,926명(29.5%), 교구(郊區) 45만 8,557명(29.8%)이었다. 北京特別市公署衛生局 編印, 『北京特別市公署衛生局二十五年度業務報告』(北京: 北京特別市公署衛生局, 1938), 6쪽. 베이징의 경찰에 대해서는 다음과 같은 연구가 있다. 임상범, 「近代中國에서 首都警察의 成立-1901년부터 1928년까지 북경을 중심으로」, 『동양사학연구』 82, (2003. 3); 임상범, 「20세기 전반기 북경의 경찰과 시민생활」, 『중국학보』 48, (2003. 12); 임상범, 「북경지역 경찰본부의 조직 내용--1928년부터 1949년까지」, 『대구사학』 78, (2005. 2); 임상범, 「북경지역 경찰관의 구성과 그 변화」, 『중국근현대사연구』 27, (2005. 9); 임상범, 「북경지역 경찰의 기층조직-1901년부터 1949년까지」, 『대구사학』 88, (2007. 8); 김택경, 「清末 奉天 警察權의 二元分立: 警察權을 둘러싼 清日의 교섭과 대립」, 『중국근현대사연구』 71, (2016. 9); 김택경, 「1933年 北平市公安局長 인

1911년 신해혁명 이후에 민정부는 내무부(內務部)로 대체되었는데, 그 직능은 거의 변함이 없었다. 경찰제도 역시 인력이나 제도에 거의 변화가 없었다. 1913년 2월, 내외성순경총국을 계승한 경사경찰청(京師警察廳)은 내무부에 직속되어 있었으나 중앙기구라기보다는 수도지역의 업무를 관할하는 지방관리기구였다. 경사경찰청은 내외성 각각 10개구를 관할하면서 5처 14과를 두었고, 그 밖에 20개의 경찰구서 · 경찰보안대 · 소방대 등을 설치해두었다.

경사경찰청 5처 14과에는 위생처 3개과가 포함되어 있어 도로 청결, 보건 방역, 의학화학 검사 등을 담당했다.[14] 그런데 인구 증가와 상업화의 진전에 따라 경찰 역량만으로 베이징을 관리하는 데는 한계가 있었다. 일찍이 순경총

사분쟁과 그 정치사회적 함의」, 『동양사학연구』 139, (2017. 6); 김택경, 「北洋政府 후기 京師警察廳의 재정위기와 警捐 징수」, 『역사학보』 236, (2017. 12); 김택경, 「南京國民政府時期 北平市公安局 政治訓練部의 성립과 변천」, 『중국근현대사연구』 77, (2018. 3); 김택경, 「청말(清末) 봉천(奉天)의 경찰과 도시관리」, 『중국사연구』 114, (2018. 6); 김택경, 「清末 北京 경찰기구의 통합과정 — 역사적 컨텍스트를 중심으로 본 북경 경찰의 성립 」, 『동양사학연구』 144 , (2018. 9); 김택경, 「北洋政府시기 北京 경찰의 인원팽창과 그 함의」, 『동양사학연구』146, (2019. 3); 김택경, 「民國時期 步軍統領衙門의 존속과 폐지 -북경 경찰기구 통합의 관점에서-」, 『중국사연구』 119, (2019. 4); 윤형진, 「민국 후기 북경의 경찰과 인구관리」, 『인문연구』 73, (2015. 4); 韓延龍 等, 『中國近代警察史』 上, (北京: 社會科學文獻出版社, 2000); 李自典, 「北京警察群體研究, 1901-1937」, 北京師範大學 博士學位論文, 2007; 丁芮, 『管理北京北洋政府時期京師警察廳研究』(太原: 山西人民出版社, 2013); 渡辺修, 「清代の步軍統領衙門について」, 『史苑』 1984-4; Alison Dray-Novey, "Spatial Order and Police in Imperial Beijing," *The Journal of Asian Studies* 52-4, (1993); Alison Dray-Novey, "The Twilight of the Beijing Gendarmerie, 1900-1924," *Modern China* 33-4, (2007).

14 경사경찰청(京師警察廳)의 5처(處) 14과(科)는 총무처(總務處) 3개과, 행정처(行政處) 3개과, 사법처(司法處) 3개과, 위생처(衛生處) 3개과, 소방처(消防處) 2개과로 구성된다. 그중 위생처 제1과는 공공도로 청결, 청소부의 배치, 공중화장실의 설치 및 수리, 구거(溝渠) 관리 등을 담당했고, 제2과는 의료사업의 관리, 제약업의 검사, 창기건강의 진단, 전염병의 예방 등을 담당했으며, 제3과는 경찰의 신체검사, 재소자의 치료, 공사의원(公私醫院)의 시찰, 약품과 화장품의 검사 등을 담당했다. 경사경찰청 의약실 역시 위생처가 관리했는데, 응급치료 및 경찰의무를 전담했다. 「京師警察廳官制(1914. 8. 29)」; 「京師警察廳分科職掌規則(1914. 8. 31)」, 京師警察廳編, 『京師警察法令滙纂』(北京: 京師警察廳, 1915), 2-12쪽.

청(巡警總廳) 총감(總監)을 지낸 바 있는 내무총장(內務總長) 주치링(朱啓鈐, 1872-1964)이 1914년 6월 위안스카이(袁世凱, 1859-1916)에게 지방 차원에서의 도시 관리의 필요성을 제기하자, 곧바로 경도시정공소(京都市政公所)를 정식으로 성립했다.[15] 경도시정공소의 관할 지역은 처음에는 일부 지역에 한정되었으나 곧바로 내외성으로 확대되었고, 1925년 10월에는 사교(四郊) 지역까지 확대되었다. 아울러 경도시정공소 소속 내외성 및 사교 시정연국(市政捐局)이 설치되어, 내외성공순총청(內外城工巡總廳)에 직속되어 있던 징세 업무 역시 경도시정공소에 예속시켰다.[16] 이로써 경도시정공소를 중심으로 내외성 및 사교 지역에 대한 세수 관리와 도시 관리를 위한 재원 확보 시스템이 정비되었다.

이와 같이 1914년부터 1928년까지 베이징성은 기본적으로 경도시정공소와 경사경찰청의 두 기구가 관리했다. 두 기구 모두 내무부에 직할된 기구였으며, 서로 독립적인 관계였다. 경도시정공소는 도로 및 구거(溝渠)의 건설 및 관리 등과 같은 총괄기획 및 기초설비를 담당했고, 경사경찰청은 치안, 징세, 위생, 인구조사, 소방, 상업 관리 등을 담당했다. 위생행정을 출생·사망 관리, 전염병관리, 환경위생, 위생교육 등으로 나누어볼 때, 그중 출생·사망 관리를 중심으로 한 인구 관리 및 생명통계 업무는 경사경찰청이 주로 담당했고, 나머지 전염병 관리, 환경위생, 위생교육 등은 경사경찰청과 경도시정공소가 공동으로 담당했다.

1928년 베이핑시정부 위생국 성립 이후, 위생국은 제1과(문서·회계·서

---

15 주치링에 대해서는 楊大辛 主編, 『北洋政府總統與總理』(天津: 南開大學出版社, 1989).

16 「接收四郊市政」, 『京都市政季刊』 第1期(1925. 10), 市政進行紀要, 2-3쪽.

무), 제2과(통계 · 방역), 제3과(청결 · 단속 · 설계), 제4과(의약 · 보건 · 위생교육) 등 4개과와 비서실, 학교위생위원회 등으로 구성되었다.[17] 1930년대 베이핑시 위생행정의 가장 큰 특색은 위생구사무소의 기능과 역할이 크게 강화되었다는 점이다. 위생구사무소는 이미 베이핑시정부 성립 이전인 1925년 위생실험 차원에서 내1구에 제1위생구사무소가 설치되어 운영되었다.[18] 그러나 국민혁명 시기(1924-1928) 및 1928년 베이핑시정부 성립 이후 1930년대 초까지는 계속되는 정치적 불안과 경비 부족 등으로 위생행정이 시행정의 중심으로 안착하지 못했고, 위생구사무소 역시 더이상 확대 재편되지 못했다.[19] 그러다가 1933년 6월 위안량(袁良, 1882-?) 시장이 취임(재임 1933. 6-1935. 11)하면서, 위생구사무소의 설치는 점차 확대되었다.[20]

위생국 직속의 위생구사무소는 일종의 위생행정을 위한 지역센터로 통계 · 방역(출생 · 사망통계, 전염병 예방), 환경위생(음료수, 음식물, 공중화장실, 도

---

17 그 밖에 부속기관으로 시립의원(市立醫院), 전염병의원(傳染病醫院), 정신병요양원(精神病療養院), 계연의원(戒煙醫院), 열성독품계제소(烈性毒品戒除所), 기녀검치사무소(妓女檢治事務所), 보육사무소(保育事務所)[보영사무소(保嬰事務所)], 의약강습소(醫藥講習所), 위생진열실(衛生陳列室), 위생구사무소(衛生區事務所) 등이 있었다. 北平市政府秘書處, 『北平市統計要覽』(北平: 北平市政府秘書處, 1936), 25쪽.

18 제일위생구사무소(第一衛生區事務所, The First Demonstration Health Station)의 최초 성립 시 정식 명칭은 '경사경찰청시판(京師警察廳試辦) 공공위생사무소(公共衛生事務所)'이며, 1928년 베이핑시정부 성립 이후 정식 명칭은 '북평특별시위생국(北平特別市衛生局) 제일특별위생구사무소(第一特別衛生區事務所)'로 변경되었다.

19 위생행정의 약화 원인은 경비 부족과 함께 보다 직접적으로는 정치적 불안정 때문이었다. 정치적 불안정으로 인해 시정부는 경찰행정에 대한 의존도를 높였고, 예산 안배 역시 공안비의 증가와 위생비의 감소로 나타났다. 위생행정의 약화 원인을 경비부족에서 찾는 주장은 임상범, 「베이징지역 경찰본부의 조직 내용, 1928-1949」, 『대구사학』 78(2005), 243쪽을 참고.

20 1933년 11월 베이핑시정부 위생처가 재건되었고, 12월 11일에는 내이구에 제이위생구사무소가 설치되었다. 1년 후인 1934년 12월 1일에는 내삼구에 제삼위생구사무소가 성립되었고, 이듬해인 1935년 9월 16일에는 내사구에 제사위생구사무소가 설치되었다.

로 청결), 보건(모자위생, 학교위생, 공장위생), 위생지도(학교·공장·가정·산부·아동 위생지도) 등을 담당하는 4개의 계[股]와 검사실 등으로 구성되었다.[21] 제1위생구사무소 소장이었던 팡이지(方頤積)가 초대 위생처장으로 곧바로 승진한 것만 보아도 위생구사무소가 위생행정에서 차지하는 위상을 짐작해볼 수 있다.

위안량(袁良, 1882-?)
위안량은 베이핑시장 재임 기간(1933. 6-1935. 11) 동안 시정개혁을 주도하여 '베이핑시 시정건설의 황금시대'를 이끌었다.

이 밖에 베이핑시정부에서는 위생행정의 전문성과 효율성이 크게 강조되었다. 위생국 과장과 각 부속기관장은 대부분 의사 출신으로 구성되었다. 위생구사무소 소장과 각 계장[股長] 역시 대부분 베이핑협화의학원과 육군군의학교(陸軍軍醫學校) 졸업생이었다.[22]

1928년 6월 28일 '베이핑특별시정부(北平特別市政府)'가 성립되면서 시정부 산하에 재정국·공안국·위생국·공무국·사회국 등 5개의 부서와 자치사무감리처(自治事務監理處) 등 14개의 직속 기관이 설치되었다. 시정부 공무원들의 인원수, 연령과 교육 수준 등을 살펴보면, 각 부서 인력의 특성을 대략 짐작해볼 수 있다. 우선 인원수는 1936년 기준으로 시정부 전체 2,813명

---

21 「北平市衛生局第一衛生區事務所組織表」, 北平市衛生局 編, 『北平市衛生局第一衛生區事務所第十一年年報』, 第11期(1936).

22 北平市衛生局, 『北平市政府衛生局職員錄』(北平: 北平市衛生局, 1934. 12); 北平市衛生局, 『北平市政府衛生局職員錄』(北平: 北平市衛生局, 1936. 5); 「北平市衛生局 民國二十三年·二十五年職員彔」北京市檔案館所藏 J5-2-655-1.

의 공무원 중 공안국 소속이 973명으로 최대이고, 위생국이 460명, 재정국이 408명, 사회국 239명 등의 순서를 이룬다. 연령대를 비교해보면, 30세 이하가 시정부 전체로 볼 때 35.6%를 차지하는데, 위생국과 공안국에서 30세 이하가 차지하는 비중은 각각 61.6%와 25.7%였다.[23] 위생국 소속 직원들은 젊은층이 압도적 다수를 차지하고 있었고, 공안국 소속 직원들은 시정부 전체보다도 평균연령이 높았다. 교육 수준을 살펴보면, 위생국과 공안국 소속 말단 공무원들은 경찰교육이나 위생교육 등 특수교육 출신자들이 각각 44.7%와 39.7%를 차지하여, 시정부 평균 교육 수준보다 낮은 소학교와 중학교 출신자들이 타 부서에 비해 많은 편이었다. 특히 각 부서 내의 소학교 출신자 비율은 위생국이 2.6%(12명)에 불과한 반면, 공안국은 17.5%(170명)로 시정부 전체 소학교 출신자 273명 중 62.3%를 차지할 정도로 상대적으로 교육 수준이 낮았다.[24]

민초부터 위생부서는 민정부에 편입되어 있었고, 베이핑시정부 수립 이후에는 시정부 산하 독립적인 부서인 위생국으로 출발했으나 1932년 7월에는 과(科)보다도 한 단계 더 낮은 공안국의 일개 계[股] 수준으로 격하되었다. 그러나 1933년 6월 위안량 시장 부임 이후, 베이핑시 위생행정이 새롭게 개편되

23 시정부 전체에서 35세 이하는 52.5%를 차지하는데, 공안국과 위생국은 각 부서 내에서 42.3%와 77.5%를 차지한다. 40세 이하에서는 시정부 전체에서 68.6%, 각 부서 내에서 공안국이 60.6%, 위생국이 87.1%를 차지한다. 「北平市政府全體職員年齡統計表」, 北平市政府秘書處, 『北平市統計覽要』(北平: 北平市政府秘書處第一科編纂股, 1936. 12), 27쪽. 『北平市政府通告』(1931).

24 「北平市政府全體職員學歷統計表」, 北平市政府秘書處, 『北平市統計覽要』(1936. 12), 28쪽. 시정부가 아닌 일반 경찰관의 교육 수준은 더욱 심각했는데, 1933년 공안국업무보고에 따르면, 8,217명 중 단 1-2주라도 경찰교육기관을 졸업한 사람은 3,200명(38%)에 불과했고, 나머지는 소학교 이하의 교육을 받았다. 林相範, 「北京地域 警察官의 構成과 그 變化」, 『中國近現代史硏究』 27(2005. 9), 22쪽.

면서 그 지위가 점차 복원되었다. 이에 따라 위생행정 담당자들은 경찰행정의 효율성에 공개적으로 의문을 제기하기 시작했다. 그 대표적 사례가 바로 생명통계 분야였다.

팡이지(方頤積) 초대 위생처장

팡이지는 황쯔팡 위생국장 시절 제일위생구사무소 소장을 지냈고, 1933년 6월 위안량 부임 이후 11월에 위생처가 재건되면서 초대 위생처장을 지냈다. 연이어 개편된 위생국의 위생국장으로 재임하며 위안량 시정부의 위생개혁을 주도했다.

생명통계는 출생·사망·혼인·질병 등 인구 관리를 위한 가장 기초적인 자료를 제공하는 것이었기 때문에 경찰행정뿐만 아니라 위생행정에 있어서도 매우 중요한 분야였다. 생명통계는 상업에서 회계가 차지하고 있는 역할에 비유될 정도로 위생행정을 실행하기 위한 가장 기초적인 자료였다. 정확한 생명통계가 작성될 필요성은 이미 1926년 존 그랜트에 의해 제기된 바 있었는데,[25] 위생구사무소가 성립된 후 그랜트가 가장 먼저 착수한 업무 역시 생명통계의 작성이었다.

경사경찰청 성립 이래로 생명통계 업무는 호적경의 호구조사를 통해서 이루어졌다. 그러나 호적경에 의한 호구조사의 목적은 주로 직업분류 및 재산상황의 조사, 세원확보,[26] 그리고 치안유지[27] 등에 있었다. 일반 시민들은 호적경

---

25 그랜트(John B. Grant)는 중국의 4대 선결과제로 ① 생사인구통계, ② 수질 개선, ③ 방역 및 전염병 통계기구 건립, ④ 산파단속 등을 제기했다. 蘭安生(John B. Grant), 「改善北京公共衛生的第一步」, 『民國醫學雜誌』 4卷 10號(1926. 10).

26 北平市政府公安局, 『北平市政府公安局業務報告(1933.7-1934.6)』(北平: 北平市政府公安局, 1934), 計劃與工作 1.

27 北平市政府公安局, 『北平市政府公安局業務報告(1933.7-1934.6)』(北平: 北平市政府公安局,

의 호구조사가 기본적으로 세금징수를 위해 시행되는 것으로 여겼기 때문에, 조사 후에 세금을 추징당하거나 기타 불이익을 받을 것을 우려하여 자발적으로 협조하기를 꺼려했다. 또, 생명통계에 관한 특별한 훈련을 받지 않은 호적경은 출생조사를 소홀히 했을 뿐만 아니라 통계상식을 결핍하고 있어서, 영아사망 등은 처음부터 조사 대상에서 누락하고 있었다.[28] 정확한 생명통계에 기초하여 출생·사망 관리를 집행해야 하는 위생행정의 담당자들은 공안국의 생명통계를 믿을 수 없다는 인식을 더이상 숨기지 않았다.

> 베이핑시 생명통계의 수집과 조사업무는 줄곧 공안국 각 구단(區段) 호적경이 처리해왔다. 이들은 수준이 떨어질 뿐만 아니라 생명통계 업무의 중요성에 대해서도 대부분 이해하지 못하고 있다. 따라서 그 성적이 좋지 않고, 우량 개진의 길을 결여할 수밖에 없다. 논자들은 더러 현재의 호적경을 훈련시켜 이들 인원들을 이용하여 업무를 개선시킨다면 절반의 노력으로 두 배의 효과를 거둘 수 있다고도 한다. 그러나 실제 살펴보면, 이러한 방법은 극히 쉽지 않다. 호적경의 인원수는 극히 많아서 전시(全市)에 대략 600여 명에 이르고, 그중에는 수준이 떨어지는 사람들이 대부분이다. 만약 그들을 훈련시키고자 한다면, 단기간에 완수될 수 있는 일이 아닐 것이다. 뿐만 아니라 그 중에서 수준이 좀 나은 자는 승진하여 곧 자리를 옮겨버리기 때문에 이러한 방법을 쓰게 되면, 아무

1934), 計劃與工作 69, 會議 1.

28 北平市衛生處, 『第二衛生區事務所第一年度年報』 第1期(北平: 北平市衛生處, 1934. 7), 4쪽; 北平市衛生處, 『第二衛生區事務所第三年度年報』 第3期(北平: 北平市衛生局, 1936. 7), 12쪽.

런 성과도 없이 헛수고만 하게 될 것이다.[29]

호구조사를 전담하는 호적경의 생명통계가 위생국의 기대와는 거리가 멀 정도로 통계의 신뢰성이 떨어지는 것은 자명했다. 출생통계의 경우 호적경뿐만 아니라 산파와 중의 등에 의해 출생보고가 이루어졌음에도 출생 상황이 파악되지 않는 경우가 많았고, 높은 영아사망률 등에 의해 신생아의 출생보고하지 않으려 했기 때문에 출생통계가 정확하지 않았다. 사망통계 역시 전통적인 제례전문가이자 풍수전문가인 음양생의 사망확인 절차를 거쳐야 했기 때문에, 사망 원인에 대한 정확한 분석이 불가능했다. 더욱이 호적경은 질병에 대해서는 거의 아는 바가 없었기 때문에, 전염병 발생 시 적절한 초기대응은 거의 불가능했다.

일부에서는 호적경을 재교육하는 방안과 공안국과 협의하여 호적조사훈련반(戶籍調查訓練班) 등을 운영하는 방안도 제시하고 있었으나,[30] 호적경 대부분이 수준이 낮고 공안국에 소속된 인력을 활용하는 것이었으므로 위생국으로서는 이러한 요소들이 모두 부담으로 작용할 수밖에 없었다. 결국 위생국은 출생·사망·질병·혼인 등 생명통계를 전문적으로 담당할 전문요원을 양성하여 이를 제도화하는 방안을 강구했다. 통계조사원제도는 이와 같은 경찰행정에 대한 불신을 배경으로 실시된 것이었다.

---

29 査良鍾,「改進本市生命統計之初步」, 北平市政府衛生局,『衛生月刊』1-8·9(1935. 6. 25), 37쪽.

30 北平市衛生處,『第二衛生區事務所第一年度年報』第1期(1934. 7), 2-3쪽.

통계조사원과 생명통계의 작성

사실 통계조사원제도는 이미 제1위생구사무소에서 시행중이었고, 그 성과는 매우 우수했으므로 이 제도를 다른 지역으로 확대하는 것이 문제가 될 리 없었다. 제1위생구사무소의 출생보고에는 호적경 외에도 통계조사원을 비롯하여 위생지도원·서의·중의·조산사 등이 참여하고 있었다. 출생보고의 경우, 통계조사원의 보고에 의존하는 비율이 높아지면서 출생보고 수치가 현저하게 증가했다. 흥미로운 점은 통계조사원의 출생보고가 낮을 경우에는 호적경의 출생보고 비율이 높아진다는 점이다. 이는 통계조사원의 조사가 상당 정도 성과를 거두었음에도 호적경의 조사를 완전히 대체한 것은 아니었으며, 일정 정도 호적경의 조사에 의존해야 했음을 의미한다. 즉 통계조사원제도와 호적경 제도는 상호 경쟁과 보완의 관계였다.

위생국은 베이핑시의 생명통계 업무를 개선하기 위해, 제1위생구사무소의 방법을 모방하여 통계조사원제도를 실시했다. 1934년 10월 시정부는 제1기

---

31 北平市衛生局 編,『北平市衛生局第一衛生區事務所第十一年年報』, 第11期(1936), 9쪽; 北平市政府衛生局 編印,『北平市政府衛生局二十四年度業務報告』(北平: 北平市政府衛生局, 1936), 201쪽.

〈표 6〉 제일위생구사무소 출생보고 인원 분류 비교[31]

단위: %

보고자	1926년	1927년	1928년	1929년	1930년	1931년	1932년	1933년	1934년	1935년
경찰구서	0.1	0.2	19.6	55.7	48.7	19.8	14.2	7.2	12.2	10.6
통계 조사원	82.8	77.0	50.9	21.8	16.1	26.6	42.2	57.6	51.5	45.2
위생 지도원	14.0	19.3	27.5	18.4	25.9	26.0	22.3	18.1	21.2	16.9
의사	0	0.6	1.9	3.9	8.1	23.2	8.0	9.3	12.2	11.9
본소 의사·조산사	3.1	2.9	0.1	0.2	1.2	4.4	7.6	6.6	10.3	14.1
기타	0	0	0	0	0	0	5.7	1.2	1.6	1.3
총계(%)	100.0	100.0	100.0	100.0	100.0	100.0	100.0	100.0	100.0	100.0

베이핑시정부 위생국 통계조사원(1936)

통계조사원의 역할은 음양생의 역할을 대신하여 사망원인을 조사하는 것뿐만 아니라 출생·사망조사, 전염병관리 등 위생행정의 인프라를 구축하는 역할을 담당했다.

통계조사원 훈련반을 개설하고 초중(初中) 졸업 이상 학력을 지닌 10명을 모집하여 단기 훈련을 실시했다. 수업 1개월, 실습 1개월, 모든 과정을 위생국 제2과, 제3과, 제4과와 제1위생구사무소 소속 인원이 강의했다. 수업 내용은 전염병(32시간), 생명통계(16시간), 환경위생(16시간), 세균학(8시간), 병리학(8시간), 회화(8시간), 공공위생(4시간), 위생법규(4시간) 등 총 8과목 96시간이었다. 전염병, 생명통계, 환경위생에 많은 시간이 할당되고 있음을 알 수 있다. 아울러 통계조사원은 사망진단도 담당하게 될 것이었기 때문에, 병리학과 세균학도 중요한 과목이었다.[32] 흥미로운 것은 미술[繪圖]과목이 포함되어 있었는데, 이는 필요한 경우 그림을 그려서 사망원인을 정확히 보고하기 위한 것이었다.

실습 기간에는 통계조사원 훈련반원들이 위생국 제2과, 제3과와 제1위생구사무소, 제2위생구사무소에 파견되었으며, 실제 조사를 실시하기도 했다. 1935년 1월, 수업과 실습이 완료되어 시험을 치르고 합격자는 통계조사원으로 임명되었다. 동시에 공안국의 동의를 얻어 내성 각 구에서 출생과 사망 조사업무를 실시했다. 내1구의 제1위생구사무소에는 이미 4명의 통계조사원이 있었기 때문에, 기타 각 구에 2명씩을 파견했다. 제2위생구사무소에는 이미 1명이 있었기 때문에, 1명만을 파견했다. 내2구와 내3구의 위생구사무소에서는 각 사무소의 책임자가 통계조사 업무를 관할했다. 내4구, 내5구, 내6구에서는 공안국 각 구서(區署)에서 통계조사 업무를 처리할 수 있도록 통계조사원

32 北平市政府衛生局 編印, 『北平市政府衛生局二十四年度業務報告』(北平: 北平市政府衛生局, 1936), 19쪽. 北京市檔案館所藏 ZQ4-1-1814.

들에게 업무공간을 제공했다. 내4구 구서는 공간이 협소하여 통계조사 업무 처리에 어려움이 있었기 때문에, 내4구 통계조사원은 위생국 제4청소반[第四淸道班]에서 통계조사 업무를 처리했다.[33]

통계조사원제도는 제1위생구사무소에서 이미 실시되고 있었고, 성내외 각 구에서 이를 실시할 계획을 세우고 있었지만, 사교 지역은 제외되어 있었다. 1935년 1월 통계조사원제도의 실시 이래로 생명통계 분야에서는 괄목할 만한 성과를 보였다. 물론 각 구 통계조사원은 평균 2명에 불과하기 때문에, 누락된 보고가 없지는 않았다. 그렇지만, 1935년 상반기와 후반기의 출생항목을 비교해보면 통계조사원제도가 신설된 지역에서 출생보고가 크게 증가했음을 알 수 있다. 각 구마다 출생보고 수치가 다양하고 내1구는 오히려 출생보고인 수가 감소했지만, 나머지 신설구에서는 출생보고 수치가 모두 증가하여 통계조사원제도의 실효성이 매우 높다는 것을 보여주었다.[34]

〈표 7〉의 출생통계에 따르면, 통계조사원이 활동했던 내성구에서는 6개월 만에 각 구 평균 266명의 출생인원이 증가했다. 반면 통계조사원이 활동하지 않았던 지역에서는 각 구 평균 116명이 감소했다. 통계조사원이 있는 각 구에서는 매월 출생보고가 이루어졌고, 모두 통계조사원이 직접 조사하여 출생조사표를 작성했다. 따라서 각 항목은 모두 상세하고 신뢰할 수 있었기 때문에, 위생국은 출생과 사망 그리고 전염병 사망에 대해 효과적으로 처리할 수 있는

---

33 北平市政府衛生局 編印, 『北平市政府衛生局二十四年度業務報告』(北平: 北平市政府衛生局, 1936), 19쪽. 北京市檔案館所藏 ZQ4-1-1814.

34 北平市政府衛生局 編印, 『北平市政府衛生局二十四年度業務報告』(北平: 北平市政府衛生局, 1936), 19-22쪽. 北京市檔案館所藏 ZQ4-1-1814.

〈표 7〉 1935년도 베이핑시 각 구 상반년 및 하반년 출생 인원수 증감[35]

구별	1934. 7-12	1935. 1-6	증감
內一區°	1,429	1,419	-10
內二區+	723	924	+201
內三區※	536	1,177	+641
內四區※	229	858	+629
內五區※	594	697	+103
內六區※	651	683	+32
外一區	534	597	+63
外二區	637	589	-48
外三區	544	341	-203
外四區	620	720	+100
外五區	506	387	-119
東郊區	1,328	1,012	-316
西郊區	860	613	-247
南郊區	1,264	892	-372
北郊區	498	322	-176
총계	10,953	11,231	+278

○: 통계조사원이 원래 있던 곳
+: 1935년 1월부터 통계조사원 가용
※: 1935년 1월부터 통계조사원 신설

기초자료를 확보할 수 있게 되었다.

내성 각 구가 통계조사원을 배치한 후 통계조사업무에 상당한 발전을 보

35 위의 책, 21-22쪽.

였기 때문에, 1935년 6월 시정부는 제2기 통계조사원 훈련반을 설치하여 하반기 외성구에 대한 출생과 사망을 조사하려고 했다. 제2기 통계조사원 훈련반은 비공개로 인원을 모집했는데, 그들은 모두 위생국 혹은 각 부속기관 직원들이 책임지고 추천한 사람들이었다. 이는 제1기 훈련생 중에 중도에 사직을 원하는 사람들이 종종 있어 공무집행에 장애가 된다고 판단했기 때문이었다. 제2기 훈련반 20명은 모두 1년간 의무 복무를 하도록 규정했고, 수업 1개월, 실습 1개월의 훈련 기간을 거치도록 했다. 수업 내용은 전염병(30시간), 생명통계(14시간), 환경위생(14시간), 세균학(8시간), 병리학(8시간), 생리학(8시간), 회화(8시간), 공공위생(4시간) 등 총 8과목 94시간이었다. 제1기 훈련반과 비교하면, 전염병 · 생명통계 · 환경위생 과목이 2시간씩 감소되었다.[36] 가장 눈에 띄는 차이는 위생법규 대신 생리학 과목이 보강되었다는 점이다. 이는 사망진단에 필요한 기초지식을 강화하기 위한 조치였다.

제2기 통계조사원 훈련반은 1935년 8월 훈련이 만료되었으며, 이미 재직 중인 2명과 톈진에서 파견된 2명을 제외하고, 19명 중 15명이 합격했다. 원래 계획했던 인원은 12명이었으므로, 나머지 3명 중 1명은 제2위생구사무소에 파견되었고, 1명은 위생국 직원으로 채용되었다. 총 14명이 8월 20일 각각 보직을 임명받았다. 불합격자 4명과 보직을 받지 못한 합격자 1명에 대해서는 원할 경우 위생순찰경[衛生稽查警]으로 충원하고, 나머지는 보결로 했다.

제2기 통계조사원은 공안국의 동의를 얻어 9월 1일자로 외성 각 구에 출생사망조사와 일종의 매장허가서인 출빈집조(出殯執照) 등의 사항을 처리하

36 위의 책, 21-22쪽.

통계조사원의 사망원인 조사

통계조사원은 단순한 출생·사망보고뿐만 아니라 사망원인 조사라는 사망 관리의 중요한 부분을 담당했다. 그들은 일반인뿐만 아니라 행려병자와 부랑자의 사체에 대해서도 사망원인을 조사했다.

도록 했다. 통계조사원의 사무는 외1구와 외4구의 경우는 각 구 청결반에서 업무를 보도록 했고, 외2구, 외3구, 외5구는 기녀검치사무소(妓女檢治事務所), 열성독품계제소(烈性毒品戒除所), 시립의원(市立醫院) 등지에서 각각 사무를 보도록 했다. 제2기 통계조사원제도 실시 이후, 외성 각 구의 출생보고는 매월 300-400명씩 증가했는데, 이를 보아도 제2기 통계조사원제도의 성적 역시 우수했음을 알 수 있다.[37] 그런데 통계조사원의 역할은 단순히 생명통계를 작성

37 위의 책, 21-22쪽.

하는 것에 한정되지 않았다. 그들은 사망진단 및 보고 등에 직접 개입하기 시작했고, 그에 따라 그들은 조산사·의사 등과 함께 출생·사망 관리의 한 축을 담당하게 되었다.

내외성 위생구 및 교구의 사망 관리

1. 음양생 단속과 통계조사원의 제도화

산파가 생명의 탄생을 맞이하는 것과는 대조적으로 음양생은 생명의 사멸 이후를 관리하는 제례전문가였다. 사망원인을 분석하는 사망진단에서부터 풍수 전문가로서 묘택(墓宅)을 정하는 것에 이르기까지 음양생은 죽음에 관한 의례에 관해서는 절대적인 권위를 행사했으며, 사람들은 음양선생(陰陽先生)이라는 존칭을 사용하기도 했다. 음양생은 각기 당호(堂號)를 가지고 있는데, 예를 들면 베이청투얼후퉁(北城土兒胡同)의 '일선당왕(一善堂王)'·'백수당유(伯壽堂兪)'·'계림당주(桂林堂朱)'·'수덕당백(修德堂白)' 등등이다. 그들은 자신의 당호를 길이 10cm, 너비 6.6cm의 황색 종이 위에 써서 표기로 삼는데, 초청자[來請者]는 이 표기를 가지고 가서, 사망자의 성별에 따라 남자는 왼쪽에 여자는 오른쪽으로 구별하여 상가 앞에 붙이게 된다.[38]

38 이하 음양생에 대해서는 常人春, 『老北京的風俗』(北京: 北京燕山出版社, 1990), 260-261쪽, 279-301쪽; 楊念群, 「民國初年北京的生死控制與空間轉換」, 楊念群 主編, 『空間·記憶·社會轉型: "新社會史"硏究論文精選集』(上海: 上海人民出版社, 2001), 141-147쪽; 楊念群, 『再造'病人': 中西醫

앙방을 작성하는 음양생

앙방은 '음양생연단'이라고도 불렸으며, 일종의 상사, 상례시각, 방위, 금기 등에 대한 지침이었다. 음양생이 작성한 앙방에는 사망자의 생년월일과 사망연월일, 출관일시 등이 포함되어 있는데, 앙방이 있어야만 경찰구서로부터 매장허가를 받을 수 있었다.

음양생은 다년간의 경험에 근거해 한번 청했을 때는 가지 않고, 심부름 온 자를 먼저 되돌려 보낸다. 기회를 엿보며 기다리다가 상가에서 두 번째로 '초청[延請]'해올 때 비로소 발걸음을 옮기게 되는데, 이를 '출마(出馬)'라고 했다. 이렇게 어렵게 '출마'를 하는 이유는 자신의 권위를 높이기 위한 수단이기도 하지만, 사람이 아직 죽지 않았는데 음양생이 초청한 자의 집안에 들어가는 것은 일종의 금기로 여겼기 때문이었다.

음양생의 주요 직능은 모종의 의식을 통해서 영혼과 신체의 관계를 새로이 정립하는 것이었다. 보통 장례 중의 일상 사무는 친지·친우가 처리했고, 지

冲突下的空間政治(1832-1985)』(北京: 中國人民大學出版社, 2006), 160-168쪽을 참고.

역사회의 노인과 부녀자들은 대체로 장례 과정을 잘 알고 있으므로 장례는 상식적인 차원에서 진행되었다. 음양생은 이러한 과정에서 불가결한 존재였으며, 발인 시간과 사망자를 안치하는 공간 배치, 사체 출관의 구체적 시간, 매장 위치와 풍수 등은 음양생만이 주관할 수 있는 영역이었다.

음양생의 핵심 업무 중의 하나는 상가에서 '앙방(殃榜)'을 작성하는 것이다. '음양생연단(陰陽生聯單)'이라고도 불리는 앙방은 일종의 상사(喪事), 상례시각(喪禮時刻), 방위(方位), 금기(禁忌) 등에 대한 지침으로, 사망자의 생년월일과 사망연월일, 출관 일시 등이 포함되어 있었다. 그러나 앙방이 있어야만 사망신고가 가능하고, 사망신고 후 경찰구서로부터 '출빈집조'라는 일종의 매장허가서를 받아야 매장이 가능했기 때문에, 일반인에게 사망신고는 번거로운 의례이자 행정체계였다. 따라서 영아 등이 사망하면 이러한 번거로움을 피하기 위해 관목(棺木) 없이 몰래 매장하는 경우가 많았고, 이로 인해 영아사망은 사망통계에서 누락되는 경우가 빈번했다.[39] 따라서 정부는 체계적인 인구 관리를 위해서 기존 사망보고체계를 개선할 필요가 있었다.

사실 국가의 입장에서는 번잡한 사망보고체계의 개선보다 더 긴급했던 것은 사망원인에 대한 정확한 진단과 통계였다. 사망원인을 정확히 알아야만 전염병 퇴치 등에 적극적으로 대처할 수 있고, 양적인 인구 관리가 가능했기 때문이다. 그런데 음양생의 사망원인 진단이 얼마나 정확했는지에 관한 정확한 통계나 자세한 언급은 찾아보기 어렵다. 한 가지 분명한 것은 베이핑시정부의

39 영아 사망 시 불법매장의 사례는 「北平市公安局內一區署關于張惠民未請陰陽生開具殃書領取拾埋執照擅將其子尸体葬埋請核辦情形的(呈)」(1933. 10), 北京市檔案館所藏 J181-20-10652을 참고.

업무보고나 각종 사회조사 자료에서 음양생의 사망원인 진단을 신뢰한 사례를 거의 찾아볼 수 없다는 것이다.

1935년 제1위생구사무소가 정리한 1,609명(남 803명, 여 806명)의 사망원인 분류표에 따르면, 사망원인은 호흡기질환이 남녀 각각 207명과 157명(총 364명)으로 22.6%를 차지했으며, 그다음이 폐결핵(14.5%), 위장병(10.9%), 노쇠 및 중풍(10.6%) 등의 순이었다.[40] 1935년 제3위생구사무소의 조사에 따르면, 사망 원인은 사망자 2,356명 중 호흡기질환(21.1%), 위장병(14.2%), 경련(13.5%), 폐결핵(12.9%) 등의 순이었다.[41] 영아사망의 원인은 제1위생구사무소 영아 51명 중 원인불명 17명(33.2%), 폐렴 6명(11.7%), 경련 5명(7.9%) 등의 순이었고,[42] 제3위생구사무소는 신체허약 및 조산, 경련, 설사장염 등의 순이었다.[43] 이와 같은 결과는 20세기 초 전염병을 제외한 동아시아인들의 대표적인 사망원인이 호흡기질환-신경계질환-소화기질환이었던 것과 맥락을 함께한다.[44]

조사 결과 매우 흥미로운 사실은 출산 1개월 미만의 영아의 사망원인에 대한 조산인원의 분류 내용이다. 서의 및 조산사들은 조산 및 신체허약에 이어 호흡기질환을 영아의 두 번째 사망원인으로 분류했고, 훈련산파 역시 비슷한 분류를 보여주고 있다. 반면 구식산파와 기타(친인척 및 이웃 주민)의 경우는 조

---

40 北平市衛生局 編, 『北平市衛生局第一衛生區事務所第十一年年報』, 第11期(1936), 13쪽.

41 北平市衛生局 編, 『北平市衛生局第三衛生區事務所第二年年報』, 第2期(1936), 21-23쪽.

42 北平市衛生局 編, 『北平市衛生局第一衛生區事務所第十一年年報』, 第11期(1936), 68쪽.

43 北平市衛生局 編, 『北平市衛生局第三衛生區事務所第二年年報』, 第2期(1936), 21-23쪽.

44 20세기 초 동아시아인들의 사망원인에 대해서는 신규환 지음, 『동아시아 질병사: 동아시아 시각에서 본 질병과 의료』(파주: 살림출판사, 2006)의 제2장 호흡기질환과 흡연의 사회사를 참고.

〈표 8〉 제일위생구사무소 출산 1개월 내 영아사망원인에 대한 조산인원 분류(1935)[45]

	본소 의사 및 조산사		기타 의사 및 조산사		구식산파				기타 산모가족 등		계	
					훈련 산파		미훈련 산파					
	건수	%	건수	%	건수	%	건수	%	건수	%	건수	%
신체허약 및 조산	16	84.3	24	77.5	25	69.5	3	60	20	54.1	88	68
호흡기질환	2	10.5	5	16.1	6	16.6	0	0	7	18.9	20	15
경련 및 파상풍	0	0	0	0	3	8.3	2	40	9	24.3	14	10
설사장염	0	0	0	0	1	2.8	0	0	0	0	1	0
양독(瘍毒)	0	0	0	0	0	0	0	0	1	2.7	1	0
수족경련	0	0	1	3.2	0	0	0	0	0	0	1	0
선천성매독	0	0	0	0	1	2.8	0	0	0	0	1	0
발열 및 발진	0	0	1	3.2	0	0	0	0	0	0	1	0
원인불명	1	5.2	0	0	0	0	0	0	0	0	1	0
계	19	100	31	100	36	100	5	100	37	100	128	1

산 및 신체허약에 이어 경련 및 파상풍[抽風 및 臍風]을 두 번째 사망원인으로 분류하고 있다. 1935년의 이 조사에서 의사와 조산사들은 경련과 파상풍을 사망원인으로 분류하지 않았다. 다른 시기의 조사에서는 제1위생구사무소의 의사·조산사가 출산허약·조산에 이어 경련·파상풍을 두 번째 사망원인으로

45 北平市衛生局 編,『北平市衛生局第一衛生區事務所第十一年年報』, 第11期(1936), 16쪽.

분류하고 있지만, 비율상으로 보면 조산인원 전체 평균(30.9%)에는 절반에 못 미치는 정도(15.1%)였다.[46]

의사 및 조산사들과는 대조적으로 구식산파는 호흡기질환을 사망원인으로 분류하지 않았다. 구식산파의 분류건수가 5건에 불과하지만, 다른 시기의 조사를 분석해보아도 구식산파가 신체허약 및 조산 항목(50% 이상)에 이어 두 번째 사망원인으로 분류하고 있는 것은 경련 및 파상풍(30% 이상)이었다.[47] 이는 구식산파들이 호흡기질환 등으로 인한 영아사망에 대한 전문지식을 가지고 있지 않았으며, 호흡기 질환을 포함한 원인불명의 질환을 경련·파상풍에 의한 사망으로 결론지을 가능성이 높았다는 것을 의미한다.

마찬가지로 사망원인에 대한 전문지식을 가지고 있지 않은 음양생도 역시 사망원인을 진단할 때, 오랫동안 축적된 경험을 바탕으로 사망 가능성이 높은 병명을 선호할 수밖에 없었다. 사망원인이 불명확하거나 고의로 사망원인을 조작할 때, 음양생이 아동사망 진단 시 가장 선호하는 사망원인 중의 하나는 경련·파상풍이었다. 더욱이 조산·신체허약 등의 사망원인이 주로 출산 1개월 미만의 영아에게만 한정되었지만, 경련이나 파상풍은 학령전아동에게 폭넓게 적용시킬 수 있었다. 또한 경련이나 파상풍은 전염병의 혐의가 없으므로 매장허가서를 받기도 손쉬웠다.

실제로 1933년 11월 베이핑시 외2구에서 발생한 4세 아동의 음독 사망 사건에 대해 음양생 허치샹(何其祥)은 경련으로 사망했다는 진단을 내렸다. 허

46 北平市公安局 編, 『北平市公安局第一衛生區事務所第八年年報』, 第8期(1933), 22-23쪽.

47 北平市公安局 編, 『北平市公安局第一衛生區事務所第八年年報』, 第8期(1933), 22-23쪽.

치상은 음양생 경력 40년의 베테랑이었다.[48] 그 밖에도 감전사를 설사병으로 진단하거나 구타에 의한 사망사건을 아편중독으로 진단하는 등 음양생에 의한 오진 사례는 시정부에 심심치 않게 보고되고 있었다.[49] 그러나 음양생이 사망원인을 고의로 은폐하거나 조작하려 했던 의도가 밝혀지지 않는 이상, 그들을 처벌하기란 쉬운 일이 아니었다.

이는 정부가 사망원인을 제대로 파악하기 위해서는 새로운 시스템이 필요했다는 것을 의미한다. 난징정부 성립 이후에도 사망원인 조사는 경찰행정에서 담당하고 있었고, 그중에서도 인구조사를 담당했던 호적경이 전담했다. 그러나 호적경의 사망원인 조사표에는 '열병'·'전염병[瘟病]'·'기침가래' 등 아무렇게나 채워넣은 병명이 즐비할 정도로 신뢰성이 없었고, 질병 상황도 빈칸으로 내버려두는 경우가 많아 사망원인을 추측하기 어려웠다. 이에 난징정부는 27종의 사망원인 분류표를 제시하여 사망원인을 조사하도록 했다. 그러나 정해진 항목에 조사 내용을 채워넣는 형식이어서 근본적인 제도 개선이 있지 않는 한 이 역시도 믿을 만한 조사가 되지 못했다.[50]

음양생에 대한 최초의 통제방안은 북양정부(北洋政府時期)시기에 마련되었다. 1913년 9월 경사경찰청은 「경사경찰청 단속 음양생규칙(京師警察廳取締陰陽生規則)」을 발표하여 경찰서에서 영업허가를 받은 자에 한하여 영업을

48 「北平市警察局外二區警察署關于徐景堂服毒身亡陰陽生何其祥壇開殃書的呈」(1933. 11), 北京市檔案館所藏 J181-21-18080.

49 「北平市警察局內一區警署關于陰陽生宋振岐請訊請辦的呈」(1934. 1), 北京市檔案館所藏 J181-21-29301; 「北平市警察局西郊區警察署呈送陰陽生馮海長玩忽職字票」(1936. 1), 北京市檔案館所藏 J181-21-47054를 참고.

50 北平市政府衛生處 編印, 『北平市政府衛生處業務報告』(北平: 北平市政府衛生局, 1934. 9), 74-75쪽.

할 수 있도록 규정했다.[51] 그러나 경사경찰청의 단속규칙에는 음양생의 자격이 동업 음양생 3인의 보증으로 인정되었기 때문에, 불법행위가 적발되지 않는 한 음양생이 영업을 계속하는 데 별다른 지장은 없었다. 즉 경사경찰청의 음양생 단속규칙은 음양생 제도 자체를 폐지할 의도가 아니라 단순히 불법행위를 단속하겠다는 의지로 해석된다.

베이핑시정부는 사회상 미신의 산물인 음양생을 단속해야 한다는 베이핑위생의약학회(北平市衛生醫藥學會) 등 서의의 청원에 공감을 표하고 있었지만, 그에 대한 구체적인 실천 방안은 제시하지 못했다.[52] 그러다가 베이핑시정부는 음양생 단속을 위해 각 의료단체에 음양생 단속방안에 대한 의견을 물었다. 서의는 음양생 단속을 환영했던 반면, 중의는 음양생의 입장을 전폭적으로 지지했다. 중의는 베이핑의 관습상으로 보나 음양생의 능력으로 보나 음양생을 단속하는 것은 불가하다는 입장을 고수했다.[53] 음양생 단속에 대한 중서의의 입장이 엇갈리고 있었는데, 중의를 자극하지 않기 위한 베이핑시정부의 입장은 음양생이 대부분 연로하므로 신규 개업허가를 내주지 않음으로써 그들이 자연 소멸하기까지 기다리겠다는 것이었다.[54]

음양생 단속에 대한 명확한 입장은 난징정부에 의해 표명되었다. 난징정부 내정부는 「생명통계 임시규칙(修正市生死統計暫行規則)」(1934. 11. 17)을 통해 음양생을 폐지하고 중의가 아닌 서의만이 사망진단서를 발급할 수 있도

51 「京師警察廳取締陰陽生規則」(1913. 9), 北京市檔案館所藏 J181-18-222.

52 「陰陽生將廢除」, 『北平晨報』(1931. 3. 5).

53 「取締陰陽生國醫會認爲不可」, 『華北日報』(1933. 12. 2), 6면.

54 北平市政府衛生處 編印, 『北平市政府衛生處業務報告』(北平: 北平市政府衛生局, 1934. 9), 75쪽.

록 방침을 정했다.[55] 베이핑시정부는 『베이핑시정부 1935년도 예정행정계획서(北平市政府民國二十四年度預定行政計劃書)』에서 음양생을 폐지하고 서의가 사망진단서를 발급하도록 하는 것을 1935년도 위생행정 분야의 주요 과제로 설정해놓은 바 있다.[56] 그러나 베이핑시정부는 1935년 10월까지도 음양생의 음양생연단을 서의의 사망진단서로 대체하겠다는 분명한 입장을 공표하지 않았다.[57] 이는 음양생 단속이 중서의논쟁과 연결되어 있어 자칫하면 중의를 자극할 수 있는데다가 사망진단서 발급을 위한 서의들의 영업구역도 확정짓지 못했기 때문이었다.[58]

따라서 중서의를 자극하지 않으면서 음양생 단속을 위해 베이핑시정부가 기대할 수 있는 유력한 방안은 바로 통계조사원제도를 활용하는 것이었다.[59] 즉 이 방안은 통계조사원이 사망조사서를 발급하도록 하여 사망 관리에 직접 개입하도록 하는 것이었다. 1934년 10월 통계조사원 훈련반이 설립되고, 이듬해 1월 통계조사원제도가 내성구 전 지역으로 확대되면서 음양생을 대체하려는 노력이 본격화되었다. 1935년 8월부터는 외성구에서도 통계조사원제도가 실시되었다. 그러나 교구에서는 통계조사원제도가 실시되지 못했는데, 이를 대신할 수 있는 제도가 교구에서 활성화한 보갑제(保甲制)였다. 즉 교구에

---

55 北平市政府衛生局 編印, 『北平市政府衛生局二十三年度業務報告』(北平: 北平市政府衛生局, 1935. 10. 1), 12쪽.

56 北平市政府 編, 『北平市政府民國二十四年度預定行政計劃書』(北平: 北平市政府, 1935), 35쪽.

57 北平市政府衛生局 編印, 『北平市政府衛生局二十三年度業務報告』(北平: 北平市政府衛生局, 1935. 10. 1), 12쪽.

58 北平市政府 編, 『北平市政府民國二十四年度預定行政計劃書』(北平: 北平市政府, 1935), 35쪽.

59 北平市政府衛生局 編印, 『北平市政府衛生局二十三年度業務報告』(北平: 北平市政府衛生局, 1935. 10. 1), 12쪽.

서는 보갑장이 사망조사서를 발급하도록 했다. 1936년 5월 8일, 위생국·공안국·자치사무감리처(自治事務監理處)는 공동으로 음양생이 발급하는 일종의 사망진단서인 음양생연단의 일률 폐지를 선포하고,[60] 5월 10일부터는 성내외구 및 교구에서 통계조사원과 보갑장이 사망조사서를 발급하기로 했다.[61] 위생국은 이 제도의 성공을 낙관하고 있었다.[62]

통계조사원이 사망 관리에 개입하면서 사망보고체계에도 일부 변화가 생겼다. 기존에는 사망자가 발생하면 우선 사망자 가족이 경찰구서에 신고하는데, 경찰구서는 사망통지서[死亡通知單]를 발급해주었다. 사망자 가족이 사망통지서를 가지고 음양생을 찾아가면 음양생은 사망원인증명서[死亡原因報告單]를 작성해주었다. 사망자 가족이 사망통지서와 사망원인증명서를 경찰구서에 제출하면 호적경의 간단한 사망조사가 실시되고 그 후에 경찰구서가 매장허가서[死亡抬埋執照]를 발급했다.

통계조사원제도가 실시되면서 사망자 가족이 경찰구서에 보고하면, 경찰구서는 사망보고서를 작성함과 동시에 전화로 위생구사무소에 통보해주었다. 통보를 받은 위생구사무소는 통계조사원을 파견하고, 통계조사원은 사망자의 진료경력, 사망원인 등을 조사하고 기록했다.[63] 아울러 매장허가서는 위생구

60 당시 베이핑시의 음양생은 60여 명이었다. 「平市陰陽生取消職務」, 『大公報』(1936. 5. 10), 6면.

61 「公安衛生兩局昨佈告卽廢止陰陽生聯單」, 『京報』(1936. 5. 9), 6면.

62 北平市政府衛生局 編印, 『北平市政府衛生局二十四年度業務報告』(北平: 北平市政府衛生局, 1936), 14면.

63 北平市政府衛生局 編印, 『北平市政府衛生局二十三年度業務報告』(北平: 北平市政府衛生局, 1935. 10. 1), 211쪽.

사무소에서 발급했다.[64] 대개 사망조사는 사망자 가족이 위생구사무소에서 매장허가서를 가져오기 전에 이루어지고, 매장허가서를 가져온 이후에는 통계조사원이 사망원인을 작성하면 되기 때문에, 이러한 방법은 사망원인을 조사하는데 매우 유리한 방법이었다.[65]

이처럼 통계조사원제도는 사망이 발생하면 신고와 동시에 조사에서 매장까지 통계조사원이 직접 개입하여 모든 과정을 한꺼번에 처리했기 때문에, 시민의 입장에서는 각종 비용과 행정절차를 줄일 수 있었고, 시정부의 입장에서는 정확한 사망원인 조사와 효율적인 사망 관리가 가능했다.

2. 보갑장의 역할과 교구의 사망 관리

베이핑시정부는 지방자치를 실시하기 위해 1929년 1월부터 1933년 5월까지 5년 동안 준비 기간을 거쳤고, 1933년 5월 이후 각 구방장(區坊長)을 선출할 수 있었다. 1933년 12월 난징정부 내정부는 「베이핑시 지방자치 개진방법 대강(北平市地方自治改進辦法大綱)」을 발표했고, 1934년 1월 26일 베이핑시정부는 이에 근거하여 시정부 산하에 자치사무감리처를 설치했으며, 베이핑시 전 지역에 15개의 자치사무구분소(自治事務區分所)를 설치했다.[66]

64 北平市政府衛生處 編印, 『北平市政府衛生處業務報告』(北平: 北平市政府衛生局, 1934. 9), 74-75쪽; 北平市政府衛生局 編印, 『北平市政府衛生局二十三年度業務報告』(北平: 北平市政府衛生局, 1935. 10. 1), 180쪽.

65 北平市政府衛生局 編印, 『北平市政府衛生局二十三年度業務報告』(北平: 北平市政府衛生局, 1935. 10. 1), 194쪽.

66 北平市政府, 『北平市自治之過程及將來』(北平: 北平市政府刊行, 1934. 7), 1-5쪽.

자치사무분소의 업무는 치안, 교육, 위생, 사회풍속 및 경제생활의 개선, 사회조사 및 통계, 단체의 지도 등 사실상 대부분의 시정업무에 관련되는 것이었다. 따라서 시정이 직접적으로 영향을 미치는 성내외구에서는 자치사무분소가 유명무실한 것이었으나, 교구에서는 사정이 달랐다. 즉 성내외구의 경찰행정과 위생행정은 각각 경찰구분소와 위생구사무소에 의해 운용되었으나, 교구에서는 자치사무구분소가 경찰행정과 위생행정의 실질적 역할을 대신했다. 특히 시정부는 자치사무구분소에 보갑제도를 부활하여 치안 확보에 주력하는 한편, 위생 관련 업무도 보갑장(保甲長)에게 위임하고자 했다.[67]

보갑장이 담당하는 위생 업무 중에서 가장 중요한 업무는 전염병 통제와 출생·사망 관리에 관한 사항이었다. 우선 전염병 통제는 특히 두창접종이 가장 중요시되었는데, 접종을 받기 위해서는 각 보장(保長)에게 신청해야 했다.[68] 두창접종은 아동을 대상으로 한 데다 정부 차원에서 대대적인 계몽선전을 하고 있었기 때문에, 이를 둘러싼 직접적인 마찰은 보이지 않았다.[69] 문제는 출생·사망 관리에 있었다. 출생 관리의 경우 교구 지역은 교통이 불편해서 산파의 단속 및 교육에 어려움이 많았다. 그래서 1936년경에 교구지역 평민의원(平民醫院)에 '산파훈련반[接生婆訓練班]'을 설치하여 2개월 동안의 훈련만으

---

67 일제통치 시기 대만에서도 보갑제도를 이용하여 치안 유지와 위생행정에 활용하고자 했다. Chin Hsien-Yu, "Colonial Medical police and Postcolonial Medical Surveillance Systems in Taiwan, 1895-1950s," *Osiris*, 2nd Series, Vol. 13(1998), pp.329-330.

68 『南郊月刊』 第3期(1936. 3. 3), 15쪽.

69 李景漢은 西郊 과자툰촌(挂甲屯村)의 조사에서 14세 이하 97명의 아동 중 71명이 우두접종을 받았으며, 최근 들어 촌민들이 우두접종의 중요성을 인식해가고 있다고 서술했다. 李景漢, 『北平郊外之鄉村家庭』(上海: 商務印書館, 1929), 76쪽.

로 출산에 대비했다.[70]

사망 관리와 관련된 음양생의 단속 문제는 자치사무구 제14분소에서 발행한 『남교월간(南郊月刊)』에 잘 나타나 있다. 성내외구에서는 1934년 1월 1일부터 통계조사원이 사망진단서를 발급하기 시작했는데, 교구에서는 위생국과 자치사무감리처가 협의하여 1935년 12월 27일 자치사무감리처 지령(제253호)을 통해 1936년부터 기존 음양생이 담당하던 사망증명 업무를 자치사무구분소의 각 보갑장이 담당하기로 결정했다.[71] 남교(南郊)에서는 1936년 1월 19일 130여 명의 보갑장이 참가한 전체 보갑장회의를 통해 만장일치로 3월 1일부터 이를 실시하기로 결의했다.[72] 그러나 사망증명 업무 실시를 몇 주 앞에 두고, 동교(東郊)와 서교(西郊)에서는 현재로서는 보갑장이 사망증명 업무를 수행하는 것이 어렵다는 입장을 자치사무감리처에 청원함에 따라 음양생 단속안은 연기되고 말았다.[73] 그 후 또다시 1936년 5월 10일부터 성내외구와 교구에서 음양생연단을 일률 폐지하는 안건이 공포되었다. 이로써 음양생연단이 사망진단서로서의 효력을 상실하게 되었는데, 그렇다고 해서 사망자 발생 시 음양생을 초빙하는 풍속 자체가 없어진 것은 아니었다.[74] 이미 수년간 연기되어온 음양생 단속안을 동교와 서교 지역의 보갑장들이 왜 또다시 연기하고자 했는지 그 사유는 밝혀져 있지 않다. 이 장에서는 교구에서 보갑장이

70 秦德純, 「二十五年北平市衛生行政概略」, 『市政評論』 5-2(1937. 2. 16), 21쪽.
71 『南郊月刊』 第2期(1936. 2. 3), 21쪽.
72 『南郊月刊』 第2期(1936. 2. 3), 24-25쪽.
73 「取締陰陽生案延期實行」, 『南郊月刊』 第2期(1936. 2. 3), 16쪽.
74 C. B., 「北平市二十四年度衛生工作的結算」, 『大公報』(1936. 8. 11), 11쪽.

차지하는 위상을 검토하는 것으로 그에 관한 단서를 포착해보고자 한다.

동서 교구 중 서교 과자툰촌(挂甲屯村)의 사회조사 자료를 통해 서교의 지역사회에 접근해볼 수 있다.[75] 과자툰촌은 현 베이징시 하이뎬구(海淀區)에 위치하고 있으며, 베이징성[의 시즈먼(西直門)]으로부터 8Km 거리에 있다. 이곳은 남으로 하이뎬진(海淀鎭), 북으로는 위안밍위안(圓明園), 동쪽으로는 베이징대학(北京大學), 서쪽으로는 이허위안(頤和園)으로 둘러싸여 있다. 명대 중엽 이후 귀족관료층에 의해 원림(園林), 별장(別莊) 등이 건설되기 시작하여, 청대에 이르러서는 '삼산오원(三山五園; 萬壽山, 玉泉山, 香山, 暢春園, 圓明園, 淸漪園, 靜明園, 靜宜園)'이라는 방대한 원림이 건설되었다. 청 강희제(康熙帝) 시기에 창춘위안(暢春園)이 건립되었고, 옹정제(擁正帝) 시기에는 위안밍위안이 확장되었으며, 과자툰촌은 이들 사이에 놓이게 되었다.[76]

청 중기까지는 이 지역에 대한 농민 유동이 엄격히 금지되었지만, 청말 의화단사건 이후 유동인구가 급증했다. 신해혁명 이후 과자툰촌은 황실영지로 귀속되었고, 그 주변 농지는 민국정부에 귀속되었다. 그러나 실제로는 과자툰촌은 위안스카이 일가의 원림이나 마찬가지였다. 1916년 위안스카이 사망 이후 주변의 왕공귀족들은 베이징성 안으로 이주했고, 과자툰촌은 농민과 이주민들이 차지하게 되었다. 당시 과자툰촌에는 토지와 지주가 없었으며, 점차 일

75 과자툰촌에 관한 사회조사로는 李景漢, 『北平郊外之鄕村家庭』(上海: 商務印書館, 1929); 華北綜合調査研究所, 『挂甲屯家計調査』(油印本, 北京大學圖書館所藏, 1944); 華夫, 『一個鄕村六十年的變遷』(中國農村發展問題研究組, 1981. 6); 林彬, 「社區結構與社會變遷: 一个城郊農村社區的七十年變遷」, 北京大學 社會學系 博士論文(1991) 등이 있다. 필자는 이 중에서 李景漢(1929)과 林彬(1991)의 사회조사 내용만을 참고할 수 있었다.

76 林彬, 「社區結構與社會變遷: 一个城郊農村社區的七十年變遷」(1991), 12쪽.

부 노동자, 농민과 상인들의 혼합구가 되었다. 1920년대 과자툰촌에 북교경찰(北郊警察) 제3분서(分署)가 설치되었고, 지방치안은 경찰이 담당했다. 과자툰촌에는 별도의 자치조직이 없었으므로, 사소한 분쟁은 촌의 유력자들이 해결하고, 중대사건은 경찰 제3분서 분서장이 직접 출두하여 처리했다.[77]

20세기 초 중국의 기층정권의 체계를 살펴보면, 허베이성(河北省)의 경우 광서(光緖) 초에는 현(縣) 이하를 보(堡)와 촌(村)으로 구성했다.[78] 이것이 1928년 난징정부 법규에 의거 이후에는 구(區), 향(鄕: 100-1000戶), 여(閭: 25戶), 린(鄰: 5戶)으로 바뀌었다.[79] 그런데 구는 이미 1908-1914년 자치단위로 조직되기 시작했고, 1915년 이후에는 현정부가 통제하는 정부의 최하조직이었다. 구공소(區公所)는 인구통계, 토지조사, 부세징수, 치안유지뿐만 아니라 교육·자치 등의 문제에도 관여했다. 구장(區長)이 행정·치안·재정권을 확립해감에 따라 권력 집중을 막기 위해 난징정부는 1933년 경찰권을 구장의 통제력에서 독립시켰다. 또 한편 국가권력이 인정한 최하층의 단위는 자연촌락 중심의 촌장(村庄)이었다.[80]

청대까지의 보갑제도가 주로 향촌의 치안유지에 목적이 있었다면,[81] 난징

---

77 李景漢, 『北平郊外之鄉村家庭』(上海: 商務印書館, 1929), 10쪽.

78 이를 좀 더 자세히 살펴보면, 縣 이하 제1단계에는 鄕, 班, 堡, 鄕保, 保 등이 있었고, 제2단계에는 里, 圖, 社, 牌, 路 등이 있었으며, 제3단계와 최하층인 村庄에는 地方(地保)가 위치하고 있었다. 이상은 Prasenjit Duara, *Culture, Power, and the State: Rural North China, 1900-1942* (Stanford, California: Stanford University Press, 1988), p.48 참고.

79 魏宏運 主編, 『二十世紀三四十年代冀東農村社會調査與硏究』(天津: 天津人民出版社, 1996), 27쪽.

80 Prasenjit Duara, *Culture, Power, and the State: Rural North China, 1900-1942*, pp.61-63.

81 宋正洙, 『中國近世鄕村社會史硏究: 明淸時代 鄕約·保甲制의 形成과 展開』(서울: 도서출판 혜안, 1997).

정부의 보갑제는 단순한 치안유지만이 아니라 국가권력이 기층조직에 대한 통치를 강화하려는 데 그 목적이 있었다.[82] 따라서 난징정부는 촌중의 유력자나 권위 있는 인물이 보갑장을 담당하도록 했다.

그렇다면 실제로 교구의 권위인물들이 보갑장으로서 국가권력의 기층조직에 편입되어간 것일까? 과자툰촌의 권위 인물은 부유한 상인과 재산가였는데, 그중 한 명이 경서(京西) 지역의 재산가이자 방회(幇會)의 지도자로 유명했던 위안씨(苑氏)였다. 그는 촌중 일대뿐만 아니라 촌외 지역에도 부동산을 소유하고 있었으며, 경서 지역에서는 유명한 인물이었다. 그는 '이교금연금주협회(理善勸戒烟酒總會)'·'성선교양국(成善敎養局)'·'유선소학교(裕善小學校)' 등을 설립하여 공공사업에 힘썼으며, '의합제지창(義合造紙廠)'을 열기도 했다. 그는 자선과 구제활동을 활발하게 했지만 일반 주민들과 직접적인 접촉은 거의 없어서 지역사회에서 원씨 개인에 대해서는 거의 알려진 바 없었다. 과자툰촌에서 또 한 명의 권세인물은 천씨(陳氏)였다. 그는 재력가로서 자신이 경영하는 토지가 많았을 뿐만 아니라 그의 가속이 촌락에서 최대인원을 차지했다. 그는 부근의 권세인물인 위안씨·위안밍위안 대지주 리씨(李氏, 太監), 화원 관리자, 류랑좡(六郎庄) 일대의 지주 등과 일정한 사회관계를 형성하고 지역의 정치자원과 사회자원을 장악하고 있었다. 그래서 과자툰촌에서는 위안씨와 천씨의 말 한마디면 안 되는 일이 없다고 할 정도였다.[83]

---

82 魏宏運 主編, 『二十世紀三四十年代冀東農村社會調查與研究』(天津: 天津人民出版社, 1996), 64-65쪽; 朱德新, 「三十年代河南統治者與保甲行政人員」, 『史學月刊』 1999年 第1期, 48쪽.

83 이하 난징정부 시기 과자툰촌 상황은 林彬, 「社區結構與社會變遷: 一个城郊農村社區的七十年變遷」, 1991, 85-94쪽을 참고.

이들과 달리 일반 주민들과 접촉이 많았던 자들은 중농층(中農層)이었다. 보장을 지낸 바 있는 판위수(潘裕書, 1900년생)는 원래는 전화국 직원 출신으로, 1937년 퇴직한 후 소초승창(小草繩廠)을 열어 몇 명의 노동자를 고용했는데, 1949년 이후 중농으로 평가되었다. 또 다른 보장인 쉬장유(許長友, 1906년생, 山東人)는 잡화점을 경영했고, 매포(煤鋪)를 열었는데, 그 역시 훗날 중농으로 평가되었다.

이처럼 서교 과자툰촌에는 강력한 종족세력이 존재한 것도 아니고, 이주민과 농민으로 구성된 지역사회에서 중농층이 보갑장을 맡고 있었다. 이 보갑장들은 촌단위를 넘나드는 권세가들과는 일정한 거리를 두고 있었다. 따라서 보갑장들이 지역사회에서 강력한 지도력을 발휘하기는 어려웠을 것이다. 더욱이 전통풍속에 의존하는 경향이 강했던 베이핑 교구 지역 주민들이 사망의례의 권위자인 음양생을 일거에 대체하기란 거의 불가능했을 것이다.

> 베이핑시의 보갑조직은 매우 느슨하여, 보갑장이 직무를 수행할 수가 없고, 보갑회의는 열리지 않으니 지방에서 응당 해야 할 사항도 적절히 진행할 수가 없다. 따라서 금후의 보갑공작은 한편으로는 보갑장이 그 직권을 행사할 수 있도록 해야 하는데, 최근 자치사무감리처와 위생국이 협상한 결과 본년(1936년)부터 음양생을 단속하도록 하였다. 만약 보장이 사망증명서를 작성함으로써 보장과 인민이 밀접한 관계를 가질 수 있다면, 인민이 보갑장을 경시하는 관념을 전이시킬 수도 있을 것이다.[84]

---

84 「本市保甲運動的展望: 嚴密保甲組織」, 『南郊月刊』 第2期(1936. 2. 3), 15쪽.

시정부가 보갑장에게 출생·사망 관리에 대한 권한을 부여하는 것으로서 보갑장의 권위를 높여줄 것으로 생각했다는 것은 사실은 교구 지역에서 보갑장의 권위가 높지 않았다는 것을 의미한다. 음양생 단속안은 인민이 보갑장을 경시하는 관념을 전환하기 위한 방편으로 활용될 정도였다. 그러나 교구와 달리 성내외구에서는 위생구사무소가 설치되어 진료소와 병원 등 의료전달체계를 갖추었다. 이처럼 의사·간호사·조산사·위생지도원·통계조사원 등이 총동원되어 위생구 내의 주민에 대한 방문조사 및 출생·사망 관리를 실시할 수 있었던 성내외구와 달리, 교구는 교통·통신설비가 미비하고 치안확보도 어려웠기 때문에 산파 및 음양생에 대한 통제가 결코 쉬운 일이 아니었다. 실제로 1938년부터 1941년까지 3년 동안 베이징 서북교(西北郊) 위안촌(院村)에서 사회조사를 실시한 랴오타이추(廖泰初)의 보고서는 서북교 지역에서 산파와 음양생의 단속이 거의 이루어지지 못했음을 단적으로 말해준다.

위안촌은 현 베이징시 이허위안 서남부에 위치하는 지역으로 징자오(京兆) 완핑현(宛平縣) 관할이었으나 난징정부 성립 이후 베이핑시가 관할하면서 시 관할지역으로 변경되었다. 정치상으로는 위안촌의 서부는 베이핑특별시 공안국 서교 제7분서 관할이었고, 동부는 제4분서 관할이었다. 1935년 옌징대학(燕京大學) 사회학과에서 이 지역에 대한 사회조사를 실시했고, 1938년 겨울에는 옌징대학 교육학계 소속 위안촌실험구가 설립되었다. 랴오타이추의 보고는 교육학과 사회조사의 일환으로 실시된 것이었다.

위안촌의 전체 인구는 92가구 518명, 평균 가구당 5.6명이었으며, 남성이 263명 여성이 255명이었다. 9세 이하 아동이 128명으로 전인구의 4분의 1을 차지했는데, 남녀 각각 74명, 54명으로 남성이 많았다. 50세 이상은 103명으로 전인구의 5분의 1을 차지했고, 남녀 각각 45명, 58명으로 여성이 많았다.

1935년부터 1940년까지 92가구 중 53명이 사망했으며, 매년 평균 10명이 사망한 셈이다. 5년 동안 남녀 각각 49명, 40명이 출생했으며, 5세 이하는 21명이 사망했다. 5세 이하 사망률은 23.6%에 달한다. 사망원인으로는 경련이 30.2%로 가장 많았고, 가래 기침, 설사, 산후병(産後病) 등의 순서였다. 흥미로운 것은 영아사망 원인은 100%가 경련이었다는 점이다. 성인 사망원인은 대부분 '노환[老病]'에 해당하는 것으로, 노환과 경련은 전염병 혐의가 없으므로 즉시 매장허가서를 발급받을 수 있었다.

만약 두창이나 콜레라 등으로 인한 사망으로 보고되면 검진수속이 매우 복잡해졌다. 신고를 받은 파출소(派出所)는 분서(分署)에 보고하고, 분서는 다시 총서(總署)에 보고하고, 총서는 사람을 보내 사실 여부를 확인해야 했다. 이 과정은 적어도 3일 이상이 걸리고, 시정부의 조사를 기다리는 동안 전염병은 더 확산될 가능성이 높았다. 따라서 파출소 경찰도 전염병 사망신고가 들어오면 차라리 '경련'으로 바꿔서 작성할 것을 권유할 정도였다.

이에 대해 개인이 대처할 수 있는 방안은 의사를 찾거나 민간요법 등에 의지하는 수밖에 없었다. 서의는 외과 분야에서는 신망이 높았으나 치료비가 비쌌기 때문에, 주민들은 중의·민간요법·무속 등에 의존할 수밖에 없었다. 출산 역시 구식산파에 의존할 수밖에 없었고, 난산 시에는 산모나 신생아 모두 죽음을 기다려야만 했다.[85]

랴오타이추의 보고서에서 음양생은 경련과 노환으로 사망했다는 앙방을

85 廖泰初, 『一個城郊的村落社區』(發行處不明, 首都圖書館藏所藏, 1941. 11), 72-74쪽.

계속해서 작성해주고 있었고, 산파는 불결한 출산도구로 산모와 신생아의 사망을 재촉하고 있었다. 이와 같이 경찰구서를 중심으로 치안유지에 급급했던 위안촌의 사례는 베이핑시정부 위생행정의 영향력이 미치지 않았던 교구의 일반적인 상황을 대변하는 것으로 판단된다. 따라서 위안촌의 사례는 양녠췬이 주장하는 것처럼,[86] 음양생이 역사의 무대에서 사라져가는 추세 속에서 예외적인 사례가 아니라 오히려 베이핑시 교구에서 위생행정 네트워크의 시도가 제대로 작동하지 않았고, 기본적으로 구식산파와 음양생의 존재가 강고하게 자리 잡고 있었음을 잘 보여주는 교구의 전형적인 사례로 평가해야 할 것이다.

86 楊念群, 「民國初年北京的生死控制與空間轉換」, 楊念群 主編, 『空間 · 記憶 · 社會轉型: “新社會史”研究論文精選集』(上海 : 上海人民出版社, 2001), 176-177쪽; 楊念群, 『再造‘病人’: 中西醫冲突下的空間政治(1832-1985)』(北京: 中國人民大學出版社, 2006), 144-145쪽.

4

위생교육과 위생운동대회

위생교육과
학교위생

출생·사망 관리가 산모 및 영아에 대한 산전·산후 관리와 사망원인 분류 등 기초적인 인구 관리를 위해 특정인들에게 강제성을 부여한 위생행정이었다면, 위생교육과 위생순찰경[衛生稽査警]제도는 신체 건강한 일반인들과 그들의 일상적인 시공간을 대상으로 한 계몽적 성격의 위생행정이었다. 말하자면 출생·사망 관리에서 시작된 국가권력의 신체훈육은 위생교육과 위생순찰경 제도를 통해 시공간에 대한 통제를 보다 보편화·중층화·일상화할 수 있었다.

먼저 위생교육의 목표는 초중등학교의 교과교육을 바탕으로 신체훈육을 일상화하는 일이었다. 청말 신정 시기에 이미 위생교육은 초등·중등·사범교육에 포함되었으며, 민국 초년에서 난징정부 시기에 이르는 동안 더욱 강화되었다. 민국 이래 1920년대까지의 위생교과서는 '생리학' 혹은 '생리위생학'이라는 표제를 달고 출판되었다. 그 명칭에서 엿볼 수 있듯이 위생교과서는 신체 각 기관의 메커니즘을 해명하는 생리학과 생리학에 기반하여 질병을 예방하고 건강을 증진하는 방법을 연구하는 위생학 등의 내용을 포함하고 있었다. 그 결과 민국 초기의 위생교과서에서는 개별신체의 메커니즘과 개인위생이 강조되었고, 공중위생이 다루어지긴 했으나 그 내용은 극히 소략한 것이었다.[1] 한 위생교과서에서 "위생 최고의 목적은 개인의 건강을 지키는 것이다"[2]라고 단언하고 있을 정도로 1920년대까지의 위생교과서의 특성 중의 하나는 개인위생에 치중하는 것이었다.

난징정부 성립 이후 위생교과서는 생리학에 대한 의존도가 현저하게 줄어들고, 개인위생 · 학교위생 · 공중위생 · 전염병 등 공중위생의 중요성이 한층 강조되었다. 이는 난징정부 교육부의 교육지침과도 관계가 있는데, 교육부가 1932년도에 반포한 「초급중학 위생과정표준(初級中學 衛生課程標準)」에 의거하여 편집한 한 위생교과서는 전체 구성을 제1권 인체생리학, 제2권 질병과 건강상식, 제3권 공중위생 등으로 나누고 있다. 이로 미루어볼 때 위생교과서에서 공중위생의 비중은 현저하게 커졌음을 알 수 있다.[3]

난징정부 시기 소학교[高小] 위생교육의 목표는 "첫째, 아동의 위생습관을 양성하여 그 신심의 건강을 증진시킨다. 둘째, 아동의 위생지식을 발전시켜 자신의 몸과 공중의 건강을 보장하게 한다. 셋째, 아동의 위생에 대한 흥미와 자신감을 배양하여 개인의 노력으로 가정 · 학교 · 사회 등 환경의 건강을 촉성하게 한다" 등이었다.[4] 난징정부 교육부가 표명했던 소학교 위생교육의 표

---

1 華文祺 編, 戴克敦 等閱, 『中華中學生生理教科書』(上海: 中華書局, 1913); 顧樹森 編輯, 吳家煦 校閱, 『新制生理學教本』(上海: 商務印書館, 1917. 1); 宋崇義 編, 衡臧, 糜贊治 參訂, 謝恩增 閱, 『新中學教科書生理衛生學』(上海: 中華書局, 1923); 顧壽白 編, 『新撰初級中學教科書生理衛生學』(上海: 商務印書館, 1926. 9. 초판, 1931. 10. 88판).

2 宋崇義 編, 衡臧 · 糜贊治 參訂, 謝恩增 閱, 『新中學教科書生理衛生學』(上海: 中華書局, 1923), 112쪽.

3 程瀚章 編著, 王雲五 主編, 『復興初級中學教科書衛生學』(1-3冊)(上海: 商務印書館, 1933. 6-1934. 2).

4 程瀚章 編著, 王雲五 校訂, 『(高小)復興衛生教科書』(1-8冊)(上海: 商務印書館, 1933. 5), 1쪽.

면적인 목표는 개인·공중·사회가 동등하게 중시된 것처럼 보인다. 그러나 이 시기의 개별 위생교과서에 나타난 위생교육은 단순히 개인 신체의 중요성만을 강조한 것은 아니다. "국가의 강성은 무엇에 의지하는 것일까?", "각 개인이 질병을 막아낼 수 있을 때, 국가는 이족의 침략에 저항할 수 있다", "약육강식의 세계에서 우리는 도처에서 상해를 입을 위기에 있다"[5] 등 소학교 위생교과서에서도 난징정부 시기의 민족주의적인 열기가 충분히 반영되어 있었다.

아울러 난징정부 시기의 위생교과서는 난징정부 시기와 그 이전 시기를 명확히 구분함으로써 이전 시기와의 차별성, 즉 난징정부의 정당성을 강조했다. 요컨대, 난징정부 이전에는 위생행정을 전담할 수 있는 기관조차 없었고, 위생 업무는 경찰행정에 의한 소극적인 단속에 그쳤던 반면, 난징정부는 체계적인 위생행정 조직을 갖추고 공중위생에 진력하고 있기 때문에 "공중위생사업의 전도가 매우 희망적이다"라고 평가했다.[6]

특히 난징정부 시기에는 국가의료를 지향했던 '공의그룹'에 의해 위생교과서가 출판되기도 했다.[7] 이 위생교과서는 주된 내용이 학교위생과 위생교육에 있다 보니 국가의료를 표명하거나 국가의료 자체가 논의 대상은 아니었으나 국가기구에 의한 위생행정의 중요성을 강조하고 있다. 그런데 이 교과서는 단지 사범학교와 향촌사범학교용으로 제작되었고, 초판 발행 이후 몇 차례에 걸쳐 재판(再版)이 이루어졌는지 알 수 없다. 반면 상하이 상무인서관 및 중화

---

5 程瀚章 編著, 王雲五 校訂, 『(高小)復興衛生教科書』(1-8冊)(上海: 商務印書館, 1933. 5), 2쪽.

6 彭惠秀 編, 『小學高年級 衛生副課本 公共衛生事業』(上海: 中華書局, 1936), 6-8쪽.

7 陳志潛·華汝成, 『衛生』(上海: 中華書局, 1936).

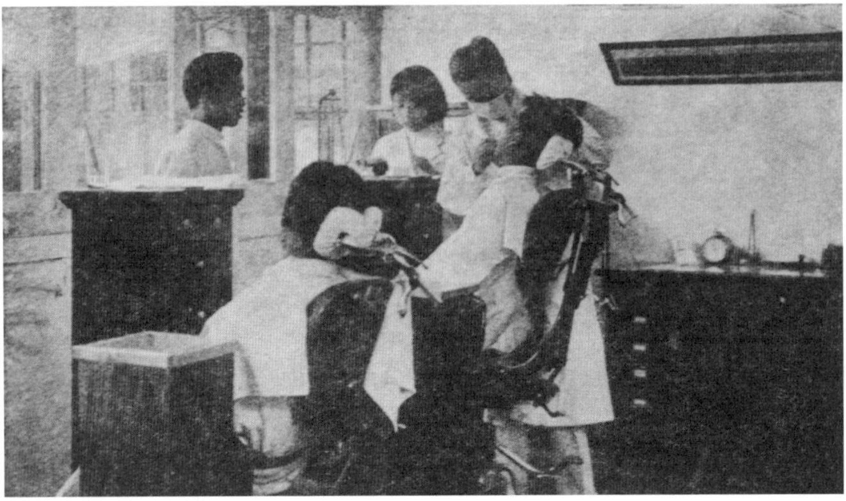

치과진료실

위생구사무소는 관할지역의 학교에 대해서 정기적인 건강검진을 실시했고, 이에는 치과진료도 포함되어 있었다.

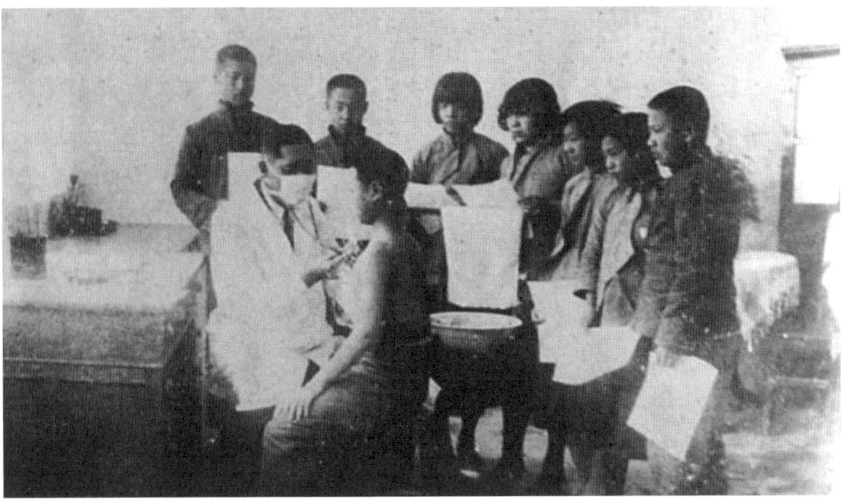

학교건강검진

학령기 아동에 대한 정기적인 건강검진이 실시되었다. 소학교 졸업 전까지 적어도 3차례의 정기검진을 받도록 했다.

서국 등에서 발행한 위생교과서는 수십에서 수백 차에 이르는 판본이 확인된다.[8] 이런 점을 고려할 때 난징정부 시기 국가의료를 강조하는 위생교육이 어느 정도로 실현되었을지를 예상하기는 어렵고, 다만 교과서상으로 공중위생이 강조되는 경향은 보편적이었던 것으로 판단된다.

교과교육 이외에 학교위생을 통제하기 위해서 제1위생구사무소는 관할지역 내의 갑종 학교 8개교 학생 3,710명, 을종학교 6개교 871명을 관리했다. 담당인원은 주임의사 1인, 겸임의사 1인, 겸임위생지도감찰원 1명, 위생지도원 5명, 치과보건원 1명, 보조원 6명 등이었다.[9] 이들은 학생 및 학교시설에 대하여 정기적인 신체검사, 건강검진, 예방접종, 위생설비검사 등을 실시했는데, 구체적인 주요 활동 내용은 다음과 같다.

첫째, 건강검진. 전년도 신입생 및 제1학년, 제3학년, 제6학년 학생들에게 신체검사와 건강검진을 실시했다. 소학교 입학에서 졸업까지 적어도 3차례의 건강검진을 받도록 했다. 1935년 제1위생구사무소는 2,600명의 학생을 검진했다. 각 소학교에서는 매일 아침 수업 전에 각 학교 교원 및 위생지도원이 한 차례 시찰을 시행하고, 학생들의 건강상태, 전염병 유무, 청결상태 등을 점검

---

8 예컨대 소학위생교과서 중에서는 沈百英 編著, 王雲五 校訂, 『(高小)復興衛生敎科書』(1-8冊)(上海: 商務印書館, 1934) 중 1冊의 경우 1934년 8월 초판 이래 1934년 12월까지 무려 96판을 출간했고, 程瀚章 編著, 王雲五 校訂, 『(高小)復興衛生敎科書』(1-8冊)(上海: 商務印書館, 1933) 중 1冊의 경우 1933년 5월 초판 이래 1933년 12월까지 90판을 출간했다. 중학위생교과서 중에서는 顧壽白 編, 『新撰初級中學敎科書生理衛生學』(上海: 商務印書館, 1926) 1926년 9월 초판 이래 1931년 10월까지 88판을 출간했고, 程瀚章 編著, 王雲五 主編, 『復興初級中學敎科書生理衛生學』(上海: 商務印書館, 1933). 1933년 6월 초판 이래 1948년 5월까지 322판을 출간했다.

9 北平市衛生局第一衛生區事務所 編, 『北平市衛生局第一衛生區事務所第十一年年報』, 第11期(1936), 72-74쪽.

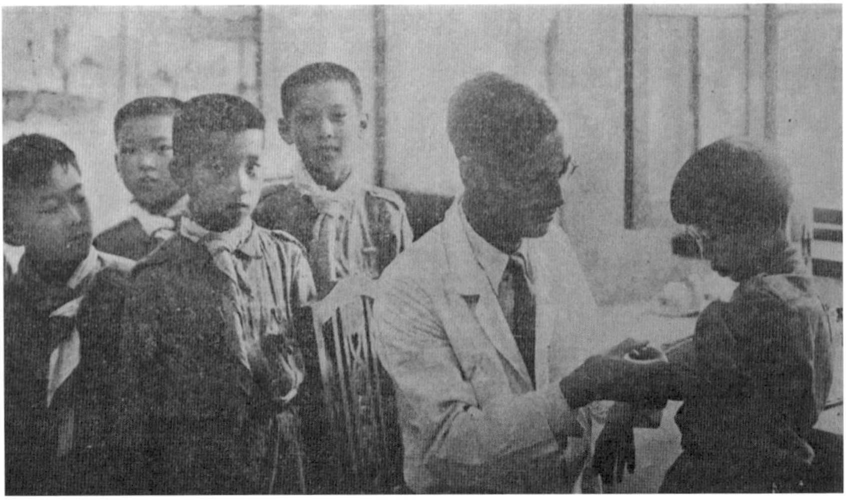

티푸스 예방접종
정기적인 건강검진과 함께 학령기 아동에 대해서는 각종 예방접종을 하도록 했다.

했다. 소학교 교직원들은 전염병 관리 방법에 대한 도표를 만들어 각급 학교 및 위생지도원에게 제작·배급했고, 3주간 이를 교육했다.[10]

둘째, 예방접종. 두창 접종자는 2,949명으로 전체 95%가 접종을 받았다. 디프테리아 독소 피부 검사(Schick Test, 錫克氏檢查)를 실시한 후 디프테리아 백반침전류[白喉明礬沉澱類] 독소를 접종하고, Schick Test를 재차 시행하여 면역력이 생겼음을 확인한 학생은 전체의 48.7%였다. 성홍열 피부 검사(Dick Test, 狄克氏檢查)를 실시한 후, 면역력이 없는 학생에게는 성홍열류의 독소를 접종했다. 접종 후 면역력이 생긴 학생은 58%였다. 티푸스 및 콜레라에 대한

10 北平市衛生局第一衛生區事務所 編, 『北平市衛生局第一衛生區事務所第十一年年報』, 75-77쪽.

혼합 예방접종을 받은 학생은 전체의 43.3%였다.[11] 이 밖에 X-ray 및 결핵검사를 통해 결핵환자 15명을 발견했고, 이하선염[腮腺炎] 48명, 설사[痢症] 28명, 홍역[痲疹] 10명, 수두(水痘) 8명, 칼라아자르(kala azar, 黑熱病) 2명이었다.[12]

셋째, 위생설비검사. 음료시설, 실내 전등, 소독, 기타 위생설비에 대해서는 의사 및 위생지도원이 총 875차례 시찰했는데, 매월 평균 학교당 10차례 정기적으로 시찰했다.[13]

이 밖에 학내에 위생대(衛生隊)를 조직하여 수시로 청결과 건강상황을 점검하고, 각종 위생회의, 위생반, 위생강연, 위생연극 등 제1위생구 갑종 학교에만 1933년 189차, 8,202명, 1934년 1,340차, 3만 2,712명, 1935년 864차, 동원인원 4만 7,264명으로 매년 각종 위생활동 참여자가 크게 증가했다.[14] 각 공장에서도 정기검진 및 위생시찰이 이루어졌고, 위생강연과 연극 등이 개최되었다. 또 공장 간호사의 책임하에 매주 3시간 동안 위생상식 등에 관한 위생교육이 실시되었다.[15] 학교와 직장에서도 정기적인 검진과 위생순찰 활동을 통해 위생통제를 강화했다.

---

11 위의 책, 75-77쪽.
12 위의 책, 78쪽.
13 위의 책, 78쪽.
14 위의 책, 83쪽.
15 위의 책, 113쪽.

위생운동대회와 위생순찰경제도

위생교육 차원에서 학교위생과 공장위생이 학생과 노동자 등 특정 계층을 대상으로 한 것이었다면, 위생진열소(衛生陳列所)와 위생운동대회는 일반 시민을 대상으로 한 것이었다. 위생진열소는 1915년 이래로 경도시정공소가 중산공원(中山公園)에 설치한 것이었다. 난징정부 성립 이후에도 위생진열소는 계속 운영되었는데, 1934년 8월부터 위생국 직속의 위생진열실(衛生陳列室)로 개편되었다. 직원 3명이 증원되었고, 원래 3청(廳) 9조(組)(의약조, 전염병조, 폐결핵조, 아동위생조(이상 남청), 화류병조, 태아산모조(이상 중청), 위생상식조, 거주위생조, 의복위생조(이상 북청)로 구성된 관람시설을 3청 11조(생리해부조, 전염병조, 폐결핵조, 화류병조, 태아산모조, 기생충조, 의약조, 아동위생조, 개인위생조, 체육조, 위생도서조)로 변경했다.[16] 1934년 한 해 동안 참관인원은 2만 280명이었는데, 1935년도에는 4만 1,133명이 참관하여 전년 대비 2배가량 증가했다.[17]

---

16 北平市政府衛生局 編印, 『北平市政府衛生局二十四年度業務報告』(北平: 北平市政府衛生局, 1936), 193-194쪽.

17 「北平市衛生局衛生陳列所民國廿四年各月參觀人數統計表」(1935. 12), 北京市檔案館所藏, J5-1-109-27.

1936년도(12월 제외)에는 4만 4,130명, 1937년도에는 9만 5,472명이 참관했다.[18]

중산공원 안에 설치된 위생진열실에는 표본들이 매우 독특한 구조로 배치되어 있었다. 먼저 남실에는 각종 호흡기질환, 폐질환, 피부질환 사진과 기생충, 세균 사진들이 질서정연하게 걸려 있었다. 북실에는 들어가는 입구에서부터 태아가 성장하는 과정을 월단위로 보여주는 사진이 걸려 있었고, 중앙부에는 인체해부도와 골격·근육 등을 보여주는 사진 등이 정리되어 있었다. 남실과 북실이 미로형식으로 연결된 좁은 통로를 따라가며 양면에 다양한 표본을 보여준다면, 중실은 툭 터진 공간에 성병과 폐결핵 환자의 모형과 사진이 걸려 있었다. 특히 매독환자의 사진은 피부들 사이로 당장이라도 고름이 쏟아져 나올 듯 사실적이었고, 선천성 매독으로 사산된 태아의 표본은 일상생활에서는 접하기 어려운 자극적인 광경이었다.[19] 시민들은 위생진열실을 통해 눈으로 볼 수 없는 세균을 현미경으로 직접 볼 수 있었고, 말로만 듣던 매독이나 폐결핵이 얼마나 잔혹한 질병인지를 실감할 수 있었다. 이 모든 표본은 각 병원에서 직접 제작되었기 때문에 매우 사실적이었다.[20]

위생운동대회는 1929년 이래 실시된 청결운동대회가 확대 개편된 것으로, 1931년에는 위생운동대회 혹은 위생청결운동대회 등으로 병용되었다. 대

---

18 「北平市衛生局衛生陳列室參觀人數統計表」(1937. 11), 北京市檔案館所藏, J5-1-244-1; 「北京市衛生局衛生陳列室參觀人數統計表」(1938. 12), 北京市檔案館所藏, J5-1-344-32.

19 위생진열실의 평면구조도는 北京特別市公署衛生局 編印, 『北京特別市衛生局二十六年下半年二十七年全年度業務報告』(北京: 北京特別市公署衛生局, 1939), 200쪽. 附圖 16-18을 참고.

20 「北平市第二次衛生運動大會籌備委員會第三次會議記錄及整理衛生陳列室辦法」(1935. 4. 20), 北京市檔案館所藏 J5-1-136-148.

베이핑시 위생운동대회(1931. 5. 31)
위생운동대회는 일반 시민을 대상으로 위생을 계몽하고, 도시공간에 대한 위생통제를 중층화하는 중요한 수단이었다.

회는 5월 31일 톈안먼 광장에서 개최되었으며, 정중앙 무대에 베이핑시 위생운동대회라는 현수막이 내걸리고, 현수막 좌우로 당국기가 내걸렸으며, 무대 안쪽에는 쑨원의 영정과 당국기가 함께 걸렸다.

아침 7시부터 시립 각 소학교, 각 자치구, 성시당부 및 각 기관, 각 단체대표, 바오위린(鮑毓麟) 공안국장을 비롯한 시정부 인사 등 5,000여 명의 군중이 운집했다. 9시 30분 공안국 양스쉰(楊世勛) 위생과장이 개회를 선언했고, 시정부대표 시아쑤추(夏肅初) 주석이 치사를 발표했다. 대회가 끝나고 5개로 대오를 나누어 거리행진을 했는데, 이것을 통해 개개인에게 위생운동의 의의를 계몽했다. 사실 위생운동대회는 중앙정부에서 1년에 두 차례 거행하도록 규정하고 있었으나, 베이징은 위생행정이 축소된 상황에서 1년에 한 차례만 시행

했으며, 정오 12시에 대회가 해산되었다.[21]

사실 이것만으로는 의례적인 전시행정에 불과한 것이었고, 대회의 하이라이트는 이튿날인 6월 1일 중산공원(中山公園) 사직단(社稷壇)에서 개최된 위생오락대회[衛生遊藝大會]였다. 이 대회는 세 분야로 나뉘어 시행되었는데, 1부는 전시부로 위생의료 관련 각종 모형과 전시물을 진열했고, 2부는 오락부로 위생연극을 공연했으며, 3부는 종두부로 무료로 우두접종을 실시했다.

전시부에서는 병리조, 화류병조, 전염병조, 출산 및 태아조, 세균조, 공공위생조, 피부병조, 생리조로 나누어 각종 모형을 전시했다. 그 밖에도 인체의 구조와 태아의 성장, 각종 질병에 따른 병증의 형태, 세균의 번식 등 2,000여 종의 전시품이 전시되었다.

오락부에서는 위생과장을 비롯한 외성관의원 원장과 위생구사무소 계장 등이 위생을 강구하지 않으면 사망에 이를 수밖에 없다는 내용의 위생강연을 한 후, 전문 극단의 배우와 위생구사무소 직원 등이 '비운의 가정', '전염병의 참상' 등 위생을 강구하지 않아 비참한 말로에 이르는 내용으로 연극을 했다.

종두부에서는 무료 우두접종을 시연했는데, 접종을 받은 자는 남성 50여 명, 여성 10여 명이었다. 더운 날씨 때문에 2명이 혼절하는 등 불미스런 사건이 없지 않았지만, 2만여 명의 군중이 참여하여 등 발 디딜 틈 없는 성황을 이뤄 대회는 성공리에 마무리되었다.[22]

1934년의 위생운동대회는 기존의 청결운동대회가 위생처 성립 이후 확대

---

21 「天安門昨開衛生清潔大會」, 『北平晨報』(1931. 6. 1), 6쪽.

22 「中山公園昨開衛生遊藝大會」, 『北平晨報』(1931. 6. 2), 6쪽.

개편된 것이었다. 위생처가 '청결'이라는 용어를 '위생'으로 바꾼 것은 청결운동이나 종두운동과 같은 구체적인 운동을 포함하면서, 환경위생, 보건, 위생교육 등이 무엇인지 알게 하고, 위생 전반에 대한 인식을 강화하기 위한 것이라고 설명했다. 1934년의 위생운동대회는 기존 이틀에 비해 기간이 확대되었는데, 1934년 5월 12일부터 19일까지 1주일 동안 각종 공연, 위생강연회, 우량아선발대회[健美大會], 전시회, 예방주사, 병원 참관 등과 같은 다양한 행사가 진행되었다.

위생운동대회는 베이핑시 전역을 동구(東區), 서구(西區), 남구(南區), 북구(北區) 4개 지역으로 나누어 개최되었으며, 중산공원에서는 위생전람회가 별도 개최되었다.[23] 위생국 팡이지 국장 등 과장급 직원들이 둥청(東城) 덩스커우(燈市口), 시청(西城) 푸인탕(福音堂), 난청(南城) 즈윈공소(織雲公所), 베이청(北城) 민중교육관(民衆敎育館)[24]에서 "공공위생이란 무엇인가"라는 등의 제목으로 위생운동강연회를 개최했는데, 청중은 평균 500여 명이 모였다.[25] 이후 매년 5월에는 위생운동대회가 정례화되었으며, 위생교육과 각종 위생활동이 전개되었다. 위생국은 위생운동대회 및 위생운동강연회의 공간배치 역시 내성구와 외성구를 4등분하고 그 중심지를 활용함으로써 공간 통제의 효율성을 높이고자 했다.

---

23 北平市政府衛生處 編印, 『北平市政府衛生處業務報告』(北平: 北平市政府衛生局, 1934. 9), 137-219쪽.

24 東城 燈市口(현 東城區 燈市口), 西城 福音堂(현 西城區 西四 缸瓦市 일대), 南城 織雲公所(현 宣武門 前門 일대), 北城 民衆敎育館(현 東城區 鼓樓).

25 「平市衛生局昨日分四區擧行衛生當局多參加講演」, 『北平晨報』(1934. 5. 13).

이 밖에도 각종 위생강연, 위생잡지의 발간, 라디오방송 등은 일종의 위생네트워크를 형성하여 베이핑시민들의 일상에서 중요한 지위를 차지하게 되었다. 이와 더불어 최종적으로는 위생순찰경이 환경·식품·음료·공중위생 전 분야에 걸쳐 관리 감독했다. 이제 출생에서 사망, 학교·직장·일상생활의 공간에 이르기까지 위생행정의 시공간 통제망은 시민들의 일상을 겹겹이 에워싸게 되었다.

라디오 위생강연
라디오방송을 이용한 위생강연은 대중선전과 대중계몽을 위한 중요한 활동이었다.

의사·간호사·통계조사원·위생지도원 등이 가정방문 및 위생지도 활동을 통해 위생 전 분야에 대한 감독활동을 진행했으나 각기 전담 활동 영역이 존재했기 때문에, 위생행정 전반에 걸친 체계적인 감독활동을 전개하는 데는 역부족일 수밖에 없었다. 위생순찰경 제도는 환경위생, 각종 의료활동에 대한 조사 및 단속, 전염병 관리 및 생명통계의 협조, 각종 공중위생 사항의 협조 등의 필요에서 성립하게 된 것이다. 위생순찰인원은 순찰장[稽査長], 순찰원[稽査員], 순찰경[稽査警]으로 구분되는데, 행정체계상으로는 위생국 환경위생과 소속이었다. 기구명칭은 위생순찰반[衛生稽査班]으로 순찰장 1명, 순찰원 16명, 순찰경 35명, 총 52명이었다.

순찰원은 난징정부 위생서 위생순찰훈련반[衛生稽査訓練班]에서 훈련을 받은 자이고, 순찰경 중 절반은 보통경찰에서 모집하여 충원했으며, 절반은 소학교 졸업자 중에서 모집하여 간이훈련을 받은 자들이었다. 위생순찰경은 업무 종료 후 매일 5시에서 6시 사이에 1시간씩의 훈련 과정을 이수했다. 과목내용은 초급계산, 회화 및 측량, 환경위생, 위생법규, 경찰예절, 의약관리 등이었다.

위생순찰경은 업무는 크게 보통순찰[普通稽查]과 전문순찰[專門稽查]로 구분된다. 보통순찰은 음수정(飲水井), 공중화장실, 음식물 점포, 음료수 점포, 목욕탕, 이발관, 공공오락장 등에 대해 감독활동을 했다. 전문순찰은 의약품·육류·음수·우유 등을 관리하는 업무였다.

순찰경의 월급은 순찰장이 매월 60원, 순찰원이 20-40원, 순찰경이 10-16원을 받았다. 업무는 매일 아침 8시부터 시작했으며 계절에 따라 퇴근시간이 달랐다. 업무 시간에는 경찰복장과 유사한 정복을 입고 근무했으며, 매주 주간업무계획서를 작성하고, 당일 업무는 다음 날 10시까지 업무일지를 작성해야 했다. 주간업무계획에는 매일 오전과 오후 담당 업무를 계획하고, 업무일지에는 업무 내용에 대해서 자세하게 보고하도록 되어 있었다. 만약 업무태만으로 인해 3차례 이상의 경고를 받게 될 경우에는 감봉·정직 등의 처분을 받았다. 위생순찰경의 업무실적은 1935년도에 음수정 808건 등 보통순찰활동 2만 2,055건, 음식점 단속 306건 등 단속활동 486건 등이었다. 1936년도에는 음수정 858건 등 보통순찰활동 2만 2,527건, 음식점 단속 103건 등 단속활동 134건 등이었다.[26]

---

26 北平市衛生局第二衛生區事務所 編,『北平市衛生局第二衛生區事務所年報』, 第3期(1936. 7), 97-105쪽.

베이핑시의 출생·사망 관리 분야에서 위생행정은 경찰행정을 능가하는 효율성을 입증했고, 위생행정의 역할이 강화될수록 경찰행정이 약화되는 양상을 보여준다. 그 단적인 사례가 제1위생구사무소의 출생보고 인원 분류 비교표에서 나타난다. 베이핑시정부에서 위생비가 증가할수록 공안비는 감소되는 경향을 보였다. 또한 출생보고에서 통계조사원의 보고율이 높을수록 호적경의 보고율은 낮아지고, 통계조사원의 보고율은 낮은 경우 호적경의 보고율은 다시 높아졌다. 이는 위생행정과 경찰행정이 대립적인 경향이 있음을 보여주는데, 다른 한편으로는 위생행정이 상당한 효과를 보이고 있었음에도 경찰행정을 완전히 대체하지는 못했고, 일정 정도 경찰행정에 의존해야 했다는 점도 보여준다. 즉 위생행정과 경찰행정은 상호경쟁과 보완의 관계였으며, 그 효율성에서 위생행정은 경찰행정을 압도했다. 600명의 호적경이 할 수 없었던 일을 30명도 채 안 되는 통계조사원이 해냈기 때문이다.

출생 관리를 강화하기 위해 베이핑시정부는 조산사 양성과 통계조사원제도를 통해 기존 산파와 음양생의 역할을 대체하고자 했다. 특히 성내외구에서 활동했던 통계조사원은 생명통계와 사망진단서의 작성에서 중대한 역할을 했다. 1935년 베이핑시의 출생통계에 따르면, 통계조사원이 활동했던 내성구에서는 6개월 만에 각 구 평균 266명의 출생인원이 증가할 정도였다. 반면 통계조사원이 활동하지 않았던 지역에서는 각 구 평균 116명이 감소했다.

제1위생구사무소의 조산인원 분류에 따르면, 1926-1935년 10년간 위생구사무소 소속 의료진에 의한 조산률은 0%에서 22%로 증가했으며, 구식산파에 의한 조산률은 54.3%에서 5.3%로 크게 감소했다. 그러나 이러한 출생관리 성과가 내성구 · 외성구 · 교구에서 같은 양상으로 전개되지는 않았다. 왜냐하면 외성구와 교구에는 위생구사무소가 설치되지 않았고, 특히 교구는 지역이 광활하고 교통이 불편하여 조산사 양성과 산파훈련이 어려웠기 때문이다.

사망 관리에서는 1936년 5월 음양생연단을 일률 폐지하고, 통계조사원의 사망조사서로 이를 대체하고자 했다. 통계조사원의 사망 관리 개입은 사망보고체계에 변화를 가져와 시민의 입장에서는 각종 비용과 절차를 줄일 수 있는 방안이었고, 시정부의 입장에서는 정확한 사망원인 조사와 효율적인 사망 관리를 가능하게 했다. 시정부는 성내외구의 통계조사원과 교구의 보갑장을 통해 사망 관리가 성공할 것으로 낙관했다.

그러나 통계조사원이 활동하지 않은 교구에서는 보갑장이 통계조사원의 역할을 하게 했는데, 음양생폐지안이 수년간 수차례에 걸쳐 연기되었다. 교구 지역의 사회조사 자료는 지역사회에서 보갑장의 권위가 높지 않았으며, 전통풍속에 의존하는 경향이 강했던 교구주민의 생활관습상 사망의례의 권위자인 음양생의 권위를 일거에 일소하기는 거의 불가능했음을 보여준다. 랴오타이추의 사회조사 자료 역시 구식산파와 음양생이 강고하게 자리잡고 있었다는 것을 보여주고 있다. 이처럼 출생 · 사망 관리를 통해 볼 때, 베이핑시의 위생행정은 도시공간에 일률적으로 적용된 것이 아니라 성내외구와 교구 사이에 지역적 분절성이 존재하고 있음을 알 수 있다.

이처럼 출생 · 사망 관리 분야에서 통계조사원의 활동은 지역적 한계가 있었음에도, 국가권력에 의한 대민 지배의 효율성을 강화해주는 것이었다. 그렇다고 해서 위생행정의 효율성을 경찰행정과 같이 시민에 대한 강제성에만 의존한 것은 아니었다. 각종 위생활동에서 시민에게 의료서비스를 제공하여 자율적 참여를 유도하는 것이 무엇보다 중요했다. 사망 관리 분야에서는 사망 시 불합리한 제도를 개선하여 시민들에게 편의를 제공한 것이 그 일례였다. 위생행정은 시민들에게 개혁의 실체를 직접 체감할 수 있게 했다.

위생구사무소로 대표되는 베이핑의 위생행정은 위생구사무소에 설치된 진료소의 수동적인 진료활동에 그치지 않았다. 도시공간에 대한 전면적인 통제를 실현하기 위하여 서의 및 간호사에 의한 진료활동에 만족하지 않고, 조산사, 위생지도원, 보조원, 통계조사원 등 위생행정 인원을 활용하여 출생·사망 관리에 적극 개입했으며, 위생구에 대한 적극적인 방문 통제를 실시했다. 특히 위생구사무소의 통제 대상은 단순히 질병에 노출된 특정인만을 대상으로 하지 않았다. 위생지도원과 위생순찰경은 학교·공장 등에 대한 위생교육을 강화했고, 식품·의약·음료·화장실 등 일상생활 전반에 대한 위생감독을 실시했다. 이로써 위생국은 위생구사무소를 중심으로 통제 대상과 통제 방식에 있어 중층적인 위생통제시스템을 구축하게 되었다. 즉 내성구에서 위생통제의 대상은 환자뿐만 아니라 일반시민들이 포함되었으며, 가정뿐 아니라 학교·직장·공원·거리 등 도시 전역에 걸쳐 있었다. 예컨대 내성구에서는 어느 누구라도 직장 혹은 학교에서 위생교육과 정기점진을 받았고, 거리나 공원에서도 예방접종을 받거나 위생운동을 접했으며, 위생지도원이나 위생순찰경의 가정방문을 받을 수 있었다. 따라서 내성구에서는 일상공간이 중층적 통제를 받았기 때문에 위생행정의 영향력이 강력했다고 볼 수 있다. 또한 통제 방식에서도 진료뿐만 아니라 위생교육 및 선전, 대중동원 더 나아가 방문 통제를 실시했으며, 산파훈련과 같이 구제도를 활용하는 방안도 적극 모색되었다.

이처럼 도시공간에 대한 중층적 위생통제시스템이 구축되면서 위생구 지역의 시민들은 일상생활 가운데 위생행정과 맞닿을 가능성이 더욱 높아졌다. 출생에서 사망까지 그리고 가정, 학교, 직장, 공원, 거리에서 각종 위생활동이 일상화되었고, 위생담론과 위생행정은 도시민의 일상에서 어렵지 않게 경험할 수 있었다. 이로써 경찰행정으로서 달성하기 어려웠던 공간 통제가 위생행정을 통해 보다 효율적으로 이루어질 수 있었다. 이와 같은 위생행정의 효율성은 경찰행정과 같이 강제성에만 의존한 것이 아니라 건강증진을 위한 위생활동에 자율적 참여를 유도하고 출생 · 사망 관리에 있어 불합리한 절차를 타파하는 등 실질적인 성과를 보여줘 가능했다. 그러나 이러한 성과는 내성구, 특히 위생구로 제한될 수밖에 없었다. 더구나 교구에서는 베이핑시의 위생행정이 지향했던 중층적인 위생통제시스템이 사실상 작동할 수 없었다.[1]

출생 · 사망 관리가 생명통계의 작성뿐만 아니라 출생 · 사망 보고체계에 개입하여 양적 · 질적 인구 관리를 위한 국가의료의 인프라를 마련해주는 것이었다면, 전염병 통제는 이를 바탕으로 인구 관리가 실제적으로 전개되는 양상을 보여줄 것이다. 전염병 중에서도 급성전염병은 양적 인구 관리에 치명적인 영향을 줄 수 있기 때문에 시정부는 최우선 통제대상으로 삼았다. 여기에 덧붙여 시정부는 결핵 · 성병 등 만성전염병에도 관심을 뒀다. 결핵과 성병은 그 심각성에도 불구하고, 치료와 관리의 어려움 때문에, 보통은 시정부의 관리범위

---

1 1936년도 베이핑시의 인구는 총 153만 9,105명(100%)으로 성내구 62만 6,622명(40.7%), 성외구 45만 3,926명(29.5%), 교구 45만 8,557명(29.8%)이었다. 北京特別市公署衛生局 編印, 『北京特別市公署衛生局二十五年度業務報告』(北京: 北京特別市公署衛生局, 1938), 6쪽.

에서 벗어나 있었다. 그런 점에서 베이핑시정부가 만성전염병의 관리에 나선 것만으로도 위생정책의 획기를 가져온 것이었다.

3부

시정부의 전염병 통제와 공간 통제

5

전염병의 유행과 시정부의 전염병 대책

동서양을 막론하고 콜레라·페스트 등과 같은 급성전염병(急性傳染病)의 만연은 근대적 위생의료체제가 등장하는 주요 배경이 된다. 급성전염병은 전염성과 치사율이 매우 높아 질병 통제를 위해서는 격리(隔離)라는 공간 통제가 불가피했다. 이를 빌미로 근대국가는 국민에게 의료서비스를 제공하면서 통행 시간과 지리적 공간을 통제할 뿐만 아니라 일상생활을 포함한 사회적 공간에 대한 전면적 개입을 정당화했고, 근대적 위생의료체제를 강화해나갔던 것이다.

근대적 위생의료체제를 강화하는 데 기여했던 급성전염병으로는 19세기에 동서양을 석권했던 콜레라와 페스트 등을 들 수 있다. 콜레라는 1817년 갠지스강 삼각주지대 전역에서 콜레라가 맹위를 떨치면서 전 세계로 확산되었고, 그 지역은 콜레라 진원지로 유명해졌다.[1] 동아시아에서 콜레라는 인도에서 유행한지 얼마 지나지 않아 동남아시아를 경유해서 중국 남부로 전파되었다. 그 후 중국 북부로 확대되었고, 또 조선·유구·일본 등으로 확대되었다. 특히 19세기 후반 일본에서 콜레라 대책은 근대적 위생의료체제를 성립시키는

---

1 프레더릭 F. 카트라이트·마이클 비디스 지음, 김훈 옮김, 『질병의 역사』(서울: 가람기획, 2004), 215-216쪽.

계기로 작용했다.[2] 그러나 도시공간에서 맹위를 떨쳤던 급성전염병은 일본의 경우 20세기에 들어오면서 그 위력을 상실해갔고, 중국에서도 1911년 만저우 페스트 방역을 기점으로 약화되어 가는 추세였다. 1920년대 이후로 동아시아 전역에서 콜레라와 페스트는 더이상 과거와 같은 위력을 유지하지 못했다.[3] 그러나 군벌혼전시대를 마감하고 중앙집권적인 근대국가를 추구하던 난징정부에게 급성전염병의 통제는 여전히 중요한 과제였다. 왜냐하면 급성전염병은 언제 어디서라도 발생할 가능성이 여전히 남아 있었고, 급성전염병이 확산될 경우 인구 관리에 치명적인 영향을 미칠 것은 분명했기 때문이다. 따라서 난징정부와 예하 각급 시정부는 중요 급성전염병을 법정전염병(法定傳染病)으로 지정하여 전염병 확산에 신속히 대처하고자 했다.

그 영향력이 감소하는 추세에 있었던 급성전염병과 달리 폐결핵[肺癆]·성병(性病)과 같은 만성전염병(慢性傳染病)의 중요성은 날로 증대되었다. 만성전염병은 급성전염병과 같이 즉각적인 격리를 필요로 할 정도로 치사율이 높았던 것은 아니지만, 폐결핵은 매년 사망률 1-2위에 오를 정도로 사망률이 높았고, 성병은 병변(病變)이 표면적으로 잘 드러나지 않는 가운데 전염성이 높고 수직감염의 치명성을 가지고 있었다. 이 때문에 인구 관리를 필요로 했던 근대국가로서는 이들 질병을 결코 경원시할 수 없었다. 그런데 만성전염병

2 일본에서 콜레라는 '위생의 어머니'라고 칭해질 정도로, 위생행정의 수립에 중요한 의미를 지닌다. 笠原英彦, 『日本の醫療行政: その歷史と課題』(東京: 慶應義塾大學出版會, 1999), 27쪽; 류교열, 「近代 日本의 社會的 差別構造의 形成과 疾病: 神戶市를 中心으로」, 『日語日文學』 8-1(1997); 신규환, 「1870-80년대 일본의 콜레라 유행과 근대적 방역체계의 형성」, 『사림』 64 (2018. 4).

3 見市雅俊 等編, 『疾病·開發·帝國醫療: アジアにおける病氣と醫療の歷史學』(東京: 東京大學出版部, 2001), 93쪽.

의 통제에는 여러 가지 어려움이 뒤따랐다. 우선 폐결핵 · 성병 등 만성전염병은 표면상 병변이 잘 드러나지 않기 때문에 환자 여부를 확인하기 어려웠다. 또 이들 질병에 대한 정확한 진단을 위해서는 현미경이나 X-ray 등과 같은 당시로서는 흔치 않았던 고가의 장비가 필요한데, 장비의 희소성과 고가의 진단비와 치료비 때문에 이 질병들의 진단과 치료에 대한 일반 시민들의 접근성이 높지 않았다. 게다가 일부 지식인들이 폐결핵과 성병에 대한 국가통제의 필요성을 인식하고 있었음에도, 이 질병들에 대한 사회적 인식은 여전히 개인적 질병으로 간주하는 경향이 강했다. 예컨대, 문학작품에서 폐결핵은 지적 감수성, 낭만주의, 성적 욕구 등 개인적 욕망의 분출과 좌절을 극대화하는 장치로 활용되었고,[4] 성병의 감염은 개인의 도덕성에 치명적인 영향을 주었다. 이러한 인식 때문에 이들 질병의 진단과 치료는 개인 차원에서 은밀하게 접근할 수밖에 없었다.

따라서 1930년대 베이핑시정부에서 이들 만성전염병을 시정부의 위생의료체제에 포함시켰던 것은 획기적인 사건이었다. 왜냐하면 베이핑시정부가 기존에 개인적 질병으로 여겼던 만성전염병을 시정 관리의 대상으로 인식했기 때문이다. 베이핑시정부의 이러한 정책적 시도는 국가권력을 강화하기 위해 중앙집권화를 지향했던 난징정부의 인식 수준을 넘어서는 것이었다. 당시로서는 만성전염병 통제는 거의 불가능한 것이었는데, 시정부가 만성전염병 통제를 위해 어떠한 구상을 제시하고 실천했는지 흥미롭지 않을 수 없다. 즉

4 대표적으로 1928년 발표된 정령의 '미스 소피의 일기'를 들 수 있다. 丁玲, 「莎菲女士的日記」, 『小說月報』(1928. 2); 번역본으로는 정령, 「싸페이녀사의 일기」, 강범구 편, 『중국현대문학작품선』 상(北京: 民族出版社, 1990)을 참고.

만성전염병 통제가 어느 정도의 성과를 거둘 수 있었는지를 밝히는 것은 당시 베이핑시정부가 지향했던 국가의료의 성과와 한계를 파악하는 것과 직결되는 문제이기도 하다.[5]

이 장은 베이핑시정부의 전염병 대책과 그 실천 과정에서 시정부가 공간 통제를 어떻게 실현해나갔는지 위생행정의 구체상을 살펴보기 위해서 전염병을 급성전염병과 만성전염병으로 나누고, 만성전염병은 다시 폐결핵과 성병을 구분해서 검토하고자 한다. 급성전염병이 발생하면 격리와 예방접종 등을 통해 즉각적인 공간 통제가 이루어졌던 반면, 만성전염병은 보다 상시적인 대책이 필요했다. 따라서 급성전염병과 만성전염병에 대한 시정부의 접근 방식에 어떠한 차이점과 공통점이 있는지 검토할 필요가 있을 것이다.

만성전염병 중에서 특히 성병은 개인적 성행위를 통해 전염되기 때문에 통제가 쉽지 않은데다 2세에게 수직 감염의 가능성이 있었기 때문에 산모 관리가 필요했고, 성병의 온상으로 지목되는 기녀(妓女)라는 특정 계층에 대한 통제가 요구되었다. 따라서 성병 통제의 성과와 한계를 드러낼 수 있다면 시정부의 위생행정을 통한 공간 통제의 성과와 한계를 평가하는 데도 도움을 줄 것이다.

난징정부 시기 만성전염병 통제에 대해서는 난징정부가 폐결핵 통제에 관

5 국가의료 및 베이핑시정부의 국가의료에 대해서는 辛圭煥, 「國家 衛生醫療體制와 國家醫療의 形成: 19세기 말 20세기 초 한국과 중국의 경험」, 『東方學志』 제139집(2007. 9).

심이 적었다거나[6] 성병 통제에 무능했다는 평가가 일반적이다.[7] 그러나 기존 연구가 주로 상하이를 중심으로 논의되고 있는 만큼, 베이핑의 사례는 중국의 질병통제시스템의 작동 방식에 대한 균형적 시각을 제공해줄 것이다.

6 Bridie J. Andrews, "Tuberculosis and the Assimilation of Germ Theory in China, 1895-1937," *Journal of the History of Medicine* Vol.52(January, 1997), pp.137-138.

7 난징정부 시기 성병 통제에 대한 평가와 상하이와 베이핑의 성병 통제에 관한 자세한 분석은 이 책의 제7장을 참고.

급성전염병의 확산과 방역 대책

1. 법정전염병의 제정과 질병보고체계의 확립

전염병 관리를 위한 근대국가의 통제 방안은 전염병을 법률로 제정하고 질병 관리를 위한 공간 통제의 대상이 되는 질병을 명시하여 전염병 환자에 대해 격리 등을 실시하며, 국가적 차원에서 질병보고체계를 확립하는 데 있었다.[8] 난징정부는 「전염병예방조례시행세칙(傳染病預防條例施行細則)」(1928. 10. 30) 등을 제정하여 콜레라[癨亂], 이질[赤痢], 티푸스[傷寒], 두창[天花], 발진티푸스[斑疹傷寒], 성홍열(猩紅熱), 디프테리아[白喉], 페스트[鼠疫], 유행성 뇌척수막염(流行性腦脊髓膜炎) 등 9개 항목의 급성전염병을 법정전염병으로 분류했다.[9] 법정전염병 관련 법규는 급성전염병 발생 시 발병자는 의사의 검진을 거

8 전통사회에서 격리가 없었던 것은 아니지만 적극적으로 실시되지는 못했다. 정부의 전염병 대책 역시 주로 혜민약국(惠民藥局) 등의 설치를 통해 약제를 분배하는 차원에 그쳤다. 혜민약국 등을 통한 청말 베이징의 전염병 대책에 대해서는 吳廷燮 等纂, 『北平市志稿(民政志)』(北京: 北京燕山出版社, 1989), 217쪽.

9 「傳染病預防條例施行細則(1928. 10. 30 內政部 公布)」; 「修正傳染病預防條例第一條第二條第十七條第二十一條(1928. 12. 20 國民政府核准備案)」; 「傳染病預防條例(1930. 9. 18 衛生部公布)」, 陳明

쳐 환자 가속이나 해당 기관의 관리자가 24시간 이내에 관할관서에 보고하고, 각 지방장관은 필요시 검역·소독·격리 등의 공간 통제를 시행할 수 있도록 규정했다.[10]

1930년대 베이핑시정부의 질병보고체계를 구성하는 기본 단위는 의원 및 개업의, 위생구사무소, 경찰구서, 일반 시민 등으로 구성된다. 베이핑시정부는 각각의 단위에서 전염병이 발견되면 일차적으로 위생국 소속 전염병의원, 시립의원, 위생구사무소 등에 보고하고, 최종적으로 위생국에 보고하도록 질병보고체계를 정비했다. 그러나 대부분의 질병보고는 위생구사무소 소속 의사, 통계조사원, 위생지도원 등과 위생국 소속 전염병의원 등에 의존했고, 일반 의원 및 개업의, 경찰구서, 일반 시민들의 질병보고는 극히 소수에 불과했다.[11]

베이핑시정부의 급성전염병 통제는 질병보고체계상 핵심역할을 수행했던 두 개의 위생의료기관을 통해서 이루어졌다. 그 하나는 격리병동을 갖춘 전염병의원을 통한 것이었는데, 전염병의원은 전염병 환자를 확인하면 그들을 격리 수용했고, 필요에 따라 전염병 환자와 그 가족에 대한 방문 통제를 실시했다. 다른 하나는 위생구사무소를 통한 것이었는데, 위생구사무소는 위생행

光 主編, 『中國衛生法規史料選編(1912-1949. 9)』(上海: 上海醫科大學出版社, 1996), 532-557쪽.

10 베이징정부 시기에 이미 유행성 뇌막염을 제외한 8개 항목에 대해 법정전염병을 제정한 바 있고(「傳染病預防條例(1916. 3. 12 內政部 公布)」, 陳明光 主編, 『中國衛生法規史料選編(1912-1949.9)』(上海: 上海醫科大學出版社, 1996), 523-526쪽), 난징정부 시기에는 효율적인 전염병 통제를 위해 지방장관의 자율권의 범위가 확대되었는데, 필요 시 지방재정뿐만 아니라 국고를 전용할 수 있도록 했다. 「修正傳染病預防條例第一條第二條第十七條第二十一條(1928. 12. 20 國民政府核准備案)」, 陳明光 主編, 『中國衛生法規史料選編(1912-1949. 9)』(上海: 上海醫科大學出版社, 1996), 537쪽.

11 北京特別市公署衛生局 編印, 『北京特別市公署衛生局二十五年度業務報告』(北京: 北京特別市公署衛生局, 1938), 35쪽.

정인원을 통해 예방접종과 방문 통제를 실시했다.

전염병의원은 1915년 10월 둥쓰파이러우(東四牌樓) 북쪽 스탸오후퉁(十條胡同) 루베이(路北)에서 성립되었는데, 베이핑시정부 성립 이전까지는 시정부의 재정지원이 불안정하여 그 기능이 온전히 발휘되지는 못했다. 전염병의원이 제 기능을 발휘하기 시작한 것은 베이핑시정부 성립 이후, 특히 1933년 11월 위생처가 재건되면서부터였다. 이 시기에 전염병의원의 내부병동이 증·개축되었으며, 각종 검사실 및 검진 설비가 구비되어 제대로 된 진료가 가능했다. 전염병 의원이 독자적인 장비를 갖추고 검사실을 운영했다는 점은 전염병 통제에 있어 매우 중요한 의미를 지닌다. 왜냐하면 외부 검사시설에 의존하지 않고 전염병 환자에 대한 즉각적인 조치가 가능했기 때문이다. 전염병의원은 검진을 통해 전염병 유무가 확인되면, 환자는 격리 수용하고, 환자 가족의 검진 및 거주지에 대한 소독을 실시했다. 이에 소요되는 방역비용은 전염병의원이 부담했다. 아울러 전염병의원은 전염병 환자 가족과 일반인에 대해 예방접종을 실시했고, 오전 9시부터 11시까지 일반 외래진료도 실시했다. 전염병의원은 입원환자에 대해서 주사비나 약값 등 별도의 비용을 청구하지 않았으며, 단지 식사비용만 매일 4각(角)을 받았다. 물론 빈궁자는 이 역시도 면제되었다.[12]

위생구사무소는 급성전염병 통제를 위해 예방접종과 방문 통제에 주력했는데, 위생구사무소 소속 위생행정인원을 총동원했다. 통계조사원, 위생지도

12 張茂林 講, 「傳染病之處理及平市傳染病醫院的概況」, 『衛生月刊』 第1卷 第8·9合期 (1935. 6. 25), 67-68쪽.

13 위의 책, 19쪽.

〈표 9〉 제일위생구사무소 전염병 보고 분류(1935)[13]

전염병 보고자	1934년		1935년	
	사람 수	%	사람 수	%
의원	161	37.2	154	49.4
개업의사	11	2.5	5	1.6
위생사무소 문진	76	17.6	72	23.1
위생지도원	50	11.5	36	11.5
통계조사원	14	3.2	7	2.2
사망조사	109	25.2	33	10.6
기타	12	2.8	5	1.6
계	433	100.0	312	100.0

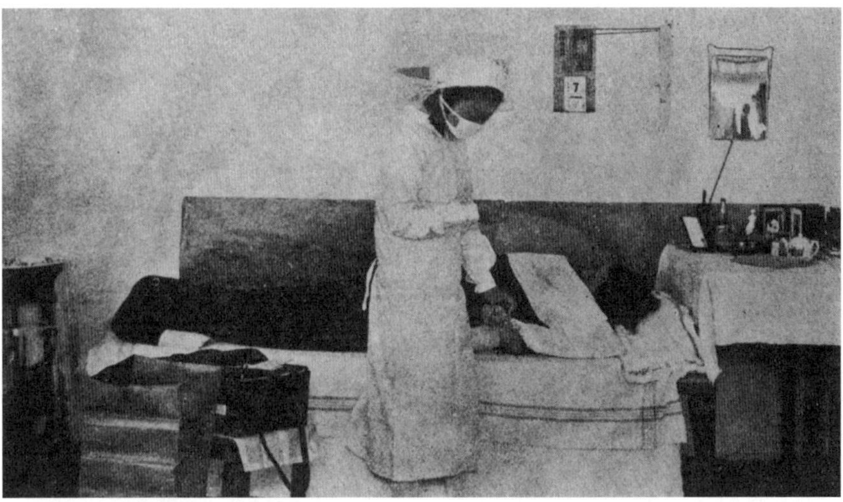

위생구사무소의 전염병 환자 가정방문

전염병의원에 격리 수용이 불가능한 경우 통계조사원·위생지도원·의사·간호사 등이 전염병 환자에 대한 가정방문을 실시했다.

원, 의사, 간호사 등이 정기적인 가정방문을 통해 전염병 발생 여부를 확인하고, 의심환자에게는 전염병의원 등에 내원할 것을 권유하고 불가피한 경우에는 정기적인 가정방문을 실시했다.

전염병 통제에 있어 전염병의원과 위생구사무소가 차지하는 비중은 위생구사무소의 전염병 보고 분류를 통해 확인해볼 수 있다. 1935년도 「제1위생구사무소 전염병 보고 분류」에 따르면, 전염병 환자 총 312명 중에서 의원(전염병의원과 베이핑협화의원)이 보고한 전염병 환자가 49.4%(154명)로 가장 높은 비율을 차지했다. 위생구사무소의 전염병 환자 보고는 36.9%(115명)였으며, 위생구사무소 내 진료소 문진, 위생지도원, 통계조사원이 각각 23.1%(72명), 11.5%(36명), 2.2%(7명)의 전염병 환자를 보고했다.[14] 위생구사무소가 설치된 위생구 지역의 전염병보고는 전염병의원 등 의원 보고와 위생구 위생행정인원에 의한 보고로 양분되는 경향이었음을 알 수 있다.

〈표 9〉의 제1위생구사무소 전염병 보고 분류를 살펴보면, 전염병 보고자 중 '사망조사'라는 항목이 있는데, 1934년도와 1935년도에 각각 25.2%(109명)와 10.6%(33명)를 차지하고 있다. 이 항목은 사망 시까지 전염병 환자로 보고되지 않다가 매장허가를 받으려는 과정에서 위생구사무소의 통계조사원 등에 의해 파악된 수치이다. 사망조사 항목은 전년 대비 줄어들기는 했지만, 실제 파악되지 않는 전염병 환자도 적지 않았음을 알 수 있다.

베이핑시 전체의 전염병 보고상황을 살펴보면, 1936년도 법정전염병으로 인한 사망자 5,960명 중 위생국 35명(0.6%), 위생구사무소 1,066명(17.9%),

---

14 北平市衛生局編, 『北平市衛生局第一衛生區事務所第十一年年報』, 第11期(1936), 19쪽.

전염병의원 1,216명(20.4%), 시립의원 37명(0.6%), 베이핑협화의원 889명(14.9%), 베이핑대학 부속의원 등 10개 의원 90명(1.5%), 개인의사 9명(0.15%), 사망조사 2,618명(43.9%) 등이었다.[15] 이 조사에서 주목할 것은 사망조사를 통해 확인된 베이핑시 전체의 법정전염병 환자수가 위생구사무소에서 사망조사를 통해 확인된 법정전염병 환자수의 2배 이상을 상회한다는 점이다. 이는 위생구사무소가 설치되지 않은 외성구와 교구로 확대될수록 전염병 통제가 어려웠고, 베이핑시정부의 공간 통제가 균질적으로 작용하지 못했다는 것을 반영하고 있다. 실제로 다수의 전염병환자를 수용했던 베이핑협화의원은 내1구에 위치했고, 전염병의원 역시 내1구와 내3구의 접경 지역에 위치했다. 베이핑협화의원은 시정부 직속기관은 아니었으나 인력·재정·설비·이념면에서 베이핑시의 국가의료를 직·간접적으로 지원하고 있었다. 다른 한편으로는 베이핑시 전체로 보더라도, 위생구사무소, 전염병의원, 베이핑협화의원이 전염병보고에서 중요한 비중을 차지하고 있었다. 이는 소규모 의원이나 개별 의사들이 전염병 통제에 미치는 영향력은 미미했으며, 전염병 통제는 시정부의 위생행정, 즉 국가의료에 대한 의존도가 높았다는 것을 알 수 있다.

15 北京特別市公署衛生局 編印, 『北京特別市公署衛生局二十五年度業務報告』(北京: 北京特別市公署衛生局, 1938), 36쪽.

2. 예방접종 실시와 위생구 중심의 공간 통제

'사망조사'와 같이 전염병 환자의 사망 이후의 보고를 제외하면, 전염병 보고는 급성전염병 환자의 발생 상황뿐만 아니라 급성전염병 환자에 대한 진료실적을 의미하는 것이기도 했다. 즉 급성전염병의 통제는 사실상 시정부의 질병 보고와 질병관리시스템하에서 운용되었기 때문에, 전염병 환자의 발생부터 치료·관리에 이르기까지 비교적 체계적인 통제가 이루어질 수 있었다. 그렇다고 해서 시정부의 급성전염병 통제가 단순히 환자만을 대상으로 한 것만은 아니었다. 급성전염병의 발생이 예견되는 경우, 예방접종을 실시하는 것이 전염병 발생 이후 사후대책을 강구하는 것보다 훨씬 효과적이었음은 두말할 나위가 없을 것이다. 그렇다면 예방접종은 구체적으로 어떤 양상으로 전개되었을까?

〈표 10〉에서 볼 수 있는 바와 같이, 법정전염병은 환자의 40% 이상이 사망에 이를 정도로 치사율이 매우 높았다.[16] 그중에서도 두창(천연두)은 치사율이 80%가 넘었는데, 이러한 수치는 두창 치사율로는 이례적으로 높은 것이었다. 두창 통제를 위한 가장 효율적인 방법은 바로 예방접종을 실시하는 것이었다. 232쪽 자료에서 볼 수 있는 것처럼, 시정부는 두창 예방접종을 위해 한 개의 위생구 내에 십수 개의 다핵화된 지점을 설치하고 그물망처럼 엮어 전방위적 예

16 1933년 7월에서 1934년 6월까지 법정전염병 환자 1,126명 중 521명이 사망했다. 법정전염병 환자의 사망률은 46%였다. 北平市衛生處 編印, 『北平市政府衛生處業務報告』(北平: 北平市衛生局, 1934. 9), 79쪽.

17 梅佳 選編, 「民國時期北平的傳染病管理與衛生防疫」, 『北京檔案史料』(2003. 2), 8쪽.

〈표 10〉 베이징특별시공서위생국 법정전염병 비교(1934−1938)[17]

단위 : 명, %

구분		1934	1935	1936	1937	1938	계	비율
티푸스	환자	93	171	144	250	159	817	37.1
	사망	34	81	77	62	49	303	
발진티푸스	환자	76	81	37	16	39	249	15.7
	사망	13	15	7	0	4	39	
이질	환자	796	1,038	1,194	1,395	1,587	6,010	39.6
	사망	248	451	508	721	454	2,382	
두창	환자	24	109	1,040	53	8	1,234	80.9
	사망	18	88	847	40	5	998	
페스트	환자	0	0	0	0	0	0	0
	사망	0	0	0	0	0	0	
콜레라	환자	0	0	0	0	34	34	26.5
	사망	0	0	0	0	9	9	
디프테리아	환자	384	267	372	410	474	1,907	25.7
	사망	80	99	140	103	68	490	
유행성 뇌막염	환자	47	53	15	13	9	137	60.6
	사망	33	32	9	8	1	83	
성홍열	환자	312	462	3,158	379	98	4,409	43.8
	사망	111	152	1,506	139	22	1,930	
총계	환자	1,732	2,181	5,960	2,516	2,408	14,797	
	사망	537	918	3,094	1,073	612	6,234	
	비율	31	42.1	51.9	42.6	25.4	42.1	

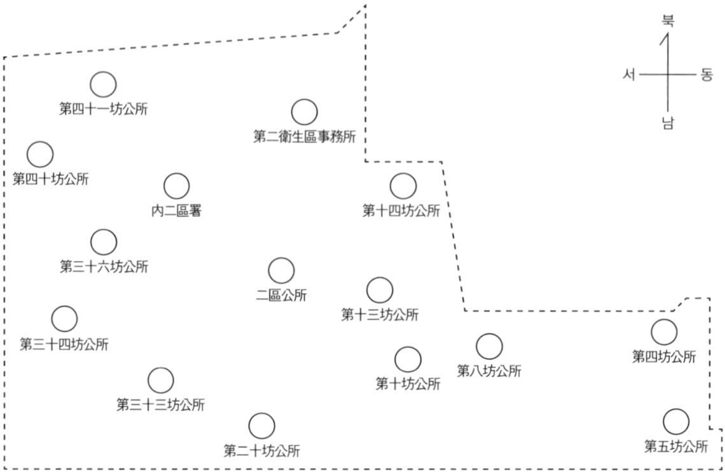

제이위생구 지도 및 종두지점[18]

방접종을 실시했다.[19] 접종 지점은 위생구사무소와 경찰구서를 비롯하여 구공소(區公所) 및 10여 개 이상의 방공소(坊公所)가 활용되었다. 방공소는 베이핑시 산하 15개의 구공소에 설치된 기층조직이었다.[20]

물론 이와 같은 전방위적인 질병 통제는 위생구사무소가 설치된 내성구에 한정되었다. 그런데 두창 예방접종은 내성구뿐만 아니라 외성구와 교구에

---

18 北平市衛生處, 『第二衛生區事務所第一年度年報』 第1期(北平: 北平市衛生處, 1934. 7), 26쪽.

19 北平市衛生處, 『第二衛生區事務所第一年度年報』 第1期(北平: 北平市衛生處, 1934. 7), 26쪽.

20 베이핑시는 1929년 지방자치의 실시를 준비하기 시작했으며, 1933년 5월까지 베이핑시 전역에 15개의 구공소(區公所)를 설치했으며, 구공소 산하 318개의 방공소(坊公所)를 설치했고, 1934년 3월에는 방공소를 119개로 통폐합했다. 1934년 7월 구공소가 폐지되고 자치사무구분소(自治事務區分所)가 설치되었으며, 방리제(坊里制)가 폐지되고, 보갑제(保甲制)가 실시되었다. 楊榮, 「論北京市基層管理體制的歷史變遷」, 『北京社會科學』 2004-1.

서도 실시되었고, 학교와 공장 등지에서도 별도의 예방접종이 실시되었다.[21] 그 결과 1935년 베이핑에서 두창으로 인한 사망자(88명)는 전체 사망자(2만 5,308명)의 0.3%에 불과했고, 두창을 포함한 법정전염병 사망자가 최고조에 달했던 1936년에는 두창 사망자(847명)는 전체 사망자(2만 9,740명)의 2.8%를 차지했다.

두창 예방접종은 춘계와 추계 두 차례로 나누어, 각각 매년 2월 중순부터 4월 말까지 2개월 반 동안, 9월 중순에서 10월 중순까지 1개월 동안 무료접종을 실시했다. 두창 예방접종은 시정부가 베이핑시 전역에 걸쳐 정력을 기울이고 있었기 때문에, 예방접종이 지역적으로 어떠한 양상으로 전개되었는지 검토할 필요가 있다. 1936년 추계와 1937년 춘계 두창 예방접종은 각각 1만 4,447회, 10만 5,248회 실시되었으며, 검사인원은 각각 935명, 1만 2,484명이 동원되었다. 그중 위생국과 위생구사무소에서만 같은 기간 동안 각각 1만 3,897회, 8만 8,406회가 실시되었다. 위생국과 위생구사무소의 예방접종은 베이핑시 두창 예방접종의 96%와 84%를 차지하는 것으로, 대부분의 예방접종이 위생구사무소를 중심으로 실시되었음을 알 수 있다.[22] 사실 예방접종이 위생구를 중심으로 실시되는 양상은 콜레라 · 티푸스 · 디프테리아 · 성홍열 등 여타의 법정전염병 예방접종에서도 마찬가지였다. 위생국과 위생구사무소를 중심으로 한 각 전염병의 예방접종은 베이핑시 전체의 98.4%(콜레라 · 티푸스),

---

21 그 대표적 사례는 1937년 2월 두창 유행에 따른 예방접종 실시 과정 중에 확인된다. 「防止天花流行强迫市民種痘」, 『北平晨報』(1937. 2. 17).

22 北京特別市公署衛生局 編印, 『北京特別市公署衛生局二十五年度業務報告』(北京: 北京特別市公署衛生局, 1938), 40-41쪽.

99.5%(디프테리아), 98.7%(성홍열)를 차지했다.[23] 즉 예방접종은 도시공간 전체에 일률적으로 실시된 것이 아니라 위생구 중심으로 실시되었던 것이다. 이는 전염병 통제가 위생구가 설치된 내성구와 위생구가 설치되지 않은 외성구와 교구 사이에 지역적 분절성이 뚜렷하게 나타내고 있었음을 보여준다.

그렇다면 실제로 급성전염병이 발생했을 경우에 시정부는 어떻게 대처했을까? 1934년에서 1937년까지 베이핑에서 콜레라와 페스트는 발생하지 않았다. 물론 같은 시기에서 성홍열·두창·이질·디프테리아·티푸스 등이 발생했지만, 이 급성전염병들이 전체 사망원인 중에서 차지하는 비중은 그다지 높지 않았다. 바꿔 말하면 항일전 발발 이전까지 베이핑시정부의 급성전염병 통제는 상당한 효과를 거두고 있었다. 그런 이유로 시정부의 급성전염병에 대한 대책에서 일상적인 예방접종과 전염병의원 등을 통한 전염병 관리 이상의 조치를 발견하기란 쉽지 않다.

1937년 7월 7일 중일전쟁이 시작되면서, 때마침 홍콩과 상하이 등지에서 콜레라가 발생했다. 콜레라는 곧바로 톈진으로 퍼져나갔고 베이핑 일대에도 콜레라의 확산이 예견되었다. 항일전 발발 이후 베이핑이 함락되자 일제는 베이핑에 점령체제를 건립하려고 했는데, 1937년 8월 1일 청조의 유로(遺老)인 장차오종(江朝宗)이 주도하여 베이핑시지방유지회(北平市地方維持會, 이하 유지회)를 조직했고, 9월에는 그 자신이 유지회 회장과 베이핑시 시장으로 취임

23 위의 책, 39-44쪽.

24 北京特別市公署衛生局 編印, 『北京特別市公署衛生局二十五年度業務報告』(北京: 北京特別市公署衛生局, 1938), 附表 14.

〈표 11〉 베이핑시 1936년도 성별 사망원인 분류[24]

순번	사망원인	남	여	계	%
1	호흡기질환	2,563	2,038	4,601	15.5
2	폐결핵	2,010	2,174	4,184	14.1
3	노쇠 및 중풍	1,941	1,836	3,777	12.7
4	위장병	1,463	1,198	2,661	8.9
5	경련	1,139	1,029	2,168	7.3
6	설사, 장염	937	854	1,791	6.0
7	발열 및 발진	916	658	1,574	5.3
8	성홍열	799	707	1,506	5.0
9	원인불명	1,185	135	1,320	4.4
10	신장 및 심장	593	569	1,162	3.9
11	초생허약 및 조산	553	460	1,013	3.4
12	두창	416	431	847	2.8
13	이질	267	241	508	1.7
14	홍역[麻疹]	234	241	475	1.6
15	한센병	204	241	445	1.5
16	기타 원인	164	209	373	1.3
17	양독(瘍毒)	208	138	346	1.2
18	산욕병	0	323	323	1.1
19	중독 및 자살	217	75	292	1.0
20	디프테리아	71	69	140	0.5
21	외상	106	30	136	0.5
22	티푸스	53	24	77	0.3
23	유행성 뇌수막염	3	6	9	0
24	발진티푸스	5	2	7	0

순번	사망원인	남	여	계	%
25	페스트	0	0	0	0
26	콜레라	0	0	0	0
27	광견병	5	0	5	0
계		16,052	13,688	29,740	100

했다.[25] 유지회는 4차에 걸친 회의를 통해 콜레라 예방접종을 실시할 것을 결정하고, 9월 29일 선전활동을 시작했다. 10월 3일에는 각 성문에서 수레·신발·채소류 등에 대한 소독을 실시했으며, 해산물은 베이핑시 내부로의 반입을 금지했다. 말하자면 교구에 대해서도 검역과 예방접종을 실시했지만, 교구로부터 성내외구로의 검역을 철저히 실행함으로써 성내외구에 대해서는 보다 엄격한 통제를 실시했다. 10월 6일부터 10월 26일까지 3주에 걸쳐 전 시민에 대한 콜레라 예방접종을 실시했다. 예방접종 실시 지점은 위생국, 위생구사무소, 주요 성문, 위생국 산하 각 의원, 전화국, 각 대학, 각 교구 평민의원 등 총 29개소에서 각 3차례에 걸쳐 시행되었는데, 검역 대상 인원은 총 45만 1,873명이었다. 1937년에는 콜레라로 인한 사망자는 발생하지 않았다.[26]

1938년 여름에 또다시 홍콩과 상하이 등지에서 콜레라가 유행했고, 베이징시는 1938년 7월 1일부터 9월 30일까지 예방접종을 실시했다. 이 기간 동안 성내외구와 교구 11만 9,549호와 151만 3,996명에 대해 검역과 예방접종을

25 曹子西 主編, 『北京通史』 第9卷(北京: 中國書店, 1994), 80쪽.

26 梅佳 選編, 「民國時期北平的傳染病管理與衛生防疫」, 『北京檔案史料』(2003. 2), 8-15쪽.

실시했다. 1938년에는 콜레라로 인한 환자가 34명 발생했으며, 9명이 사망했다. 콜레라 사망자는 전체 사망자(2만 8,373명)의 0.03%였다.[27]

이처럼 급성전염병에 대한 효과적인 통제는 베이핑시정부 시기뿐 아니라 일제의 베이핑 점령 이후에도 지속되었다. 이 같은 성과가 지속될 수 있었던 것은 성내외구와 교구를 차별화하는 베이핑시정부의 전염병 통제정책이 항일전쟁 발발 이후 일본점령기에도 그대로 계승되었을 뿐만 아니라 베이핑시정부 시기에 전염병 통제 대책이 체계적으로 구축되었기 때문에 가능한 것이었다.

베이핑시의 급성전염병 통제는 예방접종에만 한정되었던 것은 아니었다. 전염병 환자가 발견되면, 전염병 환자를 등록하고, 전염병의원에 격리 조치하거나 의사 및 위생지도원 등이 가정방문을 실시했다.[28] 그 결과 1935년 법정전염병으로 인한 사망자(918명)는 전체 사망자의 3.6%에 불과했다. 급성전염병 사망자가 최고조에 달했던 1936년에는 법정전염병으로 인한 사망자(3,094명)는 전체 사망자의 10.4%였다. 이는 법정전염병에 포함되지 않았던 폐결핵과 매우 대조적인데, 폐결핵은 1935년 사망순위 1위(5,057명)로 전체 사망자의 19.7%였고, 1936년 사망순위 2위(4,184명)로 전체 사망자의 14.1%였다.[29]

이처럼 1930년대 베이핑시정부의 급성전염병 통제는 상당 부분 효과를 거두고 있었다고 말할 수 있다. 왜냐하면 전염병의 보고와 전염병 환자의 관리

---

27 北京特別市公署衛生局 編印, 『北京特別市衛生局二十六年下半年二十七年全年度業務報告』(北京: 北京特別市公署衛生局, 1939), 附表 28.

28 北平市衛生局編, 『北平市衛生局第一衛生區事務所第十一年年報』 第11期(1936), 21-29쪽.

29 北平市政府衛生局 編印, 『北平市政府衛生局二十四年度業務報告』(北平: 北平市政府衛生局, 1936), 附表 A16. 北京市檔案館所藏 ZQ4-1-1814; 北京特別市公署衛生局 編印, 『北京特別市公署衛生局二十五年度業務報告』(北京: 北京特別市公署衛生局, 1938), 附表 14.

가 시정부 산하 전염병의원 및 위생구사무소 등을 통해 체계적으로 관리되고 있었고, 예방접종 역시 전방위적으로 실시되는 등 불특정 다수에 대해 중층적인 통제가 실시되었기 때문이었다. 반면 만성전염병은 질병 자체가 가진 특성으로 인해 급성전염병과 같은 예방접종이나 중층적인 통제를 실시하기 어려웠다.

만성전염병과 국가의료

1. 폐결핵 통제의 강화

대표적인 만성전염병으로는 (폐)결핵, 성병, 한센병[麻風] 등이 있다. 이중 폐결핵은 1930년대에 사망률 1-2위를 차지할 정도로 급성전염병의 위력을 능가하는 높은 사망률을 보였다. 성병은 사망률이 높지는 않았지만, 높은 전염성과 수직감염의 치명성 때문에 사회적으로 주목을 받는 질병이었다. 반면 한센병은 외견상 쉽게 발견되는 특성 때문에, 한센병 환자들이 공개적으로 자신들의 모습을 노출시키는 경우는 거의 없었다. 전염병의원에서 한센병은 검진항목에 포함되어 있었지만, 실제 한센병 검진 내역은 한 건도 발견되지 않았다. 다만 사망조사를 통해 한센병 환자들이 존재했다는 정도(1936년도 사망자의 1.5%)만이 확인될 뿐이다.[30] 이처럼 한센병 환자들이 잘 드러나지 않는 것은 한센병이 사회에서 '천형(天刑)'으로 여겨져 외부세계에 자신들의 모습을 드러낼 경우

30 北京特別市公署衛生局 編印, 『北京特別市公署衛生局二十五年度業務報告』(北京: 北京特別市公署衛生局, 1938), 附表 14와 316-1쪽의 표를 참고.

극도의 사회적 차별을 감수해야 했기 때문이었다. 심지어 한센병 환자들은 단순한 격리가 아닌 사살되어야 한다는 주장도 제기되었고, 실제로 일부 지방에서는 한센병 환자들이 군인들에 의해 총격을 당하기도 했다.[31]

따라서 베이핑시에서 실제적인 질병 통제의 대상이 되었던 만성전염병은 폐결핵과 성병이었다. 일반 시민을 대상으로 한 대중 위생강연과 위생교육에서도 폐결핵과 성병이 주요 논제로 등장했다. 폐결핵과 성병은 여타 법정전염병과 마찬가지로 사망률과 전염성이 높은 질병으로 오늘날에는 법정전염병으로 관리되고 있으나,[32] 난징정부 시기에는 법정전염병에 포함되지 않았다. 그 이유는 질병 자체의 중요성에서 차이가 있었던 것이 아니라 폐결핵 · 성병 같은 만성전염병은 개인적 질병이라는 사회적 인식이 강했기 때문이었다. 특히 페스트나 콜레라 등 법정전염병이 격리라는 즉각적인 공간 통제를 필요로 했던 반면, 폐결핵 · 성병 같은 만성전염병은 전염병 발생 즉시 집단적인 격리를 필요로 하지 않았기 때문인 것으로 추정된다.

폐결핵은 결핵의 일종으로 결핵환자 중에서 최대 비중을 차지하는데, 한

---

31 Herbert D. Lamson, *Social Pathology in China: A Source Book for the Study of Problems of Livelihood, Health, and the Family*(Shanghai: The Commercial Press, Limited., 1935), p.307.

32 중국에서는 법정전염병을 갑종 · 을종 · 병종으로 나누어 관리하고 있다. 갑종은 페스트와 콜레라이며, 을종에는 각종 성병, 디프테리아, 유행성 뇌막염, 성홍열 등이 포함되고, 병종은 폐결핵, 한센병[麻風], 유행성 감기, 이질, 티푸스 등으로 분류되고 있다. 중국 위생부는 매년 매월 단위로 전국법정보고전염병역정(全國法定報告傳染病疫情)을 공표하고 있는데, '2005년 전국법정보고전염병역정'(2006년 2월 10일 위생부 발표)에 따르면, 발병률 상위 5위는 폐결핵, B형간염, 이질, 임질, 매독 순이었으며, 치사율 상위 5위는 폐결핵, 광견병, AIDS, B형간염, 신생아 파상풍 순이었다. 「중화인민공화국전염병방치법(中華人民共和國傳染病防治法)」과 「전국법정보고전염병역정(全國法定報告傳染病疫情)」에 대해서는 중화인민공화국 위생국 홈페이지를 참고. http://www.moh.gov.cn/.

조사에 따르면 1910년대와 1920년대 폐결핵은 결핵 중에서 41.2-66.5%를 차지하고 있었다.[33] 그런데 사회적으로 결핵이라고 하면 폐결핵을 떠올릴 정도로 결핵 환자의 대다수는 폐결핵 환자였으며, 질병분류상으로도 종종 폐결핵이 결핵을 대신하여 분류 목록에 등장하기도 했다. 위생구사무소 등의 실제 질병 통제 결과상으로도 결핵 환자의 90% 이상이 폐결핵 환자였다.

베이핑에서 폐결핵이 유행한 원인으로는 첫째, 폐결핵에 대한 인식이 결여되어 있었고, 둘째, 예방법이 무시되고 있었으며, 셋째, 경제상의 궁핍이 작용했기 때문이었다.[34] 이와 같은 인식은 국가의료를 지향했던 '공의그룹'이 국가의료의 실현을 위해서는 계몽운동과 국민경제의 진작이 필요하다고 보았던 것과 일맥상통한다. 그런데 위생국이 제시할 수 있는 해법은 폐결핵에 대한 예방교육을 철저하게 시행함과 동시에 폐결핵을 전담할 수 있는 전문진료소를 확대하는 것이었다. 더군다나 폐결핵과 같은 만성전염병은 급성전염병 통제와 같이 예방접종을 실시하거나 불특정다수를 대상으로 강제적인 검역을 실시하기가 어려웠기 때문에 이 같은 해법을 제시한 것은 당연한 것이었다.

폐결핵의 확산을 방지하기 위한 노력은 민간에서 먼저 시작되었다. 1932년 10월 베이징협화의학원 교수들을 중심으로 결핵전문병원을 설립하기 위한 준비 작업이 시작되었다. 1933년 겨울에는 폐결핵 전문의와 X-ray 진단 전문의 등이 중심이 되어 폐결핵학회[癆病學社]가 조직되어 폐결핵 예방을 위한 대중

33 Herbert D. Lamson, *Social Pathology in China*(1935), p.332.

34 北平市衛生局第二衛生區事務所 編,『北平市衛生局第二衛生區事務所年報』, 第3期(1936. 7), 43쪽.

활동이 시작되었다.[35] 1934년에는 베이핑협화의학원과 사회 저명인사들의 지원으로 내1구 지역에 위치한 베이츠쯔펑선먀오(北池子風神廟)에서 베이핑결핵병원(北平結核病院)이 창립되었다.

그러나 폐결핵 예방 등을 위한 민간활동에는 분명 한계가 있었다. 특히 폐결핵 진단을 위해서는 X-ray 장비를 갖추어야 했는데, 일반 사립병원에서 X-ray 진단비는 고가였기 때문에, 일반 시민들이 이를 이용하여 조기에 폐결핵진단을 받는 일은 부담스러운 일이었다. 따라서 시정부의 폐결핵 통제 방안에는 대중 위생교육과 학교 건강검진을 강화하는 것뿐만 아니라, 무료 혹은 염가로 진료할 수 있는 X-ray 장비를 갖춘 시정부 직속의 전문진료소를 확대 운영하고, 위생구사무소의 관리감독을 강화하는 것이 포함되었다.

우선 시정부는 시립의원에 폐결핵과[肺癆科]를 증설하고 X-ray 장비를 갖추어 폐결핵을 진단하고 치료할 수 있는 기회를 더욱 확대하고자 했다.[36] 실제로 급성전염병을 통제할 때, 전염병의원에 의존하는 비중이 컸던 것처럼, 폐결핵이나 성병 같은 만성전염병의 통제는 시립의원에 의존하는 비중이 컸다. 아울러 위생구사무소에 결핵과를 설치하여 진료와 방문 통제를 강화했다. 1935년 11월, 제1위생구사무소는 베이핑결핵병원과 합작으로 결핵과[結核病科]를 신설했고, X-ray 장비와 전문의료진을 배치했다. 제1위생구사무소 결핵과는 주임의사 1명, 겸임의사 1명, 겸임간호감독원 1명, 겸임사회복지사 1명, 서기 1명, 기술원 1명, 보조원 1명, 공공위생간호사 겸 가정방문 인원 1명

35 「平市肺癆科大夫發起反癆運動」, 『北平晨報』(1934. 4. 14), 6면.

36 北平市政府 編, 『北平市政府民國二十四年度預定行政計劃書』(北平: 北平市政府, 1935), 36쪽.

등으로 구성되었다. 진료는 매주 화·수·금요일 3차례에 걸쳐 실시되었으며, 1935년 11월부터 1936년 6월까지 결핵환자 232명, 접촉자 399명을 진료했다. 결핵균 검사는 436명을 실시했으며, X-ray 투시 검사는 400명, X-ray 사진 검사는 258명을 실시했다. 제1위생구사무소의 자체 문진 외에도 학교와 가정 방문을 통해 결핵을 관리했다.[37] 제1위생구사무소의 폐결핵환자 가정방문 차수는 1933년부터 1935년까지 각각 2,205회, 2,686회, 3,399회였다.[38] 제2위생구사무소 역시 1935년 하반기부터 위생구사무소 진료소를 통해 결핵치료를 실시했고 가정방문을 병행했다. 1935년 제2위생구사무소의 폐결핵 문진 환자 수는 142명이었으며, 기타 결핵 환자 수는 10명이었다. 가정방문 차수는 폐결핵 환자 137차, 기타 결핵 환자 9차였다.[39] 1935년도 제3위생구사무소의 결핵 문진 환자는 117명이었다.[40] 이처럼 1935년 제1위생구와 여타의 위생구에서 결핵 환자에 대한 문진과 가정방문 실적은 현격한 차이를 보이는데, 이는 만성 전염병에 대한 통제가 본격화되지 않았던 시점이기 때문인 것으로 판단된다.

〈표 12〉의 문진상황에는 제2위생구의 문진 상황이 누락되어 있지만, 새로 설립된 제4위생구를 제외하면, 위생구사무소의 결핵환자 진료 실적이 크게 차이가 나지 않는다는 것을 알 수 있다.

사회 저명인사들의 찬조와 위생구사무소의 결핵과 신설 등을 통해 폐결핵

---

37 北平市衛生局 編, 『北平市衛生局第一衛生區事務所第十一年年報』, 第11期(1936), 26-29쪽.

38 위의 책, 116쪽.

39 北平市衛生局第二衛生區事務所 編, 『北平市衛生局第二衛生區事務所年報』, 第3期(1936. 7), 44쪽.

40 北平市衛生局第三衛生區事務所 編, 『北平市衛生局第三衛生區事務所第二年年報』, 第2期(1936), 83쪽.

〈표 12〉 1936년도 진료소별 전염병 문진상황[41]

단위: 명

진료소	법정전염병		기타 전염병		결핵		성병	
	남	여	남	여	남	여	남	여
시립의원	49	12	64	35	471	300	421	148
북성진료소	0	0	0	0	10	3	3	0
동교진료소	0	0	1	2	19	12	13	0
서교진료소	0	0	0	0	0	0	8	4
더성먼(德勝門)진료소	0	0	0	0	19	14	7	1
전염병의원	777	697	139	106	9	16	8	3
제일위생구사무소	119	112	110	83	99	61	36	86
제삼위생구사무소	40	22	150	139	77	96	63	14
제사위생구사무소	35	20	109	105	33	24	13	18
진스팡제(錦什坊街) 진료소	0	0	1	0	0	0	0	0
본년 총계	1,020	863	574	470	737	526	572	274
	1,883		1,044		1,263		846	
전년 총계	649		781		899		857	

통제는 순조롭게 확대되어 나갔다. 베이핑협화의원은 위생구사무소에 X-ray 장비를 무상 제공하기도 했다. 시정부는 폐결핵 통제가 확대됨에 따라 '폐결핵요양소[癆病村]'를 설치하여 폐결핵 환자의 격리와 요양에 사용할 계획이었

41 北京特別市公署衛生局 編印, 『北京特別市公署衛生局二十五年度業務報告』(北京: 北京特別市公署衛生局, 1938), 附表 27.

다.[42] 시정부의 폐결핵 통제는 급성전염병 통제와 마찬가지로 위생구사무소를 중심으로 확대되어나갔다. 1936년도 진료소별 전염병 문진상황에서 볼 수 있는 것처럼, 법정전염병을 비롯한 급성전염병은 전염병의원과 위생구사무소에 의존하는 비율이 높았다. 반면 결핵과 성병은 시립의원과 위생구사무소에 의존하는 비율이 높았음을 알 수 있다.

그런데 주목해보아야 할 것은 전염병의원과 시립의원의 지리적 위치이다. 전염병의원은 내1구와 내3구의 접경지역 즉 내성구에 위치했고, 시립의원은 쉬안우먼(宣武門) 일대 즉 외성구에 위치했다. 이는 급성전염병 통제가 주로 내성구를 중심으로 실시되었고, 만성전염병의 통제는 내성구와 외성구가 모두 포괄되었으며, 교구는 각종 전염병의 통제가 미약했다는 것을 의미한다.

성병 역시 만성전염병의 대표적인 사례로 위생구사무소 진료소별 문진상황은 폐결핵과 비슷한 양상을 보여준다. 더욱이 성병 환자는 자신들의 감염 사실이 외부로 알려지는 것을 극도로 꺼려했기 때문에 폐결핵 통제와 같은 방문 통제를 실시하는 것도 불가능했다. 그런데 성병은 수직감염의 치명성이 있다는 점과 성병의 온상지로 기원(妓院)과 기녀가 지목되고 있었다는 점에서 사회적으로 문제시된 질병이었다. 따라서 국가의료를 목표로 했던 시정부로서는 우선적으로 산모와 기녀에 대해서는 특단의 조치를 실행해야 될 필요성이 있었다.

성병은 폐결핵과 더불어 만성전염병을 대표하는 질병으로서 1930년대에 개인적 질병에서 국가적 질병으로 인식되기 시작했다는 점에서 중요한 의미

---

42 「結核病院計劃設立療病村」, 『北平晨報』(1936. 11. 8), 6면.

가 있는 질병이었다. 특히 성병은 폐결핵과 달리 특정계층을 주요 통제 대상으로 삼지 않을 수 없었던 점에서 전염병 통제 양상이 다를 수밖에 없을 것이다. 따라서 베이핑시정부의 만성전염병 통제 대책에 접근하기 위해서는 성병 통제를 좀 더 면밀하게 고찰할 필요가 있을 것이다.

2. 성병의 만연과 통제

난징정부의 기녀정책은 국가 차원의 통일성을 결여하고 있었다. 중국에서 폐창(廢娼) 논의는 5·4 시기 이래로 끊이지 않았는데, 상하이에서는 1920년 폐창이 시작되었고,[43] 난징정부 성립 이후에는 난징을 시작으로 장쑤(江蘇)·저장(浙江)·안후이(安徽)·광둥(廣東) 등으로 폐창이 확대되는 추세였다.[44] 그런데 국가의료를 지향했던 베이핑시정부는 사실상 공창제도(公娼制度)를 지지했다.

베이핑에서 기녀에 대한 검진 사무는 1906년 「관리기녀규칙(管理娼妓規則)」으로 제도화되었다. 이 규칙에 따르면 위생국이 경찰의 감독하에 기녀의 질병 유무를 검진하도록 했다.[45] 1927년 2월 10일 경사경찰청 검험창기사무소(檢驗娼妓事務所)가 성립하여 기녀에 대한 검진 사무가 본격화되었으며,[46]

43 Gail Hershatter, "Regulating Sex in Shanghai: The Reform of Prostitution in 1920 and 1951," Frederic Wakeman and Yeh Wen-hsin eds., *Shanghai Sojourners* (Berkeley: Center for Chinese Studies, 1992), pp.147-167.

44 난징에서는 1928년 7월 30일 기원을 폐쇄하는 명령을 공포하고, 8월부터는 기녀에게서 받아왔던 화연(花捐)의 징수를 중지했다. 「京市府之廢娼運動」, 『申報』(1928. 8. 13), 20면.

45 「管理娼妓規則」, 田濤·郭成偉 整理, 『清末北京城市管理法規(1906-1910)』(北京: 北京燕山出版社, 1996), 502쪽.

46 「設所檢驗妓女警察廳每月檢驗一次」, 『世界日報』(1927. 2. 12), 第7版.

1928년 10월 베이핑특별시 위생국 기녀검치사무소(妓女檢治事務所)가 성립하여 기녀에 대한 검진과 치료가 병행되었다. 기녀검치사무소의 위치는 기원이 집거하고 있던 외성구 북부의 쉬안우먼 부근이었다. 기녀검치사무소는 양적 질적으로 점차 확대되어 1934년 12월 위생국 직속 독립기구로 성장해나갔으며,[47] 1936년 5월에는 동교 지역에 기녀검치사무소 분소가 설치되었다.[48]

국가의료의 강력한 주창자였던 황쯔팡이 베이핑시정부 성립 이후 위생국장에 등용되면서 국가의료는 위생행정의 핵심과제가 되었다. 특히 기존 공안국에서 담당해오던 기녀 검진 업무를 위생국으로 이관함에 따라 성병 통제 역시 위생행정의 효율성을 검증할 수 있는 중요한 시험대에 오르게 되었다.

시정부 입장에서 폐창할 것인가 기녀 관리에 중점을 둘 것인가의 문제는

---

47 1927년 2월 20일부터 외성관의원(外城官醫院) 구지(舊址, 宣武門 外梁家園)에서 검진을 시작했고, 그 업무는 공안국이 관할했다. 1928년 난징정부의 성립과 함께 베이징시가 베이핑특별시로 개조되면서, 이 사무소는 베이핑특별시 공안국 검험창기사무소(檢驗娼妓事務所)로 개칭되었다. 1928년 10월 이 사무소는 위생국 소속으로 변경되었고, 그 명칭도 베이핑특별시 위생국 기녀검치사무소(妓女檢治事務所)로 바뀌었다. 1930년 4월 1일 위생국이 폐지되고 공안국에 위생과가 설치되면서 기녀검치사무소는 다시 공안국 관할로 바뀌었다. 1932년 7월 12일 공안국이 축소되면서, 기녀검치사무소는 외성관의원에 부속되었고, 외성관의원 징더융(荊得雍) 원장이 기녀검치사무소 소장을 겸임했다. 1933년 11월 공안국 위생고가 폐지되고 위생처가 성립되면서, 외성관의원이 시립의원(市立醫院)으로 개조되었다. 기녀검치사무소 역시 시립의원에 부속하게 되었으며, 리쉐잉(李學瀛) 원장이 사무소 주임을 겸임했다. 1934년 7월 1일 위생처가 위생국으로 개편되었고, 12월 1일 기녀검치사무소는 시립의원에서 독립하여 위생국에 직속하게 되었으며, 그 명칭도 베이핑시위생국 기녀검치사무소로 변경되었다. 北平市政府衛生局 編印, 『北平市政府衛生局二十三年度業務報告』(北平: 北平市政府衛生局, 1935. 10. 1), 256-271쪽. 北京市檔案館所藏, ZQ4-1-1813.

48 1935년 위생국은 동서 교구에 기녀검치사무소 분소를 개설하고자 했다. 결국 1936년 5월 1일 위생국은 시립의원 동교진료소 내에 기녀검치사무소 분소를 개설하여 매월 두 차례에 걸쳐 검사 인원을 파견했다. 서교진료소에도 기녀검치사무소 분소를 개설할 예정이었으나 서교진료소는 기원과 거리가 먼 관계로 기녀의 검진과 치료에 어려움이 예상되어 서교분소의 개설은 연기되었다. 北京特別市公署衛生局 編印, 『北京特別市公署衛生局二十五年度業務報告』(北京: 北京特別市公署衛生局, 1938), 331쪽.

이미 현실과는 동떨어진 논의였다. 기녀검치사무소의 존재 자체는 시정부가 기녀 관리에 무게 중심을 두고 있었음을 반증하는 것이다. 사실 베이징에서도 군벌 시기 펑위샹(馮玉祥)(1882-1948)에 의해 금창(禁娼)이 실시된 바 있었다. 그 결과 관기(官妓)는 공식적으로 사라졌으나 사창(私娼)은 오히려 번성했다. 그런데 난징정부 수립 이후 베이핑의 기녀 수는 획기적으로 감소했는데, 최대 5,000명 이상의 기녀가 절반가량으로 줄었다. 그것은 베이핑시정부가 특별한 조치를 취했기 때문이 아니라 화북의 불안한 정치 상황과 수도이전에 따른 부수적 효과였다. 난징정부 시기 베이핑의 기녀는 대략 2,000-3,000명으로 유지되었다.

시정부 이외에 기녀의 검진과 치료에 지대한 관심을 보였던 집단은 군부였다. 기녀와의 접촉이 가장 빈번한 집단 중의 하나가 군인들이라는 것은 새삼스런 사실도 아니었기 때문에, 그들은 군내 내의 위생 관리를 위해서도 기녀의 검진과 치료는 필수적으로 요구된다고 판단했다. 군부는 시당국에 기녀에 대한 철저한 검사와 통제를 명령했고,[49] 자체 내에서도 성병 통제 방안을 강구하고 있었다.[50]

베이핑시정부 성립 이후 위생국은 먼저 기녀검치사무소에 대한 법적 제도 정비를 시작했다. 1928년 12월 「베이핑특별시 기녀검치사무소 조직간장(北平特別市妓女檢治事務所組織簡章)」(이하 「조직간장」)에 따르면, 기녀검치사무소

---

49 「妓女二千四百餘病者過半數」, 『京報』(1934. 9. 6).

50 「北平公安局關于抄發傳染病及花柳病報告的訓令」(1935. 4. 11), 北京市檔案館所藏 J181-20-20218.

는 위생국 직속으로 기녀의 건강검진과 치료, 예방을 전담하고, 소장 1명 외 의사 10명, 간호사 11명 등 총 33명으로 구성되어 있었다. 「조직간장」에서 특이할만한 점은 지도·탄압·송달·통지·조사와 업무상의 편리를 위해 경찰 7명을 기녀검치사무소에 상주시키고, 월급과 복장 등 부대비용을 기녀검치사무소가 제공한다고 규정하고 있다는 점이었다.[51] 이는 기녀검진을 위해서는 경찰력이 필요했음을 보여주는 대목이다. 「조직간장」의 원안대로라면 이들 경찰은 사실상 위생국 소속 경찰이라 할 수 있을 테지만, 실제로는 경찰구서에서 파견된 청원경찰 3명이 3개월에 한 번씩 교대근무를 했고, 1주일에 한차례 1명씩 교대로 경찰구서에 돌아가 훈련을 받았다.[52] 이들은 기녀검진 및 위생업무에 생소했기 때문에 업무 진행에 차질을 빚을 수밖에 없었다. 위생국은 위생경찰을 선발하여 그들 업무를 보충하고자 했고, 1934년 10월 시험을 통해 10명의 위생경찰을 선발했다.[53]

같은 시기 공포된 「베이핑특별시 기녀검치사무소 세칙(北平特別市妓女檢治事務所細則)」과 「베이핑특별시 기녀검치사무소 검치규칙(北平特別市妓女檢治事務所檢治規則)」(이하 「검치규칙」)에서는 검사해야 할 구체적인 신체 부위, 검진비용 및 불응 시 처벌 내용 등을 상세하게 규정했다.[54] 검사 부위와 방

---

51 「北平特別市妓女檢治事務所組織簡章(1928. 12. 15公布)」, 『衛生公報』 第1期(1928. 12), 37-39쪽.

52 北京特別市公署衛生局 編印, 『北京特別市公署衛生局二十五年度業務報告』(北京: 北京特別市公署衛生局, 1938), 336쪽.

53 「平市衛生處招衛生警」, 『北平晨報』(1934. 4. 11).

54 「北平特別市妓女檢治事務所細則(1928. 12. 15公布)」, 『衛生公報』 第1期(1928. 12), 39-41쪽; 「北平特別市妓女檢治事務所檢治規則(1928. 12. 15公布)」, 『衛生公報』 第1期(1928. 12), 41-47쪽.

〈표 13〉 베이핑시 기녀 수의 증감[55]

연도	1등기녀	2등기녀	3등기녀	4등기녀	계
1912	635	915	1,315	231	3,096
1913	721	838	1,368	257	3,184
1914	744	833	1,467	256	3,300
1915	760	908	1,535	288	3,491
1916	729	893	1,580	298	3,500
1917	781	986	1,814	308	3,889
1919	642	743	1,465	280	3,130
1928	445	639	2,160	349	3,593
1929	390	503	2,130	350	3,373
1930	324	412	1,908	362	3,003
1931	295	354	1,598	327	2,574

법은 내진, 전신검사, 세균검사, 혈액검사 등으로 나뉘는데, 기녀검치사무소 설립 초기에는 책임실무자 없이 분비물 검사는 시립의원에 위탁하고, 혈액검사는 전염병의원에 검사를 의뢰하는 형식으로 이루어졌다. 1935년 신식 현미경 1대를 사무소에 들여온 이후, 매독 검사인 바서만 반응 검사(Wassermann Test)를 전염병의원에 위탁한 것을 제외하면, 각종 분비물 검사와 혈액검사 등을 자체 시행할 수 있게 되었다. 1936년 4월부터는 전문기술원이 채용되어 검사 업무를 전담하게 되었다. 바꿔 말하면 1930년대 전반까지만 해도 신속하고

55 鮑祖宣,『娼妓問題』(上海: 女子書店, 1935), 21-22쪽.

정확한 검사가 어려웠다는 것이다. 검사 결과가 나오기 전까지는 직접적으로 기녀의 영업행위를 단속할 근거가 없었기 때문에, 정확하고 신속한 검사가 이루어지지 못하면 성병이 확산될 기회는 그만큼 더 늘어나는 것이었다.[56]

「검치규칙」은 성병의 전염성이 확인되면 기녀의 손님접대를 금지하고, 전염성이 극렬할 경우 관할 경찰구서에 통지하여 영업을 금지하도록 했다. 검진 비용은 1등기녀가 2원 5각, 2등기녀가 1원, 3등기녀가 5각, 4등기녀는 면제였다. 검진 시기는 1등기녀가 4주에 1차, 2등기녀가 3주에 1차, 3등기녀가 2주에 1차, 4등기녀가 1주에 1차였다. 만약 기녀의 대리인이 대리검사를 받게 되면, 본인과 대리인 모두 벌금 3원이었다. 검진 통지일보다 늦게 검진을 받을 경우에는 5원, 고의로 도피하는 자는 10원의 벌금을 물어야 했다. 손님접대가 금지된 기녀가 손님을 받을 경우에는 50원의 벌금을, 영업정지 처분대상자가 영업을 하다가 적발될 시에는 100원의 벌금을 물어야 했다.

그러나 벌금만으로 기녀들의 성병을 통제하는 것은 한계가 있었다. 특히 악성환자에 대해서 격리와 강제치료의 필요성이 제기되었다. 이 때문에 1935년 위생국은 악성 성병 환자의 치료를 위해 병실을 개설하여 격리 및 강제치료를 실시할 예정이었다. 그러나 예산상의 문제로 병실 개설안은 표류했다.[57] 결국 1937년 4월 20일 10병상 규모로 격리병동을 개설하여 악성 환자에 대한 격리

56 1935년 10월부터 1936년 6월까지 임질균검사는 7,943건 시행되었는데, 그중 양성반응자가 2,081건이었다. 매독반응검사는 1,831건이 시행되었는데, 양성반응자가 1,065건이었다. 北平市政府衛生局 編印, 『北平市政府衛生局二十四年度業務報告』(北平: 北平市政府衛生局, 1936), 397쪽. 北京市檔案館所藏, ZQ4-1-1814.

57 「平市妓女檢治所呈請添設病房妓女發現有病者卽强制留院治療」, 『京報』(1937. 2. 21).

와 강제치료를 실시할 수 있게 되었다. 만약 강제치료를 거부하는 경우에는 위생국 명의로 영업정지 등의 처분을 내렸다.[58]

기녀사회는 1등, 2등, 3등, 4등으로 등급화되어 있었고, 각 등급별로 몸값이 달랐으므로 고객층도 달랐다. 중국 사회에서 상급기녀는 문학과 풍류에 능한 반면, 하급기녀는 위험한 존재로 그려진다. 특히 하급기녀일수록 성병과 같은 질병에 노출될 가능성이 높은 것으로 인식되었다. 따라서 정부에서도 각 기녀의 등급에 따라 검진비용과 검진 차수에 차등을 두었던 것이다. 그렇다면 실제로 기녀의 등급과 성병의 관계는 어떠했을까?

질병에 따른 성병 분류를 시작하고 있는 1929년 3월 통계에 따르면, 1등기녀 383명 중 15%(57명)가 성병 환자였다. 2등기녀 482명 중 17%(80명), 3등기녀 1,790명 중 27%(491명), 4등기녀 287명 중 31%(89명)가 성병 환자였다. 상대적으로 하급기녀일수록 성병감염률이 높았으며, 1등기녀와 2등기녀에게는 발견되지 않았던 매독감염률 역시 3등기녀와 4등기녀가 각각 5.1%, 5.6%를 차지했다. 기녀검치사무소 1929년 4월과 5월의 업무보고에서도 하급기녀일수록 성병감염률이 높게 나타나며, 특히 3등기녀의 성병감염률은 평균 45% 이상에 달했다.[59]

그런데 1929년 3월, 4월, 5월 기녀검치사무소의 업무보고에 따르면 1등기

58 北京特別市公署衛生局 編印, 『北京特別市公署衛生局二十五年度業務報告』(北京: 北京特別市公署衛生局, 1938), 331-336쪽.

59 1929년 4월 업무보고에서는 1등기녀 32%, 2등기녀 37%, 3등기녀 47%, 4등기녀 44%의 성병감염률을 보여주고 있고, 1929년 5월 업무보고에서는 1등기녀 17%, 2등기녀 14%, 3등기녀 45%, 4등기녀 19%의 성병감염률을 보여주고 있다. 北平市衛生局, 『衛生公報』 第5期(1929. 4), 표 17-19; 北平市衛生局, 『衛生公報』 第6期(1929. 5), 표 18-20.

〈표 14〉 베이핑시 기녀검치사무소 1929년 3월 검진 및 치료 성적[60]

단위: 명

구분	매독	연성하감	임질	성병감염률(%)	계	수검자 총수
1등기녀	-	-	57	15	57	383
2등기녀	-	2	78	17	80	482
3등기녀	92	24	375	27	491	1,790
4등기녀	16	4	69	31	89	287
계	108	30	579	24	717	2,942

〈표 15〉 베이핑시 기녀검치사무소 1935년도 업무보고[61]

단위: 명

구분	매독	연성하감	임질	성병감염률(%)	계	수검자 총수
1등기녀	237	3	1,134	65.5	1,374	2,097
2등기녀	669	19	1,497	58.1	2,185	3,758
3등기녀	7,619	344	8,263	56.0	16,226	29,000
	4,634	191	4,537	56.0	9,362	16,705
4등기녀	1,865	86	1,479	54.7	3,430	6,274
	1,524	60	1,110	55.9	2,694	4,818
계	10,390	452	12,373	55.4	23,215	41,939
	6,158	251	5,647	56.0	12,056	21,523

녀의 성병감염률은 각각 15%, 32%, 17%를 차지했다. 이러한 수치는 상급기녀의 성병감염률이 하급기녀에 비해 상대적으로 낮았다는 것을 의미하지만,

60 北平市衛生局, 『衛生公報』 第4期(1929. 3), 표 17.

61 北平市政府衛生局 編印, 『北平市政府衛生局二十四年度業務報告』(北平: 北平市政府衛生局, 1936), 401쪽. 附表 B230. 北京市檔案館所藏, ZQ4-1-1814.

그들 역시 성병에서 자유로울 수는 없었다는 사실을 잘 보여준다. 〈표 15〉의 1935년도 위생국 업무보고에 따르면, 1등기녀부터 4등기녀까지의 성병감염률은 65.5%, 58.1%, 56%, 54.7%를 차지했다. 이에 따르면, 각급 기녀들의 성병이 상향평준화되는 현상을 나타내고 있음을 알 수 있다. 기녀검치사무소가 성병 통제를 했음에도 성병감염률이 증가한 이유는 기녀 통제 및 위생경찰의 운용 등 미숙한 점이 있었고, 기녀검치사무소 자체에서 검진할 수 있는 검사장비 등이 갖추어져 있지 않아 검사 결과에 따라 즉각적인 조치를 실행할 수 없었던 상황에 기인한 것이었다. 1935년부터는 이러한 상황이 일부 개선되기 시작했다. 〈표 16〉의 1936년도 위생국 업무보고에 따르면, 1등기녀부터 4등기녀까지 성병감염률은 30.0%, 41.8%, 41.1%, 39.3%를 차지했다. 1929년과 1935년, 1936년의 기녀검치 결과를 비교해보면, 1등기녀의 성병감염률은 다른 기녀들에 비해 여전히 상대적으로 낮은 성병감염률을 보여주고 있다. 그러나 1929년 상급기녀와 하급기녀의 성병감염률이 최고 2-3배(15-31%) 차이를 보였던 것에 비해 1936년에는 그 차이가 10% 이내로 좁혀서 성병감염률로만 보았을 때 상급기녀와 하급기녀의 차이는 사실상 무의미해졌다고 볼 수 있다.

그런데 수치상의 변화 중 주목해보아야 할 것은 기녀들의 성병감염률의 변화이다. 1935년까지 상향평준화되던 성병감염률이 1935년을 고비로 1936년에는 전년 대비 대략 10-35% 감소 추세를 보였다는 점이다. 이러한 수치의 변화는 기녀검치사무소가 베이핑시 전체 기녀에 대해 정기적으로 검사한 수치인 만큼 신뢰할 만한 근거는 충분하다 하겠다. 즉 베이핑시 기녀검치사무소의 성병 통제는 가시적인 효과를 나타내고 있었다.

기녀검치사무소의 성병 통제 결과는 언론에도 공개되었는데, 언론상으로

〈표 16〉 베이핑시 기녀검치사무소 1936년도 업무보고[62]

단위: 명

구분	매독	연성하감	임질	성병감염률(%)	계	수검자 총수
1등기녀	145	5	655	30.0	805	2,684
2등기녀	304	7	1,040	41.8	1,351	3,229
3등기녀	3,819	188	5,002	41.1	9,009	21,941
	2,192	93	2,963	40.0	5,248	13,116
4등기녀	831	25	853	39.3	1,709	4,353
	617	21	543	37.0	1,181	3,196
계	5,099	225	7,550	40.0	12,874	32,207
	2,809	114	3,506	39.4	6,429	16,312

는 기녀 중 환자 비율이 20%, 50%, 90% 등으로 다양하게 발표되었다.[63] 이처럼 환자 비율이 크게 차이가 나는 것은 발표 시기나 근거자료가 달랐기 때문이 아니라 20%는 성병치료를 받은 기녀를 지칭하는 것이고, 50%는 성병감염 기녀를, 90%는 성병 이외에 기타 질병까지 포함하는 경우 등 그 포함 범위가 달랐기 때문이었다. 이들 발표에 따르면 성병 이외에 기타 질병까지 포함할 경우 질병이 없는 기녀는 거의 없었다고 볼 수 있다.

기녀검치사무소의 성병 통제가 성공적이었음에도 기녀검치는 몇 가지 문제점이 있었다. 첫째는 제한된 의료진과 검사장비로는 2,000명 이상의 기녀

62 北京特別市公署衛生局 編印, 『北京特別市公署衛生局二十五年度業務報告』(北京: 北京特別市公署衛生局, 1938), 338쪽.

63 「妓女有病者佔五分之一」, 『京報』(1934. 10. 19); 「妓女二千四百餘病者過半數」, 『京報』(1934. 9. 6); 「平市衛生局一月份各妓女檢驗之結果」, 『京報』(1936. 2. 20), 6면.

〈표 17〉 기녀검치사무소 문진 질병 분류(1935. 7-1936. 6)

순번	질병명	성별	사람 수
1	법정전염병	여	1
2	기타 전염병	여	0
3	성병	여	3,042
4	결핵	여	11
5	피부병	여	581
6	눈병	여	38
7	이비인후	여	38
8	치과치료	여	22
9	소화기병	여	62
10	호흡기(비결핵)	여	23
11	순환기, 혈액	여	4
12	신경계	여	0
13	생식비뇨기	여	312
14	산과	여	0
15	외상	여	26
16	혹류	여	74
17	중독	여	1
18	기타 질병	여	80
계			4,315

를 효과적으로 통제하기가 쉽지 않았다는 점이다. 병이 없는 기녀라도 검사 후 1시간 내에 얼마든지 보균자와 접촉한 후 다른 남자에게 전파할 수 있기 때문에 검사 자체가 무의미할 수 있었다. 또 나중에 결과에 따라 벌금과 기원봉쇄

등의 법적 제재를 받더라도 도주나 은거 등의 방법으로 대처하기 때문에 통제에 어려움이 있었다. 즉 검진 자체에도 여러 가지 문제가 있었기 때문에 기녀의 검진과 치료만으로 근본적인 문제를 해결할 수는 없었다는 것이다. 둘째는 기녀들이 자신들의 '안면' 때문에 검진을 받으려 하지 않는다는 것이다. 기녀들은 성병 진단을 위해 기녀검치사무소에 다녀온 사실을 고객들이 알게 될까 봐 사력을 다해 검진을 받지 않으려고 저항했다.[64]

1933년 신문지상에 공개된 한 통계에 따르면, 베이핑시의 매독 환자는 약 2,000여 명이고, 연성하감 환자는 1,500여 명이며, 임질 환자는 7,980여 명이었다. 베이핑시 전체에서 성병 환자가 차지하는 숫자는 대략 1만 2,000-1만 3,000여 명으로 그중 남녀 각각 60%와 40%를 차지했다. 이 중 대부분은 청년층으로 이 통계에는 개인적으로 치료하거나 수치심으로 인해 치료를 하지 못하는 자들은 포함되지 않았다. 정확한 통계가 가능하다면 중국은 '화류국(花柳國)'이 될지도 모를 일이었다.[65]

기녀의 성병 통제는 베이핑시 전체 성병 환자의 10-20%만을 대상으로 한 것이라 기녀의 검진과 치료만으로 성병 통제의 성패를 논하기는 어렵다. 그러나 자신의 질병을 드러내기 꺼려하는 성병 환자의 특성상 성병에 대한 전면적인 통제는 사실상 불가능했다는 점을 기억할 필요가 있다.

위생국 역시 기녀의 검진과 치료만으로 성병 통제가 가능할 것으로 보지는 않았다. 1934년 시립의원 원장 겸 기녀검치사무소 주임이었던 리쉐잉(李學

64 直重, 「娼妓檢驗問題之討論」, 『北平晨報』(1931. 9. 26), 9면.

65 「梅毒猛於虎平市患者萬餘人」, 『北平晨報』(1934. 1. 20).

瀛)은 기녀검치는 똥통 안의 똥을 아무리 열심히 퍼나르더라도 그 속에 똥이 다시 쌓이는 것과 같은 이치라고 말했다. 말하자면 성적 접촉이 지속되는 상황에서 성병을 완전히 근절하는 것은 불가능하다는 것이다. 리쉐잉은 기녀의 검진과 치료의 목적이 성병을 근본적으로 박멸하는 데에 있는 것이 아니라 성병의 만연을 완화하는 데 있다는 점을 실토했다.[66] 이는 베이핑시정부가 성병 통제의 근본적 한계를 인식하고 있었으며, 기녀의 검진과 치료는 성병 통제를 위한 최소한의 대처 방안이었다는 것을 의미한다.

기녀의 검진과 치료 이외에 정부가 할 수 있는 일은 콘돔 사용의 장려, 위생진열소를 통한 성병 예방의 선전과 계몽, 학교와 직장위생을 통한 위생교육과 정기검진, 그리고 시립의원 및 위생구사무소 등을 통한 진료와 가정방문을 강화하는 것이었다. 그중에서도 위생구사무소는 산모에 대한 정기검진을 시행하는 과정에서 적극적인 성병 통제를 실시할 수 있었다.

제1위생구사무소의 문진 환자 1,718명 중 11.1%에 해당하는 191명이 성병 환자였으며, 매독이 남녀 각각 42명과 88명, 임질이 18명과 42명, 연성하감이 남성 1명 등이었다.[67] 제1위생구사무소는 산모와 태아의 건강과 산모의 성병치료의 편의를 도모하기 위하여 1935년 7월 산전화류과(産前花柳科)를 개설하여 성병치료를 전담하게 했다. 매주 목요일 오후 산전검사과(産前檢查科)

66 「市立醫院長僭談檢驗妓女梅毒」, 『北平晨報』(1934. 8. 12).

67 北平市衛生局第一衛生區事務所 編, 『北平市衛生局第一衛生區事務所第十一年年報』, 第11期(1936), 103쪽.

68 위의 책, 69쪽.

69 위의 책, 69쪽.

〈표 18〉 1935년도 제1위생구사무소 성병 환자 진료 차수 및 통계[68]

단위: 명

항목	상반기	하반기	계
환자 수	23	39	62
총 진료 차수	81	303	384
치료 문진	22	29	51
1인당 진료 차수	3.5	7.8	6.2
매차 문진자 수	3.7	10.4	7.5

〈표 19〉 1935년도 제일위생구사무소 성병의 진단과 분석[69]

단위: 명

항목	초기 성병	2기 성병	3기 성병	열성 성병	신경계 성병	선천성 성병	상태 불명	계
사람 수	2	2	1	40	2	3	12	62

위생구사무소의 성병검사

기녀검치사무소의 기녀에 대한 성병검진 이외에 위생구사무소와 시립의원 등에서 산모와 일반 시민을 대상으로 성병검진을 실시했다.

에서 진료를 시행하여, 성병에 걸린 산모의 치료를 유도했다. 아울러 위생지도원과 조산사를 수시로 파견하여 치료를 독촉했다. 빠른 시간 내에 치료를 완료하여 태아의 건강에 영향을 미치지 않도록 하기 위한 것이었다. 경제적으로 곤란하여 적절한 치료를 받지 못하는 경우에는 위생구사무소가 사회조사원을 파견하여 환자들을 도울 수 있도록 조치했다.[70]

1935년도 제1위생구사무소 성병치료 문진은 총 51차였으며, 진료 환자는 62명이었다. 총 진료 차수는 384차이며 1인당 진료 횟수는 6.2차, 매차 진료 사람 수는 7.5명이었다. 1935년도 산전검사과에서 검사한 성병 환자는 21명이었다. 이들 중 15명이 제1위생구사무소에서 출산했는데, 출산 결과는 2명이 사산했으며, 나머지 13명은 건강하게 출산했다. 사산의 원인은 2명 모두 치료 시기가 너무 늦었기 때문이며, 2명의 산모 모두 임신 7개월째 첫 번째 진료를 받았다.[71]

위생구사무소에 설치된 진료소는 성병치료를 전문으로 한 것은 아니었기 때문에 진료 실적이 좋을 리 없었다. 위생구사무소의 성병 통제는 주로 산모에 대한 성병진단과 치료에 주력했으며, 일반 문진 환자 중에서 성병감염자를 치료했다. 〈표 19〉에서 볼 수 있는 것처럼 성병 환자의 대부분인 65%가 겉으로 잘 드러나지 않는 열성 성병[隱性 性病] 등이었으며, 환자 자신도 감염 사실을 모르는 경우가 많았다.

이처럼 베이핑시정부의 성병 통제 활동은 기녀검치사무소를 통해 기녀에

70 위의 책, 68-69쪽.

71 위의 책, 69-70쪽.

게만 한정되지 않고 내성구의 위생구사무소를 통해서 일반 시민들에게 접근하고 있었다. 외성구의 시립의원에서도 성병 문진이 실시되었는데, 베이핑시 전체 성병 문진환자의 67.3%를 차지할 정도로 진료성적은 우수했다.[72] 그러나 외성구에서는 내성구의 위생구처럼 강제적인 치료활동은 불가능했다.

강제적인 예방접종과 검역을 시행했던 법정전염병과 달리 폐결핵·성병과 같은 만성전염병에 대한 강제적인 질병 통제는 실행하기가 쉽지 않았다. 위생구가 설치된 내성구에서는 폐결핵 통제를 위해 문진과 가정방문이 실시되었지만, 외성구에서는 시립의원 등에서의 문진에 의존할 수밖에 없었다. 시립의원과 위생구사무소가 외성구와 내성구에 위치함에 따라 만성전염병의 공간 통제 범위는 법정전염병에 비해 확대된 것처럼 보인다. 실제로 시립의원 부속 진료소는 각 교구에도 설립되었다. 그러나 만성전염병의 공간 통제의 강도는 법정전염병보다 오히려 약했다고 볼 수 있다. 외성구와 교구에서는 강제성을 부여하기 어렵다는 점에서 성병 통제의 패턴 역시 기본적으로 폐결핵 통제와 다를 바 없었다. 이와 같이 만성전염병 통제가 쉽지 않았던 것은 악성 환자가 아닌 이상 병변이 표면적으로 잘 드러나지 않는데다가, 만성전염병 환자들은 자신의 질병이 외부적으로 드러나는 것을 원하지 않았기 때문이었다. 게다가 1930년대 중반까지도 위생국 직속 몇몇 의원을 제외하면 각 진료소에는 검진 즉시 그 결과를 알아볼 수 있는 장비를 갖추지 못했다. 따라서 만성전염병에 대한 강제 검진은 근본적 한계를 가지고 있었다.

---

72 北京特別市公署衛生局 編印, 『北京特別市公署衛生局二十五年度業務報告』(北京: 北京特別市公署衛生局, 1938), 附表 27.

그럼에도 1930년대 베이핑시정부의 성병 통제는 몇 가지 점에서 획기적인 발전이 있었다. 첫째, 이 시기에 성병은 시정부가 통제해야 하는 질병의 범위에 포함되었다는 점이다. 난징정부가 폐창을 지지하고 있었음에도 베이핑시정부가 공창을 지지하며 성병 통제에 적극 나설 수 있었던 것은 국가의료를 명확히 지향했기 때문이었다. 둘째, 위생국은 악성 환자를 수용할 수 있는 격리병동의 필요성을 제기하고, 실제로 성병 환자를 위한 격리병동을 개설했다는 점이다. 물론 그 대상이 기녀에 한정되기는 했지만, 만성전염병 환자에 대해 격리 조치를 취할 수 있었다는 것만으로도 의미가 있는 조치였다. 셋째, 성병 통제를 시립의원과 위생구사무소 등의 문진에만 의존하지 않고, 산모와 기녀에 대한 적극적인 통제를 실시했다는 점이다. 물론 폐결핵이나 성병 등 만성전염병을 통제하는 과정에서 일반인에 대해서 일부 가정방문이 실시되었지만, 특정 계층에 대해 적극적인 질병 통제가 실시된 점은 성병 통제가 폐결핵 통제와 크게 다른 점이라고 할 수 있다.

다음 장에서는 상하이와 베이핑의 성병 통제 사례를 집중분석하여, 상하이와 베이핑이 왜 서로 다른 성병 통제정책을 제시했고, 폐창과 공창으로 대표되는 성병정책이 어떠한 결과를 초래했으며, 일반 시민들은 성병에 대해 어떠한 인식을 가지고 있었는지 대해서 좀 더 상세하게 살펴보도록 하겠다.

6

성병기원논쟁과 상하이·베이징의 성병 통제

성병은 여타의 전염병과는 달리 병변이 표면적으로 잘 드러나지 않고, 주로 사적인 행위를 통해 질병이 전염되기 때문에, 국가권력의 입장에서는 통제하기 어려운 질병 중 하나로 여겨진다.[1] 그런데 성병은 전염성이 강하고 수직감염의 치명성 때문에 인구 관리가 필요 했던 근대국가로서는 결코 소홀히 할 수 없는 질병이었다. 20세기 전반 중국에서는 중앙정부차원의 획일적인 성병 통제가 불가능한 가운데, 각 지방정부는 독자적인 성병 통제 방안을 구상하고 이를 실행에 옮겼다. 성병 통제의 이러한 특성 때문에 중국에서 성병 통제가 실패한 측면만이 부각되고 있는데, 오히려 이 시기 질병 통제의 복잡한 양상을 이해하기 위해서는 다양한 성병 통제 구상의 성과와 한계가 동시에 검토될 필요가 있다.

20세기 전반 중국의 성병에 대해서는 엔리오(Christian Henriot)와 허쉐터(Gail Hershatter) 등 구미의 연구가 대표적인데, 이들 연구는 중국인들이 성병에 무감각했고, 중국인 의사들은 성병 통제에 별다른 관심을 보이지 않았으며, 20세기 전반 대표적인 중앙정부인 난징정부의 성병 통제는 무기력했다

1 성병의 역사·종류·증상·치료법 등에 관한 간단한 정리로는 신규환, 『질병의 사회사: 동아시아 의학의 재발견』(파주: 살림출판사, 2006), 51-57쪽을 참고.

는 시각을 보여주고 있다.[2] 그러나 중국에서 성병은 매춘과 수직 감염 등의 문제가 결합되어 있어 도덕적 담론과 민족적 담론이 교차하는 매우 민감한 영역이었기 때문에, 지식인들은 성병의 통제와 치료에 많은 관심을 가지고 있었다. 성병은 주로 성매매라는 은밀한 거래를 통해 확산되는데다가, 발병 후에도 질병이 악화되기 전까지는 자각하기 어렵고, 질병 치료 역시 은밀한 경로를 통해 비밀스럽게 이루어지고 있었다. 이런 특성들로 인해 성병치료 광고의 범람 속에서 성병 환자들은 고가의 치료비를 감수하면서도 공개적인 치료를 기피하고 있었다. 바꾸어 말하면, 성병은 다른 질병과 달리 개인의 도덕성에 치명적일 수 있었기 때문에 효과적인 성병 통제를 위해서는 일반적인 질병 통제와는 접근 방식이 달라야만 했다. 이러한 특성을 이해하지 못하면 국가가 성병에 무관심한 것으로 파악하기 쉽다.

중국인들이 성병에 무감각하고 무관심했던 것으로 그려지는 또 다른 이유 중의 하나는 성병 통제에 관한 기존 연구들이 주로 선교의사와 서양인들의 성병 인식과 성병 통제 방안에 집중하고 있기 때문이다. 게다가 기존 연구들이 연구 대상을 상하이에 국한하고 있다 보니 중국의 근대화를 선도했던 상하

---

2 Christian Henriot. "Medicine, VD and Prostitution in Pre-Revolutionary," *Social History of Medicine* Vol.5, No.1(April, 1992), pp.95-120; Christian Henriot, "Abortive Attempt to regulate Prostitution in Shanghai," *Prostitution and Sexuality in Shanghai: A Social History 1849-1949*(Cambridge, UK., New York: Cambridge University Press, 2001), pp.271-353; 安克强(Christian Henriot), 「公共衛生政策與殖民主義放任政策的對立: 上海租界的性病與賣淫」, 馬長林 主編, 『租界里的上海』(上海: 上海市檔案館, 2003), 155-166쪽; Gail Hershatter, "Regulating Sex in Shanghai: The Reform of Prostitution in 1920 and 1951," Frederic Wakeman and Yeh Wen-hsin eds., *Shanghai Sojourners*(Berkeley: Center for Chinese Studies, 1992), pp.147-167; Gail Hershatter, *Dangerous Pleasure: Prostitution and Modernity in Twentieth-Century Shanghai*(Berkeley, Los Angeles: Univ. of Calif. Press, 1997), pp.229-234.

이가 갖는 위상 때문에 마치 상하이의 성병 통제가 난징정부 성병 통제의 가장 전형적인 사례인 것으로 오인되었다.[3] 이 장은 상하이와 베이징의 성병 통제가 서로 다르게 전개된 원인을 탐구하는 데 목표를 두고 있다.

아울러 성병에 관한 각종 통계에 대한 재해석과 비판적 사료읽기를 통해 20세기 전반 성병의 사회상에 대한 재구성을 시도하고자 한다. 아이러니컬하게도 기존 연구자들은 선교의사들의 성병 연구가 도덕적 시각에 집착했다라는 사실을 밝혀냈음에도, 성병의 사회상을 그릴 때는 그것을 비관적으로 그리고자 했던 선교의사들의 연구와 통계조사를 무비판적으로 인용하고 있다. 그럴 경우 중국 성병의 사회상은 상황이 실제보다 더 열악했던 것으로 과장될 수 있고, 중국인들이 성병에 대해서 무감각했으며 별다른 두려움을 갖지 않았던 점만이 부각될 것이다.

이와 같은 목표에 도달하기 위해서 첫째, 성병의 기원에 관한 중국인 의사와 선교의사들의 인식 차이에 주목하고자 한다. 중국에서 사회변혁의 요구가 강했던 이른바 5·4 시기(1917-1923)에 매독기원논쟁에서 시작된 의학논쟁이 매춘이라는 사회적인 문제로 논의가 확대되어 나갔다. 매독기원논쟁은 학술적인 논쟁의 형식을 띠고 있지만, 매독을 포함한 성병이 단순한 질병 이상의 민족적인 담론과 도덕적인 담론의 성격을 가지고 있음을 보여주게 된다.

둘째, 성병에 대한 인식의 차이가 중국인의 성병 통제 방안과 어떤 관련을

3 후쿠시 유키(福士由紀)는 난징정부의 성병 통제 방안에 주목했는데, 그 역시 상하이에만 주목하여 난징정부가 실질적인 성병 통제 조치를 실행하지 못했다는 결론에 도달했다. 福士由紀, 「近代中國における性病問題: 國民政府の衛生事業に關する一考察」, 東京學藝大學院 教育學研究科 社會科教育專攻 修士論文(2000. 3).

가지는가 하는 점에 주목하고자 한다. 필자는 성병에 대한 인식이 직접적으로 성병 통제 방안에 투영되어 있다고 보는데, 상하이와 베이핑의 성병 통제 방안을 비교하면서 당시의 성병 통제 방안을 조계 당국의 성병 통제 방안, 선교의사들의 성병 통제 방안, 중국인의 성병 통제 방안 등으로 구분해 다양한 각도에서 접근하고자 한다. 이러한 분석은 조계당국과 선교의사라는 서양인 중심적 시각에서 성병 통제 방안을 설명했던 기존 연구와는 달리 중국인 자신에 의한 성병 통제 방안을 조명할 수 있다는 의미를 가진다.

셋째, 성병 통계에 기초하여 당시의 사회상에 접근할 것이다. 이때 각각의 통계를 평균화하는 것은 성병의 실상에 접근하는 데 도움이 되지 않을 것이다. 도시와 농촌의 차이, 한국 및 일본과의 비교, 질병의 특성, 연령별·성별·직업별 차이 등에 대한 다양한 고려가 있어야 할 것이다.

이 장은 의학전문잡지인 *The Chinese Medical Journal*(이하 *CMJ*)과 상하이·베이징의 주요 일간지인 『신보(申報)』·『베이핑신보(北平晨報)』·『대공보(大公報)』와 각종 공보, 업무보고, 당안자료(檔案資料) 등을 주로 다루게 될 것이다. *CMJ*는 1887년 3월 상하이에서 선교의사를 중심으로 영어 의학잡지인 *The Chinese Medical Missionary Journal*(중국명 『박의회보(博醫會報)』)로 창간되었으며, 1907년 *The China Medical Journal*(중국명 『중국박의회보(中國博醫會報)』)로 개명되었다. 1915년에는 중국인 의사들이 중심이 되어 중화의학회(中華醫學會)를 조직했으며, 『중화의학잡지(中華醫學雜誌)』(*The National Medical Journal of China*, 이하 *NMJ*) 중문판과 영문판을 발간했다. 1932년 *CMJ*와 *NMJ*가 합병되어 영어판 *The Chinese Medical Journal*과 중국어판 『중화의학잡지』가 발간되었다.

매독기원논쟁

민국 초기 매독에 관한 글은 1913년 맥스웰(J. Maxwell) 등이 발표했다. 이들 5·4 시기 이전의 글들은 정확한 조사에 근거하기보다는 중국에 성병이 상당히 만연하고 있음을 지적하면서 매독에 대한 경각심을 호소하는데 그쳤다.[4] *CMJ*에서 매독을 포함한 성병에 대한 글들이 가장 많이 발표된 시기는 중국에서 사회변혁의 요구가 강력했던 5·4 시기였는데, 5·4 시기 성병 관련 논문의 특색은 바로 매독기원논쟁에서 시작되었다는 데 있다.

CMJ 내부에서 벌어진 본격적인 매독기원논쟁은 1917년 광저우(廣州) 해관(海關)의 검역관리였던 레이놀즈(Graham Reynolds)가 해관 보고서인 *Medical Report*를 통해 중국인의 매독과 임질이 외국인의 것보다 악성이며, 중국의 임질은 서양의 임질보다 전염성이 훨씬 강하다는 주장을 펼치면서 시작되었다.[5] 이러한 주장은 중국의 성병이 서양에서 유입된 것이 아니라는 논리

4 J. L. Maxwell, "Some Notes on Syphilis Among the Chinese," *CMJ* 27-6(1913. 11), pp.379-383. 돕슨은 광저우(廣州) 주변지역 환자의 70%가 매독으로 고통받고 있다고 주장했다. W. H. Dobson, "Some Clinical Phases of Tuberculosis," *CMJ* 25-2(1911. 3), p.73.

5 W. Graham Reynolds(Customs medical officer), "Public Health of Canton," *Medical*

에 입각한 것이었다. 얼마 후 중국인이 쓴 것으로 추정되는 1917년 *CMJ* 사설은 매독·결핵·한센병·말라리아 등이 서구문명의 도입과 함께 중국에 들어와 만연하고 있으며, 중국에서는 이러한 전염병에 대처하기 위한 조직적 노력을 하지 못했다는 점에 주목해야 한다고 주장했다.[6]

1918년 왕지민(王吉民)은 매독의 기원에 관한 그간의 논쟁을 정리하여, 매독이 중국에서 기원했다고 주장하는 다브리(Dabry)등의 주장이 근거 없음을 말하고, 『속의설(續醫說)』과 『본초강목(本草綱目)』 등에 근거하여 중국에서는 1505년 도입설이 가장 보편적으로 받아들여지고 있으며, '광둥창(廣東瘡)'과 '양매창(楊梅瘡)'이라는 명칭이 매독의 전파 경로와 병변의 양상을 알려준다고 주장했다. 단지 임질(淋疾)만이 『황제내경(黃帝內經)』에 그 기원을 두고 있으며, 융(癃)·임탁(淋濁)·백음(白淫)·백탁(白濁) 등으로 불리는 오래된 질병이라고 말했다.[7] 그러나 얼마 후 *CMJ* 사설은 왕지민의 논지를 직접 거론하면서 오히려 매독이 중국에 존재하지 않았다는 것을 증명할 수는 없다고 주장했다.

> 중국인이 사용한 의학용어가 서양에서 사용된 것과 똑같은 것이라고는 확신할 수 없다. 왕 박사는 고대 중국의 의사들이 1차 병변의 중요성을 충분히 인식하지

Reports(*CMJ* 31-3, 1917. 5, pp.225-228에 재수록, p.227을 참고).

6 "Editorial: Public Health Service in China," *CMJ* 31-6(1917. 11), pp.511-512. 이 사설을 중국인이 쓴 것으로 추정하는 이유는 중국 전염병의 고대적 기원과 관련한 화법을 사용하기 때문이다. 이런 화법은 서양인 선교의사들의 글에서는 잘 보이지 않는다. 당시 *CMJ*에 주도적으로 참여했던 중국의 대표적 의사학자인 왕지민(王吉民), 우롄더(伍連德) 등에 의해 쓰여진 것으로 추정된다.

7 K. C. Wong, "Notes on Chinese Medicine," *CMJ* 32-4(1918. 7), pp.349-353.

못했고, 2차와 3차 증상들과의 관련성을 몰랐기 때문에 선천성 매독과 한센병을 혼동했다는 것을 인정한다. 국적을 불문하고 고대의 의사들은 그와 같은 곤경에 빠져 있었던바, 질병의 역사를 추적하는 데 있어 주요한 어려움이 여기에 있다. 따라서 어떤 나라의 특정 시기에 매독을 성병으로 분명하게 묘사하는 의학문헌이 없다고 해서 그것이 그 당시에 존재하지 않았다고 증명할 수는 없다.

세계에서 가장 오래된 직업 중의 하나인 매춘이 어디서나 일상적인 일이고, 종교 그 자체와도 같이 한번 도입되면 멀리 광범위하게 질병을 확산시키는 방탕한 관습이 있었다는 점을 생각해볼 때, 고대 시기에 유럽과 아시아를 포함한 거의 모든 나라에서 매독이 유행하지 않았다고 한다면 아주 이상한 일일 것이다.[8]

이처럼 매독기원논쟁을 통해 매춘 문제가 처음 등장하기 시작했다. 즉 매독이 존재하지 않았다는 것을 증명할 수는 없다는 불완전한 논리를 보충하기 위해 제시된 것이 매춘이었다. 일반 기독교인들은 매춘의 원인이 경제적 필요, 성적 욕망, 사회적 관습에 있는 것이 아니라 도덕적 나약함에 있으며, 매춘을 양산하는 사회 각층의 도덕적 불감증을 비난했다.[9] 반면 왕지민은 중국에서 매춘의 원인은 여성의 종속적 지위, 경제적 빈곤, 성병의 위협 등에 대한 무지 등에 근거하는 것이며 중국에서도 매춘이 도덕적으로 승인된 것은 아니라고 주장했다. 이러한 왕지민의 주장은 일반적인 선교의사들의 매춘 문제 인식과는

---

8 "Editorial: Syphilis in China," *CMJ* 32-5(1918.9), pp.450-451.

9 Gail Hershatter, "Regulating Sex in Shanghai: The Reform of Prostitution in 1920 and 1951," pp.152-154.

확연히 다른 것이었다. 더 나아가 왕지민은 매춘의 기원과는 상관없이 성병이 서구에 기원하고 있다는 것과 서구화된 도시와 조계(租界)지역에 만연하고 있다는 사실을 다시 한 번 상기시켰다.[10]

이에 대해 *CMJ* 사설은 "상하이와 같은 대도시를 제외하면, 사회악인 매춘이 서구만큼 공개적으로 드러나지는 않지만, 중국 스스로의 독특하게 참혹한 특징을 가졌다"고 주장했다. 이는 매춘논쟁에서도 성병의 중국적 역사성을 강조·재판(再版)하려는 시도였다. 그러나 논쟁의 표면을 덮고 있는 도덕적 외피는 훨씬 더 강력했다. 그들은 의사로서 그리고 선교사로서 당연히 관심을 가져야 할 사실을 망각했음을 인정하면서 선교의사로서 기독교정신을 되찾아 비도덕적인 사회악과 싸워야 한다는 사실을 부각시켰다.[11] 이제 성병논쟁은 매독의 서구적 기원의 여부에 대한 논쟁보다는 도덕적 투쟁의 대상인 매춘에 더 많은 관심이 쏟아지기 시작했다.

5·4 시기 사회변혁운동이 활발하게 진행되는 시점에서 매춘에 대한 논쟁은 사회적으로도 큰 반향을 일으켰다. 중국 마르크스주의의 아버지로 일컬어지는 리다자오(李大釗, 1889-1927)는 국가에 의한 검진과 치료, 감화원(感化院)의 설립을 통한 재활교육 등 공중위생적 관점에서 폐창(廢娼)의 필요를 제기했는데,[12] 대부분의 사회변혁운동가들은 매춘의 원인을 여성의 사회적·경

10 K. C. Wong, "The Social Evil in China," *CMJ* 34-6(1920. 11), p.633.

11 "Editorial: The Social Evil in China," *CMJ* 34-6(1920. 11), pp.635-637.

12 리다자오(李大釗)는 상하이의 외국인이 제기한 폐창 문제에 대한 중국인들의 반응이 저조함을 지적하고, 폐창이 필요한 5대 이유 중의 하나로 공중위생의 문제를 들고 있다. 李大釗, 「廢娼問題」, 『每周評論』 19(1919. 4. 27)(『李大釗文集』 上, 北京: 人民出版社, 1984, 678-680쪽을 참고).

제적 지위와 관련된 경제 문제에 기인한다고 보았다.[13] 이러한 관점에서 근본적 사회변혁이 없는 기독교적 폐창운동이나 의학적 치료만으로는 별다른 효과를 거둘 수 없다는 점이 지적되었다.[14] 사회적으로는 매독도 치료 자체보다는 종족적 쇠퇴의 문제가 주 관심사였던 것처럼,[15] 사회적 담론과 의학적 담론 사이에는 일정한 거리가 있었다. 그럼에도 매춘의 원인에 관한 왕지민의 문제의식은 선교의사보다는 사회변혁운동가들의 주장과 많이 닮아 있었다.

중국 매춘의 비도덕성에 대한 선교의사들의 공격은 1925년 히스(Frances Heath)의 비판에서 절정을 이룬다. 그는 성적 충동의 확대, 합법적인 매춘, 축첩 등이 아무리 무지와 가난에 의해 길러진 것일지라도 조상숭배의 논리적이고 종국적 산물로 보았다. 조상숭배를 지속하기 위한 아들에 대한 광범위한 욕망은 조혼과 섹스에 대한 관심을 낳았고, 그 결과 남성은 한 여성만으로 성적인 만족을 느끼지 못한다고 그는 지적했다. 남성은 일상적으로 기녀를 찾고, 그 결과 집안의 여성에게 성병을 전염시켜 반복적으로 유산하게 하거나 수직감염으로 가족의 재생산에 영향을 미치게 된다. 결국 남아를 낳지 못하면 축첩을 하게 되고, 그러한 악순환이 계속된다는 것이다.[16]

---

13 中山義弘,『近代中國における女性解放の思想と行動』(北九州: 北九州中國書店, 1983), 257-258쪽.

14 李三無,「廢娼運動管見」,『婦女雜誌』6-8(1920. 8. 5)(中華全國婦女聯合會 婦女運動歷史研究室,『五四時期婦女問題文選』, 北京: 中國婦女出版社, 1990, 354쪽).

15 健孟,「梅毒是種族衰頹之原因」,『東方雜誌』19-7(1922. 4. 10), 50047-50048쪽; 李大釗,「廢娼問題」, 679쪽. 이 점에 대해서는 Frank Dikötter, *Sex, Culture and Modernity in China: Medical Science and the Construction of Sexual Identities in the Early Republican Period* (Honolulu: Univ. of Hawaii Press, 1995). 특히 제5장 "Civilization is Syphilization: The Cultural Meaning of 'Disease'"를 참고.

16 Frances J. Heath, "Venereal Diseases in Relation to Prostitution in China," *Social Pathology* 1-6(1925). pp.278-284(Gail Hershatter, *Dangerous Pleasure: Prostitution and Modernity in*

매독기원논쟁에서 시작된 중국 매춘의 비도덕성에 대한 논쟁은 1926년 우렌더의 글에서 새로운 이정표가 세워졌다. 그는 도쿄제국대학의 도히(K. Dohi)의 주장을 끌어들여 매독의 서구기원을 다시 확인시켰다. 아울러 그는 더이상 도덕적 관점을 끌어들이지 않고 매독과 임질에 대해 예방의학과 공중위생적 관점에서 더욱 체계적인 예방과 치료를 촉구했다.[17] 즉 대중에 대한 전염병 교육, 그리고 빈부를 막론하고 효율적인 치료를 받을 수 있는 위생의료체제의 마련 등이 그것이었다. 그는 가정 · 대학 · 병원 등으로 이어지는 예방 및 치료시스템의 구축을 제안했다. 이러한 주장은 도덕적 관점에서 성병 문제에 접근했던 선교의사들의 견해에 비하여 진일보한 주장이었다. 그의 주장에 대해 선교의사들도 공감대를 형성했던 것으로 보인다. *CMJ*는 우렌더의 보고서를 재수록했는데, 그의 보고서 말미에 도덕적 관점으로 성병 문제에 접근했던 상하이진덕회(上海進德會, Shanghai Moral Welfare Committee, 후에 Moral Welfare League of Shanghai로 바뀜)의 회원이었던 그레이(J. H. Gray)의 토론 항목을 덧붙였다. 그레이는 우렌더의 주장에 전반적인 공감을 표시했는데, 이로써 성병의 기원과 관련된 논쟁은 일단락되었다고 할 수 있다.[18]

이처럼 매독기원논쟁에서 시작된 성병논쟁은 *CMJ* 내부에서 선교의사와 중국인 의사의 대응이 처음부터 달랐다는 것을 보여준다. 아울러 중국인 의사들의 매춘에 대한 태도 역시 도덕적 종교적 신념과 결부된 선교의사들과 달랐

Twentieth-Century Shanghai, p.233에서 재인용).

17 Wu Lien-teh, *Manchurian Plague Prevention Service Reports, 1925-1926*, Being Volume V of the Series(Tientsin: Tientsin Press, Limited., 1926), pp.232-251.

18 Wu Lien-teh, "The Problem of Venereal Diseases in China," *CMJ* 41-1(1927. 1), pp.28-36.

다. 매춘에 대한 대응 방식은 각 지역별 · 세력별로 서로 다른 성병 통제 방안을 형성하는 데 중요한 기준점이 되었다. 폐창할 것인가, 공창(公娼)을 유지할 것인가가 바로 그것이었다.

상하이와 베이징의 성병 통제 방안

20세기 전반 상하이와 베이징은 각각 폐창과 공창을 상징하는 도시가 되었지만, 이들 도시에서 처음부터 폐창과 공창이 제도화되었던 것은 아니었다. 1842년 11월 난징조약의 결과 상하이 조계지역 내에 영국의 치외법권 지역이 설치되고 점차 프랑스·일본 등 제국주의 국가들이 이에 참여함으로써 외국인들이 독자적으로 사법·행정·군사 등에 대한 통치권을 가지고 공동으로 운영하는 공공조계와 프랑스가 단독으로 운영하는 프랑스조계가 형성되었다. 상하이 공공조계 당국인 상하이공부국(上海工部局, Shanghai Municipal Council)에 의한 성병 통제는 조계지역 내의 공중위생상황을 진작시키고 기녀를 통제하는 등 자국에서와 마찬가지로 성병 통제를 제도화하기 위한 차원에서 시작되었다.

1869년 제미슨(Alex Jamieson)은 상하이의 위생 상황에 대한 체계적 조사과정에서 이미 조계지역 내의 기원(妓院)과 기녀(妓女)문제를 인식하고 있었고,[19] 조계지역 내 위생관료였던 헨더슨(Edward Henderson)은 상하이 지

19 Gail Hershatter, "Regulating Sex in Shanghai: The Reform of Prostitution in 1920 and 1951," p.147.

역 기녀들의 위생상황을 조사했다. 1869년 4월 조계지역 경찰 감독관인 펜폴드(Penfold)의 제안으로 성병전문병원의 창설이 논의되었는데, 재원은 기녀들에게서 매달 50센트씩 받는 것으로 해결할 예정이었다. 조계당국의 지원으로 중국인을 위한 성병전문병원(Chinese Lock Hospital)이 설립될 수 있었는데, 결국은 환자가 거의 없어 다음 해에 폐쇄되었다.[20]

1871년 헨더슨은, 상하이에 매독을 비롯한 성병이 극도로 유행하는 것은 아니지만, 중국인 기녀들은 중국인 의사들에게서 믿을 만한 치료를 받지 못하고 있으며, 그들은 외국인에게 주요한 위협이 되고 있기 때문에 성병전문병원(Lock Hospital)을 설립하여, 정기검진이나 강제치료와 같은 적절한 통제가 필요하다고 제안했다. 1877년 공부국은 중국인 기녀들에 대한 기록과 검진을 통한 통제를 결정하고 성병 환자가 치료를 거부하는 경우에는 기원 폐쇄를 검토하는 등 강제 조치를 시행했다. 그러나 외국인 매춘부에 대해서는 강제조항을 적용하지 않았다. 성병전문병원의 효용성을 계속해서 주장하는 자들도 있었으나, 1888년 헨더슨은 중국인 기녀가 급증하는 가운데 일부 외국인을 상대하는 매춘부만을 대상으로 하는 그 병원은 실패했다고 선언했다. 1898년 공부국은 조례 34항 규정에 의해 매춘을 공식 인가했고, 기녀들에게서 한 달에 1-2달러의 위생비를 받았다. 이러한 공창정책은 1920년 초까지 상하이 공부국과 조계경찰에 의해서 유지되었다.[21]

---

20 "Report on the Control and Treatment of Venereal Disease in Shanghai," *CMJ* 38-1, Supplement(1924. 1), pp.1-3.

21 위의 글, pp.3-15.

그러나 조계사회에는 매춘인가라는 공부국의 성병 통제 방안에 적극적으로 반대하는 세력도 있었다. 1918년 5월 선교사·의사·여성활동가 등 17명의 서양인이 중심이 되어 구성된 상하이진덕회가 그것이었다. 상하이진덕회는 상하이 조계지역 내의 성매매를 폐지하기 위한 방법을 조사하기 위한 조직이었다. 그들은 공부국의 성병 통제 방안이 오히려 기녀와의 성관계가 마치 안전한 것처럼 오해를 불러일으키고 있으며, 기녀들에 대한 검진조차도 외국인을 상대하는 중국인 기녀들에 한정되고 있음을 비판했다. 1919년 상하이진덕회는 상하이의 '악조건'을 조사하기 위한 특별위원회(Special Vice Committee)를 조직했다. 이 특별위원회는 폐창을 지지하면서, 매년 기원을 1/5씩 줄여가는 중재안을 제시했다. 공부국은 폐창이 오히려 성매매를 부추길 수 있다고 우려했지만, 결국 1920년 5월 이 위원회의 안을 받아들였고, 1920-1924년까지 인가된 기원은 공식적으로 폐쇄되었다.[22] 그러나 얼마 후 조계 경계지역에서 매춘이 다시 성행하기 시작했고, 난징정부 시기 매춘과 성병의 통제 문제는 새롭게 등장한 난징정부의 몫으로 넘겨졌다.

선교의사들의 성병과 매춘에 대한 인식은 폐창을 통해 성병을 통제하려는 상하이진덕회의 시각과 크게 다르지 않았다. 1924년 6월 선교의사들은 "기원을 허용하는 공부국이나 경찰과 같이 사회악을 인정하거나 묵과하는 듯한 조치들을 기독교 선교사로서 충심으로 인정할 수 없다"고 선언했다.[23] 홍미롭게

---

22 Gail Hershatter, "Regulating Sex in Shanghai: The Reform of Prostitution in 1920 and 1951," pp.155-164.

23 "Editorial: The Social Evil in China," *CMJ* 38-6(1924. 6), p.488.

도 같은 사설에서는 영국·유고와 함께 당시 유럽에서 선진적인 국가 위생의료체제의 모델로 주목받고 있던 체코슬로바키아 공화국의 성병 통제 방안과 민간활동을 소개하고 있다. 그러나 *CMJ*는 중국에서는 성병의 통제와 계도를 강제할 국가의 협력을 기대할 수 없기 때문에, 현재의 조건에서는 성공을 기대하기 어렵다는 평가를 내리고 있다.[24] 즉 *CMJ*는 그들의 활동을 민간 영역에 한정하려 했고, 실제로 일부 지역에서 폐창운동과 성병교육을 지원하는 캠페인을 실시했다. 그런데 선교의사들은 이 캠페인마저도 강력한 국가권력의 지원 부재로 인해 실패했다고 결론지었다.[25]

1924년 1월 *CMJ*는 「상하이의 성병 치료와 통제에 관한 보고서」를 별쇄본으로 출판했는데, 이 보고서의 내용은 상하이진덕회나 이후 발표되는 *CMJ*의 공식 주장과는 상당히 달랐다. 상하이의학회(Shanghai Medical Society)가 위촉한 위원회가 작성한 것으로 되어 있는 이 보고서가 어떤 경위로 작성되었는지는 불분명하다. 그들은 폐창정책만으로는 성병에 대한 통제가 불가능하며, 성병이 공중위생의 관점에서 다루어져야 한다고 주장했다. 또한 그들은 중국인에 대한 무료검진, 무료치료[26]뿐만 아니라 예방 구제작업, 여성 고용기회 및 노동조건의 향상 등 보다 포괄적인 안을 제시했다.[27] 이러한 주장은 *CMJ*, 상하

24 위의 글, pp.492-494.

25 F. Oldt, "Purity Campaign, Canton," *CMJ* 37-9(1923. 9), pp.776-782.

26 실제로 조계 당국이 운영하던 무료검진소와 무료치료소는 모두 외국인 선원과 가난한 외국남성을 위한 것이었다. "News and Comment: Free Venereal Clinic in Shanghai", *CMJ* 37-9(1923. 9), p.794.

27 "Report on the Control and Treatment of Venereal Disease in Shanghai," *CMJ* 38-1, Supplement(1924. 1), pp.16-17. pp.26-29.

이진덕회, 그리고 공부국의 성병 통제 방안과는 다른 것이었다.

공부국은 1920년까지 공창제도를 유지했는데, 선교사·여성운동가 등을 중심으로 구성된 상하이진덕회와 같은 여론의 압력 속에서, 1920-1924년 사이에 기원 폐쇄를 결행했다. 결국 공공조계 내의 대부분의 기원은 프랑스조계로 이전했다. 폐창을 주도했던 상하이진덕회는 프랑스조계 당국인 공동국(公董局, French Municipal Council; Conseil d'Administration Municipale de la Concession)에 기원 통제를 강화해줄 것을 요청했으나 공동국은 사실상 어떤 조치도 취하지 않았고, 오히려 기원의 영업을 허락했으며, 기원구(妓院區) 설립을 계획했다.

1920년대 중국인에 의한 대표적인 성병 통제 구상은 우롄더에 의한 것이다. 우롄더는 성병 통제에 있어 보다 국가 차원의 노력에 주목했다. 그는 당장 시행해야 할 사항과 장기적으로 실천되어야 할 사항을 구분했다. 당장 시행해야 할 것은 대중에 대한 성병교육과 빈자와 부자를 막론하고 염가로 치료할 수 있는 여건의 개선이었다. 아울러 장기적으로는 영국·프랑스·미국의 사례를 들어 성병교육과 선전, 무료검진과 치료, 매춘금지법안과 기녀의 갱생 지원, 결혼 시 진단서를 요구하는 결혼개혁까지를 포함한 교육 의료 법적인 조치를 시행할 필요가 있음을 지적했다.[28] 이러한 성병 통제 구상은 단순히 폐창운동이나 치료에 그치지 않고 국가 위생의료체제의 건립이라는 시각으로 질병 통제의 문제에 접근했다는 점에서 그 의미가 있다.

---

28 Wu Lien-teh, *Manchurian Plague Prevention Service Reports, 1925-1926*(1926), pp.235-239.

난징정부의 성병 통제 전략을 요약하자면 난징에서 모범적인 성병 통제 방안을 실시한 후 그것을 전국적으로 확대한다는 것이었다. 이를 위해 난징에서는 1928년 7월 30일 기원을 폐쇄하는 명령을 공포하고, 8월부터는 화연(花捐)의 징수를 중지했다.[29] 아울러 장쑤 · 저장 · 안후이 · 광둥성 등으로 폐창을 확대했다. 그러나 폐창을 통한 성병 통제 방안은 몇 가지 점에서 맹점이 있었다.

첫째, 폐창은 기원과 기녀의 존재를 부인하는 것이기 때문에, 폐창이 시행되는 한 기녀에 대한 정기점진 등이 있어야 할 근거가 없었다. 따라서 폐창정책은 기녀 등에 대한 검진과 치료를 등한시하는 결과를 낳았다. 이는 공창제도의 지지자들이 비판하는 폐창정책의 핵심적인 문제점이었다. 둘째, 기원과 기녀들은 국가의 폐창정책에 대항하여 도주 · 이주하거나 사창으로 전환함으로써 국가적 통제가 더욱 어려워졌다는 점이다. 특히 일부 고급기녀들은 보다 안전하게 영업할 수 있는 상하이 특히 조계지역으로 이동하는 현상을 보였다.[30] 이로 인해 국가가 관리하는 기녀등기의 수치도 감소할 수밖에 없었다.

이처럼 폐창은 여권을 보호하고 성매매의 근원을 차단한다는 명분에도, 사실상 성병과 성매매를 음성적으로 양산하는 결과를 초래했기 때문에 공창제도의 지지자들에 의해 강력한 비판을 받았다. 장제스 역시 초공작전(剿共作戰)을 위해 한커우(漢口) 방문 중에 군의 기풍을 쇄신하기 위해 기녀 문제의 해결을 지시했는데, 군인과 공무원의 기원 출입을 엄금하고, 여관 등지에서 성매매를

---

29 「京市府之廢娼運動」, 『申報』(1928. 8. 13), 20면.

30 Gail Hershatter, *Dangerous Pleasure: Prostitution and Modernity in Twentieth-Century Shanghai*, pp.271-303.

금지하며 기녀들은 기원 지역에 간판을 달고 영업하도록 했다. 이를 위해 군 경비사령부와 공안국이 공동 감독하도록 했다.[31] 말하자면 장제스는 실질적으로 공창을 인정했던 것이다. 1934년 장쑤성장이었던 천궈푸 역시 중앙정부의 정책에 반하는 결단을 내려 공창을 실시하기에 이르렀다. 그러나 여권운동가들은 공창제도가 성공 가능성이 낮으며 공창제도의 시행이 반여권운동의 표현이며, 남성의 이중적인 성도덕 관념을 승인한 것이라고 맹공을 퍼부었다.[32]

상하이시정부는 표면상으로는 난징정부의 폐창정책을 지지하는 입장이었지만, 사실 구체적인 정책을 시행하지는 않았다. 기원과 기녀가 공공조계 내에 있다가 프랑스조계로 옮겨가는 형국이었기 때문에, 상하이의 기녀는 상하이시정부의 직접적인 관리 대상이 아니었다. 따라서 상하이시 공안국과 위생국의 각종 조사와 보고서에서 기녀 관리에 관련된 항목은 거의 찾아보기 어렵다. 1930년 6월 30일 상하이시정부는 프랑스조계 공동국과 공공조계 납세화인회(納稅華人會)에 기녀 관리를 강화하기 위한 방안을 제시했으나 거절당하고 말았다. 그러는 와중에 사창의 범람은 지속되었다. 정부 관료들의 접대장소에 기녀들은 빠지지 않는 존재였고, 상하이에서는 상하이시 공상단체(工商團體)의 건의로 폐창 조치마저 사실상 해제되기에 이르렀다.[33]

난징정부 성립 이후 상하이 지역의 대표적인 성병 통제 구상으로는 상하이시정부 초대 위생국장이었던 후훙지(胡鴻基)의 구상을 들 수 있다. 상하이

---

31 「蔣中正在漢禁煙禁娼」, 『申報』(1932. 7. 21), 9면.

32 「鮑祖宣」, 『娼妓問題』(上海: 女子書店, 1935), 86-95쪽.

33 王書奴, 『中國娼妓史』(上海: 生活書店, 1934), 358쪽.

시는 표면상으로는 난징정부의 폐창정책을 지지하고 있었는데, 상하이시정부는 성병 통제라고 할 만한 조치를 취하지 못했다. 물론 이러한 결과는 기원과 기녀가 공공조계 내에 있었기 때문에 사실상 상하이의 기녀는 상하이시정부의 직접적인 관리 대상이 아니었다는 점이 작용한 것이다. 그럼에도 후훙지는 「대상하이 위생설계 의견서(大上海衛生設計意見書)」를 통해 10년 예정의 상하이의 위생계획을 구상하고, 성병 통제 방안도 제시했다. 우선 후훙지는 전체 10년을 2년씩 5단계로 나누어 제1기에는 해항검역소(海港檢疫所), 시립의원 등을 설립, 제2기에는 시립 전염병의원, 위생화험소 등을 설립, 제3기에는 체계적인 출생·사망 관리의 실시 및 산과의원(產科醫院), 조산학교(助產學校) 설립, 제4기에는 시립 정신병의원 설립, 제5기에는 전시 하수도 설비 등을 계획하고 있었다.[34] 시립 화류병검사소[花柳病檢驗所] 및 화류병의원(花柳病醫院)은 제3기(6년내)에 실천될 사항이었다. 후훙지는 성병 환자들이 질병치료에 적극적이지 않기 때문에 공공위생 차원에서라도 화류병검사소와 화류병의원이 설치되어야 한다고 판단했다. 화류병의원은 시립의원 부근에 설립하되, 화류병검사소는 화류병의원 내에 설치하고, 300-500병상 규모를 갖출 예정이었다. 검진비와 치료비는 무상으로 제공되는데, 예상비용은 화류병의원의 건축설비비가 약 15만 원, 경상비 약 8만 원, 검험분소 설비 각 2,000원, 경상비 5,000원 등이었다.[35]

그런데 문제는 이러한 구상을 뒷받침할 수 있는 재정을 어떻게 조달할 것

34 胡鴻基, 「大上海衛生設計意見書」, 『衛生月刊』 1-3(1928. 3), 9-10쪽.

35 胡鴻基, 「大上海衛生設計意見書(續)」, 『衛生月刊』 1-4(1928. 4), 10쪽.

인가였다. 제1기 사업비와 경상비만 500만 원이었고, 10년간 예상 사업비가 817만 7,000원, 경상비 313만 8,000원이었다.[36] 1927년도(1927. 7-1928. 6) 상하이시 위생국의 행정경상비와 사업경상비를 합한 총액이 15만 7,820원이었던 점을 고려할 때,[37] 후훙지의 위생계획과 성병 통제 구상이 얼마나 이상적인 것이었는지는 충분히 짐작할 수 있을 것이다.

상하이에서 성병 통제가 별다른 진전이 없는 가운데, 이와는 대조적으로 국가의료의 건립을 지지했던 천궈푸와 황쯔팡이 위생행정에 직접적인 영향력을 미치고 있던 장쑤성과 베이핑시에서는 기녀에 대한 검진과 치료를 중심으로 성병 통제를 실시해나갔다. 장쑤성 민정청(民政廳)은 성정부회의에서 무조건적인 폐창정책에 반대하면서 매춘을 특정 지역에 제한하고 공무원의 출입을 금지하는 등 새로운 성병 통제 방안을 통과시켰다. 1934년 10월「장쑤성 단속 창기규칙(江蘇省取締娼妓規則)」을 반포하여 기녀를 등록시키고 창기검사소[娼妓檢驗所]를 설치하여 성병검진을 의무화했다.[38] 장쑤성에서 이 모든 통제는 공안국이 관할하도록 했다. 이에 대해 성부녀회(省婦女會)의 즉각적인 반대성명이 잇달았으나 장쑤성정부는 매춘과 성병 통제를 위해서는 불가피하다는 점을 설득하면서 성병 통제 방안을 실행해나갔다. 우선 성도(省都)인 전장(鎭江)을 시작으로 우시(無錫)·쑤저우(蘇州)·난퉁(南通)·화이인(淮陰)·쉬저우(徐州) 등지로 확대해나갔다. 그러나 수도인 난징시정부는 여론의 압력

---

36 胡鴻基,「大上海衛生設計意見書(續)」,『衛生月刊』1-4(1928. 4), 15-16쪽.

37 「上海特別市衛生局16年度行政經常事業經常費收支對照表」,『衛生月刊』1-8(1928. 8), 27쪽.

38 陳果夫 主編,『江蘇省政述要(1933. 10-1936. 9)』(臺北: 文海出版社, 1983), 55쪽.

때문에 공식적으로 폐창정책을 철회하지는 못했으며, 여타의 성정부도 강력한 성병 통제정책을 실시하지는 못했다.[39]

베이핑에서는 난징정부 성립 직전 공안국에 의해 기녀검치사무가 시작되고 있었으며, 초대 위생국장이었던 황쯔팡 역시 취임 직전 자신의 국가의료 구상에서 위생모범구(衛生模範區, 즉 衛生區事務所)를 설치하여 성병 통제를 실시할 구상을 가지고 있었다.[40] 베이핑시정부 수립 이후 기녀검치사무가 위생국에 이관됨에 따라 베이핑의 성병 통제는 기녀검치사무소를 통한 기녀 통제와 위생구를 중심으로 한 일반인에 대한 성병 통제를 체계적으로 실행해나갔다.

베이핑시의 성병 통제는 기녀검진과 치료에 한정되지 않고, 내성구 위생구사무소를 통해 일반 시민에 대한 검진으로 확대되고 있었다. 외성구의 시립병원에서도 성병검진이 실시되었는데, 진료성적은 우수한 편이었다. 다만 외성구에서는 내성구의 위생구사무소처럼 성병검진을 강제할 방법이 없었기 때문에 그 한계도 명확한 것이었다. 그럼에도 베이징에서는 중국인이 주체적으로 성병 통제 방안을 구상하고 그 방안을 실행에 옮겼으며 일정한 성과를 거두었는데, 이 점은 상하이의 각 세력들이 제기한 성병 통제 방안과는 분명한 차이가 있었다.

그렇다면 무엇 때문에 상하이와 베이핑의 성병 통제는 이처럼 상이하게 전개되었던 것일까? 첫째는 상하이와 베이핑의 공간구조가 상이했다는 점에 주목할 필요가 있다. 상하이는 성병과 기녀를 통제할 수 있는 권력이 분산되어

39 陳果夫, 「蘇政回憶(1951.4)」(『陳果夫先生全集』 第5冊, 1991), 127-129쪽.

40 黃子方, 『中國衛生芻議』(北京: 中央防疫處疫務科, 1927), 31-32쪽.

있었다. 공공조계(公共租界) 공부국(工部局), 프랑스조계 공동국(公董局), 상하이시정부 사이에 성병과 기녀 통제를 위한 효율적인 업무협조가 이루어지지 않았다. 공공조계에서 폐창운동이 활발하게 전개되던 시기에 공동국과 상하이시정부는 이에 대해 무관심한 반응을 보였다. 공공조계에 집중되어 있던 기원과 기녀들은 공공조계의 통제가 강화되자 프랑스조계로 거주지를 옮겨가며 통제에 대응했다. 공부국과 공동국은 기녀 관리에 적극적인 대응을 하지 않았고, 상하이시정부 역시 적극적으로 개입하지 않았다. 이와는 달리 베이핑에서는 시립의원과 위생구사무소 등을 통해 일반인에 대한 진료활동을 전개했고, 특히 기녀와 산모에 대해서는 기녀검치사무소와 위생구사무소를 통해 강제적인 검진과 치료를 실시했다. 그 결과 기녀들의 성병에 대해서는 가시적인 성과를 올리기도 했다.

둘째는 폐창운동의 영향을 생각해볼 수 있다. 상하이·난징 등 강남 지역의 도시에서는 폐창운동이 활발히 진행된 바 있었다. 폐창은 기녀검치의 필요성을 부정하는 것이었으므로 폐창의 실시에 따라 사창이 만연하는 가운데 최소한의 검진과 치료마저도 손을 쓸 수 없게 된 것이다. 베이핑에서도 과거 폐창이 실시된 바 있었으나, 오히려 폐창운동에 대한 비관적인 전망이 유력했고, 베이핑시정부 성립 이후에는 기녀검치 사무가 본격적으로 추진되었다. 아울러 위생구사무소를 통해 산모와 태아 및 영아에 대한 성병검진을 확대했다. 그러나 베이핑의 성병 통제 역시 그 한계가 명확했다. 성병의 검진과 치료가 기녀와 산모에 한정되어 있었기 때문에, 베이핑시정부의 성병 통제는 문진 환자를 제외하면 성병을 확산시킨 또 다른 책임자인 남성들에 대해서는 실질적인 통제를 가할 수 없었다.

성병 통계의 의미

매독과 임질에 관한 각종 통계는 조사 대상, 조사 방법, 지역 등의 차이 때문에 일관성이 결여되어 있다. 더욱이 피검자가 검진 자체를 꺼려하기도 했고, 여성 임질 환자는 증상을 자각하지 못하는 경우가 많았다. 그럼에도 민국 시기 서양의학 진영에서는 성병을 통계화하려는 노력을 계속했다. 매독의 실제 통계는 내원환자 중 발병률이 2.5-50.9%까지 매우 다양하다. 엔리오(Christian Henriot)는 이 자료들에 근거해 도시인구의 10-15%정도가 매독 환자였을 것이며, 이는 1937년 당시 3,000-3,500명에 이를 것으로 추정했다.[41] 의학논문에 나타난 임질의 수치는 0.8-22.2%에 불과하지만 매독과 동시에 조사한 경우를 비교하면 오히려 매독보다 많았고,[42] 1923년 성병클리닉을 개설한 상하이총의원(上海總醫院, Shanghai General Hospital)의 1923년에서 1940년까지의 통계에 따르면 내원 환자의 18.9%가 매독 환자, 18.6%가 연성하감 환자,

---

41 Christian Henriot, "Medicine, VD and Prostitution in Pre-Revolutionary," p.107.

42 예컨대 1919년의 한 조사에 의하면 매독이 6.9%였을 때, 매독은 22.2%를 차지하고 있다. William G. Lennox, "Chinese Vital Statistics: Based on the Histories of 4,000 Chinese Families," *CMJ* 33-4(1919. 7), p.333.

40.5%가 임질 환자였다.[43] 이 통계들은 모두 내원환자를 대상으로 시행된 조사여서 그 자체가 중국 전체에서 성병 환자가 차지하는 비율을 나타낸다고 볼 수는 없지만, 성병에서 각 질병이 차지하는 비율을 간접적으로 보여준다고는 할 수 있다.

성병 통계를 검토할 때 각 개인이 조사한 수치들을 평균화하는 것은 별다른 의미가 없다. 당시 국가적으로 공인된 신뢰할 만한 통계라고 할 수 있는 것은 동삼성방역처(東三省防疫處)의 우롄더에 의해 제시된 것인데, 1913-1925년 동안 북만저우 일대 5개 병원에서 2.9-8.1%로 평균 6.4%의 매독 환자 비율을 보였다.[44] 다른 또 하나의 통계는 상하이 산둥루병원(上海 山東路病院, Shantung Road Hospital, 1865-1922)과 상하이총의원(Shanghai General Hospital, 1870-1922)에서 장기간에 걸쳐 조사한 통계인데, 각각 외래환자의 9.1%와 6.6%가 성병 환자로 판명되었다. 이 조사는 1923년 상하이의학회가 위촉한 위원회가 조사한 결과이다.[45] 흥미롭게도 이러한 수치는 비슷한 시기(1917-1919) 한국(조선인 6.2%, 일본인 7.0%)과 일본(5.2%)에서 각기 조선총독부와 일본 정부에서 15만 명 이상의 일반 환자를 대상으로 행한 조사결과와 비슷한 발병률을 보인다.[46]

농촌의 경우, 허베이성(河北省) 딩현(定縣)에서 행해진 1929년 조사에

43 Christian Henriot, "Prostitution and Sexuality in Shanghai," p.143.

44 Wu Lien-teh, *Manchurian Plague Prevention Service Reports, 1925-1926*, p.234.

45 "Report on the Control and Treatment of Venereal Disease in Shanghai," *CMJ* 38-1, Supplement(1924. 1), pp.19-21.

46 山田弘倫 · 平馬左橋 共編, 『朝鮮ニ於ケル花柳病ノ統計的觀察』(京城: 發行地不明, 1921).

서 전체 환자 152명 중 매독 환자는 2%(3명)를 차지했으며 조사인구 515가구 3,571명 대비 매독 발병률은 0.084%였다. 또한 같은 장소 1930년 조사에서 전체환자 1,415명 중 성병 환자가 차지하는 비율은 0.28%(4명)였으며, 조사인구 5,255가구 3만 642명 대비 성병 발병률은 0.013%였다.[47]

이에 비춰볼 때, 도시지역 병원 통계상의 성병 발병률은 10%를 넘지 않을 것이고, 성병이 도시와 농촌 간에 커다란 편차를 보인다는 점과 전체 인구 대비 발병률을 고려하면 기존 연구에서 제시하는 바와 같이 당시 전체 인구의 10%가 매독환자라는 주장은 과장된 추정치일 것이다. 그렇다고 해서 중국에서 성병이 무시할 만한 것이었다고 볼 수는 없다. 성병은 그 성격상 잘 드러나지 않는 질병이므로 통계 자체에만 의존해서 생각할 수는 없다. 오늘날 TV에서 감기약이나 소화제 광고를 마주대하는 것처럼 당시의 신문이나 잡지에서 일상적으로 볼 수 있는 것이 성병치료제 광고였다.[48]

성병 통계가 나타내주는 것 중의 하나는 성병 환자의 연령별 · 성별 · 직업별 차이이다. 연령은 20대와 30대의 발병자가 가장 많았고,[49] 성병 환자의 남녀비율은 60:40에서 70:30, 75:25까지 다양하게 논의되고 있는데, 어쨌든 남

47 李景漢 編著, 『定縣社會概況調查』(北平: 大學出版社, 1933)(『民國叢書』 第4編 17, 上海: 上海書店, 1992 影印), 285쪽, 282-283쪽.

48 黃克武, 「從申報醫藥廣告看民初上海的醫療文化與社會生活, 1912-1926」, 『中央研究院近代史研究所集刊』 第17期, 下冊(1989. 12), 141-194쪽.

49 남성은 20대가 39.8%, 30대가 27.4%, 50대가 7.5% 순이었고, 여성은 20대가 24.2%, 30대가 16.4%, 10대가 12% 순이었다(L. F. Heimburger, "The Incidence of Syphilis at the Shantung Christian University Dispensary," *CMJ* 41(1927), p.545). 다른 통계에서도 20-30대가 단연 압도적이다(Richard H. P. Sia, "Routine Wassermann Test on 502 In-Patients," *CMJ* 35-1(1921. 1), p.40).

성병치료제 광고

성병치료제 광고는 대개가 한방에 완치시켜준다거나 효과가 빠르다는 것을 빌미로 고가로 거래되었다. 실제로 효과적인 치료를 위해서는 살바르산 주사제와 더불어 6개월 이상의 주기적이고 복합적인 치료가 병행되어야 했다.

성이 여성에 비해 높은 비율을 차지했다.[50] 성 관계에서 남성우위로 인한 당연한 결과이겠지만 실제 차이는 그보다는 좁혀질 것이다. 왜냐하면 내원환자의 남녀비율 자체가 남성의 비율이 높은데다, 여성 성병 환자는 병원에 잘 가지 않으려는 경향이 있었기 때문이다. 주목할 만한 것은 발병 여성의 대부분은 기혼자라는 사실이다.[51]

콘스(John H. Korns)는 베이징에 거주하는 400명의 하인들을 분석했는데, 평균 11%의 발병률을 보였다. 그중 결혼한 남성(218명 중 13.3%)은 미혼남

---

50 Christian Henriot, "Medicine, VD and Prostitution in Pre-Revolutionary," p.108.

51 미혼여성이 15.5%인데 반해 기혼여성은 79.5%를 차지했다. 남성의 경우는 미혼이 40%, 기혼이 56.6%를 차지했다. L. F. Heimburger, "The Incidence of Syphilis at the Shantung Christian University Dispensary," *CMJ* 41(1927), p.544.

(83명 중 10.8%)보다 매독에 걸린 비율이 더 높았다. 이는 결혼이 성병의 보호장치가 되지 못하며 오히려 여성(3.3%)에게 성병을 전염할 수 있는 계기로 작용할 수 있음을 의미한다.[52] 이 조사에서 콘스는 집에서 12마일(19.2km) 이내에서 일하는 기혼남의 발병률이 10.9%(128명 중 14명)인 데 비해 12마일 이상 떨어져 있는 기혼남은 18.8%(90명 중 17명)의 발병률을 보인다는 것을 통해서 직장과의 거리가 매독 발병률에 미치는 영향을 분석한 자료를 제시했다.[53] 이 자료는 그 자체가 어느 정도 신뢰성을 갖느냐보다는 이 자료에 대한 해석이 흥미를 끈다. 즉 성병 연구자인 엔리오는 이 자료를 기혼남이 매독의 위협에 무감각했다는 것을 보여주는 자료로 사용하고 있다.[54] 하지만 이 자료는 표본수치가 낮을 뿐만 아니라 직장까지의 거리와 미혼남의 발병률에 관한 비교평가가 불가능한 상태에서는 집에 자주 가지 못하는 사람일수록 매춘의 유혹에 더욱 노출되어 있었을 것 이상의 의미 부여를 하기는 어렵다고 생각한다.

성병 발병률은 직업분포에 따라 크게 차이가 있었다. 우렌더의 쑤저우·베이징·상하이 지역 조사와 올트(F. Oldt)의 광저우 지역 조사에 따르면, 경찰과 군인이 35% 이상/44.7%, 사업가의 31.8%/38%, 농민의 16.8%/4.4%, 노동자의 15.3%/23%, 학생의 13%/11%, 전문직의 7.1%/-로 평균 19.5%/22%

---

52 존 콘스(John H. Korns)의 또다른 미분류된 남녀 하인의 매독검사에서 남성은 12%, 여성은 5.7%의 발병률을 차지했다. 1920년 콘스의 조사 대상인 여자 하인은 100% 기혼녀였으나 이 조사에서 기혼녀의 비율은 불분명하다. John H. Korns, "Further Statistics on Communicable Diseases among Domestic Servants," *CMJ* 35-4(1921. 7), p.383.

53 John H. Korns, "Examination of Domestic Servants for Communicable Diseases," *CMJ* 34-6(1920. 11), p.627.

54 Christian Henriot, "Medicine, VD and Prostitution in Pre-Revolutionary," p.109.

의 성병 발병률을 보였다.[55] 군인·경찰·사업가(상인)는 다른 자료에서도 거의 예외 없이 발병률이 높았다.[56] 경찰은 매춘굴에 대한 직접적인 통제자였기 때문에 언제든지 성상납을 받을 수 있었다. 군인에게 있어 매매춘은 도박·아편과 함께 가장 일상적인 레저활동이었다. 의사들은 군인들을 매독의 주요 전파자로 지목할 정도였다.[57] 사업가들의 성병 발병률이 높은 것은 매춘굴을 사업장소로 활용하는 관습에 기인한 것으로 보인다.[58]

학생들의 경우도 평균 이하이긴 하지만 결코 적은 수치라 할 수 없다. 학생 시기는 성에 대한 호기심이 분출되는 시기이고 5·4 시기 성 개방 풍조 속에서 성적 욕구의 분출은 혼란스런 문제였을 것이다.[59] 왕지민은 음란서적 등의 증가로 학생들의 70%가 그런 책들을 읽었거나 가지고 있다는 것과 '606(Salvarsan)'이 성병을 완치할 수 있다는 믿음이 성병을 대수롭지 않게 생각하는 간접적인 요인이 되고 있다고 주장했다.[60] 그러나 문제는 학교사회가 성병 환자를 대하는 태도에 있었다. 대부분의 학교가 성병을 개인의 문제로 간주하

55 Wu Lien-teh, *Manchurian Plague Prevention Service Reports, 1925-1926*, p.235; F. Oldt, "Purity Campaign, Canton," *CMJ* 37-9(1923. 9), p.778.

56 Richard H. P. Sia, "Routine Wassermann Test on 502 In-Patients," *CMJ* 35-1(1921. 1), pp.39-42; L. F. Heimburger, "The Incidence of Syphilis at the Shantung Christian University Dispensary", *CMJ* 41(1927), p.544.

57 James L. Maxwell, *The Diseases of China, Including Formosa and Korea* (Shanghai: A.B.C. Press, 1929), 2nd edition, p.506; H. S. Gear, "The Incidence of Venereal Diseases in Hospital Patients in China," *CMJ* 49-10(1935. 10), p.1133. 한편 Daniel G. Lai 등은 전쟁과 매독의 상관관계와 열악한 중국군의 보건 상황에 주목하면서도 군인들의 높은 매독 발병률은 주로 매춘에 기인한다고 생각했다(Daniel G. Lai and Wang Lai Suchen, "Incidence of Syphilis among the Chinese Soldier at Swatow," *CMJ* 42-8(1928. 8), pp.557-559).

58 K. C. Wong, "The Social Evil in China," *CMJ* 34-6(1920. 11), p.631.

59 白永瑞, 『中國現代大學文化硏究』(서울: 일조각, 1994), 131-141쪽.

60 K. C. Wong, "The Social Evil in China," *CMJ* 34-6(1920. 11), pp.632-633.

고, 입학을 불허하거나 강제 퇴학을 시키는 등 엄격하게 다루었다.

> 저는 일개 과정중인 실패자입니다. 왜냐하면 지원한 대학에 모두 낙방했기 때문입니다. 당연히 저의 수험 준비는 부족했습니다. 동시에 저는 성병 환자이기도 합니다. 사실은 시험은 고사하고 원서조차 낼 자격이 없습니다. 지금은 병 때문에 고향에 돌아가려야 돌아갈 수도 없습니다.[61]

이처럼 성병에 걸리면 이러지도 저러지도 못하는 상황이 초래되었다. 더구나 성병의 발병은 개인의 도덕성에도 치명적인 영향을 미칠 수 있었다. 학생이라고만 밝힌 *CMJ*의 한 독자는 성병에 걸린 그들 '검은 양'을 어떻게 처분해야 할 것인지 묻고 있다.

> 중국인 학생들 중에서 그와 같은 악이 어느 정도 퍼져 있는지 아는 것은 흥미로운 일일 것입니다. 선교학교에서는 학생들이 일탈하는 일이 없도록 최선을 다하겠지만, 드물다 해도 그런 일이 종종 일어납니다. 그들을 어떻게 대하는 게 최선일까요? 그들이 대학에 남는 게 허락된다면, 이런 류의 검은 양이 미치는 영향은 치명적일 것입니다. 만약 즉시 쫓아낸다면, 치료를 받지 않은 경우 고향에 돌아가 더 큰 해를 끼칠 겁니다. 게다가 그 추방으로 인해 성병을 가진 다른 학생들은 의사에게 자신의 상황을 얘기하는 것을 꺼릴 것입니다. 그리고 그들은 동료들 사이에서 위험한 존재로 남게 될 것입니다. 아마도 우리 학교 의사들

61 「有病不能回家」, 『北平晨報』(1931. 9. 16), 9면.

이 그러한 상황을 맞지 않을 행복한 위치에 있지 않다면 그 점에 관해 자신들의 의견을 적절히 표현해야 할 것입니다.[62]

이에 대한 *CMJ*의 처방은 매우 신중해서 '검은 양'을 즉시 쫓아내지 말고 '기다려보는' 정책을 사용하기를 권했다. 우선 철저히 치료를 하고 다른 잘못을 저지르면 그때 '기회를 봐서' 퇴학을 시켜도 늦지 않다는 것이었다.[63] 이처럼 학생들로서는 성병 문제가 발생하면 자신이 성병에 걸렸다는 사실을 주위 사람들에게 알리는 것을 무척 꺼려했을 것이다. 이것은 학교사회에서 성병은 매우 위험한 질병이며, 감염 사실이 알려질 경우 퇴학 처분을 감수해야 할 정도로 성병 환자에 대해서는 도덕적 판결이 기다리고 있었음을 잘 보여준다.

그렇다고 해서 성병에 대한 도덕적 판단이 학생이나 지식인층에만 적용되었다고는 볼 수는 없을 것이다. 대부분의 계층에서도 성병에 걸린 사실을 공공연히 드러낼 수는 없었다. 이런 사실을 장삿속에 이용하여 성병을 치료하는 과정에서 10배 이상의 폭리를 취하는 의사들도 있었고, 심지어 병원의 주 수입원이 살바르산(Salvarsan)에 의해 해결되고 있다고 할 정도였다.[64] 매독치료제인 살바르산의 효능이 잘 알려져 서양의학에 대한 신뢰감까지 높아질 정도였다고 하니,[65] 성병 환자들은 그것의 높은 가격에 불만을 제기할 수도 없는 처지였

62 "Correspondence: Venereal Disease in Colleges," *CMJ* 32-5(1918. 9), p.501.

63 "Correspondence: Venereal Disease in Colleges," *CMJ* 32-6(1918. 11), pp.605-606.

64 Wu Lien-teh, *Manchurian Plague Prevention Service Reports, 1925-1926*, p.239.

65 H. S. Gear, "The Incidence of Venereal Diseases in Hospital Patients in China," *CMJ* 49-10(1935. 10), pp.1133-1334.

다. 이렇다 보니 경제적으로 열악한 계층일수록 성병을 치료하기 위한 병원의 문턱은 높을 수밖에 없었다.

더욱이 매독치료를 위해서는 5주 동안 10여 회에 걸쳐 주사를 맞아야 하지만, 불법시술자들은 약효가 강력한 한두 방으로 완치가 가능하다고 유혹하여 수많은 부작용을 낳았다.[66] 따라서 이러한 폐단을 시정하기 위해서는 성병 환자에 대한 도덕적 단죄에 앞서 사회적 관심을 환기하며 성병을 무료로 치료할 수 있는 성병전문병원의 필요성이 제기되기도 했다.[67]

---

66 胡嘉言, 「設立梅毒免費治療所病院議(下)」, 『申報』(1933. 2. 27), 14면.

67 胡嘉言, 「設立梅毒免費治療所病院議(上)」, 『申報』(1933. 2. 20), 14면.

위생구사무소가 두창·콜레라와 같은 법정전염병이 발생했다는 정보를 접수하면, 일단 위생국에 그 내용을 보고했다. 아울러 검역과 동시에 베이핑시 전역에서 예방접종을 실시했다. 물론 법정전염병에 대한 예방접종은 정기적으로 실시되었다. 그러나 대개 법정전염병은 도시 내부에서보다는 주변도시에서부터 빠른 속도로 베이핑으로 유입되는 경향이 컸으므로 주변 도시에서 전염병이 발생했다는 정보를 입수하면 검역과 동시에 강제 예방접종을 실시했다. 그런데 두창 예방접종에서 확인할 수 있는 것처럼, 다핵화된 지점을 설치하여 전방위적인 예방접종이 실시되었던 것은 위생구가 설치된 내성구에서였다. 다른 법정전염병의 통제에서도 전방위적인 전염병 통제는 베이핑시 전체에 일률적으로 실시된 것이 아니었다. 베이핑시 법정전염병의 통제에는 지역적 분절성이 존재했던 것이다. 법정전염병 환자가 확인되면 전염병의원에서 격리 치료되거나 불가피한 경우 가정에 격리되었다. 즉 환자에 대해서는 직접적인 격리를 통해서 지리공간의 통제가 실시되었고, 일반인에 대해서도 강제적인 예방접종이 이루어졌다. 통제 방식에 있어서도 병원격리와 가정방문이 병행되었다.

법정전염병 통제는 출생·사망 관리와 마찬가지로 통제 대상과 통제 방식에 있어서 중층적인 통제가 실시되었다. 이에 따라 위생구가 설치된 내성구에서는 학생과 일반 시민들이 가정·직장·학교·거리 등 시정부의 공간 통제 범위에서 벗어나는 것은 거의 불가능했다. 게다가 두창 예방접종 시에는 빈민구와 상가 등 취약지구와 인구 밀집지역에 대해서 순회두창예방접종팀[巡廻種痘隊]을 조직하여 별도 운영했다.[1] 또한 전염병 통제 과정에는 강제적인 통제 방안만이 활용되었던 것은 아니고 신문·라디오·위생강연·전단지·영화광고·선전대 등이 적극적으로 활용되었다.[2]

반면 폐결핵·성병과 같은 만성전염병에 대해서는 법정전염병과 같은 강제적인 질병 통제가 쉽지 않았다. 악성환자가 아닌 이상 외모만으로는 만성전염병 환자 여부를 확인할 수 없었고, 각 진료소에도 검진 즉시 결과를 알아 볼 수 있는 설비를 갖추지 못했다. 그럼에도 베이핑시정부는 만성전염병에 대한 통제를 강화해나가고자 했다. 그 결과 폐결핵·성병과 같은 만성전염병 역시 국가의료의 범위에 포함되었으며, 격리병동의 확대, 기녀와 산모 등 특정계층에 대한 적극적인 질병 통제 등이 확대될 수 있었다.

특히 성병 통제에는 베이핑시 위생행정의 전형적인 특성이 나타난다. 첫째, 성병 통제는 경찰행정과 위생행정이 경쟁적인 관계이면서도 협조적인 관계였음을 보여준다. 기녀검치사무소에 상주했던 청원경찰들은 공안국에서 파견되었는데, 위생국은 이들의 업무 능력을 불신하여 위생경찰을 자체 선발하기로 하고, 1934년 10월부터는 시험을 통해 10명의 위생경찰을 선발했다.[3] 말하자면 위생국이 출생·사망 관리에서 표출했던 경찰행정에 대한 불신은 질병 통제에서도 마찬가지로 나타나고 있었다. 그런데 기녀검치사무소 내의 각종 업무는 위생경찰이 담당했지만, 악성 성병의 발생 및 위법 사례 등으로 해당 기원의 영업정지 처분 등이 필요할 경우에는 관할 경찰구서의 협조를 받지 않

1 北平市衛生局第二衛生區事務所 編, 『北平市衛生局第二衛生區事務所年報』, 第2期(1935. 7), 33쪽.
2 위의 책, 33-34쪽.
3 「平市衛生處招衛生警」, 『北平晨報』(1934. 4. 11).

을 수 없었다.

둘째, 성병 통제에는 지역적 분절성이 존재했다. 내성구에서는 위생구사무소를 중심으로 일반인 특히 산모에 대한 성병검진이 병행되었고, 외성구에서는 시립의원과 기녀검치사무소를 중심으로 일반인과 기원 지역 기녀들을 대상으로 집중적인 검진과 치료가 이루어졌다. 교구에서는 기녀검치사무소 분소가 개설되었으나 기녀의 검진과 치료는 일부 지역에 한정될 수밖에 없었다.

셋째, 중층적인 위생통제시스템을 구축했던 법정전염병과 달리 성병 통제는 산모와 기녀 등 특정 계층에 한정되었다. 일반인에 대해서는 사실상 강제검진이 불가능했기 때문에 주로 외래 문진에 의존했고, 산모에 대해서만 강제검진을 실시했다. 기녀들은 주로 '바다부(八大埠 혹은 八大胡同)'라 불린 외성구 홍등가에 집단 거주했고, 정부는 기녀와 시민들의 잡거를 허용하지 않았기 때문에,[4] 격리 수준은 아니지만 지리공간의 통제가 어느 정도 이루어졌다고 볼 수 있다. 이는 특정 계층에 한정될 수밖에 없었던 베이핑시의 성병 통제가 지닌 한계이지만, 성병을 국가의료의 범위 내에 포함시켜 내성구·외성구에서 일정한 성과를 거둔 것도 사실이었다.

이처럼 베이핑시정부는 급성전염병에 대해서는 불특정 다수를 대상으로 통제 방식과 통제 대상에 있어 중층적인 통제를 실시했고, 성병과 같은 만성전염병에 대해서는 일반인과 집중 관리가 필요한 산모와 기녀 등 특정 대상을 구분하여 검진하고 관리하는 방안을 실천했다. 이와 같은 사례는 상하이에 주목하여 20세기 초 중국인들이 폐결핵·성병 등 만성전염병에 대해서 별다른 관

4 「嚴禁娼妓與良民雜居」, 『京報』(1934. 12. 14).

심을 가지고 있지 않았다는 구미의 연구 성과가 일면적인 평가였음을 단적으로 드러내준다.

의학적으로 매독과 임질이 구분되기 시작한 것은 서양에서는 1812년 헤르난데즈(J. F. Hernandez)에 의해서였고[5] 중국에서는 1860년경의 일이었다.[6] 성병에 대한 과학적 진단과 검사법은 서양에서조차 그다지 일찍 시작된 것이 아니었는데, 매독·임질·연성하감 등의 원인균은 1879년부터 1905년 사이에 발견되었고, 성병에 대한 간단하고 믿을 만한 검사법은 1906년에 와서야 독일의 바서만(Augus von Wassermann, 1866-1925)에 의해 개발되었다. 이처럼 중국에서는 서양의사들조차 성병 환자를 대하고서도 그것이 성병인지 진단하지 못하고 있었다.[7]

일반인뿐만 아니라 의사들조차도 성병에 대한 중요성을 일찍부터 인식하지 못한 또 다른 이유로는 페스트·이질·티푸스와 같은 전염병에 대처하는 데도 역부족이었다는 점, 근대적 병원에 대한 중국인의 반감으로 인해 선교의사들로서는 환자에 대한 객관적 통계 파악이 힘들었다는 점, 질병의 성격상 성병 자체가 개인의 명예와 도덕성에 관계되어 음성적인 방법으로 치료하려는 경향이 있었다는 점이 지적되어야 할 것이다.

그럼에도 1920년대 중국에서 성병의 만연을 드러내는 통계자료가 자주

---

5 Claude Quétel, *History of Syphilis*(Baltimore: The Johns Hopkins University Press, 1990), p.111, p.324.

6 陳邦賢, 『中國醫學史』(臺北: 商務印書館, 1937), 380쪽.

7 중국 선교의사인 펀(Fearn)은 1890년대 중반까지 의사조차도 그 병을 진단하지 못했다고 술회했다. A. W. Fearn, *My Days of Strength: An American Woman Doctor's Forty Years in China* (New York, 1939), p.59.

등장하고 있고, 신문·잡지와 같은 인쇄물에서의 성병치료 약품선전 광고의 빈도는 성병의 만연을 극명하게 드러내주고 있다. 이는 제2차 세계대전 이후 페니실린과 설파닐아미드가 등장하기 전까지는 안전한 치료가 불가능했다는 점, 성병은 감염성 질환이 아니라 접촉성 질환인 만큼 매춘이라는 사회적 관행의 근본적 변화가 없는 한 지속적으로 양산된다는 점을 생각해볼 때, 일정수준의 성병의 만연을 쉽게 예상할 수 있다.

그런데 성병에 대한 논쟁과 관심이 민족주의적 열망과 사회개혁의 요구가 높았던 5·4 시기 매독의 기원을 두고 행해졌다는 점은 흥미롭다. 필자는 5·4 시기 서양의학계에서 성병 자체가 아닌 매춘에 관심을 갖게 된 배경으로서 매독기원논쟁에 주목했다. 또한 매독기원논쟁을 둘러싼 서양인 의사와 중국인 의사 사이에서 인식의 분화는 이미 *CMJ*에 내부에서 선교의사와 중국인 의사 사이에 존재하고 있었다. 선교의사가 성병을 도덕적인 시각으로 접근했던 것과 달리 중국인 의사들은 공중위생적 시각에서 접근했다. 또한 상하이의 학회와 같이 중국인 의사와 서양인 의사들이 공공위생을 위해 한목소리를 내는 경우도 있었다.

엔리오가 선교의사와 중국인 의사의 성병에 대한 관심에 차이가 있었던 것으로 간주하는 근본적인 원인은 선교의사들이 중심이 된 *CMJ*와 중국인 의사들이 중심이 된 *NMJ*에 실린 성병 관련 기사의 양적 차이에 따른 것이다. 즉 중국인 의사들의 성병에 대한 관심이 적었다는 것인데, 사실 중국인 의사들이 성병에 관심이 적었던 것이 아니라 중국인 의사들은 선교의사들과는 달리 전문의학잡지인 *NMJ* 이외에 일반 신문잡지에 기고할 여지가 많았다는 점을 간과한 것이다. 실례로 『신보』나 『대공보』 등에는 「의학주간(醫學週刊)」, 「현대의약간(現代醫藥刊)」 등 1주일마다 한 번씩 발행되는 의학 전문 기고란이 있었다. 거의 매주 매독과 임질에 관한 특집이 발표되기도 했다.

따라서 중국인 의사들이 성병에 무관심했다거나 중국인들이 매독의 위협에 무감각했다고 볼 수는 없다. 더욱이 성병은 종교인 · 학생 · 지식인 사회에서뿐만 아니라 일반인에게도 개인의 도덕적 평가에 있어 치명적일 수 있었다. 일반인들이 성병치료를 위해 은밀한 경로를 선호했던 것이나 남몰래 재빠른 치료를 위해 치료제를 남용하는 사례 등은 성병이 매우 민감한 질병이었음을 뜻하는 것이다.

성병 통제에 대한 시각과 방안은 지역적으로도 큰 차이를 보였다. 성병 통제 방안의 차이는 성병의 기원과 매춘에 대한 인식 차이에서 비롯된 것이다. 도덕적 차원에서 성병의 기원과 매춘 문제에 접근했던 시각은 폐창을 지지했고, 공중위생적 차원에서 접근했던 시각은 공창을 지지했다. 대표적으로 상하이와 베이징이 그와 같은 대조적인 양상을 보였다. 그런데 상하이는 성병 및 기녀를 통제할 수 있는 권력이 분산되어 있었다. 공공조계 공부국, 프랑스조계 공동국, 상하이시정부 사이에 성병 및 기녀 통제를 위한 효율적인 업무협조가 이루어지지 않았다. 공공조계에서 폐창운동에 전력을 기울이는 동안에 프랑스조계 공동국과 상하이시정부는 이에 대해 무관심한 반응을 보였다. 공공조계에 집중되어 있던 기원과 기녀들은 공공조계의 통제가 강화되자 프랑스조계로 거주지를 옮겨가며 통제에 대응했다. 공부국과 공동국은 기녀 관리에 적극적인 대응을 하지 않았고, 상하이시정부 역시 적극적으로 개입하지 않았다. 상하이시 위생국은 성병 통제를 위한 구상을 가지고 있었지만, 예산 문제로 실현가능성이 낮았다.

반면 베이핑에서는 기녀검치사무소와 위생구사무소를 통해 검진과 치료에 있어 다중적인 네트워크가 작동될 수 있었다. 베이핑시에서 위생구 네트워크의 작동은 지역별로 상이한 양상을 보였는데, 기원과 기녀는 내외성구에 밀집해 있어 시정부에 의한 지속적인 통제가 가능했다. 아울러 시정부는 산모 및 영아와 일반 문진 환자들에 대한 성병검진을 강화하여 성병 통제를 확대해나갔다. 그러나 성병 확산의 또 다른 책임자인 남성들에 대해서는 어떠한 통제도 가하지 않음으로써 절반의 통제만을 실천했다.

1949년 신중국의 성립 이후, 폐창정책의 실시와 함께 성병퇴치를 위한 국가적 노력은 청말 이래 군벌 시기(1914-1927)와 난징정부 시기(1928-1937)와는 대조적으로 사회주의 중국의 도덕적 위상을 높이고, 국가의료체제의 성과를 긍정적으로 평가하는 데 크게 기여했다. 그러나 1964년 중국에서 성병이 거의 완전히 박멸되었음을 선언한 이래, 성병 문제를 공개적으로 거론하는 것은 금기시되었고, 개혁개방과 함께 성병은 심각한 사회 문제로 재등장했다. 이는 성병이 오늘날 국가 위생의료체제의 성격을 평가할 수 있는 지표로 활용될 수 있는 근거이기도 하다. 물론 20세기 초 중국에서 성병은 심각한 문제임에도 국가 위생의료체제에 의한 충분한 통제 대상이 되지는 못했다. 성병에 대한 통계자료와 전문연구는 1920년을 전후해서야 본격적으로 전문 의학잡지에 등장할 정도였다. 난징정부 시기에는 1937년 항일전쟁의 발발로 인해 성병 통제가 본격화되지 못했지만, 베이핑의 성병 통제는 단순한 명목상의 폐창정책에서 벗어나 정부 차원의 통제 노력을 보여준다는 점에서 그 의의를 인정해야 할 것이다.

4부

도시환경과 환경위생의 개혁

7

베이징의 도시환경과 위생개혁

베이징은 수백 년 동안 수도로서의 지위를 누리는 과정에서 도시화를 진전시켰음에도 만성적인 도시환경의 문제를 해결하지 못하고 있었다. 베이징은 20세기 도시의 근대화 과정에서 외세의 개입 없이 주체적으로 도시환경을 개조한 대표적 사례로 여겨진다. 특히 난징정부 시기의 베이핑은 위생행정의 궁극적 지향으로 일컬어지는 '국가의료'를 지향하고 있어 당시 중국인들이 이상적으로 평가한 환경정책을 재구성할 수 있을 뿐만 아니라 중국인 스스로가 주체가 된 근대적 위생의료체제를 조망한다는 의미도 있다. 이를 통해 거시적으로는 환경과 위생의 관계, 즉 환경 변화에 대처하는 가운데 근대적 위생의료체제가 형성되는 과정을 해명할 수 있고, 미시적으로는 위생행정이 중국인의 삶에 어떤 영향을 주었고 도시민의 일상생활을 어떻게 변모시켜나갔는지 그 구체상을 보여줄 수 있을 것이다.

베이징의 도시환경

1. 기후조건과 전염병

베이징은 전형적인 온난대 반습윤 대륙성 계절풍 기후 지역으로, 사계절이 분명한 가운데 봄·가을이 짧고 여름·겨울이 길다. 베이징의 지형은 산지와 평원이 각각 62%와 38%를 점하고 있다. 평원지구는 삼면이 산으로 둘러싸여 있으며, 각 산등성이가 해발 1,000m가량의 활모양의 천연병풍을 형성하여 산의 앞뒤 기후의 천연분계선을 이루고 있다. 이러한 지형상의 영향으로 베이징의 기후는 지역 차이가 매우 뚜렷하여 산 아래쪽의 강수량은 연평균 650-750mm인데 비해, 산 위쪽과 평원 남부지역은 연강수량 400-500mm에 불과하다. 특히 한해 강수량의 74%가 여름철에 집중된다. 연평균 기온은 11-13℃이며, 무상기간은 190-200일이다.[1]

따라서 베이징은 습도와 기온이 높은 남방에 비하면, 말라리아·뎅기열·황열병과 같은 아열대성 질병의 발생빈도가 낮아 전염병 발생 가능성이 상대

1 「氣候資源」, 北京市氣象局 http://www.bjmb.gov.cn/zyzq/index.asp.

적으로 적은 편이다.[2] 그럼에도 1871년 화북 지역의 대홍수나 1939년 톈진 대홍수와 같은 기상이변이 동반되면 말라리아 같은 아열대성 질병이 크게 유행하기도 했다. 그 밖에도 명청대 이래로 베이징에서는 전염병이 끊이지 않았는데, 기후조건 이외에도 도시화와 인구집중, 도시 인프라의 미비 등 베이징의 도시환경과 관련된 여러 가지 조건이 복합적으로 작용했기 때문이었다. 특히 명 중기 이래로 소빙기(小氷期)는 베이징의 환경 변화에도 직접적 영향을 주었다.[3] 소빙기 동안 연평균 기온이 하락하면서 한랭기와 온난기가 반복되었는데, 특히 한랭기에는 건조한 날씨로 인해 심각한 한재(旱災)를 초래했다. 한재는 강남 지역보다도 강수량이 부족한 화북 지방에서 심각했다.[4] 한재로 인한 기황과 기근 뒤에는 어김없이 전염병이 뒤따랐다. 그중 최대는 명말 베이징에서 유행한 전염병으로 20만 명 이상이 사망한 것으로 알려져 있다. 전염병의 대부분은 명 말기 100년 사이에 집중되었는데, 전염병의 배후로는 기후 변화로 인한 재해와 기근 등이라고 생각된다.[5] 1743년 7월 베이징에서 10여 일 동안 지속된 이상 고온 현상으로 1만 1,430명이 사망하기도 했다.[6]

청말민국기 동안 베이징 지역에서 유행한 가장 중요한 전염병으로는 콜레

---

2 예컨대 말라리아, 주혈흡충증(schistosomiasis) 등은 강수량과 기온의 영향을 많이 받는데, 화베이 지역보다는 화난 지역에서 유행했다. 이 같은 감염질환의 확대는 지구온난화와 같은 기후변화를 예측하는 중요한 기준이 된다.

3 유소민 지음, 박기수·차경애 옮김, 『기후의 반역』(성균관대학교 출판부, 2005), 169-186쪽.

4 강남 지역에서 소빙기의 영향과 한재 피해에 대해서는 金文基, 「明淸時期 江南의 氣候變動과 洞庭柑橘」, 『明淸史硏究』 14(2001. 4); 金文基, 「明末 江南의 氣候와 崇禎 14년의 奇荒」, 『中國史硏究』 37(2005. 8).

5 邱仲麟, 「明代北京的瘟疫與帝國醫療體系的應變」, 『中央硏究院 歷史語言硏究所集刊』 第75本 第2分(臺北: 中央硏究院 歷史語言硏究所, 2004. 6), 343-345쪽.

6 曹冀魯, 「乾隆年間北京的高溫記載」, 『北京檔案』 1999-8期, 43-45쪽.

라와 페스트를 꼽을 수 있다. 콜레라는 1820년 중국 남부를 거쳐 1821년에는 베이징에서 크게 유행했는데, 주로 대운하 등 교통요지를 중심으로 주변으로 점차 확산되었다.[7] 콜레라는 1820년부터 1932년까지 중국에서 46차례 유행했는데, 그중 1932년의 콜레라가 가장 악명을 떨쳤다. 1932년 5월 난징 등 남방 주요 도시에서 유행하기 시작한 콜레라는 1달도 되지 않아 톈진과 베이징 지역에 퍼졌는데, 전국적으로 23개 성 312개 도시에서 최대 40-50만 명이 사망한 것으로 추정된다.[8] 페스트는 1910-1911년 동북 지역에서 유행하여 베이징 지역에까지 직접적인 영향을 미쳤으며, 중국에서 국가 위생의료체제 성립에 결정적인 계기를 제공한 전염병이다.[9] 베이징에서 콜레라와 페스트의 유행은 기후조건보다는 교통의 발달이 전염병 확산의 주요 계기였음을 단적으로 보여주는 사례라고 할 수 있다. 특히 20세기 이후 철도교통의 발달은 전염병이 전국적으로 확산하는 데 커다란 영향을 미쳤다.

2. 철도교통의 발전

1880년대 중반 이후 중국 도시에 인력거가 대중적인 교통수단으로 등장했고, 20세기 이후에는 자동차와 전차 등이 도시 교통의 주요 수단으로 등장하기 시

7 余新忠 等著,『瘟疫下的社會拯救: 中國近世重大疫情與社會反應研究』(北京: 中國書店, 2004), 169쪽.

8 夏明方,『民國時期自然災害與鄕村社會』(北京: 中華書局, 2000), 77쪽.

9 辛圭煥,「國家 衛生醫療體制와 國家醫療의 形成: 19세기 말 20세기 초 한국과 중국의 경험」,『東方學志』第140輯(2007. 9).

작했다. 그러나 이 당시까지 시민들은 이러한 근대적 교통수단이 소음공해나 대기오염과 같은 환경 문제를 일으킨다고 생각하지 않았다. 오히려 철도교통의 등장으로 도시경제가 발전할 수 있는 기반을 마련할 것으로 보았다. 철도의 등장은 경제의 번영과 생활의 편리를 가져다주었지만, 다른 한편으로는 인구이동과 물자이동을 촉진하여 질병의 전파에도 유리한 환경을 조성했다.

중국에 처음 철도가 놓인 것은 1865년 베이징에서 영국 상인 듀랜트(Durante)에 의해서였는데, 기괴한 기계에 깜짝 놀란 청조가 강제로 철거하고 말았다. 그러다가 20세기 이후 외국 자본과 기술로 본격적으로 철도가 건조되기 시작했다. 1905년 완공된 징한철로(京漢鐵路, 北京-漢口)를 시작으로 징장철로(京張鐵路, 北京-張家口), 징펑철로(京奉鐵路, 北京-奉天) 등이 개통되었다. 이로써 베이징을 중심으로 한 방사형 철로가 완성되었다. 그러나 철도역은 시즈먼(西直門)이나 첸먼(前門) 등에 집중되었고, 각 철로가 만나는 곳 역시 서남부의 펑타이역(豐台驛)이었다. 징장철로나 징펑철로가 북쪽과 동쪽을 향하고 있었지만, 북부와 동부 성문 부근에 철도역은 한 곳도 없었다. 이와 같은 문제점을 해결하고자 만들어진 것이 베이징의 내외성을 순환하는 베이징순환철로였다. 1915년 베이징환형철로가 완공된 이후로는 더성먼(德勝門)·안딩먼(安定門)·둥즈먼(東直門)·차오양먼(朝陽門)·둥볜먼(東便門)·첸먼(前門) 등 6개 역 중 어느 곳에서나 내릴 수 있게 되었다. 그중에서 첸먼이 유동인구가 가장 많은 번화한 철도역이었고, 시즈먼은 전국 각지의 대형화물이 집중되는 철도역이었다. 알탄 수송 역시 기존의 낙타를 대신하여 철도가 그 역할을 담당했다.[10]

---

10 史明正(Shi Mingzheng)著, 王業龍 等譯, 『走向近代化的北京城: 城市建設與社會變革』(北京: 北京

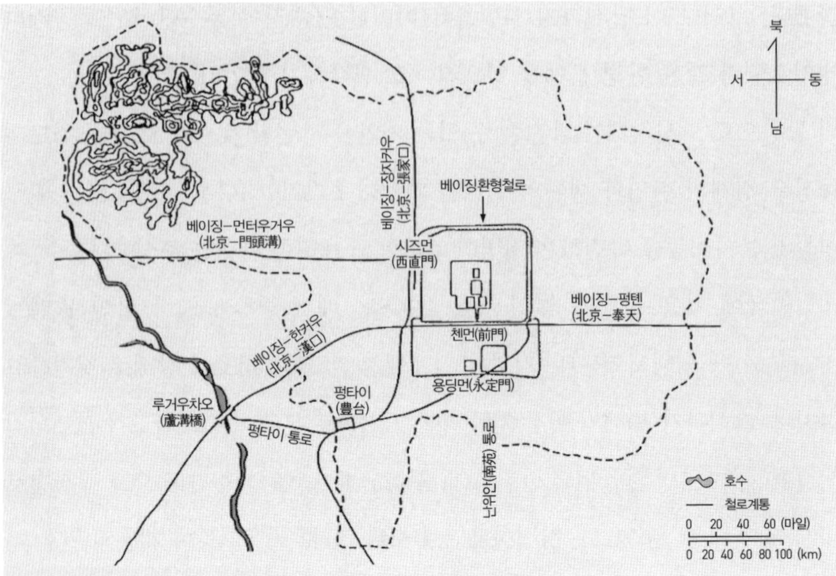

베이징시 철도교통도[11]

베이징의 철도교통은 성내외구를 중심으로 환형철로가 설치되어있고, 남북으로 주요 철도가 관통하여 상업발달 등에 기여했으나 방역활동에는 불리한 요소로 작용했다.

철도교통의 발달이 도시사회에 주는 의미는 단순히 시민들에게 생활의 편리나 상업발전을 가져다준 것만은 아니었다. 철도교통이 성내외를 둘러싸고 발달함에 따라 교구의 발전은 오히려 제한되어 성내외와 교구의 격차를 가속화시켰다. 또 다른 한편 철도교통은 전염병의 입장에서는 도시를 자유롭게 활보할 수 있는 통로를 의미하는 것이었다. 따라서 철도를 중심으로 하는 검역

大學出版社, 1995), 258-264쪽.

11 史明正(Shi Mingzheng) 著, 『走向近代化的北京城: 城市建設與社會變革』, 258쪽.

문제 역시 위생행정이 감당해야 할 주요 과제 중의 하나였다.

철도검역이 본격화된 것은 만저우 페스트 방역에서였다. 특히 베이징으로의 페스트 유입이 가장 우려되었기 때문에, 징펑철로에 대한 검역이 우선적으로 실시되었다. 1911년 1월 중순부터 베이징으로 향하는 주요 지점에 검역소를 설치했다. 1월 14일 즈리총독(直隸總督)은 외국인 의사 3명과 중국인 의사 14명을 파견했고, 펑톈(奉天)에서 산하이관(山海關)으로 향하는 2등, 3등 객차와 쿨리가 승차한 객차에 대한 검역을 개시했다. 1월 하순에는 장쑤 난징으로 연결되는 진푸철로(津浦鐵路, 天津-浦口)에 대한 운행이 전면 중단되었고, 남만주철도주식회사(南滿州鐵道株式會社)는 중국인 승객에 대한 승차를 거부하기에 이르렀다. 이처럼 철도연선에 대한 검역은 강압적인 방식을 고수해나갔는데, 그 결과 산둥(山東) 쿨리들이 도보로 남하함에 따라 페스트가 내륙 전역으로 확대되었고, 또 이를 막기 위해 군대가 동원되기도 했다.[12]

그러나 베이징 시내에서 철도검역이 진행되었던 것 같지는 않다. 1932년 6월 베이징 지역 콜레라 유행에서 볼 수 있듯이 실제 검역 및 방역활동은 시내의 위생구사무소나 병원을 중심으로 전개되었다.[13] 이처럼 철도는 20세기 도시 환경변화의 주역이자 도시환경을 위협하는 잠재적 요인으로 작용하게 되었다.

---

12 飯島涉, 『ペストと近代中國: 衛生の制度化と社會變容』(東京: 研文出版, 2000), 152-153쪽.

13 北平市公安局, 『第一衛生區事務所第七年年報』(北平: 北平市公安局, 1932), 23-27쪽; 「時疫流行中之醫事衛生機關」, 『北平晨報』(1932. 7. 14).

3. 자연자원과 환경 변화

연료·음료 등의 공급조건은 수도의 입지조건 중 매우 중요한 요소이다. 그것들은 도시민이 일상을 살아가는 데 필수적인 자원이기 때문이다. 연료 중에는 삼림과 석탄이 중요한 부분을 차지하는데, 베이징은 삼림은 부족한 편이었지만 베이징성 서북부의 서산 일대에 석탄이 풍부하게 매장되어 요대(遼代) 이래로 연료 공급에서는 좋은 평가를 받았다.[14] 주전(鑄錢)·주포(鑄砲)와 같은 관영수공업과 도시민의 일상생활에 필요한 취사 및 난방용 생활연료의 수요로 인해, 베이징에서는 원대 이래로 많은 탄광이 개발되었다. 이로 인해 연료에 대한 접근성은 향상되었으나 그로 인해 배출되는 부산물과 쓰레기 등은 도시환경을 크게 위협하게 되었다.

베이징의 기후 특성상 일상생활에 가장 중요한 영향을 미쳤던 것은 상수공급 문제였다. 베이징은 강수량이 적은데다가 수원이 멀고 수질도 좋지 않았기 때문에, 주민들은 만성적인 물 부족 문제에 시달려야 했다. 베이징에 하천이 없는 것은 아니었지만, 수심이 깊지 않고, 유량이 많지 않아 생활용수로 쓰기에는 부적합했다. 따라서 주민들로서는 음용수와 생활용수를 해결할 수 있는 상수원의 확보가 무엇보다 중요했다.

베이징성 자체가 큰 하천에 의지하고 있지는 않은데, 비교적 큰 하천으로는 서남부에 융딩허(永定河)가 있고, 동북부에 자오바이허(潮白河)가 있었다. 그러나 이들 하천은 베이징시 외곽 지역에 위치하여 베이징성으로부터는 다

14 元廷植, 「乾嘉年間 北京의 石炭 需給問題와 그 對策」, 『東洋史學硏究』 32(1990), 114-115쪽.

소 거리가 있었다. 베이징성 부근에서 수질이 가장 좋은 음용수는 서북부 시산(西山) 일대의 위취안산(玉泉山) 천연샘물이었는데, 이것은 주로 황궁에 공급되었으며 민간에서는 사용할 엄두를 내지 못했다. 청말민초기 유명했던 상급수로는 안딩먼와이(安定門外)의 상룽징(上龍井), 둥창후퉁(東廠胡同)의 시커우징(西口井), 난청(南城)의 야오자징(姚家井), 베이청(北城)의 중신타이징(中心台井), 덩스커우(燈市口)의 라오예먀오징(老爺廟井) 등이 있었는데, 이것으로는 100만 시민의 수요를 충족시킬 수 없었다. 더욱이 대부분의 우물[水井]은 길가에 있었는데, 명대까지 자유롭게 이용하던 길가의 공용우물[公井]을 청대부터는 물상인[井商]들이 장악해나갔다.[15]

베이징시가 상수원으로서 주목한 것은 시산(西山)에서 발원한 칭허(清河)와 베이산(北山)에서 발원한 사허(沙河)가 만나는 동북부의 순허(孫河) 혹은 순허우허(孫侯河)라는 하천이었다. 순허는 두 개의 하천이 만나 수량이 많고 깊었으며, 여름을 제외하면 물이 맑고 깨끗했다. 여름에는 산에서 내려오는 모래흙과 진흙이 하천으로 유입되기 때문에, 하천의 자정작용을 기대하기 어려웠다. 여름과 가을에 수량이 풍부한 것과는 대조적으로 겨울과 봄에는 가뭄이 극심했으므로 홍수 조절과 수원 확보를 위해 별도의 제방이 필요했다. 아울러 베이징성의 해발고도는 인근 하천보다 높았으므로 하천수를 어떻게 수송할 것인지도 문제였다.

정작 상수설비의 필요성을 제고했던 것은 음용수나 생활용수의 부족 때문

---

15 邱仲麟, 「水窩子: 北京的供水業者與民生用水(1368-1937)」, 李孝悌 編, 『中國的城市生活』(台北: 聯經, 2005), 238-243쪽.

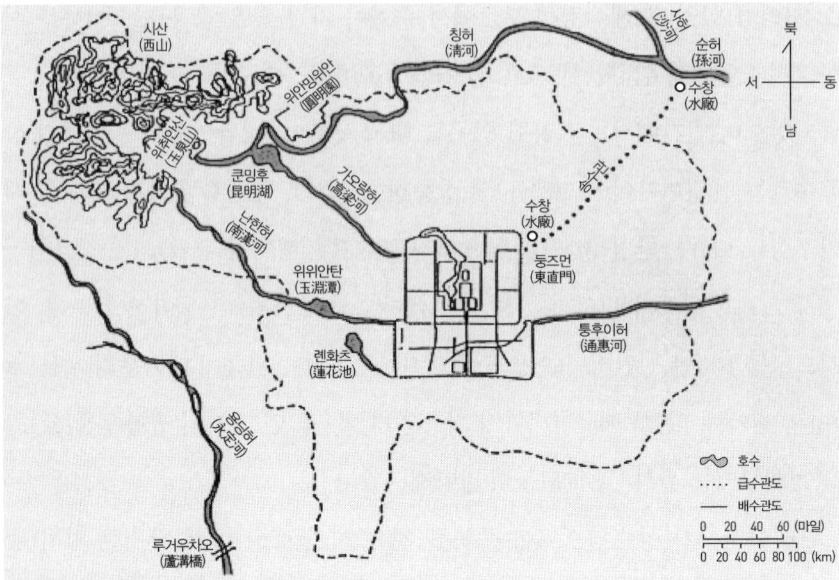

베이징시 급수체계도[16]

베이징은 지리여건상 수원과 멀고, 주택지구의 지대는 상대적으로 높아서 급수설비에 어려운 점이 많았다.

이 아니라 화재 때문이었다. 19세기 이래로 베이징은 3년에 1번꼴로 대형화재가 발생했다. 1903년에는 호부(戶部) 건물이 화재로 소실되어 수개월 동안 호부 업무가 마비될 정도였고, 1905년에는 베이징성 북부의 식량창고가 불에 타서 비축식량에 커다란 손실을 초래했다. 베이징에 상수도 설비에 관한 논의가 급진전된 것은 1908년 3월 경사공예훈련학교(京師工藝培訓學校)가 소실되어 수백 명의 인명피해를 내면서였다. 청조 대신들은 수돗물 공급을 전담할 수 있

---

16 史明正(Shi Mingzheng)著, 王業龍 等譯, 『走向近代化的北京城: 城市建設與社會變革』(北京: 北京大學出版社, 1995), 189쪽.

는 기구와 설비 마련을 제안했고, 이것이 1908년 4월 베이징시상수도공사[京師自來水股份有限公司]의 성립으로 구체화되었다.[17] 베이징의 수도시설은 최초 홍콩(1863)에 이어, 상하이(1883)·톈진(1897)·칭다오(青島, 1899)·광저우(廣州, 1906)·한커우(漢口, 1906)·우창(武昌, 1906)·카이펑(開封, 1906)·진링(金陵, 1907) 이후에 설치된 것이었다.

20세기에 들어선 이후에도 상수도의 공급은 지지부진했기 때문에 음용수와 생활용수를 확보하기 위해서는 물장수에 의존해야 했다. 이러한 상황은 일상적인 물장수의 횡포와 수인성 전염병의 만연이라는 구조적 문제점을 야기했다. 수질이 열악한데다 음용수가 부족했기 때문에 생활용수는 여러 차례에 걸쳐 재활용해야 하는 실정이었다. 하수설비 역시 불충분했기 때문에 여름철에 집중호우가 발생하면, 거리를 지나기 위해서 웅덩이와 진흙탕을 피하는 일은 일상적인 풍경이었다. 이러한 하수설비 부족은 조금만 비가 와도 분뇨·오물·생활하수가 뒤섞여 골목과 거리에 넘치면서 전염병 창궐을 부채질했다.

화베이(華北)지역의 전염병에 관한 한 보고에 따르면, 1930년대 화베이지역 도시에서는 일반적으로 이질·성홍열·장티푸스가 만연하고 있으며, 그 밖에 두창, 디프테리아, 발진티푸스, 콜레라, 유행성 뇌척수막염 등의 순으로 많이 발생했다.[18] 수인성 전염병군으로 분류되는 이질·장티푸스·콜레라 등

---

17 史明正(Shi Mingzheng) 著, 王業龍 等譯, 『走向近代化的北京城: 城市建設與社會變革』, pp.166-168; 邱仲麟, 「水窩子: 北京的供水業者與民生用水(1368-1937)」, 李孝悌 編, 『中國的城市生活』(台北: 聯經, 2005), 267-268쪽.

18 尾河順太郎, 「北支に於ける傳染性疾患」, 『同仁會醫學雜誌』 第13卷 第6號(1938. 6), 20쪽.

1901년 비온 뒤 베이징 거리[19]
배수 및 하수설비가 부족했기 때문에 비온 뒤의 베이징 거리는 웅덩이와 진흙탕이 난무했다.

이 만연했음을 알 수 있다. 실제로 1938년 식수로 사용하는 우물물(의 절반에 해당하는 192개소)에 대한 조사는 베이징의 우물물이 세균·대장균 등에 심하게 오염되어 조사 대상의 79.7%가 식수로서 부적격하다고 판정을 내렸다.[20]

나욱(Nauck)의 연구에 따르면, 중국 화난(華南) 및 서부 지역 중국인 가운데 80-90%는 회충과 요충을 보유하고 있는데, 화베이 지역은 40-60% 수준으로 상대적으로 낮은 비율을 보인다고 했다. 특히 하층민의 경우 한 차례

---

19 J. Scheibert, *Der Krieg in China, 1900-1901: nebst einer Beschreibung der Sitten, Gebräuche und Geshcichte des Landes*, Vol.1(Berlin: Verlag von A. Schröder, 1901), 64쪽. 邱仲麟,「風塵, 街壤與氣味: 明清北京的生活環境與士人的帝都印象」,『清華學報』新第34卷 第1期(2004. 6), 197쪽에서 재인용.

20 郭文宗,「北京市地下水の水質に關する調查研究」,『同仁會醫學雜誌』第13卷 第8號(1938. 8), 31쪽.

의 산토닌 투약만으로 수십 마리가 배출되는 것은 보통이고, 100마리 이상 배출하는 경우도 적지 않다고 보고했다. 그러나 요충이나 십이지장충 등은 매우 적었다고 했다. 필라리아는 1921년부터 중국에서 발견되어 보고되었는데, 주혈흡충증(Schistosomiasis)은 주로 양자강 유역에 분포하고 화베이 지역에서는 발견되지 않았다. 이러한 결과는 기생충의 생장조건이 고온다습한 기후조건과 관계가 깊기 때문이다. 그 밖에 비대흡충증(Fasciolopsiasis)·폐흡충증(Paragonimiasis)·간흡충증(Clonorchiasis) 역시 화베이 지역에서는 거의 발견되지 않는데, 이것은 화베이인들이 어류의 생식습관을 가지고 있지 않은 것과 관련이 깊다.[21]

4. 인구증가와 이주

베이징은 938년 요(遼)나라의 5개 수도 중의 하나로서 수도의 면모를 갖추어 나가기 시작했지만, 오늘날의 베이징성을 중심으로 도시가 구획되기 시작한 것은 명대(明代)부터였다. 명대 베이징의 인구는 1440년(正統13年) 96만 명에서 1629년(崇禎2年) 70만 명 정도로 추산된다.[22] 1643년(崇禎16年) 7-8월 베이징에 전염병이 돌기 시작하여 8-10월 사이에 20만 명 이상이 사망하기도 했다.[23]

---

21 尾河順太郞,「北支に於ける傳染性疾患」, 58-59쪽.

22 侯仁之,『北京城市歷史地理』(北京: 北京燕山出版社, 2000), 280쪽.

23 ‘疙瘩瘟’이라고 지칭된 이 전염병은 선페스트로 추정되기도 한다. 曹樹基,「鼠疫流行與華北社會的變遷(1580-1644年)」,『歷史研究』1997-1; 王國華,「清代以前北京地區的傳染病疫情和救治工作」,『北京檔案史料』(2003. 2), 93-94쪽; 邱仲麟,「明代北京的瘟疫與帝國醫療體系的應變」,『中央研究院 歷史語言研究所集刊』第75本 第2分(臺北: 中央研究院 歷史語言研究所, 2004. 6), 359-

청대 베이징의 인구는 1851년의 한 조사에 따르면, 내성구에 거주하는 기인(旗人)들만 7만 6,000가구로 가구당 5명으로 계산하면 38만 명이다.[24] 자금성에 거주하는 기인·하인·환관 등을 포함하면 청대 내성구의 인구는 명대와 비슷한 수준이었을 것으로 추정된다.

민국 시기 베이징의 인구는 1912년 내외성을 합하여 72만 5,000명이었다. 1920년대 중반까지도 완만한 증가 추세를 보이지만, 100만을 넘지 못했다. 1928년 베이핑시정부 성립 이후 교구가 베이핑의 범위에 포함되면서 베이핑의 인구는 130만을 넘었다. 1930년대 초 베이핑의 인구는 150만을 넘었고, 중화인민공화국 성립 직전 200만을 넘었다.

이처럼 베이징의 인구는 명 중후기 이래 민국 초기까지 대체로 완만한 증가 추세로, 명말청초기 이래로 인구가 폭발적으로 증가했던 중국 전체의 인구 상황과는 상이한 양상을 보였다. 이는 명 중후기 이래 베이징이 이미 포화 상태에 이르렀다는 것을 의미한다. 이와 같은 시각에서 보자면, 베이징의 도시환경 문제는 비단 20세기 초 민국 시기 도시화와 산업화로 인한 인구집중으로 인해 새롭게 등장했다기보다는 이미 명대 중후기 이래의 도시 문제가 누적되어 발생한 것으로 볼 수 있다.

조선 시대에 조선 사신은 총 579회에 걸쳐 중국에 사행했고, 조선인들은 400여 종 이상의 중국 견문기록인 연행록을 남겼다. 이 중에서 베이징 견문기

362쪽.

24 Susan Naquin, *Peking: Temples and City Life, 1400-1900* (Berkeley: University of California Press, 2000), p.395.

로 유명한 것이 김창업(金昌業)의 『가재연행록(稼齋燕行錄)』(1712-1713), 홍대용(洪大容)의 『을병연행록(乙丙燕行錄)』(1765-1766), 박지원(朴趾源)의 『열하일기(熱河日記)』(1780) 등이다.[25] 『가재연행록』에 따르면, 1713년(癸巳年) 음력 2월 11일, "성안의 대로와 골목길 및 인가의 처마 밖에는 모두 구거(溝渠)를 설치하여 온 성의 물이 다 이곳으로 나간다. 성안에는 커다란 구거 이외에는 하수구가 없었으며, 또한 거위 · 오리 · 양 · 돼지 따위를 기르지 않기 때문에 길에는 오물이나 쓰레기가 없었다"고 기술했다.[26] 즉 내성구는 비교적 깨끗하다는 인상을 전하고 있다. 그러나 김창업의 베이징에 대한 묘사는 절반만이 사실일 것이다. 왜냐하면 김창업은 글의 맥락상 베이징성의 안팎이 비교적 잘 정비되어 있다는 점을 묘사하려고 했고, 성안에 하수시설이 없었으므로 김창업이 하수구 주변의 오물을 떠올리기는 어려웠을 것이다. 물론 내성구가 외성구에 비해서 잘 정비되어 있는 것은 사실이었지만, 그것은 어디까지나 상대적인 수준이었다. 실제로 내성구는 인구밀도가 높은데다 하수설비가 부족해서 하수처리 문제 등으로 몸살을 앓고 있었다.

명대 후기인 1592년(만력20년) 진사(進士)가 된 셰자오즈(謝肇淛, 福建 長樂人)는 『오잡조(五雜組)』라는 베이징 여행기를 남겼는데, 수도의 도시환경에 대해 상세하게 묘사했다.

---

25 鄭惠仲, 「조선 선비의 청국 수도 北京見聞: 김창업의 『稼齋燕行錄』을 중심으로」, 『明淸史硏究』 23(2005. 4).

26 金昌業, 『稼齋燕行錄』 全(京城: 朝鮮古書刊行會, 1914. 2. 11). 240쪽.

〈표 20〉 1936년 6월 베이핑시 각 구 인구분포 및 면적분포[27]

區別	호구 수	사람 수(명)			인구 비율(%)	km²당 인구수(명)	면적 (km²)	면적 비율(%)
		남	여	계				
內一區	21,349	74,257	41,626	115,883	7.6	15,836	7.3175	1.0
內二區	19,544	69,411	44,537	113,948	7.4	18,682	6.0993	0.8
內三區	23,405	76,303	52,803	129,106	8.4	21,071	6.1271	0.9
內四區	22,302	68,214	47,191	115,405	7.5	22,323	5.1697	0.7
內五區	17,310	55,167	36,968	92,135	6.0	16,501	5.5835	0.8
內六區	11,241	35,110	25,893	61,003	4.0	8,802	6.9303	1.0
城內區 소계	115,151	378,462	249,018	627,480	40.9	16,855	37.2274	5.2
外一區	12,238	60,099	16,668	76,767	5.0	41,569	1.8494	0.3
外二區	15,464	57,803	26,382	84,185	5.5	31,744	2.6520	0.4
外三區	18,920	73,129	32,434	105,563	6.9	14,174	7.4475	1.0
外四區	19,527	54,508	36,083	90,591	5.9	11,946	7.5835	1.1
外五區	20,017	60,337	28,922	89,259	5.8	11,821	7.5511	1.1
城外區 소계	86,166	305,876	140,489	446,365	29.1	16,481	27.0835	3.8
東郊區	26,312	71,662	56,042	127,704	8.3	844	151.2784	21.0
西郊區	26,656	74,068	56,103	130,171	8.5	496	262.3975	36.5
南郊區	22,680	63,565	50,588	114,153	7.4	880	129.7617	18.1
北郊區	18,096	49,796	37,414	87,210	5.7	786	110.9385	15.4
郊區 소계	93,744	259,091	200,147	459,238	30.0	702	654.3761	91.1
총계	295,061	943,429	589,654	1,533,083	100.0	2,133	718.6870	100.0

> 베이징 주택은 협소하고 남는 공간이 없다. 도로에는 분뇨와 오물이 넘쳐나고, 사람들이 많이 오가는 번잡한 곳에는 파리가 들끓어서 한여름에는 안심하고 살 수가 없었고, 비가 조금만 와도 배수로가 넘쳐서 말라리아나 이질 같은 전염병이 그치지 않았다.[28]

셰자오즈는 도시환경의 악화와 전염병의 직접적 관계를 인식하고 있었다. 그가 본 베이징의 주거공간은 협소했고, 도로는 더럽고 난잡했으며, 배수는 불량하고, 모기와 파리가 들끓었다. 사실 명청대 베이징의 도시환경에 대해 언급하고 있는 필기류나 문집 등에서는 이와 같은 열악한 상황을 묘사하고 있는 것이 적지 않다.[29]

베이징에서는 사망률이 출생률을 압도하는 상황이었음에도 인구가 줄지 않았던 것은 외부에서 유입되는 인구가 많았기 때문이다. 〈표 20〉에서 볼 수 있는 바와 같이 남성인구가 압도적으로 많았던 것은 경제활동 인구가 남성 중심인데다가, 이주가 주로 경제적인 차원에서 이루어진 탓이었다. 〈표 21〉의 베이핑시 시민의 적관(籍貫) 통계를 통해 볼 때, 상위 10위권 중 산둥(山東, 71.1%), 산시(山西, 76.8%), 장쑤(江蘇, 66.7%) 출신 남성이 베이징 남성 평균 비율(61.5%)을 상회하고 있는데, 이들 역시 주로 경제적인 이유로 이주한 것으로 보인다. 그중에서도 산둥과 산서 출신이 베이징 사회의 하층민을 구성하

---

27 北平市政府秘書處, 『北平市統計要覽』(北平: 北平市政府秘書處, 1936. 12), 3쪽, 8쪽.

28 謝肇淛, 『筆記小說大觀(五雜俎)』, 8編 6(臺北: 新興書局, 1975), 卷2 「天部二」, 3253쪽.

29 명청 시기 베이징의 도시환경에 대해서는 邱仲麟, 「風塵, 街壤與氣味: 明清北京的生活環境與士人的帝都印象」, 『清華學報』 新第34卷 第1期(2004. 6).

〈표 21〉 1936년도 베이핑시 시민의 적관 통계[30]

籍貫	남		여		계	
	사람 수(명)	비율(%)	사람 수(명)	비율(%)	사람 수(명)	비율(%)
1. 北平	394,084	60.5	256,937	39.5	651,021	42.5
2. 河北	375,342	60.9	240,772	39.1	616,114	40.2
3. 山東	61,521	71.1	25,046	28.9	86,567	5.6
4. 山西	27,633	76.8	8,344	23.2	35,977	2.3
5. 遼寧	13,325	52.6	11,985	47.4	25,310	1.7
6. 江蘇	15,270	66.7	7,608	33.3	22,878	1.5
7. 河南	10,649	61.3	6,725	38.7	17,374	1.1
8. 湖北	5,904	48.6	6,232	51.4	12,136	0.8
9. 浙江	6,353	60.0	4,230	40.0	10,583	0.7
10. 安徽	4,251	59.6	2,880	40.6	7,131	0.5
⋮	⋮	⋮	⋮	⋮	⋮	⋮
총계	943,429	61.5	589,654	38.5	1,533,083	100.0

는데, 이들이 물장수 또는 똥장수와 같은 환경직종의 말단을 차지하게 된다.

1930-1940년대에는 베이징 인구가 민국 초기에 비해 2배 이상 급격한 증가를 보인다. 이는 베이징의 공간적 외연이 확대되었기 때문이기도 했지만, 성내외구의 인구밀도 역시 크게 증가한 때문이다. 따라서 1930-1940년대에는 기존 정책과는 질적으로 다른 새로운 처방이 요구되고 있었다.

베이징 인구는 내성과 외성이 각각 40.9%와 29.1%를 차지하고 있었는데,

30 北平市政府秘書處, 『北平市統計要覽』, p.11.

베이징의 환경 문제는 대부분 내외성에서 발생했다. 내성구의 인구가 외성구의 인구보다 많았으며, 내성구가 차지하는 면적이 약간 넓었는데, 인구밀도상으로는 내성구(1만 6,855명/km²)가 외성구(1만 6,481명/km²)보다 약간 높은 정도였다. 그러나 내성구보다는 외성구의 도시환경이 훨씬 열악했다. 예컨대, 내성구는 도로정비가 잘 이루어져 있었으나, 외성구는 거의 대부분 토로(土路)였다. 토로는 악천우에 쉽게 유실되거나 취약했기 때문에 환경위생에도 불리하게 작용했다. 일반 주민과 상업지구가 밀집했던 외1구와 외2구는 예외적으로 석로(石路)였는데, 베이징에서 인구밀도가 가장 높은 지역이었다. 게다가 내성구에는 전통적으로 황성을 포함하여 고급관료나 귀족층이 주로 살고 있었기 때문에, 시정기구들도 일반 주민들의 주거지와 상업지구가 밀집했던 외성구보다는 내성구의 주거환경에 신경을 쓰지 않을 수 없었다. 그럼에도 도시화와 인구집중으로 인한 결과는 내성구와 외성구를 막론하고 직접적으로 주거환경 및 식수 문제를 야기했고, 하수처리 및 쓰레기처리는 만성적인 사회문제로 등장하게 되었다.

베이핑의 위생개혁과 환경위생

20세기 초 환경 인프라의 개선과 위생개혁의 진전이 부진한 가운데, 베이징에는 인구집중이 가속되고 있었기 때문에, 민국 시기 베이징은 그 어느 때보다도 환경위생의 개선이 필요한 시점이었다. 베이징의 환경위생의 개선에 있어 획기적인 사건은 베이핑시정부 성립 이후 1933년 6월 위안량 시장의 취임이었다. 위안량은 베이핑의 관광자원을 정비하고 도시구획을 확대할 계획을 가지고 있었다. 이를 통해 시정개혁을 위한 재원을 확보하고 도시환경을 정비할 계획이었다.[31]

1933년 12월 위안량은 '시정건설 3년 계획'을 발표했는데, 이에 따르면 위생시행계획으로 ①분창관영[糞廠官辦], 분구개량, 똥장수 전횡의 단속, 똥차 통행 시간의 제한, ②사망 등 생명통계의 작성, ③개량 음용수의 공급, 우물 개착의 심사 등 이상의 계획을 1년 이내 처리, ④쓰레기 처리, ⑤전염병예방설비, ⑥성병 및 폐결핵 예방 및 치료, ⑦학교 및 공장위생의 추진, ⑧공동묘지의 설치 등 이상의 계획을 비용 문제를 감안하여 3년 이내 처리, ⑨산모 및 영아 보

31 「袁市長重要談話: 擴大市區繁榮舊京」, 『京報』(1934. 1. 20).

호, 산파훈련, 영아유기 단속, ⑩도축장 개설, ⑪폐기물 수거시설의 설치 등을 제시했다.[32] 이는 위생처가 출생·사망 관리, 전염병 통제, 환경위생, 위생교육 등 위생행정의 전 분야를 포괄하면서 정책의 완급을 조절하고 있음을 보여준다. 아울러 분뇨처리, 상수도, 쓰레기 처리 등 환경개선사업이 중요한 정책 과제였음을 알 수 있다. 1934년 3월 위생처는 '7대 계획'을 발표하는데, 환경위생의 개선을 위해 똥차 개량과 물차 개량이 주요 개선계획으로 선정되었다.

1. 상수도 설비와 급수체계의 개선

도시의 상수원 및 상수도 설비는 일상생활에 필요한 음용수와 생활용수 등을 제공하기 때문에, 인체의 혈관에 비유될 정도로 중요한 환경 인프라 중의 하나로 여겨진다. 도시 사회는 음용수 이외에도 생활용수, 소방용수, 도로 청결 등에 사용하기 위해서 충분한 수량이 확보될 필요가 있었다. 일반적으로 대다수 도시들은 상수도 설비 구축 이전에는 주로 하천수[河水]와 우물물[井水]을 상용했다. 그러나 베이징에는 하천급수체계조차 형성되어 있지 않아 시민들은 하천수를 거의 이용하지 못하고 우물물에 의존해야 하는 실정이었다.

우물물은 개착방식에 따라 전통적인 토정(土井)과 1900년 전후 서양에서 들여온 기술로 심정 개발이 가능해진 양정(洋井, 또는 自流井, 自湧井)으로 나뉜다. 수질과 상품가치 때문에, 토정이 점차 양정으로 바뀌는 추세였다. 한 조사에 따르면 1896년 이전 토정은 황성에 91개, 내성에 626개, 외성 547개로

32 「衛生處擬具三年衛生實施計劃」, 『京報』(1933. 12. 11), 6면.

총 1,264개가 존재했다.[33] 우물물은 관리 주체에 따라 관용 우물[官井], 영업용 우물[營業水井], 가정용 우물[自家水井]로 나뉘는데, 1937년 당시 관용과 영업용은 각각 456개, 401개였다. 관용은 대부분 토정이었으며, 401개의 영업용은 모두 양정이었다. 1937년 401개의 영업용 중에서 위생국의 세균검사에 합격한 것은 164개에 불과했다.[34] 영업용에는 1,913명의 물장수들이 소속되어 있었는데, 베이핑시에서 물상인[井商]과 물장수들의 횡포는 악명이 높아 시민들은 그들을 '수벌(水閥)'이라고 불렀다.

베이징의 전통적인 대다수 토정은 수원이 얕고 수질이 좋지 않아 음용수로는 적절치 않았다. 양정 개발로 수질이 일부 개선된 것은 사실이었으나 음용수 및 각종 용수를 안정적으로 제공받는 데는 한계가 있었다. 베이핑시정부 시기에는 음용수에 대한 관리감독을 강화하여 수질이 일부 개선되었지만, 여전히 음용수의 기준에는 미치지 못했다. 수질을 획기적으로 개선하기 위해서 필요한 가장 중요한 조치는 상수도 설비를 확충하여 수돗물 공급을 늘리는 것이었다. 상수도 설비의 확충은 수질 개선뿐만 아니라 시민들에 대한 물장수들의 횡포를 근절한다는 의미도 담고 있었다.

1908년 4월 베이징시상수도공사 성립 이래, 1922년까지 약 17만 호 중 5,000호만이 상수도를 설치할 수 있었는데, 이는 당시 베이징시민의 3% 정도

---

33 邱仲麟, 「水窩子: 北京的供水業者與民生用水(1368-1937)」, 李孝悌 編, 『中國的城市生活』(台北: 聯經, 2005), 243쪽.

34 北京特別市公署衛生局 編印, 『北京特別市衛生局二十六年下半年二十七年全年度業務報告』(北京: 北京特別市公署衛生局, 1940), 169-171쪽.

만이 상수도를 이용할 수 있었다는 것을 의미한다.[35] 1934년 "베이핑시 호구 수를 조사하면 대략 20만여 호인데, 상수도를 사용하는 자는 단지 9,600여 호이며, 이는 전시 인구의 4.8%를 차지한다"고 했다.[36] 당시 베이핑시 전체 인구수(152만 3,040명) 대비 수돗물 사용자 수(5만여 명)를 계산하면, 실제로는 시 전체의 3.3%만이 수돗물을 사용한 셈이다. 1930년대까지는 전체 시민의 5% 내외만이 수돗물을 사용했을 것으로 추정된다.

그렇다면 중일전쟁 이후 일본점령기와 내전기에는 어떻게 되었을까? 1941년 1월, 베이핑시 인구는 31만 2,304호(172만 2,450명)이며, 이 중 상수도를 이용하는 호구 수는 1만 6,435호로 전체의 5.3%를 차지했다.[37] 1943년 2월, 베이핑시의 인구는 33만 4,305호(177만 3,162명)이며, 상수도를 이용하는 호구 수는 2만 129호로 전체의 6.0%였다.[38] 해방 이후인 1946년 6월 베이핑시의 인구는 31만 8,313호(169만 5,204명)이며, 상수도를 이용하는 호구 수는 2만 8,170호로 전체의 8.8%였다.[39] 1948년 8월에는 상수도 이용 호구 수는 3만 2,035호로[40], 대체로 전체의 10% 내외였을 것이다. 1949년 12월 상수도 이용 호구 수는 3만 3,435호로[41] 즉 상수도 설비는 전반적으로 점증하는 추세

---

35 北京市檔案館 等編, 『北京自來水公司檔案史料(1908年-1949年)』(北京: 北京燕山出版社, 1986), 8쪽.

36 北京市檔案館 等編, 『北京自來水公司檔案史料(1908年-1949年)』, 9쪽, 159쪽, 167쪽.

37 北京特別市公署秘書處 編, 『市政統計月刊』 1-1(北京特別市公署秘書處, 1941. 2), 1쪽, 76쪽.

38 北京特別市公署秘書處 編, 『市政統計月刊』 3-3(北京特別市公署秘書處, 1943. 3), 1쪽, 43쪽.

39 北平市政府統計室 編, 『北平市政統計』創刊號(北平市政府統計室, 1946. 10), 34쪽, 94쪽.

40 北京市檔案館 等編, 『北京自來水公司檔案史料(1908年-1949年)』(北京: 北京燕山出版社, 1986), 14쪽.

41 張友漁, 「解放一年來北京市的市政建設(1950. 1. 31)」, 北京市檔案館 等編, 『北京市重要文獻選編(1950)』 2(北京: 中國檔案出版社, 2001), 29쪽. 이 보고에서는 시내인구의 40%가 상수도의 혜택을

베이징 상수도 수창(1911)

1908년 4월 베이징시상수도공사가 성립한 이래, 수원보다 지대가 높은 시내에 상수를 공급하기 위해 높이가 있는 수창이 설치되었다.

우물물의 소독

베이징의 우물물은 전통적으로 수원이 얕고 수질이 좋지 않은 것으로 악명이 높았다. 1937년 401개의 영업용 중에서 위생국의 세균검사에 합격한 것은 164개에 불과했다. 우물물에 대한 소독은 임시방편일 수밖에 없었다. 수질을 근본적으로 개선하기 위해서는 상수도 설비를 확충해야 했다.

였으며, 일본점령기와 내전기에도 상수도 설비로 대표되는 환경 인프라는 유지·발전되었다고 평가할 수 있을 것이다.

수치상으로는 저조했으나 이와 같은 상수도 보급이 상징적으로 보여주는 의미는 크다. 시정부와 베이징시상수도공사가 긴밀하게 결합하여, 상수원의 보호 등을 적극적으로 지원했다. 아울러 식수 이외에 소방용, 도로청결용 등 공익용도로 사용하는 경우, 상수도공사는 급수비용의 20%를 할인하여 주기도 했다. 그러나 상수도 보급률이 신장되었음에도 신중국 성립 전까지 10% 이내에 머물러 있었다.[42] 민국 시기 베이징에서는 근대적 급수체계와 전통적 인력급수체계가 공존했으며, 대다수 도시에서처럼 전통적 인력수급체계에 대한 의존도는 매우 높았다.

이처럼 상수도 공급 확대가 원활하게 진행되지 못했던 데에는 다음과 같은 이유가 있었다. 첫째, 시정부는 상수도 사용자가 고가의 설비비용을 부담하도록 했다. 대략 하급 공무원 월급의 10배 수준에 달하는 고액이었다. 둘째, 대부분의 시민들은 생활용수를 가까운 하천에서 해결하고자 했고, 음용수는 물장수에게 의존할 수 있었으므로 상수도 설비를 절박한 문제로 인식하지 못했다. 셋째, 물장수들은 자신들의 생계와 직결되는 문제였으므로 필요한 모든 수

받고 있다고 묘사되어 있으나, 전체 베이징시 전체 인구 대비로 보면 10% 내외가 상수도를 이용하고 있었다.

42 1949년 전후 베이핑시 인구수는 200만 명, 상수도 사용 인구가 60만여 명으로 성내외구의 상수도 공급률이 29.5%에 이르렀다고 보기도 한다. 北京市自來水集團有限公司, 「清泉悠悠鉴古今: 探寻京城自来水百年供水发展历程」 http://www.bjwatergroup.com.cn/300/2005_5_31/300_1093_1117527588125.html.

단을 강구하여 상수도 설비의 확장을 방해했다.[43] 넷째, 수돗물의 상수원은 용딩허(永定河)에서 끌어온 것인데, 상수도의 수질이 좋지 않아 공업용수로서도 부적절한 수준이었다.[44]

시정부로서는 예산상의 이유로 상수도 설비에 전력을 기울일 수 없었기 때문에, 현실적으로 위생 상황을 개선하기 위해서는 신규 우물의 개착 심사 및 제한, 수질검사의 강화 등 다른 수단을 강구해야 했다.[45] 특히 시정부로서는 물장수들의 관리가 무엇보다 중요한 요소였다. 왜냐하면 물장수와 장비의 청결 상태는 우물물의 위생 상태와 직결되는 문제였고, 우물물 가격의 앙등과 물장수의 횡포 등은 심각한 사회 문제를 초래했기 때문이다. 이 때문에 시정부는 물장수들에 대한 등기제도를 실시하여 물장수들을 통제하고자 했다.[46]

물장수들의 통제 문제는 비단 민국 시기만의 문제는 아니었다. 명대 베이징의 물장수는 대부분 산시인(山西人)이었는데, 청의 입관 이래로 팔기군영(八旗軍營)의 화부(火夫)로서 팔기군을 따라 베이징 내외성에 진주했던 산둥인(山東人)이 그 자리를 대신하게 되었다. 이들은 각 업종에서 특권을 누리면서 새로운 영업 방식을 도입했는데, 자신들의 영업공간에 사용권·임대권·양

---

43 수부(水夫)들이 상수도 설비를 방해했던 자료는 1920년대 중반의 시정부 당안에서 쉽게 접할 수 있다. 대표적인 몇 가지만 들면, 京師警察廳外右一區分區表送水夫郭喜增聚衆阻撓自來水公司工匠安設水管一案卷」(1925. 10. 1), 北京市檔案館所藏, J181-019-47847;「京師警察廳内右一區分區表送水夫岳殿文等阻止自來水公司安設水管并砸毁家具等情一案卷」(1925. 12. 1), J181-019-47848;「京師警察廳外左一區分區表送水夫高廷才阻撓自來水公司安裝水管并毆傷工人一案卷」(1926. 7. 1), J181-019-51237.

44 郭文宗,「北京市地下水の水質に關する調査研究」,『同仁會醫學雜誌』第13卷 第8號(1938. 8), 32-33쪽.

45 「衛生局擬妥改善全市飮水計劃」,『京報』(1935. 7. 26).

46 「爲便利市民起見衛生局卽取締水閥」,『京報』(1935. 5. 23).

베이징의 물장수

베이징 시민들은 물장수를 '수벌'이라고 하여, 시민을 갈취하고 괴롭히는 직업군으로 여겼다. 만성적인 수질 문제와 상수 보급의 제한 때문에 물장수는 민국 시기 동안 베이징 시내를 활보했다.

도권 같은 각종 이권을 구축했다. 이로 인해 주민들과 마찰이 끊이지 않았고, 청조는 1730년(雍正8年)에 물장수들뿐만 아니라 각 업종에서 공공영역을 영업 공간으로 획분하는 행태를 전면 금지하기도 했다.[47] 그러나 1773년(건륭 38년) 이래로 수매업(水賣業)에서 임대·양도·매매 등의 영업행위는 사실상 중단되지 않았다.[48]

물상인이 사실상의 사용권과 취수권(取水權)을 독점한 것은 정부도 부인

47 邱仲麟, 「水窩子: 北京的供水業者與民生用水(1368-1937)」, 李孝悌 編, 『中國的城市生活』(台北: 聯經, 2005), 252쪽.

48 熊遠報, 「清代民國時期における北京の水賣業と'水道路'」, 『社會經濟史學』 66-2(2000. 7), 47-67쪽.

하지 않는 사실이었으나, 우물의 절반 이상을 정부가 소유하고 있었으므로 물상인이 제멋대로 소유권을 행사하지는 못했다. 물상인이 물장수에게 임대할 경우 관서에 일정한 보고절차를 거쳐야 했고, 가뭄이 든 해에는 물상인이 마음대로 우물물을 사용할 수 없었다. 이처럼 수매업자들의 횡포는 사회적 문제가 될 정도로 일상화되었지만, 그들 수매업자들이 정부의 역할과 영향력에서 완전히 벗어날 수는 없었다. 시정부의 위생개혁이 본격화되면서 위생개혁을 반대했던 물장수나 똥장수 모두 폭력사건과 빈번하게 연루되었다. 그렇지만 똥장수들의 폭력사건이 보다 조직적이고 사회적 이슈가 된 대규모 폭동으로 발전해나갔던 반면 물장수들의 폭력행위가 일시적이었던 것은 이러한 사정이 일부 반영된 결과였다.[49]

2. 구거정비와 하수처리

베이징의 하수시설은 베이징을 수도로서 건설하면서부터 시작되었다고 말할 수 있다. 원래는 내성과 외성 주위에 구거(溝渠)시설을 설비하여 우천시 배수시설로서 활용하고자 한 것이다. 근대화가 진전되면서 베이징 시민들은 분뇨와 생활하수를 하천과 구거에 내다버리기 시작했고, 시민들 스스로 하수도관을 구거에 연결하기 시작했다. 시정부 공무국(工務局)은 희망자에 한해서 하수도관을 설치해주기도 했는데, 시정부가 시 전체에 하수시설을 완비할 여력이

49 수부와 분부(糞夫)의 환경폭동(環境暴動)과 그 양상에 대해서는 신규환, 「민국시기 북경의 위생개혁과 '환경폭동'」, 『중국근현대사연구』 42(2009. 6)을 참고.

없었으므로 시민들의 임의적인 설치를 막을 수 없었다. 이처럼 우천시 빗물의 배수로였던 구거가 빗물 및 생활하수의 배수시설로 공용되기에 이르렀다. 그런데 구거에 하수도관을 연결할 수 있었던 가구는 그나마도 구거에 가까운 위치에 있었기 때문에 가능했던 것이다. 1940년대 초 실제로 이 같은 방식으로 하수도를 설치하여 생활하수를 처리하는 인구는 시 전체 호구 수의 10.47%였다.

구거에서 멀리 동떨어져 있는 주택이나 상가들은 오물과 생활하수를 버리기 위해 다른 방법을 강구해야 했다. 가장 일반적으로 사용된 방법은 지정된 하수창[穢水池]에 생활하수를 버리는 것으로 시 전체 호구 수의 67.49%가 이 방법을 선호했다. 그러나 실제로는 하수창이 주거지로부터 거리가 멀어서 시민들은 가까운 하천이나 후미진 거리에 버리는 경우가 많았다. 또 다른 방법은 위생국이 직접 수거[官取]하는 것으로 시 전체 호구 수의 16.3%가 이에 해당되었다. 이 경우에는 시정부에 호당 최저 1각(角) 5분(分)의 하수도세[穢水捐]를 내야 했다. 나머지는 다수의 주택이나 상가들이 자비로 인부를 고용하여 생활하수를 버렸는데, 이 방법이 시 전체 호구 수에서 차지하는 비중은 5.73%에 불과했다. 이 방법은 상가와 서민들이 밀집하여 베이핑시 최고의 인구밀도를 자랑했던 외1구(外一區)와 외2구(外二區)에서 주로 사용되었다.[50]

시정부는 하수도세를 지불하는 경우에만 직접 수거했으므로, 일반 시민들이 하수창외에도 하천에 배설물을 버리거나 오물을 버리는 행위가 만연했다.[51]

---

50 侯毓汶(北京特別市公署衛生局長), 「北京市に於ける環境衛生施設の概況に就て」, 『同仁會醫學雜誌』 第15卷 第2號(1941. 2), 84쪽.

51 「衛生局長方頤積談環境衛生之新設施」, 『京報』(1935. 6. 28).

게다가 생활하수의 수거는 자치구방(自治區坊)의 책임이었고, 288개 하수창의 시설 관리는 공무국의 관할이었으므로 통일적인 하수 관리에 어려움이 있었다. 1934년 7월 위생처가 위생국으로 개편되면서 하수창 관리권이 위생국으로 이관되었다. 위생국의 하수 관리는 두 가지 방향에서 전개되었다. 하나는 기존 하수창을 정비하고 신규 하수창을 구축하는 것이었으며, 나머지 하나는 세금 납부를 독려하여 위생국 관리 범위를 확대하는 것이었다. 위생국은 기존의 목조 하수차를 대신하여 드럼통을 개조해서 만든 철제 하수차와 잡역부를 동원하여 구거시설이 낙후되어 빈번하게 배수로가 막히는 하수창을 정비했다.[52] 신규 하수창 구축에는 재원이 필요하여 곧바로 실시되지 못하다가 1937년 6월, 65개소가 추가로 필요하다고 논의된 바 있다. 1938년 6월 53개소, 9월 20개소가 신규 준설되어 하수창 구축 논의는 결실을 보게 되었다.[53]

위생국은 자비로 생활하수를 처리하는 경우를 제외하면 시내의 하수를 처리하기 위해서는 500대의 하수차와 500명의 잡역부가 필요한 것으로 평가했다. 그런데 하수도세를 낸 자에 한해서 시정부가 직접 수거[給捐取水]하기 때문에 갑작스럽게 많은 인력과 설비가 필요한 것은 아니었다. 잡역부 1명이 하수차 1대로 60호 가량을 담당할 수 있기 때문에 한 해에 50여 명 분의 잡역부와 하수차를 증원하는 것으로 충분히 감당할 수 있었다.[54] 아울러 위생국은 공안

---

52 北平市政府衛生局 編印, 『北平市政府衛生局二十三年度業務報告』(北平: 北平市政府衛生局, 1935. 10), 127쪽.

53 北京特別市公署衛生局 編印, 『北京特別市公署衛生局二十六年下半年二十七年全年度業務報告』(北京: 北京特別市公署衛生局, 1940), 118-120쪽.

54 北平市政府衛生局 編印, 『北平市政府衛生局二十四年度業務報告』(北平: 北平市政府衛生局, 1936), 106-107쪽.

국과 합동으로 생활하수 불법투기 행위에 대한 단속에 나서, 1934년 7월부터 1935년 6월까지 1년 동안 총 572건의 불법행위를 단속했다. 이로 인해 그해에 자발적으로 하수도세를 내려는 호구 수가 564호(전시 호구 수의 3% 정도)나 증가했고[55], 다음 해인 1935년에는 2,586호(전시 호구 수의 13% 정도)나 증가하여 잡역부 36명을 증원했다.[56] 1936년에는 1,083호가 증가하여 잡역부 20명을 증원했으며, 1937년에는 484호가 증가하여 잡역부 10명을 증원했다.[57]

민국 시기의 하수도는 사실상 구거를 의미한 것으로 구거 설치 구간(246 km) 역시 전체 도로(755km) 대비로 볼 때, 3분의 1 수준이었다. 중화인민공화국 성립 이후에도 시내 하수도 설비 수준은 3% 미만이었다.[58]

3. 분뇨처리업의 개혁

분뇨는 일상생활 가운데 지속적으로 배출되었지만, 분뇨처리시설의 진전이 없는 가운데 불결한 공중화장실의 난립 속에서 전염병의 온상을 제공했을 뿐 아니라 고약한 냄새와 함께 도시환경을 직접적으로 위협하고 있었다. 베이징의 똥상인[糞商]과 그 고용인인 똥장수[糞夫]는 도시의 분뇨를 수거하는 데 있어 독점적 지위를 누리고 있었고, 수거한 분뇨를 농업용 비료로 농촌에 되팔아 이

55 北平市政府衛生局 編印, 『北平市政府衛生局二十三年度業務報告』(1935. 10), 128쪽.

56 北平市政府衛生局 編印, 『北平市政府衛生局二十四年度業務報告』(1936), 118쪽.

57 北京特別市公署衛生局 編印, 『北京特別市公署衛生局二十六年下半年二十七年全年度業務報告』(1940), 117쪽.

58 張友漁, 「解放一年來北京市的市政建設(1950. 1. 31)」, 北京市檔案館 等編, 『北京市重要文獻選編(1950)』 2(北京: 中國檔案出版社, 2001), 29-30쪽.

중의 차익을 남기고 있었다. 무엇보다 분뇨처리를 대가로 별도의 처리비용을 요구하거나 태업을 자행함으로써 시민들에게 고통을 가져다주었는데, 시민들은 이 때문에 그들 분뇨처리업자들을 '분벌(糞閥)'이라고 불렀다.

분뇨처리 업무는 민국 성립 이래 경사경찰청과 시정공소의 관할 업무였다. 이들 시정기구들은 분뇨처리업의 개선 및 분구개량(糞具改良) 등을 시도했으나 별다른 성과를 얻지 못했다. 1920-1930년대에 들어와서는 당시 위생행정의 주무관청이었던 경사경찰청과 공안국 등이 분뇨처리업에 대해 몇 차례 단속한 사례가 있었으나 일회적이었을 뿐 실제적인 성과를 거두지는 못했다.

분뇨처리 문제가 시민들에게 불편을 준 것은 다음과 같은 것들이다. 첫째, 이른바 똥길[糞道]이라고 불린 분뇨채취구역을 특정 똥상인과 똥장수가 독점을 하고 있어, 똥장수들이 시민들을 갈취할 수 있는 구조가 고착되어 있었다. 똥장수는 비가 오거나 눈이 오면 제멋대로 수고비나 떡값을 요구했고, 이에 응하지 않으면 태업을 행함으로써 시민들에게 고통을 안겨주었다. 둘째, 출퇴근 시간이나 점심시간에 아무런 제지 없이 통행하는 똥차와 낡은 똥지게에서 흘러내리는 분뇨로 인해서 도시민은 항상 분뇨냄새에서 자유로울 수 없었다. 따라서 갈취의 근본적 원인을 제거하기 위해서는 분뇨채취구역을 정부가 환수하고 이와 더불어 체계적인 똥장수 관리를 위해서 분창관영[糞廠官辦] 및 똥장수등기[糞夫登記] 등의 제도적 보완을 필요로 했다. 또한 똥차 통행 시간의 제한과 분구개량 등이 요구되었다.

무엇보다 똥장수들의 횡포 때문에 시민들은 시정부가 분뇨처리업 개혁을 실행해주길 바랐고, 베이핑시정부 등장 이후 시민들의 기대와 요구는 더욱 거세졌다. 시정부의 분뇨처리업 개혁에 관한 낙관론에도 베이핑시정부 성립 초기에는 이렇다 할 성과를 얻어내지 못했다. 위안량 시정부 등장 이후 시정부는 분뇨처리업 개혁을 본격적으로 준비하기 시작했고, 그것은 분뇨처리업을 관영화[糞業官辦]하는 것으로 구체화되었다. 제1차 분뇨처리업 개혁, 즉 분뇨처리업 관영의 핵심은 사유화된 분뇨채취구역을 시정부가 환수한 후 위생국이 이를 관리하는 것이었다. 아울러 똥장수를 시정부 소속 잡역부로 고용하고, 신식 똥차와 기구를 사용하며, 분뇨처리장을 설치하고 똥차 통행 시간을 제한하는 것 등이 포함되었다. 그러나 위안량의 사임과 더불어 분뇨처리업 관영은 사실상 좌절되었다. 제1차 분뇨처리업 개혁의 좌초 위기에 직면했을 때에도 시민들은 여전히 시정부의 개혁을 지지했다.[59]

시민들이 시정부의 개혁을 지지한 것은 시정부의 분뇨처리업 개혁이 더이상 똥장수들의 갈취에 시달리지 않아도 되고, 출퇴근길에 악취를 피하기 위해 코를 막고 도망치듯 뒷걸음질 칠 필요가 없다는 것을 의미했기 때문이다.

분뇨처리업 개혁의 추진세력이 대대적으로 교체되면서 분뇨처리업의 관영은 철회되었지만, 신임 친더춘(秦德純, 1893-1963) 시정부에서도 제2차 분뇨처리업 개혁에 관한 논의는 지속되었다. 분뇨처리업 개혁을 위한 새로운 논의로서 주목받은 것은 관독상판(官督商辦)이었다. 즉 제2차 분뇨처리업 개혁은 분뇨처리업자 측이 주도하되, 시정부는 관리감독의 역할만을 수행함으로써 분뇨처리업자가 주도하는 분뇨처리업 개혁에 협조한다는 뜻이었다. 이를 위해 의결기구인 개진분변사무위원회(改進糞便事務委員會)와 집행기구인 처리분변사무소(處理糞便事務所)를 조직했다. 그러나 처리분변사무소를 관리감

---

59 「公共汽車與糞業」, 『北平晨報』(1935. 11. 2), 6면.

독할 수 있는 위치에 있는 개진분변사무위원회를 사실상 시정부가 장악함으로써 분뇨처리업 개혁을 시정부가 주도할 수 있었다. 물론 제1차 분뇨처리업 개혁에서 추진했던 분뇨채취구역의 환수 문제가 제2차 분뇨처리업 개혁에서 폐기되었다는 점에서는 분뇨처리업 개혁의 목표가 일부 후퇴한 것은 사실이다. 그러나 제2차 분뇨처리업 개혁은 등기비·개선비 등의 세금징수를 위해 분뇨채취구역과 화장실의 가치를 평가하고, 등기신청 및 신식 분구로 교체하는 등의 사업을 주도하는 등 분뇨처리업 개혁에서 일정한 성과를 이끌어내기도 했다.

4. 오물 및 쓰레기 처리

1934년 베이핑시내 일일 쓰레기 배출량은 하계 600여 톤, 동계 1,000여 톤에 달했다. 『베이핑시정부 통계월간(北平市政府統計月刊)』(1934. 1)에 따르면, 당시 베이핑시의 성내외 인구가 106만 1,360명이므로[60], 겨울철 베이핑시민은 1인당 매일 942g을 배출하는 셈이다. 이러한 다량의 쓰레기는 수거 역량이 부족하여 한적한 도로나 성벽 부근에 쌓이게 된다. 1930년 베이핑시정부 공무국 조사에 따르면, 성내의 큰 쓰레기 더미가 이미 63만 5,980.4m^2에 달하고, 작은 쓰레기 더미는 헤아릴 수조차 없다고 했다.[61]

1930년대 베이핑시민 1인당 쓰레기 배출량(913g)은 2003년 현재 베이징

60 北平市政府秘書處 編印, 『北平市政府統計月刊』 1期(北平: 北平市政府, 1934. 1), 1쪽.

61 北平市衛生處 編印, 『北平市衛生處業務報告』(北平: 北平市衛生處, 1934), 21쪽.

시민 1인 쓰레기 배출량(517g)의 1.6배에 이른다.[62] 도시화·근대화가 진행될수록 소비와 지출이 증가하고 그에 따라 쓰레기 배출량도 많아진다는 점을 생각하면 다소 의외의 결과라고 할 수 있다. 그 원인은 어디에 있는 것일까? 그동안 생활환경 및 각종 생활습관 등이 변했다지만, 무엇보다도 겨울철 베이핑에 쓰레기가 많았던 것은 쓰레기의 성분과 깊은 관련이 있다. 베이핑에서 주 연료로 사용되는 알탄[煤球]은 순수 석탄에 황토를 섞어 만든 것이다. 따라서 연소 후에는 23%의 황토와 8%의 석탄재가 남는다. 이 같은 재와 찌꺼기[炭燼]는 쓰레기 총량의 60-70% 이상을 차지한다. 이 쓰레기들 중에서 가연물은 극히 소량이기 때문에, 연소를 통해 쓰레기 배출량을 줄일 수도 없었다.[63]

1930년 시정부는 각 구(區)에 자치방공소(自治坊公所)를 설립하여, 공익사업을 담당하도록 했다. 도로 청소와 쓰레기 수거 역시 공익사업에 속했으므로 자치방공소의 업무에 속했다. 그러나 자치방공소는 쓰레기 수거사업의 중요성을 인식하지 못했고, 쓰레기 수거를 지연시키거나 수거 후 제멋대로 내버리는 등 폐해가 속출했다. 위생처가 위생감독을 강화했음에도 위반행위에 대한 직접적인 법적 권한이 없어 실효성이 없었다. 1928년 5월과 6월 난징정부 내정부는 「오물처리규칙(汚物掃除規則)」(1928. 5. 30)과 「오물처리조례 시행규칙(汚物掃除條例施行細則)」(1928. 6. 9)을 통해 찌꺼기류·침전물·구정물·

---

62 2003년 현재 베이징시 인구는 1,400만여 명으로 하루 쓰레기 배출량은 8,000t이며, 연간 300만 t에 이른다. 베이징 시민은 매일 1인당 571g의 쓰레기를 배출하고 있는 셈이다. 「焦點网談: 產垃圾多於產糧食」, 『新華网』 671期(2003. 2. 25). http://news.xinhuanet.com/focus/2003-02/24/content_738026.htm.

63 北平市衛生處 編印, 『北平市衛生處業務報告』(1934), 22쪽.

분뇨 등 오물의 범위와 시정부가 운반·처리·관리·감독 등의 권한을 가진다는 점을 명시한 바 있다. 베이핑시정부는 1934년 3월 「오물처리 임시처리법(汚物掃除暫行辦法)」(1934. 3. 6)을 제정하여 보다 구체적으로 쓰레기 처리 방법을 규정했고, 1934년 3월 28일 수정·시행하기에 이르렀다. 법안의 주요 내용은 "첫째, 각 자치방이 쓰레기를 수집하여 시내 25개 임시 쓰레기하치장[穢土待運場]에 운반한다. 둘째, 위생처가 파견한 청소부 약간 명이 임시 쓰레기하치장에서 작업을 하고, 필요한 경우 가연물을 소각한다. 셋째, 간선도로의 쓰레기 청소는 위생처 청소반이 담당하고, 이를 임시 쓰레기하치장에 운반한다. 넷째, 임시 쓰레기하치장에 버려진 쓰레기는 위생처 청소차가 성밖으로 운반한 후 웅덩이를 메운다" 등이었다.[64]

이 법안 역시도 쓰레기의 수집까지는 각 자치방구에 의존하는 것이었는데, 쓰레기 처리가 성공적으로 진행되기 위해서는 위생처와 자치방공소의 긴밀한 협조가 필수적이었다. 대부분의 자치방공소가 시정부의 조치에 미온적이었던 전례에 비추어, 시정부로는 더욱 진전된 조치가 필요했다. 쓰레기 방치를 개선하기 위해 25개 임시 쓰레기하치장을 선정하는 한편, 각 하치장에 청소부 1인을 상주시켜 쓰레기를 정리정돈하게 했고, 쓰레기 소각기 등의 설치 등 보완적인 조치를 취했다. 쓰레기 처리에 있어 무엇보다 중요한 것은 쓰레기를 도시 밖으로 운반하는 것이고, 이를 위해서는 쓰레기차가 가장 필요했다. 위생처 성립 직전 쓰레기차는 9대뿐이었고, 9대가 처리할 수 있는 쓰레기 분량은 30톤에 불과했다. 즉 여름철 베이핑시 쓰레기 분량의 20분의 1에 불과한 양이

64 北平市衛生處 編印, 『北平市衛生處業務報告』(1934), 22-23쪽.

었다.

베이징의 도시환경은 근대사회만의 문제는 아니고 명청대 이래로 도시가 안고 있는 만성적인 문제였음을 보여준다. 베이징의 기후는 습도와 기온이 높은 남방에 비하면 아열대성 질병의 발생 빈도가 낮아 전염병 발생 가능성이 상대적으로 적었다. 하지만 명대 이래로 도시화와 인구집중이 가속화되었고, 교통의 발달, 환경 인프라의 미비 등으로 전염병의 확산과 환경위생이 악화될 수 있는 조건을 형성했다. 그 밖의 자연환경으로는 베이징 주변에 석탄 매장량이 풍부하여 관련 업종이 발달했는데, 이로 인해 쓰레기 처리 문제가 심각했다. 또한 강수량은 적고 수원이 멀어 만성적인 물 부족에 시달려야 했다. 이 때문에 일찍부터 물상인·물장수 등 수매업자들이 활동했다. 그뿐만 아니라 상하수도 설비의 부재, 분뇨·쓰레기 처리 문제 등 환경 인프라의 미비로 인해 도시환경은 열악할 수밖에 없었다.

20세기 이후 청말민국기 환경 인프라의 근대화 과정은 복잡한 도시시스템의 재구축을 의미하는 것으로 근대화로 인해 인간환경이 '특별히, 획기적으로' 개선되었다고 한마디로 잘라 말하기 어렵다. 상하수도 설비 등 재정 부담이 큰 사업의 경우 즉각적인 개선은 어려웠고, 하수 및 쓰레기 처리 역시 장비·인력·재정 등 많은 문제점을 안고 있었다. 게다가 환경 인프라의 구축에는 시정부의 각 부서가 모두 개입되어 있어, 위생국에 의한 통일적인 관리에도 어려움이 있었다. 오히려 장기적 관점에서 보면 근대화와 공업화가 진행될수록 인구가 집중되고, 도시환경은 더 악화된 면이 없지 않다. 그러나 단기적으로 베이핑시정부와 같은 특정 시점과 공간에 한정할 때, 위생개혁이 일정한 성과를 낸 것은 분명한 사실이었다.

베이핑시의 위생행정은 전쟁과 정국불안 등으로 안정적인 발전이 어려운 가운데에서도 도시민이 체감할 수 있는 도시환경의 진전을 보였다. 우선은 출생·사망 관리시스템과 각종 전염병에 대한 관리체계가 개선되었다.[65] 이 때문에 중요한 위생지표인 출생률과 사망률이 개선되었고, 특히 영아사망률은 절반 가까이 줄어들어 선진 제국 수준으로 크게 호전되었다.[66] 도시환경도 크게 개선되어 도로가 깨끗해졌고, 분구 개량, 공중화장실 개선 등과 함께 똥장수등기를 실시하여 분뇨처리업 개혁에 일정한 성과가 있었으며, 상수도 설비와 급수체계의 개선, 구거 정리와 하수처리 개선, 오물과 쓰레기 처리 등도 개선되었다. 예전처럼 분뇨 냄새를 풍기면서 거리를 활보하는 똥장수를 찾아보기는 어려웠고, 더이상 쓰레기나 오물도 함부로 버릴 수 없게 되었다. 시민들은 위생순찰경이나 경찰과 같은 시정부 소속 감시자의 시선에 긴장을 늦출 수 없었고, 학교나 직장 등에서는 위생검사, 예방접종 및 정기검진 등을 통해 위생이 일상화되고 있었다. 이처럼 베이핑시의 환경위생은 시민들에게 서비스와 편의를 제공함과 동시에 개인의 일상과 환경 인프라에 국가개입이 강화되는 방향으로 진행되었다. 일본점령기와 내전기에도 시정부는 기본적으로 베이핑시 정부의 환경위생정책을 이어가려고 했다.

---

65 1933년부터 1937년까지 사망자 중 전염병으로 인한 사망률은 22.5%였고, 1935년과 1936년 베이핑시의 법정전염병 사망자는 전체 사망자의 3.6%(918명/2만 5,309명)와 10.4%(3,094명/2만 9,740명)를 차지했다. 饒克勤·陳育德,「民國時期北平市居民醫學人口資料的分析研究」,『中國衛生統計』12-6(1995), 30쪽과 이 책 제5장 제1절을 참고.

66 베이핑시 제일위생구의 경우 영아사망률은 1926년 183.2에서 1935년 99.3으로 절반 가까이 줄어들었다. 출생률은 1926년 21.8에서 1935년 24.0으로 높아지고 사망률은 1926년 21.0에서 13.3으로 낮아졌다. 이 책 제2장 제3절 참고.

베이핑시의 환경위생 중에서도 분뇨처리업의 개혁은 일상생활 속에서 위생개혁이 어떻게 진행되었는지를 보여주는 가장 극적인 사례이다. 왜냐하면 일상 속에서 분뇨는 끊임없이 배출되지만, 분뇨처리시설이 갖추어져 있지 않은 상황에서 이를 처리하지 않으면 누구라도 고통을 받을 수밖에 없었기 때문이다. 이를 통해 환경분쟁이 어떻게 발생했고 또 어떻게 해소되었는지, 위생행정이 어떻게 도시민에게 설득력을 얻어가는지를 살펴볼 수 있을 것이다. 다음 장에서는 환경위생 중에서도 분뇨처리업의 문제를 보다 구체적으로 다룸으로써 일상생활 속에서 발생하는 문제를 개선하기 위한 위생개혁의 역동적인 모습을 보여주려 한다.

8

베이핑시정부의 '분뇨처리업 관영' 구상과 환경위생의 개혁

분뇨[糞便]는 인간의 생리작용상 일상생활 가운데 지속적으로 배출되기 때문에, 환경위생을 정비하기 위해서는 분뇨처리를 비롯한 분뇨처리업[糞業] 전반에 대한 효율적인 인프라를 구축할 필요가 있다. 그렇지 않으면 분뇨는 인구집중과 도시화의 진전 속에서 언제라도 도시의 환경위생을 위협할 수 있다. 그런데 중국의 대도시에서는 20세기에 들어선 이후 도시화의 급진전 속에서도 배변설비가 제대로 갖추어져 있지 않았다. 단지 건물 한구석에 설치된 마통(馬桶)이라고 불리는 임시적인 시설에 의존하고 있었다. 마통의 크기는 말 여물통 정도에 불과해 분뇨를 며칠만 치우지 않으면 고약한 냄새가 사방에 진동했다. 심지어 어떤 곳에는 마통조차 없어 비위생적인 공중화장실이 난립하는 상황에 이르렀다.

똥상인과 그 고용인인 똥장수는 도시의 분뇨처리에 있어 독점적 지위를 누리고 있었고, 그 지위를 이용하여 도시에서뿐 아니라 농업용 비료를 필요로 했던 농촌에서도 이익을 남기고 있었다. 그런데 분뇨처리업자들은 태업을 자행하거나 별도의 부가비용을 요구하는 등 시민들에게 수많은 고통을 안겨다 주었고, 도시민들은 필요 이상의 대가를 치르고서라도 분뇨의 조속한 처리를 원했다. 이처럼 분뇨처리업자들은 분뇨처리업이라는 특정 직업을 기반으로 특권을 누렸기 때문에, 베이핑시민들은 그들을 '분벌(糞閥)'이라고 칭하기도 했다.

분뇨처리업자들이 장악하고 있었던 분뇨처리 업무는 민국 성립 이래 베이징에서는 경사경찰청과 시정공소의 관할 대상이었다. 이들 시정기구들은 분구 개량[糞具改良]과 분뇨처리업 개선을 위하여 갖가지 노력을 시도했으나 별다른 실효를 거두지는 못했다. 분뇨처리업 개혁에 대한 사회적 요구는 난징정부 시기에 재차 고조되기 시작했고, 여론상으로는 시민자치회나 정부가 직접 나서서 이 문제를 해결해야 한다는 주장도 제기되고 있었다.[1] 그런데 시정부 건립 초기 환경위생을 담당했던 위생국이 공안국의 일개 계 수준으로 쇠락하여 별다른 진전을 보이지 못하다가 1933년 6월 위안량 시장이 취임한 이후 위생처로 재건되면서 분뇨처리업은 시정개혁의 주요 과제로 등장하기에 이르렀다. 즉 청말까지 똥상인을 비롯한 분뇨처리업자들에게 독점적 지위가 보장되었던 분뇨처리업은 20세기 초 시정관리 대상에 포함되기 시작했고, 베이핑시 정부 성립 이후로는 신문 등 여론매체를 통해 시정개혁의 주요 대상으로 부각되기 시작했다. 말하자면 분뇨처리업은 "국가로부터 자율적인 영역인 동시에 국가의 기능을 보완하는 것"으로서, 20세기 초 '공공영역'에 편입되기 시작한 대표적 사례라고 할 수 있다.[2]

윌리엄 로우에 따르면, 한커우(漢口)에서 생긴 사창(社倉)·의창(義倉)·의전(義田)·의연(義捐)·선당(善堂)·사묘(祠廟)·회관(會館) 등 공공영역의 확장은 국가권력의 약화와 전통사회 내부의 동력에 기초한 것이다.[3] 반면 왕디

---

1 「如何取締糞閥」,『京報』(1933. 12. 9), 6면.

2 청말 구제(救濟)와 자선사무(慈善事務)에 한정되었던 공공영역이 20세기 이후 사회경제 관리, 사회교육, 사회문화 방면으로 확대되는 과정은 王笛, 「晚淸長江上游地區公共領域的發展」, 『歷史研究』 1996-1.

3 William T. Rowe, *Hankow: Conflict and Community in a Chinese City, 1796-1895* (Stanford, Calif.: Stanford University Press, 1989), p.185.

(王笛)에 따르면, 청두(成都)에서 상회·농회·교육회·우정(郵政) 등 새로운 공공영역의 확장은 오히려 국가권력과 지방 신사의 합작에 의한 것이고, 이러한 합작은 20세기 초 청두 공공영역 확장의 기초가 되었다. 심지어 전체 양쯔강 상류지구에서 상회의 건립에서 성회(城會)의 출현까지, 국가는 공공영역의 발전에 중대한 영향을 미쳤다. 특히 신정 시기 이전까지 공공영역의 발전이 충분하지 않았던 청두에서는 국가권력의 강화와 공공영역의 발전에는 근본적인 충돌은 발생하지 않았다. 그러나 국가권력이 공공영역을 승인하고 지지했다고 해서 공공영역이 자유롭게 발전할 수 있었던 것은 아니었다. 그것은 어디까지나 국가권력의 통제하에 있었다.[4] 중국 사회에서 공공영역은 국가권력으로부터 철저하게 독립적이지는 못했지만, 국가와 민간사회는 공공영역의 주도권을 두고 경쟁해야 했다.

똥상인과 시정부의 갈등과 경쟁 과정에서 각자가 분뇨처리업 개혁의 주도권을 장악해야 할 표면적인 명분은 '공중위생[公共衛生: Public Health]'의 개선이었다. 그러나 실질적인 목표는 똥상인으로서는 분뇨처리업자 측의 이익을 확보하는 것이었으며, 시정부로서는 시행정력을 침투·확대시키는 것이었다. 따라서 분뇨처리업 개혁에 관한 연구는 1930년대 베이핑에서 위생개혁을 매개로 '민간사회'의 존재 양태를 해명하는 데 하나의 사례를 제공해줄 것이다.[5]

베이핑시의 분뇨처리업 개혁에 관한 연구는 베이징시 인민정부가 분뇨처

---

4 王笛, 「晚淸長江上游地區公共領域的發展」, 『歷史研究』 1996-1, 15쪽.

5 서구의 시민사회가 국가로부터 자립한 공동의 영역인 데 비해 본장에서 지칭하는 민간사회는 국가로부터의 자립 지향과 동시에 그것의 보완기능을 갖는 영역이다. 이에 대해서는 백영서, 「중국에 시민사회가 형성되었나?」, 『동아시아의 귀환』(서울: 창작과비평사, 2000), 106쪽을 참고.

리업에 대해 간략하게 정리한 글(1950)과 두리훙(杜麗紅)의 베이핑시 도시관리에 관한 논문(2005)이 대표적이다. 이 연구들은 공통적으로 난징정부 시기 위안량과 후임 친더춘 시장 등의 분뇨처리업 개혁을 실패한 것으로 평가하고 있다. 즉 기존 연구들은 위안량 등이 "노동자계급의 이익을 무시했다"거나 "시정부의 준비 소홀 등으로 실패할 수밖에 없었다"고 주장한다.[6] 그러나 이들 연구는 분뇨처리업 개혁을 계급적 관점에서 접근하거나 위안량의 사임 등과 같은 피상적으로 드러난 결과만을 부각시킨 면이 없지 않다. 오히려 위안량이 추진한 '분뇨처리업의 관영[糞業官辦]'[7]은 당시 여론의 전폭적인 지지를 받았으며, 시정부는 이를 바탕으로 분뇨처리업에 대한 시정부의 개입을 강화시키려는 의도를 가지고 있었다. 이는 베이핑시정부뿐만 아니라 중화인민공화국 성립 이후 베이징시정부가 추진한 분뇨처리업 개혁의 궁극적인 목표이기도 했다. 또한 위안량 시장 재임 시기(1933. 6-1935. 11) 동안 추진되었던 '분뇨처리업 관영'은 후임 친더춘 시장 재임 시기(1935. 11-1937. 7)에는 '관독상판[官督商辦]'의 형태로 재현되었는데, 시정부가 분뇨처리업 개혁의 성공을 자임할 정도로 일정한 성과를 이끌어내기도 했다. 따라서 각 시기별로 분뇨처리업 개혁의 목표·성과·한계 등을 면밀히 검토해보아야 1930년대 베이핑시정부의 분뇨처리업 개혁의 성격과 의미를 파악할 수 있을 것이다.

---

6 전자의 대표적인 연구는 北京市人民政府衛生工程局, 「北平市的糞便」(1950. 7)(祝力軍·白淑蘭 選編, 「北平市的糞便」, 『北京檔案史料』 1992-1, 38쪽에 재수록)이 있고, 후자의 대표적인 연구는 杜麗紅, 「1930年代北平城市汚物管理改革」, 『近代史研究』 2005-5(2005), 99-104쪽.

7 분업(糞業)을 시정부가 관리·경영한다는 의미의 '糞業官辦'은 사료상 "糞業官辦, 糞道官辦, 收歸官辦, 收回官辦" 등으로 등장한다. 이 장에서는 '분뇨처리업(의) 관영'으로 번역하도록 하겠다.

위안량 시정부의 분뇨처리업 개혁안

1. 똥장수의 갈취 만연과 분뇨처리업 개혁의 요구

1928년 6월 베이핑시정부가 성립된 이후, 8월에는 시정부 산하 위생국이 설립되었다. 베이핑시 위생국 초대 국장이었던 황쯔팡은 취임 이전에 발표한 국가 의료 구상에서 분뇨처리 문제를 위생국 설치를 통해 5년 이내에 95% 성취 가능한 업무로 낙관하고 있었다.[8] 1929년 7월 28일 「베이징시위생국 분뇨창고 관리 임시규칙(北平市衛生局管理糞廠暫行規則)」이 반포되고, 1930년 6월 19일 「베이핑시정부위생처 성구 똥장수 관리규칙(北平市政府衛生處城區糞夫管理規則)」등이 반포되었다.[9] 각각의 규칙은 분뇨창고와 똥장수에 대한 등기와 허가증을 발급하고 등록비를 징수하는 등 제도적 정비를 위한 법령이었다. 그러나 시정부의 재정 부족으로 제도 시행에 어려움이 있었다.[10] 더욱이 분뇨처리업

---

8 黃子方, 『中國衛生芻議』(北京: 中央防疫處疫務科, 1927), 28쪽.

9 北平市政府參事室編, 『北平市市政法規彙編』(北平: 北平市政府參事室, 1934. 12), 56-59쪽.

10 趙萬毅, 「平市處理糞便的一個特殊組織」, 『市政評論』 4-12(1936. 12. 16), 38쪽. 이 글은 베이핑시 위생국 분뇨처리업 실무담당자인 위생국 제3과장 자오완이(趙萬毅)에 의해 작성되었다. 이 글

구식 똥차와 기구
구식 똥차는 넝마 형태의 개방형이거나 목조여서 똥물이 흘러내리는 등 도시미관뿐만 아니라 거리의 환경위생에도 악영향을 미쳤다.

관련 주무부서인 위생국이 공안국에 합병되고, 그 위상이 날로 추락하면서 분뇨처리를 비롯한 각종 위생행정은 실질적인 성과를 얻기 어려웠다.

그러나 분뇨처리업 개혁이 늦춰질수록 분뇨처리업에 대해 오랫동안 누적되어 왔던 베이핑시민들의 불만은 더욱 증폭되어갔다. 예컨대 똥장수들의 전횡을 시정부나 언론에 고발하는 시민들의 투서가 끊이지 않았다. 상황이 이렇다보니 언론은 똥장수들의 전횡과 분뇨처리업 개혁에 관심을 가지지 않을 수 없었는데, 베이핑의 한 신문기자는 분뇨처리업자들의 횡포를 다음과 같이 고

은 12월 7일부터 13일까지 6회에 걸쳐『베이핑신보(北平晨報)』에「糞夫在北平」이라는 제목으로 연재되었으며, 후에 같은 제목, 奮夫라는 필명으로 北京市處理糞便事務所 編,『北京市處理糞便事務所業務報告』(北平: 北京市處理糞便事務所, 1938)에 실리기도 했다.

발했다.

> 분벌은 베이핑의 일 무리를 말하는 것인데, 무릇 베이핑에서 살아본 사람은 누구라도 그들의 더러운 기운을 겪어봤을 것이다. 분벌! 그들은 정말로 안하무인이다. 그들의 관례에 따르면 삼일 중 이틀은 쉬고, 비나 눈이 오면 일을 하지 않는다. 특히 한겨울과 한여름에는 각 가정에 인분이 넘쳐나건 냄새가 진동하건 상관하지 않고 열흘에 한차례 올 뿐이다. 그들 머리속에 위생 상태와 같은 관념은 없다. 단지 매달 받는 월전(月錢) 이외에 특별가주전(特別加酒錢: 일종의 떡값)을 염두에 둘 뿐이다. 그들이 반드시 지키는 규칙이라면 그들 무리끼리 획정한 범위를 상호 침범하지 않는다는 것이다. 따라서 그들에게 조금이라도 밑 보인 게 있다면, 그들이 태업을 일삼더라도 그에 대처할 방법이 없다. 최후의 승리자는 항상 그들이다. 분벌 단속은 베이핑시의 일대 중대 문제이다. 만약 베이핑시 전체에서 그들이 삼일 동안 파업이라도 한다면, 베이핑시 전체는 냄새가 지독한 도시로 변할 것이다. 그것의 영향은 말할 것도 없을 것이고, 위생방면에서는 특히 심할 것이다. 따라서 똥장수들의 전횡을 막기 위해서는 시정부와 자치회에 기대를 걸 수밖에 없다. 우리는 시정부가 엄격한 조례를 통해 똥장수를 제한하고 징벌하리라고 생각한다. 혹은 자치회에서 이를 처리할 것이다. 그렇지 않으면 그들의 콧대는 하늘을 찌를 것이다.[11]

위의 기사 중에서 주목되는 부분은 이 기사를 작성한 기자가 똥장수들의

11 「如何取締糞閥」, 『京報』(1933. 12. 9), 6면.

횡포를 막기 위해 자치회나 시정부가 적극적으로 나서줄 것을 기대하고 있다는 점이다. 그런데 베이핑시에는 사실상 분뇨처리업자들을 통제할 만한 별도의 자치조직은 없었다. 단지 분뇨처리업과 관련된 조직이라고는 1932년 11월 조직된 베이핑시똥장수직업조합[北平市糞夫職業工會]이 유일했다. 분뇨처리업계에서는 사용자인 똥상인들의 별도 조직은 없었고, 고용인인 똥장수들의 조직만이 있었다. 똥상인들 역시 똥장수 조직인 베이핑시똥장수직업조합에 참여하고 있었는데, 그러다 보니 직업조합의 실제적인 운영을 똥상인들이 좌우하는 아이러니컬한 상황이 연출되었다. 따라서 직업조합의 조직적 기반은 취약할 수밖에 없었고, 똥상인 상호간에도 약속이 잘 지켜지지 않아 내부 결속력은 현저히 낮았다. 심지어 분뇨처리업자의 조직은 없는 거나 마찬가지라는 평가를 받을 정도였다.[12] 베이핑시똥장수직업조합은 내부결속을 다지거나 분쟁을 조정하는 일도 하기 어려운 상황이었기 때문에, 직업조합을 통한 분뇨처리업자 내부의 자율적인 통제를 기대하기는 어려웠다. 똥장수 갈취에 대한 시민들의 항의서한에 대해 직업조합은 자체 조사를 통해 시민을 갈취하는 똥장수를 강력하게 처벌하겠다고 공언한 바 있지만,[13] 분뇨처리업자들의 이익을 대표하는 직업조합이 똥장수 갈취를 효과적으로 통제하기는 어려웠다. 단지 직업조합은 똥상인 상호간의 분쟁을 조정하거나 분뇨처리업자의 이해를 대변하는 데 주력했다고 보아야 할 것이다.

실제로 신문지상에서 분뇨처리업 개혁의 필요성이 제기된 이후, 똥장수직

12 趙萬毅, 「平市處理糞便的一個特殊組織」, 『市政評論』 4-12(1936. 12. 16), 35쪽.

13 「糞夫重道義嚴禁要挾勒索」, 『北平晨報』(1933. 8. 7), 6면.

업조합은 분뇨처리업의 낙후성을 지적했던 『경보(京報)』의 신문기사가 분뇨처리업의 이미지에 부정적 영향을 끼친다며 신문사에 항의전화를 걸어오기도 했다.[14] 이는 똥장수직업조합이 분뇨처리업 개혁의 주체가 아니라 분뇨처리업 개혁의 대상이라는 것을 자인한 것이었다. 이후로 신문지상에서 분뇨처리업 개혁에 대한 자치조직의 역할을 기대하는 모습은 더이상 나타나지 않는다. 오히려 시정부와 위생당국이 분뇨처리업 개혁을 조속히 실행해야 한다는 여론의 요구가 높아졌다.[15] 사실 시민들의 요구는 간단하고 분명했다. 시정부가 분뇨처리업을 직접 관리[糞業官辦]하라는 것이었다.[16]

2. '분뇨처리업 관영' 구상의 실시와 좌절

그렇다면 시정부는 분뇨처리업 개혁에 대해 어떤 입장을 취했을까? 베이핑시정부 성립 직전인 1927년 당시 위생행정의 주무 관청이었던 경사경찰청에서 분뇨처리업 단속을 한차례 실행한 사례가 있었다.[17] 또한 베이핑시정부 성립 이후인 1931년에는 공안국이 분뇨창고 월납금과 똥차 통행 시간을 제한하여 똥장수들이 시정부에 대규모로 청원하는 사건이 발생했다.[18] 그러나 두 사건에서 모두 시정부는 분뇨처리업에 대한 개혁 의지를 일관성 있게 견지하지 못했

---

14 「再論如何取締糞夫」, 『京報』(1933. 12. 11), 6면.

15 「再論取締糞閥」, 『京報』(1934. 1. 31), 6면.

16 「方頤積談糞夫登記: 規定收糞處所剷除勒索等弊」, 『北平晨報』(1935. 1. 5), 6면.

17 「平市糞業將歸官辦」, 『大公報』(1935. 10. 28), 6면.

18 「糞夫提出三個理由」, 『北平晨報』(1931. 7. 4), 6면; 「糞夫將大舉請願參加者約三千餘人」, 『北平晨報』(1931. 7. 8), 6면; 「鮑局長昨請糞夫到局暢談」, 『北平晨報』(1931. 7. 11), 6면.

베이징의 똥장수

말쑥한 차림의 똥장수. 마치 우체국 직원처럼 일종의 연출된 사진으로 보인다. 실제로 대다수 똥장수는 찢어진 속옷 바람에 역한 냄새를 풍기는 도시하층민의 전형적인 모습이었다.

무너진 공중화장실

시정부가 400여 개의 화장실을 관리하고 있었지만, 분뇨처리시설의 미비로 300여 개의 사설 공중화장실이 난립했다. 사설 공중화장실은 대개 시설이 낙후하고 불결했다. 이를 개선하기 위해 시정부는 공중화장실에 대한 등기를 실시하고, 신식화장실을 개축해나갔다.

고, 사건을 수습하는 데 급급하여 분뇨처리업 개혁 시도는 일회적인 해프닝으로 끝나고 말았다.

분뇨처리업 개혁에 있어 새로운 전환점은 1933년 6월 위안량 시장의 취임이었다. 위안량은 취임 이후, 같은 해 10월 공안국 내 위생계[衛生股]를 폐지하고, 11월 1일에는 시정부 직속의 독립적인 위생처를 신설했다. 위안량은 재임기간(1933. 6-1935. 11) 동안 남녀분교령(男女分校令)을 실시하는 등 보수적인 정책을 시행한 인사로 알려져 있으나,[19] '베이핑시 시정건설의 황금시대'를 주도한 인물이기도 했다.[20] 그는 부임 이후 기존 사회국·공안국·공무국(工務局) 외에 재정국과 위생국(1933년 11월 위생처 설립, 1934년 7월 위생국 개국)을 재건했는데, 재정과 위생은 그가 시정개혁을 추진하는 데 있어 핵심적 위상을 차지하게 된다. 1933년 12월에 발표된 '시정건설 3년 계획'에 따르면, 위생 방면에 대해서는 11가지 계획이 발표되고 있다. 그중 '분창관영, 분구 개량, 분벌 전횡의 단속, 똥차 통행 시간의 제한' 등 분뇨처리업 개혁 관련 내용이 첫 번째 항목으로 설정되어 있다.[21] 즉 위안량 취임 이후 위생처 분뇨처리업 개혁의 기본방향은 분뇨처리업의 관영이었다고 볼 수 있다.

그러나 위생처 설립 직후 실시된 분뇨처리업 개혁 시도는 별다른 성과를 얻지 못하고, "이상과 현실 사이의 거리만을 확인"[22]했다. 즉 위생처는 기존 분

19 池賢娥, 「北平市의 中學男女分校令(1935年) 실시를 통해 본 賢母良妻教育」, 『東洋史學硏究』 72, 2000.

20 董可, 「袁良與北平的三年市政建設計劃」, 北平市檔案館編, 『北京檔案史料』 1999-2, 317쪽.

21 「衛生處擬具三年衛生實施計劃」, 『京報』(1933. 12. 9), 6면.

22 北平市政府衛生局, 『北平市政府衛生局二十三年度業務報告』(北平: 北平市政府衛生局, 1935. 10), 123쪽.

뇨채취구역[收糞地段 또는 糞道]이 먼저 회수되지 않는 이상, 분뇨처리업 관영은 공담에 지나지 않는다는 것을 인식하게 되었다. 분뇨채취구역은 일반적으로 분도(혹은 똥길)라고 칭해졌는데, 이른바 분도는 분뇨처리업 내부에서 사용해온 용어로 똥장수들의 분뇨채취구역을 매매상의 편의를 기준으로 수량화한 것이었다. 사실상 분뇨채취구역은 똥상인들에 의해 매매·양도·임대 등이 이루어지고 있었다. 따라서 분뇨처리업 개혁이 성과를 내기 위해서는 분뇨채취구역 등에 대한 소유·점유 상태를 확인할 필요가 있었다. 1934년 7월 위생국 개국 이후에 똥장수등기[糞夫登記], 분뇨채취구역과 공중화장실 등기에 전력을 기울였던 것은 바로 이러한 필요에서 나온 것이었다.[23]

분뇨처리업 개혁에 필요한 등기에는 똥장수등기, 분뇨채취구역등기[糞道登記], 공중화장실등기[公厠登記] 등이 있었다. 등기부에는 보통 이름, 출신, 나이, 거주지, 작업구역, 작업도구, 작업인원, 실소유주, 임대 상황 등 중요 정보가 포함되어 있어, 시정부가 분뇨처리업 개혁 및 보상, 등기비의 징수 등을 추진하기 위해서는 필수적인 근거자료였다. 그러나 똥장수등기는 만만치 않은 작업이었다. 대다수가 문맹인 똥장수들은 등기에 대한 막연한 불안감 때문에 문서 작성 자체를 꺼렸다. 게다가 위생국 직원들은 각종 계몽활동과 실지조사 등을 병행해야 했으므로 보다 많은 시간·인력·재정 등을 필요로 했다. 따라서 시정부는 분뇨처리업 개혁의 진행 속도를 어느 정도 조정해야 할 필요성이 있었다. 1935년 2월 팡이지 위생국장은 「베이핑시위생국의 최근시정개황(平市衛生局最近市政概況)」에서 분뇨처리업 개혁에 대해 다음과 같이 공표했다.

---

23 위의 책, 124쪽.

똥장수 관리제도의 근본적인 개량은 많은 시간을 필요로 한다. 따라서 위생국은 점진적인 방법을 사용하고 있으며, 최근에는 통행 시간의 제한, 분구의 개량, 똥장수등기 등을 추진하고 있다.[24]

'근본적인 개량'이란 바로 시정부에 의한 분뇨처리업 관영을 말하는 것이고, '점진적인 방법'이란 똥장수등기 등을 말하는 것이다. 위의 기사만으로 볼 때는 위생국이 점진적인 방안에 중점을 두고 있는 것처럼 보이지만, 실제로 시정부 안에서는 수많은 밀령(密令)을 통해 차근차근 분뇨처리업의 관영을 준비하고 있었다.

1935년 1월, 시정부의 직접적인 분뇨처리업 관리를 요구하는 시민들의 목소리가 높아지는 가운데, 위생국은 여전히 '관영[官辦]'에 관한 공개적인 언급을 미루고 있었다.[25] 그러던 중 1935년 3월 1일 똥장수등기를 시작했고, 1935년 10월 23일, 위생국은 분뇨채취구역의 관영을 포함한 새로운 분뇨처리업 개혁안을 전격 발표했다. 새로운 분뇨처리업 개혁안의 구체적 내용은 다음과 같다. "첫째, 분뇨채취구역과 공중화장실의 등기를 실시하고 회수하며, 위생국이 이를 직접 관리한다. 둘째, 잡역부 모집 시 가능한 한 똥장수를 고용하여 실업 문제를 해결한다. 셋째, 신식 똥차와 분구를 사용한다. 넷째, 각 교구(郊區)에 분뇨처치장을 설치하고, 비료를 제작한다. 다섯째, 화장실과 마통 청소비를 징수하는데, 징수원 100명을 모집하여 훈련을 실시한 후 청소비를 징수한다" 등이

24 方頤積, 「平市衛生局最近市政概況」, 『衛生月刊』 1-6(1935. 2. 1), 230-231쪽.

25 「方頤積談糞夫登記: 規定收糞處所剷除勒索等弊」, 『北平晨報』(1935. 1. 5), 6면.

었다.[26]

이 분뇨처리업 개혁안이 실시될 경우 분뇨처리업자가 타격을 입게 될 것은 자명했고, 그에 대한 분뇨처리업자의 반응은 당연히 비판적인 것이었다. 그들은 "당국이 직접 운영한다는 얘기는 오래전부터 들어온 것이기는 하나 실제로 실행된 적도 없었고, 설사 실행된다 해도 그에 대한 적절한 대책이 없다면 똥장수 모두 실업자가 되는 것을 의미하므로 분뇨처리업자들은 대규모 청원과 파업에 나설 수밖에 없다"라고 주장했다.[27]

시정부의 분뇨처리업 관영 실시계획에 따르면, 1935년 10월 28일 분뇨채취구역의 가치를 평가하기 위한 평가위원회를 설립하고, 11월 1일부터 분뇨채취구역 및 화장실의 가치에 대한 평가 업무에 들어가기로 되어 있었다. 아울러 12월 1일부터는 정식으로 분뇨채취구역을 접수하기로 결정했다. 그런데 1935년 11월 첫날 베이핑 정국은 갑작스럽게 소용돌이쳤다. 새벽부터 똥통을 짊어진 똥장수들이 핑진위수사령부(平津衛戍司令部)에 삼삼오오 모여들기 시작했다. 오전 8시경 똥장수들이 운집하기 시작하더니 10시경에는 1,500명이 넘었다.[28] 그들은 분뇨채취구역이 수천 똥장수들의 생계와 직결되어 있으므로 분뇨채취구역의 관영을 늦춰줄 것을 호소했다. 경찰과 군병력이 교통을 차단하고 만일의 사태를 대비하는 가운데, 핑진위수사령부가 똥장수들의 해산을

26 北京市處理糞便事務所 編印, 『北京市處理糞便事務所業務報告』(北京: 北京市處理糞便事務所, 1938. 12), 2-3쪽.

27 「平市糞業將收歸市營」, 『京報』(1935. 10. 23).

28 같은 신문 안에서도 똥장수집회 인원수에 대한 평가는 1,000여 명에서 1만여 명까지 그 차이가 크다. 「一幕臭劇: 千餘糞夫荷杓負桶群赴衛戍部請願」, 『北平晨報』(1935. 11. 2), 6면; 「公共汽車與糞業」, 『北平晨報』(1935. 11. 2), 6면.

신식 공중화장실(1935)
1935년 건립된 신식 공중화장실이다. 이러한 형태의 공중화장실은 1990년대 중반까지도 베이징에서는 흔히 볼 수 있었다.

시도했으나 똥장수들은 핑진위수사령 쑹저위안(宋哲元, 1885-1940)과의 면담을 요구하며 물러서지 않았다. 결국 위안제(于安傑) 등 대표 12인이 핑진위수사령부에 진입하여 쑹저위안이 파견한 경리처 처장 장지쿤(張吉堃), 참모장 류쥔칭(劉俊卿) 등과 면담했다. 똥장수 대표들은 분뇨채취구역의 접수를 늦추어줄 것을 요구했고, 장지쿤 등 사령부 대표들은 분뇨채취구역의 접수를 아직 실시하지 않았으니 안심하고 돌아가 생업에 종사하면 사령부가 똥장수 대표들의 뜻을 시정부에 전달해주기로 했다. 똥장수들은 이에 만족하고 일단 해산했다.[29]

29 「一幕臭劇: 千餘糞夫荷杓負桶群赴衛戍部請願」, 『北平晨報』(1935. 11. 2), 6면; 「昨晨細雨中平津

그런데 대규모 청원이 있은 지 이틀 후인 1935년 11월 3일, 위안량 시장은 전격적으로 사임했고, 임시로 핑진위수사령부 쑹저위안 사령이 베이핑시장을 대리하게 되었다.[30] 쑹저위안은 분뇨처리업자에 분뇨처리업 관영에 관한 기존 논의를 취소한다고 전했고, 분뇨처리업자는 쑹저위안에게 감사 편액을 증정하면서 새로운 조치를 환영했다.[31] 1935년 11월 9일 신임 시장으로 쑹저위안의 직계 부하인 친더춘(秦德純)이 임명되었고, 1936년 1월 4일 쑹저위안 계열의 제29군 군의처장(軍醫處長) 셰전핑(謝振平)이 신임 위생국장에 임명됨에 따라 분뇨처리업 관영을 주도한 핵심세력은 모두 교체되었다. 이로써 위안량의 분뇨처리업 개혁안은 최종적으로 좌초되었으며, 이는 분뇨처리업 개혁을 둘러싼 시정부와 분뇨처리업자의 대립 가운데 분뇨처리업자가 승리했음을 의미하는 것이었다.

위안량의 분뇨처리업 개혁안은 결국 개혁 주체의 교체로 인해 좌절된 것이지만, 개혁 주체의 변경을 초래한 근본 원인은 좀 더 따져보아야 한다. 기존 연구들은 그 원인에 대하여 똥장수들의 대규모 청원에 의해 위안량이 정치적 타격을 입었다거나 분뇨채취구역의 관영 자체에 무리한 요소가 있었다는 점을 지적한다.[32] 결국 이러한 지적들은 위안량의 분뇨처리업 개혁안이 내재적

衛戌部門前千餘糞夫請願」, 『大公報』(1935. 11. 2), 6면.

30 「袁良辭職照準」, 『京報』(1935. 11. 4).

31 「平市糞夫工會感戴當局德政」, 『京報』(1935. 11. 13). 똥상인들은 후일 심지어 공덕비를 세워주기도 했다. 「糞商感念德政爲宋委員長立碑」, 『北平晨報』(1937. 6. 16), 5면.

32 北京市人民政府衛生工程局, 「北平市的糞便」(1950. 7)(祝力軍·白淑蘭 選編, 「北平市的糞便」, 『北京檔案史料』 1992-1, 38쪽에 재수록); 杜麗紅, 「1930年代北平城市污物管理改革」, 『近代史研究』 2005年 第5期(2005), 90-113쪽.

인 문제점을 가지고 있었고, 그 결과 개혁의 실패를 초래했다고 강조하는 것이다. 그러나 분뇨처리업 개혁안에 대한 정당한 평가를 위해서는 똥장수들의 일상생활 속에서 분뇨처리업 개혁안이 어느 정도 현실성이 있었는지가 먼저 평가되어야 할 것이다. 그런 연후에 개혁 주체의 변경을 초래한 정책 외적인 요인에 대해서도 논의할 필요가 있을 것이다.

분뇨채취구역 재산권과 똥장수 고용 계획

1. 삼국연석회의와 위생국의 개혁 구상

1934년 10월 23일, 위안량은 분뇨처리업 관영이 '개인권리[私人權利]'와 '똥장수생활'에 영향을 주기 때문에, 분뇨처리업 관영의 주관 부서인 위생국을 제외한 공안국·재정국·사회국 등 3국에 분뇨처리업 관영에 따른 문제점을 점검하라는 밀령을 하달했다.[33] 3국은 삼국연석회의를 개최하고 분뇨채취구역 문제 등 5가지 문제점을 지적하고, 분뇨처리업 관영의 관건이 분뇨채취구역 문제에 있음을 공유했다.[34] 분뇨채취구역은 똥상인들에 의해 매매·양도·임대 등이 이루어지고 있었는데, 삼국연석회의는 분뇨채취구역 문제가 분뇨처리업 관영의 실시를 막는 근본적인 장애가 된다고 보았다.

삼국연석회의는 분뇨채취구역의 가치를 산정하는 것 자체가 어려울 뿐

---

33 北平市政府, 「北平市政府 密令 字第787號」(1934. 10. 23), 北京市檔案館所藏, J5-1-38-1.

34 마통비 등 세율조정 문제, 분뇨세금을 공익연(公益捐)에 포함시킬 것인가 여부, 똥장수 실업 문제, 분뇨채취구역 문제, 치안 유지 문제 등 5가지였다. 北平市政府, 「北平市政府 密令 字第906號」(1934. 11. 22), 北京市檔案館所藏, J5-1-38-1.

만 아니라 시정부는 이에 대한 어떠한 준비도 되어있지 않고, 도(道는 분뇨채취구역을 산정하는 단위)당 50원씩을 지불한다 해도 4,000여 개의 분뇨채취구역에 20만 원이 지출되어야 하는데 시정부에는 그만한 비용이 없다고 지적했다. 또, 분뇨처리업 관영이 똥장수들의 생계를 보장해주지 못하면 파업이나 폭동이 초래될 수 있다고 우려했다.[35]

이에 대해 1934년 11월 23일 작성된 위생국 밀령은 다음과 같이 답변하고 있다. 첫째, 분뇨채취구역은 공공 통행구역으로 재산권의 대상이 될 수 없고, 중앙정부나 시정부가 분뇨채취구역 재산권의 존재 사실을 인정한 바도 없으며, 시정부가 분뇨채취구역을 배상할 책임도 없다. 더욱이 1928년 5월 30일 내정부가 공포한 『오물처리조례(汚物掃除條例)』 제4조에 따르면, 토지·방옥(房屋) 내의 오물은 시정기관이 직접 처리하도록 규정하고 있기 때문에, 법률상으로 보면 분뇨채취구역을 사유화한 똥상인들이 불법행위를 저지른 것이다.[36] 둘째, 그럼에도 위생국은 인도주의적 관점에서 분뇨채취구역 가치의 최저가를 기준으로 보상금을 책정했다. 보상금은 시재정과 분뇨처리 과정에서 발생하는 수익금으로 충당이 가능하다. 셋째, 분뇨채취구역 가치의 평가문제에 대해서는 1930년 똥장수직업조합이 시당부(市黨部)에 보고한 분뇨채취구역 등기에 이미 분뇨채취구역 가치를 산정한 내용이 포함되어 있고, 분뇨채취구역 등기를 1개월 내에 완료한 후 재평가를 실시하면 분뇨채취구역 가치의 산정에

35 北平市政府,「北平市政府 密令 字第906號 附件」(1934. 11. 22), 北京市檔案館所藏, J5-1-38-1.

36 『汚物掃除條例』(1928. 5. 30 內政部公布); 陳明光 主編, 『中國衛生法規史料選編(1912- 1949.9)』 下篇(上海: 上海醫科大學出版社, 1996), 560쪽.

는 별 문제가 없을 것이다. 넷째, 당국은 분뇨채취구역 원가를 보상해줄 계획이기 때문에, 분뇨채취구역 소유주들은 오히려 감사하게 여겨야 할 것이다. 똥장수 2,300명 전원은 위생국 청결반원으로 재편되어 현수준의 월급(10-12원)을 받을 것이기 때문에, 똥장수들이 분뇨채취구역의 관영에 반대할 이유가 없다. 더욱이 시정부는 군대와 경찰력을 보유하고 있으므로 똥장수들이 함부로 반항하지는 않을 것이다.[37]

위생국은 원칙적으로 분뇨채취구역을 인정하지 않았지만, 현실적으로 분뇨채취구역 가치의 평가와 보상이 불가피하다는 점을 인식하고 있었다. 그러나 시세대로 분뇨채취구역을 보상하는 것은 시정부에 재정적 부담을 가중시킬 뿐만 아니라 보상 수준이 높아질수록 개혁의 의미도 그만큼 퇴색할 수 있었다. 위생국은 분뇨처리업 개혁의 명분을 지키기 위해서 똥장수를 시정부의 일원으로 흡수하고, 필요한 경우 공권력을 투입하는 방안까지도 고려해두고 있었다.

그런데 분뇨채취구역의 매매는 이미 사회적으로 관행화되어 있었기 때문에, 똥상인들이 부동산과 같이 재산 가치가 있는 분뇨채취구역을 쉽게 포기할 리 없었다. 더욱이 똥장수들은 분뇨채취구역 소유주인 똥상인들의 눈치를 봐야 했으므로 똥상인들의 요구에 따라 언제라도 동원될 수 있었다. 분뇨채취구역의 관영으로 인한 분뇨처리업자의 반항은 충분히 예상되는 상황이었다. 위생국 역시도 똥상인·똥장수들의 반항이 없을 것으로 낙관하기만 했던 것은 아니었다. 위생국은 공안국에 공문을 보내 분뇨채취구역의 관영이 실행되면

37 北平市政府 衛生局密呈, 「北平市政府 密呈」(1934. 11. 27), 北京市檔案館所藏, J5-1-38-1.

각 구서(區署) 기마대의 절반은 구서에 대기시키고 나머지 절반은 구계내(區界內)를 순찰하게 하고, 위생국이 파견한 직원의 요청이 있을 때 지체 없이 경찰력을 동원해줄 것 등의 협조를 구했다.[38]

똥상인들의 반발이 예상되었는데도 위생국이 분뇨처리업 관영을 강행했던 데에는 몇 가지 이유가 있었다. 첫 번째로는 위안량은 도로, 상하수도, 전기, 각종 시설 등 도시 인프라의 구축과 베이핑시구의 확대, 도시미관 조성 등 도시의 외연을 확장하고 단장하는 것을 최우선 과제로 설정했다는 점이다. 문화중심지인 베이핑이 더이상 쓰레기더미 속에 묻혀 있는 상황을 방치할 수 없다고 본 것이다.[39] 위안량 시정부는 도시환경과 위생에 장애가 되었던 분뇨처리업을 시정개혁의 주요 대상으로 삼지 않을 수 없었다. 두 번째로는 성공적인 시정개혁을 뒷받침하기 위해서는 재정 확보가 필수적이었다. 위안량은 상하이시에서의 행정 경험을 토대로 베이핑시의 재정개혁을 통해 2배 이상의 재정을 확보할 수 있다고 보았다.[40] 재정 확보를 위해 재정 정리, 행정예산 절감, 세제개혁 등의 방안이 실시되었는데, 분뇨채취구역의 관영 역시 재정 확보를 위한 중요 수단이었다. 즉 시정부의 입장에서 분뇨처리업 관영은 시정개혁을 위한 명분과 실질에 들어맞는 개혁 방안이었다. 그렇다면 분뇨처리업 관영을 통해서 시정부는 어느 정도의 수익을 보장받을 수 있었을까?

1932년 12월 발표한 베이핑시 사회국의 조사 결과에 따르면, 베이핑시에

---

38 北平市政府 公安局, 「逕啓者查關于收集糞便接收時之警備辦法前准」(1935. 5. 5), 北京市檔案館所藏, J5-1-81-1.

39 「一月來頓改舊觀袁市長口中之平市」, 『北平晨報』(1933. 7. 29), 6면.

40 「新市長昨就職發表改革市政意見」, 『北平晨報』(1933. 6. 22), 6면.

는 27만 6,000여 호가 있는데, 1도를 평균 100호로 계산하면 2,760도가 있는 셈이었다. 1도의 가치는 200-500원으로 일정하지 않은데, 평균 350원으로 계산하면 베이핑시 전체 분뇨채취구역의 가치는 96만여 원이었다. 이 밖에 분뇨창고가 400여 개 있는데, 매 분뇨창고의 설비 가치를 100원으로 환산하면 분뇨창고의 가치는 4만여 원이었다. 따라서 분뇨처리업계의 고정자산은 100만 원가량이었다.[41] 이는 1930년대 초 베이핑시정부의 연평균 예산(510만 3,490원)의 5분의 1에 해당하며, 연평균 위생비(25만 495원)의 4배에 해당하는 금액이었다.[42]

매일 1도에서 분출되는 똥의 분량은 똥차 1대 분량이다. 분출된 똥은 분뇨창고를 거쳐 비료용으로 다시 매매되는데, 대당 3각에서 8각을 받을 수 있었으며, 평균 5각 5분을 받을 수 있었다. 시 전체로 따지면 가정에서 배출하는 분료(糞料) 가치는 매일 1,500원, 매월 4만 5,000원, 매년 54만 원가량이었다. 시정부(당시 공안국)가 관리하는 공중화장실이 449개소이고, 그 밖에도 자치구 화장실 및 각 기관, 학교, 군경 주재소 등 수백여 개소가 있었는데, 매일 2,000여 대의 똥차 분량이 배출되었다. 분료 가치는 매일 일천 수백여 원이었으며, 매년 40만 원이 넘었다.[43]

1934년 11월 시정부의 논의에 따르면, 분뇨채취구역의 회수를 위해 시정부가 준비한 보상액은 20만 원이었고, 300여 개의 공중화장실에 대해서는 각

---

41 北平市社會局 印行, 『北平市工商業概況』(北平: 北平市社會局, 1932. 10), 663-664쪽.

42 「主要都市3年間支出統計表(1931-1933)」, 國民政府主計處歲計, 『歲計年鑑』 第2集 (國民政府主計處歲計局 印行, 1935), 제5장 제1절 pp.35-46쪽.

43 北平市社會局 印行, 『北平市工商業概況』(北平: 北平市社會局, 1932. 10), 663-664쪽.

기 30원씩 총 9,000원을 보상할 예정이었다.[44] 1935년 10월 19일, 베이핑시 분뇨채취구역 보상금 평가위원회[北平市收糞區域補償金評價委員會] 제1차 회의 기록에 따르면, 사유 분뇨채취구역의 총액은 30만 원인데, 시정부는 등기 분뇨채취구역에 20만 원을 보상할 계획이며, 우선 6만 원으로 등기자에게 보상금을 지급하고, 4만 원은 미등기자를 구제하는 비용으로 충당하고자 했다.[45] 따라서 전체 분뇨채취구역 4,000여 개를 20만 원으로 보상한다 해도 분뇨채취구역 1개당 보상액은 평균 50원에 불과했다.[46] 분뇨채취구역 하나가 최소 200원 이상에 매매되고, 150원에 임대되는 현실에서 정부보상안은 현실과 다소 거리가 멀었다고 볼 수 있다.

반면 정부 수익 차원에서 보면, 1934년 11월 위생국은 분뇨 수집과 처리를 시정부 관리로 귀속하게 되면, "매년 수입이 약 60만 원 이상인데, 경상비지출이 40만 1,688원이므로 매년 약 20만 원가량의 수익이 생긴다"[47]고 예상했다. 따라서 시정부는 분뇨처리업 관영이 위생국의 1년 예산에 해당하는 엄청난 수익을 보장해줄 것으로 기대할 수 있었다.

총수입의 20%(12만 원)를 차지하게 될 마통비와 화장실 청소비는 시민이 직접 부담하는 비용이어서 시민생활에 직접적인 영향을 미치는 항목이었다.

---

44 北平市政府 衛生局密呈, 「北平市政府 密呈」(1934. 11. 27), 北京市檔案館所藏, J5-1-38-1.

45 「北平市政府收糞區域補償金評價委員會第一次會議記錄」(1935. 10. 19), 北京市檔案館所藏, J5-1-81.

46 10월 22일 『베이핑신보』에 발표된 바에 따르면, 시정부가 똥상인들에게 지급하려는 액수는 15만 원이었다. 이럴 경우 분뇨채취구역 하나당 38원을 보상하는 셈이다. 「市當局發款十五萬元: 組評價委會收回糞道官辦」, 『北平晨報』(1935. 10. 23), 6면.

47 北平市政府 衛生局密呈, 「北平市政府 密呈」(1934. 11. 27), 北京市檔案館所藏, J5-1-38-1.

〈표 22〉 베이핑성 내 지역별 마통비[48]

구분	갑종	을종	병종
지역	內一, 內二, 內六, 外一, 外二	內三, 內四, 外三, 外四	內五, 外五
매월 마통비	5-6원	3원	2원
분뇨채취구역 가치	500-600원	300원	200원

〈표 23〉 마통비 최저 징수액[49]

구분	1-5칸	6-10칸	11-20칸	21-30칸	31이상
樓房	3.00	4.00	7.00	10.00	매10칸당 3각(角) 증액
瓦房	2.50	3.50	6.00	8.00	매10칸당 2각(角) 5분(分) 증액
灰房	2.00	3.00	5.00	6.00	매10칸당 2각(角) 증액

〈표 24〉 화장실 청소비 최저 징수액[50]

구분	1-5칸	6-10칸	11-20칸	21-30칸	31이상
樓房	1.00	1.50	2.00	3.00	매10칸당 1각(角) 증액
瓦房	0.50	0.70	1.00	1.50	매10칸당 5분(分) 증액
灰房	0.20	0.30	0.50	0.70	매10칸당 2분(分) 증액
비고	빈호(貧戶)	면제(免徵)			

48 趙萬毅,「平市處理糞便的一個特殊組織」,『市政評論』 4-12(1936. 12. 16), 36면.

49 北平市政府 衛生局密呈,「北平市政府 密呈」(1934. 11. 27), 北京市檔案館所藏, J5-1-38-1.

50 北平市政府 衛生局密呈,「北平市政府 密呈」(1934. 11. 27), 北京市檔案館所藏, J5-1-38-1.

위생국 조사에 따르면, 기존 마통비는 매월 호당 1-2원에서 최고 5-6원이었고, 화장실 청소비 역시 매월 호당 1-2각에서 1원을 지불하고 있었다. 마통비의 경우 베이핑시 성내외구 안에서도 지역마다 편차가 컸다.[51]

그러나 삼국연석회의는 일반적으로 각 가정은 1-2각의 마통비를 지불하고 있으며, 1-2원을 지불하는 자는 극히 소수에 불과하다고 지적하고, 위생국의 분뇨처리업 개혁안에서 제시하고 있는 5각은 과중한 것으로 평가했다. 아울러 각 가정은 매월 5각의 화장실 청소비 역시 과중하여 대부분 납부하려 하지 않기 때문에, 5분 내지 1각으로 조정하고 빈궁자는 면제해줄 필요가 있다고 지적했다.[52]

이에 대해 위생국은 아래의 〈표 23〉, 〈표 24〉와 같은 실사 결과를 제시했다. 이에 따르면 마통비는 최저 2각이며, 화장실 청소비는 최저 2분이었다. 따라서 위생국은 최저액을 기준으로 제시한 위생국안은 결코 과중한 것이 아니며, 일단 위생국안대로 실시한 후에 점차 그 징수금액을 감소시킬 수 있다고 주장했다.[53]

결국 마통비와 화장실 청소비에 대한 최종안은 삼국연석회의의 제안 사항이 일부 수용된 절충안으로 결정되었다. 1935년 10월 위생국이 작성한 포고문에는 1935년 11월 4일 실시되는 분뇨처리업 관영 이후 시민이 부담해야 할 최저 비용은 마통청소비가 호당 3개월에 1원 혹은 매월 납부할 경우 4각, 청소비

---

51 趙萬毅, 「平市處理糞便的一個特殊組織」, 『市政評論』 4-12(1936. 12. 16), 36면.

52 北平市政府, 「北平市政府 密令 字第906號 附件」(1934. 11. 22), 北京市檔案館所藏, J5-1-38-1.

53 北平市政府 衛生局密呈, 「北平市政府 密呈」(1934. 11. 27), 北京市檔案館所藏, J5-1-38-1.

가 호당 3개월에 2각 혹은 매월 납부할 경우 1각이었고, 빈궁자는 면제해준다는 내용이 포함되었다.[54] 이와 같이 마통비와 화장실 청소비는 시민의 입장에서는 기존 똥장수에게 지불하던 비용에 비해 저렴했을 뿐만 아니라 똥장수가 정기·비정기적으로 요구해왔던 떡값이나 여름에 비가 오거나 겨울에 눈이 올 때 제멋대로 수고비를 요구하는 관행 등 이른바 똥장수 갈취에 비한다면 환영할 만한 조치였다.

똥장수 갈취를 단속하기 위한 가장 근본적인 대책 중의 하나는 똥상인 혹은 분뇨 창고에 소속된 똥장수들을 시정부 직속 잡역부로 대체하는 일이었다. 그러나 시정부가 모든 똥장수를 고용할 계획은 아니었기 때문에, 일부 똥장수들은 분뇨처리업 개혁이 가져올 변화를 걱정하지 않을 수 없었다. 특히 분뇨처리업 개혁이 초래할 분뇨채취구역 지형의 변화는 똥상인뿐만 아니라 똥장수에게도 민감한 사안이었다. 기아와 가난에서 벗어나기 위해 똥통을 짊어지게 된 똥장수들에게 분뇨채취구역은 그 자체만으로 단순한 금전적 가치로 환산되지 않는 '생명선'과 같은 존재였기 때문이다.

> … 나는 나의 생계와 나의 신성한 직업을 지키기 위해 인내한다. 나를 가장 참을 수 없게 만드는 것은 같은 일을 하는 악한들이다. 그들은 치우지 않은 똥만을 몰래 훔치고 있다. 만약 그들과 만나게 되면 분쟁이 발생하기 마련이고 심지어 피를 흘리기도 하는데, 나는 우선 그들의 똥통과 똥국자를 압수한다. 이것은 나의 분뇨채취구역이고, 이 분뇨채취구역은 나의 '생명선'이 아니던가? 다른

---

54 北平市衛生局, 「北平市政府衛生局布告市民書」(1935. 10. 12), 北京市檔案館所藏, J5-1-81-1.

사람이 끼어드는 것을 절대 용납할 수 없다. 나는 이렇게 반년을 일했고, 책망과 분쟁이 얼마나 경과했는지 모른다. 결국 수많은 노력을 통해서 내가 얻은 것은 무엇인가? 옷으로는 몸을 가리지 못하고, 뱃속은 먹은 게 적어 허전하다. 현재 이미 여름이라 여름의 태양이 작열하고 있다. 그러나 옷 살 돈이 없어 누더기를 그냥 걸쳐 입고 있다. 며칠 전 무슨 이유에서인지 몇 사람이 일을 못하게 되었고, 뒤이어 회의가 있었다. 청원! 엿 같은 짓이다! 나는 그들이 무슨 연극을 하는지 모른다. 그들이 뭐라 하든 상관하지 않는다. 나는 단지 분뇨채취구역만 알 뿐이다. 하루라도 똥을 치우지 않으면 밥을 먹지 못한다. 내가 바라는 것은 단지 빠른 시간 내에 나의 일을 다시 하게 되는 것뿐이다. 뜻밖의 일이 발생했다! 오늘 청소부 같은 사람들이 녹색의 똥통을 짊어지고서 각 가정의 뒷간으로 향하는 것이 아닌가! 아이고, 나는 알았다. 그들은 나를 도우러 온 것인가? 아니다. 그들은 나의 밥그릇을 빼앗으러 오는 것이다.[55]

대부분의 똥장수들이 분뇨채취구역에 대한 소유권을 가지지 못했음에도 자신들의 생존을 지탱해주는 분뇨채취구역에 대한 집착은 남달랐다. 심지어 면직을 당해 자신의 분뇨채취구역에서 일할 수 없게 된 어느 똥장수는 아무런 원한관계가 없이 자신의 분뇨채취구역에서 일하게 된 후임자를 흉기로 찔러 상해를 입히기도 했다.[56] 이처럼 분뇨채취구역에 대한 점유인식이 강했던 똥장수들에게 분뇨처리업 개혁이란 지금껏 누려왔던 분뇨채취구역 점유권을 예

55 「生活記錄一個糞夫的自述」, 『北平晨報』(1937. 6. 18), 5면.

56 「一場臭官司: 糞夫斫傷了糞夫」, 『北平晨報』(1933. 5. 12), 6면.

전과 같이 누릴 수 없다는 것을 의미했다. 시정부가 분뇨처리업 관영을 추진하면서 일부 똥장수들에게서 호응을 얻지 못했던 것도 분뇨처리업 관영이 똥장수들의 권익을 보장해준다는 것을 충분히 설명하지 못했기 때문이었다. 또한 똥상인들이 주도하는 대규모 청원에 똥장수들이 손쉽게 동원되었던 것도 분뇨처리업 관영이 그들의 소유권과 점유권을 박탈할 것이라는 우려를 불식해주지 못했기 때문이었다.

똥장수들의 분뇨채취구역에 대한 집착은 분뇨채취구역을 떠나서는 생존이 불가능하다는 똥장수들의 절박한 인식에 기인한다. 따라서 새로운 분뇨처리업 개혁안이 똥장수들의 생활을 어느 정도나 보장해줄 수 있었는지는 분뇨처리업 개혁의 성패를 가늠할 수 있는 매우 중요한 기준이 될 것이었다.

2. 똥장수의 일상생활과 똥장수 고용계획

똥장수는 사회적으로 천대받는 직업이라 지나가는 아이들에게서 손가락질 당하거나 돌팔매질을 당하는 대상이었다.[57] 이러한 천대를 감수하면서 분뇨처리업에 종사했던 사람들은 먹을 것을 찾아 농촌에서 도시로 이주를 결심한 사람들이었다. 그중에는 베이핑시 출신이나 베이핑 근교의 허베이성 출신도 더러 있었지만, 대부분 산둥성(山東省) 핑인현(平陰縣)·화핑현(花平縣)·지허현(濟河縣)·더핑현(德平縣) 출신이었다. 그들은 주로 동향 네트워크를 이용하여 베이핑으로 이주했으며, 대개는 동향인이나 친인척을 중심으로 활동하며

57 張洪恭, 「三個糞夫」, 『北平晨報』(1933. 7. 9), 5면.

〈표 25〉 위생국 조사 내1구 자가 및 고용 똥장수 월급 통계(1934)[58]

월급	자가 똥장수(분도주)	고용 똥장수						계
	10원	3원	4원	5원	6원	7원	8원	
사람 수(명)	21	1	19	32	20	15	2	110

사회의 밑바닥층을 형성했다.[59] 마오쩌둥(毛澤東)은 「중국사회 각 계급의 분석」(1926)에서 똥장수가 인력거꾼·청소부 등과 함께 무산계급 중 '도시쿨리층'을 형성하고 있으며, 똥장수들의 경제적 지위는 산업노동자들과 유사하지만 그 조직력은 그들에 훨씬 못 미친다고 분석했다.[60] 1930년대 초 베이핑시 인력거부의 경우 인력거 임대료를 제외하고 월평균 순수입이 12원 정도였다.[61] 1932년 사회국 조사에 따르면, 분뇨 창고에 소속된 똥장수는 식사 제공 시 10원, 미제공시 15원가량을 지급받았다.[62] 『베이핑신보(北平晨報)』의 보도에 따르면, 1935년 똥장수의 월수입은 13-15원 정도였다.[63]

위생국 조사에 따르면, 똥장수의 월급은 평균 6.3원이었다.[64] 여기에 분도

---

58 이 통계에서 내1구 분부 132명 중 22명 누락은 누락되었다. 월급 4.5원인 1명은 월급 5원에 포함되었다. 北平市衛生局, 「關於糞便的收集和處理收歸市辦的密令和市政府的密令」(1934. 11. 27), 北京市檔案館所藏, J5-1-38-1.

59 「生活記錄一個糞夫的自述」, 『北平晨報』(1937. 6. 18), 5면.

60 「中國社會各階級的分析」, 『中國農民』 1-2(1926. 2. 1); 竹內實 監修, 『毛澤東集』 1(東京: 蒼蒼社, 1972, 第2版 1983), 171쪽.

61 陶孟和, 『北平生活費之分析』(上海: 商務印書館, 1930), 74쪽.

62 北平市社會局 印行, 『北平市工商業概況』(北平: 北平市社會局, 1932. 10), 663쪽.

63 「市當局發款十五萬元: 組評價委會收回糞道官辦」, 『北平晨報』(1935. 10. 23), 6면.

64 이 통계에서 내1구 분부 132명 중 22명 누락은 누락되었다. 월급 4.5원인 1명은 월급 5원에 포함되었다. 北平市衛生局, 「關於糞便的收集和處理收歸市辦的密令和市政府的密令」(1934. 11. 27), 北京市檔案館所藏, J5-1-38-1.

주(糞道主)가 제공하는 기본 숙식비 3원, 각 가정으로부터 받는 수고비[小費], 똥통 세척비, 떡값 등을 더하면 평균 10원 정도가 될 것이다. 당시 위생국 소속 청소반원[淸道班員]의 월급이 7원, 통계조사원이 10원, 공안국 3등 경찰이 10원가량 받았던 점을 고려할 때, 똥장수의 월급은 최하층 노동자치고는 적은 것은 아니었다. 그렇다고 해서 똥장수의 생활이 넉넉했다고 단정할 수는 없다. 각 가정으로부터 받는 수고비는 가변적이었고, 만일 매월 수고비가 10원을 넘으면 월급은 2-3원 정도로 삭감되었다.[65] 더욱이 똥장수들은 월급을 정해진 날짜에 꼬박꼬박 받는 것이 아니었다. 대개 똥차 가득 분뇨를 싣고 분뇨 창고에 돌아오면, 똥차 1대 분량을 죽패 1개와 맞바꾸게 되는데, 월말에 가서 이 죽패들을 시가로 계산해주었다. 그러다 보니 시세를 빌미로 똥상인은 얼마든지 똥장수들의 급여를 쥐락펴락 할 수 있었고, 실제로 임금체불은 빈번했다. 결국 똥상인에게서 제때에 정해진 액수의 월급을 받지 못한 똥장수들이 그를 대신하여 시민들을 상대로 수고비를 뜯어내는 악순환이 계속되었던 것이다.

정식 똥장수들은 새벽 5시에 일어나 일을 나가는데, 오전 9시나 10시면 분뇨 창고에 돌아와 분뇨를 옮겨놓고 식사를 했다. 오후에는 12시에 일을 나가고 5-6시경에 귀가했다. 그러나 1931년에는 똥차 통행 시간을 오전 5시에서 8시, 오후 5시에서 8시로 한정하여 매일 업무 시간을 6시간으로 제한했다.[66] 만약 통행 시간을 어기면 경찰에 의해 구타를 당하는 일도 빈번했다.[67] 똥장수

---

65 趙萬毅, 「平市處理糞便的一個特殊組織」, 『市政評論』 4-12(1936. 12. 16), 35쪽.

66 「糞夫提出三個理由」, 『北平晨報』(1931. 7. 4), 6면.

67 「鮑局長昨請糞夫到局暢談」, 『北平晨報』(1931. 7. 11), 6면.

들에게 업무 시간이 제한된다는 것은 정해진 분뇨량을 채울 수 없다는 것이었고, 이는 곧 생존의 위협이기도 했다.

똥장수들의 저항이 계속됨에 따라 통행 시간이 재조정되었는데, 1933년 11월, 위생처 성립 직후 똥차 통행 시간은 오전 10시 이전과 오후 3시 이후로 조정되었다. 1934년 6월에는 위생국과 공안국이 협의하여 보다 구체적으로 통행 시간에 따른 지역을 정했는데, 성내외구 모두 ①오전 9시 이전에 똥장수 작업과 똥차 통행이 가능한 지역, ②오전 9시 이전과 오후 6시 이후에 똥장수 작업과 똥차 통행이 가능한 지역, ③똥장수 작업은 수시로 가능하나 똥차 통행은 오전에만 가능한 지역 등으로 구분했다.[68]

식사는 매일 분뇨 창고에서 제공해주었는데, 면류나 잡곡류로 만들어진 조악한 두 끼니의 식사가 전부였다. 잠은 더러 분뇨 창고나 똥상인의 집에서 자는 경우도 있었지만, 대다수가 한솥밥 먹는 동료라는 뜻을 지닌 '궈훠(鍋伙)'라고 불리는 집단숙소에서 잤다. 월급은 간단한 의복수선이나 목욕비를 제외하면, 대부분 저축하여 고향에 보내거나 분뇨채취구역 임대금으로 사용했다. 간혹 술과 도박에 탕진하기도 했다.

따라서 똥장수들을 시정부 조직하에 재편하여 그들의 기초생활을 보장해주는 것 역시 분뇨처리업 개혁의 성공을 위한 주요 과제 중의 하나였다. 시정부는 분뇨처리업과 똥장수 상황에 대한 조사를 기초로 시 전체 똥장수를 15개

---

68 예컨대 내1구는 ①오전 9시 이전: 前門以內 公安街, 東長安街, 東單牌樓大街, 王府井大街, 東安門大街, 金魚胡洞, 東單三條, 師府園 등 ②오전 9시 이전, 오후 6시 이후: 東四南大街, 猪市大街, 朝陽門大街, 王府井大街, 外交部街, 內務部街, 燈市口大街, 崇內大街, 乃兹府 등 ③똥차 통행이 오전에만 가능한 지역: 그 밖의 기타 지역 등으로 구분되었다. 北平市政府衛生局 編印, 『北平市政府衛生處業務報告』(北平: 北平市政府衛生局, 1934. 9), 64-65쪽.

의 청결반 조직으로 재편하고자 했다.

1934년 6월까지 베이핑시 전역에 407개의 분뇨 창고가 있었는데, 그중 198개가 교구에 있었고, 209개가 외성구에 있었다.[69] 15개 청결반 조직은 성내외구와 교구의 경계선에 배치하여 효율적인 분뇨 수거가 가능하도록 한 것이었다.

월급은 각 청결반의 리더격인 부두(夫頭)가 12원, 자가 똥차[自費糞車者]가 11원, 보통잡역부[普通夫役]가 10원을 받도록 했다. 이 중 부두는 50명, 자가 똥차는 1,450명, 위생국이 똥차와 분구 등을 제공하는 보통잡역부 800명 등으로 총 2,300명이었다. 각기 청결반 복장 1벌을 지급받게 되며, 숙박과 의료혜택을 받게 되었다.[70]

그러나 이러한 분뇨처리업 개혁은 똥장수등기를 마친 정식 똥장수들에게만 해당되었지 일정한 작업지역이 없는 '떠돌이 똥장수[跑海糞夫]'에게는 적용되지 않았다. 그들은 처음에는 길가나 주택가 주변의 분뇨를 치우며 생계를 이어나갔지만, 점차 정식 똥장수들의 작업구역에 몰래 들어와 분뇨를 훔치기 시작했고, 종종 정식 똥장수들과 분쟁을 벌였다. 똥차를 가진 떠돌이 똥장수들도 있었지만, 대부분은 구식 똥지게를 사용하여 하루 벌어서 하루 살기에도 벅찬 생활을 했다. 분뇨처리업 개혁안에는 전체 똥장수의 3분의 1을 차지하는 이들에 관한 논의는 포함되어 있지 않았다. 따라서 똥장수들의 생활수준을 일반

---

69 北平市政府衛生局 編印, 『北平市政府衛生處業務報告』(北平: 北平市政府衛生局, 1934. 9), 57-59쪽.

70 北平市衛生局, 「北平市政府衛生局布告」(1935. 10. 28), 北京市檔案館所藏, J5-1-81-1; 北平市政府 衛生局密呈, 「北平市政府 密呈」(1934. 11. 23), 北京市檔案館所藏, J5-1-38-1.

화해서 말하기 어렵고, 이러한 똥장수 내부의 또 다른 계층의 존재는 분뇨처리업 개혁 추진에 걸림돌로 작용할 수 있었다.

이러한 똥장수 내부의 복잡한 계층화는 애초부터 똥장수조직의 발전에 장애가 되었다. 도시규모의 확대와 인구밀집에 따라 똥장수의 수는 많아졌지만, 20세기 초까지만 해도 통일적인 똥장수조직은 존재하지 않았다. 체계적으로 정비되지 않은 분뇨채취구역 때문에, 분뇨채취구역 침범에 의한 똥장수 간의 갈등은 상존했고, 폭력적인 결말은 빈번했다. 이 때문에 1906년(광서 32년) 11월 똥장수들이 외5구(外五區) 다스징충먀오(大市精忠廟)에 모여 비업공회(肥業公會)를 조직하기로 하고 회장·간사 등을 선출했다. 그러나 그 포괄 범위는 협소하여 정양먼(正陽門)·충원먼(崇文門)·쉬안우먼(宣武門) 일대의 남교(南郊) 똥장수만이 참여했다. 똥장수 조직의 확대는 난징정부 성립 이후 시당부 등의 지도로 각 사회조직의 개편이 이루어지면서 비업공회가 베이핑특별시똥장수조합[北平特別市糞夫工會]으로 개조되면서 이루어졌다. 베이핑특별시똥장수조합은 감리사(監理事) 약간 명, 상무이사 3명을 두어 업무를 집행했는데, 그 밖에 6개의 지부를 설립하여 각 지부에 9명의 간사와 6명의 보조원, 유지대(維持隊) 대장 1명을 두었다. 1932년 11월 시당부에 의해 베이핑시똥장수직업조합[北平市糞夫職業工會]으로 명칭은 개편되었으나 조직은 그대로였다.[71] 그러나 똥장수직업조합은 사실상 유명무실했고, 1936년 12월에는 2년 동안 개선활동이 없었다는 이유로 사회국에 의해서 활동이 정지되기도 했다.[72]

---

71 趙萬毅, 「平市處理糞便的一個特殊組織」, 『市政評論』 4-12(1936. 12. 16), 35쪽.

72 「社會局令糞夫工會停止活動」, 『北平晨報』(1936. 12. 8).

1932년 『중국노동연감(中國勞動年鑑)』에 따르면, 베이핑시 똥장수는 4,000명 정도였다.[73] 위생국은 3,000여 명의 똥장수를 고용할 계획이었는데, 삼국연석회의는 똥장수들의 대량 실업을 경고한 바 있었다. 그러나 위생국은 삼국연석회의의 지적 사항에 대해 이미 반론을 제시했다. 위생국은 실사 결과 1934년 베이핑시 전체 똥장수 4,000-5,000여 명 중에서 실제 똥장수의 수는 2,300여 명이며,[74] 나머지는 동절기 농한기를 이용하여 임시적으로 분뇨처리업 활동을 하는 유동 농민들이라고 보았다. 위생국이 애초에 제시한 3,000여 명의 똥장수 고용 계획은 충분한 숫자이며, 오히려 2,300여 명으로 감축해야 할 것이라고 주장했다.[75] 분뇨 업무를 담당했던 실무과장에 따르면, 1936년 12월, 분뇨채취구역 등기가 완료되는 시점에서 베이핑시의 똥장수 총수는 정식 똥장수 2,000여 명과 떠돌이 똥장수 1,000여 명을 합하여 3,000여 명이었다.[76]

그런데 사실은 삼국연석회의가 지적하고 있는 내용들 자체가 상호 모순적이었다. 실업·구제·치안 등의 문제를 고려해야 했던 사회국과 공안국은 똥장수 고용의 확대를 주장했으나, 재정국은 똥장수고용의 확대로 인한 시정부의 과도한 재정 부담을 우려하고 있었다. 즉 위생국의 분뇨처리업 관영에 대한 이

73 實業部中國年鑑編纂委員會, 『中國勞動年鑑』(1932), 239쪽; 杜麗紅, 「20世紀30年代的北平城市管理」(北京: 中國社會科學院 硏究生院 博士學位論文, 2002. 5), 55쪽에서 재인용.

74 분부 숫자는 각 지역별로 내1구 132명, 내2구 231명, 내3구 142명, 내4구 191명, 내5구 102명, 내6구 160명, 외1구 113명, 외2구 130명, 외3구 165명, 외4구 214명, 외5구 305명, 동교 155명, 서교 68명, 남교 108명, 북교 73명 등 총 2,289명이었다. 北平市衛生局, 「關於糞便的收集和處理收歸市辦的密令和市政府的密令」(1934. 11. 27), 北京市檔案館所藏, J5-1-38-1.

75 北平市衛生局, 「關於糞便的收集和處理收歸市辦的密令和市政府的密令」(1934. 11. 27), 北京市檔案館所藏, J5-1-38-1.

76 분상은 도호(道戶) 1,000여 가와 창호(廠戶) 400여 가를 합하여 1,400여 가였다. 趙萬毅, 「平市處理糞便的一個特殊組織」, 『市政評論』 4-12(1936. 12. 16), 35-37쪽.

〈표 26〉 베이핑시 각 구 똥장수 수[77]

단위: 명

區別	똥장수 수	區別	똥장수 수
內一	132	外三	165
內二	231	外四	214
內三	142	外五	305
內四	191	東郊	155
內五	102	西郊	68
內六	160	南郊	108
外一	113	北郊	73
外二	130	總計	2,289

견이란 각 부서가 책임지게 될지도 모르는 사안을 각 부서의 입장에서 지적했던 것이다. 위생국은 매월 잡역부에 대한 인건비로 2만 4,550원을 상정하고 있었는데, 사회국과 공안국의 지적대로 똥장수 고용을 최대 규모로 확대할 경우 분뇨처리업 개혁을 통한 재정 규모는 적자로 전환될 우려가 있었다. 더욱이 일정한 거처조차 파악되지 않는 떠돌이 똥장수를 적극적으로 시정부조직에 재편한다는 것은 비현실적인 일이었다.

똥장수들의 일상생활의 관점에서 보면 분뇨처리업 개혁의 실시는 똥상인이 통제하던 공간에서 시정부가 통제하는 공간으로 재편되는 것을 의미했다. 통제의 주체가 바뀜에 따라 똥장수들의 주거와 일상도 바뀌게 되었고, 통행 시

77 北平市衛生局, 「關於糞便的收集和處理收歸市辦的密令和市政府的密令」(1934. 11. 27), 北京市檔案館所藏, J5-1-38-1.

간의 제한과 신식분구의 발급으로 행동 양식에도 일정한 변화가 불가피했다.

분뇨채취구역 가치의 평가와 보상, 등기, 똥장수 실업의 해결, 분구 교체 등 분뇨처리업 개혁이 난제였음에도 마통비와 화장실 청소비의 조정, 똥장수 고용과 잡역부에 대한 실인건비 지급 계획 등은 전례 없이 구체적이고 현실적이었다. 단지 시정부개혁안은 똥상인들을 만족시킬 만한 분뇨채취구역 보상액을 제시하지 못했고, 떠돌이 똥장수 등을 개혁에 끌어들일 만한 유인을 제공하지 못했다. 결국 이들이 분뇨처리업 개혁에 반대하는 주요 세력으로 남게 되었다.

이 반대 세력의 불만을 불식하기 위해서 시정부는 공권력과 유인책을 동시에 사용했는데, 개혁의 성공을 위해서는 개혁 추진을 위한 강력한 지도력이 요구되었다. 위안량 시정부의 개혁 추진력은 다음의 몇 가지 사례를 통해서 살펴볼 수 있다. 우선은 분뇨처리업 관영이 발표되자 똥장수들의 대규모 청원은 시정부가 아니라 핑진위수사령부에서 행해진 점에 주목해볼 필요가 있다. 물론 핑진위수사령부가 베이핑시정부보다 상급기관이라는 점이 작용했겠지만, 기본적으로 위안량으로 상징되는 시정부에 직접 청원하는 것을 꺼려했던 것으로 보인다. 왜냐하면 위안량은 이미 시정의 각 분야에서 강도 높은 개혁정책을 추진한 것으로 유명했고, 시민들에게서 폭넓은 지지를 받고 있었기 때문이었다.

> 버스가 처음 운행되었을 때, 본시에는 자못 반대하는 목소리가 많았다. 운행 후 지금까지, 운행 시간은 정확하고, 노선은 점차 확대되고 있다. 운전사와 차장은 매우 온화하고, 관리상 활기가 있고 버스가 매우 편리하다는 소문이 들린다. 본래 일처리에 있어 군중의 비난과 칭찬을 찬반으로 삼을 수는 없다. 위안량은 시정을 정돈함에 있어, 불가능한 게 아니라면 실행했다. 일처리에 있어 이러한 용

감한 정신은 본시의 역대 시장들에게서는 볼 수 없는 것임을 나 역시도 인정하며, 아무리 칭찬해도 지나치지 않는다. 베이핑시민들은 오랫동안 똥장수들의 기에 눌려왔다. 분뇨처리업 단속은 지금껏 해야 되는 일이었으나 하지 않은 중요한 일 중의 하나였다. 근래 시당국이 (분뇨를) 관리하겠다는 뜻을 전해왔는데, 어제는 홀연 똥장수 만여 명이 청원을 하기에 이르렀다. 나는 일처리에 있어 응당 대다수의 이익을 도모해야 한다고 생각한다. 똥장수와 똥차는 응당 단속되어야 한다고 시 전체 백만 시민들은 오랫동안 동감을 표시해왔다. 시당국은 대다수의 이익을 도모해야 하며, 시당국은 버스운행을 위해 용감하게 일을 처리했던 것처럼 분뇨처리업 문제도 처리해주기를 바란다.[78] (괄호는 필자)

이처럼 똥장수들의 대규모 청원이 있었음에도 여론과 시민들은 위안량의 분뇨처리업 개혁을 지지했다. 위생국의 분뇨처리업 관영 구상이 분뇨처리업자와 시정부 모두를 만족시킬 수는 없었지만, 위생국은 이미 2년여 동안의 준비 기간을 거쳤고, 여론의 지지와 공권력을 바탕으로 분뇨처리업 개혁을 강력하게 추진할 수 있는 기회를 맞이하고 있었다.

그러나 뜻밖에도 위안량이 갑작스럽게 시장직을 사임함에 따라 개혁은 중단될 수밖에 없었다. 위안량의 분뇨처리업 개혁안의 좌절은 정책 자체의 실패라기보다는 베이핑정국의 변화에 따라 개혁주체가 변동되어 정책의 일관성을 견지할 수 없었던 상황에 기인한 것이었다. 위안량 시정부 이후 등장했던 친더춘 시정부의 셰쩐핑 위생국장도 어느 기자회견장에서 “만약 관방이 강력하게

78 「公共汽車與糞業」, 『北平晨報』(1935. 11. 2), 6면.

집행했다면 (분뇨처리업을) 개량할 수 있었으나 불행히도 그 일은 중지되었다"고 평가했다.[79] 분뇨처리업 관영을 추진했던 위안량 시정부의 제1차 분뇨처리업 개혁안의 좌절은 개혁안 자체의 한계나 똥장수들의 저항 때문이라기보다는 궁극적으로 위안량의 사임이라는 정치적 변화에 기인한 것이었다. 그렇다면 위안량은 왜 갑작스럽게 사임했던 것일까?

난징정부 성립 이후 18개성에 걸친 중국 전역은 표면적으로는 장제스 정부의 통제를 받았다. 그러나 실제로 각 지방에서는 군벌세력이 지방에서의 주도권을 두고 혼전하는 양상이 지속되었고, 베이핑도 예외는 아니었다. 1928년 6월부터 1933년 6월까지 5년 동안 베이핑시장은 무려 6차례 이상 교체되었다. 이는 베이핑에서 장제스의 정치·군사적 기반이 약했음을 의미한다. 더욱이 장제스는 일본의 화베이 침략이 계속되는 가운데 장시(江西) 지역에서 초공전(剿共戰)에 전력을 기울이고 있었다. 초공전을 지속하기 위한 장제스의 선택은 옌시산(閻錫山, 1883-1960), 장쉐량(張學良, 1898-2001) 등과 연대하는 대신 화베이·베이핑 지역에서 그들의 실권을 인정해주는 것이었다. 1928년 6월 베이핑시정부 수립 이후 베이핑시장은 장제스 계열의 허청쥔(何成濬, 1882-1961)이 1개월여 동안 재임한 것을 제외하면,[80] 줄곧 펑위샹(馮玉祥, 1882-1948), 옌시산, 장쉐량 계열의 인사들이 베이핑시장을 역임했다.[81]

---

79 「衛生局長謝振平將調査糞夫工會」, 『北平晨報』(1936. 1. 17), 6면.

80 장제스 계열의 허청쥔(1882-1961)이 베이핑특별시장에 공식 취임한 것은 1928년 6월 26일이고, 펑위샹 계열의 허치궁(何其鞏, 1899-1955)이 베이핑특별시장에 공식 취임한 것은 1928년 7월 10일이었다. 「何成濬今日就任特別市長下午將就兼公安局長職」, 『世界日報』(1928. 6. 26); 「何其鞏卽就北平市長北平不設特別市說不確」, 『世界日報』(1928. 7. 10).

81 Robert M. Duncan, *Peiping Municipality and the Diplomatic Quarter*(Department of

1933년 장쉐량이 화북에서의 패전 책임으로 주요 직책을 그만두게 되자, 장제스는 허잉친(何應欽, 1889-1987)을 대리베이핑군분회위원회(代理北平軍分會委員會) 위원장에, 황푸(黃郛, 1880-1936)를 행정원 베이핑정무정리위원회(北平政務整理委員會) 위원장에 각각 임명했다. 1933년 6월 베이핑시장으로 임명된 위안량은 바로 황푸의 최측근 중의 한 명이었다. 그러나 1935년 6월과 7월 친-도이하라 협정(秦土協定)과 허-우메즈 협정(何梅協定)이 체결되는 등[82] 등 일본군의 군사적 압박이 지속되면서 장제스와 대립했던 대일타협파인 핑진위수사령 쑹저위안의 정치적 입지가 점차 강화되었고,[83] 1935년 12월에는 화베이와 베이핑 지역의 전권을 사실상 쑹저위안이 장악하게 되었다.[84] 1935년 11월 위안량의 사임은 바로 쑹저위안이 베이핑 지역의 실권을 장악하는 과정에서 발생한 일이었다. 쑹저위안은 위안량 사임 직후 자신이 직접 베이핑시장을 대리했는데, 얼마 후 자신의 측근인 친더춘이 베이핑시장으로 임명되었다.

Political Science Yenching Univ., Peiping, 1933), p.125.

82 친-도이하라 협정은 1935년 6월 23일 차하얼성대리주석(察哈爾省代理主席) 친더춘(秦德純, 1893-1963)과 관동군특무기관장(關東軍特務機關長) 도이하라 겐지(土肥原賢二, 1883-1948) 사이에서 이루어진 협정이다. 이 협정을 통해 중국군은 차하얼 북부지역에서 철수했다. 허-우메즈 협정은 1935년 7월 9일 허잉친(何應欽, 1889-1987)과 일본 톈진주둔군사령관 우메즈 요시지로(梅津美治郎, 1888-1949) 사이에서 이루어진 밀약을 가리킨다. 이 협정을 통해 일본은 허베이와 차하얼 점령을 인정받는다.

83 쑹저위안에 대한 평가는 대일 타협적 면모보다는 항일활동에 더욱 무게가 실리고 있으며, 쑹저위안과 장제스의 관계 역시 대립적이라기보다는 협조적이었다는 연구가 등장하고 있다. 呂桂霞, 「試析宋哲元抗日思想的演變」, 『聊城師範學院學報』 1997-3, 21-22쪽; 張春生, 「宋哲元拒簽‘香月細目’原因初探」, 『殷都學刊』 2002-2, 48-50쪽.

84 曹子西 主編, 『北京通史』 第9卷(北京: 中國書店, 1994), 64-65쪽.

관독상판의 실시와
똥장수의 저항

1. 개진분변사무위원회의 설립과 관독상판의 의미

1935년 11월 친더춘 시장의 취임으로 분뇨처리업 관영은 철회되었지만, 친더춘 시정부에서도 분뇨처리업에 대한 개혁 방안은 계속 논의되었다. 1936년 1월 신임 셰젼핑 위생국장 역시 실지조사를 통해 개선 방향을 정하겠다며 분뇨처리업 개혁의 의지를 분명히 밝혔다.[85]

1936년 2월 위생국에서 논의된 개혁 방안은 초상승판(招商承辦)·관독상판(官督商辦)·수귀관판(收歸官辦) 세 가지였다.[86] 그중에서 분뇨처리업의 관영을 의미하는 '수귀관판'은 이미 쑹저위안이 철회를 공언했고, '초상승판'은 사실상 상인들이 운영하는 것을 인정하는 것이었기 때문에, 시정부가 분뇨처리업의 개혁에 개입할 수 있는 방안으로 새롭게 주목한 것은 '관독상판'이었다. 1936년 6월 29일 시정부는 위생국에서 리펑지(李逢吉) 등 87명의 똥장수

---

85 「衛生局長謝振平將調査糞夫工會」, 『北平晨報』(1936. 1. 17), 6면.

86 北平市政府衛生局, 『北平市政府衛生局二十四年度業務報告』(北平: 北平市政府衛生局, 1936), 62쪽.

대표회의를 소집하여 분뇨처리업의 개혁 원칙을 확인하고, 의결기구인 베이핑개진분편사무위원회(北平市改進糞便事務委員會, 이하 분변위원회)와 집행기구인 베이핑처리분변사무소(北平市處理糞便事務所, 이하 분변사무소) 설립안 등을 통과시켰다.[87]

분뇨처리업 개혁의 3대원칙은 "첫째, 분뇨처리업의 개선은 분뇨처리업자 자신이 수행하며, 시정부는 그에 협조한다. 둘째, 분뇨처리업의 개선을 위해 그 설비는 분뇨처리업자들이 재원을 부담하여 분뇨처리업을 위해 사용한다(取之於糞業, 用之於糞業)는 원칙하에 (분뇨처리업자에게) 별도의 부담을 가중시키지 않는다. 셋째, 분뇨처리업의 설비 개선은 시민의 요구와 시용(市容)을 정돈하는 업무에 순응해야 하며, 분뇨처리업의 관영은 하지 않는다"[88] 등이었다. 표면상 정부는 분뇨처리업의 관영을 포기하고 분뇨처리업의 개혁은 분뇨처리업자 스스로 진행한다는 원칙을 표명하고 있었기 때문에, 분뇨처리업자가 분뇨처리업의 개혁을 주도하고, 시정부는 그를 보조하는 것으로 규정한 듯 보인다. 그렇다면 실제로는 어떠했을까?

시정부가 분뇨처리업 개혁을 주도하는 실제 내용은 분변위원회와 분변사무소의 설립 과정과 운영 방식에서 찾아볼 수 있다. 분변위원회는 분뇨처리업 개선 사무를 감독·계획·평가·심의하는 기관이었으며, 그 아래 분변사무소를 두어 분뇨처리업 개선 업무를 집행하도록 했다. 분변위원회는 위생국장

87 위의 책, 62쪽.

88 「當局改善糞業昨開會商改善辦法」, 『京報』(1936. 6. 30), 6면; 「市當局昨召集糞夫代表決心改善糞業」, 『北平晨報』(1936. 6. 30), 6면.

을 주석위원으로 하고, 십수 명의 위원들로 구성되었다. 그 구성 인원은 시정부 제2과장, 시정부 제2과 위생계 주임, 사회국 제2과장, 공안국 제2과장, 위생국 비서주임, 위생국 제3과장, 위생국 제3과 청결계주임, 위생국 제3과 청결·취체·설계 3계 직원 각 1명 등 시정부 측에서 총 10명이었고, 분뇨처리업 대표는 7-9명이 참가하도록 규정했다.[89] 즉 분변위원회의 구성에서 주석위원과 위원회의 과반수를 시정부가 장악하고 있었다. 분변위원회의 일상 업무를 담당하게 될 상무위원은 주석위원이 지명했는데, 7명 중 4명이 위생국 직원이었다.[90]

분변사무소는 분변위원회뿐만 아니라 위생국의 직접적인 감독과 지휘를 받도록 규정되어 있었다. 분변사무소 정·부 주임은 분뇨처리업 단체 대표 중에서 선출하고, 감찰원[稽核專員] 1명은 위생국에서 파견하는데, 정·부 주임 임명권은 분변위원회의 주석위원에게 있었다. 나머지 분변사무소 직원들은 정·부 주임이 추천하지만 위생국의 동의를 받아야 했다.[91] 즉 분변사무소의 인사와 운영 역시 위생국의 직접적인 통제하에 있었다고 볼 수 있다. 분뇨채취구역 등기에 반대했던 똥장수들이 분변사무소 주임 위더순(于德順)과 부주임 쑨싱구이(孫興貴)를 타도 대상으로 지목했던 것도 분변사무소가 분뇨처리업의 입장이 아닌 시정부의 입장을 대변한다고 보았기 때문이었다. 실제로 위더

89 北平市政府衛生局, 『北平市政府衛生局二十四年度業務報告』(北平: 北平市政府衛生局, 1936), 66쪽.

90 飛均(衛生股主任), 趙萬毅(衛生局 제3과장), 劉鳳祐(清潔股主任), 閻陸飛(清潔股職員). 「改進糞便事務委員會昨舉行成立大會」, 『北平晨報』(1936. 7. 18), 6면.

91 北平市政府衛生局, 『北平市政府衛生局二十四年度業務報告』(北平: 北平市政府衛生局, 1936), 63-66쪽.

순과 쑨싱구이 등은 똥장수조합 상무이사였지만 시정부와 매우 밀착해 있었으며, 위안량 시장 재임 시기에는 분뇨처리업 관영에 적극 협조하겠다는 서약서까지 제출한 바 있었다.[92]

친더춘 시정부가 추진한 제2차 분뇨처리업 개혁안 중 가장 중요한 사항은 등기 시한과 등기비·개선비 액수를 정하는 문제였다. 시정부는 시정부 초안을 분뇨처리업 대표들에게 제안한 후에, 분뇨처리업 대표들이 이를 수정하는 방식으로 분뇨처리업 개혁안을 진행하도록 했다. 이 밖에도 등기 이외에 똥차 통행 시간의 제한과 신식 분구의 발급 등 분뇨처리업 개혁과 관련된 모든 사항을 사실상 위생국이 주관했다.

2. 분뇨채취구역 등기의 진전과 똥장수의 저항

분변사무소 성립 이후 첫 번째 업무는 "분뇨처리업계의 자부담[取之於糞業, 用之於糞業]"의 원칙에 따라 분뇨처리업 개혁에 필요한 재원 마련을 위해 분뇨채취구역 등기비와 개선비를 징수하는 것이었다. 등기비와 개선비를 징수하기 위해서는 우선 등기 신청을 받고, 분뇨채취구역 가치에 대해 평가를 받은 후, 평가 금액에 따라 차등적으로 등기비 등을 납부하도록 했다. 「베이핑시위생국 감독 분뇨처리업자 개선분변사무 진행방안(北平市衛生局監督糞業人改善糞便事務進行方案)」(1936. 6. 29)에 따르면, 등기비는 1년에 1번 징수하는 것으로

92 北平市衛生局, 「北平市衛生局籌辦糞便收集事務收歸市辦及修繕淸道班宿舍, 采購糞夫用品的呈文和市政府的密令」(1935. 10. 26), 北京市檔案館所藏, J5-1-53-1.

분뇨채취구역 평가 총액의 6%를 징수하고, 개선비는 매달 1번 징수하는 것으로 분뇨채취구역 평가총액의 0.6%를 징수할 예정이었다.[93]

분뇨채취구역과 화장실 청소비는 호구 수의 다과, 분출량의 다소 등 5가지 기준을 근거로 나누는데, 분뇨채취구역은 4등급, 화장실은 13등급으로 나누어 평가했다. 분뇨채취구역은 특·갑·을·병 4등급을 다시 특등급(7원)·갑1급(6원)·갑2급(5원)·을1급(4원)·을2급(3원)·병1급(3원)·병2급(2원)·병3급(1원) 등 8등급으로 세분하여 평가했다.[94] 분뇨채취구역과 화장실의 가치를 평가한 후 얻게 되는 예상 수입은 각각 1만 5,000원과 1,200원이었다.[95] 분뇨채취구역 등기가 실시된 이후 분뇨채취구역 등기 징수예상액은 1만 원으로 축소되었다. 이 금액은 시정부가 발급하는 신형 분구가격의 절반에 해당했다.[96]

1936년 7월 11일 개선비는 원래 평가총액의 0.6%를 납부하도록 했으나, 똥장수들의 감면 요구에 따라 0.5%로 조정되었다.[97] 1936년 8월 1일 처리분변사무소가 성립했고, 8월 11일부터 업무를 시작했다. 등기비는 2주 전에 이미 공포되었다. 분뇨채취구역과 공중화장실의 등기 기간은 1936년 8월 1일부터 9월 10일까지였으나, 똥상인들이 연기를 요청함에 등기일을 열흘 연기하여 9월 20일까지 등기하도록 했다. 등기 신청자는 867처였는데, 등기 신청자에게는 시정부에서 제작한 신형 분구를 무상 발급했다.

---

93 北平市政府衛生局, 『北平市政府衛生局二十四年度業務報告』(北平: 北平市政府衛生局, 1936), 63쪽.
94 「糞便事務所昨開會評價標準已通過」, 『北平晨報』(1936. 9. 17), 6면.
95 北平市政府衛生局, 『北平市政府衛生局二十四年度業務報告』(北平: 北平市政府衛生局, 1936), 64쪽.
96 「關係當局對改善糞便解釋三要點」, 『北平晨報』(1936. 11. 8), 6면.
97 「昨衛生局糞業代表會議改良糞業章則通過」, 『北平晨報』(1936. 7. 11), 6면.

분뇨채취구역 등기의 처리 과정이 순조롭게 진행된 것은 아니었다. 내6구(內六區)에서는 시정부가 발급한 분구를 훼손하기도 했고, 분뇨채취구역 등기와 분뇨처리업 개혁을 반대하는 청원과 시위도 있었다. 무엇보다 사태를 관망하다가 등기 시한을 넘겨 등기하지 못하는 경우가 많았다. 위생국은 분뇨채취구역 등기를 독려하기 위해 훈계[98] · 설득[99] · 체포[100] 등 다양한 방법을 동원했다. 지역별로 보자면 동교와 서교에서는 분뇨채취구역 등기자가 많았고, 북교 지역에서는 관망 태도를 취하는 자가 많았다. 분변사무소는 등기를 독려하는 것 외에 위생상 문제가 되는 구형 분구를 사용하는 자에 대해서는 오전 10시 이전과 오후 5시 이후로 똥차의 통행 시간을 제한하기로 했다. 구형 분구 사용자는 사실상 미등기자를 의미했기 때문에, 미등기자는 분뇨처리 시 불이익을 받지 않을 수 없었다.

1936년 10월 14일 오전 7시, 북교 일대 300여 명의 똥장수들은 푸청먼와이(阜成門外)에 모여들었다. 똥차 · 똥자루(糞簏) · 똥통 · 똥국자(糞勺) 등을 길가에 쌓아두어 지나는 사람들이 코를 막아야할 정도로 일시에 고약한 냄새가 진동했다. 8시경이 되자 더 많은 사람들이 모였고, 리젠구이(李建奎)와 인옌칭(尹燕慶) 등 분뇨처리업 개혁을 반대한 무리들은 분변사무소 주임 위더순의 집으로 향하기 시작했다. 때마침 위더순은 집에 없었는데, 서교구서(西郊區署) 서장 린옌빈(林雁賓)이 경찰을 출동시켰다. 똥장수 대표들은 똥장수 통행

98 「衛生局訓誡糞夫」, 『北平晨報』(1936. 10. 20), 6면.

99 「關係當局對改善糞便解釋三要點」, 『北平晨報』(1936. 11. 8), 6면.

100 「暴行糞夫已拘獲首犯三名」, 『北平晨報』(1936. 11. 3), 6면.

시간의 제한을 철폐해줄 것을 요구했고, 린옌빈 서장은 아직 시정부에서 비준된 사항이 아니므로 통행이 가능하다고 똥장수들을 설득했다. 린옌빈 서장의 말을 듣고 똥장수들은 일단 해산했다. 같은 시간 쉬안우먼와이(宣武門外)에서도 200여 명의 똥장수들이 모여들었다. 이들은 분변사무소 부주임인 쑨싱구이의 집으로 향했다. 쑨싱구이 역시 집에 없었는데, 똥장수들은 쑨싱구이의 노모를 구타하여 상해를 입혔다. 얼마 후 경찰이 진압에 나섰고, 그때서야 비로소 똥장수들이 해산했다.[101]

이 사건에 대해 위생국은 매우 단호한 입장을 취했다. 1936년 10월 20일, 구식 분구를 사용하는 자는 통행 시간을 오전 9시 이전과 오후 5시 이후로 제한할 것임을 명백히 했다. 또 이 사건의 주범을 일부 '떠돌이 똥장수'로 지목하고, 주동자들을 엄격 조치할 것임을 선언했다.[102] 주모자 8명중 원즈파(溫志發)·리한천(李漢臣)·양춘하이(楊春海) 등이 공안국에 인계되었고, 나머지 5명은 도주했다.[103] 그런데 주동자 중 일부는 기찰정무위원회(冀察政務委員會)·수정주임공서(綏靖主任公署) 등 상급기관에 찾아가, 위더순과 쑨싱구이가 이전에 똥장수직업공회 회무를 장악하고 공금을 횡령했다고 고발했다. 1936년 11월 28일 수정주임공서 군법처는 위더순·쑨싱구이에 대한 고발장을 접수하고 체포조를 파견했다. 쑨싱구이는 외출 중이어서 위더순만이 체포되어 공안국에 압송되었다.[104] 분뇨처리업자는 1년 전 상급기관에 청원하여 시

---

101 「一部份糞夫昨請願請變更通行時間」, 『北平晨報』(1936. 10. 15), 6면.

102 「主動暴行之糞夫當局決從嚴處置」, 『北平晨報』(1936. 10. 20), 6면.

103 「暴行糞夫已拘劃首犯三名」, 『北平晨報』(1936. 11. 3), 6면.

104 北京市處理糞便事務所 編印, 『北京市處理糞便事務所業務報告』(北京: 北京市處理糞便事務所,

정부의 분뇨처리업 관영을 중지시켰던 것처럼, 이번에도 상급기관에 고발하여 분변사무소의 업무를 무력화시킬 의도였다. 그러나 1년 전과는 상황이 달랐다. 기찰정무위원회는 안건을 시정부로 이첩했는데, 친더춘 시장은 기찰정무위원장 쑹저위안의 직계 부하였다.

위생국은 주동자인 인옌칭 · 리젠구이 · 원즈파 등이 오히려 똥장수들의 회비를 강탈했다는 증거를 확보하고 법원에 제소하는 한편, 잡역부 26명, 월급 182원을 들여 그들의 분뇨채취구역과 공중화장실을 전부 접수했다.[105] 그러나 동북교 일대의 반발은 줄지 않았다. 결국 갑등은 30%, 을등은 20% 일률적으로 등기비를 감액시켰는데도, 1937년 4월 2일 북교일대의 똥장수 200여명은 등기비 감면을 명분으로 대규모 청원 및 파업을 실시했다. 위생국은 3일 이내에 업무에 복귀할 것을 지시했고, 또 한편으로는 청결계[清潔股] 주임인 류펑유(劉鳳祐)를 북교일대에 파견하여 똥장수들을 설득하게 했다. 그러나 똥장수들은 반성은커녕 다른 똥장수들이 일하지 못하도록 저지했고, 이를 어긴 사람은 구타하기도 했다. 일부 똥장수들은 파업을 주도하는 똥장수들에 대항하기 위해 자위공작단을 조직하여 위생국에 비준을 요청하기도 했다.

1937년 4월 6일, 서남성의 똥장수들은 계속 업무에 복귀했으나, 유독 북성 일대의 똥장수들만이 끝까지 저항했다. 4월 8일 위생국의 지휘하에, 경찰국 독찰처(督察處), 위생국 잡역부, 분변사무소 전체 직원 등이 동원되어 똥차 50여 대를 끌고 출동했다. 시정부가 파업 지역의 분뇨채취구역을 일률 접수하

1938. 12), 24-25쪽.

105 위의 책, 25쪽.

베이핑시정부의 똥장수 폭동 진압(1937. 4. 8)
시정부는 똥장수의 폭동에 대해서 경찰국·위생국 등 공권력을 동원하여 진압했다.

자, 이 소식을 들은 똥장수들은 속속 작업을 시작했고, 똥상인들은 등기를 청구하기에 이르렀다.[106]

제2차 분뇨처리업 개혁안인 분뇨처리업의 관독상판은 분뇨처리업 관영에 비해 개혁의 의미가 퇴색한 것은 사실이었다. 그러나 시정부는 관독상판을 통해 사실상 분뇨처리업 개혁의 주도권을 장악했고, 분뇨채취구역 재산권을 인정해줌으로써 똥상인·똥장수들을 개혁에 끌어들이고, 신식 분구로의 교체, 똥장수와 분뇨채취구역 등기 등 분뇨처리업 개혁을 위한 가시적인 성과를 이끌어냈다고 평가할 만하다.

친더춘 시정부의 '관독상판' 구상은 표면상 시정부의 역할이 관리 감독에

106 위의 책, 26쪽.

그치는 듯 보였는데, 새로운 시정부의 재편기에 사회적 안정을 도모하고 똥상인들의 반발을 최소화하기 위한 조치였다. 관독상판은 '관판'과 '상판'의 엄연한 차이에도 시정부가 통제할 수 있는 분뇨처리업 개혁시스템을 구축하는 것이 목표였다. 친더춘의 분뇨처리업 개혁은 똥상인의 분뇨채취구역 재산권의 존재를 인정해줌으로써 분뇨처리업 종사자들을 분뇨처리업 개혁에 끌어들이고, 신식 분구로의 교체, 똥장수와 분뇨채취구역 등기 등 분뇨처리업 개혁의 가시적인 성과를 이끌어냈다. 아울러 분뇨처리업 개혁에 저항하는 분뇨처리업자에 대해서는 시정부 소속 청소반을 동원하여 분뇨채취구역을 접수하여 시정부가 직접 관할하도록 했다.

다른 한편 관독상판은 똥상인의 기득권을 인정해주는 것이었으므로, 똥장수는 여전히 똥상인의 지배하에 놓이면서 기초생활은 달라진 게 없었다. 이는 곧 시민들이 오랫동안 제기해온 똥장수에 의한 갈취의 문제를 근본적으로 해결할 수 없음을 의미하는 것이기도 했다. 그러나 마통비와 화장실 청소비의 징수 등을 통해 똥장수 갈취의 개선에 정부의 개입 여지는 남아 있었다. 더욱이 베이핑시정부의 분뇨처리업 개혁은 분변위원회와 분변사무소를 설치하여 국가권력이 분뇨처리업을 통제할 수 있는 제도적 장치를 구축했고, 각종 기구와 설비의 근대화에도 일정한 기여를 했다. 따라서 국가의료적 관점에서 제시된 분뇨처리업 관영이 분뇨처리업계의 자율성을 인정하는 관독상판으로 전환된 것은 그 명분상의 명백한 차이와 한계에도 환경위생의 개혁과 재정의 개선을 위해 시정 개입을 극대화했다는 점에서 일정한 의의를 지니는 것이었다.

청말 이래 베이핑시의 분뇨처리업은 국가로부터의 자립 지향과 동시에 국가의 기능을 보완하는 민간사회의 영역이었다. 똥상인들은 공공위생의 개선에 기여하는 대가로, 분뇨처리에 대한 독점적 지위를 국가적·사회적으로 인정받았다. 요컨대 명청대 신사층이 지역사회에서 가지고 있던 위상과 마찬가지로 똥상인을 비롯한 분뇨처리업자들은 공의식과 사리 추구라는 양면성을 가지고 있었다.[1] 그러나 민국 이래 분뇨처리업은 시정개혁의 대상에 포함되기 시작했고, 국가권력이 분뇨처리업 개혁에 개입함에 따라 국가권력과 분뇨처리업자들 사이의 대립과 갈등이 표면화되기 시작했다. 특히 도시화의 급진전 속에서 공중화장실의 개선, 분구 개량, 똥차 통행의 제한, 똥장수 갈취의 방지 등 분뇨처리업 전반에 걸친 개혁 과제들이 근본적으로 개선되지 않은 가운데, 시민들의 분뇨처리업 개혁에 대한 요구는 증폭되어갔다. 똥장수직업조합 등 분뇨처리업 조직은 사실상 유명무실했는데, 그들은 분뇨처리업의 개혁을 주도하기보다는 자신들의 사리 추구를 더욱 노골화하고 있었다.

민국 시기에 들어와 공공위생의 개선이라는 목표는 관·상·민 모두 공감하고 있었는데, 베이핑시정부 성립 초기까지만 해도 시정부는 분뇨처리업 개혁의 주도권을 장악하고 있지 못했다. 베이핑시정부 초대 위생국장인 황쯔팡은 국가가 질병예방과 치료를 전적으로 책임지는 '국가의료'적 관점에서 분뇨

---

1 시민사회론에 기반한 연구성과들이 명청대 신사층과 지방엘리트의 지역사회에서의 이중적 역할 중 공의식을 강조하고 사리추구적 측면을 소홀히 하고 있다는 지적은 백영서, 「중국에 시민사회가 형성되었나?」, 『동아시아의 귀환』(서울: 창작과비평사, 2000), 126쪽.

처리업 개혁의 실현을 낙관했지만, 시정부가 분뇨처리업 개혁의 주도권을 장악했던 것은 위안량 시정부의 등장을 계기로 위생처가 재건되면서부터였다. 위안량 시정부는 국가의료적 관점에서 분뇨처리업 관영을 시행하고자 했다. 그러나 '분업관판'을 목표로 했던 베이핑시정부의 제1차 분뇨처리업 개혁안은 위안량의 사임으로 좌절되었고, 후임 친더춘 시정부가 '관독상판'을 표방하며 제2차 분뇨처리업 개혁안을 실행했다. 표면적으로 정부가 주도하는 분업관판은 좌절되고 똥상인들이 주도하는 관독상판이 시행된 것으로 보이지만, 실제적으로는 제1·2차 분뇨처리업 개혁은 줄곧 시정부가 주도한 것이었다. 따라서 이런 관점에서 보면, 위안량 시정부의 제1차 분뇨처리업 개혁안이 갖는 의미를 과소평가할 수 없을 것이다. 특히 제2차 분뇨처리업 개혁을 통해 단기간 내에 분뇨처리업에 대한 시행정력을 강화할 수 있었던 것은 위안량 시정부의 2년여에 걸친 충분한 준비 작업이 있었기 때문이었다. 바꿔 말하면, 1930년대 베이핑시정부는 국가의료에 대한 지향 속에서 위생구의 확대와 공간 통제의 강화를 순차적으로 진행해나갔고, 제2차 분뇨처리업 개혁은 그 과정에서 나타난 부분적인 결실이었다고 볼 수 있다.

제1·2차 분뇨처리업 개혁은 베이핑시정부가 지향했던 위생행정의 특징을 잘 드러내고 있다. 첫째, 경찰행정과 위생행정은 상호경쟁과 보완의 관계였다. 공안국은 똥장수들의 생계를 보장하지 못하면 파업이나 폭동이 일어날 수 있다고 판단하여 위생국의 분뇨처리업 개혁안에 반대했지만, 이는 분뇨처리업 개혁을 시행하기 위해 분뇨처리업 개혁안을 점검하는 차원이었다. 위생국은 분뇨처리업 관영이 실행되면 언제라도 경찰력을 동원할 수 있도록 조처했다. 공안국 역시 위생국이 주도하는 분변위원회에 참여했고, 똥장수들의 저항에는 실제로 경찰력이 동원되었다.

둘째, 분뇨처리업 개혁은 베이핑시 전역에 걸쳐 일률적으로 시행된 것이 아니라 성내외구와 교구 사이에 지역적 분절성이 존재했다. 분뇨처리업 개혁을 통한 공간 통제는 성내외구를 중심으로 실시되었으며, 시정부는 분뇨처리업 개혁에 저항하는 분뇨처리업자들의 통제를 위해 그들의 주요 거점인 교구 지역에 대해서는 공권력을 동원한 공간 통제를 실시했다.

셋째, 분뇨처리업 개혁은 통제 대상이 똥상인과 똥장수들로 명확했기 때문에, 시정부는 전염병 통제에서처럼 불특정다수를 대상으로 중층적 통제를 실시하지 않고, 직접적인 통제 방안을 사용했다. 시정부는 개별 통제 대상에 대해 훈계·설득·체포 등의 방안을 사용했고, 집단적인 저항에 대해서는 직접적인 물리력을 행사했다.

난징정부 시기 베이핑에서 분뇨처리업은 국가권력에 의해 새롭게 공공영역으로 확대된 대표적 사례이다. 난징정부 성립 이후 베이핑시정부는 똥장수 공회를 조직하고 개조했으며, 분뇨처리업 개혁을 주도했다. 국가의료적 관점에서 구체화된 분뇨처리업 개혁안인 위안량의 '분업관판' 구상은 여론의 지지 속에서 공중위생에 대한 국가권력의 공간지배를 확대하는 것이었다. 위안량 재임 시기 분뇨처리업 개혁의 좌절은 전통사회 내부 동력의 강고함이나 국가권력의 약화를 증명하는 것이 아니라 단지 정치적 불안정 속에서 개혁주도층의 교체로 인한 것이었다. 여론은 정부의 분뇨처리업 개혁을 지지하고 있었고, 개혁의 주도권은 여전히 시정부가 장악하고 있었다.

민간사회의 시각에서 보자면, 베이핑시의 분뇨처리업은 국가권력에 대한 '자립지향'과 '보완지향'을 가지고 있었다. 분뇨처리업자가 대규모 청원을 통해서 분뇨처리업 관영을 좌절시키고 관독상판을 받아들인 것은 분뇨처리업자의 자립 지향이 나름의 성과를 얻은 것처럼 보이지만, 실제로는 국가권력에 대한 보완 지향이 보다 강력하게 지속된 것이다. 이는 분뇨처리업 조직이 분뇨처리업 개혁의 주도권을 선점하는 데 미온적이었고 조직의 역량도 미약했던 것에서 기인한 것이었다.

도시공간의 통제라는 관점에서 보면, 분뇨처리업 개혁은 성내외구 10개구를 시간과 공간에 따라 획분하여 위생의 관점에서 국가 영역으로 편입시키려고 했고, 더 나아가 교구로까지 확대하고자 했다. 똥상인들의 주요 거점은 교구에 있었고, 분뇨 창고는 외성구와 교구에 각각 절반씩 위치했다. 따라서 똥상인과 똥장수들은 외성구의 외곽 혹은 교구에서 분뇨처리업 개혁에 저항했고, 시정부는 반발이 거셌던 북교 지역에 대해서는 공권력을 동원한 대대적인 접수 작업을 진행했다.

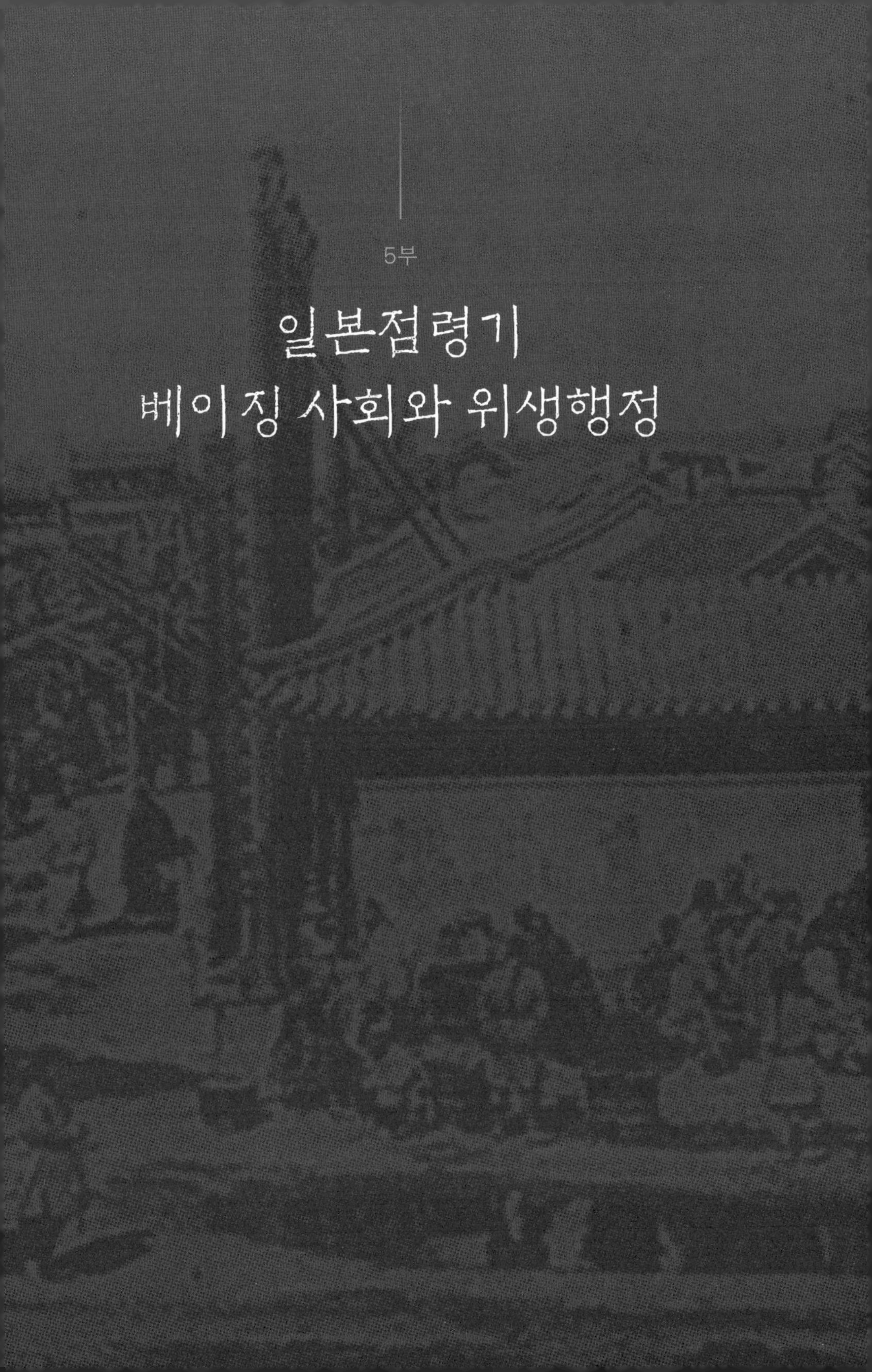

5부

일본점령기 베이징 사회와 위생행정

9

똥장수의 일상생활과 분업개혁

20세기 초 시정관리의 대상이 되었던 분뇨처리업은 1930년대 이후 시정개혁의 주요 대상으로 부상하기 시작했다. 1930년대 베이핑시정부(北平市政府)가 분업관판(糞業官辦)의 개혁 구상 속에서 사영화된 분뇨처리업을 시정부에 귀속시키려 했던 제1차 분뇨처리업 개혁안은 좌절되었지만, 1936년 6월 관독상판(官督商辦) 구상 속에서 제2차 분뇨처리업 개혁안이 통과되었다. 이 개혁안에 따라 분뇨처리업은 분상(糞商)들이 주도하는 처리분변사무소(處理糞便事務所)의 운영과 시정부가 주도하는 개진분변사무위원회(改進糞便事務委員會)의 감독이라는 이원적인 구조로 개편되었다. 제1차 개혁안 추진 당시 대규모 청원을 통해서 개혁안을 좌절시킨 바 있었던 똥장수들은 제2차 개혁안에 대해서 청원과 시위를 통해서 적극적으로 반대의사를 표명했다. 고발과 맞고발, 폭동과 진압이 반복되었고, 1937년 4월 시정부가 경찰력을 동원하여 똥장수들의 무력시위를 진압하면서 폭동은 마무리되었다. 결국 베이핑시정부 시기에 분뇨처리업의 개혁은 우여곡절 끝에 관독상판으로 귀결되었지만, 몇 달 후 중일전쟁이 발발함에 따라 베이핑시정부와 베이핑 사회가 관독상판의 성과를 맛볼 수는 없었다.

1937년 7월 베이핑을 점령한 일본 점령당국은 1937년 12월 14일 중화민국임시정부(中華民國臨時政府)와 1938년 1월 1일 베이징특별시정부(北京特

別市政府)를 수립하고, 기존 위생행정을 최대한 활용하고자 했다. 분뇨처리 문제 역시 마찬가지였다. 표면적으로는 시정부가 관독상판 정책을 지속하는 듯 보였다. 분명한 것은 점령 시기 베이징의 분뇨처리 문제는 여전히 논란거리였다는 사실이다. 1938년 7월부터 12월까지 6개월 동안 똥장수들의 시민 갈취와 태업에 대해 시민들이 시정부에 보고한 건수만 편지 50건, 전화 218건 등 총 268건에 이르렀다. 이는 월평균 45건, 6개월 동안 하루에 1번 이상(1.5회) 시민들의 불만 사항이 접수되었다는 것을 의미한다. 1938년 9월, 위생국 분뇨처리업무 실무 담당자인 류펑유(劉鳳祐)는 똥장수들의 시민 갈취에 대한 징계가 월평균 50-60여 건에 달했는데, 현재는 이전과 달리 갈취가 줄었으며, 시민들은 편리해졌다고 평가했다.[1] 엄격히 말해서, 이것은 점령행정의 결과라기보다는 관독상판의 실시에 따른 부분적인 성과였다.

그러나 점령 시기 시정부 위생국의 입장에서는 똥장수의 시민 갈취와 태업문제는 완전한 관영이 실시되지 않는 이상, 근본적으로 해결될 일은 아니었다. 이른바 분도주(糞道主)의 분도산권(糞道產權, 분뇨채취구역 재산권)이 인정되고 있었기 때문에, 시정부가 이를 회수하지 않는 이상 분도를 둘러싼 소유권·영업권 등 분도주와 똥장수들의 기득권을 전면적으로 부인할 수 없었다. 분뇨채취구역을 실제로 보상하는 것은 막대한 비용이 필요했을 뿐만 아니라 똥장수들이 이를 쉽게 포기하지도 않을 것이기 때문에, 시정부가 전면적인 개혁을 추진하는 데에도 일정한 한계가 있었다. 게다가 시민들이 분뇨처리에 대한 불만을 시정부나 처리분변사무소에 고발하지 않는 이상 똥장수의 시민 갈

1 劉鳳祐, 「處理糞便事務所管理糞夫概況」, 『晨報·衛生週刊』 第27期(1938. 9. 21), 7면.

취 문제를 알아내는 것조차 쉽지 않았다. 시민들의 고발이 접수되는 경우에도 문제를 하나씩 해결하는 데는 많은 시간이 소요되었다.[2]

그럼에도 똥장수들의 시민 갈취가 어느 정도 개선된 데에는 제2차 분뇨처리업 개혁안의 실시로 똥장수 등기, 분뇨채취구역의 등기, 분창 등기 등뿐만 아니라 신식 분구의 교체, 복장규정과 통행증 등을 통해 정식 똥장수들의 활동을 보장했기 때문이다. 예컨대, 정식 똥장수들은 번호표가 달린 유니폼을 입었으며 통행증을 제공받았다. 이 때문에 떠돌이 똥장수들이 정식 똥장수들의 활동구역을 침범하는 것을 막을 수 있었고, 시민 갈취나 기타 문제가 발생할 경우, 번호표를 보고 신고하면 곧바로 처벌이 가능했다.[3]

분뇨처리 문제는 베이징인이 일상생활 속에서 지속적으로 부딪히는 문제였으며, 일본점령기 콜레라 등 급성전염병이 창궐하면서 분뇨처리 문제는 더더욱 긴급한 시정과제로 부상했다. 일본 점령당국이 시정을 정비하는 동안 행정 공백기가 도래하자 똥장수들은 이를 이용하여 분도(糞道)의 사유화와 분창의 확대를 꾀하고자 했다. 일본점령기 베이징사회는 인구증가에 따라 분뇨량도 늘어나고 있었고, 분도나 분창도 증가했다. 반면 똥장수는 거의 증가하지 않았는데, 이를 계기로 똥장수들은 자신들의 수입을 늘릴 수 있었다. 그러나 다른 한편 점령당국은 똥장수를 조직화하여 점령당국을 지지하는 세력으로 탈바꿈시키고자 노력했다. 그러한 목표는 어느 정도 도달한 것처럼 보이기도 했다.

이렇게 일본점령기 똥장수의 모습은 시정에 역행하거나 혹은 시정을 지지

2 「本市糞便處置上幾個小問題」, 『衛生月報』 1939-7, 2쪽.

3 劉鳳祐, 「處理糞便事務所管理糞夫概況」, 『晨報 · 衛生週刊』 第27期(1938. 9. 21), 7면.

하는 상반된 양상으로 나타나고 있다. 물론 난징정부 시기에도 똥장수의 정치적 입장이 통일되어 있었던 것은 아니었다. 다만 그 시기 똥장수는 대부분 조직화에 미온적이었고, 시정부의 위생개혁이 자신들의 생계를 위협한다는 인식에 공감할 때, 똥장수는 일치단결하는 모습을 보였다. 또, 분뇨처리에 관한 개혁 방향의 스펙트럼이 이전에는 분업관판이냐 관독상판이냐에 있었다면, 일본점령기에는 분업관판·관독상판·사인경판(私人經辦) 등 그 논의 범위가 확대되었다. 이것은 사용자인 분창주들에게만 새로운 활력의 기회를 제공한 것으로 똥장수는 사회적 보호를 받지 못할 가능성이 높았다.

일본점령기 똥장수 사회의 변화는 무엇보다 점령당국의 점령행정을 통한 시정노선 변화와 베이징 주민의 일상생활의 변화에서 찾아야 할 것이다. 중일전쟁을 통해 베이징을 지배한 점령당국은 지배의 정당성을 확보하지 못했기 때문에, 대민 지배를 관철할 수 있는 새로운 방안을 모색해야만 했다. 또한 중일전쟁 이후 폭등하는 베이징의 물가와 생활비, 전염병과 만성질환의 유행 등은 점령행정에 대한 베이징 주민들의 인식과 태도를 결정하는 중요한 변수였다.

여기서는 일본점령기 똥장수의 일상생활을 관찰하여 그들이 친일조직으로 조직화되어가는 과정을 밝히고자 한다. 또한 점령당국은 분뇨처리업의 재편과 대응 방안을 찾는 과정에서 점령행정의 안정화를 시도했는데, 이 연구를 통해 분뇨처리 문제에 대한 지속과 변주 과정을 파악하고, 일본점령기 점령행정의 성격을 이해하는 데도 기여하게 될 것이다.

똥장수의 일상생활과 건강 상태

1. 똥장수의 일상생활

똥장수[糞夫]는 직접적으로는 분뇨채취 노동자를 지칭하며, 넓게는 분상(糞商)·분창주(糞廠主)·분도주(糞道主) 등 분뇨채취업에 종사하는 사람들을 포함하는 개념이다. 분상은 여러 개의 분창을 소유한 일종의 자본가이며, 분창주는 분뇨 창고 소유주로서 똥장수 노동자의 고용주이다. 분도주는 분도의 소유자로서 분도를 임대하고 임대수익을 얻기도 했으나 대부분 똥지게를 지고 자신의 분뇨채취구역에서 일하는 자영 노동자이기도 했다.

똥장수가 가족과 함께 외성구에 생활하는 경우가 아니라면, 똥장수의 일상을 지배하는 공간은 분창(糞廠)이었다. 분창은 주로 외성구와 교구에 위치했는데, 내성구와 외성구에서 수거한 분뇨를 저장·건조·판매하는 곳이었다. 일반적인 똥장수는 분창주가 분창 인근에 제공하는 집단 숙소에 기거하며 생활했다.

분창주와 똥장수 사이의 중요한 거래는 매년 음력 2월과 10월에 구두로 이루어졌다. 음력 2월에 논밭에 분건(糞乾)을 뿌려야 쌀보리와 잡곡 등 재배에 유리한 조건을 만들 수 있고, 음력 10월은 겨울 보리와 다음 해 봄 농사를 위해 다시 한 차례에 분건을 뿌리는 시기이다. 보통 분뇨의 수량은 분차 대수로 계산하고, 가격은 시가로 산정했다. 만약 분질(糞質)이 열악하거나 분량(糞量)이 부족하면 거래는 중단될 수 있었다. 그러나 평소에는 분뇨 가격의 변화에 따른 차액을 쌍방 모두 요구할 수 없었고, 음력 2월과 10월에 되어야 비로소 가격 산정을 요구할 수 있었다. 또 음력 2월과 10월은 분창주와 똥장수가 재계약하는 시점이기도 했는데, 업무 능력이 부족하다고 판단되면, 언제든지 분창주와 계약이 파기될 수 있었다. 분창주와 똥장수 사이의 계약은 구두 계약임에도 엄격하게 유지되었다. 분도(糞道)를 가진 똥장수는 분도를 근저당으로 분창주에게서 돈을 빌릴 수 있었다. 이 계약서를 창즈(長支, 가불 계약서)라고 했다. 때문에 분도는 분뇨처리업에서 중요한 재산권으로 자리 잡았다.

분창의 중요한 역할 중의 하나는 각지의 분뇨를 수거하여 분뇨를 건조하는 데 있었다. 분뇨를 건조할 때, 분뇨를 담은 분갱(糞坑)이 직접적으로 햇볕을 받으면 안 되었다. 분뇨의 수분이 재빨리 증발되면, 양질의 분건을 만들어낼 수 없었다. 대개 분뇨는 그늘에서 천천히 마를 때, 양질의 분건이 생산되었다. 분뇨 건조의 최적 시기는 날씨가 건조한 봄철이었다. 잘 건조된 분건은 약간의 회토를 섞어 분퇴 상태로 노천에 보관하는데, 비를 맞으면 분뇨에서 구더기나 벌레가 생겨 분뇨 가치는 크게 하락했다. 따라서 분창경영자로서는 분퇴를 잘 보관하는 것이 최고의 경영목표였다. 분창에서 잘 말린 분건은 농민들에게 판매되는데, 현금으로 판매하는 것이 아니고, 봄철에 구매량을 약정하고, 가을철 추수가 끝나면 농민들에게서 현물을 지급받았다.[4]

분창에는 대개 똥차와 똥장수가 기거하는 숙소가 딸려 있다. 똥장수는 분창에서 지급하는 똥차를 이용하고, 분뇨 수거 후 식사와 잠자리를 제공받는다. 말하자면 식솔이 없는 똥장수에게 분창은 의식주를 모두 해결할 수 있는 직장이자 가정과도 같은 곳이다. 만약 똥장수가 분창주의 눈 밖에 난다면, 그들은 더이상 똥장수로 살아갈 수 없을 것이다. 특히 악덕 분창주를 만나면 임금체불은 다반사고, 각종 협박과 폭력에 시달려야 했다. 심지어 분창주의 말을 듣지 않는다는 이유로 똥장수가 생매장을 당하기도 했다. 이런 저런 이유로 똥장수가 분창주를 거스르는 일을 하기는 어려웠다.

똥장수 1인이 감당할 수 있는 업무량은 하루에 50-70가구 정도였는데, 자신이 소속된 분창에 분뇨를 보관해야 했기 때문에, 아무리 능력 있는 똥장수라도 하루에 채취할 수 있는 분뇨 채취량에는 한계가 있었다. 똥장수는 새벽 5시에 일어나 일을 나가는데, 오전 9시나 10시면 분창으로 돌아와 분뇨를 옮겨놓고 식사를 했다. 오후에는 12시에 일을 나가고 5-6시경에 귀가했다. 그러나 1930년대 분업개혁이 시작되면서 똥장수의 활동 시간은 점차 많은 제약을 받았다. 특히 내성구와 외성구의 관청가와 상업가는 극심한 통제를 받았는데, 지역마다 오전 9시 이전에만 통행이 가능한 지역, 오전 9시 이전과 오후 6시 이후에 통행이 가능한 지역, 오전에만 통행이 가능한 지역 등으로 나뉘었다.

식사는 매일 분창에서 제공하는 면류나 잡곡류로 만들어진 조악한 두 끼니의 식사가 전부였다. 똥장수가 받는 월급 수준과 생활수준은 물장수·인력거꾼·공장노동자들과 대체로 비슷한데, 1930년대 평균 10위안 정도를 받았다. 월급은 간단한 의복 수선이나 목욕비를 제외하면 대부분 고향에 보냈다.

---

4 王沅, 「北京市糞便問題」, 『農學月刊』 第8卷 3·4期合刊(1941), 52-53쪽.

〈표 27〉 베이핑 생활비지수(1926-1936)[5]

1927년=100, 銀元 대비가 계산

연도	식품	의복	방세	연료	잡비	총생활비
1926	103.7	95.3	100.0	98.2	96.3	102.0
1927	100.0	100.0	100.0	100.0	100.0	100.0
1928	101.5	105.3	91.3	100.4	104.7	101.6
1929	107.6	114.5	82.6	114.3	111.1	106.5
1930	111.8	113.1	82.7	116.7	114.0	109.6
1931	92.5	114.4	83.9	113.1	115.8	95.8
1932	85.4	113.4	95.6	107.1	114.7	91.2
1933	72.4	106.2	102.1	97.4	112.7	81.0
1934	69.9	99.6	109.8	98.5	112.0	79.5
1935	79.0	95.2	111.3	101.3	112.6	85.9
1936	99.5	97.1	108.2	98.6	113.2	100.2

〈표 28〉 중국 내외 주요 도시 도매물가지수[6]

1936년=100

연도	베이징	톈진	도쿄	신징(新京)
1940	395.34	399.74	158.30	212.72
1941	451.09	450.19	167.19	234.31
1942	633.13	599.15	179.75	253.16
1943	1,197.35	893.82	190.58	281.16
1944. 6	2,156.37	1,730.96	211.19	329.50

5 國立中央研究院 社會科學研究所 編, 『北平生活費指數月報』 第8卷 12期(南京, 1936. 12), 1쪽.

6 北京聯合準備銀行, 『北京物價月報』, 第6卷 9期(1944. 9), 3쪽.

그렇지 않은 경우는 월급의 대부분을 술과 도박 등에 탕진했다.

난징정부 시기(1928-1937) 동안 베이핑의 물가 수준은 거의 변화가 없었다. 1927년을 기준으로 식품비와 의복비는 오히려 감소하는 추세를 보이기도 했다. 반면 1940년대 베이징의 물가는 1936년 대비 최소 4배(1940년)에서 최고 28배(1944년 9월)에 이를 정도로 물가가 폭등했다. 같은 시기 도쿄의 물가가 최고 2배 정도 올랐던 것과 대조를 이룬다. 1940년대 베이징의 물가폭등이 베이징 주민들에게 어떤 고통을 주었을지는 명약관화한 일이었다.

1940년 똥장수들이 매월 받는 임금은 10년 전과 다를 바 없이 여전히 10-15위안 내외였다. 대개는 숙박이 무료로 제공되기 때문에, 실질임금 수준을 40-50위안 내외로 추산할 수 있다 해도,[7] 당시 물가가 4-5배로 치솟고 있었기 때문에, 똥장수의 월수입은 사실상 나아진 게 없었다. 더욱이 갈수록 물가는 상승해가는 추세였다.

1934년 베이핑시정부가 파악한 똥장수의 수는 정식 똥장수 2,000여 명과 떠돌이 똥장수 1,000여 명이었다. 1941년 정식 똥장수는 2,027명과 떠돌이 똥장수 86명이었다.[8] 떠돌이 똥장수가 크게 줄었지만, 정식 똥장수는 거의 변화가 없었다.[9]

민국 초까지 베이징의 인구는 70만-100만 명 정도였다. 1928년 베이핑시정부의 성립으로 교구가 베이핑에 포함되면서 도시인구는 130만 명을 넘어섰

---

7 王沅, 「北京市糞便問題」, 『農學月刊』 第8卷 3·4期合刊(1941), 58쪽.

8 위의 책, 59-60쪽.

9 1936년 베이핑시 인구는 153만 9,105명이었고, 1940년 베이징시 인구는 172만 2,450명이었다. 北京特別市公署秘書處, 『市政統計月刊』 第1卷 第1期(1941. 1), 27쪽.

고, 1930년대 초 150만 명, 신중국 성립 직전 200만 명까지 증가했다. 이러한 인구변화에도 정식 똥장수는 수는 거의 변하지 않았다. 이는 산둥인(山東人) 동향 네트워크에 의해 장악된 똥장수 사회의 특성상 외부인의 똥장수 사회로의 진입이 거의 불가능했기 때문이다.[10] 게다가 1940년대 이후 물가폭등에 따른 사회불안 등의 요소가 작용한 까닭에 똥장수 사회는 신규 똥장수 채용에 신중한 태도를 보였다.

〈표 29〉의 각 지역별 똥장수 수치의 변화를 유심히 지켜볼 필요가 있다. 1940년 이후, 내성구의 똥장수가 급격히 줄어들고 외성구와 교구의 똥장수가 늘고 있음을 알 수 있다. 이것은 시정부가 분창을 외성구와 교구로 이전하려고 했던 정책적 요인도 크게 작용한 것이지만, 내성구와 외성구에서 양질의 분뇨가 이전만큼 생산되지 않는 것을 의미하는 것이기도 했다.

베이징의 인구증가로 시전체의 분뇨생산량은 증가하고 똥장수의 수가 이전보다 줄어들었지만, 개별 똥장수들의 수거량이 많아지지 않은 중요한 이유 중의 하나는 떠돌이 똥장수들이 크게 증가했기 때문이다. 떠돌이 똥장수는 농촌에서 상경한 농민들이나 전쟁을 피해 베이징에 진입한 유랑민들이 손쉽게 돈을 벌 수 있는 직종이었다. 그들은 독자적인 조직과 분뇨처리 장비를 갖추고 조직적으로 분뇨를 수거해 가기도 했다. 그들이 빼돌린 분뇨는 싼값에 분창에 팔렸기 때문에, 일부 분창주에게 이익이 되었지만, 똥장수 사회 전체 입장에서 떠돌이 똥장수는 분뇨처리 체계와 가격 구조에 혼란을 초래하는 존재들이었

10 똥장수의 산둥인 동향 네트워크에 대해서는 신규환, 『북경똥장수: 어느 중국인 노동자의 일상과 혁명』(서울: 푸른역사, 2014)의 제2장 베이징 이주민사회를 참고.

〈표 29〉 베이징시 각 구의 똥장수 인원 수[11]

단위: 명

구	1934	1940	구	1934	1940
내1	132	36	외3	165	341
내2	231	48	외4	214	359
내3	142	45	외5	305	170
내4	191	76	동교	155	294
내5	102	32	서교	68	260
내6	160	62	남교	108	63
외1	113	15	북교	73	206
외2	130	20	총계	2,289	2,027

다. 이 때문에, 정식 똥장수가 자신들의 분뇨채취구역에서 떠돌이 똥장수와 조우하게 되면, 목숨을 건 사투가 벌어지기 일쑤였다. 이에 시정부는 분뇨처리 체계의 혼란과 사회갈등을 막기 위해서 떠돌이 똥장수를 관리해야 할 필요가 생겼다. 시정부는 별도의 법령을 반포하여 떠돌이 똥장수가 시정부에 등록할 수 있는 기회를 제공했다. 이를 위해서는 분창주 2명 이상의 보증이 있어야 했고, 등록 이후에는 정식 유니폼을 착용하여 육안으로 식별할 수 있어야 했다. 정식 똥장수의 영업구역을 침해하거나 허가되지 않은 장비를 사용하는 것 등은 금지되었다.[12]

11 北平市衛生局,「關於糞便的收集和處理收歸市辦的密令和市政府的密令」(1934. 11. 27), 北京市檔案館 J5-1-38-1; 王沅,「北京市糞便問題」,『農學月刊』第8卷 3·4期合刊(1941), 59-60쪽.

12 北京特別市公署衛生局 編,『北京特別市公署衛生局二十八年度業務報告』(北京特別市公署衛生局, 1941), 71-72쪽.

그러나 떠돌이 똥장수는 시정부에 정식으로 등록을 하게 되면, 자신들의 활동반경이 줄어들 수 있었고, 농한기에 일시적으로 활동하는 떠돌이 똥장수에게는 시정부 등록이 큰 의미가 있지도 않았다. 시정부가 떠돌이 똥장수를 효과적으로 통제하는 데는 한계가 있을 수밖에 없었다. 일본점령기에는 계속되는 인구증가와 똥장수의 감소로 분뇨채취량이 많아져서 똥장수의 생활이 개선될 것이라는 기대와는 달리, 물가폭등과 떠돌이 똥장수의 증가, 시정부의 간섭 등 똥장수의 생활수준이 나아질 기미는 보이지 않았다. 더욱이 일생생활과 의료생활 등에서 그들의 일상과 건강을 보호해줄 조직과 기구도 거의 존재하지 않았다.

2. 똥장수의 질병과 의료

똥장수들의 일상생활 중에서 중요한 비중을 차지할 뿐만 아니라 그들 생활의 특징적 단면을 드러낼 수 있는 것이 의료생활이다. 중산층과 서민들이 밀집해 있는 내성구와 외성구 주민들의 의료생활에 대해서는 1920년대 중반 사회조사소가 행한 베이징성 내외구 48개 노동자 가구에 대한 사회조사를 참고할 수 있다. 이 가구주들의 대부분은 인력거꾼(32가구, 67%)이고, 그 밖에 인쇄노동자 · 이발사 · 경찰 · 분창노동자 등이 포함된다.[13] 이들은 베이징의 최하층 서민을 대표하고 있으므로, 똥장수의 생활수준도 여기에서 크게 벗어나지 않을 것이다. 똥장수는 미혼인 경우에는 분창주가 제공하는 집단숙소에서 기거했으나

13 陶孟和, 『北平生活費之分析』(上海: 商務印書館, 1930), 27쪽.

가정이 있는 똥장수는 주로 외성구에 기거했다.

이들 가구의 평균 가족수는 4.58명이고, 이들이 6개월 동안 벌어들이는 평균수입은 103.26위안이며, 평균지출은 101.45위안이다. 월평균 17.2위안의 수입이 있고, 이 중 16.9위안을 지출했다. 이 중 식품비가 72.25위안(71.2%), 연료비 11.48위안(11.3%), 임대료 7.63위안(7.5%), 의복비 6.94위안(6.8%), 잡비 3.16위안(3.1%)이다. 의약 및 위생비는 0.15위안(0.2%)에 불과하다.[14] 소득에 따라 의약 및 위생에 지출하는 비용에 약간의 차이가 있긴 하지만, 이 정도 지출 규모로는 웬만해선 병원을 찾기란 매우 어려웠다.

1938년부터 1941년까지 3년 동안 베이징 서북교(西北郊) 위안촌(院村)에서 사회 조사를 실시한 랴오타이추(廖泰初)의 보고서는 교구의 의료상황을 단적으로 드러내준다. 위안촌의 전체 인구는 92가구 518명, 남성이 263명 여성이 255명이었다. 위안촌 주민들이 병환을 앓게 될 때 대처하는 다섯 가지 방안이 있었다. 첫째는 그냥 참는 것이었다. 특히 부녀자가 질병에 걸릴 경우 고통을 참는 것이 다반사였다. 둘째는 민간요법으로 효능이 검증되지 않아 오히려 위험을 초래하기도 했다. 셋째는 중의 치료인데, 위안촌의 중의는 대부분 유의(儒醫)로 평시에는 셴성(先生)·랑중(郎中)이라고 불렸다. 위안촌 주민들은 내과치료로는 여전히 중의가 좋다는 인식이 있었다. 넷째는 서의 치료인데, 리씨(栗氏) 부자가 외과병원을 운영했다. 가격이 너무 비싸고 환자가 왔다하면 돈은 가져왔냐고 물어봐서 "얼마리[估價栗]"라는 별칭을 얻었다. 그러나 서의의 외과수술은 농민들의 신망을 얻었다. 위안촌의 질병 조사에 따르면, 위안

---

14 위의 책, 32-33쪽.

촌 주민들은 피부병이 49.86%로 가장 많았고, 그다음이 위장병이었다. 다섯째는 신의(神醫) 치료로, 무당 등에 의존하는 것이었다.[15]

1934년과 1939년 사망자 치료 상황 조사를 통해, 난징정부 시기와 일본점령기 중의와 서의의 진료상황을 가늠해볼 수 있다. 1934년 베이핑시 사망자 2만 2,357명 중에서 중의 치료를 받았던 사람은 6,517명(29.2%), 서의 치료를 받았던 사람은 2,333명(10.4%), 미치료 11,008명(49.2%) 등이었다. 일본점령기 성내외구에서 중의와 서의의 치료 실적이 고르게 향상되었는데, 반면 교구 주민의 96.3%는 아무런 진료를 받지 못할 정도로 중의와 서의 치료는 거의 받을 수 없었다. 의료서비스가 도심에 집중되어 이전에 비해 교구에서는 의료서비스를 더욱 받기 어렵게 되었다.[16] 외성구와 교구에 거주했던 똥장수는 공간 구조상 의료서비스를 받기 어려웠을 뿐만 아니라 그들의 생활수준으로 보더라도 병이 날 때 병원에 가거나 의사를 부르는 것도 사실상 불가능했다.

1920-1930년대 베이징시민들의 최대 사망원인은 전체 사망률의 30% 이상을 상회하는 결핵으로 추정된다.[17] 1933년부터 1937년까지 5년 동안 베이핑에서 사망자의 치사율이 높은 질병은 두창·유행성 뇌척수막염·성홍열·티푸스·이질 등의 순이었고, 사망자가 가장 많은 질병은 인구 10만 명당 사망자 수로 계산할 때, 결핵(279.69), 호흡기병(242.58), 경련(201.65), 설사 및 장

15 廖泰初, 『一個城郊的村落社區』(發行處不明, 首都圖書館藏所藏, 1941. 11), 72-75쪽.

16 신규환, 「민국시기 의사면허제도의 성립과정과 의사의 사회적 지위」, 『東洋史學硏究』 114(2011. 3), 172-173쪽.

17 Bridie J. Andrews, "Tuberculosis and the Assimilation of Germ Theory in China, 1895-1937," *Journal of the History of Medicine* Vol.52(January, 1997), p.133.

염(75.17), 기타 원인(68.34), 기타 전염병 및 기생충병(59.61), 심장 및 신장병(57.96), 산욕열(55.82) 등이고, 급성전염병 중에서는 이질(27.16), 성홍열(25.88), 양독(瘍毒, 18.45), 홍역(14.01), 두창(13.81) 등이었다.[18] 1936년 베이핑시의 조사에서도 주요 사망원인은 호흡기질환(15.5%), 결핵(14.1%), 노쇠 및 중풍(12.7%), 위장병(8.9%), 경련(7.3%) 순이었다.[19]

1930년대 후반 중국 12개 지역의 평균 인구 10만 명당 사망자 수가 가장 많은 사인은 노쇠 및 중풍(156.3), 결핵(142.3), 경련(126.7), 호흡기병(122.0) 등의 순서였다.[20] 일본점령기 1938-1939년 통계에 기초하여 베이징의 법정전염병 상황을 살펴보면, 이질은 여전히 감염자와 사망자가 가장 많은 질병이었고, 두창·티푸스·성홍열 등이 감소세를 보인 반면, 콜레라 환자와 사망자가 새롭게 등장하기 시작했다.[21] 1939년 베이징시 사망통계에 따르면, 사망자 수 2만 9,472명 중에서 최대의 사망원인은 노쇠 및 중풍(4,469명/15.2%), 기타 위장병(4,352명/14.8%), 호흡기병(4,201명/14.3%), 결핵(3,142명/10.7%) 등이었다.[22]

난징정부 시기 동안 베이핑에서 최대의 사망원인이었던 결핵과 호흡기병을 대신하여 일본점령기 베이징에서는 노쇠 및 중풍과 기타 위장병이 수위를

18 尾河順太郎,「北支に於ける傳染性疾患」,『同仁會醫學雜誌』13-6(1939. 6), 16쪽.

19 北京特別市政府公署衛生局 編印,『北京特別市政府公署衛生局二十五年度業務報告』(北京特別市政府公署衛生局, 1938), 附表14.

20 李庭安·郭祖超,「國人死因之商榷」,『國立中央大學醫科研究所公共衛生學部研究報告』1943-1(1943. 8), 14쪽.

21 梅佳 選編,「民國時期北平的傳染病管理與衛生防疫」『北京檔案史料』(2003. 2), 8쪽.

22 北京特別市公署衛生局 編,『北京特別市公署衛生局二十八年度業務報告』(北京特別市公署衛生局, 1941), 부표17.

차지했다. 이 통계에는 직업별 사인분포가 포함되어 있는데, 교통운수업, 상업, 공업 직군의 주요 사망원인은 결핵, 호흡기병, 기타 위장병 등의 순이었다. 이것은 농업, 서비스업 직군의 주요 사망원인이 노쇠 및 중풍이고, 무직자들의 주요 사망원인이 기타 위장병이었던 것과 대조를 이룬다.[23] 이 통계에 근거할 때, 교통운수업과 상업적 성격을 가진 똥상수들의 주요 사망원인은 결핵, 호흡기병, 기타 위장병 등이었을 것으로 추산할 수 있다. 똥장수들은 주요한 질병은 도시하층민의 주요한 질병인 결핵과 호흡기병의 범주를 벗어나지 않았으며, 일본점령기에도 이러한 추세가 크게 변화되지 않았음을 알 수 있다. 다만 일본점령기에는 농민과 무직자에게서 많이 나타나는 노쇠 및 중풍과 기타 위장병이 점차 증가 추세에 있었던 것으로 보인다.

실제 베이징의 결핵 상황은 1934년부터 1940년까지 7년 동안 연평균 3,876명의 폐결핵 사망자가 발생했고, 연평균 사망률은 인구 10만 명당 245.8명이었다. 사망자가 가장 많았던 해는 1935년으로 5,057명이 발생했고, 사망률은 326명이었다. 사망자가 가장 적었던 해는 1940년으로 3,016명으로 사망률은 175명이었다. 기타 결핵 사망자는 매년 599명으로 사망률은 37.3명이었다. 당시 해외 각국의 결핵사망률은 영국이 61명, 독일 62명, 미국 50명, 프랑스 107명, 일본 141명 등이었다.[24] 당시 경제 수준이나 의료 수준이 비교적 높았던 베이징의 사망률 326명이었음을 상기할 때, 중국 전역의 결핵사망

---

23 北京特別市公署衛生局 編, 『北京特別市公署衛生局二十八年度業務報告』(北京特別市公署衛生局, 1941), 18-19쪽.

24 侯毓汶, 「北京市結核病蔓延現況與其對策」, 『衛生月報』 第33期(1941. 11), 3-4쪽.

률은 가히 짐작할 수 있을 것이다.

전쟁 후에는 흔히 전염병이 만연하는데, 콜레라나 발진티푸스와 같은 급성전염병 이외에도 성병과 같은 만성전염병이 만연하는 특징을 가지고 있다.[25] 중일전쟁 직후인 베이징에서도 일본인의 급격한 증가와 더불어 성병의 유행은 예외가 아니었다. 1937년 7월부터 1939년 6월까지 2년 동안 동인회 베이징의원(同仁會北京醫院) 피부과비뇨기과 조사에 따르면, 전쟁 이후 1년차에 외래환자의 58.9%(707명), 2년차에 외래환자의 27.3%(605명)가 성병 환자였을 정도로 1년차에는 전년 대비 10배 이상 갑작스런 증가를 보였고, 2년차에는 개업의의 증가 추세와 더불어 성병이 감소하는 추세를 보였다. 2년 동안 성병 환자의 종류는 임질이 813명(62%)으로 가장 많았고, 연성하감 159명(12.1%), 경성하감 및 매독 100명(7.6%), 잠복매독 93명(7.1%), 혼합하감 96명(7.3%), 제4성병 51명(3.9%) 등의 순이었다.[26]

성병 환자에 대한 조사에 따르면, 성병 감염 장소는 첸먼(前門) 인근이 50%를 점유하고 있었는데, 이곳은 중국인 공창(公娼)과 조선인 작부(酌婦)들이 집거하는 기원(妓院)이 밀집한 곳이었다. 둥단파이러우(東單牌樓) 지역은 성병 감염자의 18%를 차지하는데, 이곳은 일본인 게이샤(藝者)가 집거하는 곳이었다. 그 밖의 감염 경로는 베이징 이외의 북중국에서 12%, 만저우 및 조선에서 8%, 일본에서 감염된 자가 3%를 각각 차지했다.[27] 성병 환자의 직업을

---

25 신규환, 「개항, 전쟁, 성병: 한말 일제초의 성병 유행과 통제」, 『의사학』 17-2(2008. 12).

26 堅山磐, 「北京に於ける日支事變後二ヶ年間の性病の統計的觀察」, 『同仁會醫學雜誌』13-10(1939. 10), 536-537쪽.

27 堅山磐, 「北京に於ける日支事變後二ヶ年間の性病の統計的觀察」, 536쪽.

살펴보면, 경찰·군인·사업가들이 압도적으로 많은 수를 차지했다. 경찰은 관행화된 성상납을 받았고, 군인들은 기원 출입을 일종의 레저활동으로 삼았으며, 사업가들은 기원에서 중요한 거래를 성사시키는 전통이 있었다. 일반 노동자들은 평균 수준의 성병 감염률을 보였으며, 전문직 종사자, 학생, 농민 중에서는 성병 감염자가 비교적 적었다.[28] 똥장수는 사회적인 기피와 차별의 대상이었기 때문에, 자신의 직업을 드러내고 공창가나 기원을 출입하지는 않았다. 아마도 일반 노동자와 마찬가지로 평균적인 감염률을 보였을 것이다.

일상적으로 분뇨를 처리하는 똥장수들에게 피할 수 없는 직업병으로는 기생충병과 하지정맥류 등을 들 수 있다. 회충·요충 등 기생충병은 중국 남서부 주민의 80-90%, 화베이 지역 주민들의 40-60%에서 흔하게 나타나는데, 특히 위생에 취약한 하층민은 산토닌 복용 시 회충이 100마리 이상 발견될 정도로 빈발하는 질병이었다.[29] 분변을 일상적으로 처리하면서도 위생 관념이 분명치 않은 똥장수들에게 기생충병은 매우 흔하게 나타나는 질병이었다.

하지정맥류는 장시간 서서 일하는 똥장수 노동자들에게 흔한 질병이었다.[30] 오래 서 있는 경우 하지정맥 내의 혈압이 높아져 정맥 벽이 약해지면서 정맥 내부의 판막이 손상되고 심장으로 가는 혈액이 역류하여 늘어난 정맥이 피부 밖으로 내비치게 된다. 이럴 경우 쉽게 피로해지고 다리가 붓거나 통증을 수반하게 된다. 하루 종일 서서 일하는 똥장수들에게 하지정맥류는 피할

---

28 자세한 내용은 본서의 제6장 성병기원논쟁과 베이징과 상하이의 성병통제를 참고.

29 尾河順太郎, 「北支に於ける傳染性疾患」, 『同仁會醫學雜誌』 13-6(1939. 6), 58-59쪽.

30 彭紀謙, 「職業病的種類和原因及救濟方法」, 『衛生月報』 第20期(1940. 10), 13쪽.

수 없는 질병이었다. 이 밖에도 도시하층민에게서 자주 발견되는 질환으로 결막염(Trachoma)이 있었고, 그다음으로 편도선비대(Enlarged Tonsils), 충치(Dental Caries) 등이 있었다.[31]

똥장수의 질병 상태를 검토할 수 있는 직접적인 자료가 없기 때문에, 1930-1940년대 베이징의 질병통계 등을 통해 추론해보면, 일본점령기의 똥장수들은 이질이나 콜레라 등 급성전염병과 결핵, 호흡기질환, 위장병 등 만성질환으로 사망에 이를 가능성이 컸다. 성병이나 결막염 등도 그들을 괴롭히는 주요한 질병이었다. 특히 똥장수들의 대표적인 직업병으로는 기생충병과 하지정맥류 등이 있었다. 일본점령기의 질병으로 인한 고통과 물가폭등으로 생계곤란 등은 똥장수의 삶을 피폐화시켰고, 일상생활 속에서 똥장수들은 점령정부의 시정개혁에 대한 기대보다는 의료와 복지 등 실질적인 지원을 필요로 했다.

31 T. F. Huang, "The Development of Health Centres," *The Chinese Medical Journal* 55(June 1939), pp.546-560.

위생행정과
똥장수직업분회의 성립

1. 개진분변사무위원회의 분업개혁

장제스(蔣介石, 1887-1975)의 북벌군은 북벌을 완료하고 1928년 6월 베이핑에 베이핑시정부를 수립했다. 국민당 베이핑시당부는 1928년 8월 베이핑시분부공회(北平市糞夫工會)를 조직하여 똥장수의 갈취와 횡포 등을 관리하고자 했다. 그러나 분부직업공회가 분업 개혁에 소극적으로 대응하면서 시민들의 불만이 커지자, 시 정부는 직접적인 관영으로 분뇨처리업을 관리하고자 했다. 결국 개혁의 강행과 반발, 폭동과 진압 속에서 분변처리업무는 시정부가 지향했던 분업관판이 아닌 관독상판의 형태로 종결되었다. 1936년 8월 베이핑시정부는 개진분변사무위원회와 처리분변사무소를 개설했는데, 시정부가 주도하는 개진분변사무위원회는 분변처리 업무의 정책 방향을 담당하고, 분창주들이 주도하는 처리분변사무소가 분변처리 실무를 담당하게 했다.

1937년 7월 7일 중일전쟁의 발발에 따라 시정은 일시 중단되었다. 일본 점령당국은 1938년 1월 1일 베이징특별시정부를 수립하고 시정을 재개했다. 시정부는 기존 베이핑시정부의 분업정책을 계승하여 관독상판을 지속했다.

그 핵심은 개진분변사무위원회와 처리분변사무소를 통해 분변처리업무의 감독과 운영을 이원화한 것이었다.[32]

시정부의 분뇨처리 업무는 개진분변사무위원회를 통해 실현되었다. 1939년 2월 개진분변사무위원회는 위원회 전체회의를 소집하면서 업무에 복귀했다. 개진분변사무위원회는 매년 2월 전체대회를 개최하고, 매월 상임위원회를 개최하기로 했다. 1939년 2월 전체대회의 주요 안건은 사설 화장실의 철거 및 보상안이었고, 똥장수들의 복지와 관련된 똥장수공원묘지법[糞夫公墓辦法] 처리안건 등이었다.[33]

개진분변사무위원회 업무복귀 후 첫 번째 안건은 분창(糞廠) 설립 문제였다. 베이징의 분창은 도시환경과 관행상의 이유로 주로 성 밖의 교구 지역에 설치되었다. 그러나 그중 소규모 분창은 외성구인 쉬안우먼(宣武門) 밖 인근에 가장 많았고, 서교 지역 분창은 그 수가 적지만 규모는 가장 컸다. 서교 지역 분창의 소유주는 처리분변사무소 주임을 맡고 있는 위더순(于德順)으로 그는 베이징의 대표적인 분창주이기도 했다.

1934년 6월까지 베이핑의 분창은 407개였는데, 그중 198개가 교구에 있

32 北京市處理糞便事務所 編印, 『北京市處理糞便事務所業務報告』(北京市處理糞便事務所, 1938. 12).

33 ①사설화장실(自建厠所)의 철거 및 보상안, ②본시 상무위원 다이언페이(戴恩沛)의 병고 유고로 인한 덩밍더(鄧明德) 초빙안, ③사무소 분구제조 및 분도문호대책안, ④본시 분도 및 공공화장실 등기 수수료규칙안의 수정, ⑤사무소 이전 안건 등. 계속해서 처리분변사무소는 1938년 하반년 수입을 보고하고, 각항의 공작통계를 처리했다. 마지막으로 각 위원들은 다음 안건을 제기했다. ①분변사무소가 제출한 분부공묘판법 처리의 수정 처리, ②분변사무소 공작인원들의 월급 상향 조정안, ③처리분변사무소가 요구한 분부 번호 및 의복, ④분차의 청결 상태, 경찰국에서 단속 등이었다. 「改進糞便事務委員會本年首次全體會」, 『晨報』(1939. 2. 24), 6면.

고, 209개가 외성구에 있었다.[34] 1940년 6월 베이징의 분창은 594개였는데, 그중 324개가 교구에 있었고, 270개가 외성구에 있었다.[35] 항일전 승리 후 분창은 662개로 증가했으며,[36] 한국전쟁 이후에는 800여 개로 증가했다. 1930년대 이래로 베이징의 인구는 계속해서 증가 추세에 있었기 때문에, 분변량의 증가와 더불어 분창의 수가 늘어나는 것은 자연스런 현상이었다.

베이징의 분창은 594개에 달했다(1940년 6월 현재). 그 수가 적지 않았지만, 서민들의 주요 거주지인 외삼구와 외사구는 베이징 최대의 소규모 분창지구이기도 했다. 도시 곳곳에 분창이 난립함에 따라 오히려 분창이 도시환경을 위협하는 요인이 되었다. 1939년 2월 개진분변사무위원회 상임위원이자 처리분변사무소 주임인 위더순의 주도로 「베이징특별시제한분창개설판법(北京特別市限制糞廠開設辦法)」이 시정부에 제출되었고, 1939년 4월 시정부의 비준을 통과했다. 전문 6개조로 구성된 법안의 핵심은 성내에는 분창을 개설할 수 없고, 교외에 분창을 설치하는 경우에도 일일 분뇨수거량이 분차 20대 이상이어야 개설을 허가한다는 것이었다.[37] 이는 기존 사업자의 기득권을 보장하려는 분창주의 요구와 분창의 난립을 억제하려는 시정부의 정책상의 이해가 맞아떨어진 결과였다.

분도는 일종의 분뇨채취구역으로 원래는 매매가 불가능한 일종의 영업구

34 北平市政府衛生局 編印, 『北平市政府衛生處業務報告』(北平市政府衛生局, 1934. 9), 50-51쪽.

35 王沅, 「北京市糞便問題」, 『農學月刊』 第8卷 3·4期合刊(1941), 50-51쪽.

36 北平市政府 編, 『光復一年之北平市政』(1946. 10), 73쪽.

37 北京特別市公署衛生局 編, 『北京特別市公署衛生局二十八年度業務報告』(北京特別市公署衛生局, 1941), 70쪽.

역이었다. 그러나 점차 바이즈(白字)라는 무등기 매매계약서가 유행했고, 이를 근거로 매매가 성행했다. 이로 인한 분쟁과 갈등이 첨예화되면서 이를 해소하기 위해서 시정부도 소유자와 임대자 상황을 명시한 분도등기를 명기하지 않을 수 없었다. 1930년 베이핑시분부직업공회가 시당부에 분뇨채취구역에 대해 보고한 바 있고, 1932년 12월 베이핑시정부 사회국이 분뇨채취구역에 대한 조사를 실시한 바 있다. 1932년 사회국 조사에 따르면, 베이핑에는 27만 6,000여 호가 있고, 1도를 평균 100호로 계산하면 2,760도가 있는 셈이었다. 1도의 가치는 200-500원으로 일정치 않은데, 평균 350원으로 계산하면 베이핑시 전체의 분뇨채취구역의 가치는 96만여 원이었다. 그 밖에 400여 개의 분창의 가치는 4만여 원이었다. 따라서 베이핑시 전체 분뇨처리업의 고정자산은 100만 원 정도로 평가되었다.

1940년의 조사에 따르면, 베이징에는 분뇨채취구역이 1,427도가 있는데, 1도는 대체로 똥장수 1인이 관리할 수 있는 범위를 가리키는 것이었다. 많을 때는 1도가 200호를 넘는 경우도 있었지만, 평균적으로 1도는 50호 정도로 추산되었다. 호당 분뇨 가치는 최하 2원에서 최고 15원이었는데, 1941년의 조사에서는 최하 10원에서 최고 30원으로 폭등했다. 따라서 1도의 가치도 최하 500원에서 최고 1,500원에 이르렀다. 평균 1,000원으로 계산할 때, 베이징의 분뇨채취구역은 142만 7,000원의 가치를 지닌다. 시정부가 발급한 분차는 830여 대에 달하고, 하루 분변 수집량은 150여 톤이었으며, 공중화장실은 513개소였다. 연간 농촌에 공급하는 분건량은 2만여 톤이었다.[38] 일본점령기

---

38 「關於清潔工作概況」, 『衛生月報』 第3期(1939. 5), 10-11쪽; 侯毓汶, 「北京市衛生行政現況」, 『衛

의 분뇨처리업계의 자산이 크게 증가한 것은 아니지만, 여전히 위생행정 분야에서 중요한 비중을 차지하고 있었다.

개진분변사무위원회의 두 번째 안건은 시정부가 관리하는 공중화장실을 분상들에게 임대하는 방안이었다. 역대 시정부들은 공중화장실의 난립을 우려하여 가능하면 시정부가 직접 운영하고자 했다. 그러나 1939년 11월 개진분변사무위원회는 시정부가 관리하는 공중화장실을 분상들에게 임대하는 법안을 논의했고, 시정부의 비준을 받았다.

이처럼 신규 분창 개설을 제한하고, 시정부 공중화장실을 분상들에게 임대하는 방안은 모두 관독상판의 취지에서 벗어나는 것은 아니었지만, 사실상 기존 거대 분상들의 이익을 최대한 보장하는 것이었다. 이 때문에 시정부의 분업정책이 관독상판에서 사인경판(私人經辦)으로 변질되어갔다는 평가도 대두되었다. 분변처리 업무가 일부 분상들의 이익만을 대표하는 사적인 영역으로 전환되었다는 것이다.[39] 이에 대해 시정부 내부에서는 분뇨처리 업무의 근본적 개선을 위해서는 관독상판을 넘어서 분업관판이 필요하다는 주장이 제기되었다.[40] 점령당국으로서는 똥장수 노동자 다수를 끌어안을 수 있는 또 다른 방안이 필요했다.

生月報』第21期(1940. 11), 6쪽.

39 「關於淸潔工作概況」, 『衛生月報』 第3期(1939. 5), 10쪽; 侯毓汶, 「北京市衛生行政現況」, 『衛生月報』 第21期(1940. 11), 6쪽.

40 「本市糞便處理上幾個小問題」, 『衛生月報』 第7期(1939. 9), 2쪽.

2. 신민회의 조직과 활동

난징정부 시기 국민당은 노동자의 조직화 문제를 정치적으로 중요한 사안으로 간주하고 있었다. 1928년 8월 국민당 베이핑시당부는 공산당과 연루된 기존 노동조직을 해산시키고 똥장수뿐만 아니라 베이핑 지역 노동자를 조직화했다. 실제로 베이핑 지역 노동자들에게 노동조합[工會] 가입의 가장 중요한 이유는 국민당정강의 실현과 삼민주의의 준수 등 정치적 지향도 분명했지만, 경제생활의 개선과 임금인상 등 현실적 기대 때문이기도 했다. 1928년 베이핑 지역 노동자 전체 8만 1,192명 중에서 40여 개 노동조합에 가입한 사람은 1만 5,941명으로 공회 가입 노동자의 비율은 19%에 불과했다. 그런데 베이핑 지역 최대 노동자 집단인 인력거꾼의 노동자 수가 6만 명이고, 이 중에서 노동조합 가입자는 600명에 불과했다. 따라서 베이핑의 인력거꾼을 제외하면, 베이핑 지역 노동자 2만 1,192명 중에서 1만 5,341명이 베이핑 지역 노동조합에 가입하고 있었고, 일반 노동자들의 노동조합 가입율은 72%에 이를 정도로 높았다. 전차노동조합[電車工會] 노동자 750명과 상수도노동조합[自來水工會] 노동자 95명의 노동조합 가입율은 100%에 이르렀던 반면, 똥장수 노동조합[糞夫工會]은 전체 똥장수 2,100명 중 오직 42명만이 가입하여 가입율이 2%에 불과했다.[41] 노동조합의 실질적인 업무는 노동 시간 단축과 임금 인상 등 노사협상에 있었는데, 똥장수들은 똥장수노동조합의 역할에 별다른 기대를 걸지 않았다. 시정부 역시도 가입회원이 거의 없는 똥장수노동조합을 통해 분업개혁을 추진

41 于恩德,「北平工會調査」,『社會學系』第4卷(北平: 燕京大學社會學系, 1929. 6), 117-125쪽.

하는 것은 거의 불가능하다고 판단했다.

중일전쟁 이후 점령당국은 점령행정을 지원해줄 민간 외곽단체의 필요성을 인식하기 시작했다. 신민회(新民會)는 1937년 8월 베이징에 친일정부를 수립하는 과정에서 북지나방면군 특무부(北支那方面軍特務部)의 주도로 정권을 지지할 단체로 기획되었다. 1937년 12월 14일에는 왕징웨이(汪精衛, 1883-1944)의 주도로 베이징에 친일적인 중화민국임시정부(中華民國臨時政府)가 수립되었다. 1937년 12월 24일 베이징에서 성립된 신민회는 '반공멸당(反共滅黨)'을 목표로 공산당과 국민당을 제거하고 중화민국임시정부를 지지하며, 일본군의 중국 침략정책을 선전하고, 점령지구의 치안을 강화할 목적에서 설립된 단체였다. 신민회는 중화민국임시정부의 재정 지원을 받았는데, 일종의 중화민국임시정부의 별동대였다고 할 수 있다. 중화민국임시정부와 신민회는 모두 북지나방면군의 지도를 받았다.[42]

신민회수도지도부는 각 직업별로 직업분회를 조직했다. 직업분회는 기존의 노동조합을 개조한 것으로 신민회는 노동자들의 가입율이 낮고 난징정부에 비협조적이었던 직종을 가장 적극적으로 개조시키고자 했다. 가장 먼저 조직된 것은 1938년 5월 맥주직업분회[啤酒職業分會]로 이후 신문팔이[報夫]·똥장수[糞夫]·담배[紙煙]·화포(火炮)·인쇄(印刷)·이발(理髮) 등 총 7개의 직업분회가 순차적으로 성립되었다. 이들 직종은 대체로 노동조합 가입율이 낮은 직종이었다. 똥장수직업분회[糞夫職業分會] 주비위원으로는 위더순(于德順)·쑨싱구이(孫興貴)·리펑지(李逢吉)·위안제(于安傑)·보옌링(卜

42 배경한, 「중일전쟁시기의 汪精衛政權과 新民會」, 『동양사학연구』 제93집(2005. 12), 126-127쪽.

延齡)·창샹산(常襄山)·다이쓰페이(戴思沛)·한지인(韓繼寅)·천지창(陳繼倉)·왕팡핑(王方平)·왕한싱(王漢興)·마린(馬麟) 등이었다.[43] 1938년 5월 5일, 시쓰(西四) 펀쯔후퉁(粉子胡同)에 위치한 처리분변사무소에서 똥장수직업분회 제1차 주비회의를 개최하고, 조직을 총무·교화·선전 등으로 나누고 위더순·쑨싱구이·리펑지 등이 담당하기로 결정했다.[44] 위더순은 베이징 최대의 분창주로서 1930년대 이래로 처리분변사무소의 주임을 담당해왔다. 이 주요 분창주들의 직업분회 참여는 신민회의 조직사업에 큰 힘을 실어주는 것이었고, 그 반대급부로 분창주들은 신민회와 시정부의 보호와 지원을 기대할 수 있었다.

5월 14일 제2차 주비회의가 개최되었으며, 이미 똥장수직업분회 가입자가 500여 명을 넘어서기도 했다.[45] 5월 20일에는 신민회 베이징시총회 조직고(組織股)가 처리분변사무소를 접수했다. 5월 22일 중앙공원(中央公園) 신민당(新民堂)에서 정식으로 똥장수직업공회 성립대회가 개최되었다.[46] 신민회가 조직한 똥장수직업분회의 정치적 역할은 1939년 7월 20일 왕징웨이(汪精衛)의 중화민국임시정부에 대한 똥장수들의 지지성명을 발표하면서 최고조에 이르렀다.[47]

신민회가 처리분변사무소를 장악한 것은 시정부로서는 상당한 정치적 부

---

43 「各業分會組織近況」, 『新民報』(1938. 5. 4), 7면.

44 「糞夫職業分會昨開首次籌備會議」, 『新民報』(1938. 5. 6), 7면.

45 「糞夫分會定期開成立會」, 『新民報』(1938. 5. 15), 7면.

46 「糞夫職業分會成立大會」, 『新民報』(1938. 5. 22), 7면.

47 「報夫等七職業分會電汪表示聲援」, 『晨報』(1939. 7. 21), 5면.

담이 되었다. 분부등기, 분도등기, 분구 개량, 공중화장실 관리 등 분뇨처리 업무는 여전히 시정부의 관할 사항이었기 때문이다. 처리분변사무소가 위생국 후생과 청결고 직속기관으로 개편된 것은 1943년부터였다.[48] 그러나 신민회는 공중화장실의 건축 등 여전히 분뇨처리 사무에 관여했다.[49]

분뇨처리업에 대한 신민회의 역할이 커질수록 위너순·쑨싱구이·리펑지 등 분창주들이 신민회와의 결탁을 강화할 가능성은 커졌다. 베이징의 대표적인 분창주들은 대부분 일본점령기 분부직업분회의 주비위원이 되었다. 이들은 왜 점령당국에 협력했을까? 첫째, 직업분회는 똥장수들의 자치와 자결을 인정했다. 게다가 신민회를 통해 자신들의 입지를 강화시킬 수 있었다. 이것은 이전 시정부에는 생각할 수 없었던 파격적인 변화였다. 둘째, 점령당국은 똥장수를 위한 교육과 복지혜택을 제공했다. 이러한 조치 역시 점령정부 성립 이래로 똥장수에게 제공되는 특별한 혜택이었다. 신민회 수도지도부 똥장수직업공회는 1939년 1월말 바오쯔후퉁(報子胡同)에서 제9차 상무회의를 개최하고, 「자제소학장정 및 세칙(子弟小學章程及細則)」과 학교이사회[校董會]를 성립시키고, 제1소학교장을 추천했다.[50] 이 밖에도 처리분변사무소가 개진분변사무위원회에 가난한 똥장수와 질병자 치료를 위해 「구제분업인원 고환자치료판법(救濟糞業人員苦患者治療辦法)」을 제안, 시정회의에서 수정·통과되었다.[51]

---

48 「本年衛生行政的新體制及今後之設施」, 『衛生月報』 第47期(1943. 1), 3면.

49 「新民會北京特別市總會爲建設公厠召集討論會致社會局的函及社會局爲內二區要求建立公厠致衛生局的函」, 北京市檔案館所藏, J002-003-00873(1943. 10. 1-1943. 11. 30).

50 「糞夫分會設子弟學校」, 『晨報』(1939. 2. 1), 6면.

51 「救濟貧苦糞業患者治療辦法」, 『晨報』(1939. 11. 18), 5면.

이처럼 일본 점령 시기 똥장수의 정치화는 점령당국의 일방적인 지시와 폭력을 동반한 강압에 의해 강제된 것은 아니었다. 점령당국은 똥장수에게 일정한 자율권을 부여하고, 교육·의료 분야에 일정한 복지혜택을 제공하면서 똥장수의 조직화와 정치화를 요구한 것이었다.

일본점령기 시정부 위생국은 분업 문제 해결을 위해 베이핑시정부의 관독상판을 계승했으나, 분뇨처리업이 오히려 사익화의 방향으로 흘러가고 있다는 비판에 직면했다. 이를 개선하기 위해서는 관독상판을 진행하고 궁극적으로는 관판을 강화하는 방향으로 분업개혁을 진행해야 했으나 실질적으로 분뇨처리업을 장악했던 것은 민간조직인 신민회였다. 신민회가 북지나방면군의 지휘와 지원을 받고 있었기 때문에 순수한 민간조직이라 할 수 없지만, 점령당국이 위로부터의 시정조직과는 별개로 아래로부터 민간조직을 추동해 점령행정을 보완하고자 했음은 분명하다. 특히 똥장수 등 기존에 조직화에 미온적인 직종은 점령당국의 집중적인 선전과 조직의 관심 대상이 되었다.

일본점령기 베이징똥장수의 일상생활과 그 변화상을 검토한 결과, 똥장수들은 폭등한 물가와 생활비로 인해 고통받았고, 만성적인 질병에 시달리고 있었다. 난징정부 시기 베이핑은 물가가 비교적 안정되어 있었기 때문에, 물가로 인한 고통은 상대적으로 적었다. 1940년대 베이징의 물가가 폭등하고 생활비가 증가하자, 똥장수의 생활수준은 악화될 수밖에 없었다. 똥장수들은 주로 결핵, 호흡기질환, 각종 소화기질환으로 고통받았다. 또한 기생충병과 하지정맥류 등도 똥장수들의 대표적인 직업병이었다.

똥장수들은 자신들의 삶을 개선해줄 실질적인 개선책을 기대하고 있었다. 점령당국은 지도적 위치에 있었던 분창주들을 포섭하여 그들의 기득권을 인정해주는 한편, 똥장수들의 의료·교육 복지 등을 지원함으로써 똥장수 사회의 적극적인 지지를 받고자 했다. 그 역할은 시정부가 아닌 민간조직인 신민회를 통해 이루어졌으며, 신민회는 똥장수직업분회를 조직하여 똥장수를 정권의 지지세력으로 끌어들였다.

신민회는 단순히 이데올로기적 선전과 치안 유지 등을 위한 민간조직으로서 역할에 그치지 않고, 직업조직을 조직화하고 시정 업무에 직간접적으로 개입하여 자신들의 존재감을 과시했다. 실제로 똥장수직업분회의 경우 가입율이 저조했던 이전과 달리 다수의 똥장수들이 참여했다. 신민회는 똥장수직업분회 등과 같은 직업조직을 조직화했을 뿐만 아니라 교육·의료·공묘 등 하층직업조직의 생활복지에도 관심을 가졌다. 그 결과 생활고와 질병 등으로 고통받았던 똥장수들은 신민회의 활동에 적극 참여하는 양상을 보였다.

10

콜레라 유행과 베이징의 위생행정

1937년 중일전쟁이 전면화되면서 기존 베이핑시정부(1928-1937)가 야심차게 추진하던 위생행정은 갑작스런 단절에 직면했다. 점령당국은 사회안정과 치안유지를 도모하기 위해 시정을 조속히 회복할 필요가 있었고, 방역 및 위생행정은 점령의 정당성을 선전하는 데도 유용한 수단이었다.[1] 위생행정을 연착륙시키기 위해 새로 성립된 베이징특별시정부(北京特別市政府)는 기존의 위생행정시스템을 전면 부정하지 않았으며, 시정부 성립 초기 행정소요를 최소화하기 위해서라도 기존 위생행정시스템을 최대한 활용하고자 했다.

일본점령기 베이징특별시정부의 위진허(余晉龢, 1887-1968) 시장은 일본 육군사관학교 출신으로 베이핑시정부에서 공안국장(재임 1933. 12-1935. 7)으로 재임한 바 있었다.[2] 시장을 비롯한 시정부의 주요 책임자들은 1938년 1월부터 5년 동안 자리변동이 없었다. 위생국의 경우 일본 지바의학전문학교(千葉醫學專門學校) 출신의 허우위원(侯毓汶, 1882-1974)[3] 신임 위생국장(재임

1 『新民報』는 중경국민정부의 방역 실패는 장개석정부의 무능을 나타내는 대표적 사례로 선전했다. 「黨府對衛生豪無設備重慶發現時疫已呈蔓延之勢」, 『新民報』(1939. 5. 18), 1면.

2 일본점령 이후 베이핑시지방유지위원회는 1937년 10월 12일 '베이핑(北平)'에서 '베이징(北京)'으로 개칭했으며, 중화민국임시정부는 베이징에 수도를 두고 1938년 1월 1일부로 '베이징시(北京市)'를 '베이징특별시(北京特別市)'로 개칭했다. '시정부(市政府)'는 '시공서(市公署)'로 개명되었다.

3 허우위원의 일대기에 대해서는 見城悌治, 「戰前期留日醫藥學生の歸國後の活動と現代中国にお

일본 군의관의 중국인 아동 의료시혜[4]

베이징의 대표적 친일신문인 『신민보』는 일본군의의 중국인 아동 치료장면을 1면 톱으로 배치하여 일본 점령의 정당성을 선전했다.

1938. 1-1943. 2)을 필두로 일부 인원 교체가 이루어졌지만 적지 않은 실무진들이 기존 직책을 유지했다.[5] 그러나 다른 한편, 점령당국은 '치안유지(治安維持)'와 '화베이건설(華北建設)'을 모토로 각종 위원회를 조직하여 시정부 운영에 개입했으며 베이징을 중심으로 친일·반공적인 화베이자치정부(華北自治政府)를 수립하고자 했다. 새로 성립된 베이징특별시정부는 이러한 기조에 부합하지 않을 수 없었다. 말하자면 베이징특별시정부는 기존 위생행정의 예방 및 치료의학적 성과를 수렴하면서도, 궁극적으로 점령당국이 원하는 화베이자치정부 건설에 필요한 위생행정을 지향해나갈 수밖에 없었다.

ける評価: 千葉醫學専門學校 · 千葉醫科大學中國留學生の事例」, 千葉大學國際教育センター, 『國際教育』 3(2010. 3), 72쪽.

4 『新民報』(1939. 5. 2), 1면.

5 자오완이(趙萬毅) 제2과 과장(전 제3과 과장), 룽슈장(龍秀章) 제3과 과장(전 제2위생구사무소 계장), 웨이위린(魏毓麟) 정신병요양원 원장(전 원장), 루오쉬장(羅希莊) 제1전염병의원 원장(전 전염병의원 의무장), 양 방(楊建邦) 제4위생구사무소 소장(전 소장), 자오쿤(趙堃) 북교의원 원장(전 제3위생구사무소 제일계장), 두완헝(杜萬亨) 약학강습소 주임(전 주임) 등 과장급 주요 보직자들이 현직을 유지하거나 내부 승진했다. 이들은 주요 보직자 중 1/3 정도를 차지한다. 1936년 5월 『北平市政府衛生局職員錄』과 1938년 11월 『北京特別市公署衛生局職員錄』을 참고. 「衛生局職員錄四冊」(1934. 12. 1-1939. 11. 30), 北京市檔案館所藏 J005-002-00655.

표면상 새로 성립된 베이징특별시정부가 기존의 위생행정시스템을 계승하는 것처럼 보이지만, 새로운 변화도 받아들여야 했다. 그 대표적인 예가 1938년 6월 콜레라 유행에 대응하기 위해 성립된 베이징구방역위원회(北京區防疫委員會)였다. 베이징에서 시정부가 성립된 이래로 방역만을 위해 별도의 위원회가 조직된 적은 없었다. 20세기 전후 베이징사회에 콜레라를 비롯한 전염병의 유행이 새삼스러운 것은 아니었지만, 점령당국은 콜레라를 중심으로 전염병에 적극적으로 대응해나갔다. 전염병 유행은 시민들의 일상생활뿐만 아니라 점령군에게도 적지 않은 영향을 줄 수 있었다. 특히 전염병은 화베이자치정부가 표명하고 있는 '치안'과 '건설'에 치명적 위협을 줄 수 있었다. 점령당국은 콜레라 방역을 위해 점령군이 대거 참여하는 베이징구방역위원회를 조직하고 시정부의 방역행정을 사실상 지도·감독했다. 아울러 베이징구방역위원회는 새로운 방역조치들을 쏟아냈다.

점령당국은 정부기구에만 변화를 주었던 것은 아니었다. 그들은 방역행정에 민간조직을 끌어들였다. 바로 대표적인 친일 선전조직인 신민회(新民會)가 그것이다. 이와 같은 방역체계의 개편과 민간조직의 참여로 베이징 사회에는 방역을 위한 새로운 형태의 조직·운동·제도 등이 등장했다. 이처럼 일본점령기 베이징의 방역활동은 시정부의 위생행정 이외에, 베이징구방역위원회의 위생행정, 신민회 등 민간조직의 위생활동 등이 결합된 독특한 형태를 갖추기 시작했다. 이 새로운 형태의 움직임들은 도시민의 일상생활을 재편했으며, 점령기 베이징사회의 성격을 규정짓는 것들이었다.

중국의 공식적인 역사서술에서 일본점령 통치의 역사는 폭력과 착취, 암

흑의 시기로 그려진다.[6] 강제방역과 군사적 폭력의 개입으로 표상되는 위생도 예외는 아니었다. 반면 톈진(天津)의 위생을 연구해온 로가스키(Ruth Rogaski)는 일본점령기는 단순한 암흑의 시기가 아니라 '위생의 근대성(hygienic modernity)'의 정점이 될 수 있는 시기임을 지적한 바 있다.[7] 위생은 점령통치의 정당성의 근거이자 중요한 통치수단이었기 때문에, 점령당국으로서는 위생을 단순한 선전 수단 이상으로 점령통치에 적극적으로 활용할 여지가 컸다. 말하자면 위생은 당국자에게는 선전의 수단이면서 주민통제의 방법이 될 수 있었고, 점령주민에게는 질병으로부터의 보호와 일상의 통제라는 양면적인 가치를 포함한 것이었다. 이 장에서는 일본점령기 콜레라 유행을 계기로 베이징의 위생행정이 어떻게 변화·발전했는지를 검토하고 그것이 이전과 어떤 공통점과 차이점을 보이는지 밝혀보려고 한다. 위생행정은 그 성격상 대민접촉이 빈번할 수밖에 없는데, 이 연구가 점령당국의 통치능력과 성격을 평가할 수 있는 사례를 제공해줄 것이다. 아울러 이 연구가 민국 후기 베이징사 연구의 공백을 메워줄 것으로 기대한다.[8]

---

6 王汝豐 主編, 『北平人民抗日鬪爭史稿』(北京大學出版社, 1994), 274-304쪽.

7 Ruth Rogaski, *Hygienic Modernity: Meanings of Health and Disease in Treaty Port China* (Berkeley: University of California Press, 2004), p.254.

8 민국 시기 베이징사 연구는 국내의 경우 1920년대와 1930년대에 집중되어왔다. 대표적인 연구로 尹惠英, 白永瑞, 林相範, 辛圭煥, 孫艶紅 등의 연구를 들 수 있다. 尹惠英, 『中國現代史研究: 北伐前夜 北京政府의 內部的 崩壞過程(1923-1925)』(一潮閣, 1991); 白永瑞, 『中國現代大學文化研究: 1920年代 大學生의 正體性危機와 社會變革』(一潮閣, 1994); 林相範, 『現代中國의 出發: 國民革命期(1920-1927) 北京地域 中國共産黨의 組織과 活動』(一潮閣, 2000); 辛圭煥, 『國家, 都市, 衛生: 1930年代 北平市政府의 衛生行政과 國家醫療』(아카넷, 2008); 孫艶紅, 『近代北京의 韓人社會와 民族運動』(歷史空間, 2010). 1940년대 베이징에 대한 연구로는 尹炯振, 「日本占領期 北京의 都市計劃과 그 遺産」, 『서울학연구』 42(2011. 2)가 있다.

베이징특별시정부의 위생행정

난징국민정부 시기(1928-1937) 베이핑시정부 위생국은 1928년 제1과(문서·회계·서무), 제2과(통계·방역), 제3과(청결·단속·설계), 제4과(의약·보건·위생교육) 등 4개과와 비서실, 학교위생위원회 등으로 구성되었다.[9] 1936년 5월 『베이핑시정부위생국직원록』에 따르면, 위생국 소속 총 직원은 465명이었다.[10] 1938년 새로운 시당국은 위생국 인원을 감축함과 동시에 제1과(문서·사무), 제2과(청결·보건·의약), 제3과(통계·방역·위생교육) 등 3개과와 비서실·기술실·화학실험실[化驗室] 등으로 축소·운영하도록 했다.[11]

그 밖에 중일전쟁 전까지 위생국 소속 병원 및 직속기구로 12개소가 있었

---

9 그 밖에 부속기관으로 시립의원(市立醫院), 전염병의원(傳染病醫院), 정신병요양원(精神病療養院), 계연의원(戒煙醫院), 열성독품계제소(烈性毒品戒除所), 기녀검치사무소(妓女檢治事務所), 보육사무소(保育事務所)[보영사무소(保嬰事務所)], 의약강습소(醫藥講習所), 위생진열실(衛生陳列室), 위생구사무소(衛生區事務所) 등이 있었다. 北平市政府秘書處, 『北平市統計要覽』(北平: 北平市政府秘書處, 1936), 25쪽.

10 北平市政府衛生局, 『北平市政府衛生局職員錄』(1936. 5), 「衛生局職員錄四冊」(1934. 12. 1-1939. 11. 30), 北京市檔案館所藏 J005-002-00655.

11 北京特別市公署衛生局, 『北平市政府衛生局二十五年度業務報告』(北京特別市公署衛生局, 1938. 10), 18쪽; 「北京特別市衛生局組織規則」(草案), 『衛生月報』 第1期(1939. 3. 21), 8-10쪽.

는데, 시립의원, 전염병의원, 정신병요양원, 기녀검치사무소(妓女檢治事務所), 보영사무소(保嬰事務所), 약학강습소(藥學講習所), 열성독품계제소(熱性毒品戒除所), 계연의원(戒煙醫院), 제1·2·3·4위생구사무소 등이 그것이다. 베이징특별시정부는 열성독품계제소와 계연의원을 폐지하는 대신 제2전염병의원을 건립했으며, 동·서·남·북교 평민의원을 위생국 직할로 변경했다. 이러한 변화는 1938년 콜레라 유행과 관계가 깊은데, 시정부는 전염병 통제의 중요성을 인식하면서 전염병을 통제하기 위한 시스템을 구축하는 과정에서 일부 조직을 재편했던 것이다. 1938년 11월 위생국 소속 총 직원은 446명이었다.[12]

일본점령기에 위생행정 기구와 인원이 다소 축소·개편되었지만, 위생국의 비중과 역할이 근본적으로 달라진 것은 아니었다. 난징정부 시기 베이핑시정부의 위생행정은 위생국이 주도했으며, 시정부의 실질적인 위생행정은 각 지역에 설치된 위생구사무소를 기반으로 운영되었다. 1930년대까지는 위생구사무소가 내성구에만 4개소가 설치되었는데, 이곳을 중심으로 출생·사망 관리, 전염병 관리, 환경위생, 위생교육 등 강력한 위생행정을 전개해나갈 수 있었다. 베이핑시정부는 질병의 예방과 치료에 관한 한 정부 책임하에 의료서비스를 전개하는 '국가의료'를 목표로 했다. 특히 베이핑시정부는 급성전염병 관리를 위해 질병보고체계를 확립하고 중층적인 전염병 통제를 실시했을 뿐만 아니라 만성전염병에 대해서도 제한적이지만 체계적인 관리를 시도했다. 1940년 7월, 베이징특별시정부는 교구에 위치한 동·서·남·북교 평민의원을

12 北京特別市公署衛生局, 『北京特別市公署衛生局職員錄』(1938. 11), 「衛生局職員錄四冊」(1934. 12. 1-1939. 11. 30), 北京市檔案館所藏 J005-002-00655.

위생구사무소로 전환함으로써 기존 베이핑시정부의 위생구사무소 중심의 위생행정을 강화하고자 하는 의도를 분명히 했다.[13]

『위생국업무보고』 자료 등을 통해 작성한 〈표 30〉에서 볼 수 있는 바와 같이, 1930년대 중후반 베이징의 법정전염병은 환자의 40%이상이 사망에 이를 정도로 치사율이 매우 높았다.[14] 그중에서도 두창은 치사율이 80%가 넘고 있는데, 두창 통제를 위해 가장 효율적인 방법은 바로 예방접종을 실시하는 것이었다. 1930년대 중반 베이핑시정부는 지역 거점을 중심으로 중층적이고 전방위적인 두창 예방접종을 통해 두창 억제를 위해 많은 공을 들였다. 예방접종은 춘계와 추계로 나누어 매년 두 차례 실시되었는데, 상반기 2개월 반, 하반기 1개월 동안 내성구 위생구사무소를 중심으로 실시되었다. 두창은 대개 봄철에 유행하는 경향이 강하기 때문에, 시정부는 춘계 예방접종에 모든 역량을 집중시켰다. 1936년 추계에 1만 4,000여 명, 1937년 춘계에 10만 5,000여 회의 예방접종이 실시되었다. 검사인원은 각각 935명, 1만 2,484명이 동원되었다. 1935년 베이핑에서 두창으로 인한 사망자(88명)는 전체 사망자(2만 5,308명)의 0.3%에 불과했다. 그럼에도 두창은 1936년에 1,000명 이상의 환자와 800명이 넘는 사망자가 발생하기도 했는데, 전체 사망자(2만 9,740명)의 2.8%를 차지했다.

---

13 「推進四郊衛生事業擴大醫院機構改組衛生區事務所」, 『新民報』(1940. 7. 2), 2면; 「四郊醫院改組爲衛生區事務所」, 『新民報』(1940. 7. 6), 2면.

14 1933년 7월에서 1934년 6월까지 법정전염병 환자 1,126명 중 521명이 사망했다. 법정전염병 환자의 사망률은 46%였다. 北平市衛生處 編印, 『北平市政府衛生處業務報告』(北平: 北平市衛生局, 1934. 9), 79쪽.

〈표 30〉 베이징특별시공서위생국 법정전염병 비교(1934－1939)[15]

단위 : 명, %

구분		1934	1935	1936	1937	1938	1939	계	비율
티푸스	환자	93	171	144	250	159	118	935	36.2
	사망	34	81	77	62	49	35	338	
발진티푸스	환자	76	81	37	16	39	24	273	15
	사망	13	15	7	0	4	2	41	
이질	환자	796	1,038	1,194	1,395	1,587	1,013	7,023	40.8
	사망	248	451	508	721	454	484	2,866	
두창	환자	24	109	1,040	53	8	4	1,238	80.9
	사망	18	88	847	40	5	3	1,001	
페스트	환자	0	0	0	0	0	0	0	0
	사망	0	0	0	0	0	0	0	
콜레라	환자	0	0	0	0	34	1	35	25.7
	사망	0	0	0	0	9	0	9	
디프테리아	환자	384	267	372	410	474	411	2,318	23.9
	사망	80	99	140	103	68	63	553	
유행성 뇌막염	환자	47	53	15	13	9	8	145	58.6
	사망	33	32	9	8	1	2	85	
성홍열	환자	312	462	3,158	379	98	92	4,501	43.2
	사망	111	152	1,506	139	22	15	1,945	
총계	환자	1,732	2,181	5,960	2,516	2,408	1,671	16,468	
	사망	537	918	3,094	1,073	612	590	6,824	
	비율	31	42.1	51.9	42.6	25.4	35.3	41.4	

15 梅佳 選編,「民國時期北平的傳染病管理與衛生防疫」『北京檔案史料』(2003. 2), 8쪽.

1930년대 후반 일본점령기에도 두창을 비롯한 법정전염병의 통제는 강력하게 진행되었다. 우선 무료 예방접종은 춘계와 추계로 나누어 매년 3월부터 5월, 9월부터 11월까지 두 차례 각각 3개월 동안 진행되었는데, 이는 이전에 비해 접종 기간이 2배가량 늘어난 것이다. 1939년 춘계 접종인원은 1·2차 모두 합하여 12만 6,711명, 추계 접종인원은 1·2차 모두 합하여 4만 3,524명에 달했다. 검사인원은 각각 2만 460명, 2,589명이었다. 내성구는 위생구사무소, 외성구는 임시종두처, 교구는 자치구분소 등을 중심으로 접종활동을 전개했다. 예방접종센터가 위생구사무소 중심이었던 이전과 달리 일본점령기에는 시립의원, 제1전염병의원, 제2전염병의원, 보영사무소, 동·서·남·북교의원, 기녀검치사무소 등으로 확대되었다. 시정부는 1935년 반포한 「관리종두인원잠행규칙(管理種痘人員潛行規則)」(1935. 2. 12)에 의거, 개업허가를 받은 의사와 조산사에 한해서 종두영업을 할 수 있도록 규정한 바 있다. 시정부가 두창 예방접종을 장려하면서 종두영업을 신청하는 자가 급증하자, 시정부는 제한적으로 시정부의 심의를 거친 자가 종두영업을 할 수 있도록 조치했다.[16]

1937년 두창사망자가 40여 명 발생한 이후 1930년대 후반에 두창사망자는 10명 이하로 억제되었다. 하지만 1940년대에 들어서 두창사망자가 또 다시 증가하면서 두창에 대한 통제력도 자신할 수 있는 상황은 아니었다. 이 때문에 시정부는 두창 통제 방식을 기존 지역거점을 중심으로 한 예방접종에 한정하

16 北京特別市公署衛生局 編印, 『北京特別市公署衛生局二十八年度業務報告』(北京特別市公署衛生局, 1941. 1), 38-43쪽.

지 않고 호별검역을 강화했다.[17] 1941년 두창에 대한 호별검역은 춘계 종두 기간인 2월 10일부터 5월 9일까지 3개월 동안 실시되었다. 호별검역 역시 위생국, 시립의원, 전염병의원, 보영사무소, 위생구사무소 등 주요 위생국 소속기관이 지역거점 방식과 마찬가지로 센터 역할을 담당했다. 기간이나 접종 센터는 예전과 크게 달라지지 않았다. 그러나 호별검역은 기존방식과 달리 주민접촉과 통제를 강화한 것으로 예방접종률을 크게 향상시킬 수 있었을 뿐만 아니라 다른 질병에 대한 통제도 가능한 장점이 있었다. 반면 가가호호 방문을 위해서는 위생경찰과 같은 검역 인력이 대거 확보될 필요가 있었다.

영아사망률은 건강 수준을 가늠해볼 수 있는 대표적인 보건지표이다. 인구 1,000명당 사망자가 100 이하일 경우 선진국 수준이고, 200에 가까울수록 후진국 수준임을 나타낸다. 난징정부 시기 베이핑시정부의 영아사망률은 1933년 132.8명, 1934년 170.0명, 1935년 133.0명, 1936년 187.0명 등이었다. 1936년 베이핑시의 비교적 높은 영아사망률은 두창 및 성홍열의 유행과 관련이 있는데,[18] 평균적으로 보면 비교적 양호한 수준의 영아사망률을 보여준다. 일본점령기인 1939년 영아사망률은 184.0명이고 1940년 198.4명으로 전년대비 14.4명 증가했다.[19] 일본점령기의 영아사망률이 난징정부 시기에 비해

---

17 北京特別市公署衛生局, 「北京特別市公署衛生局訓令第22號」(1941. 2. 18), 「衛生局轉市公署關於各機關公務員年終獎勵, 强化治安運動之實施和宣傳計劃的訓令, 密令以及衛生局關於豫防天花傳染病流行擧行春季種痘運動的訓令」(1941. 1. 1-12. 31), 北京市檔案館所藏 J005-001-00634.

18 北京特別市公署衛生局, 『北平市政府衛生局二十五年度業務報告』(北京特別市公署衛生局, 1938. 10), 21쪽.

19 北京特別市公署衛生局 編印, 『北京特別市公署衛生局二十六年下半年二十七年全年業務報告』(北京特別市公署衛生局, 1940. 1), 43쪽; 北京特別市公署衛生局 編印, 『北京特別市公署衛生局二十八年度業務報告』(北京特別市公署衛生局, 1941. 1), 21쪽.

〈표 31〉 1930년대 베이징시 구역별 사망자 치료 상황

구분		1934			1939		
		내성구	외성구	교구	내성구	외성구	교구
서의 치료	사망자 수(명)	2,013	233	87	3,105	2,109	48
	%	19.1	3.9	1.5	22.3	17.6	1.4
중의 치료	사망자 수(명)	3,919	1,786	812	5,245	4,403	74
	%	37.3	29.8	13.9	37.7	36.7	2.1
미치료	사망자 수(명)	3,527	2,949	4,532	5,463	5,113	3,419
	%	33.5	49.3	77.5	39.2	42.7	96.3
미상	사망자 수(명)	1,063	1,018	418	209	363	9
	%	10.1	17	7.2	1.5	3	0.3
계	사망자 수	10,522	5,986	5,849	13,934	11,988	3,550
	%	100	100	100	100	100	100

상당히 높아졌음을 알 수 있다.

〈표 31〉의 사망자 치료 상황 역시 1930년대 베이징시민들이 어느 정도의 의료혜택을 누리고 있는지를 살펴볼 수 있는 자료이다. 1934년 사망자 2만 2,357명 중에서 서의 치료 10.4%(2,333명), 중의 치료 29.2%(6,517명), 미치료 49.2%(1만 1,008명), 미상 11.2%(2,499명) 등이었다. 중의가 767명으로 서의 354명에 비해 2배 정도 많았는데, 중의의 치료실적은 서의보다 3배 정도 많았다. 또, 사망자 중 절반 정도는 아무런 치료도 받지 못하고 사망에 이르렀음을 알 수 있다. 내성구 주민들은 다른 지역 주민들보다 상대적으로 서의 치료와 중의 치료의 혜택을 더 많이 받을 가능성이 높았다. 외성구 주민들은 서의 치료는 거의 받을 수 없었지만 주민들의 30%는 중의 치료를 받을 수 있었다.

교구 주민들은 서의 1.5%, 중의 13.9%로 의료혜택을 충분히 받지 못했다고 할 수 있는데, 상대적으로 중의 치료는 받을 수 있었다.[20]

일본점령기 베이징의 달라진 사망자 치료 상황은 1939년 자료를 통해 확인해볼 수 있다. 1934년과 비교하면 전반적으로 내성구와 외성구의 차이가 거의 없을 정도로 서의와 중의 치료 실적이 고르게 상승했음을 알 수 있다. 가장 주목할 만한 변화는 교구의 치료 실적인데, 3,550명의 교구 주민들 중에서 서의와 중의 치료를 경험한 자는 각각 1.4%(48명)와 2.1%(74명)에 불과했으며, 대부분 96.3%(3,419명)은 아무런 치료 혜택을 받지 못했다.[21] 1934년과 비교해볼 때, 중의 치료가 13.9%에서 2.1%로 현저하게 줄었음을 알 수 있다. 아울러 교구에서 의료혜택을 전혀 받지 못한 미치료자도 77.5%에서 96.3%로 급증했음을 알 수 있다. 이는 일본점령기 교구의 치료 상황이 난징정부 시기에 비해 악화되고 있었음을 단적으로 보여준다고 할 수 있다.

일본점령기 동안 베이징시의 위생 상황은 영아사망률이나 치료 상황을 보면, 이전보다 시민의 삶이 나아지지는 못했다. 영아사망률은 높아지는 추세였고, 의사들은 도심지로 집중되어 의료 편차가 커지고 있었다. 그럼에도 베이징특별시정부는 두창 예방 분야에서 상당한 성과를 거두었다. 특히 지역거점 방식만을 고집하지 않고 콜레라 방역활동에서 본격화된 호별검역을 강화함으로써 두창의 발병을 효과적으로 억제시켰다.

20 北平市政府衛生局 編印,『北平市政府衛生局二十三年度業務報告』(北平市政府衛生局, 1935. 10), 15쪽.

21 北京特別市公署衛生局 編印,『北京特別市公署衛生局二十八年度業務報告』(北京特別市公署衛生局, 1941. 1), 20쪽.

베이징구방역위원회의 방역 대책

1. 베이징구방역위원회의 조직과 활동

일본점령기 위생행정의 특징 중의 하나는 점령당국이 콜레라 방역에 모든 역량을 집중하고 있었고, 콜레라 방역은 위생행정과 시민생활의 틀을 변화시킬 정도로 기존의 일상적인 방역 수준을 넘어섰다는 점이다. 콜레라와 같은 급성 전염병을 억제하기 위해서는 강력하고 강압적인 방역행정이 요구되었고, 이는 결과적으로 점령당국이 강경한 방역 대책으로 선회할 수밖에 없는 배경이 되기도 했다.

중일전쟁이 시작되면서, 때마침 홍콩과 상하이 등지에서 콜레라가 발생했다. 콜레라는 곧바로 톈진으로 퍼져나갔고 베이핑 일대에도 콜레라의 확산이 예견되었다. 중일전쟁 발발 이후 베이핑지방유지회(北平地方維持會)가 조직되고, 베이핑지방유지회는 4차에 걸친 회의를 통해 콜레라 예방접종을 실시할 것을 결정하고, 1937년 9월 29일 선전활동을 시작했다. 10월 3일에는 각 성문에서 수레 · 신발 · 채소류 등에 대한 소독을 실시했으며, 해산물의 베이핑시 내부 반입을 금지했다. 말하자면 교구에 대해서도 검역과 예방접종을 실시했는데, 교구에서 성내외구로 진입하는 구역에서 검역을 철저히 실행함으로써 성내외구에 대해서는 보다 엄격한 통제를 실시했다. 10월 6일부터 10월 26일까지 3주에 걸쳐 전 시민에 대한 콜레라 예방접종을 실시했다. 예방접종 실시 지점은 위생국, 위생구사무소, 주요 성문, 위생국 산하 각 의원, 전화국, 각 대학, 각 교구 평민의원 등 총 29개소에서 각 3차례에 걸쳐 시행되었는데, 검역 대상 인원은 총 45만 1,873명이었다. 1937년에는 콜레라로 인한 사망자는 발생하지 않았다.[22]

1938년 초여름 또다시 홍콩과 상하이 등지에서 콜레라가 유행하자, 1938년 6월 23일 점령당국은 베이징구방역위원회(北京區防疫委員會)를 조직했다. 베이징구방역위원회는 급성전염병의 예방과 박멸에 관한 한, 시정부 위생행정에 대한 지도와 감독 권한을 가졌다. 사실상 베이징구방역위원회가 베이징시의 위생행정을 지휘하게 된 것이다. 베이징구방역위원회는 중앙방역위원회로부터 매월 재정 지원을 받았고, 「베이징구방역위원회 조직장정(北京區防疫委員會組織章程)」(1938. 6)이 필요 시 첩보·약품·인력 등 일본군의 직접적인 도움을 받을 수 있도록 규정했으므로 시정부로서는 점령군으로부터 막강한 지원을 받을 수 있었다. 베이징구방역위원회는 시장을 위원장으로 하고, 일본점령군 관계자와 의료진, 베이징시 위생국 관계자, 베이징시 의료계 인사 등 20여 명의 위원들이 참여했다. 방역위원회 성립 초기의 인적 구성은 일본인과 중국인이 비슷한 비율을 차지했다.[23] 그러나 점차 방역위원회는 일본인이 다

22 梅佳 選編, 「民國時期北平的傳染病管理與衛生防疫」, 『北京檔案史料』(2003. 2), 8-15쪽.

23 베이징구방역위원회는 위원장인 위진허(余晉龢) 베이징특별시시장과 19명의 위원으로 구성되었

수를 차지하게 되었고, 군경 소속 일본인만 5명에서 10여 명으로 증가했다.[24]

베이징구방역위원회 주도로 베이징시에서는 1938년 7월 1일부터 9월 30일까지 예방접종을 실시했다. 내성구와 외성구는 호별검역[挨戶檢疫]을 실시했고, 교구와 연결되는 주요 성문에서 검역을 실시했다. 교구에서는 주요 철도역과 동·서·남·북교 평민의원에서 검역을 실시했다. 이 기간 동안 성내외구와 교구 11만 9,549호와 151만 3,996명에 대해 검역을 실시했으며, 65만여 명에 대해 예방접종을 실시했다.[25] 이 기간 동안 콜레라 예방사업에 투여된 인원은 의사 33명, 간호사 36명, 조수 29명, 부역 16명, 내근 근무자 20여 명, 소독원 12명, 통계조사원 26명, 위생경찰 52명, 총 220여 명이었다. 시당국은 콜레라 환자들에 대해 매우 강력한 방역조치를 실행했다. 진성 콜레라 환자들은 모두 검거되었으며, 강제입원 및 격리되었다.[26] 3개월 동안 진성 콜레라 환자 21명, 보균자 10명, 유사환자 83명, 격리자 213명 등을 전염병의원으로 강제

다. 寺內司令部 軍醫部 梶本誓, 特務部 北京班長 河野又四郎, 市公署 顧問 栗屋秀夫, 同仁會 北京醫院長 鹽澤七晟, 協和醫學院 院長 王鈞熾, 北京特別市 警察局長 代表 王執中, 首善醫院 院長 方擎, 國立北京大學 醫學院 院長 鮑鑑淸, 紅十字會醫院 院長 全紹淸, 北京大學 農學院 院長 龐敦敏, 小菅醫院 院長 小菅勇, 滿鐵 北京診療所長 大槻貢, 北京特別市公署衛生局局長 侯毓汶, 衛生局科長 龍秀章, 第一傳染病醫院 院長 羅希莊, 第二傳染病醫院 院長 鄭河先, 寺內部隊 本部 田村常元, 日本領事館 警察 塚田道元, 菊池部隊 部隊長 菊池齋 등이었다. 北京特別市公署衛生局 編印, 「民國二十七年豫防霍亂工作報告書」(1938. 12), 3-4쪽, 北京市檔案館 所藏, J005-001-00305.

24 1941년 베이징구방역위원회 방역위원 28명 중 일본인은 22명이었다. 1943년 베이징구방역위원회 방역위원 33명 중 일본인은 22명이었다. 北京區防疫委員會, 「民國三十年防疫計劃」(1941), 「北京區防疫委員會防疫計劃委員名單(1941)」, 北京市檔案館 所藏 J005-001-01916; 「北京區防疫委員會民國三十二年霍亂豫防實施計劃(1943. 1. 1-1943. 12. 31)」, 北京市檔案館 所藏 J005-001-00763.

25 北京特別市公署衛生局 編印, 「民國二十七年豫防霍亂工作報告書」(1938. 12), 22-24쪽, 北京市檔案館 所藏, J005-001-00305.

26 「關於本年擧辦預防霍亂工作的檢討」, 『衛生月報』 第7期(1939. 11. 21), 2쪽.

송치했다. 이 중 진성 콜레라 환자 14명과 유사환자 49명이 치료를 마치고 퇴원했다.[27] 1938년에는 콜레라로 인한 환자는 34명이 발생했으며, 9명이 사망했다. 콜레라 사망자는 전체 사망자(2만 8,373명)의 0.03%였다.[28]

1939년에는 시당국이 베이징구방역위원회를 중심으로 콜레라 방역을 5월 20일부터 무려 6개월 동안이나 실시했다. 콜레라 예방주사자는 106만 6,000여 명으로 전년 대비 40만 명 이상이 늘어난 숫자였다. 1939년도 콜레라 예방주사에는 의사 28명, 조수 84명, 부역 56명, 통계조사원 26명, 위생경찰 56명, 소독원 8명, 내근근무자 20여 명 등 총 270여 명이 동원되었다. 전년 대비 총원 50여 명이 증가했다. 내성구·외성구·교구 각 지구별 주사반 15개반을 편성했고, 각 성문 주사반 13개를 편성했다. 각 주사반은 1명의 의사와 3명의 조수가 한 조를 이루도록 했다. 콜레라 예방주사는 105만 6,219명이 접종했고, 검역호수는 7만 4,058호이며, 검역인수는 67만 4,700명이었다.[29] 콜레라 방역을 위한 경비는 1만 3,000여 원으로 전년 대비 3,000원가량 증액된 액수였다. 1939년에 콜레라 환자는 1명이 발생했으며, 전염병의원으로 이송된 뒤 완치되었다.[30] 콜레라 환자 류위화(劉玉華)는 당시 언론의 주목을 받았는데, 자발적으로 전염병의원에 이송된 이후 완치되어 퇴원했기 때문이다.

---

27 北京特別市公署衛生局,『北平市政府衛生局二十五年度業務報告』(北京特別市公署衛生局, 1938. 10), 18쪽.

28 北京特別市公署衛生局 編印,『北京特別市衛生局二十六年下半年二十七年全年度業務報告』(北京: 北京特別市公署衛生局, 1939), 附表 28.

29 北京特別市公署衛生局 編印,「民國二十八年豫防霍亂工作報告書」(1939), 28-36쪽, 北京市檔案館 所藏 J005-001-00435.

30「關於本年擧辦預防霍亂工作的檢討」,『衛生月報』第7期(1939. 11. 21), 2쪽.

1940년도는 6월 1일부터 콜레라 방역 업무가 시작되었는데, 전년도 내4구에서 콜레라가 발생한 것에 비추어, 각 지구에 주사반을 집중 배치하여 각 구에서 호별검역을 실시하고 주사했다. 이후 임시 주사반 20개 반을 증설하여 시 전체의 중요 요충지에서 강제주사를 실시했다. 아울러 채변반 2개 반을 20개 조로 나누고, 음식물점포 종업원 및 물장수들에게 강제채변을 실시했다. 강제채변은 피검자에게는 생경하면서도 굴욕적인 조처였지만, 당국으로서는 검진의 정밀성을 높이는 조치로 방역조치를 한 차원 강화한 것이었다. 이 밖에 소독대 2개 반, 위생국 주재 방역반 2개 반을 조직하여 소독 및 치료 업무를 실시했다.[31]

베이징구방역위원회는 콜레라 유행 지역에 따라 제1기는 국내 지역에서 유행할 때, 제2기는 화베이 지역, 제3기는 베이징 지역에서 유행할 때 등으로 나누어 콜레라 방역활동을 계획했다. 1940년 7월 6일 베이징시 내2구 텅파이잉(籐牌營)에서 60세 남성 진성 콜레라 환자가 발견되자, 당국은 방역활동에 더욱 긴장했다. 각 성문에서 야채·과일을 소독하고 전시 각 구 및 각 성문 정류장[車站]에서 콜레라 예방주사를 적극 실시했다. 또 시정부는 경찰을 파견하여 음식점포 및 거리에서 불결음식을 판매하는 경우 벌금 등을 부과했다. 방역진용을 강화하고, 콜레라 예방 업무의 효율을 높이기 위해 베이징구방역위원회 제3차 상무위원회의는 톈진 부근에서 어패류의 반입을 금지했고, 채소시장, 음식점포, 물장수 등에 대한 강제채변을 실시하도록 했다. 임시주사반 20여 명이 2개의 채변반으로 구성되었다. 매 반을 10조로 나누어, 내5구 및 내

31 「北京市衛生行政現況」,『衛生月報』第21期(1940. 11. 21), 5쪽.

6구를 제외하고 매 구당 1조를 파견했다. 기타 각 구는 갑을 두 조로 나누어 매 조당 채변인원 1명, 위생경찰 1명, 부역 1명 등이 한 조를 이루었다. 모든 채변 인원은 7월 31일 전체가 출동하여 8월 8일과 9일 내1구, 내2구, 내5구, 내6구, 외1구 등에 8개조를 파견했으며, 둥안시장(東安市場)에 집중하여 채변검사를 실시했다.

시 전체 각 구 및 각 성문 정류장에서 소속 기관 및 촉탁 의료기관 등이 콜레라 예방주사를 실시했다. 정수소독 6,076차, 방옥소독 171칸, 야채·과일 소독 5만 5,793차량과 3만 8,888지게 등이었다. 기타 불결장소의 소독은 64처였다. 각 구 음식점포 종사자 중 건강자의 채변은 8월 15일부터 시작되어 8월 20일까지 각 관할 청도반(淸道班)이 채변을 실시했다. 물장수들은 이런 채변의 의도를 이해할 수 없어서 도망치거나 회피하는 자가 많았다. 8월 20일부터 8월 24일까지 계속되었다.[32] 물장수 이외에 주요 음식점포 종사자와 진성 콜레라 환자 주변인 등에 대한 채변을 포함하면 8월 1일부터 9월 15일까지 강제채변에 1달 반이 소요되었다. 총 8,553명에 대한 채변이 실시되었다.

1940년 콜레라 방역 기간은 6월 1일부터 10월 4일까지이며, 콜레라 예방주사는 135만 378명이며, 검역호수는 2만 656호이며, 검역 인원수는 271만 7,515명이었다. 전년 대비 방역 기간이 줄었음에도 예방주사 접종자나 검역 인원수가 크게 늘어난 것은 임시주사반을 증설하고, 각 구 검역조가 2배로 늘어나 업무 효율이 증대되었기 때문이었다. 검역을 통해 진성환자 2명, 의심환자 12명, 보균자 1명, 격리자 40명 등 총 55명이 제2전염병의원에 격리되었고,

32 「本市霍亂預防工作簡報」, 『衛生月報』 第18期(1940. 8. 21), 19쪽.

그중 1명이 사망했다.[33]

1941년에는 베이징시 15개구의 검역과 예방접종을 위해 15개 반을 구성했는데, 각 반은 의사 1명, 조수 3명, 부역 2명, 위생경찰 2명 등 총 8명으로 이루어졌다. 아울러 예방주사를 강화할 목적으로 임시주사인력 60명을 모집하여 2주일 동안의 훈련을 실시했다. 아울러 매 구당 5명씩 경찰국 소속 경찰 75명을 차출하여 1주일간의 훈련을 거쳐 위생경찰로 활동하도록 했는데, 그들은 주로 방역업무를 담당했다. 아울러 검역을 위해 중의에게도 전염병 환자의 보고와 소독업무를 담당하게 했다.[34]

1941년 6월 1일부터 콜레라 방역 업무를 시작했는데, 실제 예방접종은 6월 29일부터 9월 9일까지 실시되었다. 233만 1,588명을 검역했고, 64만 2,882명에게 콜레라 예방접종을 실시했다. 야채시장과 음식물 점포직원 5,221명, 물장수 554명, 기타 2,449명에 대한 채변검사를 실시했다. 이러한 검역활동을 통해 진성콜레라 환자 2명, 보균자 1명, 의심환자 12명, 격리자 40명 등 총 55명을 격리 수용했다.[35]

효과적인 예방접종을 위해 각 구를 세분하여 검역 및 접종활동을 전개했다. 내1구는 20개의 방(坊), 내2구는 19개 방, 내3구는 18개 방, 내4구 20개 방, 내5구 1개 방, 내6구 16개 방, 외1구 16개 방, 외2구 16개 방, 외3구 20개 방,

---

33 北京特別市公署衛生局 編印, 「民國二十九年豫防霍亂工作報告書」(1940), 41-42쪽, 55-58쪽, 北京市檔案館 所藏 J005-001-00533.

34 「北京區防疫委員會民国卅年霍亂豫防實施計劃及霍會議記錄等」(1941. 9), 3-5쪽, 北京市檔案館 所藏, J005-001-00589.

35 위의 글, 38-42쪽.

외4구 20개 방, 외5구 20개 방, 동교 25개 방, 서교 41개 방, 남교 30개 방, 북교 23개 방으로 세분했다. 말하자면 베이징시를 323개의 방으로 나누어 지역 거점을 확보하고 검역과 접종활동을 전개했던 것이다.[36]

1938년 이래 강화된 호별 검역과 더불어 세분화된 지역 거점 검역의 실시로 콜레라 방역은 성공적으로 보였다. 1942년에는 100만 명 이상이 예방접종을 실시할 정도로 방역에 철저를 기했으며, 더이상 콜레라 사망자는 발생하지 않았다.[37] 1942년 방역에 동원된 인원은 15개 주사반에 의사 1명, 조수 3명, 부역 2명, 총 6명씩 90명이 배치되었다. 이들 이외에 위생국 직원 39명과 통계조사원 30명, 검사원·공역(公役) 등 63명, 위생경찰 75명과 기타 인원 6명까지 총 303명의 방역인원이 동원되었다.[38]

콜레라 예방접종이 강화되면서, 접종자에게는 콜레라 예방접종 증명서를 발급했다. 그러나 사설기관에서 예방접종을 받거나 예방주사증을 위조하는 경우가 있어 시정부가 발급하는 예방접종 증명서가 아니면 일률적으로 증명서를 무효로 했다.[39]

반면 1943년은 최악의 시기였다. 1943년 8월말 콜레라가 유행하자, 9월초 시정부는 각 부서를 중심으로 베이징특별시공서 방역본부(北京特別市公署防疫本部)를 설치하고 방역을 전개했다.[40] 신임 류위수(劉玉書) 시장은 방역

---

36 위의 글, 44-66쪽.

37 「霍亂預防注射已達百萬人」, 『新民報』(1942. 9. 15), 4면.

38 「北京區防疫委員會造具豫防霍亂臨時費豫算書及實施計劃的公函及市公署的復函」(1942. 5. 1-1942. 12. 31), 北京市檔案館 所藏, J005-001-00696.

39 「霍亂豫防注射證」, 『新民報』(1942. 7. 24), 4면.

40 「市署成立防疫本部」, 『晨報』(1943. 9. 5), 4면.

활동에서 경찰의 역할을 중시했고, 경찰국은 위생국과 더불어 방역을 주도했다.[41] 공식적으로 알려진 신문지상의 보도로는 9월과 10월 동안 100여 명이 사망한 것으로 알려졌다.[42] 그 기간 동안 언론은 콜레라 방역이 성공했다는 보도와 환자가 다시 발생했다는 보도를 수차례에 반복했다. 그러나 베이징구방역위원회에 보고된 시정부의 방역보고서에 따르면, 8월부터 10월까지 3개월 동안 1,780명이 사망했다.[43] 이 수치는 언론에 보도된 사망자 수와는 17배 이상의 큰 격차가 존재한다. 일본 점령기에 확실히 통제된 것은 콜레라를 비롯한 전염병 자체가 아니라 언론의 전염병 보도 내용이었다.

일본의 베이징 점령 이후 베이징 사회에서 전염병 통제는 안정화되어가고 있었다. 5년여 동안 억제되었던 콜레라가 왜 1943년 시점에서 급증했던 것일까? 이 점을 명확하기 밝혀줄 자료를 찾기는 어려운데, 다만 베이징구방역위원회의 방역조치의 효과에 대한 몇 가지 의문을 제기해볼 수 있다.

첫째, 콜레라 예방접종의 효과이다. 이 시기 동안 점령당국은 두창 예방접종과 더불어 콜레라 예방접종에 적지 않은 공을 들였다. 그러나 두창 예방접종이 매우 높은 접종효과를 보였던 데 비해, 콜레라 예방접종은 별다른 효과를 보지 못했다. 이 당시 예방주사는 장티푸스와 콜레라 예방백신을 혼합하기도 하는 등 효과는 의문시된다.[44]

41 「防疫委會大批藥品發交京市當局應用幷電警察衛生兩局積極檢疫」, 『晨報』(1943. 9. 5), 4면.

42 于德源, 『北京災害史』下(北京: 同心出版社, 2008), 1050-1064쪽.

43 「三十二年六至十月患者路倒死亡者消毒工作統計表」(1943), 30쪽, 「北京地區防疫委員會防疫課民國三十二年霍亂豫防工作報告書(1943. 1. 1-1943. 12. 31)」, 北京市檔案館 所藏, J005-001-00768.

44 「全市普遍實施防疫注射」, 『新民報』(1938. 7. 10), 7면.

둘째, 격리 등 강제검역의 효과이다. 의심환자가 발생하면 격리, 차단 조치를 통해 콜레라 의심환자들을 고립시켰다. 이것은 역으로 의심환자들이 식사나 의료를 제공받는 데 오히려 장애가 되었다. 특히 빈곤 가정이 고립될 경우 끼니를 때우기 매우 어려웠다. 감염에 의한 사망보다도 굶주림의 고통과 공포가 더 컸다. 시정부가 빈곤 가정을 위해 구제금을 소성하기는 했지만, 실질적인 도움이 되지는 못했다. 영양이 면역력에 미치는 영향을 고려할 때, 격리와 차단이 능사였던 것은 아니었다.

셋째, 상수도 보급의 제한과 우물물 사용 문제이다. 콜레라의 실질적인 전염원은 상수원에 있다. 베이징은 민국 시기 이래로 상수도 보급이 점진적으로 진행되었지만, 난징정부 시기 베이핑시 전체 가구의 5% 내외만이 상수도를 사용했다.[45] 1939년도 베이징의 상수도 보급률은 가구 대비 10.42%, 인구 대비 16.24%, 소모량 대비 24.61%에 이르고 있다. 그러나 대부분은 여전히 영업용 우물물(가구 대비 85.55%)과 가정용 우물물(가구 대비 4.04%)에 의존하는 형편이었다. 위생국 수질검사에 따르면, 5곳 중 2곳은 수질불량으로 판매가 금지될 정도였다.[46] 따라서 콜레라·이질·장티푸스 등과 같은 수인성 전염병이 창궐할 수 있는 전염원을 제거하지 않는 한, 전염병 창궐을 근본적으로 막기는 어려웠다.

넷째, 파리박멸운동의 효과이다. 사실 베이징구방역위원회는 수원의 감염

---

45 辛圭煥,「民國時期 北京의 衛生改革과 '環境暴動'」,『中國近現代史研究』42(2009. 6), 153쪽.

46 北京特別市公署衛生局 編印,『北京特別市公署衛生局二十八年度業務報告』(北京特別市公署衛生局, 1941. 1), 101-105쪽.

관리보다 콜레라의 매개곤충으로 파리를 지목하고, 파리박멸에 온 힘을 기울였다. 파리박멸운동은 학생사회를 중심으로 전개해나갔고, 위생국 이외에 사회국이나 경찰국에서도 파리박멸운동에 적극적으로 참여했다.

2. 위생경찰의 활동과 파리박멸운동

베이징구방역위원회의 강제적인 방역활동을 지탱했던 것은 위생경찰이었다. 중국에서 위생 업무를 담당하는 경찰의 등장은 20세기 초로 거슬러 올라간다. 의화단사건 이후 베이징의 치안을 위해 성립한 안민공소(安民公所)와 그 이후 근대적 치안행정을 담당했던 베이징선후협순총국(北京善後協巡總局)에 이어 1902년과 1905년 각각 내성공순국(內城工巡局)과 외성공순국(外城工巡局)이 설립되었고, 곧 내외성공순국(內外城工巡局)으로 합병되었다. 내외성공순국은 각종 도시 관리 업무를 비롯하여 중국 최초로 위생행정을 담당한 것으로 알려져 있다. 1905년 10월 9일 순경부(巡警部)가 정식 성립되었는데, 전국 경찰행정의 최고 관리기구로 등장했다. 순경부는 1소(所) 5사(司) 16과(科)를 설치했으며, 내외성공순국을 접수하여 내외성순경총청(內外城巡警總廳)으로 개조하고 순경부의 직할기구로 두었다. 이 중 경보사(警保司) 아래 보안과(保安科)·위생과(衛生科)·공축과(工筑科)·영업과(營業科) 등을 두었다. 위생과는 의학당 설치를 심의하고, 위생 검사, 도로 청결, 검역, 일체의 위생보건 장정의 계획과 심사 등을 했다.[47] 20세기 초 위생행정은 경찰행정의 하부에서 경찰행

47 韓延龍·蘇亦工 等著, 『中國近代警察史』 上(北京: 社會科學文獻出版社, 2000).

정의 일환으로 전개되었다. 위생 업무를 전담하는 위생경찰은 북양정부 시기(1912-1928)에 다양한 경찰직능 중의 하나로 탄생한 것인데, 이 시기 위생경찰은 경사경찰청 소속으로 일본의 위생경찰을 모델로 한 것이었다.

난징정부 시기(1928-1937) 베이핑시정부에서 위생행정은 경찰행정으로부터 독립했고, 위생국을 별도로 설치하여 위생업무를 담당했다. 기존 위생경찰 업무는 위생국 업무로 이관되었으며, 위생경찰은 더이상 공안국 소속의 경찰이 아니라 위생국 소속의 경찰이었다. 이들은 위생순찰경[衛生稽查警]이라고 불렸는데, 베이핑시의 환경·식품·약품·공중위생 등을 관리감독했다. 이들은 위생국 환경위생과 소속으로 위생순찰장-위생순찰원-위생순찰경으로 구성되었다. 위생순찰경 중 절반은 소학교 졸업자 가운데 간이훈련을 받았고, 나머지 절반은 보통경찰에서 모집하여 충원했다.

베이핑시정부에서 위생경찰이라는 명칭은 기녀검치사무를 전담하기 위해 설치된 것으로 제한된 범위 내에서 활동했다. 1928년 12월 「베이핑특별시기념검치사무소 조직간장(北平特別市妓女檢治事務所組織簡章)」(이하 「조직간장」)에 따르면, 기녀검치사무소는 위생국 직속으로 기녀의 건강검진과 치료 및 예방을 전담하고, 소장 1명 외 의사 10명, 간호사 11명 등 총 33명으로 구성되어 있었다. 「조직간장」에서 특이할 만한 점은 지도·탄압·송달·통지·조사와 업무상의 편리를 위해 경찰 7명을 기녀검치사무소에 상주시키고, 월급과 복장 등 부대비용을 기녀검치사무소가 제공한다고 규정하고 있다는 점이었다.[48] 「조직간장」의 원안대로라면 이들 경찰은 사실상 위생국 소속 경찰이어

48 「北平特別市妓女檢治事務所組織簡章(1928. 12. 15 公布)」, 『衛生公報』 第1期(1928. 12), 37-39쪽.

야 했는데, 실제로는 경찰구서에서 파견된 청원경찰 3명이 3개월에 1번씩 교대근무를 했고, 1주일에 1차례 1명씩 교대로 경찰구서에 돌아가 훈련을 받았다.[49] 이들은 기녀검진과 위생 업무에 생소했기 때문에 업무 진행에 차질을 빚을 수밖에 없었다. 실제로 위생경찰의 운용상의 혼란은 성병감염률의 증가에도 일정 정도 영향을 미친 것으로 보이는데, 1929년부터 1935년까지 기녀들의 성병감염률은 다소 증가하는 추세였다. 위생국은 위생경찰을 선발하여 그들 업무를 보충하고자 했고, 1934년 10월 시험을 통해 10명의 위생경찰을 선발했다.[50] 이처럼 베이핑시정부 시기의 명실상부한 위생경찰은 매우 제한된 범위 내에서 일정 기간 동안 임시적으로 운용되었다.

일본점령기(1937-1945) 베이징특별시정부는 "지방 안녕을 유지하고 방역 역량을 강화할 목적"으로 위생경찰을 조직했다. 위생경찰의 주요 업무범위는 불결음식물의 단속, 공공장소의 청결 관리, 방역 업무의 협조 등이었다.[51] 이 중에서 위생경찰의 가장 중요한 업무는 방역 업무였다. 특히 1938년 콜레라가 유행하면서 위생국 직원 전체가 외근활동에 동원되었음에도 방역인원은 부족한 상황이었다. 베이징구방역위원회는 방역과 위생행정을 보조하기 위해 매년 여름 베이징시내 15개 경찰구서에서 5명씩 총 75명의 경찰을 선발하여 위생경찰을 조직하도록 했다. 이들은 6일 동안 매일 6시간씩 총 36시간의 위생훈련을 받았다. 구체적으로 경찰위생법규 4시간, 위생경찰복무수지(衛生警

49 北京特別市公署衛生局 編印, 『北京特別市公署衛生局二十五年度業務報告』(北京: 北京特別市公署衛生局, 1938), 336쪽.

50 「平市衛生處招衛生警」, 『北平晨報』(1934. 4. 11), 7면.

51 「衛生警察班昨日開始訓練」, 『新民報』(1938. 7. 12), 7면.

察服務須知) 4시간, 위생법규 6시간, 환경위생 12시간, 전염병대의 10시간 등이었다. 위생경찰의 훈련이 전염병 · 환경위생 · 위생법규 등을 중심으로 전개되었음을 알 수 있다. 이들은 위생순찰 및 단속, 「청결규칙」 위반행위 단속, 방역협조 등의 업무를 담당했으며, 업무 기간은 7월 18일부터 8월 18일까지 1달 동안이며, 필요시 연장할 수 있도록 했다. 그런데 위생경찰은 위생국 제2과 소속이었음에도 위생국뿐만 아니라 경찰국 독찰처(督察處)의 지휘감독을 동시에 받도록 했다. 이들이 원래 경찰국 소속인데다가 여름철 방역활동이 끝나면 다시 본래 소속으로 복귀가 예정되어 있었기 때문이다. 실제로 위생경찰은 일일 업무보고 시 각 구 위생구서(衛生區署), 위생국 제2과, 독찰처 등 세 곳에 동시에 보고했다.[52]

이 밖에도 환경위생과 검역 등을 담당한 청결순경과 위생순찰경 등이 있는데, 이들 역시 광의의 위생경찰에 속한다고 볼 수 있다. 1938년 2월 베이징특별시정부 위생국은 일차로 청결반(淸潔班) 순사경(巡査警)을 16명을 모집했는데, 5월경 재차 모집했다. 이들은 이른바 청결순경(淸潔巡警)으로 불려졌는데, 20세 이상 35세 이하의 소학교 졸업생을 대상으로 했다. 순경시험은 국문 · 산술 · 상식 등 3과목이었으며 월급은 8원 정도로 낮은 대우를 받았다. 이들은 간단한 환경위생의 단속을 위해 선발된 것으로 보인다.[53] 순사경 이외에 난징정부 시기 이래로 환경위생의 감찰을 주로 담당했던 경찰은 위생순찰경

52 「衛生警察班昨日開始訓練」, 『新民報』(1938. 7. 12), 7면.

53 「衛生局招考淸潔巡警」, 『新民報』(1938. 5. 10), 7면; 「衛生局淸潔班巡査警」, 『新民報』(1938. 5. 21), 7면.

이었다. 위생국은 타 지역에서 전염병이 발생하면 교구에서 성내외구로 진입하는 지역의 검역을 매우 중시했는데, 이때 위생순찰경이 검역을 담당했다.[54]

위생국 소속의 다양한 명칭을 가진 위생경찰 이외에 경찰국 소속 경찰 역시 위생행정에 참여했다. 대표적으로 매년 여름 개최되는 위생운동주간에 청결검사를 위해 경찰국 소속 경찰이 위생운동에 동원되었다.[55] 위생국이 방역행정을 주도했지만, 방역의 강제성과 규제가 강해질수록 경찰국 소속 경찰이 개입할 여지가 많았다. 1943년 콜레라 유행을 막는 데 위생경찰만으로 방역의 한계가 드러나자 경찰국은 자체 조직을 정비하고 방역에 본격적으로 개입하기 위한 준비를 시작했다.

우선 경찰국은 자체 조직에 위생계[衛生股]를 설치하여 방역행정에 적극적으로 개입하기 시작했다. 그들의 주요 활동은 호구 검역활동 및 후통(胡同)의 분변 단속, 방역주사, 성내외 주요 성문의 교통 차단, 거지 수용, 방역정보 수집 등이었다. 경찰은 주요 성문에서 채소수레의 통행을 금지했고, 3일 이내 접종을 받았다는 주사증을 가지고 있어야만 검역을 통과시켰다. 만약 주사증의 날짜를 고쳐 쓴 사실이 발각되면, 5일 이내의 구류 혹은 5원 이하의 벌금에 처하고, 3일 이내 접종을 받도록 통보를 받고도 접종을 받지 않았을 때는 강제접종과 더불어 10원 이하의 벌금에 처했다.[56] 경찰국은 주민들의 자발적인 검역과 참여를 독려하기 위해 진성 콜레라 환자의 검거 및 발견 시에는 10원 이

54 「東郊衛生事務所取締漁蝦冷食」, 『新民報』(1940. 7. 23), 2면.

55 「京市夏季衛生運動週」, 『新民報』(1938. 6. 10), 7면.

56 「京市警察局積極展開防疫對策」, 『警聲』 4-10(1943. 10), 26-27쪽.

상 60원 이하의 장려금을, 유사 콜레라 환자 보고 시에는 8원 이상 40원 이하의 장려금을 지급하도록 했다. 반면 진성 콜레라 환자를 은닉한 경우에는 10원 이상 60원 이하의 벌금 혹은 구류, 유사 콜레라 환자를 은닉한 경우에는 8원 이상 40원 이하의 벌금 혹은 구류에 처하도록 했다. 그 밖에 병균 보유자를 은닉한 경우에는 6원 이상 30원 이하의 벌금 혹은 구류에 처하도록 했다.[57]

1943년 9월 7일 경찰국은 호별검역을 위해 경찰국 소속 1,636명의 경찰을 동원했다. 베이징시내 28만 1,418호에 대해서 호별검역을 실시했으며, 검역대상자는 154만 8,473명이었다.[58] 9월 9일에는 검역을 위해 1,741명의 경찰이 동원되었으며,[59] 9월 18일에는 1,874명의 경찰이 동원되었다.[60]

1943년 콜레라 유행 이후 경찰국은 보다 적극적으로 방역행정에 개입했다. 경찰국은 예방주사, 생수 음용금지, 파리박멸운동 등 콜레라 방역에 관한 제반 주의사항에 대한 포고를 발표하고 단속을 강화했다.[61] 경찰국의 중요 업무는 경무(警務) · 보안(保安) · 경법(警法) · 경제(經濟) 등 4가지 업무로 구성되는데, 방역행정은 보안 업무의 핵심이 되었으며, 1944년 3월부터는 위생국과 더불어 경찰국을 중심으로 방역훈련과 검역, 호별 조사, 좌판단속[攤販取締], 파리박멸운동, 방역 정보의 수집, 가구별 청결 및 소독 등을 실시해나갔다.[62]

1944년 7월 31일부터 시작된 콜레라 예방접종과 검역을 위해 시정부는

57 「京市警察局積極展開防疫對策」, 『警聲』 4-10(1943. 10), 28쪽.
58 「警局防疫工作益臻强化」, 『新民報』(1943. 9. 8), 4면.
59 「挨戶檢疫賡續實施」, 『新民報』(1943. 9. 10), 4면.
60 「警局檢疫工作」, 『晨報』(1943. 9. 18), 4면.
61 「豫防霍亂注意事項市府警察局已正式公布」, 『北京市政旬刊』 第186期(1944. 7. 11), 2쪽.
62 「警察局重要工作」, 『北京市政旬刊』 第187期(1944. 7. 21), 2쪽.

100명의 방역요원을 선발하는 한편,[63] 경찰국 보안과 소속 경찰 839명을 동원했다.[64] 시정부는 콜레라 방역을 위해서는 더 많은 방역인원이 필요했고, 경찰국은 일본점령기 동안 1만 명 내외의 경찰(警官-警長-警士)을 운용하고 있었다.[65] 경우에 따라 시정부는 수백에서 수천 명 단위의 경찰을 동원할 수 있었다.

점령당국은 식민지 조선이나 타이완처럼 경무국 소속 경찰을 통해 점령지구의 위생행정을 실천했던 것은 아니고, 위생국 소속 위생경찰이 청결·환경·전염병 등 특정 업무에 한정하여 제한적인 범위 내에서 활동했다. 위생국 위생경찰들은 본래 경찰국 소속으로 전염병이 유행하던 특정 시기 동안만 위생국의 지휘를 받았다. 그러나 이들은 실제 업무활동을 경찰국과 위생국에 동시에 보고했다.

위생국이 자체적으로 위생경찰(청결순경)을 선발한 경우에는 국문·산술·상식 등에 기초하여 선발할 정도로 전문성이 없었고, 전문적 교육을 받았던 위생경찰은 경찰국 소속으로 일시적인 업무가 끝나면 경찰국으로 복귀했다. 이처럼 위생국 위생경찰은 수적으로 열세에 있었으며 전문성과 지속성이 확보되지 않아 제도화되는 데는 한계가 있었다. 결국 점령당국은 1943년 콜레라 유행을 계기로 더이상 위생경찰을 제도화하지 않고, 경찰국 소속 경찰을 직

63 「北京地區防疫委員會霍亂豫防工作報告目錄及文件(1944. 1. 1-1944. 12. 31), 北京市檔案館 所藏 J005-001-00851.

64 「本市檢疫工作今日開始實施」, 『北京市政旬刊』 第188期(1944. 8. 1), 2쪽.

65 1941-1943년 사이 베이징시의 경찰은 대략 1만 명 내외였다. 北京特別市公署秘書處, 『市政統計月刊』 1-1~3-3(北京特別市公署秘書處, 1941-1943). 1947년 『北平市政統計』에 따르면, 일본점령기 8년 동안 경찰의 수는 평균 9,987명이었다. 林相範, 「北京地域 警察官의 構成과 그 變化」, 『中國近現代史研究』 27(2005. 9), 24쪽.

접 방역에 투입했다. 경찰국은 산하에 위생계를 조직하여 방역활동에 개입했고, 보안경찰을 대대적으로 동원하여 콜레라 방역에 나섰다.

1938년 이후 베이징시의 방역행정에서 등장한 중요한 특징 중의 하나는 콜레라의 전염원으로 파리를 주목하고 파리박멸운동을 본격화해나갔다는 점이다.[66] 이전에도 위생운동대회의 일환으로 파리박멸운동이 전개된 바 있었지만,[67] 파리는 특정 전염병에 국한되지 않고 여러 전염병의 근원이자,[68] 보편적 전염병의 매개체로 인식되었다.[69] 1938년 6월 북교자치구 보갑장이 자체적으로 파리잡기운동[捕繩運動]을 실시하기도 했으며,[70] 하계위생운동 주간을 맞이하여 대대적인 청결운동, 위생전람, 예방주사 선전 등이 실시되었지만,[71] 이들 위생운동이 파리를 콜레라의 전염원으로 주목한 것은 아니었다.

콜레라 예방을 위해 파리박멸이 필요하다는 인식은 1938년 6월 베이징구 방역위원회의 성립이 계기가 되었다. 방역위원회는 검역·주사·격리·소독·방역선전 이외에 파리박멸운동의 필요성을 논의하기 시작했다.[72] 허우위원 위생국장은 콜레라 예방대책안에서 예방접종과 더불어 파리박멸운동에 주목하

---

66 「全市公厕消毒絶除疫源」, 『晨報』(1938. 9. 7), 5면; 「北京區防疫委會」, 『晨報』(1938. 10. 4), 5면.

67 北平市衛生局, 「卫生局关于卫生运动大会办理经过情形, 检送卫生展览图表, 灭蝇运动细则和暂行办法等的呈文, 公函及市政府的指令」(1936. 6. 15) J005-001-00135

68 「衛生局勵行全市滅蠅運動」, 『新民報』(1938. 5. 5), 7면; 「蒼蠅與疾病」, 『新民報』(1938. 6. 9), 3면.

69 「夏令衛生運動週定期擧行三天」, 『新民報』(1938. 5. 31), 2면.

70 「北郊自治區發起捕繩運動大會」, 『新民報』(1938. 6. 14), 7면.

71 「夏季衛運週第三日」, 『新民報』(1938. 6. 12), 7면.

72 「北京區防疫委員會辦理霍亂豫防工作簡要報告」(1938. 10), 「卫生局关于灭蝇运动及霍乱预防注射工作的呈文, 布告及市公署的指令」, 北京市檔案館 所藏, J005-001-00392; 「京市署爲預防疫癘組防疫委員會」, 『新民報』(1938. 6. 17), 7면; 「京市防疫委員會前日在市署開成立會」, 『新民報』(1938. 6. 25), 7면.

기 시작했다.[73] 이즈음부터 파리는 소화기병의 전염원으로 지목받고 특히 콜레라의 주요 전염원으로 강력한 박멸 대상이 되었다.[74] 아울러 위생국은 음식점, 가판, 공중화장실 등에서 파리를 막기 위한 방승창 및 덮개 설치 등에 관한 포고를 발표하기도 했다.[75] 이후 콜레라 방역정책의 수립 과정에서부터 파리 박멸은 핵심적인 방역 대책 중의 하나가 되었다.[76]

파리잡는 방법은 파리채[蠅拍]·찐드기[捕蠅紙]·파리통[捕蠅籠] 등이 활용되었는데, 파리채를 이용한 파리 잡기가 가장 보편적이었다.[77] 파리박멸운동에 가장 적극적으로 참여한 것은 중학교 및 소학교 학생들이었다. 1940년 7월 보고에 따르면, 65개 공·사립 중학교 및 소학교 학생들이 파리박멸운동에 참여하여 202만 5,417마리의 파리를 포획했다. 이들 학교 중 43개 학교에서 1만 마리 이상을 포획했다.[78] 당국은 파리박멸운동을 적극적으로 지원함도 동시에 파리 두 마리에 3원씩 매입하기도 했다.[79]

파리박멸운동은 위생국 담당이었지만, 사회국과 경찰국도 적극 참여했다.[80] 특히 경찰국은 파리박멸운동에 소극적인 자들을 처벌했기 때문에 경찰국의 개입은 파급효과가 컸다. 경찰국은 "한 마리 보면 한 마리 잡기(見一個滅

---

73 侯毓汶,「霍亂傳染之可怕及其對策」,『新民報』(1938. 6. 27), 7면.

74 「可怕的霍亂」,『新民報』(1938. 7. 5), 7면.

75 「擴大滅蠅防疫」,『新民報』(1938. 7. 9), 2면;「衛生局注意灘販清潔」,『新民報』(1940. 5. 1), 2면.

76 劉鳳祜,「滅蠅爲防疫中最要工作」,『新民報』(1938. 7. 11), 7면.

77 「警局通飭加强滅蠅工作」,『晨報』(1943. 9. 19), 4면.

78 「京各校學生滅蠅」,『新民報』(1940. 7. 10), 2면.

79 「蒼蠅硬幣」,『晨報』(1943. 9. 18), 4면.

80 「强化本市防疫陣容强制滅蠅旬刊社會局辦滅蠅窗飾比賽」,『北京市政旬刊』第186期(1944. 7. 11), 2쪽.

一個)" 운동을 전개했는데, 음식점이나 노점에서 파리가 발견되면 영업정지 처분을 내렸다. 실제로 1943년 9월 24일 베이징시 방역본부 감찰반은 현장조사 후, 내1구 3개소, 내2구 19개소, 내3구 1개소, 내4구 17개소 등 총 40개소가 파리박멸에 적극적이지 않다는 평가를 내리고, 내2구 광탕식품점(光堂食品店)은 영업정지 7일, 나머지 점포는 영업정지 2-3일의 처분을 내렸다. 감찰반은 점포 이외에 개별 주택도 호별 검역 시 두 차례의 방문 기간 동안 파리가 발견되면 1개월 식량배급권을 박탈하는 등 강력한 제재 조치를 취했다.[81]

81 「京市警察局積極展開防疫對策」, 『警聲』 4-10(1943. 10), 29-30쪽; 「徹底根絶虎疫媒介市署公佈滅蠅罰則」, 『晨報』(1943. 9. 24), 4면.

민간의 위생·방역활동과 대응

민간의 대표적인 위생·방역활동은 신민회가 주도했다. 1937년 12월 24일 베이징에서 성립된 신민회는 '반공멸당(反共滅黨)'을 목표로 공산당과 국민당을 제거하고 중화민국임시정부를 지지하며, 일본군의 중국 침략정책을 선전하고, 점령지구의 치안을 강화할 목적에서 설립된 단체였다. 회장은 중화민국임시정부의 수장인 왕커민(王克敏, 1879-1945)이었고, 부회장은 만주국 실업부 대신(滿洲國實業部大臣)과 외교부 대신(外交部大臣) 등을 역임한 장옌칭(張燕卿, 1898-1951)이었다. 일본군이 신민회의 창립에 적극적이었던 것은 북양군벌 시기의 구관료에 의존하고 있던 중화민국임시정부가 대중적 지지를 받지 못하고 있는 사정에 기인한 것이었다.[82] 게다가 신민회의 반공멸당의 구호와 민생에 대한 관심은 정치적으로 무당파인 지식인과 대중들을 '합작'으로 이끌어내는 데 유리한 환경을 조성할 수 있었다. 이것이 신민회가 기본적으로 강연·훈련·교육·영화·라디오·제등대회(提燈大會)·노래경연 등 정치선전과 선전

82 八巻佳子, 「中華民國新民會の成立と初期工作狀況」, 藤井昇三 編, 『1930年代中国の研究』(アジア經濟研究所, 1975), 391쪽.

교화에 중점을 두면서도, 민심을 안정시키기 위해 구제사업, 직업소개, 근로활동, 의료활동 등 민생지원사업을 비중있게 전개한 이유이기도 했다.[83]

중화민국 신민회 베이징특별시총회(中華民國新民會北京特別市總會, 이하 신민회 베이징총회)는 1938년 3월 20일 성립되었으며, 회장은 베이징특별시 시장인 위진허(余晉龢)가 겸임했다. 신민회는 일찍부터 의료활동에 참여했는데, 1938년 여름 콜레라가 유행하자 1938년 9월 신민회의료반이 조직되었다.[84] 신민회의 의료활동은 주로 점령당국의 직접적인 권력이 미치지 못하는 시 외곽과 농촌 지역에 집중되었다. 예컨대, 1940년 5월 신민회베이징총회 동교판사처(東郊辦事處)는 5월 27일부터 6월 1일까지 '농민보건운동주간'을 설정하고, 농민들에게 전염병 예방 및 농민위생지식을 선전·보급하는 활동을 전개했다. 주요 활동사항으로는 농촌 거리 및 주택에 대한 청결 조사, 순회진료, 순회강연 등이었는데, 신민다관(新民茶館)·신민촌숙(新民村塾) 등은 가장좌담회를 개최하여, 기거위생(起居衛生)·식품위생(飮食衛生)·주거위생(住居衛生)·근로위생[勞作衛生] 등에 대해 강연했다. 아울러 동교판사처는 각종 표어 및 전단을 제작·살포했으며, 신민촌숙 교직원들은 학생들에게 파리박멸운동을 독려했다.[85] 또한 1940년 7월 신민회베이징총회는 동교지역에 2만 콜레라 예방백신을 공급하여 동교 농민들에게 접종했고, 농민들에게서 좋은 반응

---

83 新民會의 醫療·厚生活動에 대해서는 王强, 「日中戰爭期における新民會の厚生活動をめぐって」, 『現代社會文化硏究』 25(2002. 11); 王强, 『漢奸組織新民會』(天津社會科學院出版社, 2006), 140-148쪽.

84 「臨時政府振濟部將增設醫療機關, 新民會醫療班在徐積極工作」, 『晨報』(1938. 9. 8), 3면.

85 「豫防流行病之發生東郊辦事處擧行保健運動週」, 『新民報』(1940. 5. 27), 7면.

을 이끌어냈다.[86] 1943년 10월 신민회베이징특별시총회 사교판사처(四郊辦事處)는 동교 6,000인분, 서교 1만 5,000인분, 남교 5만 인분, 북교 5,000인분의 콜레라 예방백신을 신청한 바 있다.[87]

1943년 콜레라가 최고조에 이르렀을 때, 시정부의 호별 검역 및 예방접종은 한계에 도달했다. 이때 신민회베이징특별시총회는 각종 분회 및 국의분회 전체 회원을 동원하여 205개의 방역반을 조직했고, 1943년 9월 4일부터 6일까지 3일 동안 검역 및 예방접종활동을 전개했다. 1개 방역반에는 의사 1명, 간호사 15명, 서기 15명 등 31명으로 구성되었고, 1개 방역반이 하루 300여 가구를 검역하고 2,000여 명을 접종하는 것이 가능했다.[88] 9월 5일부터 1주일 동안 경찰, 신민회 회원, 자치방구(自治區坊) 이장(里長) 등이 한조를 이루어 호별 검역을 실시하고, 콜레라 예방접종 미접종자에 대한 발본색원 작업을 실시했다.[89]

신민회는 각 구별로 방역반 이외에 포승반(捕蠅班)을 조직하여 파리박멸운동에도 적극 참여했다.[90] 1943년 9월 1달여 동안 내성구 6개 지역에서 1,558만 8,000여 마리, 외성구 5개 지역에서 1,193만 6,000여 마리를 포획하여 2,752만 5,000여 마리를 포획했다.[91]

---

86 「新民會京總會防疫注射良好」, 『新民報』(1940. 7. 14).

87 「新民會中央訓練處, 電車公司機關請求發給霍亂注射疫及注射證與衛生局的來往公函」(1943. 6. 1-1943. 9. 30) 北京市檔案館 所藏, J005-001-00747

88 「挨戶檢查注射今日起實施」, 『新民報』(1943. 9. 4), 3면.

89 「京警局加强檢疫」, 『晨報』(1943. 9. 6), 4면.

90 「新民會協力防疫成立防疫班捕繩班」, 『新民報』(1943. 9. 26), 4면.

91 「市總會捕繩成績良好」, 『新民報』(1943. 10. 5), 4면.

그러나 당국의 콜레라 방역조치에 대한 주민들의 반응은 대체로 싸늘했다. 일단 콜레라 환자 발생 지역의 주민들에게 방역은 죽음을 의미했다. 콜레라 환자가 발생하면, 시정부는 환자 가옥 주위에 대한 교통을 차단하고, 각종 검진과 방역조치를 실행한다. 이때 의심 환자와 환자 가족들뿐만 아니라 일대의 주민까지도 맘대로 가옥을 벗어날 수 없으므로 일상생활·경제활동을 할 수 없게 된다. 당국은 이 때문에 구제금을 조성하여 방역활동과 더불어 빈민구제에 나서기도 했다.[92] 그러나 당국의 조처는 형식적이었고, 경제적으로 궁핍한 가구는 그대로 앉아서 죽을지도 모른다는 공포에 휩싸였다. 살아남기 위한 필사의 탈출과 이들을 격리하기 위한 당국의 감시가 상존했다.

콜레라 예방접종 증명서를 둘러싼 당국과 주민들 사이의 마찰도 끊이지 않았다. 예방주사에 대한 불신 때문에 예방접종을 피하거나 아예 적극적으로 위조 및 변조 증명서를 꾸미는 자도 적지 않았다. 당국은 콜레라 예방접종 증명서의 위조 및 변조자는 형법의 문서위조죄에 따라 처벌하고, 방역요원이 이에 가담한 경우는 가중처벌을 받도록 규정했다.[93] 당국은 콜레라 예방접종이 1943년 6월 1일부터 9월말까지 4개월 동안 유효한 것으로 간주했는데,[94] 9월 7일 현재 콜레라 예방주사 접종자는 전 시민의 3분의 1에 불과했다. 당국은 예방접종을 독려하기 위해 미접종자에 대해서는 법적 처벌까지 예고했다.[95] 9월

---

92 「霍亂遮斷區域貧苦住戶發給救濟金」, 『新民報』(1940. 7. 21), 2면; 「防疫區內住戶決逐日配給食糧」, 『新民報』(1943. 9. 7), 4면.

93 「僞造或賣買注射證按僞造文書論罪」, 『晨報』(1943. 9. 6), 4면.

94 「注射證有效期間須嚴加注意」, 『晨報』(1943. 9. 18), 4면.

95 「虎疫猖獗期間市民不注射者行將處罰」, 『晨報』(1943. 9. 7), 4면; 「京警局獎勵擧發虎疫患者, 公布檢擧虎疫獎懲辦法」, 『晨報』(1943. 9. 19), 4면.

25일에는 콜레라 예방접종 증명서를 미휴대한 자는 5일 동안 구류하는 조치를 발표하기도 했다.[96]

당국은 「베이징특별시 인민검거 콜레라 장징판법(北京特別市人民檢擧虎疫獎懲辦法)」에 의거, 진성콜레라 환자의 신속 보고자는 10원 이상 60원 이하로 포상하고, 유사콜레라 환자의 신속 보고자는 8원 이상 40원 이하, 보균자는 6원 이상 30원 이하로 포상하도록 했다. 진성콜레라 환자 은닉자는 10원 이상 60원 이하의 벌금 혹은 구류, 유사 콜레라 환자의 은닉은 8원 이상 40원 이하의 벌금 혹은 구류, 보균자 은닉은 6원 이상 30원 이하의 벌금 혹은 구류 등에 처하도록 규정했다.[97]

더욱이 베이징시민들에게는 파리 한 마리 때문에 영업 정지를 당하거나 벌금을 무는 것도 억울한 일이었다. 당국은 콜레라의 전염원으로 파리뿐만 아니라 거지까지도 지목했으며, 1,200명의 거지들이 한꺼번에 수용되기도 했다.[98] 그 결과 베이징은 파리 1마리, 거지 1명 없는 '무승지성(無蠅之城)' 또는 '무걸지성(無丐之城)'과 같은 잔혹한 거리가 될 운명에 있었다.[99]

실제로 1943년 9월 24일 베이징시 방역본부 감찰반은 현장조사 후, 내1구 3개소, 내2구 19개소, 내3구 1개소, 내4구 17개소 등 총 40개소가 파리박멸에 적극적이지 않다는 평가를 내리고, 내2구 광탕식품점은 영업정지 7일, 나머지

96 「注射證須隨身携帶違者卽拘懲」, 『晨報』(1943. 9. 25), 4면; 「對不注射者決予以嚴懲, 昨公佈違反注射罰則」, 『晨報』(1943. 9. 26), 4면.

97 「市民應協力防疫對患者申告給獎」, 『晨報』(1943. 9. 11), 4면.

98 「受容乞丐達千二百名」, 『新民報』(1943. 9. 6), 2면.

99 健秋, 「北國歸來」, 『京報』(1943. 10. 5), 4면.

점포는 영업정지 2-3일의 처분을 내렸다. 감찰반은 점포 이외에 개별 주택도 호별 검역 시 두 차례의 방문 기간 동안 파리가 발견되면 1개월 식량배급권을 박탈하도록 했으며, 내성구의 적지 않은 가구들이 5원 이상 30원 이하의 벌금 처벌을 받기도 했다.[100]

점령당국의 방역조치에 시민들의 반응이 적대적이거나 냉소적이었다면, 신민회에 대해서는 어떠했을까? 언론통제로 인해 당시의 신문·잡지에서는 당국이나 신민회의 방역활동에 대해서 부정적으로 묘사한 경우를 거의 찾을 수 없다. 실제로 신민회의 의료·위생 분야의 민생지원사업은 의료 사각지대에 살았던 일부 농민들의 지지를 받았을 것이다. 그렇지만 신민회가 전방위적으로 친일매국활동을 전개해나갔기 때문에 지식인과 청년 대중의 광범위한 지지를 받기는 어려웠을 것이다.[101] 게다가 신민회의 방역활동은 단독으로 이루어지기보다는 대부분 시정부 방역요원이나 위생경찰과 동행하는 경우가 많았고, 방역행정이 법적 강제나 인신 구속 등을 전제로 하고 있었기 때문에, 베이징시민들의 적극적인 지지를 받기는 어려웠다.

---

100 「京市警察局積極展開防疫對策」, 『警聲』 4-10(1943. 10), 29-30쪽; 「徹底根絶虎疫媒介市署公佈滅蠅罰則」, 『晨報』(1943. 9. 24), 4면; 「捕蠅工作優良及不力者防疫本部分別獎懲」, 『晨報』(1943. 10. 13), 4면.

101 王强, 『漢奸組織新民會』(天津社會科學院出版社, 2006), 161-162쪽; 吳超, 「日僞北京新民會的奴化教育」, 『傳承』 2008-2; 堀井弘一郎, 「新民會と華北占領政策」(上·中·下), 『中國研究月報』, 47卷 1·2·3號(1993. 1·2·3).

일본점령기 베이징특별시정부는 위생국을 독립적으로 운용하면서 위생구사무소를 확대하는 등 기존 베이핑시의 위생행정의 유산을 지속시키려고 했다. 점령당국은 점령 초기 특히 두창 예방에 많은 노력을 기울여 일정한 성과를 이끌어내기도 했다. 반면 영아사망률은 일본점령기에 오히려 악화되는 경향을 보여준다. 사망자 치료 상황 역시 도심과 주변부의 의료접근성이 이전보다 더욱 양극화되는 경향을 보여준다. 교구와 같은 도시 주변부에 거주하는 시민들은 서의나 중의 치료를 거의 받을 수 없었다. 일본점령기 베이징의 위생 상황은 획기적으로 개선되었다거나 특별히 악화되었다고 보기 어렵다. 크게 보아 기존의 예방 및 치료의학적 성과를 현상유지를 해나갔다고 판단된다.

일본점령기 베이징의 위생행정은 콜레라 유행으로 위기에 직면했다. 난징정부 시기에는 거의 발생하지 않았던 콜레라가 1938년과 1943년 두 차례에 걸쳐 크게 유행했다. 점령당국으로서는 콜레라와 같은 급성전염병의 유행이 치안 유지와 도시 건설에 치명적인 영향을 줄 수 있었기 때문에, 점령당국의 모든 역량을 동원했다. 이 시기 베이징의 방역행정은 다음과 같은 몇 가지 특징을 보여준다.

첫째, 콜레라 유행으로 인해 방역을 위한 새로운 조직과 제도가 등장했다. 기존에는 방역행정을 위생국이 주도했는데, 일본점령기에는 베이징구방역위원회가 조직되어 사실상 점령당국이 시정부의 방역행정을 지도하는 역할을 담당했다. 위생국이 중국인에 의해 운영되었다면, 베이징구방역위원회는 일본군부와 일본인들이 주도했다. 점령당국은 베이징구방역위원회를 통해서 자신들이 원하는 방역조치를 취할 수 있었고, 시정부로서는 신속한 군사첩보의 접수와 군부의 약품을 조달할 수 있는 편의를 얻을 수 있었다.

둘째, 콜레라 방역 과정에서 경찰행정에 대한 의존도가 점차 커졌다. 점령 초기 위생국 산하 위생경찰은 환경위생과 방역행정 등 특정 분야를 담당하는 임시적이고 제한된 인원으로 운용되었다. 이러한 방식은 베이핑시정부의 위생행정을 계승한 일면이기도 한데, 전문화된 위생경찰을 양성하는 데는 시간과 비용이 든다는 약점이 있었다. 매년 여름 75명의 경찰국 소속 경찰을 위생경찰로 차출하여 방역활동에 투입했을 뿐 그들을 제도화하지 못했다. 1943년 콜레라의 유행은 이러한 방역행정의 전환점이었다. 당국은 위생국 위생경찰을 제도화하기보다는 경찰국의 개입을 강화했다. 경찰국은 산하에 위생계를 설치하고 위생행정에 적극적으로 개입해나갔으며, 방역을 위해 산하 경찰을 적극적으로 동원했다.

셋째, 강제적인 방역조치가 강화되었다는 점이다. 베이핑시정부 시기에도 강제접종이나 격리와 같은 강압적인 방역조치가 상존했다. 그러나 일본점령기에는 호별 검역, 강제채변, 경찰검문, 구류, 벌금 등과 같은 새로운 조치들이 더욱 강화되었다. 특히 콜레라 방역을 위해 시작된 호별 검역은 지역 거점 중심의 검역활동을 보완·강화하는 성격을 가졌다. 그러나 강제검역을 위해 인적 훈련과 인적 강제가 강화되었지만, 환경 인프라를 비롯한 시설투자는 거의 이루어지지 않았다.

넷째, 파리박멸운동이 활성화되었다. 기존에 파리는 일반적인 전염병의 매개충으로 인식되고 있었지만, 콜레라의 전염원으로 지목된 것은 이때가 처음이었다. 파리박멸운동은 지상에서 공산당을 몰아내는 것과 같이 거의 맹목적인 수준으로 발전했으며 콜레라 방역을 위한 핵심적인 방역 대책이 되었다. 베이징특별시정부는 콜레라 방역을 위해 별다른 효과가 없는 예방접종과 파리박멸운동에 과도하게 몰입하고 있었다. 이것은 1911년 만저우 방역에서 관동군이 폐페스트의 전염원과 별 상관이 없는 쥐잡기에 열중했던 것과 유사한 패턴을 보여준다.[1] 시정부가 파리박멸을 통해 실질적인 방역 효과를 기대했다기보다는 이러한 활동들을 통해 전염병 예방을 위한 대중 선전의 기회로 활용했던 것으로 보인다. 이러한 위생운동은 권력이 확고한 사회적 기반을 갖추지 못했을 때, 대중을 동원하고 선전하는 데 유용한 수단이었다. 파리박멸운동은 신중국 성립 이후 위생방역운동으로 계승되었다. 위생방역운동에서는 파리뿐만 아니라 모기 · 이 · 벼룩 · 빈대 등 5가지 해충을 제거하기 위한 오멸운동(五滅運動)으로 발전했다. 이후 위생과 반제를 결합시킨 애국위생운동은 신중국 성립 이후 약화된 대중 기반을 강화한 대중위생운동의 극적인 사례가 되었다.[2]

다섯째, 방역행정에 신민회와 같은 민간조직이 적극적으로 개입되었다. 민간의 개입은 점령당국의 직접적인 권력이 미치지 못하는 시 외곽과 농촌 지역에 집중되었다. 점령당국의 강제적인 조치가 강화됨에 따라 민간조직의 방역활동은 당국의 일방적인 지시와 강제를 완화하는 의미가 있었다. 더불어 민간의 방역활동은 당국의 방역행정을 뒷받침하고 선전하는 효과를 가져다주었다.

---

1 Sihn Kyu-hwan, "Unexpected Success: The Spread of Manchurian Plague and the Response of Japanese Colonial Rule in Korea, 1910-1911," *Korea Journal* Vol.49 No.2(Summer, 2009).

2 Ruth Rogaski, "Nature, Annihilation, and Modernity: China's Korean War Germ Warfare Experience Reconsidered," *The Journal of Asian Studies* Vol.61 No.2(May, 2002).

흥미롭게도 민간조직인 신민회는 분뇨처리업의 개혁에도 적극적으로 참여했다. 점령당국은 똥장수들을 포섭할 필요가 있었고, 이를 위해 신민회를 적극적으로 활용했다. 똥장수들도 자신들의 기득권을 인정받는 한편, 똥장수들의 의료·교육 복지 등을 실현할 수 있는 기회로 여겼다. 신민회는 단순히 이데올로기적 선전과 치안 유지 등을 위한 민간조식으로서 역할에 그치지 않고, 직업조직을 조직화하고 시정 업무에 직간접적으로 개입하여 자신들의 존재감을 과시했다. 실제로 똥장수직업분회의 경우 가입율이 저조했던 이전과 달리 다수의 똥장수들이 참여했다. 신민회는 똥장수직업분회 등과 같은 직업조직을 조직화했을 뿐만 아니라 교육·의료·공묘 등 하층 직업조직의 생활복지에도 관심을 가졌다. 그 결과 생활고와 질병 등으로 고통받았던 똥장수들은 신민회의 활동에 적극 참여하는 양상을 보였다.

일본점령기 점령당국은 치안 유지와 화베이 건설을 지상 목표로 설정했는데, 콜레라 유행을 매개로 베이징 사회를 새롭게 재편하고자 했다. 그들은 시정부의 위생행정을 통한 중국인의 자치를 인정하면서도 실질적으로 점령당국의 지배와 감시를 강화하고자 했다. 그것이 베이징구방역위원회의 조직과 활동으로 나타났으며, 위생경찰은 그들의 활동을 뒷받침하는 상징적인 존재였다. 더불어 베이징구방역위원회는 일방적인 통제와 감시의 한계를 극복하고자 신민회와 같은 민간조직을 활성화하고자 했다. 이 같은 베이징의 위생행정은 경무국과 같은 경찰조직을 통해 일원적으로 위생사무 전반을 통제하려고 했던 식민지 조선이나 타이완의 위생행정과는 대조적인 것이다.[3] 로가스

3 식민지 조선과 대만의 위생행정과 위생경찰에 대해서는 Park Yunjae, "Sanitizing Korea: Anti-

키가 지적한 바와 같이, 일본의 공식적 제국(formal empire), 비공식적 제국(informal empire), 전시제국(wartime empire)의 위생은 각기 달랐다. 공식적 제국의 범위에 있었던 조선과 타이완에서는 강제성과 차별성이 존재했음에도[4] 본국과 유사한 위생행정을 실천했으며, 동화주의정책을 실시하기도 했다. 반면 비공식적 제국의 범위에 있었던 만주국과 중국 각지의 조계 등에서 중국인의 위생은 일본인과 차별적이었으며, 중국인들은 각종 전염병으로부터 보호받지 못했다.[5] 전시제국의 점령 위생행정은 점령의 정당성을 선전하기 위한 중요한 수단이었으며, 자국민과 군대를 보호하기 위한 장치였다. 표면상 점령당국은 기존의 질서를 존중하면서 기존의 정책을 유지했지만, 실제로는 별도의 조직을 통해 점령 지역을 장악하고자 했으며, 민간조직도 적극적으로 활용했다. 또한 기존에 활용되지 않던 위생경찰도 편의적으로 동원되었다. 말하자면 전시 제국의 점령당국은 기존 질서를 새롭게 변형해나가려고 했으며, 제도적 접근보다는 편의주의적인 접근을 통해 통치의 편리성을 도모했다고 할 수 있다.

Cholera Activities of the Police in Early Colonial Korea," *Seoul Journal of Korean Studies* 23, no.2(December, 2010); 李商衣, 「日帝下 朝鮮警察의 特徵과 그 이미지」, 『歷史教育』 115(2010. 12); 정근식, 「식민지 위생경찰의 형성과 변화, 그리고 유산: 식민지 통치성의 시각에서」, 『사회와역사』 90집(2011. 6); 孫準植, 「日帝 植民地下 臺灣警察制度의 變遷과 그 役割」, 『中國近現代史研究』 47(2010. 9) 등을 참고.

4 식민지 시기 일본인과 한국인의 위생상황의 차이에 대해서는 辛圭煥, 「20世紀前半, 京城と北京における衛生·醫療制度の形成と衛生統計: '植民地近代性'論批判」, 『歷史學研究』 834(2007. 11).

5 Ruth Rogaski, *Hygienic Modernity: Meanings of Health and Disease in Treaty Port China* (Berkeley: University of California. Press, 2004), pp.255-261.

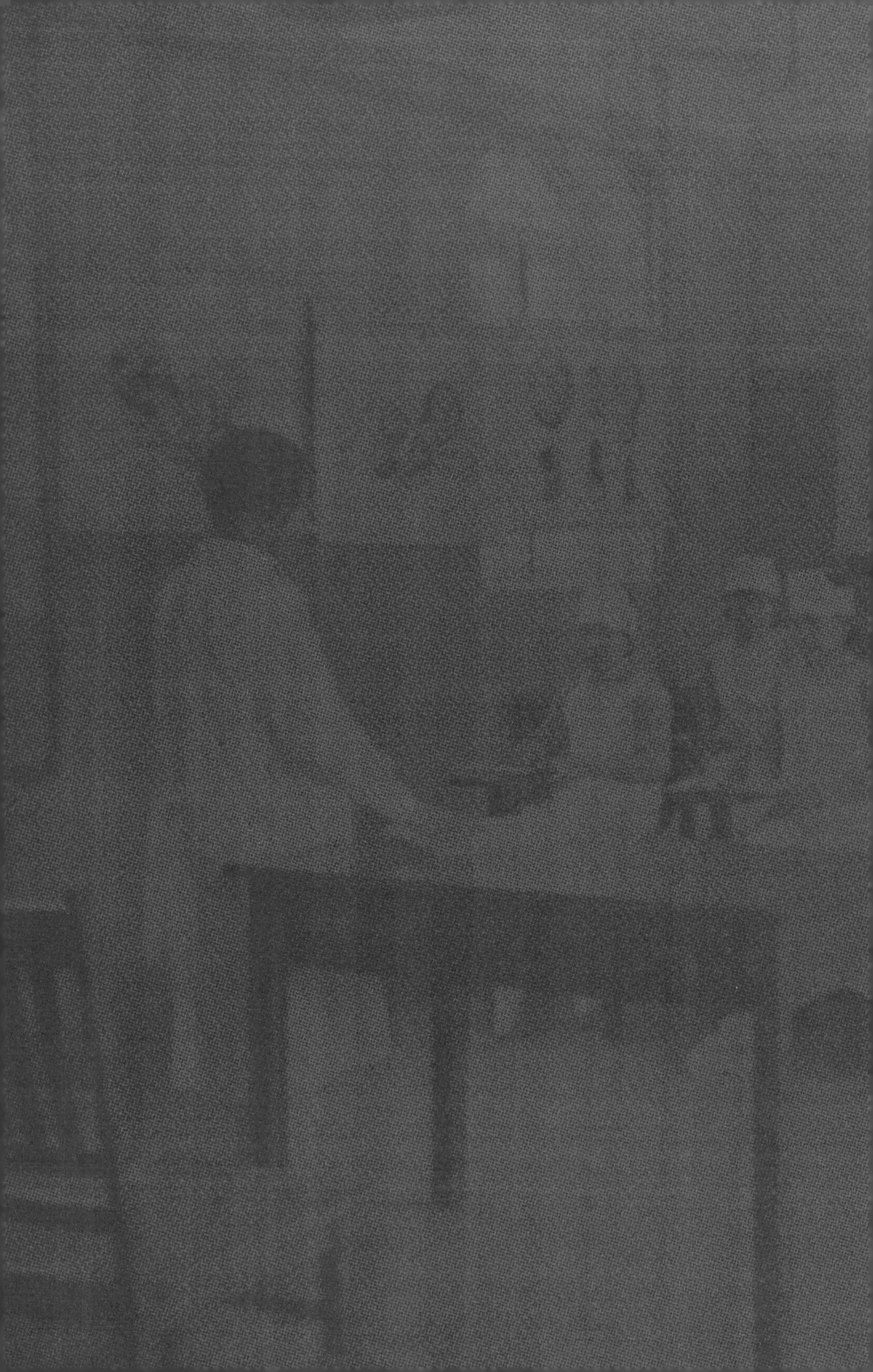

6부

위생의 근대성에서 혼종성으로

11

20세기 전반 베이징의 공간 재편과 균열

동아시아 근대의료사 연구에서 가장 중요한 쟁점 중의 하나는 서세동점의 상황하에서 의료공간의 변화와 근대성의 문제였다. 동아시아 각국은 근대국가 설립이나 식민화의 과정에서 근대적 위생을 도입하고 실현하기 위한 다양한 노력을 경주했다. 위생과 의료는 도시 근대화 과정에서 우선적이면서 필수적인 요소였으며, 근대적 위생과 의학의 공간화 과정에서 공간 재편과 균열은 필연적이었다. 그럼에도 동아시아의 도시위생에 관한 많은 연구들은 도시의 근대화나 위생의 근대성에 초점을 맞춰왔다. 이럴 경우 도시사회의 일면적인 요소, 즉 서양화의 양상만 지나치게 강조하거나 주목받게 되고, 그 밖의 요소들은 간과하게 될 우려가 크다.

사실 근대화 과정에서 도시공간은 급격한 근대화에 따른 저항적 · 이질적 · 복합적 · 중층적 양상을 보이게 된다. 의료공간 역시 예외는 아니다. 이 책은 이러한 점들을 공간의 '재편(reorganization)'과 '균열(rupture)'이라는 관점에서 도시공간의 성격을 해명하고자 한다. 19-20세기 동아시아의 도시공간에서 균열은 시정권력의 일상공간에 대한 지배가 일방향적으로 관철되지 않고 시정권력의 의도와 어긋나는 양상으로 나타난다. 균열의 구체적 양상은 지배권력의 서구적 근대화에 저항하는 가운데 전통적 성격이 강하게 나타나지만, 단지 전통으로 환원되는 것만은 아니다. 균열의 도시공간은 근대 도시의 자양분을 흡수한 도시민들의 개별적인 행위에 기초하여 다양하고 복합적인 양상을 보이게 된다.

이 책은 도시공간의 균열이라는 점에서 한발 더 나아가 '위생의 혼종성(hygienic hybridity)'이라는 관점을 제기하고자 했다.[1] 위생의 혼종성이란 근대의학의 공간화 과정에서 전통의학과 민간의료 등으로 구성되는 민간사회의 의료공간이 근대의학에 저항하고 균열되는 양상을 보이는데, 단순히 전통으로 회귀하거나 퇴행하지 않고 근대의학적 요소를 민중문화적 관점으로 재해석하는 과정에서 새롭게 등장하는 특성이나 양상을 말한다. 그러한 양상은 도시공간의 재편 과정에서 다양하게 나타나는데, 도시사회의 민중문화, 관행습속, 공간구성 등에서 다양한 방식으로 표출된다.

이 책에서 말하는 근대적 공간은 단순히 물리적인 공간이 아니라 수치화(數值化)를 포함한 관념상의 공간을 의미하는 개념이며, 대체로 세 가지 층위를 포함한다. 첫 번째는 질병의 공간화이다. 질병분류와 질병의 표준화가 이에 해당된다. 질병에 대한 객관적인 분류와 수치가 있어야 질병의 개선 유무나 질적·양적 인구 관리가 가능하다. 두 번째는 신체의 공간화이다. 근대사회에서 신체는 더이상 개별화된 존재가 아니며, 출생에서 사망까지 국가권력에 의한 관리 대상이 된다. 신체 역시 질병, 연령, 임신 여부 등에 의해 분류되고 표준화된다. 세 번째는 의학의 공간화이다. 의학과 위생은 일상공간과 일상생활 속에서 규범화되고 제도화된다. 동아시아의 근대화 과정에서 이 세 가지 층위가

---

1 여기에서 혼종성은 이항 대립에 근거한 혼합이나 융합이 아닌 다중적이면서 새로운 혼합체의 창출 가능성을 염두에 둔 것이다. 이에 대해서는 다음을 참고. 피터 버크 지음, 강상호 옮김, 『문화혼종성』(이음, 2012).

시계열적(時系列的)으로 진전되며, 공간화에 저항하는 과도기적인 양상이 광범위하게 존속하게 된다. 근대도시의 공간 재편 과정에서는 질병, 신체, 의학의 공간화를 필수적으로 동반하게 되는데, 이러한 공간화의 과정에서 혼종화(hybridization)는 동아시아에서 보편적으로 나타나는 양상이었다.[2]

도시 건설 과정에서 근대의학의 공간화를 둘러싼 논의를 베이징에 적용시킨 대표적인 연구는 양녠췬(楊念群) 등에 의해서였다. 스밍정(史明正)의 연구와 같이 도시 관리기구의 설립, 공원의 확대, 도시 인프라의 건설 등 도시공간의 근대화에 주목했던 연구가 없었던 것은 아니지만, 양녠췬은 국가권력에 의한 근대적 생사관리(生死管理) 등을 통한 공간 통제에 주목하는 등 미셸 푸코(Michel Foucault, 1926-1984)의 근대의학의 공간화에 관한 논의를 베이징의 도시공간으로 확장시켰다.[3] 그러나 양녠췬은 도시의 근대화 과정에서 도시공간의 균열 가능성에 대해서는 언급하지 않았고, 오히려 구시대적 존재들의 활동과 균열적인 양상들은 도시근대화의 예외적인 현상으로 분석했다. 그와는 달리, 도시공간에 대한 통제를 강화할수록 도시공간의 분절적·균열적 양상은

---

2 辛圭煥,「衛生的混种性: 19-20世紀東亞醫療空間的的重編與變化」, "『中醫藥文化』第四屆學術大會: 明清以来醫療社會文化史研究,"(上海中醫藥大學, 2018. 12. 14).

3 史明正(Shi Mingzheng)著, 王業龍 等譯, 『走向近代化的北京城: 城市建設與社會變革』(北京: 北京大學出版社, 1995); Shi Mingzheng, "Rebuilding the Chinese Capital: Beijing in the Twentieth Century," *Journal of Urban History* 25-1(1998); 楊念群,「地方感與西方醫療空間在中國的確立」,『學人』第12輯(江蘇文藝出版社, 1997); 楊念群,「"蘭安生模式"與民國初年北京生死控制空間的轉換」,『社會學研究』1999-4; 楊念群,「民國初年北京的生死控制與空間轉換」, 楊念群 主編,『空間·記憶·社會轉型: "新社會史"研究論文精選集』(上海: 上海人民出版社, 2001); 楊念群,『再造'病人': 中西醫冲突下的空間政治(1832-1985)』(北京: 中國人民大學出版社, 2006); Yang Nianqun, "The Establishment of Modern Health Demonstration Zones and the Regulation of Life and Death in Early Republican Beijing," *East Asian Science, Technology, and Medicine* no.22(2004).

오히려 도시사회 전반에 전형화된 형태로 나타나고 있었다.

기존 연구들이 주로 시정권력에 의한 공간 통제의 양상에 주목하니 보니, 근대적 공간 통제의 성격이나 방향은 어느 정도 설명이 되었지만, 그와 같은 구상이 어떤 계기로 등장했으며, 공간 통제의 과정에서 등장하는 저항적·복합적·중층적·이질적인 모습들은 포착하지 못했다. 즉 기존 연구에서 도시공간의 지역적 분절성을 언급하면서 도시공간의 지역적 차이가 있다는 점을 언급하고 있지만, 그 지역적 분절성 혹은 차이의 구체적 내용이 무엇인지를 설명하지는 못했다.[4] 이 책은 시정권력이 기획한 공간 재편과는 다른 이 같은 도시공간의 성격을 해명하기 위해 '균열(rupture)'이라는 시각에서 접근하고자 한다. 20세기 도시공간에서 균열은 시정권력의 일상공간에 대한 지배가 일방향적으로 관철되지 않고 시정권력의 의도와 어긋나는 양상으로 나타난다. 균열의 구체적 양상은 지배권력의 서구적 근대화에 저항하는 가운데 전통적 성격이 강하게 나타나지만, 단지 전통으로 환원되는 것만은 아니다. 균열의 도시공간은 근대 도시의 자양분을 흡수한 도시민들의 개별적인 행위에 기초하여 다양하고 복합적인 양상을 보이게 된다.[5]

이 책은 위생을 통한 도시공간의 재편과 균열을 파악하기 위해서 근대의학의 공간화에서 중요한 논제인 질병·신체의 공간화와 일상공간의 대상화 문제

---

4 예외적으로 샹린레이는 '중국적 근대성'을 탐구하면서, 민국 시기의 중의가 서의도 아니고 전통의학도 아닌 혼종적 양상을 드러냈다는 점에 주목하기도 했다. Seon Hsiang-lin Lei, *Neither Donkey Nor Horse: Medicine in the Struggle over China's Modernity*(Chicago and London: The University of Chicago Press, 2014).

5 식민지사회에서 지배권력에 대한 저항으로서 균열에서 대해서는 공제욱·정근식 편, 『식민지의 일상, 지배와 균열』(문화과학사, 2006)의 서장을 참고.

를 검토할 것이다.[6] 미셸 푸코는 『임상의학의 탄생』(1963)을 통해 서양 근대의학에 나타난 분류하기와 공간화 등의 문제를 다룬 바 있는데, 베이징의 도시공간의 재편과 균열의 방향에 대해서도 시사하는 바가 크다고 본다. 이 책은 푸코의 논의를 참고하면서 베이징의 공간 재편 과정에서 등장한 질병분류와 위생구사무소(衛生區事務所)의 설치 과정과 그 의미를 분석하고, 균열된 공간으로서 톈차오(天橋)에 주목하고자 한다. 이를 통해 이 책은 20세기 전반 베이징에서 위생을 통한 도시공간의 근대적 재편이 어떻게 논의되고 실천되었으며, 그를 둘러싼 균열 양상이 구체적으로 어떻게 나타나는지를 보여주고자 한다.

6 서양의 경험을 토대로 이 문제를 본격적으로 검토한 이가 푸코였는데, 흥미롭게도 베이징에서 전개된 존 그랜트와 황쯔팡의 위생실험 내용은 푸코의 개념과 분석틀로 적용이 가능하다고 본다. Michel Foucault(A. M. Sheridan trans.), *The Birth of the Clinic: An Archaeology of Medical Perception*(First published in French in 1963, first published in English translation in 1973, and published Routledge Classics in 2003); 홍성민 옮김, 『임상의학의 탄생』(서울: 인간사랑, 1993).

위생구의 설치와 공간 재편

1. 사인분류와 신체의 공간화: 생명통계와 질병의 표준화

베이징에서 위생구(衛生區)가 처음 설치된 것은 1925년이었다. 행정구획상 내1구 지역에 경사경찰청시판(京師警察廳試辦) 공공위생사무소(公共衛生事務所)가 설치되고, 내1구 지역을 대상으로 위생실험이 실시되었다. 위생구와 위생구사무소의 설립을 주도한 것은 존 그랜트였다. 그랜트는 베이징협화의학원(北京協和醫學院) 공공위생학 교실 교수로서 차이나 메디컬 보드(China Medical Board)의 인적·재정적 지원을 받아 위생구를 중심으로 베이징의 위생 수준을 향상시키기 위한 실험을 진행했다.

그랜트가 공간 재편을 위해 무작정 위생구사무소를 설치하거나 위생실험을 감행한 것은 아니었다. 그랜트가 위생실험을 시작하는데 가장 중요한 기초로 삼았던 것은 생명통계의 작성과 질병의 표준화 문제였다.[7] 생명통계란 한 지역에서 발생하는 출생인원과 사망자 수, 사망원인 등을 조사하여 수치화한

7 蘭安生(John B. Grant),「改善北京公共衛生的第一步」,『民國醫學雜誌』4卷10號(1926. 10).

것이다. 정확한 생명통계를 작성해야만 위생 수준의 향상 여부를 평가할 수 있기 때문에, 생명통계는 위생실험에서 가장 기초적인 작업이 된다. 그런데 생명통계 작성에는 사망원인의 조사가 중요한 항목이고, 정확한 사망원인을 파악하기 위해서는 전문적인 지식을 필요로 했다. 이전까지 사망원인에 대한 조사가 없었던 것은 아니었지만, 사망원인에 대한 조사가 음양생(陰陽生)·호적경(戶籍警)·중의(中醫) 등을 통해 이루어지다 보니 정확한 사인 분석보다는 유가족이 사망 처리에 편리한 사망원인으로 보고되는 경우가 적지 않았다. 예를 들어, 사망자가 전염병으로 사망했다고 보고하게 되면, 매장이나 장례가 불가능해질 뿐만 아니라 사망자의 가택이 조사나 유폐의 대상이 되는 경우도 있었다. 이런 번잡한 일을 피하기 위해서라도 유가족들은 성인사망의 경우에는 '노환'을, 영아사망의 경우에는 '경련' 등을 선호했다. 모두가 전염병 혐의가 없는 것이었으므로 장례 절차가 신속하게 진행될 수 있었다. 반면 공간 통제를 강화해야 하는 국가권력의 입장에서는 정확한 사망원인이 분석되어야 방역행정의 효과를 극대화하고 인구 관리를 효율화할 수 있었다. 그런데 문제는 당시 베이징에서 사망원인을 정확히 진단할 수 있는 전문인력이 많지 않다는 데 있었다.[8]

1915년 중국 전체에 걸쳐 서의(西醫)는 외국인 383명, 중국인 119명에 불과했다.[9] 1919년 통계에 따르면, 베이징에는 공·사립의원이 46개소가 있었는데, 그중 중국 정부가 경영하는 곳이 6개소, 외국 자본이 지원하는 병원이 4개

---

8 본서의 제3장 '통계조사원의 등장과 근대적 사망 관리'를 참고.

9 Wong K. Chimin & Wu Lien-teh, *History of Chinese Medicine: Being a Chronicle of Medical Happenings in China from Ancient Times to the Present Period*(Shanghai: National Quarantine Service, 1936, 2nd; [New York: AMS Press, 1973]), p.849.

소, 민간병원이 17개소, 외국인이 경영하는 병원이 16개소 등이었다. 의사는 1,098명인데, 그중 서의는 109명이고, 중의는 989명으로 서의보다 9배 이상 많았다.[10] 1929년 베이핑시정부(北平市政府)의 조사에 따르면, 위생국(衛生局)에 등록한 면허소지자는 서의가 278명이며, 중의는 548명으로 중의가 서의보다 2배가량 많았다. 10년 전에 비해 중의의 수는 줄었지만, 서의의 비율은 2배 증가했음을 알 수 있다. 1934년에는 서의가 354명, 중의가 767명, 1935년에는 서의가 405명, 중의가 914명으로 여전히 중의가 서의보다 2배 이상 많았다.[11] 1948년 6월 베이징시의 서의는 647명, 중의는 1,164명이었다.[12] 20세기 전반기 동안 베이징에서 서의가 중의를 수적으로 압도한 적은 한 번도 없었음을 알 수 있다. 서의가 많지 않았기 때문에 정확한 사망원인 조사를 위해서는 중의를 적극적으로 활용하거나 그들을 대신할 새로운 인력을 양성하는 방안을 모색해야 했다.

20세기 이전 베이징에서 중국인이 사망원인 조사나 질병 조사를 체계적으로 시도한 적은 없었다. 사망원인 조사나 질병 조사를 위해서는 전문인력을 확보해야 할 뿐만 아니라 질병분류체계가 확립되어야 했다. 베이징에서 질병분류는 1870년대 베이징 지역에서 활동했던 영국 출신 의료선교사 존 더전

---

10 Sidney D. Gamble, *Peking: A Social Survey* (New York: George H. Doran Company, 1921) 제6장 위생; 袁熹, 『北京近百年生活變遷 1840-1949』(北京: 同心出版社, 2007), 296-297쪽.

11 北平市政府衛生局 編印, 『北平市政府衛生局二十三年度業務報告』(1935. 10), 156. 상하이시 위생국 조사에 따르면, 1927-1935년까지 중의(6,447명)는 서의(1,126명)보다 5.7배가량 더 많았다. 文庠, 「試論民國時期中醫開業管理政策法規與實施」, 『民國檔案』(2007. 4), 77쪽.

12 신규환, 「民國時期 醫師免許制度의 成立過程과 醫師의 社會的 地位」, 『東洋史學硏究』 114 (2011. 3).

(John Dudgeon, 1837–1901, 중국명 德貞)에 의해 시도되었다.[13]

당시 중국해관의 책임자인 제미슨(Robert Alexander Jamieson)은 해관에 보고하는 선교의사들에게 영국식 질병분류와 사망원인 분류를 요구했다. 1870년대 사망원인 분류는 총 69종의 소분류된 질병을 포함했고, 대분류로는 일반질병(급성 및 만성전염병), 신경계질병, 순환계질병, 호흡계질병, 소화계질병, 비뇨계질병, 생식기관병, 분만병, 운동기관병, 피부계질병, 중독, 손상 등이 있었다. 실제 보고서에는 이 중에서 대개 소분류 질병 중 30종 이내가 보고되었다.[14]

실제 더전의 베이징 질병보고는 중요한 전염병을 서술하는 방식으로 이루어졌지만, 당시 영미계 의료선교사들의 질병분류는 감염성 여부, 환경적 요인, 신체 계통 등에 엄밀하게 이루어졌다. 1880년대와 1890년대 질병분류 방식은 조금씩 변화되지만, 감염, 발열, 신체계통 등에 따른 분류는 여전히 지속되었다. 사망원인 분류 역시 전염병과 신체 부위 및 계통 질환을 중심으로 분류되었다. 바꾸어 말하면, 이러한 질병 및 사망원인 분류체계는 개항 이후 중국해관과 서양의학계에서 공식적인 질병분류체계로 적용되고 있었지만, 서양의학에 익숙하지 않은 중국인들에게는 낯선 지식일 뿐이었다.

---

13 영국에서는 토마스 시드넘(Thomas Sydenham: 1624-1689)의 『의학의 관찰』(1676) 이후 질병을 형태학적인 특징에 따라 분류하려는 분류의학이 크게 유행했다. 분류의학은 처음에는 개별 증상에 따른 임상적 특징이 강조되었지만, 점차 해부학적 구조의 변화나 화학적 특징까지도 분류기준으로 채택되었다. 18세기 중반 몽펠리에의과대학의 소바주(Francois Boissier de Sauvages, 1706-1767)는 증상에 따른 분류의학을 체계화하여 최대 10개 범주, 2,400여개 질병으로 분류하기도 했다. 여인석, 『의학사상사』(서울: 살림출판사, 2006), 56-62쪽.

14 "Abstract from Cemetery Record of Burials(January 1st 1871 to December 31st 1877), *Medical Report*(1877), pp.76-77.

베이징 당국이 실시한 최초의 사망원인 보고는 민정부(民政部) 임시방역국(臨時防疫局)이 1908년 2월 19일과 22일 이틀 동안 베이징 내외성 각 구에 대해서 실시한 것이었다. 이틀 동안 조사한 사망자 수는 남자 48명, 여자 40명 등 총 88명이었고, 의관들은 사망자의 성명 · 성별 · 연령 · 병명과 감염 · 사망 일시 등 6개 항목을 조사했다. 이 중 질병명칭은 해관의사나 의료선교사들의 질병분류 방식과는 관련 없이 총 28종으로 분류되었다. 결핵[癆症, 폐결핵(肺癆) 포함], 뇌막염, 기관지염, 천식, 장염, 노쇠, 신장염, 아편중독, 마진, 자궁내막염, 동사 및 아사[凍餓], 뇌출혈, 산후출혈[産後血崩], 류머티즘[風濕], 숙병[痾], 반신불수[截癱], 이질[痢], 요절[殤], 성홍열, 위병, 실은(失隱), 영양불량, 석탄중독[煤中毒], 회귀열, 수암(水癌), 폐기종(肺氣腫), 히스테리(歇斯底里), 식적(食積) 등이 그것이다.[15] 최대 사망원인인 결핵을 포함하여 이질이나 뇌막염 등 질병분류체계에 전염병을 포괄하고 있었지만, 주요한 급성전염병이 제외되는 등 명확한 질병분류체계를 확립하지 못하고 있었다. 당시 중국의 방역제도나 법규는 일본의 영향을 많이 받고 있었고, 일본식의 다양한 질병명칭이 섞여 있는 것으로 볼 때, 질병분류 역시 일본의 영향을 받았을 것으로 추정된다.

1922년 1월 20일 북양정부(北洋政府) 내정부(內政部)는 각급 시정부 및 현정부 경찰구서에 매년 생명통계를 작성하여 보고하도록 했다. 내정부가 제시한 사망원인 항목은 총 19개였다. 콜레라, 이질, 장티푸스, 두창, 홍역, 성홍

---

15 游金生, 「清末北京內外城居民死因分析」, 『中華醫史雜誌』 24-1(1994), 23-24쪽. 결핵으로 사망한 자가 21명(23.86%)으로 사망원인 1위를 차지했다. 그다음으로는 뇌막염과 기관지염이 각각 12명(13.64%)과 10명(11.36%)을 차지했다.

열, 디프테리아, 페스트, 두통, 뇌병, 정신병[瘋病], 경련[驚風], 감기[風邪], 눈병[目疾], 치조농루[牙疳], 콧병[鼻症], 귓병[耳病], 인후병[喉症], 식체[噎嗝] 등이다.[16] 사망원인이 주로 급성전염병과 두통, 감기, 이비인후과 질환 등 비교적 경미한 질병으로 구성된다는 점이 특이하다. 20세기 전반 베이징의 주요 사망원인은 결핵과 호흡기병으로 추정되는데, 1922년도 질병분류에는 이러한 질병들이 포함되지 않을 정도로 질병분류체계에 여전히 적지 않은 결함을 가지고 있었다.

베이징시민의 사망원인에 대한 본격적인 분석은 존 그랜트와 황쯔팡(黃子方, 1899-1940)[17]에 의해 시도되었다. 그랜트와 황쯔팡은 1925년 9월 1일부터 1926년 8월 15일까지 내좌2구(內左二區)에서 경찰서를 통해 보고받은 1,214명(이 중 98명은 미분류)의 105가지 사망원인에 대해서 분석했다. 경찰서 사망보고서에서는 경련(236명), 결핵(227명), 노쇠(180명), 출산사망(59명) 등이 주요한 사망원인으로 분류되었다. 그런데 경찰서 사망보고서 중에서 중의가 사인을 확인한 것이 539명(44.4%), 서의가 사인을 확인한 것이 189명(15.6%)이었고, 의사의 확인을 거치지 않은 경우가 486명(40.0%)에 달했다. 이 보고서에서 중의에 의한 사인분류가 중요한 비중을 차지하고 있는데,

---

16 Grant, J. B., Huang, T. F., Hsu, S. C., "A Preliminary Note on the Classification of Causes of Death in China," *National Medical Journal of China*, Vol.13, no.1(January, 1927), pp.1-20.

17 황쯔팡은 미국 시카고대학에서 생리학 학사, 위생학 및 세균학 석박사학위를 취득한 후 귀국하여 중앙방역처(中央防疫處)와 베이징협화의학원에서 근무했다. 1927년 『중국위생추의(中國衛生芻議)』를 발표하여 국가의료를 공표했으며, 1928년 베이핑시정부의 초대 위생국장에 임명되기도 했다. 황쯔팡에 대해서는 신규환, 「민국시기 의사면허제도의 성립과정과 의사의 사회적 지위」, 『東洋史學硏究』 114(2011. 3), 176-177쪽.

중의는 결핵을 노병(癆病) 이외에, 잡로(雜癆), 혈로(血癆), 동자로(童子癆), 폐병(肺病), 구로(久癆), 토혈(吐血), 간로(肝癆), 주로(酒癆), 간열(肝熱), 혈증(血症), 혈허(血虛), 노상(努傷) 등 다양한 이름으로 분류했다. 중의는 위장병과 호흡기병 역시 간기(肝氣), 간질(肝疾), 변혈(便血), 복충병(腹蟲病), 식적(食積), 복통(腹痛), 복사(腹瀉), 사사(邪瀉) 등과 감기[感冒], 풍사(風邪), 기침[咳嗽], 폐열(肺熱) 등 다양한 이름으로 분류했다.[18]

그랜트는 이들 자료에 기초하여 사망원인을 25종으로 재분류했다. 결핵, 기타 결핵, 위장병, 호흡기병, 심장 및 신장병, 두창, 디프테리아, 성홍열, 발진성질환, 기타 열병, 노쇠 및 중풍, 출생허약, 경련, 출산사망, 장티푸스, 산후병, 매독, 상처에 의한 패혈증, 간질환, 콜레라, 페스트, 외상, 복독, 기타 원인, 원인불명 등이 그것이다.[19] 그랜트의 1927년 보고에서는 급성 및 만성전염병 위주로 질병분류체계를 확립했음을 알 수 있는데, 이에 따르면 대체로 결핵, 위장병, 호흡기병과 급성전염병이 베이징인들의 주요한 사망원인이었다.

1928년 난징정부는 27종의 사망원인 분류표를 작성하여 사망원인을 조사하도록 했다. 그러나 사망원인을 정확히 모르는 경찰 등이 사망원인 분류표에 형식적으로 내용을 채워넣는 방식이어서 근본적인 제도 개선을 하지 않는 한, 이러한 사망원인 조사는 신뢰성이 없었다.

1930년대 위생구사무소에서 성별 · 연령별 · 질병별 사망원인 분류표를 작

18 Grant, J. B., Huang, T. F., Hsu, S. C., "A Preliminary Note on the Classification of Causes of Death in China," *National Medical Journal of China*, Vol.13, no.1 (January, 1927), pp.1-20.

19 Grant, J. B., Huang, T. F., Hsu, S. C., "A Preliminary Note on the Classification of Causes of Death in China," pp. 16-19.

성하여 사망원인을 분류했는데, 27종이었다. 장티푸스[傷寒, 副傷寒], 발진티푸스[班疹傷寒], 이질, 두창[天花], 페스트[鼠疫], 콜레라, 디프테리아, 뇌척수막염, 성홍열, 홍역[痲疹], 창독(瘡毒), 기타 열병, 광견병, 경련[抽風], 산욕열, 폐결핵, 기타 장기 결핵병, 호흡기병(결핵병 이외), 설사 및 장염(2세이하), 기타 위장병, 노쇠 및 중풍, 신생아허약 및 조산, 중독 및 자살, 외상, 기타 원인, 원인불명 등이었다.[20] 1926년부터 1931년까지 제1위생구사무소가 조사한 주요 사망원인은 결핵, 위장병, 호흡기병 등이었다.

그랜트의 1929년 사망원인 조사에서는 결핵과 급성전염병이 주요한 사망원인으로 등장했다.[21] 1920-1930년대 베이징시민의 질병과 사망원인에 관한 각종 조사를 통해서, 베이징시민들의 최대 사망원인은 전체 사망률의 30% 이상을 상회하는 결핵으로 추정된다.[22] 그랜트의 사망원인 조사는 급성 및 만성 전염병을 포함하는 등 근대적인 질병분류체계에 기초하여 질병분류를 시도했는다는 데에 의의가 있다.

그러나 재분류를 통한 그랜트의 사망원인 조사도 베이징시민의 사망원인을 정확히 조사하는 데는 한계가 있었다. 사망원인 조사 자체가 대부분 중의의 보고에 의존한데다가 의사의 확인을 거치지 않은 조사도 40%에 이르렀기 때문이다. 결국 정확한 사망원인을 파악하기 위해서는 전문인력이 필요하고, 서

---

20 北平市公安局 編, 『北平市公安局第一衛生區事務所第七年度年報』(1932), 18쪽.

21 Grant, J. B. & Fang, I. C., "Causes of Death for China," *The China Medical Journal*, Vol.14, no.6(June, 1929), p.624.

22 Bridie J. Andrews, "Tuberculosis and the Assimilation of Germ Theory in China, 1895-1937," *Journal of the History of Medicine* Vol.52(January, 1997), p.133.

의를 양성하는 데는 많은 시간과 재원이 소요되기 때문에, 단기적으로 전문인력을 양성할 수 있는 새로운 제도가 필요했다. 그것이 바로 통계조사원(統計調査員) 제도였다. 통계조사원은 기존 음양생과 중의 등을 대신하여 사망원인을 조사하는 것뿐만 아니라 출생 · 사망 조사, 전염병 관리, 환경위생의 감독 등 도시공간의 의료 통제를 강화하는 데 핵심적인 역할을 담당하게 되었다.

통계조사원은 이미 제1위생구사무소에서 4명이 활동하고 있었지만, 통계조사원이 본격적으로 양성되기 시작한 것은 1934년 10월부터였다. 제1기 통계조사원으로 10명이 훈련을 받았고, 그들은 내성구(內城區) 전 지역에서 활동했다. 1935년 8월에는 제2기 통계조사원 15명이 배출되었고, 이들은 외성구(外城區)에 주로 배치되었다. 통계조사원은 인구조사를 포함하여 출생 · 사망조사, 전염병 관리를 담당했는데, 통계조사원제도가 실시되는 지역에서 인구가 크게 증가하는 경향을 보였다. 베이징인들은 대체로 출생신고를 잘 하지 않는 경향이 있었는데, 출생수가 늘어난 데다가 위생구사무소의 의료관리로 사망률이 크게 낮아진 것도 인구증가에 크게 기여했다. 시정부 위생국은 통계조사원이 작성한 생명통계에 기초하여 인구 관리를 할 수 있었다. 그 결과 제1위생구의 경우, 영아사망률은 1926년 183.2에서 99.3으로 절반 가까이 줄어들었는데, 이는 서구 선진국 수준의 영아사망률이었다. 출생률은 1926년 21.8에서 1935년 24.0으로 높아졌고, 사망률은 1926년 21.0에서 13.3으로 낮아졌다.[23]

물론 이러한 수치 관리는 통계조사원의 각종 통계표 작성만으로 달성될 수 있는 것은 아니었다. 출산 관리를 위해 의사 · 간호사 · 조산사들의 개별 가구에

23 北平市衛生局 編, 『北平市衛生局第一衛生區事務所第十一年年報』(1936), 12-15.

대한 방문조사 및 진료활동이 이루어졌고, 위생지도원, 사회복지사 등이 도시민의 의료 통제를 위해 총동원되었다. 예를 들어, 위생구사무소는 임산부의 산전 및 산후관리를 위해 임신 6개월까지 1차례, 임신 7개월과 8개월에는 매월 2차례, 임신 9개월부터는 매주 1차례의 검진을 권장했다. 실제로 1935년 제1위생구는 갑구(甲區)와 을구(乙區)로 나누어 관리했는데, 갑구에서는 산모 1인당 평균 2.4차례(전년도 평균 1.9차례), 을구에서는 평균 3.0차례(전년도 3.0차례)의 산전검사를 받기도 했다. 같은 시기 산후검사는 갑구에서 87.9%, 을구에서 69.6%가 산후검사를 받았다. 제1위생구사무소는 이를 보완하기 위해 산후가정방문을 실시했는데, 의사가 638차, 조산사가 2,549차, 위생지도원이 1,424차 실시했다. 위생구사무소는 모든 위생 및 의료활동을 수치화함으로써 도시공간의 의료화를 가속화하고자 했다.

20세기 이후 베이징에서는 질병분류를 통한 사인분류를 시도했으나, 1920년대 전반까지만 해도 체계적인 사인분류가 이루어지지 않았다. 첫 번째로는 국제적으로 공인된 사인분류표를 확보하지 못했고, 두 번째로는 형식적인 빈칸 채우기만으로는 정확한 사인분석이 불가능했다. 1928년 난징정부 성립 이후, 공인된 사인분류표를 전국에 배포했지만, 사망원인을 분석할 수 있는 전문인력이 없이는 사인분류표를 작성하는 것도 큰 의미가 없었다. 그런 점에서 그랜트와 황쯔팡 등은 급성전염병과 만성전염병 위주의 질병분류체계를 확립하고 사망원인을 조사했다는 점에서 근대의학의 확립에 기여했다고 평가할 수 있다. 더욱이 중의에 의한 사망 조사를 재분류하는 데 그치지 않고, 정확한 사인분류를 위해 통계조사원제도를 운용하는 등 서양의학 위주의 공간 재편을 보강하기 위한 다양한 제도의 운용에도 적극적인 관심을 가졌다. 베이핑시정부는 제1위생구사무소에서 초보적인 형태로 통계조사원을 운용하기 시작했고, 1930년대 중반부터는 통계조사원을 본격적으로 양성하여 사망원인 조사와 전염병 관리에 활용하기 시작했다.

각종 생명통계를 포함하여 질병을 분류하고 통계를 작성하는 등 질병을 수치화하는 작업은 근대의학의 성립에서 매우 중요한 의미를 가진다. 이를 기초로 근대의학은 국가권력을 통해서 제도적 차원에서 질병의 공간화를 추진했기 때문이다.[24] 그랜트와 황쯔팡이 도시공간에 대한 의료 통제를 구체화하기 이전에 질병분류와 질병계보를 추적하고, 생명통계를 구축해나갔던 것은 중국에는 공간 통제의 기초가 되는 서양의 질병분류와 질병통계에 관한 지적 전통과 시스템이 부재한 탓이었다. 그랜트와 황쯔팡이 질병통계와 생명통계의 작성에 적지 않은 노력을 기울이고, 통계조사원이라는 독특한 제도를 고안하게 된 것도 바로 이러한 사정에 기인한 것이었다.

베이징에서 근대의학의 공간화를 위한 질병분류와 생명통계가 구축되자, 이를 기초로 일상공간에 대한 의료 통제를 구체화할 수 있었다. 바로 위생구 설치를 통한 일상공간의 재편이었다. 베이징에서 근대의학의 공간화의 핵심은 위생구의 설치와 위생구사무소의 확대에 있었다고 할 수 있다. 더욱이 황쯔팡이 베이핑시정부의 초대 위생국장이 되면서 근대의학의 공간화는 실험단계에서 벗어나 시정권력이라는 강력한 추동력까지 갖게 되었다.

---

24 푸코는 『임상의학의 탄생』에서 고전주의 시기의 공간화와 분류하기를 언급하고, 18세기 말 이후 등장한 근대의학이 국가권력에 의한 질병의 제도적 공간화(institutional spatialization of disease)가 진행되기 시작했다고 보았다. 이에 대해서는 Michel Foucault(A. M. Sheridan trans.), *The Birth of the Clinic: An Archaeology of Medical Perception*(Routledge Classics, 2003), pp.1-22.

2. 위생구 설치와 일상의 공간 통제

1920년대 중반 이후 1930-1940년대에 걸쳐 베이징의 경찰은 1만 명 내외를 유지했다. 경찰은 근대국가의 대리인으로서 치안유지와 도시공간의 통제에 적극적으로 활용되었다. 1930년대 베이징 내성구와 외성구의 인구분포는 각각 50만 명 내외로 대체로 비슷한 비율을 유지했는데,[25] 경찰분국은 각 구별로 30-40개소, 경찰인원은 각 구별로 300-400명 내외로 구성되었다.[26] 이러한 경찰 조직과 인원을 가지고 경찰은 베이징의 도시공간에 대한 경찰통제를 전면적으로 실시할 수 있었다. 이에 비하면 베이징에서 위생구 설치를 통한 의료 통제는 점진적으로 실시되었다.

그랜트는 1925년 위생구 설치를 통해 의료공간에 대한 실험을 시작했는데, 그랜트와 함께 위생구 실험에 동참했던 황쯔팡은 『중국위생추의(中國衛生芻議)』에서 위생구 설치에 대한 자신의 생각을 구체적으로 밝혔다. 황쯔팡은 위생행정의 목표가 '의학국가화(醫學國家化)'를 최우선적으로 실현하는 것이라고 주장했다. 의학국가화란 개인의 지불능력과 상관없이 국가가 예방과 치료를 위해 인력과 설비 등 모든 의료업무에 대해 책임을 지는 것을 의미한다.

25 1936년 베이핑시의 인구는 총 153만 9,105명으로, 내성구 62만 6,622명(40.7%), 외성구 45만 3,926명(29.5%), 교구 45만 8,557명(29.8%)이었다. 北京特別市公署衛生局 編印, 『北京特別市公署衛生局二十五年度業務報告』(北京: 北京特別市公署衛生局, 1938), 6쪽.

26 경찰의 기층조직의 구성에 대해서는 임상범, 「북경지역 경찰관의 구성과 그 변화」, 『중국근현대사연구』 27집(2005. 9); 임상범, 「북경지역 경찰의 기층조직: 1901년부터 1949년까지」, 『대구사학』 88집(2007. 8) 등을 참고. 1946년 베이핑시 경찰분국 및 경찰인원의 수치는 「北平市政府統計, 氣象, 人口, 財政, 社會, 地政, 警衛合集」(1947. 6. 1-6. 30), 北京市檔案館所藏, J001-005-01227.

이를 위해서는 의사·간호사·방역원 등 의료인력이 모두 정부기관에 직속되어야 하고, 인력과 재원이 확보되어 있어야 했다.

황쯔팡의 구상에 따르면, 도시마다 1개의 위생청(衛生廳)을 설립하고, 위생청 아래에는 위생구(衛生區)를 설치하고, 위생구 아래에는 위생소(衛生所)가 설치된다. 위생소는 간단한 치료를 담당하고, 비교적 중병인 사람은 구신료소(區診療所)로 이송시킨다. 위생구를 중심으로 위생청－위생구－위생소로 연결되는 위계적인 의료전달체계를 확립하려 한 것이다. 황쯔팡 구상의 핵심은 위생구를 설치하고, 이를 중심으로 의학국가화를 실현하는 것이었다. 이를 통해 국가권력은 중앙집권과 공간 통제를 강화할 수 있게 된다.

1928년 베이핑시정부(北平市政府)가 성립되고, 황쯔팡이 시정부의 초대 위생국장에 중용되면서 위생구 중심의 위생행정을 강화할 수 있는 기회를 갖게 되었다. 그러나 베이핑시정부 초기 불안한 정국 속에서 위생행정이 안착하지 못하고 위생구 역시 더이상 확대 개편되지 못했다. 그러다가 1933년 6월 위안량(袁良, 1882－?) 시장이 부임하면서 그해 11월에는 위생처가 신설되고 위생행정은 정상적인 궤도에 오르기 시작했다. 제1위생구사무소 팡이지(方頤積) 소장이 초대 위생처장으로 부임하면서 위생구의 중요성은 다시 부각되었다. 1933년 12월 내2구에 제2위생구가 설치되고 제2위생구사무소가 설립되었다. 1934년 12월에는 제3위생구사무소가 1935년 9월에는 제4위생구사무소가 각각 설립되었다.

1937년 중일전쟁 이후 일본은 베이핑을 점령했는데, 일본 점령정부 역시 1940년 7월 교구(郊區)에 위치한 동서남북 사교의원(四郊醫院)을 위생구사무소로 전환함으로써 기존 베이핑시정부의 위생구사무소 중심의 위생행정을 강화하고자 하는 의도를 분명히 했다.[27] 국공내전 시기에도 위생구사무소는 시 정부 위생행정의 핵심센터 역할을 담당했다.

위생구사무소는 10여 명의 이사진으로 구성된 이사회와 방역 및 통계과, 환경위생과, 보건과, 위생권도과, 총무과 등 5개의 행정조직으로 구성된다. 이사회는 위생구사무소의 운영 방안 등을 감독·자문하고, 소장의 지휘하에 시 정부의 위생행정을 실행하게 된다. 위생구사무소의 행정조직이 5개로 구성되어 있듯이, 그 주요한 역할은 생명통계의 작성, 출생·사망 관리, 전염병 관리, 환경위생 관리, 진료와 보건활동, 위생계몽 등에 있었다.

1934년도 『위생국직원록』에 따르면, 제1구위생구사무소의 상근 인원은 11명에 불과했다. 그러나 1934년도 제1위생구사무소의 업무실적을 보면, 출산, 사망, 아동 건강 관리, 전염병 관리, 각종 예방접종, 학교·공장 위생의 관리 등을 위해 수천 건에서 수만 건에 이르는 방문·진료활동을 전개하고 있고, 이러한 실적은 단지 11명의 인원으로 달성될 수 없었다. 실제 진료활동에 참여한 인원은 의학교 졸업생 12명, 베이징협화의학원 3-4학년생 36명, 간호사 30명, 조산사 15명 등 실습 의료진만 103명에 달했다.[28] 이 밖에 통계조사원·권도원·사무원·잡역부 등까지 포함하면 제1위생구에서 활동하는 위생 요원은 최소 150명 이상이었을 것으로 생각된다.

도시공간의 효과적인 의료 통제를 위해서는 우선 정확한 생명통계의 작성

---

27 「推進四郊衛生事業擴大醫院機構改組衛生區事務所」, 『新民報』(1940. 7. 2), 2쪽; 「四郊醫院改組爲衛生區事務所」, 『新民報』(1940. 7. 6), 2쪽; 「北京市衛生行政現況」, 『衛生月報』 第21期(1940. 11. 21), 4쪽.

28 北平市衛生局 編, 『北平市衛生局第1衛生區事務所第11年年報』(北平市衛生局, 1936), 6쪽.

과 출생·사망 관리가 병행되어야 했다. 특히 출산 사망 및 일반 사망시 사망원인을 분류하기 위해서 전문적으로 훈련된 인력이 필요했다. 이전에는 음양생, 중의, 호적경 등이 사망원인을 분류했고, 그들의 사망원인 분류는 정확하지 않았다. 통계조사원제도가 운용되면서 통계조사원이 출산 및 사망원인에 대한 통계를 작성하기 시작했다. 이와 더불어 의사·간호사·조산사·위생지도원 등에 의한 출생·사망 관리도 본격화되었다. 특히 산모의 출산 전후 관리 및 의료진의 가정방문을 통해 산모 및 출산 관리를 강화했다. 병원과 진료소에 대한 시민들의 인식이 낮았기 때문에, 방문진료는 위생구사무소의 의료개입을 강화하는 데 크게 도움이 되었다.

전염병 관리를 위해 위생구사무소는 전방위적인 예방접종과 방문 통제에 주력했다. 1936년도 전염병 사망자(5,960명) 보고상황을 보면, 통계조사원에 의한 사망보고가 43.9%(2,618명)으로 압도적으로 많았고, 전염병의원 20.4%(1,216명), 위생구사무소 17.9%(1,066명) 등이 그 다음을 차지했다. 대부분 시정부와 관련된 조직에서 전염병 사망자를 파악했고, 개원의의 전염병 사망자 보고사례는 0.15%(9명)에 불과했다.

예방접종 역시 위생구사무소, 경찰서, 구공소(區公所), 방공소(坊公所)를 중심으로 한날 한시에 집중적으로 실시되었다. 한 개의 위생구 내에 다핵화된 접종지점을 설치하고 그물망처럼 엮어서 전방위적인 예방접종을 실시했다. 이럴 경우 위생구에 거주하는 도시민들은 예방접종을 사실상 피할 수 없게 된다. 1936년도 위생국과 위생구사무소를 중심으로 한 예방접종은 시전체 접종비율에서 우두접종은 96.0%, 콜레라 및 장티푸스 98.4%, 디프테리아 99.5%, 성홍열 98.7% 등을 차지했다. 위생구사무소의 전염병 통제는 예방접종에만 한정되지 않았고, 전염병 환자가 발생하면 환자를 등록하고, 전염병의원에 격리조치하거나 의사·위생지도원 등이 가정방문을 실시했다. 1935년도 전염병 사망자는 전체 사망자의 3.6%에 불과했다.

전염병 통제에 있어 난관은 폐결핵과 성병 같은 만성전염병을 관리하는 문제였다. 진단이 어려웠고, 예방과 치료 등에 관한 일반인의 인식이 결여되어 있었다. 위생구사무소는 효과적인 진단과 치료를 위해 엑스레이(X-ray) 장비를 구비하고, 각종 검사장비를 구비하여 결핵과 성병을 진단했다. 특히 자체 문진 이외에 학교 및 가정방문을 통해 결핵과 성병을 관리했다.

시정부의 결핵 및 성병 관리는 전염병의원, 시립의원 등과 더불어 위생구사무소를 중심으로 전개되었다. 1936년도 조사에 따르면, 급성전염병은 전염병의원과 위생구사무소에 의존하는 비율이 높았다면, 결핵과 성병은 시립의원과 위생구사무소에 의존하는 비율이 높았다. 특히 시립의원이 결핵과 성병 치료에서 차지하는 비율은 각각 61.05%와 67.26%를 차지할 정도로 높았는데, 시립의원이 외5구에 위치하여, 외성구에 거주하는 서민들이 많이 내원한 결과로 파악된다.[29] 위생구사무소 역시 외래진료, 가정방문, 산전·산후 관리 등을 통해 결핵과 성병 치료를 시도했다. 만성전염병 치료를 위해서는 진단장비와 치료약을 구비해야 하는 등 제한적인 요소가 적지 않았지만, 결핵과 성병이 20세기 전반 베이징의 대표적인 질병으로서 1930년대 시정부의 본격적인 관리 대상이 되었다는 점에서 큰 의미가 있었다. 중일전쟁 이후 일본 점령당국은

29 北京特別市公署衛生局 編印, 『北京特別市公署衛生局二十五年度業務報告』(北京: 北京特別市公署衛生局, 1938), 附表27.

위생구사무소를 그대로 운용했는데, 콜레라 유행 이후 기존의 거점 검역 방식에서 호별 검역 방식으로 전환했다. 이를 위해서는 더 많은 위생경찰이 필요했고, 그만큼 공간 통제도 강화되는 경향이 있었다.

그랜트와 황쯔팡의 근대의학의 공간화를 위한 노력은 위생구 설치와 위생구사무소의 확대를 통해 결실을 맺었다. 그러나 위생구 설치를 통한 일상공간의 재편은 인력·재원·설비 등의 제약 때문에 베이징시 전역에 전면적으로 실시할 수 없었고, 내성구 중심으로 점진적으로 실행해나갔다. 이것이 시정부가 의도하는 근대의학이 베이징 전역에서 전일화되지 못한 첫 번째 원인이었다. 두 번째로는 위생구사무소·사교의원(四郊醫院)·전염병의원·시립의원 등을 중심으로 서양의학이 확산되어갔지만, 도시민의 신체와 일상에 보다 친밀하고 광범위하게 결합되어 있었던 것은 중의학(中醫學)과 민간의료(民間醫療)였다. 특히 약장수들은 일반의약품인 매약(賣藥)을 각종 볼거리를 제공하면서 저렴한 가격에 판매했다. 각종 매약과 민간의료는 도시민의 일상에 안착되어 있었다. 시정부가 주도하는 근대의학은 도시공간에 얼마간 무상으로 공급되고 있었지만, 도시민의 일상과 도시공간을 지배하고 있던 매약과 민간의료 등과 끊임없이 경쟁과 타협의 과정을 거쳐야 했고, 결국 근대의학이 주도하던 도시공간은 파편화와 균열을 겪을 수밖에 없었다.

균열의 도시공간

1. 톈차오와 '평민문화'

외성구 내 톈탄(天壇)의 서북쪽에 위치한 톈차오(天橋)는 원대(元代)에 건조된 석공교(石拱橋)로 중국의 전통적인 활모양의 석교(石橋)를 지칭한다. 명대에 톈탄과 셴눙탄(先農壇)이 건립되면서, 황제(皇帝)가 톈탄에서 제사를 지내기 위해 지나는 통로로 하늘로 통하는 다리라는 의미에서 톈차오라는 명칭이 부여되었다. 실제 톈차오 다리는 1907년에 붕괴되었다. 그럼에도 톈차오는 도시의 관료와 지식인들에게 술과 여흥이 넘치는 낭만의 장소로 여겨졌다. 톈차오의 범위는 동쪽으로는 톈탄의 서면 및 북면과 접하고, 서쪽으로는 둥징루(東經路, 넓은 의미에서는 西經路까지 포함), 남쪽으로는 융딩먼(永定門), 북쪽으로는 동·서 주스커우(珠市口) 등을 경계로 한다. 청말까지 베이징에는 디안먼(地安門)·둥시(東西)·시단(西單)·화시(花市)·차이스커우(菜市口)·첸먼(前門) 일대 등 6개의 상업지구가 형성되어 있었는데, 첸먼을 제외하면 5개 상업지구는 상업활동 이외에 오락활동도 활발했다. 그러나 청조가 몰락하면서 왕족과 귀족의 지원을 받았던 전통적인 상업지구 역시 쇠퇴와 몰락의 길을 걸었다. 황제와 귀족들을 위한 황성과 황가원림들이 시민들에게 공개되었으며 시민공원 등으로 탈바꿈하기 시작했다.

반면 1911년 신해혁명 이후 새롭게 각광받기 시작한 곳도 있었다. 대표적인 곳이 톈차오였다. 톈차오는 도시 하층민들을 위한 시장·사원·휴식처 등으로 재편되었다.[30] 톈차오 일대에는 셴눙시장(先農市場)·싼자오시장(三角市場)·궁핑시장(公平市場)·톈차오시시장(天橋西市場)·톈차오둥시장(天橋東市場) 등 여러 시장이 형성되어 있어 상업적으로 번창했다. 셴눙시장(현 友誼醫院問診部)에는 간이 진료소, 약포[藥店], 사주점술 등 의약 관련 점포와 좌판이 가장 많았다. 셴눙시장 동쪽에는 싼자오시장이 있었는데, 이곳에는 핑슈(評書), 샹성(相聲), 다구(大鼓), 탄셴(彈弦) 등 거리공연을 하는 노점이 많았다. 궁핑시장은 면적이 가장 넓었는데, 각종 희원(戲院)과 극장·잡기장·음식점 등이 자리잡고 있었다. 톈차오시시장은 중고 옷가게[估依鋪]가 많았고, 톈차오둥시장에는 중고 옷노점과 야채시장이 있었다. 톈차오시장의 남부에는 식량과 과일시장이, 북부에는 새시장[鳥市]과 기원(妓院)이 자리잡고 있었다.[31]

톈차오 일대에는 베이징에서 가장 값싼 제품들이 즐비했고, 도시 하층민들의 수요에 부응하기 위해 저가 중고품과 가짜상품이 넘쳐났다. 1920-1930년대 톈차오는 베이징시민들에게는 쇼핑·오락·잡기 등이 집약된 가장 흥미진진한 장소이기도 했다. 베이징의 경기침체기에도 톈차오 일대만은 번영을 누리면

---

30 Madeleine Yue Dong, "Juggling Bits: Tianqiao as Republican Beijing's Recycling Center," *Modern China* Vol.25 No.3(July 1999), pp.310-311.

31 陳建亭·李萬啓·毛殿良, 「鎭壓北京天橋惡霸」, 『文史精華』 1998-5, 52쪽.

서 베이징의 상업활동을 선도할 수 있었던 것은 톈차오가 상업뿐만 아니라 오락 활동의 중심지여서 베이징인들의 사랑을 받아왔기 때문이다.[32] 이 때문에 톈차오는 베이징의 축소판이자 베이징인들의 일상이 전형적으로 나타나는 곳이었다. 라오서(老舍, 1899-1966)는 『낙타샹즈(駱駝祥子)』(1936)에서 톈차오를 다음과 같이 묘사했다.

> 샹즈의 마음은 구겨진 채 그대로였다. 어디로 가야 할지 알 수가 없었다. 남쪽, 동쪽, 다시 남쪽, 그는 톈차오를 지났다. 새해가 오고 9시가 조금 넘자, 가게 견습생들이 모두 아침을 먹고 이곳으로 모여들었다. 각양각색의 노점과 기예를 파는 이들이 모두 일찍부터 자리를 잡았다. 샹즈가 도착했을 땐 벌써 많은 사람들이 몇 겹으로 빙 둘러 있고, 안에는 북과 징이 울려퍼졌다. 그는 아무 것도 보고 싶지 않았다. 웃음을 잃어버린 지 이미 오래다.
>
> 평소 이곳은 만담가, 동물을 이용해 잡기를 하는 사람, 마술하는 사람, 타령하는 살마, 모심기 노래 부르는 사람, 노래이야기 공연[大鼓書], 무술하는 사람 등등이 모여 그에게 호탕한 웃음을 선사했었다. 그가 베이핑을 사랑하는 이유 중 절반은 톈차오 때문이었다. 매번 톈차오의 차양막, 겹겹이 둘러싼 사람들을 바라볼 때마다 그는 재미있고 사랑스러운 일들이 생각났다. 하지만 지금은 앞으로 밀고 들어가는 것도 귀찮기만 하다. 톈차오의 웃음소리에 그의 몫은 사라진 지 오래다. 그는 사람들을 피해 조용한 곳으로 향했다. 하지만 뭔가 서운했다. 아니, 이처럼 요란하고 재미난 곳을 어떻게 떠난단 말인가! 톈차오를, 베이

---

32 「天橋商場社會調查」, 『北平日報』(1930. 2).

핑을 떠날 수 없어![33]

1930년대 한 조사에 따르면, 톈차오에는 200여 개의 점포, 430여 개의 좌판, 115가지의 먹을거리가 즐비했다고 한다. 톈차오에는 식품·의류·생활가구 등 각종 중고품과 일상용품 등으로 넘쳐났다. 톈차오는 베이징에서 가장 빈곤한 지역이었지만, 가장 값싸고 저렴한 상품들이 즐비했다. 그뿐만 아니라 찻집·주점 등 요식업소와 영화관과 극장, 각종 공연과 오락장 등 보고 듣고 먹고 마실 거리가 풍부했다. 톈차오는 이른바 '평민낙원(平民樂園)'으로 불렸다.[34]

톈차오 거리에서 항상 사람들의 이목을 끌었던 집단은 떠돌이 약장수, 돌팔이 치과의사, 접골사 등이었다. 이들은 좌판을 깔고, 손님들을 끌어 모았다. 특히 약장수들은 가짜 약을 팔기 위해서 각종 수단을 동원했다. 약장수들의 전형적인 화법은 톈차오에 즐비한 가짜약을 파는 다른 약장수들과 자신을 차별화하는 것이었다. 그들은 자신의 약이 가업으로 내려온 비방(秘方)으로 약효가 매우 뛰어나다는 점을 강조했다. 약장수들은 약의 선전과 명성을 높이기 위해 무술쇼나 차력쇼를 활용하기도 했다. 일반인들이 하기 어려운 활시위 당기기, 무거운 돌 들어올리기, 격파 등을 선보였다. 이러한 차력쇼는 자신의 약이 스테미너 증강에 도움을 준다는 점을 환기시켜줄 수 있었는데, 다리환(大力丸)과 같은 자양강장제를 파는 데 효과적이었다.

톈차오의 약장수들은 독특한 방법으로 자신들의 약을 선전하기도 했는데,

---

33 라오서, 『낙타샹즈』(황소자리, 2004), 230-231쪽.

34 「平民樂園之天橋」, 『華北日報』(1930. 10. 17).

바로 러우바오쯔(肉報子)를 고용하여 그들이 약효를 선전하게 하는 것이었다. 러우바오쯔는 베이징어로 "살아서 광고하는 사람"을 말하는데, 사람들 틈 속에 섞여서 약이 효능이 뛰어나다는 것을 대놓고 떠들면서 맞장구쳐주는 사람을 말한다. 이와는 달리 손님을 끌기 위한 호객행위를 하지 않아도 잘 팔리는 매약도 있었다. 바로 성병치료제였다. 대개는 입소문을 타고 알음알음 알려졌는데, 효과가 뛰어난 것은 아니었지만, 어디 가서 자신의 병을 호소할 길 없는 하층민들에게 톈차오에서 파는 매약 중에서 가장 잘 팔리는 약품 중의 하나였다.[35]

매약 중에는 자양강장제, 성병치료제 이외에도 소화제나 구충제 등이 인기가 많았다. 한 가지 주목해야 할 것은 톈차오에서 판매되는 매약의 형태가 집에서 달여 먹어야 하는 한 가지 성분만으로 구성된 전통적인 단방 중심의 초약(草藥)만은 아니었다는 점이다. 우선 대부분의 매약은 환약(丸藥) · 고약(膏藥) · 산약(散藥) 형태여서 복용이나 사용이 편리했다. 아울러 특정 질병에 특효인 단방약도 많았지만, 일정한 분량과 다양한 효능이 결합된 복합제재가 적지 않았다. 단방약인 경우에도 한 가지 성분으로만 구성되지 않고, 다양한 성분을 포함시켜 복용 시 불쾌감을 완화시켰다. 복방약인 경우에는 다양한 성분을 포함시켜 소화 · 구충 · 관절염 · 전염병 등 다양한 질환에 효능이 있는 것으로 선전되었다. 드물지만 이러한 만병통치약으로 명성을 얻는 자들도 있었다. 사마귀 치료를 전문으로 했던 양위취안(楊玉泉)이 대표적인 인물이었다. 그는 처음에는 사마귀 치료로 명성을 얻었는데, 임질 · 백탁 · 적백대하 · 월경불

35 Madeleine Yue Dong, "Juggling Bits: Tianqiao as Republican Beijing's Recycling Center," *Modern China* Vol.25 No.3(July 1999), pp.321-323.

순 등 비뇨기질환과 각종 질병치료에서도 명성을 얻었다. 그가 처방한 야약(野藥)의 주성분은 산사나무 열매, 마른 장어 등 주로 소화·구충제·자양강장 성분 위주였다. 그가 처방한 약은 환자들에게는 별다른 효력이 없는 일종의 위약(僞藥)이라 할 수 있는데, 약을 먹고 중독되는 등 의료사고의 위험성은 크지 않은 터라 안정적으로 명성을 유지할 수 있었다.[36]

당시 베이징이나 상하이 같은 대도시에는 서양과 일본 등지에서 수입된 수입약이 적지 않았고, 중소 규모의 약방에서는 수입약품을 적당히 가공하거나 혼합하여 매약의 형태로 판매했다. 톈차오에서 판매되는 매약들은 대개는 약방에서도 값싸게 팔리는 이류품들이 많았다. 톈차오의 의약품시장은 최신품과 최상품으로 채워지지는 않았지만, 저렴하면서도 최소한의 약효를 보장하는 다양한 복합처방약과 매약이 즐비했다는 점에서 기존 약포(藥鋪)들과는 다른 성격을 지녔다.

톈차오가 단순한 상업거리와 다르게 여겨지는 또 다른 요소는 청황먀오(城隍廟)·징중먀오(精忠廟)·링유궁(靈佑宮) 등 10여 개의 사묘를 중심으로 민간제사와 민속활동 등이 이루어졌다는 점이다. 아울러 톈차오에는 지방인들의 동업조합이자 동향조직인 회관(會館) 등이 밀집해 있었다. 베이징성(北京城)의 수호신은 송대(宋代)의 민족영웅인 원톈샹(文天祥, 1236-1282)이었다. 명조(明朝)의 주창자인 주위안장(朱元璋, 1328-1398)은 중국 통일 후 민심을 달래기 위해 원톈샹을 도시의 수호신인 청황(城隍)에 봉했다. 백성들은 청황먀오에서 원톈샹이 정기(正氣)의 화신(化身)으로서 부조리를 심판하고

---

36 張次溪 編, 『天橋一覽』(北京: 中華印書局, 1936), 38쪽.

사회정의를 세워주기를 기도했다.[37] 징중먀오는 남송대의 민족영웅인 웨페이(岳飛, 1103-1141)를 모시는 사당이었다. 징중먀오 안에는 리위안회관(梨園會館)이나 산둥회관(山東會館) 등 예인(藝人)들의 동업조직과 지방민들의 동향조직이 자리를 잡았는데, 회관들은 웨페이를 구심점으로 회관활동을 전개해나가고자 했다.[38] 링유궁(靈佑宮)은 명대에 건립된 일종의 도교사원으로 명 만력제(萬曆帝) 시기(재위 1572-1620)에 확장되어 전우먀오(眞武廟)라 칭해졌다. 청대에는 후궈링유궁(護國靈佑宮)이라 개칭되고 매년 정월 보름에 등축행사가 개최되었다. 20세기 이후로 링유궁(靈佑宮)의 실체는 사라졌지만, 톈차오의 상업중심지로 부상했고, 기존 등축행사와 같은 민속활동은 지속되었다.

톈차오의 공간에 빼놓을 수 없는 세력은 법질서와 시정권력을 능가하는 무뢰배들이었다. 톈차오의 번영과 더불어 이 무뢰배들도 톈차오의 상권에 관심을 가졌다. 1926년 전후 톈진의 민간비밀결사인 칭방(青帮)이 베이징에 진입했는데, 톈차오 일대에 자리를 잡았다. 톈차오를 대표하는 무뢰배로는 4대 패왕(霸王; 東霸王 張德泉, 西霸王 福德成, 南霸王 孫永珍, 北霸王 劉翔亭)과 린자우후(林家五虎) 중 수괴인 린주셴(林竹賢), 분패(糞霸) 류춘장(劉春江) 등이 있었다. 이들은 톈차오의 예인(藝人)과 노점상들에게 보호세를 뜯어내거나 조직에 가입하도록 강제했고, 자릿값을 내지 않거나 조직원이 되지 않으면 장사를 하지 못하게 방해했다. 톈차오가 번영할수록 무뢰배들의 악명은 맹위를

---

37 黃宗漢, 「老北京天橋的平民文化」, 『北京社會科學』(1996. 3), 126-127쪽.

38 신규환, 『북경똥장수: 어느 중국인 노동자의 일상과 혁명』(서울: 푸른역사, 2014), 117-126쪽.

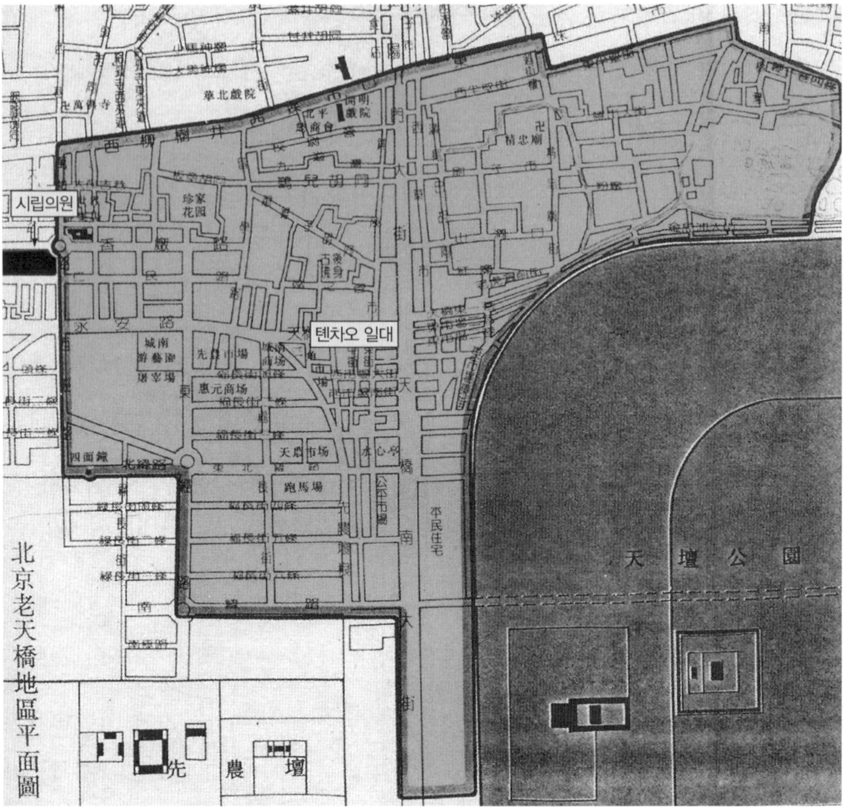

텐차오 일대와 시립의원[39]

떨쳤다.[40] 이처럼 톈차오 일대는 20세기 이후 상업지역으로 크게 번성했지만, 세련된 도시화와 근대화로 화려함을 뽐낸 공간이기보다는 가짜와 야약, 지방

---

39 張次溪 編著, 『天橋叢談』(北京: 人民大學出版社, 2006).

40 陳建亭 · 李萬啓 · 毛殿良, 「鎭壓北京天橋惡霸」, 『文史精華』 1998-5, 52-54; 黃宗漢, 「老北京天橋的平民文化」, 『北京社會科學』(1996. 3), 128쪽.

성과 민간신앙, 축제와 폭력 등 이질적인 요소들이 기묘하게 결합된 혼합 공간이었다. 이른바 톈차오는 베이징의 '평민문화(平民文化)'가 꽃피우는 곳이었고, 그곳에서 시립의원(市立醫院)을 중심으로 근대의학의 공간화를 둘러싼 도전과 경쟁이 이어졌다.

2. 시립의원과 의료평민화

1930년대 베이핑에서 위생구사무소는 설치 · 확대되었는데, 1940년대에는 정체 상태를 보였다. 베이징에 위생구사무소 시스템이 안착된 것은 중화인민공화국 성립 이후의 일이었다. 외성구에 위생구사무소가 설치되지 않았다는 것은 시정권력이 외성구에 대한 의료공간의 통제가 안정적으로 이루어지지 못했다는 의미이기도 하다. 시정부가 재정과 인력을 내성구에 우선적으로 투여한 것은 내성구와 외성구의 공간구조에 차이가 존재했기 때문이다. 내성구는 전통적으로 왕족과 고위 관료들이 머무는 공간이었고, 20세기 이후에도 정부기관과 도시 상층민들의 거주공간이었다. 내성구 주민들은 서양의학에 대한 의존도를 높이면서 빠른 속도로 도시근대화에 적응해나갔다. 반면 도시하층민과 서민들의 상업 · 거주공간이었던 외성구는 유동인구가 많고, 서양의학보다는 중의학이나 민간의료에 의존하는 성향이 강했다. 직업 분포상으로도 내성구에는 전문직 종사자들과 서비스업 종사자들이 많았고, 외성구에는 공업과 상업에 종사하는 자들이 많았다.[41]

41 「公安局經費補充槍彈人口職業犯罪案件等統計表」(1932. 7. 1-1933. 6. 30), 北京市檔案館所藏

1934년에는 베이징의 서양의사 354명 중 83.6%(296명)가 내성구에 집중되어 있었고, 15.6%(55명)만이 외성구에서 활동했다. 같은 시기 중의사 767명 중 58.5%(449명)가 내성구에서 활동했고, 35.1%(269명)가 외성구에서 활동했다. 1935년에는 서의 405명 중 86.2%(349명)가 내성구에 집중되어 있었고, 12.6%(51명)만이 외성구에서 활동했다. 같은 시기 중의 914명 중 60.0%(548명)가 내성구에서 활동했고, 34.0%(311명)가 외성구에서 활동했다.[42]

일본점령기에도 외성구에는 위생구사무소가 설치되지 않았다. 1940년 7월, 베이징특별시공서(北京特別市公署)는 교구에 위치한 동서남북 교구의 평민의원을 위생구사무소로 전환함으로써 기존 베이핑시정부의 위생구사무소 중심의 위생행정을 강화하고자 하는 의도를 분명히 했다. 그러나 남교 위생구사무소 경우, 의사는 소장을 포함하여 단 2명이었고, 통계조사원 2명, 조산사 2명, 간호보조원 4명 등 기타 인원을 합해봐야 총 14명에 불과했다.[43] 4개소의 위생구사무소로 교구의 광대한 지역을 통제하는 것은 사실상 불가능한 일이었다. 따라서 일본점령기의 베이징특별시공서가 베이핑시정부의 위생행정을 계승하고자 한 것은 분명하지만, 엄밀하게 말해 확대·발전시켰다기보다는 기존의 위생행정을 현상유지하는 데 그쳤다고 할 수 있다.

외성구에 위생구사무소가 설치되지 않음에 따라 외성구에 위치한 위생국

J001-007-01609.

42 신규환, 「민국시기 의사면허제도의 성립과정과 의사의 사회적 지위」, 『동양사학연구』 114(2011. 3), 171쪽.

43 「北京特別市政府衛生局南郊衛生區事務所職員名冊」(1912. 1. 1-1949. 9. 30), 北京市檔案館所藏 J005-001-02160.

소속 병원들이 일종의 거점병원 역할을 담당하게 되었다. 외2구의 기녀검치사무소, 외3구의 열성독품계제소(烈性毒品戒除所), 외5구의 시립의원 등이 그것이다. 그러나 기녀검치사무소와 열성독품계제소는 기녀의 성병치료, 아편중독자의 중독치료 등 특수목적 치료에 중점을 두고 있었기 때문에, 이들 병원에서 일반질병의 치료나 관리는 사실상 불가능했다. 반면 외5구에 위치한 시립의원은 쉬안우먼(宣武門) 샹창(香廠), 샹창루(香廠路)와 완밍루(萬明路) 교차점, 즉 톈차오 주변에 설립된 병원으로 외5구의 거점병원 역할을 담당할 수 있었다.

시립의원의 기원은 1906년 설립된 내성관의원(內城官醫院)과 1908년 6월 설립된 외성관의원(外城官醫院)으로 소급된다. 각 의원은 민정부(民政部) 상서(尙書) 산치(善耆, 1866-1922)의 주도로 설립되었다. 그는 중의와 서의를 병용한다는 구상이었으며, 내정부가 직할하도록 했다. 내성관의원은 둥청(東城) 첸량후퉁(錢糧胡同)에 설립되었고, 외성관의원은 쉬안우먼(宣武門) 와이량자위안(外梁家園)에 위치했다. 외성관의원은 1913년 1월 경사경찰청에 의해 접수되었다. 1914년 경도시정공소가 성립된 후, 빈민진료를 위해 선농단 북면의 샹창(香廠)일대에 런민의원(仁民醫院)을 개설했다. 런민의원은 1917년 5월에 이르러 운영이 중단되었다. 이후 경사경찰청은 런민의원 터에 외성관의원을 확충하고, 기존 와이량자위안의 외성관의원을 샹창으로 이전했다. 1933년 위생처가 성립하면서, 외성관의원은 시립의원으로 개조되었다.[44]

외5구에 위생구사무소가 설립되지는 않았지만, 시립의원이 외5구의 사실상의 위생거점 역할을 담당하게 되었다. 내성구에서는 위생구사무소를 중심

---

44 「近代北京的免費醫療」, 『北京檔案』 2013年12期, http://www.xzbu.com/4/view-4860944.htm.

으로 방역활동을 전개한 바 있다. 특히 외5구의 우두접종 성적은 내성구를 압도할 정도였다.[45] 그러나 시립의원의 예방접종은 주로 두창 예방에 집중되었을 뿐이고, 디프테리아·콜레라·장티푸스·성홍열 등 다른 전염병의 예방접종률은 그다지 높지 않았다.

1933년 베이핑시정부 위생처 성립 후, 위생처는 사업의 통일성을 위해서 내성관의원과 외성관의원을 시립의원으로 개조·합병했고, 동교·서교·북교 및 내성·북성·서성 각 진료소와 기녀검치사무소 등 7개의 진료소를 시립의원 조직에 편입시켜 예하 분소(分所)로 관리하도록 했다. 종전 외성관의원 시기 매일 35명 정도의 외래 진료실적은 시립의원 개조 이후 300명 이상으로 증가했고, 7개의 각 진료소까지 포함하면 매일 500명 이상의 외래 진료실적을 기록했다.[46] 1934년과 1935년 시립의원 외래환자 총 진료 수(분소 포함)는 각각 11만 944명과 15만 8,211명이었다. 시립의원의 문턱이 낮았기 때문에, 진료환자는 증가 추세에 있었으나, 여전히 서양의학에 거부감을 가진 주민도 적지 않았다. 이에 1936년 3월부터는 시립의원 내에 중의진료부(中醫診療部)를 설치하여 시민들의 편리를 도모하도록 했다.[47] 반면 푸청먼와이(阜城門外)에 설립한 시립의원 서교진료소 분소는 설립 초기에는 중의 진료만 실시되었는

---

45 1934년 제1위생구사무소와 제2위생구사무소가 6,460명, 5,392명의 접종 성적을 거둘 동안, 시립의원은 8,367명의 높은 접종 성적을 냈다. 北平市政府衛生處 編印, 『北平市政府衛生處業務報告』(北平: 北平市政府衛生局, 1934. 9), 81쪽.

46 北平市政府衛生處 編印, 『北平市政府衛生處業務報告』(北平: 北平市政府衛生局, 1934. 9), 83, 115-117쪽.

47 北平市政府衛生局 編印, 『北平市政府衛生局二十四年度業務報告』(北平: 北平市政府衛生局, 1936), 357쪽.

데, 1936년 3월 서의부(西醫部)를 설치하여 응급진료와 일반진료를 담당하게 했다. 중의와 서의의 외래환자 비율은 비슷한 수준이었다.[48]

시립의원은 '의료평민화(醫療平民化)'·'용약경제화(用藥經濟化)'·'진치과학화(診治科學化)' 등을 운영방침으로 외래 환자 및 응급 환자의 진료, 전염병 환자의 관리 등에 주안점을 두고 있었다.[49] 그런 점에서 전염병 환자 관리 및 진료 이외에 인구 관리, 환경위생, 위생교육 등 지역 거점 위생을 담당하고 있던 위생구사무소와는 그 규모와 역할이 크게 달랐다고 할 수 있다. 시립의원이 목표로 한 의료평민화는 완전 무상의료는 아니었지만, 진찰비와 약값 부담을 최소화했고, 무상의료 수혜자가 전체의 3분의 2를 차지하도록 했다.[50]

1933년 개조 후의 시립의원은 원장 이하 각 분소의 사무직 인원까지 총 18명으로 구성되었다. 시립의원 본원에는 원장 1인을 포함하여 내과·외과·이비인후과·안과, 순회진료 의사 등 총 7명이 근무했다.[51] 이러한 인력으로는 외성구와 교구는 물론이고 인구 8만 8,000여 명(1934년 기준)의 외5구의 의료 수요조차도 감당할 수 없는 상황이었다. 시립의원이 중의진료부를 설립하는 등 기존 위생구사무소와 다른 전향적인 조치를 취했지만, 시립의원 1개소만으로 외5구에 대한 적극적인 공간 통제는 불가능했다.

---

48 北平市政府衛生局 編印, 『北平市政府衛生局二十四年度業務報告』(北平: 北平市政府衛生局, 1936) 350쪽, 360쪽.

49 北平市政府衛生局 編印, 『北平市政府衛生局二十三年度業務報告』(北平: 北平市政府衛生局, 1935. 10), 222-226쪽.

50 北平市政府衛生局 編印, 『北平市政府衛生局二十四年度業務報告』(北平: 北平市政府衛生局, 1936), 349-350쪽.

51 北平市政府衛生局, 『衛生局職員錄』(1934. 12), 北京市檔案館所藏 J005-002-00655.

1935년 외5구에 등록된 서의는 단지 5명에 불과했다. 이는 시립의원 의사를 제외하면 외5구에는 서의가 존재하지 않았다는 뜻이 된다. 반면 같은 시기 외5구에 중의는 38명이 있었다. 1935년 외5구의 인구는 8만 8,879명인데, 중의 1명당 2,339명을 담당해야 한다는 의미이다. 중의의 치료비도 결코 저렴하지 않았기 때문에, 사실상 주민들은 중의 이외에 무당, 점술가, 민간치료사, 떠돌이 약장수 등 유사의료업자와 민간의료에 의존하는 경우가 많았다. 실제로 사회조사를 통해 밝혀진 교구 지역의 의료 상황을 살펴보면, 주위에 접근 가능한 서의와 중의가 있다 해도 주민들은 치료비가 비싸서 이용하지 못하는 경우가 다반사였다. 주민들은 병을 앓게 되면 대개는 그냥 참았다. 그다음으로 할 수 있는 일은 민간요법이나 무속에 의지하는 것이었다. 약간의 돈이 있다면 중의를 이용할 수 있었고, 서의 치료를 받는 것은 그림의 떡이나 마찬가지였다.[52] 그나마 외성구 주민이 교구 주민에 비해서 나은 점은 시립의원과 같이 무상 혹은 저비용 의료를 일부나마 제공받을 수 있다는 점이었다.

시립의원이 외성구에서 근대의학의 공간화를 위한 핵심센터가 되었고, 의료평민화를 위해 중의학을 동원하는 등 다양한 노력을 경주했지만, 내성구의 위생구사무소와 같은 역할을 담당하기에는 역부족이었다. 무엇보다 시립의원은 서양의학을 추동할 인력과 재원을 충분히 보유하지 못했고, 더군다나 평민문화의 요새라고 할 수 있는 톈차오에서 행해지는 다채로운 의약문화에 대적할 수 없었다. 톈차오는 시정부가 주도하는 근대의학의 공간화에 저항하고 균열하는 핵심 지점이었다.

52 신규환, 『북경똥장수: 어느 중국인 노동자의 일상과 혁명』(서울: 푸른역사, 2014), 184-185쪽.

명청 시대의 베이징성을 근간으로 한 베이징의 도시공간은 20세기 전후 별다른 변화가 없는 듯 보였지만, 실상 공화혁명(共和革命)으로 왕조가 몰락하면서 전통적 도시공간이 지리적·정치적·사회적으로 재편되어갔다. 의화단운동의 실패와 서구열강의 개입, 신정(新政)과 신해혁명, 위안스카이(袁世凱, 1859-1916)의 복벽 실패와 중국분할 등으로 베이징은 정치적 혼란과 분할 국면에 처했는데, 베이징성은 근대적 도시 건설과 공간 재편이라는 새로운 과제를 수행해나갔다.

19세기 말 베이징에서 서양 선교의사들에 의해 질병의 공간화와 신체의 공간화가 시도되었지만, 주거공간과 일상공간을 근대의학으로 재편하려는 움직임은 거의 나타나지 않았다. 1910년대 경사경찰청과 경도시정공소 등 전문적인 시정기구가 발족했으나 시정 운용에 있어서는 여전히 초보적인 수준이었다. 베이징사회에서 근대의학의 공간화가 시도된 것은 1920년대 중반 베이징협화의학원의 공공위생학 교수였던 존 그랜트와 황쯔팡 등에 의해서였다.

그랜트와 황쯔팡은 질병분류, 사인분석, 생명통계 등을 통해 질병을 수치화했고, 질병의 계보를 추적하며 신체의 공간화를 시도했다. 이러한 질병의 공간화와 신체의 공간화를 바탕으로 도시공간을 재편하고자 했는데, 도시공간의 재편은 위생구사무소를 중심으로 이루어졌다. 1925년 9월, 그들은 베이징협화의학원이 위치한 내1구 지역을 중심으로 제1위생구사무소를 설립하고, 생명통계의 작성, 출생·사망 관리, 전염병 관리, 환경위생, 위생교육 등 위생행정 전 분야를 담당했다. 그 결과 내1구는 인구증가, 영아사망률 감소, 주민 신체 관리의 강화, 위생 수준의 향상 등 미증유의 공간 재편을 경험했다. 위생구사무소 중심의 공간 재편은 1928년 베이핑시정부가 성립되면서 본격화되었다. 베이징의 위생실험에 참가했던 황쯔팡이 초대 위생국장으로 임명되면서, 위생구사무소 중심의 의학국가화라는 평소의 구상이 구체화될 수 있었다. 1933년부터 내2구에 제2위생구사무소, 1934년 재3구에 제3위생구사무소, 1935년 내4구에 제4위생구사무소 등이 차례로 성립되었다. 위생구사무소의 위생행정은 베이징에서 근대의학의 공간화 과정을 나타내는 대표적인 사례이다. 위생구사무소는 도시민의 신체와 일상공간에 대한 중층적인 통제를 위해 의사·간호사·조산사·통계조사원·위생순찰원·사회복지사 등 의료인력과 다양한 전문인력을 동원했다. 그 결과 도시민의 위생 수준과 건강 수준을 획기적으로 개선할 수 있었다.

그러나 중일전쟁이 발발하면서 위생구사무소의 설치가 더이상 확대되지는 못했다. 일본점령당국은 기존의 위생행정을 존속시키는 한편 동서남북 교구의 평민의원을 위생구사무소로 개조하는 조치를 취했다. 그러나 여전히 외성구에는 위생구사무소가 설치되지 않았다. 외성구에 위생구사무소가 설치되지 않은 것은 단순한 전쟁 여파 때문인지, 시정부의 의도적인 조치인지 분명하지 않다. 분명한 것은 서양의학 위주의 공간 통제가 점진적으로 진행되었던 내성구와 달리 외성구에서는 서양의학의 영향력이 미미했다. 특히 외5구의 톈차오는 베이징의 평민문화를 상징하는 곳이었는데, 중의학·민간의료·매약문화 등이 결합되어 다양하고 복합적인 의료문화가 형성되었다.

톈차오는 베이징의 대표적인 상업지구 중의 하나였으며, 상업·식품·오락·의료 등 주민생활과 떼려야 뗄 수 없는 다양한 시설이 밀집한 장소였다. 특히 외5구에는 전통 사묘와 지방 회관 등이 밀집하여 베이징의 전통과 지방성이 결합된 곳이었다. 외5구 위생행정의 거점은 시립의원이었는데, 시립의원은 중의진료부를 개설하는 등 지역사회에 적응하기 위해 적지 않은 노력을 기울였다. 그러나 시립의원의 제한된 인력과 시설만으로 외5구를 온전히 포섭할 수는 없었다. 오히려 4대 패왕이니 린자우후니 하는 무뢰배들과 지방유력자가 세운 회관 등이 톈차오 사회를 지배하고 있었고, 거리에는 떠돌이 약장수나 좌판식의 유사의료업자들이 활개를 쳤다. 이들은 수공업 혹은 중소자본과 결합하기도 했으며, 저렴한 약값과 진료비, 자신들만의 비방으로 장안의 인기를 누렸다. 그들은 대개 소화제나 강장제와 같은 안전한 가짜약을 사용했기 때문에, 심각한 의료사고나 법적인 책임에 휘말리지는 않았다. 시정권력이 미치지 못하는 지점에서 무당, 점술사, 민간의료인, 떠돌이 약장수 등은 도시사회에서 여전한 인기를 누렸다.

1920년대 이래로 베이징에서는 위생구사무소를 중심으로 근대의학의 공간 통제가 강화되는 추세였다. 그러나 내성구가 위생행정을 통해 근대의학이 확장되는 공간이었다면, 외성구는 근대의학에 저항하고 균열되는 지점이었으며, 교구는 일반 농촌과 다를 바 없었다. 시정부가 기획한 근대의학의 공간화는 지역적 분절성을 드러내고 있었다. 그중에서도 톈차오로 대표되는 외성구는 근대의학의 균열 지점으로서 주목된다. 톈차오의 도시하층민과 민간의료종사자들은 근대 도시의 자양분을 흡수하고 있어, 단순히 서양의학에 저항하거나 중의학에만 의존하거나 하지 않았다. 톈차오의 민간의료는 의약품을 생산·유통·소비하는 과정에서 '혼종적인' 새로운 방식을 고안해냈다. 수공업적인 기반에서 서양의 수입약품을 혼합하고, 초약과는 다른 다양한 매약을 생산하여 저렴하게 도시민에게 공급했다. 그 유통에 있어서도 다양한 오락과 선전 방식을 동원했다. 도시민들은 셴눙시장을 비롯한 톈차오의 다양한 시장에서 의약을 소비했다. 그중에는 가짜도 있었지만 위험성은 크지 않았다. 오히려 저렴한 가격과 약효가 그들의 발길을 계속해서 톈차오로 안내했다. 시정부가 무상으로 제공하는 근대의학도 한계에 직면하고 있었고, 도시하층민들의 일상 공간에는 시정부의 공간 통제에 저항하면서 다양성·이질성·상업성·지방성 등이 복합적으로 구성된 근대의학의 균열 양상이 나타나고 있었다.

바꿔 말하면 시정부 역시 근대의학을 시민들에게 무상으로 공급하는 데는 한계가 있었다. 시정부가 시립의원을 통해 의학국가화를 실현하려고 했으나 외성구에서는 내성구와 같은 중층적 공간 통제에는 이르지 못했다. 내외성구와 교구를 포함한 베이징시가 15개 지역에 위생소(衛生所)를 중심으로 도시공간을 재편한 것은 중화인민공화국 성립 이후의 일이었으며, 도시공간의 재편 이후에도 톈차오에서 나타나는 근대의학의 균열 양상은 상당 기간 지속되었다.

에필로그

근대 도시공간의 재편, 균열과 '위생의 혼종성'

1. 근대국가 건설과 '의학국가화'

근대적 위생행정이 중국의 근대국가 건설과정에서 구체적으로 어떤 역할을 수행했을까? 더 나아가 위생행정이 공간 통제를 강화하여 도시 건설에 일정하게 기여할 수 있었다면, 공간 통제가 가능했던 범위와 그 성격은 어떠한 것이었을까? 이 문제에 답하기 위해서 이 책에서는 근대적 위생 개념의 도입 및 전개 과정과 위생행정의 궁극적 지향으로 지목되는 국가의료의 등장과정을 살펴보고, 그 구체적 사례로 베이핑시정부의 위생행정을 검토했다.

먼저 위생 개념의 도입 및 전개 과정을 살펴보면, 전통적 양생은 개인위생 중에서도 주로 장생이나 보신 등 추상적이면서 제한된 목표에 한정되고 있었다. 이와 같은 양생론은 명청대뿐 아니라 청말 이래 민국기에도 지속적인 영향력을 가지고 있었다. 전통적인 양생론이 지속적인 영향력을 가질 수 있었던 것은 일반인들과 중의들의 양생인식이 일상생활 속에 뿌리내렸기 때문이었다. 중의의 근대화를 지향했던 민국기의 일부 중의들은 번역사업 등을 통해 서의의 해부학 · 생리학 · 위생학 등을 적극 수용하기 시작했다. 그런데 중의의 근대화를 위해 서양 의서의 번역사업에 열중했던 딩푸바오(丁福保)의 위생론을 살펴보면, 그가 개인위생에 치중했으며 공중위생에 대한 인식은 결핍되어 있었다는 것을 알 수 있다. 반면 딩쯔량(丁子良)은 치료의학에 중심을 두었지만 국가 개입의 필요성을 부분적으로 인정하고 있었다. 중의를 지지했던 천궈푸(陳果夫)의 경우는 공중위생에 대한 관심을 넘어서 국가 위생의료체제의 건립을 시도했다. 그가 국가 위생의료체제의 건립에 적극적이었던 것은 정치지도자로서 근대국가 건설에 필요한 위생의료체제 정비의 필요성을 인식하고 있었기 때문이었다.

서의는 중의와는 달리 처음부터 개인위생과 공중위생을 구분했다. 그들은 공중위생의 진전을 위해서는 국가권력의 뒷받침이 불가피함을 인식하고 있었다. 민국 시기 대표적인 중의 폐지론자인 위윈슈(余雲岫)·천팡즈(陳方之) 등은 중의가 공중위생의 진전에 방해가 되므로 중의를 폐지해야 한다고 주장했다. 서의는 공중위생의 진전을 위해서는 국가권력과의 결합이 필요하다는 것을 인식하고 있었는데, 공중위생에 대한 강조가 곧바로 국가 위생의료체제의 건립이라는 목표로 곧바로 수렴되었던 것은 아니었다.

만저우 방역을 지휘했던 우롄더(伍連德)는 민초에는 국가권력으로부터 독립적인 조직을 통해 국가권력을 활용하면서 공중위생을 증진시킬 방안을 모색했다. 우롄더가 국가 위생의료체제 건립의 지지자로 선회한 것은 난징정부 시기에 들어와서였다. 그것은 그가 군벌 시기 동안 군벌통치에 대한 회의를 느껴온 데다 난징정부 시기 검역사무를 주관하면서 해항검역권 등 주권보전을 위해서는 강력한 국가권력이 필요하다는 것을 절감했기 때문인 것으로 보인다. 이러한 우롄더의 인식변화는 1930년대 '민간사회'의 활력이 소진되었기 때문이 아니라 1930년대 민족주의 틀 안에서 위생의료체제가 제도화될 수 있는 길이 열렸기 때문에 가능한 것이었다.[1]

국가가 치료와 예방에 관한 모든 비용·인력·시설을 책임지는 국가의료는 국가 위생의료체제 중에서도 강력한 국가개입과 중앙집권화를 지향한 것

---

1 1930년대 민간사회의 활력에 대한 논쟁은 백영서, 「중국에 시민사회가 형성되었나?」, 『동아시아의 귀환』(서울 : 창작과비평사, 2000), 특히 124-125쪽을 참고.

으로 19세기 중반 이후 서양 각국에서 주목받기 시작했다.[2] 그러나 서양 각국에서 의료 자원의 사회적 재분배를 중시하는 이상주의적 이념이 지속되는 데에는 한계가 있었다. 중국에서 국가 위생의료체제의 건립은 20세기 초 만저우 방역을 통해 본격화되기 시작했고, 국가의료에 대한 본격적인 관심은 과학적 의료의 산실이었던 베이징협화의학원에서 시작되었다. 1925년 5·30운동 이후 베이징협화의학원 학생들은 의학의 사회적 역할에 관심을 두었고, 그들을 중심으로 이른바 '공의그룹'이 형성되었다. 그들은 예방의학과 공중위생 프로그램을 중국 사회에 적용하려 했던 존 그랜트의 영향 속에서 각종 신문매체에 국가의료의 필요성을 선전했고, 베이징과 허베이성(河北省) 딩현(定縣) 등지의 위생실험에 직접 참가했다. 그들은 국민과 국가 형성을 위해서는 중국에 국가의료가 필요하다고 보았고, 베이징의 붉은 의사들의 추구한 사회주의 의료의 기원을 형성했다. 그들이 국가의료의 이상적인 모델로 생각했던 국가는 1920년대에는 유고·체코·영국 등이었고, 1930년대에는 소련이었다.

난징정부 성립 이후 중 중서의논쟁을 통해 중의 폐지의 위기에 직면했던 중의는 국의관의 설치를 통해 근대적 위생의료체제를 건립하여 이 위기를 극복하고자 했고, 서의는 후딩안(胡定安)·황쯔팡 등이 서의 중심의 국가의료 구상을 제출했다. 중의가 과학과 문화적 보수주의로 대표되는 동서문화논쟁에서 머물지 않고, 근대적 위생의료체제를 건립하기 위해 대안을 모색했다는 점

2 서양의 국가의료에 대해서는 Roy M. Macleod, "The Frustration of State Medicine, 1880-1899," *Medical History* 11-1(January, 1967), pp.15-40; Dorothy Porter, *Health, Civilization and the State: A History of Public Health from Ancient to Modern Times*(London and New York: Routledge, 1999), pp.121-127.

은 매우 중요하다. 그 과정에서 중의는 서의와 동등한 법적 지위를 획득하지는 못했지만, 이후 법적 · 제도적으로 동등한 지위에 이를 수 있는 기반을 조성할 수 있었기 때문이다.

난징정부의 위생의료체제 구상을 대표하는 후딩안의 구상은 1928년 『위생행정실시계획』에 잘 나타나 있다. 그의 구상은 독일식 국가의료의 영향을 받아 중앙집권적인 위생행정을 구축하는 데 집중했는데, 직접적으로 국가의료를 표방하지는 않았다. 다만 난징정부는 1930년 제2기 중앙위생위원회의에서 "조건이 가능한 지방 위생행정에 의해 국가의료가 도입될 것이다"라고 공표했다.[3]

1930년대 베이핑시정부에서 위생행정이 급부상할 수 있었던 것은 존 그랜트와 공의그룹 등이 베이핑에서 위생실험을 진행해온 데다가, 위생행정이 베이핑시의 도시 재건과 맞물려 있었기 때문이다. 특히 국가의료를 표방한 황쯔팡이 베이핑시정부의 초대 위생국장에 취임한 이래, 국가의료는 베이핑시정부의 실질적인 위생행정의 목표가 되었다. 황쯔팡은 단순히 중앙집권적인 위생행정에 만족하지 않고, "현대 공공위생 학리상 가장 완비된 위생행정인 이른바 '의학국가화'라는 것을 중국에서 최우선적으로 실현하는 것"을 목표로 삼았다. 이를 위해서 황쯔팡은 전문의료인력을 정부기관에 직속시키고, 위생구를 설치하여 인민이 직접적인 혜택을 누릴 수 있어야 한다고 보았다. 1930년대 베이핑시정부는 위생구의 확대를 통해 국가의료를 실현하고자 했으며, 구체적으로는 일반 인민이 직접적인 의료혜택을 누리게 하고자 했다. 따라서

3 John B. Grant, "State Medicine," *The China Year Book*(1931), p.120.

위생국 업무보고 등에는 베이핑시의 위생행정이 '의료평민화'를 지향하고 있다고 언급되기도 했다.

2. 근대 도시의 공간 재편

베이핑시 위생행정의 핵심은 바로 위생구의 설치와 위생구사무소의 기능에 있었다. 시정부는 위생행정을 통해 공간 통제를 강화하고자 했고, 위생행정의 공간 통제는 위생구사무소의 확대·설치를 통해 실현할 수 있었다. 그러나 난징정부 시기 동안 베이핑시 전역에 위생구가 설치된 것은 아니었다. 베이핑시는 15개구로 구성되었는데, 내성구 6개 중 4개 지역에 위생구사무소가 설치되었다. 위생구사무소는 진료 및 위생행정의 핵심 센터로서 기능했다. 외성구에는 위생구사무소가 설치되지는 않았으나 질병 통제와 출생·사망 관리를 위해 통계조사원 등이 각 지역에 상주하면서 활동했다. 반면 교구는 그 범위가 광대하여 시정부의 행정력에 의한 위생 통제가 사실상 불가능했다. 그러나 베이핑시 정부는 교구 지역에 대한 위생 통제를 확대하기 위해 위생실험구를 설치하거나 교구 지역의 자치사무분소를 활용하고자 했다.

이 책에서는 기존 연구와의 차별성을 강조하기 위해 다음과 같은 관점에 주목했다. 첫째, 경찰행정과 위생행정을 대립적인 관계로 설정하지 않고 각각이 상호경쟁하면서도 상호보완적인 관계였음을 부각하고자 했다. 둘째, 위생행정이 도시전역에 일률적으로 적용된 것이 아니라 위생구사무소가 설치된 내성구와 그렇지 않은 외성구 및 교구 사이에는 도시공간의 지역적 분절성이 존재했음을 설명하고자 했다. 셋째, 효율적인 위생행정의 집행을 위해 베이핑시정부가 중층적 위생통제시스템을 구축해갔다는 점을 검토했다. 아래에서는 이와 같은 세 가지 관점이 베이핑시의 위생행정에 어떻게 적용될 수 있었는지 각각의 관점을 출생·사망 관리, 전염병 통제, 환경위생의 개혁 등으로 세분하여 설명해보겠다.

첫째, 경찰행정과 위생행정의 관계를 살펴보았다. 위생국은 호적경의 호구조사로 대표되는 기존 경찰행정의 효율성에 의문을 제기했다. 그 대안으로 통계조사원제도를 시행했는데, 그 결과 출생보고 수치가 크게 증가했고, 사망보고 역시 신뢰성이 높아졌다. 위생행정이 경찰행정을 능가하는 효율성을 입증하고 위생행정의 역할이 강화될수록 경찰행정이 약화되는 양상을 보여주었다. 그 단적인 사례가 시정부의 재정 변화와 제1위생구사무소의 출생보고 인원 분류 비교에서 나타난다. 베이핑시정부에서 위생비가 증가할수록 공안비는 감소되는 경향이 나타난다. 또한 출생보고에서 통계조사원의 보고율이 높을수록 호적경의 보고율은 낮아지고, 통계조사원의 보고율이 낮은 경우 호적경의 보고율은 다시 높아졌다. 이는 위생행정과 경찰행정이 대립적인 경향이 있음을 보여주는데, 또 다른 한편으로는 위생행정이 상당한 효과를 보이고 있었음에도 경찰행정을 완전히 대체하지는 못했고, 일정 정도 경찰행정에 의존해야 했다는 점도 보여준다. 즉 위생행정과 경찰행정은 상호경쟁과 보완의 관계였다.

전염병 통제 중 경찰력의 동원은 주로 성병 통제 과정에서 살펴볼 수 있었다. 성병 통제는 주로 기녀검치사무소에서 실시되었으며, 성병 통제를 위해 기녀검치사무소에는 청원경찰들이 상주했다. 그들은 공안국 소속인데다 파견 형식이었기 때문에, 위생행정에 대한 이해가 깊을 리 없었다. 결국 위생국은 청원경찰들의 업무수행능력을 불신했기 때문에 위생경찰을 자체 선발하기로 하고, 1934년 10월부터는 시험을 통해 위생경찰을 선발했다. 말하자면 위생국이 출생·사망 관리에서 표출했던 경찰행정에 대한 불신은 질병 통제에서도 마찬가지로 나타나고 있었다. 그런데 기녀검치사무소 내의 각종 업무는 위생경찰이 담당했지만, 악성 성병의 발생과 위법 사례 등으로 해당 기원에 대해 영업정지 처분 등을 내릴 경우에는 관할 경찰구서의 협조를 받지 않을 수 없었다. 이 역시 경찰행정과 위생행정이 경쟁적인 관계이면서도 협조적인 관계였음을 보여준다고 할 수 있다.

상하수도 건설, 분뇨처리, 쓰레기·오물 수거 등 환경 인프라를 구축하고 환경위생을 개혁하는 과정에서 시정부와 환경위생종사자들 사이에서 분쟁이 적지 않았고, 분쟁의 해소를 위해서는 경찰행정과 위생행정이 상호 경쟁하면서도 협조적인 관계를 유지할 필요가 있었다. 특히 분뇨처리업의 사례는 이러한 관계를 잘 보여준다.

분뇨처리업 개혁의 실시에 앞서 공안국은 분뇨처리업 개혁이 똥장수들의 생계를 보장해주지 못하면 파업이나 폭동이 초래될 수 있다고 보았다. 이에 대해 위생국은 분뇨채취구역의 원가를 보상해주고 똥장수들을 위생국 청결반원으로 재편할 예정이기 때문에 똥상인과 똥장수들이 분뇨처리업 개혁을 반대할 이유가 없다고 주장했다. 분뇨처리업 개혁에 대해 공안국과 위생국이 대립국면을 형성했던 것은 사실이지만, 이것은 어디까지나 분뇨처리업 개혁을 시행하기 위해 위안량 시장이 공안국을 비롯한 사회국·재정국 등으로 하여금 위생국의 분뇨처리업 개혁안을 점검하게 한 데서 비롯된 것이지 분뇨처리업 개혁의 실행 여부에 대한 근본적인 입장 차이가 있었던 것은 아니었다. 위생국이 분뇨처리업 개혁을 낙관하기만 한 것은 아니어서, 분뇨처리업의 관영이 실행되면 각 경찰구서에 기마대를 순찰 및 대기시키고, 위생국의 요청이 있을 때 언제라도 동원할 수 있도록 조처했다. 실제로 공안국은 위생국이 주도하는 베이핑시개진분변사무위원회 등에도 참여했고, 똥장수들의 저항에 대해서는 공권력을 동원하여 진압에 나서기도 했다. 따라서 분뇨처리업 개혁을 통해 볼 때도, 경찰행정과 위생행정은 상호경쟁과 보완의 관계였다고 볼 수 있다.

둘째, 도시공간의 지역적 분절성을 살펴보았다. 베이핑시정부는 위생행정을 통해 공간 통제를 심화해나갈 수 있었다. 그러나 위생행정이 구체적으로 적용되는 공간 통제의 범위와 메커니즘은 베이핑시 전역에 일률적이지 않았다. 위생구사무소는 내성구에만 설치되었고, 기본적으로 베이핑시의 위생행정이 미치는 강도는 내성구를 중심으로 중심부를, 외성구는 반주변부를, 교구는 주변부를 형성했다. 물론 위생구사무소뿐만 아니라 자치사무구분소, 위생국 직속의 각종 의원과 사무소 등 다양한 조직이 공간 통제의 메커니즘에서 중요한 작용을 했다. 위생구사무소 중심의 공간 통제의 메커니즘은 베이핑시 전 지역에서 동일한 방식으로 작동하지 않았고, 기본적으로 내성구·외성구·교구 사이에는 지역적 분절성이 존재했다.

출생·사망 관리에서 지역적 분절성을 확인해볼 수 있다. 베이핑시정부는 출생·사망 관리를 강화하기 위해서 조산사를 양성하고 통계조사원제도에 주목했다. 기존 산파와 음양생의 역할을 대체하기 위해서였다. 우선 출생 관리를 살펴보자. 제1위생구사무소의 조산인원 분류에 따르면, 1926-1935년 10년간 위생구사무소 소속 의료진에 의한 조산비율은 0%에서 22%로 증가했으며, 구식산파에 의한 조산비율은 54.3%에서 5.3%로 크게 감소했다. 그러나 이러한 성과가 내성구·외성구·교구에서 같은 양상으로 전개되지는 않았다. 왜냐하면 외성구와 교구에는 위생구사무소가 설치되지 않았고, 특히 교구는 지역이 광활하고 교통이 불편하여 조산사 양성과 산파 훈련에 어려움이 따랐기 때문이다.

사망 관리에서도 베이핑시정부는 통계조사원을 통해 음양생의 역할을 대체하고자 했다. 베이핑시정부는 1936년 5월 음양생연단(陰陽生聯單)을 일률 폐지하고, 통계조사원의 사망조사서로 이를 대체하고자 했다. 통계조사원의 사망 관리 개입은 사망보고체계에 변화를 가져와 시민의 입장에서는 각종 비용과 절차를 줄일 수 있는 방안이었고, 시정부의 입장에서는 정확한 사망원인 조사와 효율적인 사망 관리를 가능하게 했다. 그러나 통계조사원이 활동하지 않은 교구에서는 보갑장이 통계조사원의 역할을 하게 했는데, 음양생폐지안은 수년간 수차례에 걸쳐 연기되었다. 교구 지역의 사회 조사 자료 역시 구식 산파와 음양생이 강고하게 자리잡고 있었다는 것을 보여주고 있다. 시정부 역시 베이핑시의 지역적 분절성을 인식하고 있었기 때문에, 교구에 대해서 자치 사무분소와 보갑장을 활용하고자 했던 것이다. 이처럼 출생·사망 관리를 통해 볼 때, 베이핑시의 위생행정은 도시공간에 일률적으로 적용된 것이 아니라 내성구·외성구·교구 사이에 지역적 분절성이 존재하고 있었다.

질병 통제에서도 출생·사망 관리와 마찬가지로 지역적 분절성을 확인해 볼 수 있다. 베이핑시 위생국에 두창·콜레라와 같은 법정전염병이 발생할 가능성이 있다는 정보가 접수되면, 일단 검역이 실시되고, 베이핑시 전역에서 예방접종이 실시되었다. 물론 두창 예방접종에서 확인할 수 있는 것처럼, 다핵화된 지점을 설치하여 전방위적인 예방접종이 실시되었던 것은 위생구사무소가 설치된 내성구에서였다. 즉 법정전염병의 통제에서도 전방위적인 질병 통제는 베이핑시 전체에 일률적으로 적용된 것이 아니었다. 베이핑시에서 법정전염병의 통제에는 지역적 분절성이 존재했던 것이다.

성병 통제에도 지역적 분절성이 확인된다. 기녀들의 일상적인 활동공간은 주로 기원 밀집지역인 첸먼와이(前門外) 지역과 쉬안우먼와이(宣武門外) 지역 일대로 외성구 북부지역이었으며, 기녀검치사무소 역시 쉬안우먼(宣武門) 부근에 위치했다. 그 밖에 동교 차오양먼와이(朝陽門外) 지역과 서교 지역에도 일부 기원들이 자리 잡고 있었다. 이들에 대한 검진과 치료를 위해 1936년 5월 1일 위생국은 시립의원 동교진료소 내에 기녀검치사무소 분소를 개설하여 매월 두 차례에 걸쳐 검사인원을 파견했다. 서교진료소에도 기녀검치사무소 분소를 개설할 예정이었으나 서교진료소는 기원지역과 거리가 먼 관계로 기녀검치에 어려움이 예상되어 개설을 연기했다.

이처럼 성병 통제를 통해 볼 때도, 베이핑시의 위생행정은 도시공간에 일률적으로 적용된 것이 아니라 내성구·외성구·교구 사이에 지역적 분절성이 존재하고 있음을 알 수 있다. 즉 내성구에서는 위생구사무소를 중심으로 일반인 특히 산모에 대한 성병검진이 병행되었고, 외성구에서는 기녀검치사무소를 중심으로 기원지역의 기녀들을 대상으로 집중적인 검진과 치료가 이루어졌다. 교구에서는 기녀검치사무소 분소가 개설되었으나 기녀의 검진과 치료는 일부지역에 한정될 수밖에 없었다.

환경위생에서도 지역적 분절성이 확인된다. 상수도 설비 등 환경인프라의 구축은 주로 내성구를 중심으로 설치되었고, 하수 및 오물처리 방식은 내성구와 외성구가 서로 달랐다. 내성구가 구거나 하수창을 이용했던 반면, 이를 활용할 수 없었던 외성구는 주민이나 상가가 공동으로 인부를 고용하여 처리할 수밖에 없었다.

환경위생에서의 지역적 분절성은 분뇨처리업에서 구체적으로 확인해 볼 수 있다. 똥상인 및 똥장수들의 주요 거점은 교구였으며, 분뇨의 집결지인 분뇨창고는 외성구와 교구에 각각 절반씩 분포하고 있었다. 분뇨처리 대상지역은 주로 성내외구의 주거지역, 관공서, 상업지구 등이었기 때문에, 똥장수들이 성내외구의 분뇨를 외성구와 교구로 옮기는 과정에서 시민생활에 불편을 초래했다. 이에 시정부는 똥차 및 똥장수의 작업 통행 시간을 제한했는데, 성내외구를 시간대별로 세분하여 통행 가능한 시간을 구분했다. 교구에는 이러한 통행 시간의 제한을 두지 않았다. 분뇨처리업 개혁은 출생·사망 관리나 전염병 통제와 같이 불특정다수를 대상으로 한 것이 아니라 분뇨처리업자와 똥차라는 특정한 대상을 통제목표로 삼았기 때문에, 분뇨처리업 개혁의 공간 통제 방식이 출생·사망 관리나 전염병 통제와 같을 리 없었다. 그럼에도 분뇨처리업 개혁에서도 성내외구와 교구 사이에 지역적 분절성이 존재했음을 알 수 있다.

이와 같이 위생행정의 지역적 분절성은 위생행정의 성과와 한계를 동시에 나타낸다. 즉 위생구를 중심으로 한 내성구에서는 출생·사망 관리, 질병 통제, 환경위생 등이 매우 효율적으로 통제되었던 반면, 외성구 및 교구에서는 공간 통제에 일정한 한계를 노출했다. 아울러 도시공간의 지역적 분절성은 베이핑시 도시공간의 성격을 이해하는 데도 도움을 준다. 베이핑시는 시정기구 및 중산층이 밀집했던 내성구, 상업가와 빈민촌이 공존했던 외성구, 농촌적 성격의 교구 등으로 대별된다. 그런데 베이핑시에서는 메이지시대 일본과 같이 위생을 매개로 '빈민지구=전염병 발생지'로 간주하며 차별과 배제를 계기로 도시

공간을 형성시키려 했다[4]는 혐의는 찾아보기 어렵다.

그러나 베이핑시 위생행정의 지역적 분절성이 단순히 시정권력이 공간 통제에 미치는 범위와 강도가 지역적으로 제한적이었다거나 공간 통제가 제한적인 지역에서 전통적 위생의료체제가 강고했다는 것을 의미하는 것은 아니다. 베이핑이라는 도시공간에서 새로운 위생행정이 의미하는 바를 파악하기 위해서는 시정권력의 통제라는 시각에서뿐만 아니라 도시민의 일상생활의 시각에서 접근해 볼 필요가 있다. 예컨대, 내성구와 외성구의 의료인력의 분포 상황을 살펴보면, 중의 및 구식산파 등 전통적인 의료인력은 비슷한 수준인 반면, 서의·간호사·조산사 등의 신식 의료인력의 구성은 내성구가 외성구의 2배 이상을 차지한다. 그런데 교구에서는 신식 의료인력뿐만 아니라 전통적인 의료인력조차 극소수였다.[5] 의료인력의 분포 상황은 도시민의 일상생활에서 의료혜택의 수혜 정도를 좌우하게 되고, 그 수혜 정도는 도시민의 위생행정에 대한 인식에 영향을 미치게 된다.

말하자면 위생행정의 지역적 분절성은 단순히 시정권력의 통제력에 의해서만 규정되는 것이 아니라 도시민의 일상생활에서 위생행정에 대한 인식과 직결되어 있다는 것이다. 따라서 내성구에서 위생행정의 성과가 우수하게 나타나는 것은 단순히 시정권력이 강력하게 작동했기 때문이 아니라 새로운 위

4 成田龍一,『歷史學のスタイル: 史學史とその周邊』(東京: 校倉書房, 2001), 224쪽.

5 「베이핑시 1935년도 사망인수 사망전 치료상황 비교표」에 따르면, 베이핑시 각 지역에서 서의에 대한 의존율은 내성구 20.2%, 외성구 7.2%, 교구 1.9%였으며, 중의에 대한 의존율은 내성구 40.2%, 외성구 44.7%, 교구 11.7%였다. 北平市政府衛生局 編印,『北平市政府衛生局二十四年度業務報告』(北平: 北平市政府衛生局, 1936), 17쪽. 北京市檔案館所藏 ZQ4-1-1814.

생행정에 대한 도시민의 지지도 또한 높았기 때문이었다. 전통적 위생의료체제의 혜택을 입지 못했던 교구 주민의 시각에서 보면, 새로운 국가의료의 실시는 교구 주민들에게 좀 더 가시적인 의료혜택을 줄 수 있는 가능성을 의미하는 것이기도 했다. 실제로 칭허시험구[淸河試驗區]의 출생 관리 사례에서 볼 수 있듯이 새로운 위생행정은 교구의 위생실험 지역에서 효율성이 높았음을 알 수 있다. 단지 교구에서 음양생과 구식산파의 역할이 강고한 것으로 여겨지는 까닭은 위생구 설치가 전면적으로 이루어진 것이 아니라 점진적으로 이루어졌기 때문이었다. 말하자면 내성구 · 외성구 · 교구에서 나타나는 위생행정의 지역적 분절성은 단순히 시정권력이 공간 통제에 미치는 범위와 강도에 따라 나타나는 것이 아니었다. 오히려 지역적 분절성은 시정권력의 공간 통제와 일반 도시민의 일상생활의 역동적 관계 속에서 형성되었다고 볼 수 있다.

셋째, 중층적(重層的) 위생통제시스템을 살펴보았다. 베이핑시정부는 공간 통제를 강화하기 위해 위생통제시스템을 중층적으로 작동시켰다. 즉 위생통제시스템이 통제 대상, 통제 방식, 통제 내용에 있어 중층적이었다는 것이다. 통제 대상에는 환자뿐만 아니라 일반인이 포함되었으며, 더 나아가 가정 · 학교 · 직장 · 공원 · 거리 등 도시공간 자체가 통제 대상이 되었다. 예컨대 내성구에서는 어느 누구라도 직장 혹은 학교에서 위생교육과 정기점진을 받았고, 거리나 공원에서도 예방접종을 받거나 위생운동을 접했으며, 가정에 돌아와서는 위생지도권이나 위생순찰경 등의 가정방문을 받아야 했다. 따라서 내성구에서는 일상공간 자체가 위생행정의 중층적인 통제를 받았기 때문에, 일반시민이 위생행정의 영향력에서 벗어나 일상생활을 한다는 것은 극히 어려운 일이었다.

통제 방식은 진료뿐만 아니라 위생교육, 선전, 대중동원, 위생감독 등의 방식이 사용되었으며, 더 나아가 방문 통제가 실시되었다. 위생지도원과 위생순찰경 등은 학교 및 공장 등에 대한 위생교육을 강화했고, 식품 · 의약 · 음료 · 화장실 등 일상생활 전반에 대한 위생감독을 실시했다. 아울러 위생구의 방문 통제에는 의사 · 조산사 · 위생지도원 · 보조원 · 통계조사원 등 위생행정 인원이 적극 활용되었다. 특히 산모에 대해서는 적극적인 방문 통제가 정기적으로 실시되었다.

통제 내용에는 근대적 전문지식에 기초하여 전통타파적인 새로운 제도를 실시하는 것과 전통을 활용하는 것이 포함된다. 그런데 베이핑시정부는 주로 전자에 의존하여 위생행정을 전개하고자 했고, 불가피한 경우 후자와 같이 전통을 활용하기도 했다. 대표적으로 구식산파를 훈련시켜 출생 관리에 활용했던 것이나 보갑장을 활용하여 사망 관리에 활용하고자 한 사례를 들 수 있다.

이와 같은 중층적 위생통제시스템은 출생 · 사망 관리 분야에서 가장 전형적으로 나타난다. 도시공간에 대한 중층적 위생통제시스템이 구축되면서 위생구 지역의 시민들은 일상생활 가운데 위생행정과 맞닿을 가능성은 더욱 높아졌다. 출생에서 사망까지 그리고 가정에서, 학교에서, 직장에서, 공원에서, 거리에서 각종 위생활동이 일상화되었고, 위생담론과 위생행정은 도시민의 일상에서 어렵지 않게 경험할 수 있었다. 이로써 경찰행정으로서 달성하기 어려웠던 공간 통제가 위생행정을 통해 보다 효율적으로 이루어질 수 있었다. 그러나 이러한 성과는 내성구 특히 위생구로 제한될 수밖에 없었다. 더군다나 교구에서는 베이핑시의 위생행정이 지향했던 중층적인 위생통제시스템이 사실상 작동할 수 없었다.

질병 통제에서 중층적 위생통제시스템이 작동하는 방식은 다음과 같다. 법정전염병은 환자가 확인되면 전염병의원에서 격리 치료되거나 불가피한 경우 가정에 격리되었다. 즉 환자에 대해서는 직접적인 격리를 통해서 지리공간의 통제가 실시되었고, 일반인에 대해서도 강제적인 예방접종이 이루어졌다. 통제 방식에 있어서도 병원격리와 가정방문이 병행되었다. 따라서 법정전염병 통제는 출생·사망 관리와 마찬가지로 통제 대상과 통제 방식에 있어서 중층적인 통제가 실시되었다고 볼 수 있다.

그러나 강제적인 예방접종과 검역을 시행했던 법정전염병과 달리 폐결핵·성병과 같은 만성전염병에 대한 강제적인 질병 통제가 녹록하지 않았다. 폐결핵 통제에서 볼 수 있는 것처럼, 위생구에서는 강제적인 가정방문이 실시되었지만, 외성구와 교구에서 만성전염병 환자의 검진과 치료는 대부분 시립의원 및 사교(四郊) 진료소 등의 문진에 의존할 수밖에 없었다.

성병 통제의 대상은 일반인과 기녀로 이원화되었다. 사실상 일반인에 대해서는 상시적인 통제가 불가능했는데, 정기검진을 강제했던 산모에 대해서는 위생구사무소를 통해 성병 통제가 실시되었다. 통제 방법 역시 위생구사무소 진료소와 가정방문을 통한 것이었다. 기녀들의 검진과 치료는 기녀검치사무소를 통해 실시되었다. 기녀들은 주로 '바다부(八大埠)'라 불린 외성구 홍등가에 집단 거주했고, 정부는 기녀와 시민들의 잡거를 허용하지 않았기 때문에, 격리 수준은 아니지만 지리공간의 통제가 어느 정도 이루어졌다고 볼 수 있다. 각 기녀들에 대해서는 등급별로 매달 1-4차례의 정기검진이 실시되었으며 검진 결과에 따라 접객금지, 영업정지 등의 처분이 내려졌다. 성병치료를 위한 병실 개설은 예산 문제로 상당 기간 표류되다가 1937년 4월 이후 10병상 규모의 병방을 개설했으며, 악성 환자에 대해서는 무료로 격리 및 강제치료를 실시했다. 만약 강제치료를 거부하는 경우에는 영업정지 등의 처분을 내렸다.

환경위생 특히 분뇨처리업에서는 통제 대상이 똥상인·똥장수 등 분뇨처리업자에 한정되었고, 시정부는 그들에게 훈계·설득·체포 등의 통제 방안을 사용하여 개혁에 동참하게 했다. 이처럼 통제 대상이 명확한 경우에는 강제적인 통제 방안이 노골화되었고, 불특정다수를 대상으로 한 출생·사망 관리와 법정전염병 통제는 통제 대상과 통제 방식에 있어 중층적 통제를 강화하여 누구라도 위생행정의 범위를 벗어날 수 없게 했다. 물론 그와 같은 중층적 위생통제시스템이 작동할 수 있는 범위는 내성구 등 제한적인 범위 내에서 가능한 것이었다.

그런데 국가권력의 시각에서 효과적인 위생 통제를 위해 중층적인 위생통제시스템을 정비하는 것이 필요했다면, 일반 시민의 시각에서 이와 같은 위생행정이 어떻게 받아들였는지도 고려해볼 필요가 있다. 우선은 성병 통제나 분뇨처리업 개혁에서와 같이 특정 사회계층에게는 위생행정이 억압적으로 가능할 가능성이 컸다는 점을 지적할 필요가 있다. 기녀와 똥장수 등은 위생행정이 질병의 위협과 환경위생 등을 개선한다기보다는 자신들의 생계를 위협한다고 판단할 수 있었기 때문에, 도피·반항·청원 등을 통해 시정부에 대항하기도 했다. 반면 일반 도시민에게는 위생행정이 억압적이라기보다는 도시민의 위생 수준을 향상시키고 도시민에게 무상 또는 염가의 의료서비스를 제공한다는 성격이 강했다. 그래서 두창 예방접종의 경우에는 교구에서도 특별한 반발이 일어나지 않았던 것이고, 특히 분뇨처리업 개혁과 같은 환경위생의 개혁에서는 오히려 시민들이 시정부에 강력한 개혁을 요구하기도 했다. 물론 격리병동의 운용, 검역행정과 강제적 예방접종에 도시민이 일방적으로 순응했다고 볼 수는 없을 것이다. 그러나 위생행정의 일방적인 요소를 극복하고 효율성을 극대화하기 위해 시정부는 중층적 위생통제시스템을 운용했고, 일반 시민들은 위생행정이 기존의 불합리한 관행을 혁파하고 위생 수준의 향상이라는 목표에 명실상부한 노력을 경주하고 있음을 경험할 수 있었다. 즉 베이핑시의 위생행정은 국가의료를 실현하기 위해 격리, 예방접종, 방문 통제, 관영 등 강제적인 요소가 수반되어 도시민의 저항이 없을 수 없었지만, 국민건강을 증진하고 의료서비스를 확대하는 획기적인 조치가 실행되어 국민 형성을 위한 순기능적인 요소가 강력했다고 평가할 수 있다. 이 때문에 위생행정은 경찰행정보다 공간 통제를 강화하는 데 유리한 위치를 점할 수 있었다.

베이핑시정부의 위생행정에 나타난 이와 같은 세 가지 특성은 중국의 근대 국민국가 건설 과정에서 위생행정에 의한 공간 통제의 성과와 한계를 동시에 나타낸다. 즉 근대적 국민국가의 건설 과정을 국가권력에 의한 공간 통제의 확대 과정으로 이해한다면 위생행정의 효율성은 여타 시정기관과의 경쟁과 협력, 도시민을 공간 통제에 적극적으로 끌어들이기 위한 중층적 위생통제시스템의 구축 및 지역적 분절성에 기초한 위생구의 점진적 확대 등에 기초한 것이었다. 이것은 위생행정을 국가권력의 단편적인 강제수단으로 간주했던 기존 연구와는 달리, 베이핑시 공간구조의 특성과 국가와 사회의 상호작용을 분석함으로써 일상공간의 역동성에 접근할 수 있는 실마리를 제공했다는 점에서 의의가 있다.

3. 위생의 혼종성

시정부가 근대의학을 활용하여 도시공간과 의료공간을 새롭게 재편하고 국가권력에 의한 공간 통제를 강화하고자 했다면, 민간사회의 의료공간은 근대의학에 호응하거나 저항하면서 다양한 양상으로 표출될 가능성이 높았다. 이른바 위생의 혼종성인데, 근대의학의 공간화 과정에서 전통의학과 민간의료 등으로 구성되는 민간사회의 의료공간이 근대의학에 저항하고 균열되는 양상을 보이는데, 단순히 전통으로 회귀하거나 퇴행되지 않고 근대의학적 요소를 민중문화적 관점으로 재해석하는 과정에서 새롭게 등장하는 특성이나 양상을 말한다. 그러한 양상은 도시공간의 재편 과정에서 다양하게 나타나는데, 도시사회의 민중문화, 관행습속, 공간구성 등에서 다양한 방식으로 표출된다. 베이징의 사례에서는 톈차오의 민중문화가 이를 잘 대변한다. 말하자면 톈차오는 근대의학의 공간화에 저항했던 민간사회의 도시공간이었는데, 의료문화 역시 근대의학의 영향을 받으면서도 전통의학으로 회귀되지 않는 독특한 양상을 보여주었다. 예를 들어, 약장수들은 각종 볼거리를 제공하면서 매약을 저렴한 가격에 판매했다. 톈차오에서 판매되는 매약들은 대개는 약방에서도 값싸게 팔리는 이류품들이 많았다. 톈차오의 의약품시장은 최신품과 최상품으로 채워지지는 않았지만, 저렴하면서도 최소한의 약효를 보장하는 다양한 복합처방약과 매약이 즐비했다는 점에서 기존 약포들과는 다른 성격을 지녔다. 또한 떠돌이 치과의사, 접골사 등 민간의료는 도시민의 일상에 안착되어 있었다. 이와 같은 도시공간의 균열과 위생의 혼종성은 근대의학의 공간화 과정에서 필연적으로 대두되는 보편적 양상이었다. 시정부는 톈차오 인근에 개설된 시립의원에 중의학을 개설하는 것으로 도시공간의 균열에 대응하고자 했으나 역부족이었다. 시정부의 공간 재편 노력에도 불구하고, 기층사회에서 혼종적 양상이 지속될 가능성은 매우 높았다.

반면 베이핑시정부는 국가의료라고 하는 명확한 목표를 가지고 10년 동안 위생 행정을 실천에 옮겼다. 그 과정에서 위생국은 공안국의 일개 계로 추락하기도 했지만, 위안량(袁良) 시장 취임 이후로 위생국의 재건에 성공하고 시정부의 중추기구로 부상할 수 있었다. 베이징에서 경찰이 근대국가의 대행자로서 개척자적인 역할을 수행했다면,[6] 베이징의 위생행정은 근대적 도시 건설에 새로운 차원의 활력을 가져다준 근대국가의 혁신가였다. 베이핑시정부는 위생행정을 통해서 도시공간을 재편해나갔다. 강력한 추동력을 가졌던 내성구에서는 공간 재편이 순조롭게 진행되었지만, 외성구나 교구에서는 강력한 저항에 맞부딪히기도 했다. 위생행정이 미치는 공간적 영역은 제한적일 수밖에 없었다. 위생구사무소는 도시 전역에 설치되지 않았고, 특히 위생행정이 일상적으로 영향을 미치지 못했던 교구에 대해서는 공권력을 동원해야 하기도 했다. 그러나 시정부는 공간 통제 범위를 확대하기 위한 노력을 지속했다. 위생구가 설치된 지역에서는 출생에서 사망에 이르기까지, 개인의 신체에서 학교·가정·직장·공원·거리에 이르기까지 위생행정은 광범위한 영향을 미쳤고, 국가 건설과 국민 양성을 위한 효율적인 수단으로 부상할 수 있었다. 더구나 베이핑시의 위생행정은 도시민의 위생 수준을 향상시켰을 뿐만 아니라 재

---

6 David Strand는 경찰이 "중국 근대국가의 개척자적 대리인(pioneer agents of the modern Chinese state)"이라고 평가했다. David Strand, *Rickshaw Beijing: City People and Politics in the 1920s*(Berkeley: University of California Press, 1989), p.65.

정개혁의 일익을 담당했다.

그렇다면 제한적이나마 베이핑시에서 위생행정이 강력하게 추진될 수 있었던 이유는 무엇 때문이었을까? 우선은 베이핑협화의학원과 베이핑협화의원의 역할을 지적하지 않을 수 없다. 베이핑협화의학원과 베이핑협화의원은 국가의료의 이념·교육·인력·설비 등을 지속적으로 지원함으로써 위생국이 위생개혁을 지속적으로 추진할 수 있는 든든한 후원자가 되었다. 아울러 위생개혁을 통해 시정개혁을 추진하고자 했던 베이핑시정부의 의지 또한 강력했다. 무엇보다 베이핑시의 위생행정은 단순히 문명과 계몽을 달성하는 수단에 그치지 않고 위생행정이 재정개혁의 일익을 담당하여 시정건설의 견인차 역할을 기대할 수 있었다. 마지막으로 지적할 수 있는 것은 여론의 역할이다. 위안량 시정부를 비롯한 위생개혁에는 시민과 여론의 강력한 지지가 바탕이 되어 추진되었고, 개혁 주체의 변경에도 위생개혁이 퇴조하지 않았던 것은 여론의 역할 때문이었다고 평가할 수 있다.

난징정부는 국가의료를 국가적 차원에서 전면적으로 실행하지는 못했지만, 실시 가능한 지역에서 우선적으로 실행하여 점진적으로 확산한다는 구상을 가지고 있었다. 상하이시정부를 비롯한 여러 도시에서는 위생실험구를 설치하여 위생실험을 확대해나갔고,[7] 농촌에서는 현 단위에 위생사무소를 설치하여 점차 확대되고 있었다. 그 결과 1937년에는 적어도 74개의 현 위생센터

7 배경한, 「1920·30년대 상해의 위생」, 배경한 편, 『20세기 초 상해인의 생활과 근대성』(서울: 지식산업사, 2006).

와 병원 및 144개의 농촌 위생사무소가 운영되고 있었다.[8] 이와 같은 수치는 당시 2,000개의 현을 보유한 중국의 상황에서 보면 일부에 불과하지만, 국가의료 구상이 단지 실험에 그치지는 않았다는 것을 보여준다.

1930년대 난징정부 시기의 국가의료가 지속적으로 발전할 수 없었던 것은 일본의 침략이라는 외적 요인 때문만은 아니었다.[9] 위생재정의 결핍과 의료인력의 부족 등 만성적인 문제가 내재해 있었고, 도시 중심의 위생실험을 농촌으로 확대하는 어려움도 존재했다. 중국 농촌의 공간적 기반은 도시와는 달랐다. 농촌에서 도시와 같은 의료 수준을 유지·확산하는 것은 거의 불가능했다. 바꿔 말하면, 도시에서 축적한 위생행정의 경험만으로 광대한 영역을 차지하고 있는 중국 농촌에서의 위생의료 문제를 근본적으로 해결할 수 없었다. 농촌에 국가의료를 적용시키기 위해서는 새로운 모델이 필요했다.[10] 더욱이 중의와 서의를 국가의료 내부로 적극적으로 끌어들이는 일은 1940년대 옌안 시기와 신중국 성립 이후의 과제로 남게 되었다.[11]

그럼에도 베이핑시의 위생행정 경험은 중국국민당과 중국공산당 등의 정

---

8 Wu Lien-teh, "Fundamentals of State Medcine," *The Chinese Medical Journal* 51-6(1937. 6), p.780.

9 분뇨처리업 개혁에서 볼 수 있는 바와 같이 일본의 침략이라는 요소는 원심력적인 방향에서 시정 개혁의 의도가 굴절되기도 했고, 구심력적인 방향에서 국가지배를 강화하는 경향이 지속될 수 있는 이중적인 역할을 수행했다. 일본의 침략이 갖는 이중성에 대해서는 백영서, 「중국의 국민국가와 민족문제」, 『동아시아의 귀환』(서울: 창작과비평사, 2000), 86-87쪽.

10 국가의료를 농촌으로 확대하려는 노력은 陳志潛의 定縣 모델이 대표적이다. C. C. Chen(陳志潛) (in Collaboration with Frederic M. Bunge), *Medicine in Rural China: A Personal Account* (Berkeley: Univ. of Calif. Press, 1989), 陳志潛 著, 端木彬如 等譯, 『中國農村的醫學: 我的回憶』 (成都: 四川人民出版社, 1998).

11 Ralph C. Croizier, "Traditional Medicine in Communist China: Science, Communism and Cultural Nationalism," *The China Quarterly* No.23(July-September, 1965).

파적 이해관계를 떠나 국가의료를 이념적으로 확산할 수 있는 기반을 마련했을 뿐만 아니라 근대적 위생의료체제로서 제도적 틀을 갖추는 데 크게 기여했다. 국가의료의 실천이 매우 제한적이었음에도 국가의료가 도시공간의 재편과 국민형성에 효율적인 역할을 수행할 수 있음을 보여주었다. 심지어 중일전쟁 발발 이후 베이핑이 일제의 점령하로 편입되었지만, 새로 성립한 '베이징특별시정부'는 기존 위생행정에 호의적인 태도를 보였다. 일본 점령정부는 적어도 형식적이나마 기존 위생행정의 틀을 그대로 유지하고자 했다.

무엇보다 베이핑시의 위생행정의 경험이 갖는 의미는 통계조사원·위생지도원 등과 같이 공간 통제에 필요한 위생인력을 단기적으로 양성하여 위생의료의 수요에 대처하는 제도적 선구로서의 역할을 수행했다는 점이다. 그것이 1940년대 옌안 시기에 '위생대(衛生隊)' 조직으로 나타났고,[12] 1950년대 이후 1980년대까지 '맨발의 의사[赤脚醫生]' 등으로 재현되었다. 최근에는 향촌의사[鄕村醫生]가 새로운 형태의 맨발의 의사로서 주목받고 있다. 요컨대 20세기 전반 베이징의 국가의료는 도시를 중심으로 출발했지만, 도시 중심의 위생의료체제를 극복할 수 있는 대안으로 발전했다. 따라서 베이징의 국가의료는 20세기 이후 중국의 국가 건설에 필요한 근대적 위생의료체제의 건립이라는 과제를 제시하고, 이를 지속적으로 실천해나갔다는 점에서 그 의의가 적지 않다.

12 옌안 시기 출산·생육·의약 등을 국가가 무상 관리·지급하고 여성생리대까지 지급해주는 국가의료의 구체상은 제3세력 지식인들의 옌안보고문에서 확인해볼 수 있다. 黃炎培, 『延安歸來』(重慶: 國訊書店, 1945); 黃炎培, 『八十年來』(文史資料出版社, 1982), 특히 128-130쪽.

참고문헌

신문·잡지·공보

『京都市政季刊』(1925).

『京都市政通告』(1921).

『京報』(1933-1936).

『京報』(1943).

『警聲』(北京: 北京警聲社, 1940-1944).

『國醫衛生』(北京, 1939-1943).

『南郊月刊』(1936).

『大公報』(1902-1937).

『大衆衛生』(北平市第一衛生區事務所, 1935-1937).

『東方雜誌』(1904-1925).

『同仁會醫學雜誌』(同仁會, 1928-1945).

『婦女雜誌』(1915-1916).

『北京物價月報』(北京: 中國聯合準備銀行, 1939-1944).

『北京市政旬刊』(北京: 北京市公署宣傳股, 1938-1945).

『北平生活費指數月報』(北平: 社會調查部, 1929-1936).

『北平晨報』(1928-1937).

『北平日報』.

『社會學界』(1936).

『上海市工人生活費指數』(上海市政府社會局, 1932).

『世界日報』(1926-1937).

『市政統計月刊』 1-1~3-3(北京特別市公署秘書處, 1941-1943).

『市政評論』(1936-1937).

『新民報』(北京: 新民社, 1938-1945).

『申報』(1894-1937).

『晨報』(北京: 晨報社, 1938-1945).

『衛生公報』(1928-1929).

『衛生月刊』(1928-1935), 北平特別市衛生局 第一特別衛生區事務所.

『衛生月刊』(1939-1940), 北京特別市衛生局.

『衛生月報』(北京市衛生局, 1939-1943).

『衛生叢報』(1916).

『中華健康雜誌』(上海: 中華醫學會公共衛生委員會, 1939-1949).

『清河旬刊』(1936).

『華北醫藥月報』(北京, 1942-1944).

『華北日報』.

『華北政務委員會公報』(1940-1943).

Medical Report.

National Medical Journal of China.

The China Medical Journal(1907-1932).

The Chinese Medical Journal(1932-1937).

베이징시당안관 소장 자료

「京師警察廳内右一區分區表送水夫岳殿文等阻止自來水公司安設水管幷砸毁家具等情一案卷」(1925. 12. 1), J181-019-47848.

「京師警察廳外左一區分區表送水夫高廷才阻撓自來水公司安裝水管并毆傷工人一案卷」(1926. 7. 1), J181-019-51237.

「京師警察廳暫行取締産婆規則」(1913. 9), 北京市檔案館所藏 J181-18-222.

「京師警察廳取締陰陽生規則」(1913. 9), 北京市檔案館所藏 J181-18-222.

「公安局經費補充槍彈人口職業犯罪案件等統計表」(1932. 7. 1-1933. 6. 30), 北京市檔案館所藏 J001-007-01609.

「北京區防疫委員會民國三十二年霍亂豫防實施計劃(1943. 1. 1-1943. 12. 31)」, 北京市檔案館 所藏 J005-001-00763.

「北京區防疫委員會民国卅年霍乱预防实施计划及会议记录等」(1941. 9), 北京市檔案館 所藏, J005-001-00589.

「北京區防疫委員會造具豫防霍亂臨時費豫算書及實施計劃的公函及市公署的复函」(1942. 5. 1-1942. 12. 31), 北京市檔案館 所藏, J005-001-00696.

「北京區防疫委員會辦理霍亂豫防工作簡要報告」(1938. 10), 「卫生局关于灭蝇运动及霍乱预防注射工作的呈文, 布告及市公署的指令」, 北京市檔案館 所藏, J005-001-00392.

「北京市衛生局衛生陳列室參觀人數統計表」(1938. 12), 北京市檔案館所藏, J5-1-344-32.

「北京地區防疫委員會霍亂豫防工作報告目錄及文件(1944. 1. 1-1944. 12. 31), 北京市檔案館 所藏 J005-001-00851.

「北京特別市政府衛生局南郊衛生區事務所職員名册」(1912. 1. 1-1949. 9. 30), 北京市檔案館 所藏 J005-001-02160.

「北平公安局關于抄發傳染病及花柳病報告的訓令」(1935. 4. 11), 北京市檔案館所藏 J181-20-20218.

「北平市警察局內一區警署關于陰陽生宋振岐請訊請辦的呈」(1934. 1), 北京市檔案館所藏 J181-21-29301.

「北平市警察局西郊區警察署呈送陰陽生馮海長玩忽職字票」(1936. 1), 北京市檔案館所藏 J181-21-47054.

「北平市警察局外二區警察署關于徐景堂服毒身亡陰陽生何其祥擅開殃書的呈」(1933. 11), 北京市檔案館所藏 J181-21-18080.

「北平市公安局內一區署關于張惠民未請陰陽生開具殃書領取抬埋執照擅將其子尸体葬埋請核辦情形的(呈)」(1933. 10) 北京市檔案館所藏 J181-20-10652.

「北平市衛生局衛生陳列所民國廿四年各月參觀人數統計表」(1935. 12), 北京市檔案館所藏, J5-1-109-27.

「北平市衛生局衛生陳列室參觀人數統計表」(1937. 11), 北京市檔案館所藏, J5-1-244-1

「北平市政府收糞區域補償金評價委員會第一次會議記錄」(1935. 10. 19), 北京市檔案館所藏, J5-1-81.

「北平市政府統計, 氣象, 人口, 財政, 社會, 地政, 警衛合集」(1947. 6. 1-6. 30), 北京市檔案館 所藏, J001-005-01227.

「北平市第二次衛生運動大會籌備委員會第三次會議記錄及整理衛生陳列室辦法」(1935. 4. 20), 北京市檔案館所藏 J5-1-136-148.

「三十二年六至十月患者路倒死亡者消毒工作統計表」(1943), 「北京地區防疫委員會防疫課民國三十二年霍亂豫防工作報告書(1943. 1. 1-1943. 12. 31)」, 北京市檔案館 所藏, J005-001-00768.

「新民會中央訓練處, 電車公司機關請求發給霍亂注射疫及注射證與衛生局的來往公函」(1943. 6. 1-1943. 9. 30) 北京市檔案館 所藏, J005-001-00747.

京師警察廳外右一區分區表送水夫郭喜增聚衆阻撓自來水公司工匠安設水管一案卷」(1925. 10. 1), 北京市檔案館所藏, J181-019-47847.

北京區防疫委員會, 「民國三十年防疫計劃」(1941), 「北京區防疫委員會防疫計劃委員名單(1941)」, 北京市檔案館 所藏 J005-001-01916.

北京特別市公署衛生局 編印, 「民國二十七年豫防霍亂工作報告書」(1938. 12), 北京市檔案館 所藏, J005-001-00305.

________________, 「民國二十八年豫防霍亂工作報告書」(1939), 北京市檔案館 所藏 J005-001-00435.

________________, 「民國二十九年豫防霍亂工作報告書」(1940), 北京市檔案館 所藏 J005-001-00533.

北京特別市公署衛生局, 「北京特別市公署衛生局訓令第22號」(1941. 2. 18), 「衛生局轉市公署關於各機關公務員年終獎勵, 强化治安運動之實施和宣傳計劃的訓令, 密令以及衛生局關於豫防天花傳染病流行舉行春季種痘運動的訓令」(1941. 1. 1-12. 31), 北京市檔案館所藏 J005-001-00634.

北平市衛生局, 「關於糞便的收集和處理收歸市辦的密令和市政府的密令」(1934. 11. 27), 北京市檔案館所藏, J5-1-38-1.

________, 「北平市政府衛生局布告市民書」(1935. 10. 12), 北京市檔案館所藏, J5-1-81-1.

________, 「北平市衛生局籌辦糞便收集事務收歸市辦及修繕清道班宿舍, 采購糞夫用品的呈文和市政府的密令」(1935. 10. 26), 北京市檔案館所藏, J5-1-53-1.

__________, 「北平市政府衛生局布告」(1935. 10. 28), 北京市檔案館所藏, J5-1-81-1.

__________, 『北平市政府衛生局職員錄』(北平: 北平市衛生局, 1934. 12); 北平市衛生局, 『北平市政府衛生局職員錄』(北平: 北平市衛生局, 1936. 5); 「北平市衛生局 民國二十三年·二十五年職員錄」, 北京市檔案館所藏 J5-2-655-1.

__________, 「卫生局关于卫生运动大会办理经过情形, 检送卫生展览图表, 灭蝇运动细则和暂行办法等的呈文, 公函及市政府的指令」(1936. 6. 15) J005-001-00135.

北平市政府 公安局, 「逕啓者查關于收集糞便接收時之警備辦法前准」(1935. 5. 5), 北京市檔案館所藏, J5-1-81-1.

北平市政府 衛生局密呈, 「北平市政府 密呈」(1934. 11. 23), 北京市檔案館所藏, J5-1-38-1.

北平市政府, 「公安局經費補充槍彈人口職業犯罪案件等統計表」(1932. 7. 1-1933. 6. 30), 北京市檔案館所藏 J001-007-01609.

__________, 「北平市政府 密令 字第787號」(1934. 10. 23), 北京市檔案館所藏, J5-1-38-1.

__________, 「北平市政府 密令 字第906號 附件」(1934. 11. 22), 北京市檔案館所藏, J5-1-38-1.

__________, 「北平市政府 密令 字第906號」(1934. 11. 22), 北京市檔案館所藏, J5-1-38-1.

__________, 「北平市政府統計, 氣象, 人口, 財政, 社會, 地政, 警衛合集」(1947. 6. 1-6. 30), 北京市檔案館所藏, J001-005-01227.

__________, 『北平市政府衛生局二十三年度業務報告』(北平: 北平市政府衛生局, 1935. 10) 北京市檔案館所藏, ZQ4-1-1813.

北平市政府衛生局 編印, 『北平市政府衛生局二十四年度業務報告』(北平: 北平市政府衛生局, 1936) 北京市檔案館所藏 ZQ4-1-1814.

北平市政府衛生局, 「衛生局職員錄四冊」(1934. 12. 1-1939. 11. 30), 北京市檔案館所藏 J005-002-00655.

__________, 「北京特別市政府衛生局南郊衛生區事務所職員名冊」(1912. 1. 1-1949. 9. 30), 北京市檔案館所藏 J005-001-02160.

단행본 및 논문 사료

(日)吳秀三 著, 華申祺, 華文祺 譯, 『中學生理衛生教科書』(上海: 文明書局, 1906).

『老舍全集』 第8卷 (北京: 人民文學出版社, 1999).

『民國川沙縣志』.

『北平市政府通告』(1931).

『接生婆須知』(南京: 國民政府內政部, 1928. 7).

賈士毅, 『民國續財政史(一)』(上海: 商務印書館, 1932).

京師警察廳編, 『京師警察法令滙纂』(北京: 京師警察廳, 1915).

顧壽白 編, 『新撰初級中學教科書生理衛生學』(上海: 商務印書館, 1926. 9. 初版, 1931. 10. 88版).

顧樹森 編輯, 吳家煦 校閱, 『新制生理學教本』(上海: 商務印書館, 1917. 1).

國民政府主計處歲計, 『歲計年鑑』(國民政府主計處歲計局 印行, 1934. 4).

__________________, 『歲計年鑑』 第2集 (國民政府主計處歲計局 印行, 1935).

國民政府主計處統計局編, 『中華民國統計提要』(上海: 商務印書館, 1936. 5).

金昌業, 『稼齋燕行錄』全(京城: 朝鮮古書刊行會, 1914).

內雲山由 等著, 『中華醫界の新思潮』(同仁會, 1931).

陶孟和, 『北平生活費之分析』(上海: 商務印書館, 1930).

廖泰初, 『一個城郊的村落社區』(發行處不明, 首都圖書館藏所藏, 1941. 11).

北京市檔案館 等編, 『北京自來水公司檔案史料(1908年-1949年)』(北京: 北京燕山出版社, 1986).

________________, 『北京市重要文獻選編(1950)』 2(北京: 中國檔案出版社, 2001).

北京市處理糞便事務所 編印, 『北京市處理糞便事務所業務報告』(北京市處理糞便事務所, 1938. 12).

北京特別市公署衛生局 編印, 『北京特別市公署衛生局二十五年度業務報告』(北京: 北京特別市公署衛生局, 1938).

________________________, 『北京特別市衛生局二十六年下半年二十七年全年度業務報告』(北平: 北平市政府衛生局, 1939).

________________________, 『北京特別市公署衛生局二十六年下半年二十七年全年業務報告』(北京特別市公署衛生局, 1940. 1).

__________________________, 『北京特別市公署衛生局二十八年度業務報告』(北京特別市公署衛生局, 1941. 1).

北平市公安局 編, 『北平市公安局第一衛生區事務所第八年年報』 第8期(1933).

北平市社會局 印行, 『北平市工商業概況』(北平: 北平市社會局, 1932. 10).

北平市衛生局 編, 『北平市衛生局第一衛生區事務所第十一年年報』 第11期(1936).

北平市衛生局第三衛生區事務所 編, 『北平市衛生局第三衛生區事務所第二年年報』 第2期(1936).

北平市衛生局第二衛生區事務所 編, 『北平市衛生局第二衛生區事務所年報』 第2期(1935. 7).

________________________________, 『北平市衛生局第二衛生區事務所年報』 第3期(1936. 7).

北平市衛生處, 『第二衛生區事務所第一年度年報』 第1期(北平: 北平市衛生處, 1934. 7).

____________, 『第二衛生區事務所第三年度年報』 第3期(北平: 北平市衛生局, 1936. 7).

北平市政府 編, 『北平市政府民國二十四年度預定行政計劃書』(北平: 北平市政府, 1935).

北平市政府, 『北平市自治之過程及將來』(北平: 北平市政府刊行, 1934. 7).

北平市政府公安局, 『北平市政府公安局業務報告(1933. 7-1934. 6)』(北平: 北平市政府公安局, 1934).

北平市政府秘書處 編印, 『北平市政府統計月刊』 1期(北平: 北平市政府, 1934. 1).

北平市政府秘書處, 『北平市統計覽要』(北平: 北平市政府秘書處第一科編纂股, 1936. 12).

北平市政府衛生局 編印, 『北平市政府衛生局二十三年度業務報告』(北平: 北平市政府衛生局, 1935. 10).

______________________, 『北平市政府衛生局二十四年度業務報告』(北平: 北平市政府衛生局, 1936).

北平市政府衛生處 編印, 『北平市政府衛生處業務報告』(北平: 北平市政府衛生局, 1934. 9).

北平市政府參事室 編, 『北平市市政法規彙編』(北平: 北平市政府參事室, 1934. 12).

北平市政府統計室 編, 『北平市政統計』 創刊號(北平市政府統計室, 1946. 10).

費唐(Phaidon) 著, 工部局華文處 譯述, 『費唐法官研究上海公共租界情形報告書』 第2卷(上海: 公共租界工部局, 1931).

謝肇淛, 『筆記小說大觀(五雜俎)』 8編 6(臺北: 新興書局, 1975).

山田弘倫 · 平馬左橋 共編, 『朝鮮ニ於ケル花柳病ノ統計的觀察』(京城: 發行地不明, 1921).

宋崇義 編, 衡臧, 糜贊治 參訂, 謝恩增 閱,『新中學教科書生理衛生學』(上海: 中華書局, 1923).
申報年鑑社 編,『民國二十二年 申報年鑑』(上海: 申報年鑑社, 1933).
實業部中國年鑑編纂委員會,『中國勞動年鑑』(1932).
余雲岫,『醫學革命論初集』(上海: 社會醫報館, 1928, 1950三版).
倪錫英,『北平』(上海: 中華書局, 1936); 倪錫英,『北平』(南京: 南京出版社, 2011).
王書奴,『中國娼妓史』(上海: 生活書店, 1934).
王沅,「北京市糞便問題」,『農學月刊』第8卷 3·4期合刊(1941).
李景漢 編著,『定縣社會概況調查』(北平: 大學出版社, 1933)(『民國叢書』第4編 17, 上海: 上海書店, 1992 影印).
李景漢,『北平郊外之鄉村家庭』(上海: 商務印書館, 1929).
______,『北京郊區鄉村家庭生活調查札記』(北京: 三聯書店, 1981).
章元善·許仕廉 著,『鄉村建設實驗』第1集(上海: 中華書局, 1934).
張次溪 編,『天橋一覽』(北京: 中華印書局, 1936).
鄭觀應 著, 夏東元 編,『鄭觀應集』2冊(上海: 上海人民出版社, 1982, 1988).
丁福保 譯編,『京師譯學館生理衛生學講義』(北京: 鉛印本, 1912).
丁福保,『衛生學問答』(北京: 石印本, 1899, 增訂第四版, 1901).
______,『蒙學衛生教科書』(上海: 文明書局, 1903).
______,『疇隱居士學術史』(上海: 詁林精舍出版社, 1949).
丁子良,『竹園叢話』全24卷 (天津: 天津敬慎醫室, 1923-1924).
程瀚章 編著, 王雲五 校訂,『(高小)復興衛生教科書』(1-8冊)(上海: 商務印書館, 1933. 5).
程瀚章 編著, 王雲五 主編,『復興初級中學教科書衛生學』(1-3冊)(上海: 商務印書館, 1933. 6-1934. 2).
政協北京市委員會文史資料研究委員會 編,『話說老協和』(北京: 中國文史出版社, 1987).
第一助産學校年刊編輯委員會 編,『第一助産學校年刊』第4卷 (北平: 第一助産學校年刊編輯委員會, 1933).
竹中成憲 原著, 丁福保 編譯,『肺癆病預防法』(上海: 文明書局, 1908).
陳果夫 主編,『江蘇省政述要(1933. 10-1936. 9)』(臺北: 文海出版社, 1983).

陳果夫,『衛生之道』(上海: 正中書局, 1942年 初版, 1947年 4版).

陳果夫先生遺著編印委員會 編,『陳果夫先生全集』全10冊(臺北: 正中書局, 1952年初版, 臺北: 近代中國出版社, 1991).

陳明光 主編,『中國衛生法規史料選編(1912-1949. 9)』上篇, 下篇, 附錄 全3冊(上海: 上海醫科大學出版社, 1996).

陳方之 編,『衛生學與衛生行政』(上海: 商務印書館, 1934).

陳邦賢,『中國醫學史』(臺北: 商務印書館, 1937).

陳志潛·華汝成,『衛生』(上海: 中華書局, 1936).

秋生,『天橋商場』(北平日報社會調查)(1930. 2. 4).

彭惠秀 編,『小學高年級 衛生副課本 公共衛生事業』(上海: 中華書局, 1936).

鮑祖宣,『娼妓問題』(上海: 女子書店: 1935).

胡定安,『中國衛生行政設施計劃』(上海: 商務印書館, 1928).

______,『胡定安醫事言論集』(鎭江: 中國醫事改進社, 1935).

華文祺 編, 戴克敦 等閱,『中華中學生生理教科書』(上海: 中華書局, 1913).

黃炎培,『延安歸來』(重慶: 國訊書店, 1945).

______,『八十年來』(文史資料出版社, 1982).

黃子方 編著,『衛生常識問答』(上海: 商務印書館, 1937).

黃子方,『中國衛生芻議』(北京: 中央防疫處疫務科, 1927).

Balme, Harold. *China and Modern Medicine: A Study in Medical Missionary Development* (London: United Council for Missionary Education, 1921).

Duncan, Robert M. *Peiping Municipality and the Diplomatic Quarter*(Department of Political Science Yenching Univ., Peiping, 1933).

Fearn, A. W. *My Days of Strength: An American Woman Doctor's Forty Years in China*(New York, 1939).

Gamble, Sidney David. *Peking: A Social Survey Conducted under the Auspices of the Princeton University Center in China and the Peking Young Men's Christian Association* (New York: George H. Doran Company, 1921).

Lamson, Herbert D. *Social Pathology in China: A Source Book for the Study of Problems of Livelihood, Health, and the Family*(Shanghai: The Commercial Press, Limited., 1935).

Wu Lien-teh, *Manchurian Plague Prevention Service Reports, 1925-1926*(Being Volume V of the Series)(Tientsin: Tientsin Press, Limited., 1926).

「産科教育籌備委員會成立紀事」, 北平特別市衛生局 第一特別衛生區事務所, 『衛生月刊』 第2期(1928. 10).

「産婆講習所成立紀事」, 北平特別市衛生局 第一特別衛生區事務所, 『衛生月刊』 第2期 (1928. 10).

「中國社會各階級的分析」, 『中國農民』 1-2(1926. 2. 1); 竹內實 監修, 『毛澤東集』 1(東京: 蒼蒼社, 1972, 第2版 1983).

健孟, 「梅毒是種族衰頹之原因」, 『東方雜誌』 19-7(1922. 4. 10).

郭文宗, 「北京市地下水の水質に關する調查研究」, 『同仁會醫學雜誌』 第13卷 第8號(1938. 8).

董可, 「袁良與北平的三年市政建設計劃」, 北平市檔案館編, 『北京檔案史料』 1999-2.

蘭安生(John B. Grant), 「改善北京公共衛生的第一步」, 『民國醫學雜誌』 4卷10號(1926. 10).

梅佳 選編, 「民國時期北平的傳染病管理與衛生防疫」, 『北京檔案史料』(2003. 2).

尾河順太郎, 「北支に於ける傳染性疾患」, 『同仁會醫學雜誌』 第13卷 第6號(1938. 6).

方頤積, 「從收生婆想到北平産科教育委員會的工作」, 北平特別市衛生局 第一特別衛生區事務所, 『衛生月刊』 第2期(1928. 10).

北京市人民政府衛生工程局, 「北平市的糞便」(1950. 7)(祝力軍·白淑蘭 選編, 「北平市的糞便」, 『北京檔案史料』 1992-1: 38에 재수록).

查良鍾, 「改進本市生命統計之初步」, 北平市政府衛生局, 『衛生月刊』 1-8·9(1935. 6. 25).

王賀宸, 「燕大在淸河的鄉建試驗工作」, 『社會學界』 第9卷(1936).

于恩德, 「北平工會調查」, 『社會學系』 第4卷(北平: 燕京大學社會學系, 1929. 6).

李大釗, 「廢娼問題」, 『每周評論』 19(1919. 4. 27)(『李大釗文集』上, 北京: 人民出版社, 1984).

李三無, 「廢娼運動管見」, 『婦女雜誌』 6-8(1920. 8. 5)(中華全國婦女聯合會 婦女運動歷史研究室, 『五四時期婦女問題文選』, 北京: 中國婦女出版社, 1990).

李庭安·郭祖超, 「國人死因之商權」, 『國立中央大學醫科研究所公共衛生學部研究報告』 1943-1(1943. 8).

張友漁, 「解放一年來北京市的市政建設(1950. 1. 31)」, 北京市檔案館 等編, 『北京市重要文獻選編(1950)』 2(北京: 中國檔案出版社, 2001).

張鴻鈞, 「燕京大學社會學系清河鎭社會實驗區工作報告」, 章元善 · 許仕廉 著, 『鄕村建設實驗』 第1集(上海: 中華書局, 1934).

丁玲, 「莎菲女士的日記」, 『小說月報』(1928. 2) 정령, 「싸페이녀사의 일기」, 강범구 편, 『중국현대문학작품선』(상)(베이징: 민족출판사, 1990).

趙萬毅, 「平市處理糞便的一個特殊組織」, 『市政評論』 4-12(1936. 12. 16).

朱炳南 · 嚴仁賡, 「北平之市財政」, 『社會科學雜誌』 5-4(1934. 12).

秦但未, 「斥余雲岫醫校系統駁義」, 『三三醫報』 3(1925. 12).

陳怡迪, 「本所護士筆記之一」, 北平特別市衛生局 第一特別衛生區事務所, 『衛生月刊』 第2期(1928. 10).

崔潤生, 「清河鎭兩年來婦嬰衛生工作之概況」, 第一助産學校年刊編輯委員會 編, 『第一助産學校年刊』 第5期(北平: 第一助産學校年刊編輯委員會, 1934. 6).

鮑鼎, 「丁仲祜先生奮鬪史」, 丁福保, 『用科學來改進中年後之命運法』(上海: 上海醫學書局, 1941).

侯毓汶(北京特別市公署衛生局長), 「北京市に於ける環境衛生施設の概況に就て」, 『同仁會醫學雜誌』 第15卷 第2號(1941. 2).

Grant, John B. "State Medicine," *The China Year Book*(1931).

단행본

공제욱 · 정근식 편, 『식민지의 일상, 지배와 균열』(문화과학사, 2006).

라오서, 『낙타샹즈』(황소자리, 2004).

미셸 푸코 지음, 박홍규 옮김, 『감시와 처벌: 감옥의 탄생』(춘천: 강원대학교 출판부, 1989).

____________, 홍성민 옮김, 『임상의학의 탄생』(부천: 인간사랑, 1993).

박기수 · 차경애 옮김, 『기후의 반역』(성균관대학교 출판부, 2005).

박윤재, 『한국 근대의학의 기원』(서울: 도서출판 혜안, 2005).

배경한 편, 『20세기초 상해인의 생활과 근대성』(서울: 지식산업사, 2006).

백영서, 『中國現代大學文化硏究: 1920年代 大學生의 正體性危機와 社會變革』(一潮閣, 1994).

______, 『동아시아의 귀환: 중국의 근대성을 묻는다』(서울: 창작과비평사, 2000).

손염홍, 『近代北京의 韓人社會와 民族運動』(歷史空間, 2010).

송정수, 『中國近世鄕村社會史硏究: 明淸時代 鄕約·保甲制의 形成과 展開』(서울: 도서출판 혜안, 1997).

宋兆麟 著, 洪熹 譯, 『生育神과 性巫術』(서울: 동문선, 1990).

신규환, 『질병의 사회사: 동아시아 의학의 재발견』(파주: 살림출판사, 2006).

______, 『국가, 도시, 위생: 1930년대 베이핑시정부의 위생행정과 국가의료』(서울: 아카넷, 2008).

______, 『북경똥장수: 어느 중국인 노동자의 일상과 혁명』(서울: 푸른역사, 2014).

______, 『페스트 제국의 탄생: 제국의학과 근대 동아시아의 의학적 헤게모니』(역사공간, 2020).

신동원, 『한국근대보건의료사』(서울: 한울아카데미, 1997).

여인석, 『의학사상사』(서울: 살림출판사, 2006).

윤혜영, 『中國現代史硏究: 北伐前夜 北京政府의 內部的 崩壞過程(1923-1925)』(一潮閣, 1991).

임상범, 『現代中國의 出發: 國民革命期(1920-1927) 北京地域 中國共産黨의 組織과 活動』(一潮閣, 2000).

정문상, 『中國의 國民革命과 上海學生運動』(서울: 도서출판 혜안, 2004).

조관희 역해, 『莊子』(서울: 청아출판사, 1990).

프레더릭 F. 카트라이트·마이클 비디스 지음, 김훈 옮김, 『질병의 역사』(서울: 가람기획, 2004).

(淸)佚名繪, 王克友, 王宏印, 許海燕譯, 『北京民間風俗百圖: 珍藏版』」(北京: 北京圖書館出版社, 2003).

高翠 編著, 『從'東亞病夫'到體育强國』(成都: 四川人民出版社, 2003).

段柄仁 主編, 『天橋』(北京: 北京出版社, 2005).

鄧鐵濤·程之范 主編, 『中國醫學通史』近代卷(北京: 人民衛生出版社, 2000).

廖果, 『自養之道: 中國古代個體差異養生學說』(北京: 華藝出版社, 1993).

范行准, 『中國預防醫學思想史』(上海: 華東醫務生活社, 1953).

史明正(Shi Mingzheng)著, 王業龍 等譯, 『走向近代化的北京城: 城市建設與社會變革』(北京: 北京大學出版社, 1995).

常人春, 『老北京的風俗』(北京: 北京燕山出版社, 1990).

______,『老北京的民俗行業』(北京: 學苑出版社, 2002).

舒新城,『中國近代教育史資料』中卷(北京: 人民教育出版社, 1962).

楊念群 主編,『空間·記憶·社會轉型: "新社會史"研究論文精選集』(上海: 上海人民出版社, 2001).

楊念群,『中層理論: 東西方思想會通下的中國史研究』(南昌: 江西教育出版社, 2001).

______,『再造'病人': 中西醫冲突下的空間政治(1832-1985)』(北京: 中國人民大學出版社, 2006).

楊大辛 主編,『北洋政府總統與總理』(天津: 南開大學出版社, 1989).

楊蔭溥,『民國財政史』(北京: 中國財政經濟出版社, 1985).

嚴仁英 主編,『楊崇瑞博士: 誕生百年紀念』(北京: 北京醫科大學, 中國協和醫科大學聯合出版社, 1990).

余新忠 等著,『瘟疫下的社會拯救: 中國近世重大疫情與社會反應研究』(北京: 中國書店, 2004).

余新忠,『清代江南的瘟疫與社會: 一項醫療社會史的研究』(北京: 中國人民大學出版社, 2003).

余巖 原著, 祖述憲 編注,『余雲岫中醫研究與批判』(合肥: 安徽大學出版社, 2006).

吳廷燮 等纂,『北平市志稿(民政志)』(北京: 北京燕山出版社, 1989).

王汝豐主編,『北平人民抗日鬪爭史稿』(北京大學出版社, 1994).

于德源,『北京災害史』下(北京: 同心出版社, 2008).

牛青山 主編,『天橋舊話』(北京: 中華書局, 2007).

袁熹,『北京近百年生活變遷 1840-1949』(北京: 同心出版社, 2007).

魏宏運 主編,『二十世紀三四十年代冀東農村社會調查與研究』(天津: 天津人民出版社, 1996).

劉子揚,『清代地方官制考』(北京: 紫禁城出版社, 1988).

劉仲孝,『天橋』(北京地方志·風物圖志叢書)(北京: 北京出版社, 2005).

劉海岩,『空間與社會: 近代天津城市的演變』(天津: 天津社會科學出版社, 2003).

尹鈞科 等著,『古代北京城市管理』(北京: 同心出版社, 2002).

李經緯·林昭庚 主編,『中國醫學通史』古代卷(北京: 人民衛生出版社, 2000).

李德生,『老北京的三百六十行』(太原: 山西古籍出版社, 2006).

李鵬年,『清代中央國家機關概述』(北京: 紫禁城出版社, 1989).

李華興 主編,『民國教育史』(上海: 上海教育出版社, 1996).

張宗平·呂永和 譯,『淸末北京志資料』(北京: 北京燕山出版社, 1994).

張仲禮 主編,『中國近代城市企業·社會·空間』(上海: 上海社會科學院出版社, 1998).

張次溪 編著,『天橋叢談』(北京: 人民大學出版社, 2006).

田濤·郭成偉 整理,『淸末北京城市管理法規(1906-1910)』(北京: 北京燕山出版社, 1996).

鄭金生,『中國古代的養生』(北京: 商務印書館國際有限公司, 1997).

丁芮,『管理北京北洋政府時期京師警察廳硏究』(太原: 山西人民出版社, 2013).

曹樹基 主編,『明淸以來的自然災害及其社會應對機制』(上海: 上海交通大學出版社, 2007).

曹樹基·李玉尙,『鼠疫, 戰爭與和平: 中國的環境與社會變遷(1230-1960)』(濟南: 山東畵報出版社, 2006).

曹子西 主編,『北京通史』第9卷(北京: 中國書店, 1994).

趙洪鈞 編著,『近代中西醫論爭史』(合肥: 安徽科學技術出版社, 1989).

左奇·嚴仁英 主編,『楊崇瑞博士: 中國婦幼衛生事業的開拓者』(北京: 北京醫科大學出版社, 2002).

夏明方,『民國時期自然災害與鄕村社會』(北京: 中華書局, 2000).

韓延龍·蘇亦工 等著,『中國近代警察史』上(北京: 社會科學文獻出版社, 1999).

韓延龍 等,『中國近代警察史』上(北京: 社會科學文獻出版社, 2000).

許東升 責任編輯,『北京舊影』(北京: 人民美術出版社, 1997).

華夫,『一個鄕村六十年的變遷』(中國農村發展問題硏究組, 1981. 6).

華北綜合調查硏究所,『挂甲屯家計調查』(油印本, 北京大學圖書館所藏, 1944).

侯仁之,『北京城市歷史地理』(北京: 北京燕山出版社, 2000).

見市雅俊 等編,『疾病·開發·帝國醫療: アジアにおける病氣と醫療の歷史學』(東京: 東京大學出版部, 2001).

飯島涉,『ペストと近代中國: 衛生の「制度化」と社會變容』(東京: 硏文出版, 2000).

______,『マラリアと帝國: 植民地醫學と東アジアの廣域秩序』(東京: 東京大學出版會, 2005).

成田龍一,『歷史學のスタイル: 史學史とその周邊』(東京: 校倉書房, 2001).

沈潔,『'滿洲國'社會事業史』(京都: ミネルヴァ書房, 1996).

笠原英彦,『日本の醫療行政: その歷史と課題』(東京: 慶應義塾大學出版會, 1999).

中山義弘,『近代中國における女性解放の思想と行動』(北九州: 北九州中國書店, 1983).

陳內秀信·朱自煊·高村雅彦 編,『北京-都市空間を讀む-』(鹿島出版會, 1998).

Arnold, David. *Colonizing the Body: State Medicine and Epidemic Disease in Nineteen Century India* (Berkeley: Univ. of Calif. Press, 1993).

Benedict, Carol. *Bubonic Plague in Nineteenth-Century China* (Stanford: Stanford University Press, 1996).

Bullock, Mary Brown. *An American Transplant: the Rockefeller Foundation and Peking Union Medical College* (Berkeley: University of California Press, 1980).

Chen, C. C. (in Collaboration with Frederic M. Bunge), *Medicine in Rural China: A Personal Account* (Berkeley: Univ. of Calif. Press, 1989); 陳志潛 著, 端木彬如 等譯,『中國農村的醫學: 我的回憶』(成都: 四川人民出版社, 1998).

Coble, Parks M, Jr. *The Shanghai Capitalists and the Nationalist Government, 1927-1937* (Cambridge: Harvard University Press, 1980).

Croizier, Ralph C. *Traditional Medicine in Modern China; Science, Nationalism, and the Tensions of Cultural Change* (Cambridge: Harvard University Press, 1968).

Dikötter, Frank. *Sex, Culture and Modernity in China: Medical Science and the Construction of Sexual Identities in the Early Republican Period* (Honolulu: Univ. of Hawaii Press, 1995).

Dong, Madeleine Yue, *Republican Beijing: The City and Its Histories* (Berkeley: Univ. of California Press, 2003).

Duara, Prasenjit. *Culture, Power, and the State: Rural North China, 1900-1942* (Stanford, California: Stanford University Press, 1988).

Esherick, Joseph W. ed., *Remaking the Chinese City: Modernity and National Identity, 1900-1950* (Honolulu: University of Hawai'i Press, 2000).

Evans, Harriet. *Woman and Sexuality in China: Dominant Discourses of Female Sexuality and Gender Since 1949* (Oxford: Polity Press, 1997).

Fewsmith, Joseph. *Party, State, and Local Elites in Republican China: Merchant Organizations and Politics in Shanghai, 1890-1930* (Honolulu: University of Hawaii Press, 1985).

Foucault, Michel. (A. M. Sheridan trans.), *The Birth of the Clinic: An Archaeology of Medical Perception* (First published in French in 1963, first published in English translation in 1973, and published Routledge Classics in 2003); 홍성민 옮김, 『임상의학의 탄생』(서울: 인간사랑, 1993).

Goodman, Bryna. *Native Place, City and Nation: Regional Networks and Identities in Shanghai, 1853-1937* (Berkeley: University of California Press, 1995).

Hayford, Charles W. *To the people: James Yen and Village China* (New York: Columbia University Press, 1990).

Henriot, Christian. *Prostitution and Sexuality in Shanghai: A Social History 1849-1949* (Cambridge, UK; New York: Cambridge University Press, 2001).

Hershatter, Gail. *Dangerous Pleasure: Prostitution and Modernity in Twentieth-Century Shanghai* (Berkeley, Los Angeles: Univ. of Calif. Press, 1997).

Johnston, William. *The Modern Epidemic: A History of Tuberculosis in Japan* (Cambridge: Cambridge, Mass., 1995).

Lefebvre, Henri. Frank Bryant trans., *The Survival of Capitalism: Reproduction of the Relations of Production* (London: Allison & Busby, 1976).

Lefebvre, Henri. Donald Nicholson-Smith trans., *The Production of Space* (Oxford: Blackwell, 1991).

Lei, Seon Hsiang-lin. *Neither Donkey Nor Horse: Medicine in the Struggle over China's Modernity* (Chicago and London: The University of Chicago Press, 2014).

Lucas, AnElissa. *Chinese Medical Modernization: Comparative Policy Continuities, 1930s-1980s* (New York: Praeger, 1982).

Naquin, Susan. *Peking: Temples and City Life, 1400-1900* (Berkeley: University of California Press, 2000).

Nathan, Carl F. *Plague Prevention and Politics in Manchuria, 1910-1931* (Cambridge, Mass.; Harvard Univ. Press, 1967).

Porter, Dorothy. *Health, Civilization and the State: A history of public health from ancient to modern times* (London and New York: Routledge, 1999).

Quétel, Claude. *History of Syphilis* (Baltimore: The Johns Hopkins University Press, 1990).

Reynolds, Douglas R. *The Xinzheng Revolution and Japan, 1898-1912* (Cambridge, Mass.:

Council on East Asian Studies, Harvard University Press, 1993), 李仲賢 譯, 『新政革命與日本: 中國 1898-1912』(南京: 江蘇人民出版社, 1998).

Rogaski, Ruth. *Hygienic Modernity: Meanings of Health and Disease in Treaty-Port China* (Berkeley and Los Angeles, California: University of California Press, 2004).

Rowe, William T. *Hankow: Commerce and Society in a Chinese City, 1796-1889*(Stanford, Calif.: Stanford University Press, 1984).

Rowe, William T. *Hankow: Conflict and Community in a Chinese City, 1796-1895*(Stanford, Calif.: Stanford University Press, 1989).

Sinn, Elizabeth. *Power and Charity: The Early History of the Tung Wah Hospital Hong Kong* (Oxford UP, 1989).

Strand, David. *Rickshaw Beijing: City People and Politics in the 1920s*(Berkeley: University of California Press, 1989).

Wakeman, Frederic, Jr. *Policing Shanghai 1927-1937*(Berkeley: University of California Press, 1995).

Wang, David Der-wei. *Fictional Realism in Twentieth-Century China: Mao Dun, Lao She, Shen Cong Wen*(New York: Columbia University Press, 1992).

Wong K. Chimin & Wu Lien-teh, *History of Chinese Medicine: Being a Chronicle of Medical Happenings in China from Ancient Times to the Present Period*(Shanghai: National Quarantine Service, 1936, 2nd; [New York: AMS Press, 1973]).

Wu Lien-teh. *Plague Fighter: the Autobiography of a Modern Chinese Physician*(Cambridge: W. Heffer, 1959).

Wu Yu-lin. *Memories of Dr. Wu Lien-teh, Plague Fighter*(Singapore; New Jersey: World Scientific, 1995).

Xu, Xiaoqun. *Chinese Professionals and the Republican State: The Rise of Professional Associations in Shanghai, 1912-1937*(Cambridge: Cambridge University Press, 2001).

Yip, Ka-che. *Health and National Reconstruction in National China: The Development of Modern Health Services, 1928-1937*(Ann Arbor: Association for Asian Studies, 1996).

논문

김남주, 「차이의 공간을 꿈꾸며: '공간의 생산'과 실천」, 『공간과 사회』 14(2000).

김문기, 「明淸時期 江南의 氣候變動과 洞庭柑橘」, 『明淸史硏究』 14(2001. 4).

_____, 「明末 江南의 氣候와 崇禎 14년의 奇荒」, 『中國史硏究』 37(2005. 8).

김의진, 「老舍의 "正紅旗下" 硏究」, 『中語中文學』 29(2001).

김택경, 「淸末 奉天 警察權의 二元分立: 警察權을 둘러싼 淸日의 교섭과 대립」, 『중국근현대사연구』 71, (2016. 9)

_____, 「1933年 北平市公安局長 인사분쟁과 그 정치사회적 함의」, 『동양사학연구』 139, (2017. 6)

_____, 「北洋政府 후기 京師警察廳의 재정위기와 警捐 징수」, 『역사학보』 236, (2017. 12)

_____, 「南京國民政府時期 北平市公安局 政治訓練部의 성립과 변천」, 『중국근현대사연구』 77, (2018. 3)

_____, 「청말(淸末) 봉천(奉天)의 경찰과 도시관리」, 『중국사연구』 114, (2018. 6)

_____, 「淸末 北京 경찰기구의 통합과정 — 역사적 컨텍스트를 중심으로 본 북경 경찰의 성립 」, 『동양사학연구』 144 , (2018. 9)

_____, 「北洋政府시기 北京 경찰의 인원팽창과 그 함의」, 『동양사학연구』146, (2019. 3)

_____, 「民國時期 步軍統領衙門의 존속과 폐지 -북경 경찰기구 통합의 관점에서-」, 『중국사연구』 119, (2019. 4)

노대명, 「앙리 르페브르의 '공간생산이론'에 대한 고찰」, 『공간과 사회』 14(2000).

류교열, 「近代 日本의 社會的 差別構造의 形成과 疾病: 神戶市를 中心으로」, 『日語日文學』 8-1(1997).

박경석, 「南京國民政府 救災行政體系의 近代的 變貌: 國民政府救濟水災委員會를 中心으로」, 연세대학교 사학과 박사학위논문(2002. 7).

박윤재, 「양생에서 위생으로: 개화파의 의학론과 근대국가 건설」, 『사회와 역사』 63(2003).

배경한, 「중일전쟁시기의 汪精衛政權과 新民會」, 『東洋史學硏究』 제93집(2005. 12).

_____, 「1920 · 30년대 상해의 위생」, 배경한 편, 『20세기초 상해인의 생활과 근대성』(서울: 지식산업사, 2006).

손준식, 「日帝 植民地下 臺灣警察制度의 變遷과 그 役割」, 『中國近現代史硏究』 47(2010. 9).

신규환, 「陰陽生에서 統計調査員으로: 1930年代 北平市政府의 衛生行政과 近代的 死亡統制」, 『中國近現代史研究』 29(2006. 3).

______, 「1930년대 北平市政府의 전염병대책과 위생행정」, 『歷史學報』 190(2006. 6).

______, 「助産士의 制度化와 近代的 生育管理: 1930年代 北平市政府의 衛生行政과 出生統制」, 『中國史研究』 42(2006. 6).

______, 「1930年代 北平市政府의 '糞業官辦' 構想과 環境衛生의 改革」, 『東洋史學研究』 97(2006. 12).

______, 「竝存과 折衷의 二重奏: 日帝下 韓醫學의 西洋醫學 認識과 受容」, 『歷史教育』 101(2007. 3).

______, 「近代 中國의 性病起源論爭과 性病統制: 20世紀 前半 上海와 北京을 중심으로」, 『醫史學』 16-1(2007. 6).

______, 「衛生의 概念史: 清末民國期 中西醫의 衛生論」, 『東方學志』 138(2007. 6).

______, 「環境과 衛生: 清末民國期 北京의 都市環境과 衛生改革」, 『東洋史學研究』 99(2007. 6).

______, 「國家 衛生醫療體制와 國家醫療의 形成: 19세기 말 20세기 초 한국과 중국의 경험」, 『東方學志』 139(2007. 9).

______, 「근대 중국 도시사의 새로운 접근: 위생·의료사의 시각」, 『중국근현대사연구회 정기발표회 도시사특집 자료집』(서울: 연세대학교 박물관 시청각실, 2007. 12. 15).

______, 「개항, 전쟁, 성병: 한말 일제초의 성병 유행과 통제」, 『醫史學』 17-2(2008. 12).

______, 「민국시기 북경의 위생개혁과 '환경폭동'」, 『중국근현대사연구』 42(2009. 6).

______, 「民國時期 醫師免許制度의 成立過程과 醫師의 社會的 地位」, 『東洋史學研究』 114(2011. 3. 31).

______, 「日本占領期 콜레라 流行과 北京의 衛生行政(1937-1945)」, 『중국근현대사연구』 51(2011. 9).

______, 「일본점령기의 북경똥장수의 일상생활과 분업개혁」, 『중국학보』 67(2013. 6).

______, 「1894년 홍콩 페스트의 유행과 동화의원의 공간변화: '위생의 혼종성(hygienic hybridity)'과 관련하여」, 『도시연구』 19(2018. 4).

원정식, 「乾嘉年間 北京의 石炭 需給問題와 그 對策」, 『東洋史學研究』 32(1990).

윤형진, 「日本占領期 北京의 都市計劃과 그 遺産」, 『서울학연구』 42(2011. 2).

______, 「민국 후기 북경의 경찰과 인구관리」, 『인문연구』 73(2015. 4).

______, 「중국 베이징 지역 역사 연구의 동향과 특성」, 『서울과 역사』 100(2018. 10).

윤혜영, 「北京의 反帝運動: 중소교섭촉구운동에서 5 · 30운동까지」, 『漢城史學』 第8輯(1996).

이상의, 「日帝下 朝鮮警察의 特徵과 그 이미지」, 『歷史教育』 115(2010. 12).

임상범, 「中國共產黨 北京支部와 學生運動: 國民革命時期를 중심으로」, 『漢城史學』 第11輯 (1999).

______, 「近代中國에서 首都警察의 成立: 1901년부터 1928년까지 북경을 중심으로」, 『동양사학연구』 82, (2003. 3).

______, 「20세기 전반기 북경의 경찰과 시민생활」, 『중국학보』 48(2003. 12).

______, 「북경지역 경찰본부의 조직 내용: 1928년부터 1949년까지」, 『대구사학』 78(2005. 2).

______, 「북경지역 경찰관의 구성과 그 변화」, 『중국근현대사연구』 27(2005. 9).

______, 「북경지역 경찰의 기층조직: 1901년부터 1949년까지」, 『대구사학』 88(2007. 8).

______, 「20세기 전반기의 北京 都市史 研究」, 『중국학보』 75(2016. 2).

정근식, 「식민지 위생경찰의 형성과 변화, 그리고 유산: 식민지 통치성의 시각에서」, 『사회와역사』 90집(2011. 6).

정혜중, 「조선 선비의 청국 수도 北京見聞: 김창업의 『稼齋燕行錄』을 중심으로」, 『明淸史研究』 23(2005. 4).

조명래, 「앙리 르페브르: 일상생활의 철학」, 『공간과 사회』 14, 2000.

지현숙, 「北平市의 中學男女分校令(1935年) 실시를 통해 본 賢母良妻教育」, 『東洋史學研究』 72, 2000.

「近代北京的免費醫療」, 『北京檔案』 2013-12, http://www.xzbu.com/4/view-4860944.htm.

邱仲麟, 「明代北京的瘟疫與帝國醫療體系的應變」, 『中央研究院 歷史語言研究所集刊』 第75本 第2分(臺北: 中央研究院 歷史語言研究所, 2004. 6).

______, 「風塵, 街壤與氣味: 明淸北京的生活環境與士人的帝都印象」, 『清華學報』 新第34卷 第1期(2004. 6).

______, 「水窩子: 北京的供水業者與民生用水(1368-1937)」, 李孝悌 編, 『中國的城市生活』 (台北: 聯經, 2005).

董可, 「袁良與北平的三年市政建設計劃」, 北平市檔案館 編, 『北京檔案史料』 1999-2.

杜麗紅,「20世紀30年代的北平城市管理」(北京: 中國社會科學院 研究生院 博士學位論文, 2002. 5).

______,「1930年代北平城市汚物管理改革」,『近代史研究』2005-5(2005).

賴文·李永宸,「1894年廣州鼠疫考」,『中華醫史雜誌』29-4(1999. 10).

劉士永,「'清潔', '衛生'與'保健'-日治時期臺灣社會公共衛生觀念之轉變」,『臺灣史研究』8-1, 2001.

林彬,「社區結構與社會變遷: 一个城郊農村社區的七十年變遷」, 北京大學 社會學系 博士論文, 1991.

文庠,「試論民國時期中醫開業管理政策法規與實施」,『民國檔案』(2007. 4).

史明正,「清末民初北京城市空間演變之解讀」,『城市史研究』21 (天津社會科學院出版社, 2002).

辛圭煥,「20世紀30年代北平市政府的糞业官办構想與环境卫生的改革」,『中国社会历史评论』第八卷 (2007. 7).

安克强(Christian Henriot),「公共衛生政策與殖民主義放任政策的對立: 上海租界的性病與賣淫」, 馬長林 主編,『租界里的上海』(上海: 上海市檔案館, 2003).

楊念群,「'地方感'與西方醫療空間在中國的確立」,『學人』第12輯(江蘇文藝出版社, 1997).

______,「"蘭安生模式"與民國初年北京生死控制空間的轉換」,『社會學研究』1999-4.

______,「民國初年北京的生死控制與空間轉換」, 楊念群 主編,『空間·記憶·社會轉型: "新社會史"研究論文精選集』(上海: 上海人民出版社, 2001).

楊念群,「嬰兒死亡率與近代香港的嬰兒健康服務(1903-1941)」,『中國社會歷史評論』第8卷(2007. 7).

楊祥銀,「殖民權力與醫療空間: 香港東華三院中西醫服務變遷(1894-1941年)」(香港中文大學 歷史課程 博士學位論文, 2007. 7).

楊榮,「論北京市基層管理體制的歷史變遷」,『北京社會科學』2004-1.

呂桂霞,「試析宋哲元抗日思想的演變」,『聊城師範學院學報』1997-3.

吳超,「日僞北京新民會的奴化教育」,『傳承』2008-2.

王國華,「清代以前北京地區的傳染病疫情和救治工作」,『北京檔案史料』(2003. 2).

王均,「從地理空間角度認識近現代城市: 以北京(北平)爲例」,『城市史研究』21, 2002.

王笛,「晩淸長江上游地區公共領域的發展」,『歷史研究』1996-1.
饒克勤·陳育德,「民國時期北平市居民醫學人口資料的分析研究」,『中國衛生統計』12-6(1995).
姚毅,「產婆的‘制度化’與近代中國的生育管理-以南京國民政府爲中心-」,『中國史硏究』20(2002. 10).
游金生,「淸末北京內外城居民死因分析」,『中華醫史雜誌』24-1(1994).
李自典,「北京警察群體研究, 1901-1937」(北京師範大學 博士學位論文, 2007).
任吉東,「從宏觀到微觀, 從主流到邊緣: 中國近代城市史研究回顧與瞻望」,『理論與現代化』2007-4(2007. 7).
張春生,「宋哲元拒簽‘香月細目’原因初探」,『殷都學刊』2002-2.
曹冀魯,「乾隆年間北京的高溫記載」,『北京檔案』1999-8.
曹樹基,「鼠疫流行與華北社會的變遷(1580-1644年)」,『歷史研究』1997-1.
朱德新,「三十年代河南統治者與保甲行政人員」,『史學月刊』1999-1.
周春燕,「近代上海租界的糞穢處理與公共衛生(1860-1920)」, 東京大学シンポジウム 近現代中国と東アジアの公共性――自由と統合をめぐって, 東京大学駒場キャンパス18号館(2006. 10. 14-15).
陳建亭·李萬啓·毛殿良,「鎭壓北京天橋惡霸」,『文史精華』1998-5.
哈鴻潛·高田,「日本據台時期之醫學(下)」,『中華醫史雜誌』26-1(1996. 1).
黃克武,「從申報醫藥廣告看民初上海的醫療文化與社會生活, 1912-1926」,『中央研究院近代史研究所集刊』第17期, 下冊(1989. 12).
黃宗漢,「老北京天橋的平民文化」,『北京社會科學』(1996. 3).

見城悌治,「戰前期留日醫藥學生の歸國後の活動と現代中国における評価: 千葉醫學專門學校·千葉醫科大學中國留學生の事例」, 千葉大學國際教育センター,『國際教育』3(2010. 3).
堀井弘一郎,「新民會と華北占領政策」(上·中·下),『中國研究月報』47卷 1·2·3號(1993. 1·2·3).
吉澤誠一郎,「光緒末天津における巡警創設と行政の變容」,『史學雜誌』101-12(1992).

渡辺修,「清代の歩軍統領衙門について」,『史苑』1984-4.

飯島渉,「近代中國の衛生行政: 19世紀末~20世紀初期, 營口の事例」,『東洋學報』80-2(1998. 9).

______,「近代日本の'植民地醫學(colonial medicine)'に關する覺書」,『近代中國研究彙報』22(2000).

______,「醫療·衛生事業の制度化と近代化: '植民地近代性'への試論」, 濱下武志·崔章集 編,『東アジアの中の日韓交流』(東京: 慶應義塾大學出版會, 2007).

帆刈浩之,「近代上海における遺體處理問題と四明公所-同鄉ギルドと中國の都市化」,『史學雜誌』103卷 2號(1994).

________,「清末上海四明公所の'運棺ネットワーク'の形成-近代中國社會における同鄉結合について」,『社會經濟史學』59-6(1994).

福士由紀,「近代中國における性病問題: 國民政府の衛生事業に關する一考察」, 東京學藝大學院 教育學研究科 社會科教育專攻 修士論文(2000. 3).

________,「近代上海における公衆衛生事業の展開」, 一橋大學 社會學研究科 博士學位論文(2008. 3).

成田龍一,「身體と公衆衛生-日本の文明化と國民化」, 歷史學研究會 編,『講座世界歷史 四』(東京: 東京大學出版會, 1995).

小羽田誠治,「清末成都における都市計劃とその變容-空間構造及びその認識の問題から-」,『東洋學報』84-4(2003. 3).

松浦京子,「十九世紀後半のにおける訪問衛生教育-衛生思想に見る'家庭のあるべき姿'」,『西洋史學』170(1993).

辛圭煥,「20世紀前半京城と北京における衛生·醫療制度の形成と衛生統計: '植民地近代性論'批判」,「歷史學研究」834(2007. 11).

王强,「日中戰爭期における新民會の厚生活動をめぐって」,『現代社會文化研究』25(2002. 11).

汪利平,「アメリカにおける中國都市文化研究の現狀」,『都市文化研究』7(2006).

熊遠報,「清代民國時期における北京の水賣業と'水道路'」,『社會經濟史學』66-2(2000. 7).

八巻佳子,「中華民國新民會の成立と初期工作狀況」, 藤井昇三編,『1930年代中国の研究』(アジア經濟研究所, 1975).

戸部健,「近代中國における通俗衛生知識: 天津(1912-45年)の事例から」,『歴史學研究』834(2007. 11).

Alison Dray-Novey, "Spatial Order and Police in Imperial Beijing," The Journal of Asian Studies 52-4(1993).

__________, "The Twilight of the Beijing Gendarmerie, 1900-1924," Modern China 33-4(2007).

Andrews, Bridie J. "Tuberculosis and the Assimilation of Germ Theory in China, 1895-1937," *Journal of the History of Medicine* Vol.52(January 1997).

Andrews, Bridie Jane. "The Making of Modern Chinese Medicine, 1895-1937"(Ph. D. dissertation, Cambridge Univ., 1996).

Belsky, R. D. "Bone of contention: The Siming Gongsuo Riots of 1874 and 1898," *Papers on Chinese History* 1(Spring 1992).

Belsky, Richard. "The Urban Ecology of Late Imperial Beijing Reconsidered: The Transformation of Social Space in China's Late Imperial Capital City," *Journal of Urban History*, 27-1(November, 2000).

Benedict, Carol. "Policing the Sick: Plague and the Origin of State Medicine in Late Imperial China," *Late Imperial China*, Vol.14-2(1993).

Chin Hsien-Yu, "Colonial Medical Police and Postcolonial Medical Surveillance Systems in Taiwan, 1895-1950s," *Osiris*, 2nd Series, Vol.13(1998).

Croizier, Ralph C. "Traditional Medicine in Communist China: Science, Communism and Cultural Nationalism," *The China Quarterly* No.23(July-September. 1965).

Dong, Madeleine Yue. "Juggling bits: Tianqiao as Republican Beijing's Recycling Center," *Modern China* 25-3(July, 1999).

__________. "Defining Beiping: Urban Reconstruction and National Identity, 1928-1936," In Joseph W. Esherick ed., *Remaking the Chinese City: Modernity and National Identity, 1900-1950*(Honolulu: University of Hawai'i Press, 2000).

Dray-Novey, Alison. "Spatial Order and Police in Imperial Beijing," *The Journal of Asian Studies* 52-4(November, 1993).

Foucault, Michel. "The Politics of Health in the Eighteenth Century," in Paul Rabinow ed., *The Foucault Reader*(NY: Pantheon Books, 1984).

Gamsa, Mark. "The Epidemic of Pneumonic Plague in Manchuria, 1910-1911," *Past& Present* 190(February, 2006)

Henriot, Christian. "Medicine, VD and Prostitution in Pre-Revolutionary," *Social History of Medicine*, Vol.5, No.1(April. 1992).

Hershatter, Gail. "Regulating Sex in Shanghai: The Reform of Prostitution in 1920 and 1951," Frederic Wakeman and Yeh Wen-hsin eds., *Shanghai Sojourners*(Berkeley: Center for Chinese Studies, 1992).

Katz, Paul. "Germs of Disaster: The Impact of Epidemics on Japanese Military Campaigns in Taiwan, 1874-1895," *Annales de demographie historique*(1996).

Lei Hsiang-Lin. "When Chinese Medicine encountered the State 1910-1949," Ph. D. Dissertation, Chicago, Illinois(June, 1999).

Liu Shi-yung, "Medical Reform in Colonial Taiwan," Ph. D. Dissertation, Univ. of Pittsburgh(2000. 8. 18).

Macleod, Roy M. "The Frustration of State Medicine, 1880-1899," *Medical History* 11-1(January, 1967).

Paauw, Douglas S. "Chinese National Expenditures During the Nanking Period," *Far Eastern Quarterly* 12 (November, 1952).

Park Yunjae, "Sanitizing Korea: Anti-Cholera Activities of the Police in Early Colonial Korea," Seoul Journal of Korean Studies 23, no.2(December, 2010).

Rogaski, Ruth. "Hygienic Modernity in Tianjin," Joseph W. Esherick ed., *Remaking the Chinese City: Modernity and National Identity, 1900-1950*(Honolulu: University of Hawai'i Press, 2000).

Shi Mingzheng, "Rebuilding the Chinese Capital: Beijing in the Twentieth Century," *Journal of Urban History* 25-1(1998).

______________, "Secondary Sources in Chinese Urban History: A Topical Bibliography", *Journal of Urban History* Vol.27 No.1(November, 2000).

Sihn Kyu-hwan, "Unexpected Success: The Spread of Manchurian Plague and the Response of Japanese Colonial Rule in Korea, 1910-1911," *Korea Journal* Vol.49 No.2(Summer, 2009).

______________, "Reorganizing Hospital Space: The 1894 Plague Epidemic in Hong Kong and the Germ Theory," *Korean Journal of Medical History* 26-1(2017. 4).

Sutphen, Mary P. "Not What, but Where: Bubonic Plague and the Reception of Germ Theories in Hong Kong and Calcutta, 1894-1897," *Journal of the History of Medicine* Vol.52(January, 1997).

Wakeman, Frederic, Jr. "Policing Modern Shanghai," *China Quarterly* 115(1988).

Yang Nianqun, "The Establishment of Modern Health Demonstration Zones and the Regulation of Life and Death in Early Republican Beijing," *East Asian Science, Technology, and Medicine* no.22(2004).

Yip, Ka-che. "Building a Strong China: Perspectives on Health, Society, and the State in the Republican Period," 『民國硏究』 第5號(1999. 12).

자료 출처

- 위윈슈 余巖 原著, 祖述憲 編注, 『余雲岫中醫研究與批判』(合肥: 安徽大學出版社, 2006).
- 중화의학회 회장 시기의 우롄더 Wu Yu-lin, *Memories of Dr. Wu Lien-teh, Plague Fighter* (Singapore; New Jersey; London; Hong Kong: World Scientific, 1995), p.66.
- 베이징협화의학원(1921) Wu Yu-lin, *Memories of Dr. Wu Lien-teh, Plague Fighter* (Singapore, New Jersey, London, Hong Kong: World Scientific, 1995), p.92.
- 명대 출산에 관한 벽화, 수생도(收生圖) 李德生, 『老北京的三百六十行』(太原: 山西古籍出版社, 2006), 286쪽.
- 국립제일조산학교의 산모병실(1933) 第一助産學校年刊編輯委員會 編, 『第一助産學校年刊』 第4卷(北平: 第一助産學校年刊編輯委員會, 1933).
- 국립제일조산학교의 조산수업 광경(1933) 第一助産學校年刊編輯委員會 編, 『第一助産學校年刊』 第4卷(北平: 第一助産學校年刊編輯委員會, 1933).
- 위생구사무소의 산파교육 北平市衛生局第二衛生區事務所 編, 『北平市衛生局第二衛生區事務所年報』, 第2期(1935. 7).
- 위생구사무소의 산후가정방문 北平市衛生局第二衛生區事務所 編, 『北平市衛生局第二衛生區事務所年報』, 第2期(1935. 7).
- 아동정기 건강검진 北平市衛生局第二衛生區事務所 編, 『北平市衛生局第二衛生區事務所年報』, 第2期(1935. 7).
- 위안량(袁良) 北平市政府衛生局 編印, 『北平市政府衛生局二十三年度業務報告』(北平: 北平市政府衛生局, 1935. 10).
- 팡이지(方頤積) 초대 위생처장 北平市政府衛生局 編印, 『北平市政府衛生局二十三年度業務報告』(北平: 北平市政府衛生局, 1935. 10).
- 베이핑시정부 위생국 통계조사원(1936) 北平市政府衛生局 編印, 『北平市政府衛生局二十四年度業務報告』(北平: 北平市政府衛生局, 1936), 22-1쪽.
- 통계조사원의 사망원인 조사 北平市衛生局第三衛生區事務所 編, 『北平市衛生局第三衛生

區事務所第二年年報』, 第2期(1936).

- 앙방을 작성하는 음양생 (清)佚名繪, 王克友, 王宏印, 許海燕 譯, 『北京民間風俗百圖: 珍藏版』(北京: 北京圖書館出版社, 2003), 27쪽.
- 치과진료실 北平市衛生局第二衛生區事務所 編, 『北平市衛生局第二衛生區事務所年報』, 第2期(1935. 7).
- 학교건강검진 北平市衛生局第二衛生區事務所 編, 『北平市衛生局第二衛生區事務所年報』, 第2期(1935. 7).
- 티푸스 예방접종 北平市衛生局第二衛生區事務所 編, 『北平市衛生局第二衛生區事務所年報』, 第2期(1935. 7).
- 베이핑시 위생운동대회(1931. 5. 31) 「天安門昨開衛生清潔大會」, 『北平晨報』(1931. 6. 1), 6쪽.
- 라디오 위생강연 北平市衛生局第二衛生區事務所 編, 『北平市衛生局第二衛生區事務所年報』, 第2期(1935. 7).
- 위생구사무소의 전염병 환자 가정방문 北平市衛生局第二衛生區事務所 編, 『北平市衛生局第二衛生區事務所年報』, 第2期(1935. 7).
- 제이위생구 지도 및 종두지점 北平市衛生處, 『第二衛生區事務所第一年度年報』 第1期(北平: 北平市衛生處, 1934. 7), 26쪽.
- 위생구사무소의 성병검사 北平市衛生局第二衛生區事務所 編, 『北平市衛生局第二衛生區事務所年報』, 第2期(1935. 7).
- 성병치료제 광고 『北平晨報』(1930. 2. 16), 4면; 『北平晨報』(1931. 11. 1), 4면.
- 베이징시 철도교통도 史明正(Shi Mingzheng)著, 王業龍 等譯, 『走向近代化的北京城: 城市建設與社會變革』(北京: 北京大學出版社, 1995), 258쪽.
- 베이징시 급수체계도 史明正(Shi Mingzheng)著, 王業龍 等譯, 『走向近代化的北京城: 城市建設與社會變革』(北京: 北京大學出版社, 1995), 189쪽.
- 1901년 비온 뒤 베이징 거리 J. Scheibert, *Der Krieg in China, 1900-1901: nebst einer Beschreibung der Sitten, Gebräuche und Geshcichte des Landes*, Vol.1 (Berlin: Verlag von A. Schröder, 1901), p.64. 邱仲麟, 「風塵, 街壤與氣味: 明清北京的生活環境與士人的帝都印象」, 『清華學報』 新第34卷 第1期(2004. 6), 197쪽에서 재인용.
- 베이징 상수도 수창(1911) 邱仲麟, 「水窩子: 北京的供水業者與民生用水(1368-1937)」, 李

孝悌 編, 『中國的城市生活』(台北: 聯經, 2005), 269쪽.

- 우물물의 소독 北平市衛生局第二衛生區事務所 編, 『北平市衛生局第二衛生區事務所年報』, 第2期(1935. 7).
- 베이징의 물장수 許東升 責任編輯, 『北京舊影』(北京: 人民美術出版社, 1997), no.169.
- 구식 똥차와 기구 邱仲麟, 「風塵, 街壤與氣味: 明淸北京的生活環境與士人的帝都印象」, 『淸華學報』 新第34卷 第1期(2004. 6), 212쪽.
- 베이징의 똥장수 北京市處理糞便事務所 編, 『北京市處理糞便事務所業務報告』(北平: 北京市處理糞便事務所, 1938), 51쪽.
- 무너진 공중화장실 北平市衛生局第二衛生區事務所 編, 『北平市衛生局第二衛生區事務所年報』 第2期(1935. 7).
- 신식 공중화장실(1935) 北平市政府衛生局 編印, 『北平市政府衛生局二十三年度業務報告』(北平: 北平市政府衛生局, 1935. 10. 1), 119쪽.
- 베이핑시정부의 똥장수 폭동 진압(1937. 4. 8) 北京市處理糞便事務所 編, 『北京市處理糞便事務所業務報告』(北平: 北京市處理糞便事務所, 1938), 26쪽.
- 일본 군의관의 중국인 아동 의료시혜 『新民報』(1939. 5. 2), 1면.
- 톈차오일대와 시립의원 張次溪 編著, 『天橋叢談』(北京: 人民大學出版社, 2006).

찾아보기

ㄱ

강제채변 451, 474

개진분변사무위원회(改進糞便事務委員會) 339, 403, 422

개화파 39, 40

검험창기사무소(檢驗娼妓事務所) 246

경도시정공소(京都市政公所) 161, 204

『경보(京報)』 355

경사경찰청(京師警察廳) 160

「경사경찰청 단속 음양생규칙(京師警察廳取締陰陽生規則)」 182

「경사경찰청 임시단속 산파규칙(京師警察廳暫行取締産婆規則)」 118

경상초(庚桑楚) 43

경찰구(警察區) 30, 153

경찰국 66, 455, 460, 461, 462

공간 재편과 균열 481

공간 통제 14, 13, 35, 130, 208, 230, 497

공공위생사무소(公共衛生事務所) 486

공부국(工部局) 89

공안비 20, 22, 530

공의그룹 88, 92

공의제도 72

공창(公娼) 419

공창정책 277

공창제도(公娼制度) 246

과자툰촌(挂甲屯村) 189

관독상판(官督商辦) 339, 350, 386, 403

「관리기녀규칙(管理娼妓規則)」 246

「관리접생파규칙(管理接生婆規則)」 119

구공소(區公所) 232

「구의폐지안(廢止舊醫以掃除醫事衛生之障碍案)」 94

구정홍(顧正紅) 89

구충제 507

국가 위생의료체제 17, 80

국가의료(國家醫療, State Medicine) 17, 72, 86, 88, 104

국립제일조산학교(國立第一助産學校) 121

국의관(國醫館) 95, 97

국의조례(國醫條例) 97

그로탄(Theodore W. Grotjahn) 101

근대의학의 공간화 496, 511

근대적 위생의료체제 76

급성전염병 220

기녀검치사무소(妓女檢治事務所) 247, 458

기생충병 420

기타사토 시바사부로(北里紫三郎) 49

김옥균(金玉均) 39

ㄴ

나가요 센사이(長與專齋) 39, 79

『낙타샹즈(駱駝祥子)』 505

난징국민정부(南京國民政府) 15, 18, 439

『남교월간(南郊月刊)』 188

남만주철도주식회사(南滿州鐵道株式會社) 313

내무부(內務部) 160

ㄷ

다리환(大力丸) 506
다싱(大興) 156
『달생편(達生篇)』 114
도시쿨리층 375
동아병부(東亞病夫) 58, 59
동인회 베이징의원(同仁會北京醫院) 419
동향 네트워크 374, 412
두창 예방접종 230, 441
딩쯔량(丁子良) 62, 65, 67, 93, 525
딩푸바오(丁福保) 60, 62, 93, 525
떠돌이 똥장수(跑海糞夫) 378, 411
똥상인(糞商) 34, 337, 347, 364
똥장수(糞夫) 34, 337, 351, 360, 364, 374, 386, 389, 407, 414
똥장수공원묘지법(糞夫公墓辦法) 423
똥장수 노동조합(糞夫工會) 427
똥장수의 생활수준 414
똥장수의 월수입 411
똥장수직업분회(糞夫職業分會) 422, 428, 476

ㄹ

라오라오(姥姥) 114
라오서(老舍) 116, 505
랑중(郎中) 415
랴오타이추(廖泰初) 193, 415
러우바오쯔(肉報子) 507
런먼(認門) 114
레이놀즈(Graham Reynolds) 269
류루이헝(劉瑞恒) 94, 100, 101
류위화(劉玉華) 450
류펑유(劉鳳祜) 393, 404
리젠구이(李建奎) 391, 393
리팅안(李廷安) 88, 93
리펑지(李逢吉) 386, 428, 429, 430
리훙장(李鴻章) 50
린커성(林可勝) 86, 88, 93

ㅁ

마오쩌둥(毛澤東) 59, 375
만병통치약 507
만성전염병 239
만저우 방역(滿洲防疫) 27, 49, 56, 57
매독기원논쟁 267, 269, 271, 274
매약(賣藥) 502, 507
매장허가서(死亡抬埋執照) 173, 178, 181, 185, 194
맨발의 의사(赤脚醫生) 546
무료 예방접종 443
민간요법 415
민간의료 502
민정부(民政部) 157, 490, 513

ㅂ

바서만 반응 검사(Wassermann Test) 250
바이즈(白字) 425
박영효(朴泳孝) 39
반공멸당(反共滅黨) 428, 467
방공소(坊公所) 232, 500
방문위생제도(Health Visiting System) 140
방문 통제 500
방역보고서 455
법정전염병(法定傳染病) 33, 220, 224, 230, 240, 442
베이징구방역위원회(北京區防疫委員會) 437, 447, 448
「베이징구방역위원회 조직장정(北京區防疫委員會組織章程)」 448

베이징선후협순총국(北京善後協巡總局) 157, 457
베이징시민의 사망원인 493
베이징시상수도공사 317, 328, 331
「베이징시위생국 분뇨창고 관리 임시규칙(北平市衛生局管理糞廠暫行規則)」 351
베이징의 붉은 의사들 88, 527
베이징의정서(北京議定書) 157
베이징특별시공서(北京特別市公署) 512
베이징특별시공서 방역본부(北京特別市公署防疫本部) 454
「베이징특별시 인민검거 콜레라 장징판법(北京特別市人民檢擧虎疫獎懲辦法)」 471
베이징특별시정부(北京特別市政府) 403, 435
「베이징특별시제한분창개설판법(北京特別市限制糞廠開設辦法)」 424
베이징협화의학원(北京協和醫學院) 41, 90, 91, 92, 100, 102, 486, 527
베이핑개진분편사무위원회(北平市改進糞便事務委員會) 387
베이핑결핵병원(北平結核病院) 242
베이핑시똥장수직업조합(北平市糞夫職業工會) 354, 379
베이핑시분부공회(北平市糞夫工會) 422
「베이핑시위생국 감독 분뇨처리업자 개선분변사무 진행방안(北平市衛生局監督糞業人改善糞便事務進行方案)」 389
베이핑시정부(北平市政府) 21, 498
「베이핑시정부위생처 성구 똥장수 관리규칙(北平市政府衛生處城區糞夫管理規則)」 351
베이핑시지방유지회(北平市地方維持會) 234
『베이핑신보(北平晨報)』 268, 375
베이핑지방유지회(北平地方維持會) 447
베이핑처리분변사무소(北平市處理糞便事務所) 387
「베이핑특별시 기녀검치사무소 검치규칙(北平特別市妓女檢治事務所檢治規則)」 249
「베이핑특별시 기녀검치사무소 세칙(北平特別市妓女檢治事務所細則)」 249
「베이핑특별시 기녀검치사무소 조직간장(北平特別市妓女檢治事務所組織簡章)」 248
「베이핑특별시 기념검치사무소 조직간장(北平特別市妓女檢治事務所組織簡章)」 458
병인의학사(丙寅醫學社) 88, 91
보갑장(保甲長) 155, 187
보갑제도(保甲制度) 156, 187, 190
보군통령아문(步軍統領衙門) 156
보육사무소(保嬰事務所) 124, 125, 137
『부녀잡지』 61
북양정부(北洋政府) 84, 182, 490
북지나방면군 특무부(北支那方面軍特務部) 428
분뇨채취구역(收糞地段 또는 糞道) 338, 357, 404
분도산권(糞道産權) 404
분도주(糞道主) 375, 404, 407
분벌(糞閥) 338, 347
분상(糞商) 403, 407
분업관판(糞業官辦) 403, 422
분창(糞廠) 407, 423
분창주(糞廠主) 407, 422
비업공회(肥業公會) 379

ㅅ

사망 관리 155, 533
사망원인 분류표 182, 492
사망원인 조사 488, 492
사망원인증명서(死亡原因報告單) 185
사망진단서 183
사망통지서(死亡通知單) 185
사인경판(私人經辦) 406, 426

사인분류표 495
사회위생 76
「산과교육계획(產科教育計劃)」 121
산둥인(山東人) 412
산둥(山東) 쿨리 313
산전검사 133
산토닌 420
산파(產婆) 111
산파강습반(接生婆講習班) 124
산파의 폐지 113
산파훈련반(接生婆訓練班) 125, 130, 141, 146, 187
산후검사 495
살바르산(Salvarsan) 294
삼국연석회의 364
상수도 보급 456
상하이공부국(上海工部局, Shanghai Municipal Council) 276
상하이진덕회(上海進德會) 274
생명통계 165, 486
서의조례(西醫條例) 97
선교의료 56
선당(善堂) 48, 348
성병 220, 221, 222, 240, 246, 265, 276, 287
성병전문병원(Chinese Lock Hospital) 277
성병치료제 507
세균설 67
셰쩐핑(謝振平) 362, 383, 386
셴눙시장 504
셴눙탄(先農壇) 503
셴성(先生) 415
소화제 507
수귀관판(收歸官辦) 386
수벌(水閥) 328
순경부(巡警部) 40
순경총청(巡警總廳) 160
순사경(巡查警) 460
순톈부(順天府) 156
시립의원(市立醫院) 501, 511, 513
시싼(洗三) 111, 115, 116
시정건설 3년 계획 326
신민회(新民會) 428, 437
신민회 베이징특별시총회(中華民國新民會北京特別市總會) 468
신의(神醫) 416
신정(新政) 157
신체의 공간화 482
쑨싱구이(孫興貴) 388, 428
쑹저위안(宋哲元) 361
쓰밍공소(四明公所) 27

ㅇ

안민공소(安民公所) 157
알렉산드르 예르생(Alexandre E. J. Yersin) 49
앙방(殃榜) 178
야약 510
양생=위생론 53
양위취안(楊玉泉) 507
양적 인구 관리 153
양충뤄(楊崇瑞) 120
엑스레이(X-ray) 501
여시나 페스티스(Yersinia pestis) 50
영아사망률 444, 446, 494
예방의학 56
예방접종 201, 230, 233, 244, 443, 454, 500
옌시산(閻錫山) 103, 384
옌양추(晏陽初, Y. C. James Yen) 92
옌푸(嚴復) 51

옌푸칭(顔福慶) 88
오가타 코안(緒方洪庵) 39
「오물처리규칙(汚物掃除規則)」 341
『오물처리조례(汚物掃除條例)』 365
5·30운동 89
완핑(宛平) 156
왕다셰(汪大燮) 84
왕지민(王吉民) 270
왕징웨이(汪精衛) 428, 429
왕커민(王克敏) 467
용약경제화(用藥經濟化) 515
우롄더(伍連德) 49, 81
웨이하이웨이(威海衛) 21
위더순(于德順) 388, 423, 428
위생 39, 43
위생경찰 444, 454, 457, 458
위생과(衛生科) 40
위생교과서 198
위생구(衛生區) 30, 105, 153, 486, 498
위생구사무소(衛生區事務所) 226, 485, 486
위생구서(衛生區署) 105
위생국 21
『위생국업무보고』 441
위생대(衛生隊) 546
위생론 62
위생모범구(衛生模範區) 105
위생비 22
위생사(衛生司) 40
위생사무소 143
위생소(衛生所) 105, 498
위생순찰경(衛生稽查警) 173, 197, 209, 458, 460
위생순찰반(衛生稽查班) 209
위생실험 30, 486
위생운동대회 205
위생의 근대성(hygienic modernity) 438, 481
위생의료체제(衛生醫療體制) 17
위생의 혼종성(hygienic hybridity) 482
위생재정 18
위생진열소(衛生陳列所) 204
위생진열실(衛生陳列室) 204
위생청(衛生廳) 105, 498
위생청결운동대회 205
『위생총보(衛生叢報)』 61
위생행정 14
위생행정 네트워크 195
위신중(余新忠) 47
위안량(袁良) 162, 326, 498
위안스카이(袁世凱) 82
위안제(于安傑) 428
위안촌(院村) 193, 415
위윈슈(余雲岫) 74
위진허(余晉龢) 435
유길준(兪吉濬) 39
유의(儒醫) 415
606(Salvarsan) 292
음양생(陰陽生) 111, 155, 176, 487
음양생연단(陰陽生聯單) 178, 184, 533
음양선생(陰陽先生) 176
의료평민화(醫療平民化) 103, 515, 516
「의사법(醫師法)」 99
의학국가화(醫學國家化) 103, 497
의학의 공간화 482
의화단사건 157
이와쿠라 사절단(岩倉使節團) 39
인옌칭(尹燕慶) 391
일본점령기 콜레라 유행 438
임시방역국(臨時防疫局) 490

ㅈ

자양강장제 507
자치사무감리처(自治事務監理處) 185, 188, 192
작부(酌婦) 419
장쉐량(張學良) 385
장쑤성립의정학원(江蘇省立醫政學院) 68, 70, 71
장옌칭(張燕卿) 467
장제스(蔣介石) 103, 384, 422
장쭤린(張作霖) 85
장차오종(江朝宗) 234
재편(reorganization)과 균열(rupture) 481
「전염병예방조례시행세칙(傳染病預防條例施行細則)」 224
전염병의원 226, 501
정관잉(鄭觀應) 45
정식 똥장수 378, 411
『정홍기하(正紅旗下)』 116
제국주의 위생의료체제 17
제미슨(Robert Alexander Jamieson) 276, 489
제싼(接三) 111
조산사(助産士) 112
조산사의 제도화 113
조산사자격훈련반(助産士資訓練班) 124
「조산사조례(助産士條例)」 119
존 그랜트(John Black Grant, 蘭安生) 91, 92, 165, 486, 491
존 더전(John Dudgeon, 德貞) 488
주치링(朱啓鈐) 161
『중국노동연감(中國勞動年鑑)』 380
중국박의회(中國博醫會) 81
「중국사회 각 계급의 분석」 375
『중국위생추의(中國衛生芻議)』 497
중앙국의관(中央國醫館) 96
중앙방역위원회 448
중앙위생모범성(中央衛生模範城) 105
중의조례(中醫條例) 97, 98
중의진료부(中醫診療部) 514
중의 폐지 76
중의 폐지안 94
중의학(中醫學) 502, 511, 516
중일전쟁 435
중화민국 신민회 베이징특별시총회(中華民國新民會北京特別市總會) 468
중화민국임시정부(中華民國臨時政府) 403, 428
중화의학회(中華醫學會) 81, 268
지역 위생의료체제 17
『직보(直報)』 50
직업병 420
진치과학화(診治科學化) 515
진푸철로(津浦鐵路) 313
질병보고체계 224
질병분류 482
질병분류체계 488
질병, 신체, 의학의 공간화 483
질병의 공간화 482
질병의 표준화 482
질병 조사 488
질병통계 421
질적 인구 관리 153
징장철로(京張鐵路) 311
징펑철로(京奉鐵路) 311
징한철로(京漢鐵路) 311

ㅊ

차이나 메디컬 보드(China Medical Board) 486
창즈(長支) 408
처리분변사무소(處理糞便事務所) 339, 403, 422
1938년 콜레라 유행 440

천궈푸(陳果夫) 62, 282, 525
천즈첸(陳志潛) 86, 92
천팡즈(陳方之) 78, 526
철도검역 313
청결순경(淸潔巡警) 460, 463
「체육의 연구」 59
초상승판(招商承辦) 386
추이룬성(崔潤生) 145
출마(出馬) 177
출빈집조(出殯執照) 173, 178
출생관리 112
치료의학 56
친더춘(秦德純) 339, 350, 362, 385
친족 네트워크 115
칭방(青帮) 509
칭허 사회시험구(淸河 社會試驗區) 142

ㅋ
콜레라 예방접종 236, 454, 455
콜레라 예방접종 증명서 471

ㅌ
톈차오(天橋) 485, 503
톈탄(天壇) 503
통계조사원(統計調査員) 112, 155, 168, 494

ㅍ
파리박멸운동 456, 465
파리잡기운동(捕蠅運動) 464
판위수(潘裕書) 192
팔기제도(八旗制度) 156
팡이지(方頤積) 120, 163, 498
평민낙원(平民樂園) 506
평민문화(平民文化) 511
평민의원 512
핑진위수사령부(平津衛戍司令部) 360, 382
폐결핵 240
폐결핵학회(癆病學社) 241
폐창 246
폐창운동 273, 286
폐창정책 279
피터 파커(Peter Parker) 56

ㅎ
하지정맥류 420
해항검역권 86
향촌의사(鄕村醫生) 546
허우위원(侯毓汶) 435, 464
허잉친(何應欽) 385
허청쥔(何成濬) 92
허치샹(何其祥) 181
호구조사 167
호별검역(挨戶檢疫) 444, 449
호적경(戶籍警) 154, 487
홍콩 페스트 48, 49
화베이건설(華北建設) 436
화베이자치정부(華北自治政府) 436
황쯔팡(黃子方) 88, 103, 491
황푸(黃郛) 385
후딩안(胡定安) 70, 101
훈련산파 125